Rumänien

Kunstschätze und Naturschönheiten

Birgitta Gabriela Hannover Moser

Trescher Verlag

4., vollkommen überarbeitete und erweiterte
Auflage 2012

Trescher Verlag Berlin
Reinhardtstr. 9
10117 Berlin
www.trescher-verlag.de
post@trescher-verlag.de

ISBN 978-3-89794-197-7

Herausgegeben von Detlev von Oppeln und
Bernd Schwenkros

Reihenentwurf und Gesamtgestaltung:
Bernd Chill
Satz und Bildbearbeitung: Martina Sailer
Lektorat: Hinnerk Dreppenstedt
Redaktionelle Mitarbeit: Anna Zimmermann
Stadtpläne und Karten: Johann Maria Just,
Martin Kapp

Gedruckt auf chlorfrei gebleichtem Papier

Printed in Germany

Anhang

Essays

Vorwort

Rumänien, das Land im Südosten Europas, schien trotz der politischen Wende zunächst ein wenig in Vergessenheit geraten zu sein. Mittlerweile, und das nicht erst seit seinem Beitritt zur Europäischen Union im Jahr 2007, erfreut es sich glücklicherweise sowohl bei Individualreisenden wie organisierten Gruppen immer größerer Beliebtheit als Urlaubsland.

Manchem haftet es als Heimat des sagenumwobenen Dracula im Hinterkopf, anderen ist es als Siedlungsgebiet der Siebenbürger Sachsen geläufig, und wieder andere verbinden es mit der Bukowina und den Banater Schwaben. Häufig musste die Walachei als Synonym für Unordnung herhalten, während sie als Lebensraum der Zigeuner romantisch verklärt wurde. Nicht nur Menschen, die in Rumänien einst ihre Heimat hatten, kehren heute für Besuche zurück, sondern auch Reisende, die sich aufmachen, in den unendlich scheinenden Weiten die verborgen liegenden Kunstschätze zu suchen, sind immer häufiger anzutreffen. Und besonders die Naturliebhaber wissen die tiefen Wälder, die ursprünglichen Flusslandschaften und die intakten Dorfstrukturen zu würdigen.

Viele Kilometer trennen das Land von den europäischen Zentren, und zumeist bietet es sich an, in seiner bekanntesten Region, Siebenbürgen, zu bleiben. Der Fremde sollte aber keineswegs die Mühen scheuen und an seine äußersten Grenzen – die hügelige Moldau, die weite Dobrogea, die waldreiche Maramureş sowie in das sagenhafte Donaudelta – zu fahren.

Der Ausbau der Flughäfen hat die Anreise erheblich erleichtert, und nicht mehr lange wird man die Straßen mit Enten, Gänsen, Eseln, Fuhrwerken, aber auch mit Fahrrädern und rasenden Autos teilen. Hier in Rumänien treffen im wahrsten Sinne des Wortes Fortschritt und Tradition in größtmöglichem Kontrast aufeinander. Wer bereit ist, von Gewohntem Abstriche zu machen, trifft noch auf eine Ursprünglichkeit, die ihresgleichen in Europa sucht.

Immer noch tragen die Schlagzeilen unserer Zeitungen, die fast ausschließlich von Armut, politischem Chaos, Korruption und organisierter Kleinkriminalität berichten, zu einer Furcht vor dem Land bei. Doch auch in Rumänien blieb die Zeit seit der Wende nicht stehen, und die Erfolge der letzten Jahre sind weithin sichtbar. Schon warten viele neue Straßen, Hotels und gastfreundliche Rumänen auf ihre Gäste. Vielleicht mag das Reisen etwas mühevoller als anderswo sein, doch die vielen hilfsbereiten Menschen lassen dies leicht vergessen.

Viele Jahrzehnte war das Land dem deutschen Sprachraum durch die auswanderungswilligen Rumäniendeutschen im Bewusstsein. Heute gehört das Land zur Europäischen Union, Tür und Tor sind offen und die Reisenden herzlich eingeladen, die Brücke zwischen Europa und dem Orient mit seinem überreichen Kulturgut zu besichtigen und seine Naturschönheiten zu genießen.

Das Pătrăuţi-Kloster in der Südbukowina

Hinweise zur Benutzung

Rumänien ist erst im 19. und 20. Jahrhundert aus kleineren Fürstentümern zu einem Staat verschmolzen. Die beiden Weltkriege haben mit ihren wechselvollen Grenzverschiebungen die heutige Größe des Landes entscheidend beeinflusst. Im ersten großen Abschnitt des Buches wird das Land übergreifend betrachtet, sein Werden und seine heutigen Charakteristika beschrieben. Der sehr viel ausführlichere Hauptteil ist in die fünf historisch bedeutsamen Regionen untergliedert, womit ihrer einstigen Selbständigkeit Rechnung getragen wird. Allen Gebieten wurde dabei die gleiche Aufmerksamkeit zuteil, um den Reisenden mit allen rumänischen Großräumen gleichermaßen vertraut zu machen. Den Abschluss bildet ein praktischer Anhang, der den organisatorischen Aufwand erleichtern soll, sowie ein Glossar, das wichtige Fachbegriffe erklärt, vor allem aus dem Bereich der Kunstgeschichte und der Architektur.

Der Fremde, der sich vielleicht älterer Literatur bedient, könnte erst einmal verwirrt sein durch die verschiedensprachigen Bezeichnungen von Städten, Regionen und geographischen Angaben. Das ist lediglich ein Indiz für die multiethnische Zusammensetzung der Gebiete, bedingt durch deren wechselhafte Zugehörigkeit zu verschiedenen Ländern.

Grundlage für den gesamten Reiseführer ist das Rumänische, wie man es auf den offiziellen Beschilderungen und auch auf Plänen und Landkarten im Land findet. Dabei wurde die neueste Schreibweise berücksichtigt, auch wenn Schilder mancherorts noch nicht ausgetauscht wurden. In Klammern ist an das Rumänische die gegebenenfalls deutsche, ungarische oder serbische Bezeichnung angefügt. Im laufenden Text wurde zur besseren Lesbarkeit teilweise das Deutsche angewandt, woraus sich Rechtschreibunterschiede ergeben können: der Fluss Prut (rumän.) und Pruth (dt.), Stefan der Große (dt.) und Ştefan cel Mare (rumän.). Rumänische Eigennamen wurden belassen und nicht der Rechtschreibreform angepasst.

Dieser Reiseführer hat zum Ziel, einen Überblick über das Land zu geben, den Reisenden an möglichst viele Kunstdenkmäler und andere Sehenswürdigkeiten heranzuführen und inhaltliche wie stilistische Merkmale der wichtigen Bauten exemplarisch zu beschreiben. Es lag nicht im Interesse der Verfasserin, mittels Aufzählung alle Sehenswürdigkeiten zu erfassen. Die Fülle des Gebotenen macht nach wie vor eine Auswahl zwangsläufig nötig, auch wenn mancher Geschmack dadurch vielleicht außer Acht gelassen zu sein scheint. Mittlerweile liegt eine ganze Reihe an Veröffentlichungen über das Land insgesamt und auch zu einzelnen Regionen und zur Hauptstadt Bukarest in Einzelwerken vor. Vernachlässigt sind aber noch immer die Regionen der Moldau und der Walachei, so dass beispielsweise das Bildprogramm der Moldauklöster hier in einer genaueren Beschreibung gewürdigt wird, damit sich der Betrachter vor Ort ausreichend orientieren kann.

Im Rumänischen häufig verwendete Abkürzungen

Str.	Strada (Straße)
Bdul.	Bulevardul (Boulevard)
P-ţa	Piaţă (Platz)
Sf.	Sfântul (Heiliger)
Sf.	Sfânta (Heilige)
Mr.	Mănăstirea (Kloster)

Zeichenlegende

- Tourismusbüros, allgemeine Informationen
- Internetcafés
- Fahrradverleih
- Bahnverbindungen, Bahnhof
- Busverbindungen, Busbahnhof
- Linienschiffe, Ausflugsschiffe
- Flugverbindungen, Flughafen
- Taxis
- Unterkünfte
- Campingplätze
- Einkehrmöglichkeiten
- Cafés
- Museen, sonstige Sehenswürdigkeiten
- Feste, Festivals
- Sportmöglichkeiten
- Sport allgemein
- Naturschutzeinrichtungen
- Einkaufsmöglichkeiten

In Săpânța werden alte Handwerkstechniken gepflegt

Entfernungstabelle

	Bukarest	Alba Iulia	Arad	Baia Mare	Braşov	Brăila	Cluj-Napoca	Constanţa	Craiova	Drobeta	Galaţi	Giurgiu	Iaşi	Mangalia	Oradea	Piatra-Neamţ	Ploieşti	Sibiu	Suceava	Timişoara	Tg. Mureş	Tulcea
Bukarest		343	547	592	168	212	440	266	234	343	244	65	393	310	592	342	60	274	439	562	337	279
Alba Iulia	343		232	249	214	476	97	609	309	291	508	408	462	653	249	362	322	69	426	237	140	567
Arad	547	232		311	418	680	268	813	380	271	712	617	755	857	116	594	526	273	589	52	372	771
Baia Mare	592	249	311		394	656	152	787	558	540	655	657	481	902	195	378	502	318	304	363	225	747
Braşov	168	214	418	394		262	274	380	255	395	294	233	311	384	457	235	108	145	332	423	169	353
Brăila	212	476	680	656	262		536	166	446	555	32	277	264	210	719	245	178	407	352	685	431	91
Cluj-Napoca	440	97	268	152	274	536		706	406	388	568	505	427	750	152	327	382	166	321	334	105	667
Constanţa	266	609	813	787	380	166	706		500	609	205	288	430	44	858	448	272	540	569	828	562	125
Craiova	234	309	380	558	255	446	406	500		109	478	215	566	544	444	490	243	220	587	328	364	513
Drobeta	343	291	271	540	395	555	388	609	109		587	385	675	653	387	620	383	298	717	219	431	622
Galaţi	244	508	712	655	294	32	568	205	478	587		309	252	249	720	243	210	439	340	717	463	80
Giurgiu	65	408	617	657	233	277	505	288	215	385	309		458	395	657	407	125	339	504	543	402	344
Iaşi	393	462	755	481	311	264	427	430	566	675	252	458		474	621	142	352	456	147	734	322	332
Mangalia	310	653	857	902	384	210	750	44	544	653	249	395	474		858	652	370	584	562	872	647	169
Oradea	592	249	116	195	457	719	152	858	444	387	720	657	621	858		479	532	318	473	168	257	768
Piatra-Neamţ	342	362	594	378	235	245	327	448	490	620	243	407	142	652	479		301	322	102	599	222	336
Ploieşti	60	322	526	502	108	178	382	272	243	383	210	125	352	370	532	301		253	398	531	277	269
Sibiu	274	69	273	318	145	407	166	540	220	298	439	339	456	584	318	322	253		424	278	144	498
Suceava	439	426	589	304	332	352	321	569	587	717	340	504	147	562	473	102	398	424		663	286	420
Timişoara	562	237	52	363	423	685	334	828	328	219	717	543	734	872	168	599	531	278	633		377	841
Tg. Mureş	337	140	372	225	169	431	105	562	364	431	463	402	322	647	257	222	277	144	286	377		543
Tulcea	279	567	771	747	353	91	667	125	513	622	80	344	332	169	768	336	269	498	420	841	543	

Das Wichtigste in Kürze

Klima und Reisezeit

Rumänien ist stark vom kontinentalen Klima geprägt, auch wenn man regional unterschiedliche klimatische Gegebenheiten antrifft. Mit Ausnahme des Donaudeltas ist das Land ganzjährig zu bereisen. Die Wintermonate können im Delta eisig werden, die Donau gefriert stellenweise, die meisten Quartiere sind geschlossen. Die Saison im Küstenabschnitt des Schwarzen Meeres beginnt im Frühsommer und reicht bis in den Herbst. Alle anderen Regionen können ganzjährig bereist werden. Besonders die Regionen Moldau, Siebenbürgen und Maramureș verzaubern im Winter wie im Sommer.

Sicherheit

Rumänien ist entgegen vieler veröffentlichter Vorurteile ein sicheres Reiseland. In der Großstadt Bukarest ist das Gefahrenpotential nicht höher als in jeder anderen Großstadt der europäischen Union. Ein erhöhtes Risiko ist im Verkehr gegeben, weswegen eine defensive Fahrweise angeraten ist.

Preisniveau

Ansteigende Gästezahlen aus dem Ausland, Geschäftsleute, die auf Firmenkosten reisen und ein sehr großes Wohlstandsgefälle haben die Preise für Unterkünfte und Gastronomie in die Höhe getrieben. In Bukarest scheint man besonders in der Oberklasse der Hotels jegliches Maß verloren zu haben.
In den Städten Siebenbürgens und des Banats liegt das Preisniveau für Übernachtungen in Pensionen häufig über demjenigen in Bayern oder Österreich. Die Preise für ein Abendessen haben westliches Niveau längst erreicht, auch wenn der Service nicht immer diesem entspricht. Übernachtungen in ländlicher Region werden häufig mit Halbpension angeboten. Man sollte mit mindestens 30 Euro pro Person rechnen.
Für Selbstversorger bieten sich die preiswerten Angebote auf den Märkten an.

Unterwegs im Land

Wer mit dem Pkw durchs Land reist, sollte darauf eingestellt sein, dass die Straßenverhältnisse immer noch nicht westliches Niveau erreicht haben. Manche Straßen enden im Nirgendwo, einige erneuerte und gut ausgebaute weisen unvermutet Schlaglöcher, Schwellen und sonstige Hindernisse auf. Man ist daher häufig länger unterwegs, als die Kilometerangaben vermuten lassen. Außerdem empfiehlt es sich, immer einen einsatzfähigen Ersatzreifen mit sich zu führen.
Mit der Bahn sind alle großen Städte erreichbar. Besonders die Bahnverbindungen durch das Olttal und von Bukarest nach Brașov bieten sich aufgrund ihrer landschaftlichen Schönheit förmlich an, zumal die parallel verlaufenden Straßenverbindungen häufig überlastet sind. Zuverlässiger als die Bahn und teilweise billiger ist das Fahren mit dem Autobus. Viele Städte verfügen über mindestens einen, wenn nicht mehrere Busbahnhöfe, von denen regelmäßig und relativ oft Busse starten, die sämtliche Regionen Rumäniens verbinden. Auf Wunsch wird auch in Ortschaften gehalten, die auf der Strecke liegen.
In Siebenbürgen und an der Donau wird verstärkt dafür geworben, mit dem Fahrrad zu fahren. Doch teilweise verlaufen die Radwege entlang der Straße, was mit Gefahren verbunden ist, zumal Radfahrer generell noch immer sehr selten anzutreffen sind.

Einreise

Rumänien ist EU-Mitglied, gehört aber noch nicht zur Schengenzone. Für Bürger der Europäischen Union und der Schweiz genügt für die Einreise ein bei Einreise mindestens drei Monate gültiger Personalausweis.

Geld und Währung

Die Landeswährung ist der Rumänische Neue Leu (Pl. Lei, RON), der problemlos an den zahlreich vorhandenen Geldautomaten bis zu einer Summe von 1000 Lei mit der EC-Karte (Maestro) gezogen werden kann. Auch ein paar Euro sollte man mit sich führen, beispielsweise für Straßengebühren. Im März 2012 bekam man für einen Euro 4,11 Lei.

Telefon

Internationale Vorwahl Rumänien: 0040
Notruf: 112
Zentrale Notrufnummer zum Sperren von EC-/Kredit-/Handykarten: 0049/116 116

Unterkunft

Das Übernachtungsangebot in Rumänien ist gut. In fast allen Städten warten zahlreiche neue und renovierte Hotels internationalen Standards auf Geschäftsleute und Touristen. Pensionen und Gästehäuser ergänzen das Angebot. Besonders auf dem Land in Siebenbürgen, der Maramureş, an der Donau und im Delta ist das Übernachten in zahlreichen liebevoll gestalteten und originellen Unterkünften möglich. In den Städten stehen Jugendherbergen, und im Gebirge sowie an der Küste zahlreiche Campingplätze zur Verfügung.

Verständigung

In ganz Rumänien spricht man rumänisch. In den städtischen Zentren und in den Hotels des Landes ist Englisch selbstverständlich. In Siebenbürgen, im Banat und in der Maramureş trifft man häufig jemanden, der Deutsch versteht. Während in der Moldau häufig französisch gesprochen wird, ist es im Donaudelta ukrainisch bzw. russisch.

Ortszeit

Die Zeitdifferenz zu Deutschland, Schweiz und Österreich beträgt plus 1 Stunde im Sommer wie im Winter, da in Rumänien auch auf die Sommerzeit umgestellt wird.

Die wichtigsten Sehenswürdigkeiten

UNESCO-Welterbe: Holzkirchen der Maramureş, sieben Klöster der Moldau, Dörfer und Wehrburgen in Siebenbürgen (Viscri, Valea Viilor, Câlnic, Saschiz, Prejmer, Dârjiu, Biertan), Festungen der Daker im Bergland von Oraştie, historisches Zentrum von Sighişoara und Kloster Horezu (Walachei) sowie Nikolauskirche von Densuş.

Nichtkulturerbe: Die Zentren von Braşov und Sibiu, Dorf und Wehrkirche von Mălâncrav, die Burgen von Bran, Râşnov und Hunedoara, Kloster Cozia und Curtea de Argeş, Săpânța mit dem ›fröhlichem Friedhof‹, Sighetu Marmației (einzigartige Gedenkstätte für die Opfer des Kommunismus), historische Wassertalbahn; Bukarest mit Kloster Snagov, Iași (Dreihierarchenkirche), Kloster Neamț, Eisernes Tor an der Donau, Biosphärenreservat Donaudelta; Wandern im Nationalpark Retezat und im Rodnagebirge, Turda- und Bicazschlucht.

Ausführliche reisepraktische Hinweise bieten die Reisetipps von A bis Z ab Seite 425.

Daker, Römer, Magyaren, Deutsche und Österreicher, Juden, Slawen, Osmanen und natürlich Rumänen haben diesem abwechslungsreichen Land seine unverwechselbare Note gegeben. Eine Spurensuche lohnt sich.

Land und Leute

Rumänien im Überblick

Die rumänische Flagge

Name: Rumänien (România).
Regionen: Maramureş, Crişana, Siebenbürgen, Moldau mit Südbukowina, Walachei (Oltenien und Muntenien), Dobrudscha und Banat.
Größe: 238.391 qkm, davon ein Fünftel geschütztes Gebiet.
Einwohner: 21,5 Mio (Stand 2009).
Hauptstadt: Bukarest (1,9 Mio.).
Weitere große Städte: Timișoara (311 000), Iași (308 000), Constanța (300 000), Cluj-Napoca (300 000), Craiova (298 000) Galați (290 000), Brașov (280 000), Ploiești (230 000), Brăila (210 000), Baia Mare (140 000).
Verwaltungsgliederung: 41 Kreise (județ, pl. județe).
Sprache: Rumänisch, regional auch Ungarisch, Deutsch, Ukrainisch.
Religionen: rumänisch-orthodox, ukrainisch-orthodox (Ruthenen der Maramureș, Ukrainer im Donaudelta), rumänisch griechisch-katholisch (uniert), katholisch, reformiert-calvinistisch (Ungarn), unitarisch (Ungarn), reformiert-lutherisch (Deutsche, Ungarn, Slowaken, Österreicher), muslimisch (Türken, Schwarzmeerküste, Donaudelta), serbisch-orthodox (Serben des Banat), jüdisch (Siebenbürgen, Bukarest).
Gebirge: Süd-, Ost- und Waldkarpaten, Siebenbürgisches Westgebirge (Apuseni), Banater Gebirge, Măcinberge in der Dobrudscha.
Höchste Erhebung: der Berg Moldoveanu (2544 m) in den Südkarpaten.
Nationalparks: Retezat und Piatra Craiului in den Südkarpaten; Rodna, Călimani, Cheile-Bicazului-Hășmaș und Ceahlău in den Ostkarpaten; Cheile Nerei-Beușnița und Semenic-Cheile-Carașului im Banat; Cozia, Buila-Vânâturarița und Domogled-Valea Cernei in der Walachei; Nationalpark Munții Măcinului in der Dobrudscha, Biosphärenreservat Donaudelta.
Naturparks: Apuseni im Westen Siebenbürgens, Bucegi in den Südkarpaten, Maramureș im Norden, Vânători Neamț und Putna Vrancea in der Moldau, Lunca Mureșului und Eisernes Tor im Banat, Naturpark Comana bei Bukarest, Balta Mică a Brăilei in der Dobrudscha.
Große Flüsse: Donau (1075 km), Mureș (766 km), Pruth (742 km), Olt (699 km), Sereth (559 km), Ialomița (417 km), Someș (376 km).
Klima: Gemäßigte Klimazone im Bereich des Westwindeinflusses. Aufgrund der Barrierewirkung der Karpaten regional sehr unterschiedlich geprägt: Moldau kontinental, Schwarzmeerküste und Dobrudscha unter mediterranem Einfluss. Die meisten Niederschläge fallen im Westen. Kältester Monat ist der Januar: die Temperaturen reichen von 0 Grad an der Küste und bis minus 10 Grad im Hochgebirge. Wärmster Monat ist der Juli mit durchschnittlich 25 Grad.
Staatsoberhaupt: Präsident Traian Băsescu, Premierminister Razvan Ungureanu (seit Februar 2012).
Nationalfeiertag: 1. Dezember (Siebenbürgen erklärt 1918 seinen Anschluss an Rumänien).
Vorwahl: 0040.
Autokennzeichen: RO.
Internetkennung: .ro.

Geographie

Die Republik Rumänien (Republica România) liegt mit ihrer Fläche von rund 238 000 Quadratkilometern – fast so groß wie die alte Bundesrepublik – weit im Osten Europas. Sie ist aus fünf historisch sehr verschiedenen Landschaftsräumen zusammengewachsen: Siebenbürgen (Transilvania) mit Kreischgebiet (Crişana) und Marmarosch (Maramureş), Moldau (Moldova), Walachei (Ţară Românească), Banat (Banatul) und Dobrudscha (Dobrogea). Diese Regionen sind heute verwaltungstechnisch in 41 Kreise (Judeţe, sing. Judeţ) und dem den Kreisen gleichgestellten Munizipium (Municipiu) Bukarest aufgeteilt. Nachbarländer Rumäniens sind Ungarn und Serbien im Westen, die Ukraine im Norden, die Republik Moldau (Moldawien) im Osten und Bulgarien im Süden. Natürliche Grenzen bilden der Karpatenbogen, das Schwarze Meer im Osten und die Donau im Süden.

Nur 21,5 Millionen Menschen bewohnen das Staatsgebiet, womit das Land mit 93,7 Menschen pro Quadratkilometer (Deutschland 227) relativ dünn besiedelt ist. Die Rumänen stellen die große Mehrheit, daneben bewohnen 7,1 Prozent Ungarn, 1,8 Prozent Roma, 0,5 Prozent Deutsche, 0,3 Prozent Ukrainer, wenige Russen, Türken, Serben, Tataren, Juden, Armenier, Bulgaren und Slowaken dieses abwechslungsreiche Territorium. Die Staatssprache ist Rumänisch, Minderheitensprachen sind unter anderem Ungarisch und Deutsch. Über 50 Prozent der Menschen leben heute in den Städten. Die Hauptstadt Bucureşti hat 1,9 Millionen Einwohner. Weitere große Städte sind Iaşi (308 000), Constanţa (300 000), Timişoara (311 000), Cluj-Napoca (300 000), Craiova (298 000) und Galaţi (291 000). Das Land lässt sich geographisch fast dreiteilen: Gebirge, Hügelland sowie Hochebene und Ebene. In der Landesmitte umgibt der weit ausholende Karpatenbogen das transsilvanische Hochland.

Das Apuseni-Gebirge

Die Karpaten (rumän. Carpaţi, ungar. Kárpátok), ein Faltengebirge des alpidischen Gürtels, untergliedern sich in West-, Wald-, Ost- und Südkarpaten. Die Waldkarpaten umfassen die Marmarosch bis zur Prislophöhe. Ab diesem Pass spricht man von den Ostkarpaten, die sich bis zum Predeal bei Braşov entlangziehen. In ihnen liegen vulkanische Zonen, das ›Gurghiu-Gebirge‹ (westlich des obersten Maros) und die ›Munţii Harghita‹. Die Ostkarpaten bestehen aus drei parallel laufenden, geologisch verschiedenen Ketten, die sich von Norden nach Süden erstrecken. Sie umfassen das größte Forstgebiet des Landes. Eine äußere Sandsteinzone breitet sich an ihrer Südseite fächerförmig aus.

Am Predeal schließen sich die im Durchschnitt höheren Südkarpaten an, die bis zum Donaudurchbruch am Eisernen Tor verlaufen. Im Fogarascher Gebirge (rumän. Munţii Făgăraşului, ungar. Fograsi-Havasok), einer 70 Kilometer langen Schiefer- und Gneiskette der Südkarpaten, liegen die höchsten Gipfel Rumäniens. Allein sechs reichen über 2500 Meter, der höchste, der Moldoveanu, ist 2544 Meter hoch. Stellenweise sind in den Karpaten um Braşov heute noch intakte Wildpopulationen mit Wölfen, Braunbären und dem scheuen Luchs aufzuspüren. In Zusammenarbeit mit deutschen Wissenschaftlern werden zur Zeit Studien und Pläne zur Einrichtung von Schutzgebieten erarbeitet.

Im Westen Rumäniens begrenzen die siebenbürgischen Westgebirge (Apuseni) mit den ›Munţii Metaliferi‹ (Siebenbürgisches Erzgebirge) und ›Munţii Trascău‹ mit Höhen von 1438 Metern die transsilvanische Hochebene. In ihnen liegen wichtige Bergbauregionen des Landes. An seiner Südflanke verläuft das streckenweise wunderschöne Mureştal. Hinter seinen Wäldern, um die Städte Arad, Oradea und Timişoara, hat Rumänien Anteil an der ungarischen Tiefebene. Der südliche Landesteil wird von der weiten rumänischen Ebene (Câmpia Română), dem bedeutendsten Agrargebiet, eingenommen. Sie reicht im Osten bis an die Region Moldau. Im Südosten, zwischen Donau, Schwarzem Meer und der Grenze zu Bulgarien, liegt ein Tafelland mittlerer Höhe, die Dobrudscha (Dobrogea), und ganz im Osten das Donaudelta. Im Osten, zwischen den Flusstälern von Pruth und Sireth, wird die Region der Moldau von der Hügellandschaft der Vorkarpaten und einem mit Löss bedeckten Tafelland geprägt.

Das Klima des Landes ist vom Übergang zwischen gemäßigtem und kontinentalem Bereich gekennzeichnet. Im Juli betragen die Durchschnittstemperaturen 22 bis 23 Grad in der Ebene, im Gebirge 15 bis 16 Grad. Die Niederschlagsmenge ist im Osten am geringsten, im Süden und im Westen regnet es mehr. Rumänien hat zuweilen mit extremen Hitzeperioden im Juli zu kämpfen.

Bodenschätze und Mineralquellen

Rumänien hätte nie arm sein müssen. Seine Ölreserven haben schon im Zweiten Weltkrieg Hitler zum Öl-Pakt veranlasst. Die Ölfelder von Moreni, nordwestlich von Ploieşti, lagen nach Förderung und Einnahmen einst an Europas erster Stelle. Im quellreichen Gebiet, in dem sich die Bohrtürme dicht nebeneinanderreihten, reichten die Bohrlöcher in eine Tiefe von bis zu 1500 Metern. Rohrleitungen beförderten den Rohstoff an die Donau nach Giurgiu oder nach Constanţa. Die Erdölreserven Rumäniens befinden sich nicht nur im Binnenland, um Ploieşti und Bacău, Piteşti und Craiova sowie Bihor und Timiş, sondern auch im Schwarzen Meer. Die Erdgasvorkommen, die seit 1910 ausgenutzt werden, liegen vor allem in Siebenbürgen um Sighişoara (Schäßburg) und Mediaş (Mediasch). Die Gold-, Silber- und Buntmetallerze werden in der Maramureş um Baia Mare und im Goldenen Viereck des Siebenbürger Erzgebirges Roşia Montană und Zlatna ausgeschöpft. Außerdem werden Eisen-, Blei-, Zink-, Kupfer- und Manganerz gefördert. Im Schwarzen Meer entdeckte man Methangas. Reiche Stein- und Braunkohlevorkommen wurden vor allem in der Petroşani-Senke (Petraschen-Senke) und im Tal des Jiu (dt. Schiltal) abgebaut. Daneben werden Uran und Bauxit gewonnen und die reichen Salzvorkommen Siebenbürgens in den Randsenken teilweise abgetragen. Braunkohle wird vor allem in der Moldau im Trotusbecken, Eisenerz in Reşiţa abgetragen, wo eines der größten Stahlwerke und Eisenhütten ansässig sind. Teilweise ist der Bergbau zum Erliegen gekommen. So stehen in der Industriestadt Zlatna fast alle Anlagen still, während in Roşia Montană die endültige Entscheidung zur Zukunft der Goldgewinnung noch aussteht. Dem Beitritt zur Europäischen Union waren Umweltschutzauflagen vorausgegangen, die Privatisierung und die partiell geringe Rentablität waren weitere Gründe für den Niedergang.

Rumänien ist reich an Mineral- und Thermalquellen. Allein ein Drittel aller europäischen Heilwasserquellen findet man in den Karpaten. Schon im Altertum war Rumänien berühmt für diese vielen verschiedenen Heilquellen, sie wurden frühzeitig von den Römern, die auch das Băile Herculane (dt. Herkulesbad) gründeten, genutzt. Kaiser Napoleon III. bezog Wasser aus Călimăneşti (ungar. Kelementelke) und zog dieses den französischen Quellen vor, während die Habsburger das Wasser aus Borsec bevorzugten. Heute versprechen 70 Kurorte im ganzen Land Linderung bei rheumatischen Beschwerden, Herz-Gefäßerkrankungen, Erkrankungen des Verdauungs- und Nervensystems, Haut- und gynäkologischen Problemen und Alterserscheinungen. Natürliche Heilverfahren werden ergänzt durch Physiotherapie, Akupunktur, Elektrotherapie, Pflanzenauszüge und in Rumänien entwickelte Heilöle.

Sanddüne im Donaudelta

Geschichte

Rumänien ist seit uralten Zeiten besiedelt, wie Funde seit dem 7. Jahrtausend vor Christus belegen. Völkerbewegungen vom Osten nach Westen und umgekehrt haben ihre Spuren ebenso hinterlassen wie die aufstrebenden mittelalterlichen Reiche, bis dann während der Neuordnung Europas vom 19. Jahrhundert bis zum Zweiten Weltkrieg der Staat Rumänien in seinen heutigen Grenzen geformt wurde.

Ur- und Frühgeschichte

Im Jahr 1994 fand in Frankfurt am Main die Ausstellung ›Goldhelm, Schwert und Silberschätze‹ statt. Die wertvollen Exponate verdeutlichten eindrucksvoll das reiche archäologische Erbe Rumäniens aus der Zeit vom frühen 5. Jahrtausend vor Christus bis zum 6. Jahrhundert nach Christus. Schon während des Neolithikums (6500–3500 vor Christus) wurde hier eine qualitätvoll bemalte Keramik hervorgebracht, worunter jene der Cucuteni-Kultur aus dem Gebiet der Moldau ein harmonisches Zeugnis abgibt. Der Reichtum an Bronze- und Goldobjekten war den großen Kupfererzvorkommen Siebenbürgens und den Goldlagerstätten der siebenbürgischen Westgebirge (Apuseni) zu verdanken und lässt Verbindungen zur mykenischen Hochkultur erkennen.

Die Besiedlung durch Daker und Geten, die dem nördlichen Zweig der thrakischen Völkerschaft angehörten und wie diese Indoeuropäer waren, ist seit der Bronzezeit – ab 1800 vor Christus – auf dem Gebiet des heutigen Rumänien belegt. Die Südgrenze ihres Siedlungsgebietes bildete die Donau. In der engen Symbiose beider Völker gewannen die Daker allmählich Übergewicht. Während die Römer am Übergang vom 2. zum 1. Jahrhundert vor Christus mit der Festigung ihres Einflusses südlich der Donau in Makedonien und Griechenland beschäftigt waren, begann der Expansionsdrang dakischer Stämme. Unter dem Daker Burebista (60–44 vor Christus) formierte sich erstmals im Schutze dichter Wälder ein dakisches Reich, dessen Kerngebiet Siebenbürgen um das Orăştie-Gebirge mit der wichtigen Burg von Costeşti war und das sein Herrschaftsgebiet fast bis an die Grenzen Italiens ausdehnen konnte. Die Geto-Daker beherrschten die Kunst der Eisengewinnung und lebten vom Handel mit Salz, das im Tagebau abgetragen wurde. Ihr wichtigster Handelspartner waren die Griechen, deren Tetradrachme auch gängiges Zahlungsmittel wurde. Mit dem Tod Burebistas (44 vor Christus) zerfiel das dakische Reich in Teilherrschaften.

Unter römischer Herrschaft

Zu Beginn des 1. Jahrhunderts nach Christus geriet die donauländische Region unter römische Kontrolle und wurde als Provinz Moesia (benannt nach dem Stamm der thrakischen Myser) Inferior und Moesia Superior ins Reich eingegliedert. Nördlich der Donau herrschte zu dieser Zeit König Decebal (85–106), dem eine Einigung der Daker nochmals gelungen war. Zum ersten Konflikt mit den Römern kam es 86/87; er ging zugunsten der Daker aus. Decebal hatte

Trajan wird von der dakischen Bevölkerung begrüßt; Darstellung auf der Trajanssäule in Rom

die Römer über den Roten-Turm-Pass (Turnul Roşu) gelockt, der die Walachei mit Siebenbürgen verbindet. Die Erschöpfung der Kriegsgegner machte einen Friedensvertrag im Jahr 89 möglich. Decebal unterwarf sich formell und erhielt römische Mittel zum Ausbau seines Landes. Während des zehnjährigen Friedens wurden die dakischen Festungen verstärkt.

Der römische Kaiser Trajan (98–117), geleitet von Geldnöten, die er in Erwartung von Gold, Silber und Eisen aus Dakien lösen wollte, bereitete jedoch erneut eine Offensive vor. In zwei blutigen Kriegen – 102 und 105/06 – wurden die Daker besiegt, und der Kaiser schuf klare Verhältnisse an der Donaugrenze. Von seinem Triumph zeugen die szenenreiche bildliche Wiedergabe auf der Trajanssäule in Rom und das Tropaeum Traiani in Adamclisi. Zur militärischen Sicherung ihres Herschaftsgebietes führten die Römer den Donaulimes am Olt entlang bis zu den Karpaten und zur Dnjestrmündung. Mit den Goldfunden entstand in Rom nördlich vom Forum Cäsars ein eigenes Forum für Trajan, das der berühmte Baumeister Apollodor von Damaskus entwarf. Am 11. August 106 wurde Dakien erstmals als römische Provinz Dacia erwähnt. Sie sollte es 165 Jahre bleiben. Es erfolgten die Romanisierung und Kolonisierung mit aus allen Teilen des Imperiums herbeigerufenen Völkerschaften; ein festes Straßennetz, Monumentalbauten, Tempel, Amphitheater und Bäder entstanden.

Doch die ungezählten Einfälle der Goten, Karpen (daher der Name Karpaten) und der Kostoboken zwangen Kaiser Aurelian 271, die Grenzen zu begradigen und die Provinz Dacia aufzugeben. Im Jahr 275 wurde die Walachei geräumt. Trotz der daraufhin einsetzenden Einwanderung gotischer und slawischer Stämme wirkte der Einfluss der Römer weiter, und diese Zeit ist bis heute eng mit dem rumänischen Selbstverständnis als Nation verbunden. Aber keineswegs alle Daker waren mit der Provinz Dacia unter die Herrschaft Roms geraten. Ein Teil ihres Gebietes, die heutige Crişana und die Maramureş, wurde nie von Rom erobert.

Nach dem Rückzug der Römer fielen zahlreiche germanische Stämme in das heutige Rumänien ein und ließen sich für kurze oder längere Zeit dort nieder. Einen nachhaltigen Einfluss hatte das Eindringen der Slawen. Sie eroberten vom 5. bis 7. Jahrhundert fast die gesamte Balkanhalbinsel und siedelten im Donaugebiet ab dem 7. Jahrhundert. Das Gewicht des ersten bulgarischen Reiches war für Rumänien entscheidend: Kirchenordnung und das Slawische als Liturgiesprache wurden übernommen.

Erste Staatsbildung und türkische Herrschaft

Im 11. Jahrhundert war Rumänien von starken Reichen umgeben: dem byzantinischen Reich im Osten, dem ungarischen Reich im Westen und einem zweiten bulgarischen Reich im Süden. Diese Situation und der ständige Einfall nomadisierender Turkvölker wie der Petschenegen und der Kumanen verhinderten bis zu dem einschneidenden Mongolensturm 1241 jegliche Staatsbildung. Siebenbürgen hatten sich die Ungarn bereits einverleibt. Südlich und östlich der Karpaten wuchsen schrittweise im Schatten der Osmanen und Ungarns rumänische Fürstentümer: die Walachei und Moldau. Zunächst der ungarischen Oberherrschaft verpflichtet, gelang es zuerst Basarab I. (1324–1352), die ungarische Oberhoheit für die Walachei abzuschütteln. Ihm folgte in der Moldau nur wenige Jahre später Bogdan I. (1359 –1365).

Alle drei bis dahin bestehenden rumänischen Länder haben ihre eigene Geschichte, die vom 14. bis 17. Jahrhundert eines verband: die Gefährdung durch die Türken. Diese hatten schon Bulgarien erobert, danach die Dobrudscha, woraufhin sie an der Donau starke Festungen anlegten. Bis zum Sieg der Habsburger über die Türken gelang es rumänischen Fürsten immer nur zeitweise, die osmanische Macht abzuschütteln. Die Schlacht von Mohács (1526), in der das ungarische Heer gegen die Osmanen eine vernichtende Niederlage erlitt, kann als Zäsur auch in der rumänischen Geschichte betrachtet werden. Denn im Ergebnis dieser Schlacht begann die intensive Orientalisierung des Balkans und des Karpatenbogens bis hinein in die ungarische Tiefebene. Während Ungarn für 150 Jahre osmanisch wurde, koppelte sich Siebenbürgen als selbständiges Fürstentum von osmanischen Gnaden ab. Die Moldau und die Walachei erhielten sich dank hoher Tributzahlungen an die Hohe Pforte in Konstantinopel eine relative Selbstständigkeit. Der osmanische Druck äußerte sich außenpolitisch, in krasser Ausbeutung und in der Heeresfolge rumänischer Kontingente im Dienste des Sultans. Innenpolitisch versuchten die Sultane die Wahl der Woiwoden zu beeinflussen. Diese wiederum waren keine Alleinherrscher, sondern mussten die Macht mit den Bojaren (Adel und Großgrundbesitzer) teilen. Dennoch blieben Verwaltung und Kultur in eigener Hand, im Gegensatz zum Balkan, dessen Länder in sogenannte Paschaliks – in denen ein osmanischer Pascha herrschte – umgewandelt wurden.

Basarab I.

Erst in Michael dem Tapferen (reg. 1592–1601), einem ehemaligen oltenischen Ban, erwuchs den Osmanen ein bedrohlicher Gegenspieler: Er stellte die Tributzahlungen ein, schloss Beistandsverträge mit dem Siebenbürger Stefan Báthory und dem Woiwoden der Moldau und vernichtete die türkische Schutztruppe. Nach seinem Sieg gegen Sinan Pascha 1595 bei Călugăreni befreite er mit Hilfe der Siebenbürger und Moldauer Truppen Târgovişte und Bukarest. Nach der Niederlage der kaiserlichen Habsburger gegen die Türken schloss er rasch einen Waffenstillstand mit den Türken. Geschicktes Taktieren verschaffte ihm einen Vasallenvertrag mit Kaiser Rudolf II.; er eroberte mit dessen Wissen Siebenbürgen und zog siegreich in Alba Iulia ein. In der Walachei vertrieb er Ieremia Movilă und vereinte so Siebenbürgen, Moldau und Walachei in seiner Hand. Sein Aufstieg war den Habsburgern nicht ganz geheuer, er wurde von ihrer Seite durch eine Verschwörung hingerichtet. In der Folgezeit blieb die außenpolitische Situation in Rumänien weiterhin durch die Rivalität Österreichs und der Türkei bestimmt.

Bogdan I.

Mit Russlands Sieg über die Schweden trat eine neue Macht auf den Plan. Dimitrie Cantemir in der Moldau und Constantin Brâncoveanu in der Walachei hofften, mit der Unterstützung Russlands ihre Unabhängigkeit von der Türkei erlangen zu können. Diese Hoffnung wurde durch die unerwartete Niederlage Peters des Großen im Pruthfeldzug zerstört.

Die Zeit der Fanarioten

Lange schon waren Griechen in die Moldau und die Walachei eingewandert. Während Siebenbürgen in österreichische Hände kam, die Dobrudscha von der schwächer werdenden Türkei besetzt blieb, setzte die Hohe Pforte in der Walachei und der Moldau seit 1711 die Fanarioten ein, Griechen, die führenden Familien entstammten und sich dem Sultan in Wirtschaft und Verwaltung unentbehrlich gemacht hatten. Nicolae Mavrocordat sollte als erster Fanariot die türkische Herrschaft in der Moldau und Walachei stabilisieren. Mit Zugeständnissen an die Bojaren hatten sich aber die Habsburger deren Unterstützung gesichert, eroberten Bukarest und nahmen Mavrocordat gefangen. Im Frieden von Passarowitz (1718) erhielten die Habsburger Serbien, das Banat von Temeschwar (Timişoara) und Oltenien, aber eine türkische Großoffensive (1739) ließ sie alles wieder verlieren.

Der aufgeklärte Constantin Mavrocordat (1730–1769) führte als einziger Fanariot durchgreifende Reformen durch. Damit wurde der Exodus der Bauern in der ausgezehrten Walachei gestoppt. In beiden rumänischen Fürstentümern hob

Das Osmanische Reich im 17. Jahrhundert

Mavrocordat die Leibeigenschaft gegen den Widerstand der Bojaren auf. Seine Nachfolger knüpften jedoch an die Politik seiner Vorgänger an und beuteten das Land und die Menschen aus.

Die Gräzisierung des Landes und seiner höheren Stände fand ihren Ausdruck in der Kleidermode, der Kunst und Architektur; Griechisch wurde Amtssprache. Die Moldau blieb allerdings aufgrund der Nähe zu Russland auch kirchenslawischen Traditionen treu.

Mit dem Beginn der türkisch-russischen Kriege 1768 und dem Sieg der Russen bei Hotin gerieten die Fürstentümer unter russischen Einfluss. Die Türken verloren dabei die Schlüsselfestungen an der unteren Donau: Akkerman, Chilia und Ismail. Ein Friedensvertrag sicherte Russland uneingeschränkte Schifffahrt auf dem Schwarzen Meer und erhob es zum Protektor über die rumänischen Fürstentümer.

Nationale Befreiung und staatliche Einigung

Der Machtschwund der Türkei und der erwachende Nationalismus bestimmten die Geschichte Rumäniens am Anfang des 19. Jahrhunderts. Impulse kamen einerseits aus Frankreich, andererseits hatten sich die benachbarten Serben 1804 gegen die Türken erhoben und nach zehnjährigem Kampf ihre Unabhängigkeit erlangt. Die steigende Ausbeutung durch die Fanarioten und die wachsende Unterdrückung der Bauern durch die Bojaren, dazu die Opfer für den Russisch-Türkischen Krieg führten 1821 zum Bauernaufstand mit Plünderungen der Bojarendomänen und Klostergüter unter der Führung von Vladimirescu in Oltenien. Der Aufstand wurde kurzerhand mit russischer Hilfe bezwungen, Vladimirescu fand den Tod. Die Fürstentümer unterstanden nun formell den Russen. Das Geschehen in den Fürstentümern leiteten russische Generäle, unter ihnen ragt General Kisselev als Gouverneur mit Reformversuchen heraus: Er schuf ein Schulsystem nach Ideen von Barbu Ştirbei.

Im europäischen Revolutionsjahr 1848 kam es auch in allen drei Regionen – Moldau, Walachei und Siebenbürgen – zu revolutionären Erhebungen, die eine Unabhängigkeit zum Ziel hatten. Das nationale Gedankengut erhielt Nahrung durch Übersetzungen von Ion Heliade Rădulescu. Geistiger Führer der Moldau war Mihail Kogălniceanu, der sich noch bewähren sollte, während in der Walachei die Hoffnungen auf Fürst Bibescu und seinem revolutionärem Kabinett mit N. Golescu, C.A. Rosetti und N. Bălcescu lagen. Das Scheitern dieser Aufstände hatte eine Verschärfung der russisch-türkischen Fremdherrschaft zur Folge.

Der Krimkrieg brachte den Umschwung: Das unterlegene Russland musste im Frieden von Paris (1856) das Protekorat für die Fürstentümer an die sogenannten Garantiemächte Preußen, Frankreich und Österreich abgeben; Konstantinopel behielt die Oberhoheit. Eine innenpolitische Unabhängigkeit war nun gewährleistet, es herrschte uneingeschränkte Freiheit in Religion, Gesetzgebung, Handel und Schifffahrt sowie nationaler Verwaltung. Im Wissen, die Pariser Konvention zu verletzen, ließ sich Alexandru Iaon Cuza (1820–1873) völlig überraschend zuerst vom moldauischen, anschließend vom walachischen Parlament zum Fürsten wählen. Die Personalunion wurde von den Garantiemächten – beschränkt auf die Amtszeit Cuzas – anerkannt, was er für die Schaffung einer einheitlichen Verwaltung nutzte. In kürzester Zeit wurden so viele Neuerungen eingeführt wie sonst nie mehr in der rumänischen Geschichte: Eine Verfassung nach französischem Vorbild entstand, das Wahlrecht – Bauern und Kleinbürger

Alexandru Iaon Cuza um 1860

blieben ausgeschlossen – wurde geändert, die Landreform (Enteignung der Klöster) vorangetrieben, die autokephale rumänisch-orthodoxe Kirche gegründet, ein einheitliches Post- und Währungssystem geschaffen, die Grundschulpflicht zur Beseitigung des Analphabetentums und das lateinische Alphabet eingeführt.

Am 24. Januar 1862 wurde die Vereinigung des Landes unter dem Namen Rumänien in Bukarest ausgerufen, was auf dem Berliner Kongress (1878) anerkannt wurde. Wie so häufig in Rumäniens Geschichte scheiterte die Regierung an innenpolitischen Problemen: Die Großbojaren fürchteten durch die Landreform um ihre Pfründe und erzwangen 1866 Cuzas Rücktritt.

Rumänien unter den Hohenzollern

Die Interessen von Deutschland, Österreich und Frankreich, die den türkischen und russischen Einfluss in der Region zurückdrängen wollten, verhalfen Karl (1839–1914), Prinz von Hohenzollern-Sigmaringen, am 20. April 1866 durch Volksabstimmung zum Titel des Fürsten von Rumänien. Außenpolitisch von Frankreich und Deutschland unterstützt, bewältigte er den Aufbau des Landes trotz seiner ausländischen Herkunft, seiner fremden Sprache und Konfession. Die 1866 geschaffene Verfassung blieb bis 1923 gültig und verlieh dem Fürsten eine starke Stellung: Oberbefehl über die Armee, das Recht der Ministerernennung

Der Balkan nach 1878

und -entlassung, die Auflösung des Parlamentes sowie die Befugnis, mit ausländischen Staaten Verträge zu schließen. Karl schuf eine Armee nach preußischem Vorbild, verbesserte das Finanz- und das Schulwesen und begann mit dem Bau von Eisenbahnen. Während des erneuten russisch-türkischen Krieges öffnete er notgedrungen sein Land den russischen Truppen und leistete auch durch militärische Unterstützung den entscheidenden Beitrag zum russischen Sieg. Im Vertrag von San Stefano und auf dem Berliner Kongress (1878) wurde Rumäniens Unabhängigkeit bestätigt, außerdem erhielt das Land das Donaudelta und die Dobrudscha von Silistra bis Mangalia. Russland erhielt dafür Teile Bessarabiens.

Der antijüdische Artikel 7 der Verfassung – er verbot Nichtchristen (Juden) Einbürgerung und Grundbesitz – musste auf außenpolitischen Druck hin geändert werden. Karl wurde 1881 als Carol I. zum König von Rumänien gekrönt. Er war verheiratet mit Elisabeth, Tochter des Fürsten Hermann zu Wied-Neuwied, die unter dem Namen Carmen Sylva ein umfangreiches schriftstellerisches und dichterisches Werk schuf, mit dem sie in Deutschland rumänisches Brauchtum und Traditionen bekannt machte. Zum Ende des Jahrhunderts wurde Rumänien schrittweise modernisiert und industrialisiert. Es entstand eine kleine Mittelschicht. Die Landbevölkerung verelendete aber weiter, die Agrarreform war nur halbherzig und provozierte 1907 den nächsten Bauernaufstand, der tausende Tote kostete.

Die Entstehung Großrumäniens

Die Regierung Rumäniens war seit ihrer Unabhängigkeit einerseits stets um Neutralität bemüht, andererseits wollte sie den Anschluss an die Nachbarn nicht verlieren. Im ersten Balkankrieg neutral, trat Rumänien 1913 an der Seite Serbiens und Griechenlands in den für Bulgarien verlustreichen zweiten Balkankrieg ein. Im Frieden von Bukarest erhielt Rumänien die strategisch wichtige Süddobrudscha. Das innen- und außenpolitische Ansehen König Carols war damit beträchtlich gestiegen. Als Carol am 10. Oktober 1914 starb und sein Neffe Ferdinand I. den Thron bestieg, fiel die stärkste Stütze für die Neutralität weg; Rumänien erklärte, umworben mit Gebietsversprechungen von allen Seiten, 1916 Österreich-Ungarn den Krieg.

In Siebenbürgen beschloss man unter Führung der rumänischen Unabhängigkeitsbewegung und unter Berufung auf das Selbstbestimmungsrecht am 1. Dezember 1918 (Nationalfeiertag) den Anschluss an Rumänien. Auf der Pariser Friedenskonferenz 1919/20 begünstigten die alliierten Großmächte Rumänien, weil sie es als Pufferzone zwischen Russland und dem zerschlagenen Österreich fördern wollten: die Städte Arad, Oradea und Satu Mare sowie die Bukowina und Bessarabien wurden dem Territorium Rumäniens zugeschlagen, dessen Fläche sich damit von 130 777 Quadratkilometer im Jahr 1913 auf 295 049 Quadratkilometer mehr als verdoppelt hatte. Ein Vielvölkerstaat mit 30 Prozent Nicht-Rumänen war entstanden, aber das Verhältnis zu den Nachbarn vergiftet.

Neutralität und bilaterale Freundschafts- und Beistandsverträge wie mit der Tschechoslowakei und Jugoslawien, die sogenannte ›Kleine Entente‹, bestimmten von nun ab die Außenpolitik. Doch mit Russland bahnte sich der Konflikt um Bessarabien schon an. Innenpolitisch stand die Rumänisierung an erster

Rumänien ab 1920

Stelle, die mit der Agrarreform einherging, die die Enteignung aller Ausländer bedeutete. Unterschiedliche Bestimmungen im Altreich und in gewonnenen Gebieten begünstigten die Rumänen und die orthodoxe Kirche. Das eingeführte allgemeine Wahlrecht schuf eine neue Parteienlandschaft. Die nationalliberale Partei führte das Land von 1918 bis 1938, zweitstärkste Kraft war in dieser Zeit die nationale Bauernpartei.

Königsdiktatur und Zweiter Weltkrieg

Während der Weltwirtschaftskrise traten zwei wichtige politische Kräfte hervor: die faschistische Eiserne Garde, hervorgegangen aus der Bewegung des ›Erzengel Michael‹ unter Führung von Codreanu, und Carol II., Sohn Ferdinands. Die desolate wirtschaftliche Situation und die Zerstrittenheit der Parteien trieben kommunistischen wie faschistischen Parteien die Wähler in die Arme. Als auch antisemitischer Straßenterror überhand nahm, rief Carol per Staatsstreich 1938 seine Diktatur aus. Er stellte das Land unter Kriegsrecht, die von ihm berufene ›Regierung der nationalen Einheit‹ hatte lediglich beratende Funktion. Die liberale Verfassung von 1923 wurde aufgehoben, polizeistaatliche Mittel zur Unterdrückung der Opposition eingesetzt, Codreanu ermordet und damit Gegenterror provoziert. Politisch doppelt unter Druck durch das faschistische Deutschland und die stalinistische Sowjetunion, bemühte sich Carol außenpolitisch um Neutralität. Die Kleine Entente war mit der Zerschlagung der Tschechoslowakei praktisch hinfällig geworden. Auf den deutsch-sowjetischen Nichtangriffspakt von 1939 folgte das Ultimatum der Sowjets zur Räumung Bessarabiens und der Verlust der Nordbukowina. Der für Rumänien ungünstige ›Öl-Waffen-Pakt‹ von 1940 mit Deutschland signalisierte einen Kurswechsel Carols.

Ion Antonescu

Innenpolitisch wurde die Eiserne Garde unter Horia Sima in die Regierung eingebunden. Die Anbiederung an Hitler hielt diesen dennoch nicht ab, im Zweiten Wiener Schiedsspruch 1940 von Rumänien die Abtretung Nordsiebenbürgens an das Horthy-Regime Ungarns sowie der Süddobrudscha an Bulgarien zu fordern. Carol, für die Verluste des Staatgebietes verantwortlich gemacht, setzte Marschall Ion Antonescu (1882–1946) als Ministerpräsidenten ein. Dieser errichtete nach der Niederschlagung der Garde eine Militärdiktatur, proklamierte sich selbst zum Führer (Conducător) und schloss sich dem Angriff auf die Sowjetunion an. Er konnte einen kurzfristigen Rückgewinn von Bessarabien und Nordbukowina verbuchen, doch die Schlacht um Stalingrad, in der große Teile des rumänischen Heeres aufgerieben wurden, leitete in jeder Hinsicht die Wende ein. Carols Nachfolger Michael stürzte 1944 Antonescu und entschied sich im Einvernehmen mit einer Vierparteienkoalition für den Bruch mit dem Deutschen Reich, die Teilnahme am Krieg gegen Deutschland und damit für den endgültigen Verlust von Bessarabien und Nordbukowina an die Sowjetunion.

Die Republik Rumänien

Die 1921 gegründete Kommunistische Partei (PCR) konnte ihre Macht nach dem Zweiten Weltkrieg dank der Anwesenheit sowjetischer Truppen ausweiten. Sie regierte formal unter dem Ministerpräsidenten Petru Groza (1884–1958). Ihre Mitglieder besetzten innerhalb eines Jahres die Schlüsselpositionen im Land. Auf Druck der Westalliierten erfolgten zum Schein freie Wahlen, in deren Folge im Februar 1947 der Friedensvertrag mit Rumänien unterzeichnet und die Alliierte Kontrollkommission aufgelöst wurde. Das Land war nun völlig auf sich gestellt, was die Kommunisten mit Unterstützung der Sowjets zum Machtausbau nutzten. Am 30. Dezember 1947 erzwang die Groza-Regierung mit dem Generalsekretär der Kommunistischen Partei, Gheorghe Gheorghiu-Dej, König Michaels

Petru Groza (links) und Gheorghe Gheorghiu-Dej bei einem Besuch in Bulgarien

Abdankung, um am gleichen Tag die Volksrepublik Rumänien (Republica Populară Română) auszurufen.

Gheorghiu-Dej, der sich im parteiinternen Ränkespiel gegen die Moskauer Gruppe durchgesetzt hatte, stand Stalin in nichts nach. Eines der prominentesten Opfer seiner Säuberungen war Lucreţiu Pătrăşcanu, ein Kommunist der ersten Stunde. Unter zweifelhaften Anklagen wurden Kriegsverbrecher, Politiker, Deutsche, überhaupt Andersdenkende verhaftet und erschossen oder zur Zwangsarbeit in die Sowjetunion geschickt. Um ›Volksfeinde‹ besser ausschalten zu können, gründete man 1948 die Securitate (Staatssicherheit). Unter dem Namen ›Experimentul Piteşti‹ leitete diese das beispiellose Umerziehungsprogramm ein, bei dem sich Gefangene gegenseitig zu foltern hatten. Paul Goma, ein Gefangener, hat diese Erfahrung in seinem Roman ›Ostinato‹ verarbeitet.

In der Wirtschaft zog die vollständige Enteignung die Kollektivierung nach sich, die zur Basis der Planwirtschaft wurde. Eine brutal von oben durchgesetzte Umwandlung vom Agrar- zum Industriestaat begann. Mit Stalins Tod (1953) und Chruschtschows ›Tauwetter‹-Politik erwachte auch in Rumänien die Hoffnung auf Reformen. Die bereits zu Stalins Zeiten eingeleitete Distanz zu Moskau fand ihren Höhepunkt mit dem Abzug der sowjetischen Besatzungstruppen im Jahr 1958, der der Sowjetunion auch deswegen leicht fiel, weil Rumänien als loyal galt. Gheorghiu-Dej stellte noch die Weichen für eine Öffnung nach Westen, bevor er 1965 starb.

Unter dem ›Conducător‹

Nicolae Ceauşescu (1918–1989) trat mit 48 Jahren als jüngster Parteichef Osteuropas die Nachfolge von Gheorgiu-Dej an. Sein Aufstieg vom Schusterlehrling aus Scorniceşti zum unumschränkten Diktator vollzog sich geradezu kometenhaft. Zunächst verfolgte er die Politik seines Vorgängers Gheorghiu-Dej weiter, pflegte die Freundschaft zu Gegnern der Sowjets wie China und Jugoslawien, knüpfte Beziehungen zum kapitalistischen Westen und nahm als erster Regierungschef des Ostblocks diplomatische Beziehungen zur Bundesrepublik Deutschland und Israel auf. Er riskierte die Intervention der Sowjets, als er den Einmarsch der Warschauer-Pakt-Staaten in Prag, an dem Rumänien nicht beteiligt war, öffentlich verurteilte und der Welt vermittelte, ein Rebell gegen Moskau zu sein. Sein Image vom blockunabhängigen großen Vermittler förderte er auch durch seine Friedensbemühungen zwischen Israel und Ägypten. Innenpolitisch minderte er den Einfluss der Stalinisten und rehabilitierte deren Opfer, unterstützte aber andererseits den rumänisch ausgerichteten Nationalismus, dessen Opfer schon bald die Minderheiten wurden.

Mit dem Amt als Staatsratsvorsitzender, das er ab 1967 innehatte und das bald schon zur Präsidentschaft aufgewertet wurde, begann der beispiellose Personenkult, der zum Ende seiner Herrschaft hin immer groteskere Züge annahm. Als ›Conducător‹ (Führer) baute Ceauşescu mit Unterstützung seiner ehrgeizigen Frau Elena Petrescu seine Macht als Alleinherrscher aus. Alle wichtigen Positionen wurden mit Familienmitgliedern und guten Freunden besetzt.

Ceauşescus Machtinstrument, die gefürchtete Securitate, unterstand dem Innenministerium und war nichts anderes als eine paramilitärische Einheit, die das Volk jederzeit unter Kontrolle halten sollte. Zuletzt betrug die Zahl ihrer offiziellen Mitglieder 40 000, dazu kamen nach aktuellen Schätzungen 400 000 inoffizielle Mitglieder. Ceauşescus gigantomanischen Projekte – darunter der Plan, das Donaudelta zu zerstören, was nur durch seinen Tod vereitelt wurde, der vollzogene Abriss von Alt-Bukarest und der Bau des ›Volkspalastes‹ an dieser Stelle –, die Planierung unzähliger Dörfer und die Anlage einer Geheimstadt unter dem Untergrundnetz der Hauptstadt zeugen von seinem Größenwahn. Sprichwörtlich war die Brutalität seines missratenen, doch mächtigen Sohnes Nicu.

Die sozialistische Miss- und Planwirtschaft sowie das ehrgeizige Vorhaben, die Auslandsschulden möglichst rasch zurückzuzahlen, führten in den 1980er Jahren zu großen Versorgungsproblemen, denen man mit gravierenden Einschränkungen für die Bevölkerung begegnete: Strom-, Gas-, Wasser- und Heizungssperren, Einführung von Lebensmittelkarten. Ceauşescus menschenverachtende Politik nahm der Bevölkerung jegliche Freiheit und Privatsphäre und gipfelte in der Vernachlässigung der Generation über 60. Widerstände im Land wurden, vom Ausland unbeachtet, stets von der Securitate gewaltsam unterdrückt.

Mit Gorbatschows Aufstieg in der Sowjetunion wurde der Abstieg Ceauşescus eingeleitet, der hartnäckig alle Reformen ablehnte. Auslöser der Revolte war der Protest des ungarisch-reformierten Pfarrers László Tőkés in Timişoara. Seine gegen Ceauşescu gerichteten Predigten brachten ihm die Zwangsversetzung, worauf er sich in seiner Kirche verbarrikadierte und deportiert werden sollte. Demonstrationen in anderen Städten folgten. Die Menschen stürmten das Zentralkomitee der Partei in Bukarest, wohin sich die Ceauşescus geflüchtet hatten. Sie flohen mit dem Hubschrauber, wurden bei Târgovişte festgenommen, von einem Militärgericht angeklagt, verurteilt und sofort hingerichtet.

Rumänische Briefmarke zum 70. Geburtstag Ceauşescus

Die Wende

Die Geschehnisse vom Dezember 1989 waren sehr undurchsichtig und wurden bis heute nicht vollständig geklärt. Die ›Front der Nationalen Rettung‹ (Frontul Salvării Naţionale, FSN) unter dem Kommunisten Ion Iliescu ergriff zunächst die Macht. Anfang Februar 1990 entstand aus verschiedenen Parteien und der FSN ein ›Provisorischer Rat der Nationalen Einheit‹ (CPUN). Aus der Sozialistischen Republik Rumänien wurde die Republik Rumänien, ein neues Wappen trat an die Stelle der aufgehenden Sonne mit einem Ährenkranz und dem Sowjetstern. Als Nationalhymne erklingt seitdem ein Volkslied des 19. Jahrhunderts: ›Deşteaptăte Române‹ (›Erwache, Rumäne‹ von Andrei Mureşanu), und der Nationalfeiertag fiel wieder auf den 1. Dezember, den Tag des Anschlusses von Siebenbürgen an Rumänien 1918. Die Umbenennung der Straßen begann.

Im neuen Wahlgesetz wurde das Mehrparteiensystem festgelegt, die traditionellen Parteien wie die ›Nationalliberale Partei‹, die ›Nationale Bauernpartei‹ und die ›Sozialdemokratische Partei‹ reorganisierten sich. Der Senat als zweite Kammer wurde wiederhergestellt, und bei den Wahlen vom 2. Mai 1990 ging die regierende Front im Senat und in der Abgeordnetenkammer mit 67 Prozent als Sieger hervor. Die Wahl des Staatspräsidenten entschied Iliescu mit 87 Prozent für sich. Ministerpräsident Petre Roman bildete eine neue Regierung. Die Lage war gespannt, weil viele nicht verstehen konnten, dass die alten Machthaber geblieben waren. Demonstrationen waren die Folge. Schon bald zeigte die FSN ihr wahres Gesicht, als der Einsatz von Sicherheitskräften und Bergarbeitern aus dem Schiltal gegen Demonstranten Tote forderte. Proteste aus dem Ausland und eine Sperre der Finanzhilfe waren die außenpolitische Folge. Petre Roman, weltoffen und reformfreudiger als Iliescu, trat nach Auseinandersetzungen mit diesem zurück.

Am 8. Dezember 1991 wurde die neue Verfassung angenommen. Der Staatspräsident nahm in Cotroceni in Bukarest Residenz, das Parlament ließ sich in der ›Casa Poporului‹, dem berüchtigten Ceauşescu-Palast, nieder. Der Apparat der Securitate wurde weitgehend aufgelöst, ein verbleibender Teil in einen Sicherheitsdienst ›Serviciul Român de Informaţii‹ übernommen. Rumänien war das einzige Ostblock-Land, in dem sich die kommunistische Partei in ›nichts‹ auflöste, sie wurde bereits 1990 verboten. Die Außenpolitik war bestimmt vom Interesse an der Aufnahme in die NATO und dem Wunsch nach Zusammenführung mit Moldawien; diese Idee fand dort jedoch bei einer Volksabstimmung keine Mehrheit.

Die erste Legislaturperiode nach 1989 war von vornherein auf nur zwei Jahre festgelegt worden. Der erneute Sieg der Iliescu-Partei 1992 – sie hatte sich inzwischen geteilt – wurde im In- und Ausland mit großer Skepsis aufgenommen. Eine wichtige Befreiung brachten die Wahlen von 1996, aus denen die Oppositionsparteien und ihr gemeinsamer Präsidentschaftskandidat Emil Constantinescu als stärkste Kraft hervorgingen. Ministerpräsident wurde Victor Ciorbea, der sich schon als Bürgermeister von Bukarest Verdienste erworben hatte. Die neue Regierung konnte das Ansehen des Landes im Ausland stärken. Mit großem Reformwillen trieb sie ein Wirtschaftsprogramm und den Kampf gegen die Korruption voran; gleichzeitig bemühte sie sich sehr um eine Normalisierung der Beziehungen zu den Nachbarländern. Doch viele Vorhaben boykottierte der eigene Staatsapparat. Die Bevölkerung hatte zu hohe Erwartungen; als die wirtschaftlichen Erfolge ausblieben und Kritik laut wurde, verzichtete Constantinescu zum Bedauern vieler auf eine erneute Kandidatur.

Ion Iliescu gelang im Dezember 2000 noch einmal der Sprung zum Staatsoberhaupt. Der Demokratisch-Soziale Pol Rumäniens (PDSR) bildete mit Ministerpräsident Adrian Năstase eine Minderheitsregierung. Sie setzte die Reformen fort, außenpolitisch stellte sich Rumänien im Irak-Krieg auf die Seite der USA. Das internationale Engagement Rumäniens wurde auf dem NATO-Gipfel 2003 mit der Einladung zum Beitritt gewürdigt. Im Januar 2007 wurde der Beitritt zur Europäischen Union gefeiert. Die Wahlen vom Dezember 2004 gewann die Allianz (DA) aus Liberalen, Demokraten, Ungarnverband und Humanistischer Partei. An ihrer Spitze stand Premierminister Călin Popescu-Tăriceanu. Vierter und fünfter Präsident Rumäniens ist bis heute (2011) Traian Băsescu. Er überstand im Jahr 2007 ein Amtsenthebungsverfahren, nachdem sich im anschließenden Referendum die Bevölkerung mit 74 Prozent gegen die Amtsenthebung ausgesprochen hatte. Den Wahlen im November 2008 war ein Wahlkampf vorausgegangen, bei dem sich die Politiker einerseits mit Versprechen überboten, andererseits das Maß des Anstands durch gegenseitige öffentliche Beschimpfungen weit überschritten. Die enttäuschten Wähler ahndeten dies mit einer Wahlbeteiligung von nur 39,2 Prozent, der niedrigsten seit 1989. Als Sieger gingen am 30. November die dem Präsidenten Băsescu nahestehenden Liberaldemokraten (Partidul Democrat Liberal, PDL) und die postkommunistischen Sozialdemokraten (Partidul Social Democrat, PSD) hervor. Doch erst am 22. Dezember konnte eine Allianz der beiden Parteien unter Führung des Ministerpräsidenten Emil Boc in Bukarest vom Parlament vereidigt werden, nachdem sich der für die Regierungsführung vorgesehene Theodor Stolojan überraschend zurückgezogen hatte. Mit einer bisher einmalig breiten parlamentarischen Mehrheit von drei Viertel aller Abgeordneten verfügt diese Zweckallianz über eine solide parlamentarische Basis, die es möglich macht, die dringenden Probleme – Wirtschaftskrise, Entwicklung der öffentlichen Infrastruktur, Bekämpfung der Korruption – zu bewältigen. Doch die Besetzung der 19 Ministerposten erfolgte vorrangig nach parteipolitischen Interessen und nicht nach Kompetenz der Kandidaten. So wurde Dan Voiculescu, ein ehemaliger Informant der Geheimpolizei und Inhaber eines Medienimperiums, zum stellvertretenden Vorsitzenden des Senats ernannt.

Dieses Denkmal am Bukarester Revolutionsplatz erinnert an die Opfer von 1989/90

Verfassung und Verwaltung

Die derzeit geltende Verfassung wurde in Anlehnung an die Verfassung Frankreichs vom Parlament ausgearbeitet und 1991 vom Volk gebilligt. In ihr wird besonders die Gleichberechtigung der nationalen Minderheiten betont, je ein Sitz in der Kammer ist ihnen garantiert. Die Deutschen sind zum Beispiel mit dem Demokratischen Forum der Deutschen Rumäniens (DFDR) vertreten. In bewusster Abkehr vom zentralistischen Staat haben Kommunen und Kreise mit der neuen Verfassung weitgehendes Selbstverwaltungsrecht erhalten.

Das Parlament setzt sich aus dem Senat (140 Sitze) und der Abgeordnetenkammer (345 Sitze) zusammen. Der Präsident Rumäniens wird für maximal zwei Amtsperioden vom Volk gewählt. Er ernennt und entlässt den Premierminister und kann auch das Parlament auflösen. Parlament und Staatsoberhaupt haben eine Amtszeit von jeweils vier Jahren. Der Premierminister wählt die Mitglieder des Ministerrates aus.

Rumänien ist Mitglied in zahlreichen internationalen Organisationen: IWF, Weltbank, KSZE, UNO mit Nebenorganisationen, Europarat, Schwarzmeer-Kooperationsrat, seit 2004 in der NATO und seit 2007 auch in der EU.

Wirtschaft

Nach dem Sturz Ceauşescus und der politischen Neuordnung des Landes war die desolate Wirtschaftssituation die schwierigste Hürde für den Umbau Rumäniens. In der kommunistischen Zeit hatten die Machthaber aus dem einstigen Agrarland einen Industriestaat geformt, dessen Industriebetriebe aber wegen unterbliebener Investitionen völlig marode waren – und es teilweise bis heute noch sind. Am 28. Juni 1991 war der Rat für gegenseitige Wirtschaftshilfe (RGW bzw. COMECON) aufgelöst worden. Der Golfkrieg und die Balkankonflikte, die eine Blockade Serbiens nach sich zogen und der rumänischen Wirtschaft wichtige Absatzmärkte nahmen, verschärften die wirtschaftlich instabile Lage. Das Bruttosozialprodukt sank zunächst von 5,8 Prozent Zuwachs im Jahr 1989 auf 13,6 Prozent Rückgang im Jahr 1992 und verzeichnete 1993 erstmals eine Erholung mit Wachstum. Dieses Wachstum hält bis heute an und erreichte im Jahr 2007 7,9 Prozent. Stärkster Wirtschaftszweig ist der Dienstleistungssektor mit 56,5 Prozent, gefolgt von der Industrie mit 35,6 Prozent und der Landwirtschaft mit 7,9 Prozent.

Die Grundlage für den wirtschaftlichen Wandel von der Planwirtschaft in eine freie Marktwirtschaft war die Schaffung eines modernen Banken- und Börsenwesens, die Einführung der Mehrwert- und Lohnsteuer und die Freigabe der Preise, die mit einer hohen Inflationsrate einherging; im Jahr 2000 betrug sie beispielsweise 40 Prozent. In den folgenden Jahren jedoch erholte sich das Land. Im Jahr 2004 wurde ein einheitlicher Steuersatz von 16 Prozent auf Einkommen und Unternehmensgewinne eingeführt. Die Arbeitslosigkeit liegt offiziell bei derzeit nur noch 4,5 Prozent, und um den Bedarf an qualifizierten Fachkräften

Nach wie vor ist die Landwirtschaft rückständig

decken zu können, muss Rumänien seinerseits Ausländer anwerben. Andererseits leben immer noch 25 Prozent der Menschen unterhalb der Armutsgrenze. Die Privatisierung lief im Vergleich mit anderen Ostblockländern ausgesprochen langsam; 1999 waren weniger als 70 Prozent der Staatsbetriebe verkauft worden. Die verbliebenen Staatsbetriebe wirtschafteten mit geringer Kapazitätsauslastung und hoher Personalbesetzung. Viele wurden durch Kredite am Leben gehalten, die den Staatshaushalt belasteten. Dennoch stieg die Arbeitslosigkeit. Nach einer rapiden Beschleunigung ist die Privatisierung Rumäniens nun in ihre Schlussphase eingetreten.

Die gesetzlichen Grundlagen zur Rückgabe von Grund und Boden an frühere Eigentümer wurden geschaffen. Die Ausstellung der Eigentumsurkunden erfolgt aber nur schleppend. Die Reprivatisierung von Land hat ein unterschiedliches Echo hervorgerufen: Einerseits sorgte sie für eine verbesserte Versorgung der Bevölkerung, andererseits waren die von der Rückgabe betroffenen LPG-Bauern verärgert. Seit langem hatten sie das Land bewirtschaftet, die ehemaligen Eigentümer aber eine Tätigkeit in der Industrie angenommen. Die Tatsache, dass auch diejenigen Land bekamen, die vorher nie welches besessen hatten, sorgte für weiteren Unmut. Neue Landbesitzer verpachten nun ihr Land gegen einen Anteil am Ertrag an Funktionäre der alten Produktionsgenossenschaften. Lange lagen viele Äcker auf Grund ungeklärter Eigentumsverhältnisse, Mangel an Landmaschinen, Treibstoff und Dünger darnieder, so dass die Kornkammer Europas, ein fruchtbares und vom Klima begünstigtes Agrarland, Weizen importieren musste. Dieser Trend hat sich glücklicherweise wieder umgekehrt. Noch mangelt es in der rumänischen Landwirtschaft an Fachwissen und Modernisierung, deren Lösung in Zusammenschlüssen von Vereinen und Kooperativen gesehen wird. Andererseits gewinnt die Bio-Landwirtschaft zunehmend an Bedeutung.

Die auf dem Industriesektor geleisteten Umstrukturierungsmaßnahmen übten zunächst nicht den gewünschten Anreiz auf ausländische Investoren aus. Gerade ihnen bot man deshalb frühzeitig Erleichterungen an: Transfer von Gewinnen, lediglich belegt mit einer Transferabgabe von 10 Prozent, Steuerbefreiung von Gewinnen, zollfreier Import von Maschinen, Ersatzteilen und Rohstoffen. Viele Firmen schreckte es ab, dass sie keinen Grund und Boden erwerben durften, sondern nur eine Pachtmöglichkeit für 90 Jahre erhalten konnten. Dies wurde jedoch durch den EU-Beitritt erleichtert, auch wenn Übergangsfristen gelten.

Die wichtigsten Investoren kommen aus Deutschland, gefolgt von Italien und den Niederlanden. Am 21. April 1992 schlossen Rumänien und Deutschland einen Vertrag über Zusammenarbeit und Partnerschaft ab, der in 32 Artikeln eine Kooperation auf zahlreichen Gebieten vorsieht. Es folgten Abkommen über kulturelle (1995) und schulische (1996) Zusammenarbeit. Nicht erst seit dem Umzug von Nokia nach Cluj sind in vielen rumänischen Städten internationale und deutsche Firmen ansässig. Vertretungen von Knorr-Bremse, MAN, Osram, Siemens, BMW, Infineon, Adidas und viele andere sind aus dem Land nicht mehr wegzudenken. In Reşiţa recycelt eine Max-Aicher-Tochter Schrott und liefert ihn an ein konzerneigenes Werk in Ungarn, in Braşov sitzt der Maschinenbau, in Sibiu haben sich viele Autozulieferer angesiedelt. Es gibt kaum noch einen deutschen Pkw, der ohne Teile aus Rumänien fährt. Infineon hat sich in Bukarest niedergelassen und ein neues Entwicklungszentrum aufgebaut, während Iaşi sich zur IT-Hochburg entwickelt hat. Trotz der insgesamt positiven wirtschaftlichen Entwicklung im Land besteht weiterhin großer Reformbedarf, und auch die weltweite Finanzkrise hat Rumänien kräftig durchgeschüttelt.

Wer in den letzten Jahren durch das Land fuhr, erkannte die Armut, die in Rumänien höher war als in vergleichbaren Ostblockländern. Eine ihrer Ursachen lag in dem Zerfall in zwei Stände: kleine und mittlere Privatbetriebe, die korrekt Steuern zahlten, und ›sozialistische‹ Giganten, die ihre Steuerschulden völlig missachteten. Im Februar 1998 entfielen 73 Prozent aller Steuerschulden auf nationale Gesellschaften: die rumänische Eisenbahn SNCFR, fünf autonome Energiebetriebe, darunter die Energiebetriebe Romgaz und RENEL, sowie zwölf staatliche Handelsgesellschaften. Steuerschulden und staatliche Subventionen summierten sich zu einer Finanzblockade. Keiner Regierung gelang eine Lösung des Problems. So wurde die Gesellschaft in zwei Klassen gespalten: Menschen, die unter der Armutsgrenze leben, und eine Minderheit von Aktien-Milliardären. Ein Mittelstand konnte sich nicht entwickeln. Viele hochqualifizierte Rumänen versuchten angesichts der Unfähigkeit des Staates das Land zu verlassen, am liebsten nach Kanada. Dieser Exodus fähiger Leute fügte der Wirtschaft nachhaltigen Schaden zu. Heute herrscht bereits ein Mangel an Fachkräften.

Die Bemühungen um den EU-Beitritt haben das Land jedoch auch wirtschaftlich vorangebracht. Stärkste Herausforderung bleibt jedoch bis heute die Eindämmung der weitverbreiteten Korruption, die bis heute von der EU eingefordert wird. Sie gilt als Ursache für die Verzögerung zum Beitritt in den Schengenraum. Außerdem wird die unzureichende Reform der Justiz angeprangert.

Rumäniens Hoffnungen in die Zukunft des Tourismus haben sich als berechtigt erwiesen. Wurde schon in den 1950er Jahren der Badeurlaub am Schwarzen Meer verbracht, so wurde in den vergagenen Jahren vieles getan, um auch Zonen, die einst vom Bergbau lebten, mit staatlicher Hilfe dem Tourismus zu erschließen. Dies hat Unruhepotentiale entschärft, vor allem unter den Bergarbeitern des Schiltales, die durch ihren gewalttätigen Einsatz gegen die Bevölkerung negativ von sich reden machten. Die 1999 gegründete Stiftung ›Rumänien die Nächste Generation‹ nimmt sich dieser Aufgabe an. Das landschaftlich wunderschöne Schiltal, immer schon eine Bergbauregion, soll sich als Ausgangspunkt für Bergtouren in die Gebirgsmassive Retezat, Parâng, Vulcan und Şureanu etablieren. Bergwandern, Klettern, Höhlenforschung und Jagd sind die Angebote, mit denen man Touristen ansprechen möchte.

Die Anstrengungen im ganzen Land haben sich gelohnt. Seit dem Jahr 2003 ist die Zahl ausländischer Gäste kontinuierlich gewachsen, wenngleich im europäischen Krisenjahr 2010 ein Rückgang hingenommen werden musste.

Umwelt

Wie viele Länder Osteuropas bewegte sich auch Rumänien bis 1989 zwischen Fortschritt und unwirtschaftlicher Ausbeutung seiner Rohstoffe. Umweltschutz spielte in der Planwirtschaft praktisch keine Rolle. Gleich nach dem Sturz der Diktatur wurde im Land aber erstmals ein Umweltministerium geschaffen.

Zu den großen Problemen des Landes gehören die Altlasten, für deren Beseitigung in der jetzigen schwierigen Situation das Geld fehlt. Häufig wird der Reisende erschreckt sein über die Rauchschwaden, die aus unübersehbar verrottenden Industrieanlagen quellen. Einerseits hatten die Stilllegungen der Kombinate die Reduzierung der Schadstoffe in Wasser, Luft und Erde zur Folge, andererseits birgt der unkontrollierte Verfall zusätzliche große Gefahren: Fässer werden undicht, die Anlagen verkommen zu Spielplätzen. Aber nicht nur die Industrie sollte als Verursacher für Verschmutzung gesehen werden; die Landwirtschaft hat mit ihrem hemmungslosen Einsatz von Pestiziden und Kunstdünger auch dazu beigetragen.

Doch es fehlt Rumänien auch an verantwortungsvollen Investoren, die nicht nur ihren maximalen Profit und die damit verbundene Ausbeutung der Ressourcen verfolgen, sondern auch an die umweltgerechte Förderung denken. Ein Aufschrei ging durch die Anrainerstaaten der Donau, als sie am 30. Januar 2000 eines Giftmüllskandals gewahr wurden: Aus der Goldmine ›Aurul‹, aus dem Werk Sasar bei Baia Mare, das zu 50 Prozent einer australischen Firma gehört, war das Auffangbecken für Zyanid aufgrund heftiger Regenfälle übergelaufen, gelangte in den Fluss Someş, anschließend in die Theiß und dann in die Donau. Das Zyanid zerstörte die Nahrungskette von Pflanzen und Tierwelt; die Erholung benötigte zehn Jahre. Das fein gemahlene rz wird mit einer Lösung aus Natriumzyanid und Salz der Blausäure besprüht, die das Gold auswäscht und in einen Komplex bindet, aus dem es dann leicht extrahiert werden kann. Unfassbare Mengen Lösungsmittel gelangen dabei in anliegende Gewässer. Natriumzyanid wirkt in geringsten Mengen tödlich, die Blausäure hemmt die Zellatmung. Das Betreiberunternehmen ›Esmeralda Exploration Ltd‹ fand die Klagen natürlich stark übertrieben. Sie trösteten sich und die Umgebung damit, dass das Gold mit Silberanteilen von 15 bis 30 Prozent in Siebenbürgen bereits seit der Antike ohne Schonung der Umwelt gefördert wurde. Knapp sechs Wochen später kam es im Norden zu einer weiteren Katastrophe: In der Region, die in Sachen Umweltverschmutzung ohnehin einen traurigen Europarekord hält, gelangte aus einer Blei- und Zinkmine nahe der ukrainischen Grenze nach einem Dammbruch schwermetallhaltiger Schlamm in den Fluss Vaser, von da aus in die Theiß und wiederum in die Donau.

In den Karpaten sind Wölfe heimisch

Mittlerweile wurden viele Anstrengungen unternommen, die Situation auch durch Unterstützung mit EU-Geldern zu verbessern. Auf Rumäniens Straßen fahren fast nur noch Fahrzeuge, die europäischem Standard entsprechen. Dies hat beispielsweise die Luft in den Städten deutlich verbessert.

Große Sorgen macht den Bewohnern der nicht mehr zu übersehende Raubbau an den Wäldern. Sie waren zur Wendezeit noch dicht und unbelastet, heute wird man insbesondere beim Wandern riesiger Schneisen gewahr.

Sanfte Hügellandschaft am Olt

Die Privatisierung hatte zur Folge, dass rücksichtslos abgeholzt und das Prinzip der Nachhaltigkeit vollkommen ignoriert wurde. Dieser Raubbau macht nicht einmal vor den Nationalparks Halt. Damit wurde der Lebensraum der Bären und anderen Wildpopulationen, für die Rumänien so bekannt ist, stark eingeschränkt. Häufige Überschwemmungen, zuletzt im Sommer 2010, sind außerdem die Folge dieser Kahlschläge.

Religion und Kirche

Im Land leben die vorwiegend katholischen Szekler, kalvinistische Ungarn, Unitarier, Armenier, Juden, lutherische Sachsen, Muslime (Sunniten), altgläubige (russisch-orthodoxe) Lipowaner sowie die mit Abstand größte religiöse Gemeinschaft der rumänisch-orthodoxen Kirche, von der sich die unierten orthodoxen Gläubigen vor Jahrhunderten abgespaltet haben, weil sie eine Union mit der katholischen Kirche eingingen, aber die orthodoxe Liturgie beibehielten. Daneben bestehen die Pfingstkirche mit immerhin 200 000 Mitgliedern sowie adventistische Gemeinden. Nach dem Ende des atheistisch geprägten Kommunismus kehrte die vollständige Glaubensfreiheit ins Land zurück. Interessant ist in diesem Zusammenhang, dass sich fast 100 Prozent der Einwohner Rumäniens zu einem Glauben bekennen.

Die rumänisch-orthodoxe Kirche

Eine Volkszählung nach der Wende bestätigte die rumänisch-orthodoxe Kirche mit 87 Prozent als größte religiöse Gemeinschaft des Landes. Sie kann auf eine sehr lange Tradition zurückblicken. Auch wenn das Christentum im römischen Reich erst 313 Anerkennung fand, drangen bereits lateinisch geprägte christliche Einflüsse mit den Römern vor allem ins Dakerland. Die Dobrudscha stand stärker unter griechischem Einfluss. Seit Kaiser Justinian (535) wurden die Gebiete nördlich der Donau von Byzanz betreut, in den folgenden Jahrhunderten aber gerieten die Rumänen zunehmend in den Einflussbereich ihrer südlichen Nachbarländer Serbien und Bulgarien. Hier hatte sich nicht nur die byzantinische Hierarchie, sondern seit dem 9. Jahrhundert auch die slawische Sprache durchgesetzt, die von den rumänischen Christen übernommen wurde. Nach dem Schisma, der Kirchenspaltung von 1054, verblieben die Rumänen aufgrund der Ausstrahlung der kulturellen Zentren Preslav und Ochrid bei der Ostkirche. Mit der Christianisierung der Ungarn ab etwa der Jahrtausendwende und der Inbesitznahme von Siebenbürgen drangen von Westen wieder lateinische Einflüsse ins Land. Beim Untergang des bulgarischen Reiches war das orthodoxe Christentum jedoch schon sehr gefestigt.

Das ökumenische Patriarchat in Konstantinopel schuf Metropolitansitze in den rumänischen Fürstentümern Walachei und Moldau: für die Walachei zunächst in Curtea de Argeş, seit 1517 in Târgovişte. In der Moldau gründete man 1401 in Suceava die erste Metropolie, die im 17. Jahrhundert nach Iaşi verlegt wurde. Eine dritte Metropolie entstand in Oltenien in Hurezu. Eine mystische Bewegung des Mönchwesens wurde stark von dem aus Serbien kommenden Athosmönch Nikodemus von Tismana geprägt; durch ihn fanden die Einflüsse des Athos auch in der Kirchenarchitektur Verbreitung. Der Gründer des Klosters Vodiţa an der Donau in der Walachei floh vor den Hunnen nach Tismana und ließ dort im 14. Jahrhundert eine Dreikonchenanlage errichten. Beide Kirchen erinnern im Grundriss an die Athosklosterkirchen. Dank der Fürsten wurde zu Ehren Gottes eine rege Bautätigkeit entfaltet. Auf der Synode von Iaşi 1642 fand die griechische Fassung des Glaubensbekenntnisses verbindliche Anerkennung. Ihr Wortführer war der Kiewer Metropolit Peter Mogila (rumän. Petru Movilă). Im 16. Jahrhundert schuf der Diakon Coresi die Grundlage für die bald das Kirchenslawische ablösende rumänische Gottesdienstsprache.

Mit der Vereinigung von Moldau und Walachei erhielt der Bukarester Metropolit den Titel ›Primas von Rumänien‹, und 1872 wurde als zentrales Leitorgan der rumänisch-orthodoxen Kirche die ›Heilige Synode‹ geschaffen, die die Kirche steuert. Der Drang nach mehr Selbständigkeit führte zunächst zu Spannungen mit Konstantinopel und schließlich 1892 zur Anerkennung der Autokephalie der rumänischen Kirche. 1925 beschloss das Parlament die Einführung des Patriarchats. Der derzeitige Ersthierarch Seine Seligkeit, Patriarch der rumänisch-orthodoxen Kirche, Metropolit der Walachei, Erzbischof von Bukarest, Daniel Ciobotea, residiert in Bukarest. Im Land bestehen fünf Metropolien, weitere beispielsweise in den USA und Frankreich.

Die rumänisch-orthodoxe Kirche ist eine der großen orientalischen Kirchen. Ihre Priester werden in Seminaren der einzelnen Metropolien und in theologischen Instituten mit Universitätsstatus in Bukarest und Sibiu ausgebildet. Mit der Berufung auf Paulus (1 Tim, 2,3) dürfen ihre Priester heiraten, aber eine Wiederverheiratung ist nicht gestattet. Engste untergeordnete Mitarbeiter des Pfarrers sind der Kantor und der Sakristan, sie erhalten die untere Weihe, jeder kann Mönch werden, die Äbte werden gewählt.

Das Verhältnis zwischen der kommunistischen Regierung und der rumänisch-orthodoxen Kirche war zwiespältig und von einer Mischung aus Verboten und Privilegien getragen. Zunächst fanden im großen Stil Enteignungen der konfessionellen Schulen statt. Ein neues Kultusgesetz legte den Kirchen und

Glaubensgemeinschaften eine Reihe von Beschränkungen auf. Ihre Existenz hing von einer staatlichen Genehmigung ab, die unter der Voraussetzung erteilt wurde, dass Praxis und Ritus nicht gegen die Verfassung, gegen die öffentliche Sicherheit und Ordnung oder gegen die guten Sitten verstoße. Die Orthodoxie, da dem rumänischen Volk sehr verbunden, erfuhr wohlwollende Duldung bei gleichzeitiger wirksamer Kontrolle; die Ämter wurden vom Staat besetzt. Nach dem Zweiten Weltkrieg entstanden mehr als 450 Kirchen, 15 allein in Bukarest.

In den 1960er Jahren wurden vor allem die Klöster der Bukowina renoviert, Nonnen und Mönche zugelassen, die Klöster finanziell unterstützt und die Erhaltung der Bauwerke als Touristenanziehungspunkte gefördert. Viele Geistliche, darunter auch hochrangige, waren Mitglied des Geheimdienstes Securitate. Noch 1988 und 1989 lehnte der Weltkirchenrat die Verurteilung des Ceauşescu-Regimes ab. Seit dem Ende der Diktatur stehen die Zeichen einerseits auf Versöhnung zwischen den großen christlichen Kirchen – so stattete Papst Johannes Paul II. mit diesem Ziel im Mai 1999 Bukarest einen Besuch ab –, andererseits untermauert die orthodoxe rumänische Kirche ihren Anspruch und ihre vorrangige Stellung im Land durch eine Vielzahl überdimensionierter Kirchenbauten auf dem Land und in den Städten ohne Rücksicht auf Harmonie mit den sie umgebenden Landschaften oder historischen Baudenkmälern. Am 31. Juli 2007 starb der umstrittene fünfte rumänische Patriarch, Teoctist Arăpaşu. Zu seinem Nachfolger wurde der reformfreudige Geistliche Daniel Ciobotea gewählt, ehemals Metropolit der Moldau und Bukowina.

Die katholische Kirche

Die katholische Kirche in Rumänien untergliedert sich in Gläubige des byzantinischen, des lateinischen und des armenischen Ritus. Ihre Mitglieder unterscheiden sich auch ethnisch: Finden sich Gläubige des lateinischen Ritus vor allem unter Ungarn und Deutschen (Banater und Sathmarer Schwaben), so sind solche des byzantinischen Ritus vorwiegend Rumänen.

Seit dem abendländischen Schisma 1054 waren die orthodoxe und die römisch-katholische Kirche getrennt. Doch seit dem 16. Jahrhundert begannen Unionsbestrebungen, so auch am Ende des 17. Jahrhunderts in Siebenbürgen unter dem orthodoxen Bischof Teofil Sereni von Alba Iulia. Dieser schloss sich mit Priestern und Gläubigen der römisch-katholischen Kirche an. Unter seinem Nachfolger Athanasius Anghel wurde der Anschluss am 7. Oktober 1698 in Alba Iulia unterzeichnet und von Priestern, Gläubigen und Erzpriestern bestätigt. Diese Union rumänisch-orthodoxer Gläubiger mit der römisch-katholischen Kirche und damit der Unterstellung unter den Papst war von nationaler Bedeutung. Die Christen der Moldau und der Walachei schlossen sich ihr nicht an. Die Union entstand zu einem Zeitpunkt, als in Siebenbürgen vier anerkannte Konfessionen nebeneinander existierten: die katholische, lutherische, reformierte und unitarische. Vom katholischen Kaiser wurde Anghel 1701 zum ersten Bischof der unierten Kirche ernannt. Diese wird auch als uniert-katholisch (uniert-rumänisch und auch griechisch-katholisch) bezeichnet. Im Konkordat von 1929 zwischen rumänischer Regierung und Heiligem Stuhl wurden beide Glaubensrichtungen als gleichberechtigt anerkannt.

Unter den Kommunisten wurde die unierte Kirche 1948 per Dekret offiziell aufgelöst und mit der Orthodoxie zusammengeschlossen, ihre Bischöfe und zahlreiche Geistliche ihres Amtes enthoben und ins Gefängnis verbracht. Insgeheim wirkte sie jedoch in Siebenbürgen und im Banat weiter: Taufen und Bischofswahlen wurden durchgeführt. Am 24. April 1990 wurde die unierte Kirche per Gesetz wieder zugelassen. Auch für die Rückerstattung der enteigneten Güter aller Kirchen wurde eine gesetzliche Grundlage geschaffen, die Umsetzung hinkt jedoch nach. So mussten 1990 Ostergottesdienste im Freien abgehalten werden, weil die Kirchen noch nicht zurückgegeben waren. Die Rückgabe der Kirchengüter ist bis heute noch nicht abgeschlossen. Seit 1994 leitet Lucian Mureşan die griechisch-katholische Kirche Rumäniens. Papst Benedikt XVI. erhob ihn am 16. Dezember 2005 zum ersten Großerzbischof und im Februar 2012 zum Kardinal.

Die evangelische Kirche

Auch die evangelische Kirche ist in Rumänien gespalten. In Siebenbürgen gibt es noch 254 Gemeinden der Lutheranischen Kirche des Augsburger Bekenntnisses. Ihr gehören vorwiegend die Siebenbürger Sachsen und einige slowakischsprechende Gemeinden beispielsweise um Arad an. Sitz ihrer Kirchenleitung und Bischofssitz ist Sibiu. Aus der evangelischen Kirche ist 1921 die Evangelisch-Lutherische Kirche in Rumänien (ungar. Romániai Evangélikus-Lutheránus Egyház, rum. Bisercia Evanghelică Luterană din România) hervorgegangen. Sie trug bis zum Jahr 2001 die Bezeichnung ›Evangelische-Synodal-Presbyterianische Kirche A.B. in Rumänien‹. Hintergrund waren Spannungen in der Kirchenleitung, die den Pastoren der ungarischsprechenden evangelischen Csangos in den Gemeinden um Braşov lediglich den Rang eines Vikars zusprach. In ihren Zuständigkeitsbereich fallen auch einige Pfarrgemeinden der Wehrkirchen. In ihren Gemeinden ist Ungarisch Amtssprache mit Ausnahme der slowakischsprachigen Gemeinden, die über einen eigenen Slowakischen Kirchenbezirk verfügen, während in Bukarest eine rumänisch-sprachige lutherische Gemeinde mit etwa 70 Mitgliedern existiert.

Die Völker Rumäniens

Rumänien war und ist ein Land, in dem über Jahrhunderte hinweg verschiedene Völker mehr oder weniger eng verbunden miteinander lebten: Rumänen, Magyaren, Deutsche, Juden, Armenier, Serben, Kroaten, Bulgaren, Türken, Ukrainer und Russen. Der Umgang der Mehrheit mit der Minderheit war unterschiedlich: 1944 erlassene Gesetze gewährten fast allen Minderheiten im Land Erleichterungen. Die Verfassung von 1965 garantierte den freien Gebrauch der eigenen Sprachen im Schulwesen sowie in Publikationen, der Begriff ›Minderheiten‹ wurde ersetzt durch ›mitwohnende Nationalitäten‹ (naţionalităţi conlocuitoare). Muttersprachliche Zweige in rumänischen Schulen sowie Zeitungen, Theater und Buchproduktionen waren erlaubt, und ›Trăiască România‹ (›Es lebe Rumänien‹) konnte man in seiner Sprache ausrufen – Hauptsache, man rief es. 1968 wurden Nationalitätenverbände geschaffen, gerade auch um einen guten Eindruck nach außen zu vermitteln.

Weinfest in Siebenbürgen

In den 1970er und mehr noch in den 1980er Jahren verschlechterte sich jedoch die Lage der Minderheiten. 1971 verdrängten die rumänischen Ortsnamen die der Ungarn, Serben und Deutschen, nur für kleinere Orte durften sie bleiben. Private Übernachtungen von Ausländern wurden verboten, was zu erschwerten Bedingungen für Besuche von Verwandten aus dem Ausland führte. Während bis Mitte 1988 nahezu 20 000 Magyaren aus Siebenbürgen in das ebenfalls noch kommunistische, aber deutlich liberale Ungarn flohen und die Deutschen dank großzügiger Zahlungen aus Bonn jede Chance zur Emigration wahrnahmen, litten besonders die Roma unter einer steten Verschlechterung ihrer Situation.

Seit dem Ende der Dikatatur bemüht man sich mit unterschiedlichem Erfolg, das Verhältnis des Staates zu den nationalen und ethnischen Minderheiten zu entkrampfen. Ein Minderheitengesetz wurde verabschiedet, und man garantierte auch kleinen Minderheiten wie Deutschen, Serben und Roma per Gesetz je einen Sitz in den Kammern des Parlaments. Gegenwärtig sitzen Vertreter von 15 Minderheiten im rumänischen Parlament. Bis heute aber leiden vor allem die Roma unter Diskriminierung und einer desaströsen wirtschaftlichen Lage; immer wieder kommt es zu Ausschreitungen gegen diese Minderheit. Die wenigen verbliebenen Deutschen sind hingegen gut integriert und nehmen vor allem in Siebenbürgen aktiv am politischen und gesellschaftlichen Leben teil. Die Beziehungen zwischen Ungarn und Rumänen sind aufgrund der langen gemeinsamen und dabei oft spannungsreichen Geschichte nicht frei von Konflikten.

Die Magyaren

Die Magyaren, worunter ethnisch Ungarn, Szekler und Csángó zu verstehen sind, stellen nach den Roma den zahlenmäßig größten Anteil an nichtrumänischer Bevölkerung. Sie gehören der römisch-katholischen und verschiedenen protestantischen Glaubensrichtungen (Kalvinisten, Lutheraner, Unitarier) an. Die Ungarn stellen derzeit 6,9 Prozent der rumänischen Gesamtbevölkerung. Dies beruht auf der fast tausendjährigen Zugehörigkeit Siebenbürgens zum Königreich Ungarn, die endgültig erst mit den Pariser Vorortverträgen endete. Das konfliktreiche 19. Jahrhundert brachte eine tiefgreifende Wandlung im Zusammenleben, die bis heute ihre Auswirkungen hat. Nach dem Zweiten Weltkrieg und der Festigung Rumäniens in seinen heutigen Grenzen wurde für die Ungarn eine ungarisch-autonome Region geschaffen. Doch unter dem Einfluss des von den Sowjets niedergeschlagenen Aufstandes im Mutterland 1956 nahm man die begünstigenden Maßnahmen schrittweise wieder zurück, später verschwand diese autonome Region ganz. Zwischen den Rumänen und den Ungarn in Siebenbürgen schwelen bis heute Konflikte. Ein solcher eskalierte 1990 in Tărgu Mureş, als die Ungarn ihren Nationalfeiertag, den 15. März 1848 (Beginn der Revolution), öffentlich begingen. Traurigerweise gab es Tote und Verletzte, und nur ein Armeeeinsatz beruhigte den Aufstand. 1993 machte Cluj negativ von sich reden, als das Denkmal des Matthias Corvinus und die Frage, in welcher Sprache die Inschrift zu sein habe, Anlass zum Streit gab. Diplomatisch hat man sich später auf die lateinische Schreibweise geeinigt.

Szeklertrachten im ethnographischen Museum von Târgu Mureş

Die von den Magyaren abstammenden Tschango (ungar. Csángó, rum. Ceangău) sind in der nördlichen Moldau angesiedelt. Sie bewahrten sich eine archaische Volkskultur und unterscheiden sich von den Moldauern durch ihren katholischen Glauben und ihre Sprache, ein altertümliches Magyarisch, das nur Umgangssprache blieb und sich nicht zur Schriftsprache weiterentwickelte. Ihre Bezeichnung warf viele Fragen auf: Vielleicht bedeutet sie ›Abgetretene‹ in dem Sinne, dass man sich von den Szeklern absonderte, oder ›unschöner Klang‹, von Csang/Csáng, da ihre Sprache kein reines Ungarisch ist. Die Tschango selbst bezeichnen sich als Unguri, Ungarn. Kurzfristig genossen sie 1944 das Wohlwollen des Staates, der gezielt ihre Sprache förderte. Die zahlenmäßige Größe schwankt zwischen 20 000 bis 30 000 Angehörigen nach der Sprache und 100 000 nach der Konfession.

Die Szekler, deren Herkunft nicht ganz geklärt ist, sind vermutlich eine magyarischstämmige Minderheit. Sie wurden, wie einst die Sachsen, zwischen dem 10. und 11. Jahrhundert in den Ostkarpaten auf dem sogenannten Königsboden zur Landeserschließung und -sicherung angesiedelt. Dafür erhielten sie das Recht auf Selbstverwaltung und durften ihre persönliche Freiheit gegenüber den Großgrundbesitzern bewahren. Mit dem ungarischen Adel (Magyaren) und den Sachsen gehörten sie zu den drei regierenden Nationen Siebenbürgens, die sich religiös den Unitariern anschlossen. Das Zentrum der Szekler ist Nordostsiebenbürgen mit dem Hauptort Târgu Mureş. Wer auf alte Karten schaut, wird zahlreiche mit Székely beginnende ungarischsprachige Ortsnamen finden. Von 1952 bis 1968 hatten die Szekler am Autonomiestatus der Ungarn teil.

Seit 1989 sind die Ungarn politisch in der UDMR (Uniunea Democrată Maghiară din România) organisiert. Ihrer Partei ist es dank ihrer Kompromissbereitschaft seitdem stets gelungen, an der Regierungsbildung beteiligt zu sein. Mit dem Anliegen, eine stärkere Anbindung an Ungarn voranzutreiben, hat sich von der UDMR im Jahr 2004 die ungarische Bürgerunion UCM (Uniunea Civică Maghiară) abgespalten. Ihre Anhänger sind vorwiegend in den Szeklerkreisen von Covasna und Harghita in der Region Siebenbürgen ansässig. Wer durch Rumänien fährt, insbesondere durch Siebenbürgen, wird ganze Dörfer kennenlernen, in denen fast ausschließlich Ungarisch gesprochen und viele ungarische Spezialitäten wie beispielsweise Kürtös (rum. Curtici, eine Süßspeise) angeboten werden.

Die Deutschen

Zum Thema ›Deutsche in Rumänien‹ fallen den meisten nur die Siebenbürger Sachsen und die Banater Schwaben ein. Deutsche Siedlungen bestanden aber auch in Bessarabien und in der Dobrudscha. Bereits ab 1841 – die Dobrudscha stand noch unter türkischer Herrschaft – wanderten Deutsche aus Bessarabien und anderen Provinzen des russischen Reiches hierher ein. Weitere Zuwanderungsbewegungen erfolgten, als Rumänien Bessarabien zurückerhielt. Einst als Musterdorf der Dobrudscha-Deutschen gepriesen, wechselte das heutige Mihail Kogălniceanu zwischen den beiden Weltkriegen seinen Namen von Karamurat in Ferdinand I. Es liegt zwischen Constanţa und Cernavodă und setzte sich einst aus einem rumänischen, einem deutschen und einem tatarischen Dorf zusammen. Die Bessarabien-Deutschen holte Zar Alexander I. ab 1814 in das damals zum Russischen Reich gehörende Bessarabien. Zahlreiche Dörfer im südlichen Landesteil mit Namen wie Gnadental, Hoffnungstal, Wittenberg und Leipzig wurden gegründet.

Die Banater Schwaben folgten einer großangelegten habsburgischen Anwerbung nach dem Frieden von Passarowitz 1718. In drei großen Schwabenzügen verteilten sie sich über das ganze Banat, ihr Mittelpunkt wurde Temeschwar. Obwohl es sich bei ihnen beileibe nicht nur um ›echte‹ Schwaben handelte, nannte man die überwiegend katholischen Siedler ›Donauschwaben‹, wohl weil viele von ihnen auf und entlang der Donau ins Land kamen. Im 19. Jahrhundert zogen weitere Deutsche nach und ließen sich am Übergang zwischen Flach- und Bergland nieder, wofür man ihnen die Bezeichnung ›Bergler‹ gab. Ihren Lebensunterhalt bestritten sie als Arbeiter in den Industrieanlagen von Reschitza, wo es noch heute eine deutsche Schule gibt, und Steierdorf (Anina).

Auch die Bukowina-Deutschen gehen auf die Zeit der Zugehörigkeit zur Habsburger Monarchie zurück. Joseph II. hatte vor allem Lehrer, Beamte und Handwerker in die Region geholt. Auch sie mussten ihre neue Heimat nach dem Wiener Schiedsspruch verlassen. Die Sathmarer Deutschen wurden im 18. Jahrhundert durch ungarische Magnaten wie Graf von Karolyi angeworben. Als Opfer der ungarischen Magyarisierungspolitik des 19. Jahrhunderts wurden sie vollständig assimiliert.

In der Maramureş, vor allem in Vişeu de Sus (dt. Oberwischau, ung. Felsövisó), sowie in der Bukowina in Cârlibaba Veche (dt. Mariensee, ung. Radnalajós) und um Suceava leben noch wenige ›Zipser‹ (rum. Ţipţeri, ung. cipszer). Damit werden Deutsche bezeichnet, die im 18. Jahrhundert aus Zips – die Stadt lag einst in Ungarn, heute als Spiš in der Slowakei – aus unterschiedlichen Gründen nach Rumänien einwanderten. Sie wurden als Fachkräfte des Bergbaus nach Vişeu de Sus und Cârlibaba Veche geholt. In Cârlibaba Veche bezeichnen sich noch heute 9 Prozent der Bevölkerung als Deutsche.

Die bekannteste deutsche Volksgruppe in Rumänien sind die Siebenbürger Sachsen (Saşi), die auf eine 800-jährige Vergangenheit in Siebenbürgen zurückblicken. Sie zeigten das ausgeprägteste Profil unter den Deutschen Rumäniens. Sie verstanden sich nicht nur als Bewohner ihrer Landschaft, sondern unter ihnen bildete sich ein übergreifendes Zusammengehörigkeitsgefühl heraus. 1921 war schon der lockere Dachverband der ›Deutschen in Rumänien‹ entstanden, der alle lokalen Verbände zusammenfasste. Wirtschaftlich ging es den Deutschen trotz Agrarreformen und Enteignungen nicht schlecht. Ihre Stellung war nicht so angreifbar wie die der Russen in Bessarabien oder der Magyaren in Nordsiebenbürgen, an deren Loyalität zum rumänischen Staat man zweifelte. Im Jahr 1932 wurde Fritz Fabritius der Wortführer der Siebenbürger Sachsen, aus dessen deutsch-sächsischem Selbsthilfe-Verein von 1922 dann 1932 die politische Organisation der ›Nationalsozialistischen Selbsthilfebewegung der Deutschen in Rumänien‹ hervorging und der sich auch die Jugendorganisation ›Südostdeutscher Wandervogel‹ anschloss.

Der Hitler-Stalin-Pakt betraf die Deutschen insofern, als die Nordbukowina und Bessarabien an Russland abgetreten wurden und Nordsiebenbürgen mit Sathmar in Folge des Wiener Schiedsspruches 1940 wieder an Ungarn zurückfiel. Eine großangelegte Umsiedelungsaktion war die Folge. Die verbliebenen Deutschen organisierten sich unter Andreas Schmidt, einem überzeugten Hitleranhänger, in der NSDAP und erhielten auf Druck Berlins eine Sonderstellung. Ihr Sitz wurde von Hermannstadt nach Kronstadt verlegt. Die Wehrpflichtigen unterstanden direkt der deutschen Kriegsführung und wurden in der Division ›Prinz Eugen‹ in Jugoslawien eingesetzt.

Der Frontwechsel Rumäniens betraf die Deutschen unmittelbar, nahezu 70 000 Menschen wurden in die Sowjetunion deportiert. Das Agrarreformgesetz von 1945 tat ein Übriges: Es sorgte für die völlige Enteignung. Obwohl das Minderheitenstatut von 1945 auf die Deutschen keine Anwendung fand, ihnen damit praktisch keine Rechte gegeben wurden, muss man sagen, dass jedoch keine Vertreibung stattfand. Nach der Volkszählung von 1948 lebten noch 350 000 Deutsche in Rumänien. Bis zum Beginn der Ära Ceauşescu besserte sich die Situation der Deutschen langsam. Aber viele Intellektuelle waren Schikanen und Prozessen ausgesetzt. Nur ein Beispiel sei genannt: Hans Bergel, der seinen Aufenthalt im Gefängnis von Jilava in seinem Roman ›Tanz in Ketten‹ verarbeitete.

Lange schien es, als wäre die Tendenz zum Auswandern nicht aufzuhalten, und man fürchtete: »Deutsch wird in Rumänien zur Sprache der Grabsteine werden« (Wolf Oschlies). Doch wer durch Siebenbürgen fährt, wird eines Besseren belehrt. Auf Schritt und Tritt begegnet man den Sachsen. Einige kehren aus Deutschland in ihre Heimat zurück, aber auch Nichtsachsen, die zuvor nie einen Bezug zu Siebenbürgen hatten, entscheiden sich für Rumänien. Viele Sachsen haben mit Elan Neues aufgebaut. Man trifft die Deutschen vor allem in Siebenbürgen, Bukarest und im Banat. Politisch sind die Deutschen in Rumänien im ›Demokratischen Forum der Deutschen‹ (DFDR) organisiert. Und bei den letzten Kommunalwahlen im Jahr 2008 konnten ihre Partei große Erfolge erzielen. In dieser Legislaturperiode stellt das Forum 10 Bürgermeister und 11 Kreisräte. Nicht nur in Sibiu wurde ein Sachse wiederholt zum Bürgermeister

Junge Sächsinnen in traditioneller Tracht

gewählt, auch im Tourismus sind die Deutschen sehr aktiv. Pensionen wie in Măgura im Königsteingebiet und zahlreich an der Fogaraschtransversale zeugen ebenso von deutschen Aktivitäten wie die große Forellenzucht mit angeschlossenem Hotelkomplex in Albota am Fuße des Fogaraschgebirges. Die Deutsche Allgemeine Zeitung mit Sitz in Bukarest bietet umfangreiche, aktuelle nationale wie internationale Informationen in deutscher Sprache, während in Sibiu der Schiller-Verlag mit einem immer größer werdenden Angebot an Büchern in deutscher Sprache den Markt bedient.

Die Juden

Im 18. und 19. Jahrhundert wanderten Juden hauptsächlich aus Bessarabien und der Bukowina in die Donaufürstentümer und nach Bukarest ein. Besonders in der Moldau (Suceava) bildeten sich in diesem Zusammenhang sogenannte Schtetl (Judenviertel) aus. Mihai Eminescu ist eine Beschreibung der ehemaligen Judengasse in Suceava zu verdanken. Umgangssprache war wie in anderen osteuropäischen Regionen auch das Jiddische. Ihren Lebensunterhalt verdienten die Juden vor allem im Handel mit landwirtschaftlichen Produkten und als Zwischenpächter, sogenannten ›arendaşi‹: Sie pachteten landwirtschaftliche Güter und verpachteten sie gewinnbringend an Kleinbauern weiter. Wie vielerorts, wurden sie mit steigendem Erfolg zur Zielscheibe von Anfeindungen gemacht. Man begrenzte ihre Entfaltungsmöglichkeit, indem man ihnen die rechtliche Gleichstellung und damit die Staatsbürgerschaft verweigerte. Damit war ihnen verwehrt, Grund und Boden zu erwerben. Der Druck aus dem Ausland bewirkte eine Veränderung, und der sogenannte Berliner Vertrag von 1878 regelte das Recht der Juden zur Erlangung der rumänischen Staatsbürgerschaft. Im Zeitraum von 1880 bis 1913 erhielten es aber nur 552 Juden, obwohl damals bereits etwa 300 000 Juden in Rumäniens Altreich lebten.

Die Vergrößerung des Landes nach dem Ersten Weltkrieg um Siebenbürgen, die Bukowina und Bessarabien brachte einen Zuwachs an jüdischer Bevölkerung vor allem aus der Bukowina mit sich. Insgesamt bekannten sich in dieser Zeit in Rumänien mehr als eine halbe Million Menschen zum Judentum, womit das Land nach Polen und der Sowjetunion die drittgrößte jüdische Minderheit aufwies. Seit 1918 war der Aufstieg der Juden in höhere Berufe nachweisbar. Ihre Interessen wurden im Dachverband ›Uniunea Evreilor din România‹ vertreten, während es auf politischer Ebene eine jüdische Partei gab.

Immer wieder brachen sich jedoch antijüdische Ressentiments Bahn: 1907 nach der großen Bauernrevolution, nach dem Ersten Weltkrieg und in Folge der Wirtschaftskrise. Unter Antonescu wurden die Juden für staatenlos erklärt. Nach furchtbaren Pogromen in Dorohoi (1940), Bukarest (1941) und Iaşi (1941) wurde der Dachverband verboten, Ehen mit Nichtjuden waren untersagt. Während Synagogen und Gemeinden weiterhin existierten und einer Deportation nach Auschwitz seitens der Rumänen Widerstand entgegengesetzt wurde, erlitten die Juden der Nordbukowina, Bessarabiens und Transnistriens eine rumänische ›shoa‹ (Holocaust). Die Eiserne Garde veranlasste die Aktion ›Transnistrien‹, deren Höhepunkt die Massaker im besetzten Odessa waren und denen 60 000 Juden zum Opfer fielen.

Im Jahr 1942 endete der Terror, die Internierten rettete die ›Transnistrien-Hilfe‹ des Auslands. Zuverlässige Zahlen über die Todesopfer gibt es nicht mehr. Im an Ungarn abgetretenen Nordsiebenbürgen widerfuhr den Juden ein ebenso furchtbares Schicksal.

Die Schneidersynagoge in Bukarest ist Sitz des jüdischen Geschichtszentrums

Nach der Ära Ceauşescu wurden diese Vorgänge aus der Tabuisierung herausgeholt und Akten freigegeben. Ein herausragendes filmisches Denkmal setzte der rumänische Regisseur Radu Mihaileanu diesen Geschehnissen mit seinem vor einigen Jahren entstandenen Film ›Zug des Lebens‹. Mihaileanu gibt die Zeit der ›shoa‹ mit viel Heiterkeit wieder, indem er den fast vergessenen jüdischen Humor wiederbelebt. 1944 kamen die Juden aus Transnistrien und der sowjetischen Nordbukowina, schätzungsweise 350 000, wieder nach Rumänien zurück, ihr Dachverband wurde wieder zugelassen, doch eine Wiedergutmachung erfolgte nicht. Das Jahr 2003 darf als Wende der rumänischen Vergangenheitsbewältigung betrachtet werden. Der damalige Präsident Ion Iliescu berief nicht zuletzt auf Druck des Auslands im Jahr 2003 die ›Internationale Kommission zur Erforschung des Holocaust in Rumänien‹ unter Leitung des Friedensnobelpreisträgers Elie Wiesel ein. Vorausgegangen waren öffentliche Stellungnahmen des Präsidenten und seines Kulturministers, in denen der Holocaust bagatellisiert wurde. Dies hatte einen internationalen Aufschrei über die Geschichtsverfälschung zur Folge. Die sogenannte ›Elie-Wiesel-Kommission‹ legte bereits nach einem Jahr ihren Abschlussbericht vor, in dem der spezifisch rumänische Holocaust bestätigt wurde. Daraufhin folgte die Gründung des Elie-Wiesel-Instituts, und man begann mit der Umsetzung der Empfehlungen der Kommission. Der erste Schritt bestand in der Einführung des Holocaust-Gedenktages, für den der 9. Oktober festgelegt wurde. Dieses Datum erinnert an die 1941 durchgeführten Deportationen rumänischer Juden und Roma in die Ghettos und Zwangsarbeiterlager. Holocaust-Studien sind seit dem Jahr 2006 Bestandteil der Lehrpläne für die 10. Klasse an Gymnasien. Die Gestaltung einer nationalen Gedenkstätte, das Mahnmal zum Holocaust in Rumänien, wurde nach Ausschreibung eines internationalen Wettbewerbs dem Bildhauer Peter Jacobi aus Siebenbürgen übertragen. Die Gedenkstätte befindet sich im Zentrum von Bukarest und wurde am 23. Oktober 2009 durch den rumänischen Staatspräsidenten Traian Băsescu der Öffentlichkeit übergeben.

In Czernowitz, einst Hauptstadt der Bukowina (heute Ukraine), gab es einen fruchtbaren Austausch zwischen deutscher und jüdischer Kultur, vor allem auf dem Gebiet der Lyrik: Rose Ausländer, Paul Celan, Alfred Margul-Sperber,

Moses Rosenkranz, Immanuel Weißglas, Alfred Kittner sind nur einige bekannte Namen. Viele hatten die Jahre von 1941 bis 1944 überlebt. Gemeinsam war den Dichtern das Trauma der Verfolgung.

Die Kommunisten hatten ein zwiespältiges Verhältnis zu den Juden. Die Haltung zur Partei war natürlich maßgebend, dennoch wurden sie auch Opfer wie Ana Pauker, die Vertraute Stalins. Die jüdische Bevölkerung war 1944 nur noch halb so groß wie in der Vorkriegszeit, und nach Kriegsende verloren die Gemeinden viele Mitglieder durch Auswanderung; Dorohoi galt 1982 als letztes ›Schtetl‹ der Welt. 1992 bekannten sich bei der Volkszählung etwa 9100 Personen als Juden, die Dunkelziffer mag höher liegen. Dennoch wird vermutlich eintreffen, was der 1994 verstorbene rumänische Oberrabbiner Dr. Moses Rosen während eines Interviews im Mai 1991 in München folgendermaßen beschrieb: »Eine Kerze, die in diesem Land langsam erlischt«.

Die Roma

Die Roma gelten vor den Ungarn als zahlenmäßig größte Minderheit des Landes, was Rumänien zu einer der großen Roma-Gemeinden in Europa macht. Seit Jahrhunderten waren die aus Indien in verschiedenen Zügen eingewanderten Roma im Donau- und Karpatenraum von der Dobrudscha bis Siebenbürgen beheimatet. Die Siebenbürger Roma unterschieden sich von den Unfreien der rumänischen Fürstentümer (Moldau, Walachei). Maria Theresia und ihr Sohn Kaiser Joseph II. begannen mit der mehr oder weniger erfolgreichen Sesshaftmachung und nannten sesshaft gewordene Roma Neubauern. Sie lebten am Rande der Dörfer und Städte ihr eigenes Leben und waren dennoch deren Bewohnern durch vielfältige Berufstätigkeiten verbunden. Gerne wurden sie auch als ›Kladera‹, Kesselschmiede, und ›Lovara‹, Pferdehändler, bezeichnet, was eher auf ihre Arbeit zurückzuführen ist.

Roma im Kreis Braşov

In den rumänischen Fürstentümern des Mittelalters waren die Roma vorwiegend Leibeigene und Unfreie. Letztere standen gesellschaftlich höher als Sklaven, aber niedriger als Leibeigene und besaßen eine eigene Hauswirtschaft. Sie lebten in Großfamilien, in sogenannten ›Salas‹, und waren Unfreie der Krone, Unfreie der Klöster oder Unfreie der Bojaren. Im 18. Jahrhundert wurde die Entlassung in die Freiheit möglich. Einige wurden sesshaft, einige wanderten nach Ungarn aus, wo sie geschützt waren. Lieder wie ›Lustig ist das Zigeunerleben‹ sind weit entfernt von der weitaus weniger lustigen Realität. Nach ihrer Entlassung in die Freiheit mussten die Roma in der Moldau eine Kopfsteuer zahlen, die bei ihrem Kinderreichtum besonders gewinnbringend für die Staatskassen war.

Konfessionell passten sich die Roma bei Pflege des eigenen Volksglaubens der jeweiligen Bevölkerungsmehrheit an, ob orthodox, evangelisch, reformiert oder katholisch. Ihr Zusammenhalt drückte sich in Sippenverbänden aus, die von einem ›Bulibassa‹ (türkisches Wort, das ›großer Anführer einer Schar‹ bedeutet) geleitet wurde. Das Oberhaupt der Sippen ist der Baro Bulibassa, in Rumänien seit 1964 Ioan Cioabă, der sich am 8. September 1992 in der orthodoxen Klosterkirche zu Bistriţa Vălcea (bei Costeşti) medienwirksam zum König ausrufen ließ.

Obwohl sie nie gesellschaftliche Anerkennung genossen hatten, konnten die Roma bis zum Zweiten Weltkrieg für ihren Lebensunterhalt selbst aufkommen. Mit Beginn des Krieges traf viele das Schicksal der Juden: die todbringende Deportation nach Bessarabien und Transnistrien. Zuverlässige Zahlen darüber fehlen auch hier. Mit der Etablierung der Kommunisten wurden nicht nur der Verband und die Zeitung der Roma verboten, sondern man forcierte, wie einst die Habsburger, ihre gezielte Sesshaftmachung: Man nahm ihnen Zelte und Wagen weg und wies ihnen stattdessen enteignete Bauernhöfe zu. Erst als Ceauşescu das Gewicht der Rumänen stärken wollte, waren ihm die Roma als kinderreiche Gesellschaftsträger willkommen. Die Statistik konnte so zugunsten der Rumänen verändert werden, ohne bekannt zu machen, dass sie den Roma zu verdanken war.

Auch wenn sich viele der Roma an die Lebensart der Umgebung, der sogenannten Gadsche (Nichtzigeuner, singular Gadscho), in Kleidung, Schulbesuch und anderen Gewohnheiten anpassten, zeichnete sich auch in diesen Jahre schon ihre bis heute andauernde Verelendung ab, da sie keinerlei berufs- und bildungsmäßige Unterstützung erhielten. Ihre Andersartigkeit und ihre große Zahl riefen den Unmut der Anwohner hervor. An- und Übergriffe fanden gerade in den Krisenjahren 1990/91 mehrfach statt. Mit dem allgemeinen wirtschaftlichen Niedergang nach der Revolution verloren gerade die Roma ihre Erwerbsmöglichkeiten. So nutzten 1990 auch die Roma die neugewonnene politische Möglichkeit und wanderten in großer Zahl nach Zentraleuropa aus, besonders nach Italien. In Rumänien selbst wird das Verhältnis zu den Roma sehr unterschiedlich bewertet. Nach wie vor ist die Zigeunermusik, insbesondere die der Blaskapellen, besonders beliebt. Die Brassband Fanfare Ciocărlia ist über die Grenzen Rumäniens hinaus berühmt. Der Beitritt zur EU hat Rumäniens Anstrengungen in Sachen Minderheitenpolitik verstärkt, die Situation der Roma ist aber nach wie vor verbesserungswürdig. Zwar gibt es Schulen, in denen in der Sprache der Roma – ›Romanes‹ – unterrichtet und eine bestimmte Anzahl an Studienplätzen für die Roma reserviert wird; außerdem unterstützt die Regierung finanziell ihre kulturellen Einrichtungen. Die Umsetzung mancher Programme bleibt aber häufig auf der Strecke. Im Parlament sind die Roma derzeit mit Nicolae Păun vertreten. Viel Hoffnung setzten die Roma in den EU-Beitritt Rumäniens, der es ihnen ermöglicht hat, im Europäischen Parlament eigene Rechte zu fordern. Der Reisende jedoch wird ihnen häufig am Straßenrand begegnen, wo sie gesammelte Pilze und Waldbeeren feilbieten.

Obwohl häufig untereinander zerstritten, sind die Roma locker in einem Dachverband ›Demokratische Union der Roma aus Rumänien‹ organisiert. Ortsnamen der Walachei wie Ţigăneşti weisen auf die Zigeuner hin. Auch der berühmte Mircea Eliade hat dieser Volksgruppe mit ›La ţiganci‹ (Bei den Zigeunerinnen) ein Denkmal gesetzt.

Die Slawen

Als Slawen versteht man die Bulgaren, Serben, Kroaten, Slowaken, Tschechen, Ukrainer und Russen im Land. Viele von ihnen leben im Banat, wo allein 46 000 Serben ansässig sind, die in Timoşoara eine große serbische Gemeinde haben. Auch wenn im Zuge der Assimilierungsbestrebungen der Regierung bis 1989 viele ethnische Minderheiten als Gruppe eher in den Hintergrund traten, sind sich die Menschen ihrer Zugehörigkeit sehr wohl bewusst. Schon früh wurde das Banat ›Kleineuropa‹ genannt, und während sich die Völker in Zeiten des Balkankrieges zerrieben, war ein tolerantes Miteinander hier möglich. Allein neun Ethnien leben noch heute im Dorf Caraşova im Banat. Bei der Volkszählung von 1992 bekannten sich 1940 Menschen als Kroaten, 1260 als Serben.

Die Ukrainer leben hauptsächlich im Grenzgebiet zur ehemaligen Sowjetunion, vor allem im Donaudelta und der Dobrudscha. Die Siedlung Jurilovca am Rande des Razelm-Sees ist einer der Siedlungsschwerpunkte der russischen Lipowaner, die vor 200 Jahren, während des Schismas in der russisch-orthodoxen Kirche, als sogenannte Altgläubige verfolgt wurden und zwischen Slava Rusa und Uspenia bis Periprava eine neue Heimat fanden.

Die Türken und Tatar-Türken

Insgesamt etwa 35 000 Türken leben in Rumänien. Nur zwei Regionen des heutigen Rumäniens standen längere Zeit unter osmanischer Herrschaft: die Dobrudscha von 1393 bis 1878 und das Banat von 1551 bis 1718. Während der türkischen Besetzung des Banats wurden auch teilweise Gebiete der Kreisch von den Türken besetzt. Nach den Siegen der Habsburger über die Osmanen wurden diese zurückgedrängt und bald darauf vollständig aus dem Banat vertrieben.

Durchgängig konnten sich die Osmanen nur in der Dobrudscha behaupten. Und mit ihnen die Tataren, auch Tatar-Türken genannt, eine türkische Minderheit vorwiegend islamischen Glaubens, die man bis heute vor allem an der Schwarzmeerküste antrifft. Ihre Hochburg ist Constanţa, in der sie mit 6 Prozent der Bevölkerung den höchsten Anteil einer türkischen Minderheit in Rumänien stellen. Sowohl die rumänischen Türken als auch die Tatar-Türken bekennen sich zur Glaubensrichtung der hanafitischen Sunniten. Ihren Glauben pflegen sie in Constanţa vor allem in der Carol-I.-Moschee.

Politisch ist die Minderheit der rumänischen Türken und Tatar-Türken in der Demokratischen Union Türkisch-Islamischer Tataren Rumäniens (Uniunea Democrată a Tătarilor Turco Musulmani din România) und der Türkisch Demokratischen Union Rumäniens (Uniunea Democrată Turcă din România) organisiert, die mit je einem Sitz im Parlament vertreten sind. In Bukarest trifft man vor allem in der Gastronomie auf die Türken: Mehrere qualitätvolle Restaurants haben sich hier etabliert.

Essen und Trinken

Das Brot sei möglichst frisch,
der Wein möglichst alt und das Eheweib möglichst jung

Altes rumänisches Sprichwort

Die Küche Rumäniens war immer das Spiegelbild seiner Geographie und Geschichte. Vielfältig wie seine Menschen waren traditionell die Speisekarten, auch wenn während des Kommunismus im Wortsinn der Einheitsbrei überwog. Vieles konnte sich jedoch hinüberretten und trat nach der Wende mehr oder weniger wieder zu Tage. Die üppige Natur hat das Land reich gesegnet. Die Bewohner der Kornkammer Europas waren Meister im Brotbacken, das mit Hilfe des ›Țăst‹, einer Backglocke aus Lehm, Stein oder Gussstahl, über dem offenen Herd gebacken wurde. Zur Festzeit gehören auch die von der Hausfrau gebackenen zahllosen Gebildbrote, Striezel und andere Kuchen, besonders um vorbeigekommene Sänger zu belohnen, die der Sitte gemäß Gottes Segen, Wohlstand und Heil ins Haus bringen. An Weihnachten und Neujahr isst man in Rumänien gerne Krautrouladen: das in Kohl- oder Weinblätter gehüllte Hackfleisch wird ›Sarmale‹ genannt. Die mit Abstand wichtigste Beilage im ganzen Land ist ›Mămăliga‹, der Maisbrei. Überall beliebt ist auch die ›Ciorbă‹, eine deftige Suppe.

Käseverkauf in Bran

Die Moldau wirbt mit deftiger Hausmannskost wie zum Beispiel der mit Ei und Käse in der Pfanne brutzelnden ›Tochitură‹ (eine Art Ragout), Pastetchen und anlässlich von Festtagen auch Gebäcken und Gebildbroten, die auch außer Haus verteilt werden. Das Schweineschlachten ist ein festlicher Anlass, die Tafel biegt sich unter der kulinarischen Vielfalt: Sülze, Würste, Braten und Weißwurst, darunter die berühmte ›Chişcă‹. Deftige Eintöpfe mit Pilzen, Bohnen und Puffbohnen runden die Palette ab.

In der Walachei sind als Besonderheit die Sauerbrühen aus Sauerampfer und Brennessel, weißen oder grünen

Bohnen, außerdem Dörrpilze, Donauheringe, Pflaumengerichte und Kürbispalatschinken zu finden. Auch Pasteten, Bohneneintöpfe und das zur altväterlichen Küche gehörende Huhn mit Quitten oder Aprikose, Ente mit Oliven oder Gänsefleisch sind hier zu Hause. Auch eine rumänische Variante von Spiegeleiern wird man antreffen: in siedendes, mit Salz versetztes Essigwasser geschlagene rohe Eier sind zu heißem Maisbrei äußerst schmackhaft.

Das Banat erhielt sich trotz serbischer Einflüsse eine sehr eigenständige Küche. Endlos ist die Liste der Vorspeisen vom Auberginensalat bis zu den Pastetchen. Die nach alten Rezepten hergestellten Konfitüren nehmen einen besonderen Rang ein. Eine große Auswahl an Palatschinken erinnern an Habsburg und Serbien.

In Transsilvanien liebt man es ebenfalls deftig: Hausbrot, Räucherspeck, transsilvanische Suppe aus grünen Bohnenschoten und natürlich Pflaumenschnaps. Gerne verwendet man hier statt Speiseöl das Schweineschmalz, statt Tomatenmark das Rosenpaprika. Das Schwein nimmt den Ehrenplatz der Speisekarte ein, der Fisch wird weniger geschätzt. Häufig isst man Kohl: der Krauttopf aus Cluj wird mit abwechselnden Schichten aus Wirsing und Hackfleisch zubereitet.

In der Dobrudscha werden die Palatschinken traditionell in runden Kupferformen gebacken. Mehlspeisen mit kalten Schafjoghurts waren einst die Speise der Hirten. Hier sammelt sich eine Mischung von Düften griechischer, türkischer, bulgarischer und armenischer Herkunft. Fette Schafe, Rinder, Fisch und Wildbret stehen auf der Karte, dazu ein frischer Wein. Getreide, Obst und Gemüse finden sich allerorts. Pilaw mit Rosinen, türkischer Honig (›Rachat loküm‹), aber auch Kuttelsuppe und Karpfen am Spieß sind zu haben.

Im Donaudelta steht viel Fisch auf der Speisekarte: Wels, Zander, Barsch, Karpfen, Hecht, Schlei und an der Donaumündung der Riesenhausen, Störarten wie Scherg und Sterlet bereichern das Angebot. Der Kaviar gehört so selbstverständlich zur Tafel wie die saure Fischsuppe.

Die Bewohner der Maramureş gelten als feierfreudig und sehr trinkfest. Ihr typisches Getränk ist die ›Horincă‹, das aus Obst, Pflaumen, Äpfeln und Birnen gewonnen wird und mit einem Alkoholgehalt von 65 Prozent sowohl Wodka als auch Whisky Konkurrenz macht. Nahrhafte Speisen, deren Grundlage meist das Schweinefleisch ist, werden ergänzt durch große runde Brote, sogenannte ›Pită‹, die man mit Schafs- oder Weißkäse serviert oder im Sommer bei großer Hitze mit einer erfrischenden Schüssel voll Joghurt verspeist. Auch der Maisbrei darf nicht fehlen. Man bereitet daraus ›Balmoş‹: ein Gericht aus in Milch gekochtem Maisbrei, der mit saurer Sahne, geräucherten Wurststücken, Butter und weichgekochten Eiern zubereitet wird.

Wein

Weinbaugebiete finden sich in ganz Rumänien und rechtfertigen seinen Ruf als Weinland. Die größten rumänischen Weinbaugebiete liegen in der Donauebene sowie an den südlichen und östlichen Karpaten-Ausläufern. Die Weinhügel von Cotnari im Norden der Moldau, eine der bekanntesten Weinregionen Rumäniens, sind als einziges Weinanbaugebiet noch mit alten einheimischen Reben bepflanzt: Rumänischer Muskateller, Fråncuşa (übersetzt frische Trauben) und Weiße Mädchentraube. Die großen Güter sind Huşi, Panciu Odobeşti und Bucium. In Bucium kennt man so anspruchsvolle Weine wie Aligote, Riesling und Muscat Ottonel; hier wird sogar der nach dem Asti-Spumante-Verfahren aus Muscat-Ottonel der Bucium-Sekt hergestellt. Aus dieser Gegend kam einst der in Pariser Restaurants als ›Perle de la Moldavie‹ gepriesene Dessertwein der Traube Grasa ›Cotnari‹. Er erinnert entfernt an einen ungarischen Tokaier. Nahe des Pruth, südlich von Iaşi, liegt das Weinbaugebiet Huşi mit seinen Spitzenreben Busuioaca de Bohotin und Zghihara, beide aus einheimischen Reben gezogen. Der als Băbeasca Neagră bezeichnete Rotwein der Güter von Nicoreşti und Panciu hat den Reblaus-Befall im 19. Jahrhundert überlebt. Die Weingärten von Odobeşti bringen liebliche Weißweine hervor.

In Muntenien wurden Reben aus anderen Ländern erfolgreich eingesetzt: Cabernet Sauvignon, Merlot und Schwarze Mädchentraube. Hier stehen die Rotweine, vor allem in Valea Călugărească oder Urlaţi, im Vordergrund. In der Region werden aber auch als Weißweine Weiße Mädchentraube, Königsast, Riesling und Muskateller auf den Gütern Tohani, Pietroasele und Ştefăneşti-Argeş gewonnen. Oltenien pflegt noch ein paar einheimische Sorten zum Beispiel Gordanul und Braghina, neben den eingeführten Sauvignon, Merlot, Cabernet Sauvignon, Pinot Noir und Muscat Ottonel.

Kleinere Weinlagen befinden sich im Banat um Arad: Weine von Teremia Mare, Tomnatic, Recaş, Şiria, Miniş oder Baraţca liebte einst schon der Wiener Hof. Die Reben tragen so unbekannte Namen wie Majarcă, Mustoasă de Măderat, Creaţă, Steinschiller und Cadarcă. Gerade der rubinrote Cadarcă sei dem Liebhaber fruchtiger Weine empfohlen.

Die Weine aus Transsilvanien genießen im Land einen besonders hohen Stellenwert. Der Weinort im Kokeltal, Târnave, hat mit seinem Feteascǎ Regală schon manchen Preis gewonnen. Im 19. Jahrhundert war hier wie andernorts

Bei der Weinlese im Weingut Jidvei

die Reblaus eingeschleppt worden. Eine Weinbaukommission initiierte den Wiederaufbau der Kokeltaler Weinberge. Die Weingebiete Jidvei, Crăciunel, Apoldu, Alba Iulia, Aiud, Lechința, Dumitra, Băgaciu oder Şimleul Silvaniei locken mit ihrer malerischen Landschaft und den Reben wie Mädchentraube, Königsast, Italienischer Riesling, Furmint, Sauvignon, Muscat Ottonel, Pinot Gris und Neuburger.

Die Banater Weine waren einst am kaiserlichen Hof zu Wien sehr beliebt. Nicht weit von Temeşvar erstrecken sich die Weinberge von Recaş. Die Banater Schwaben haben die Reben kultiviert, weswegen der Wein heute als Schwabenwein gehandelt wird. Merlot dominiert, aber es werden auch Cabernet Sauvignon, Feteasca Regală und die einheimische Rebe Creața Galbenă angebaut. Im Weinort gibt es reichlich Gelegenheit, diesen zu verkosten. Um Arad findet man die Weinberge auf den Hügeln der Zarander Berge. Berühmtes Weingut ist hier Miniş, das mit Cabernet Sauvignon, Merlot, Pinot Noir und der einheimischen Rebe Cadarca glänzt.

Fährt man über die Donau in die Dobrudscha, so trifft man auf die Weingüter Oltina, Medgidia, Niculițel und das bekannte Murfatlar, wo Weine der Sorten Cabernet Sauvignon, Merlot, Pinot Noir, italienischer Riesling, Pinot gris, Aligote, Muscat Ottonel und Chardonnay produziert werden. Berühmt sind auch die hiesigen Spirituosen: Branntwein aus Weinhefe oder Pulpe und die aus Pflaumen- und anderen Obstsorten destillierten Schnäpse ›Țuică‹, ›Horincă‹ oder ›Pălincă‹.

Lange haben Gerüchte von Verunreinigungen und unerlaubten Zusätzen im rumänischen Wein die Runde gemacht. Doch längst sucht man den Anschluss an den europäischen Markt, was der Qualität zugute kam.

Eine Weinkellerei im siebenbürgischen Seuca

Rezepte

Papanaş

Eine leckere Süßspeise in Rumänien ist Papanaş, das frisch, heiß und mit Schlagsahne, Sauerrahm, Schokoladensoße und dazu mit Nüssen, Marmelade oder Honig serviert werden kann.

Ein landestypisches Frühstück

Zutaten: 150 fetthaltiger Quark oder Topfen,
100 Gramm Mehl, 1 Ei, 20 Gramm Zucker,
1 Teelöffelchen Backpulver,
40 Gramm Rosinen,
etwas abgeriebene Zitronenschale.
Zubereitung: Man rühre alle Zutaten zu einem geschmeidigen Teig zusammen und lasse ihn etwa eine Stunde ruhen. Nun formt man fünf Portionen in der Hand zu Kugeln, setzt diese auf ein bemehltes Blech, drückt die Kugeln flach in die Form eines Brötchens und die Mitte auf beiden Seiten mit dem Stil eines Kochlöffels ein. Die Brötchen werden in Butter oder Butterschmalz langsam auf beiden Seiten ausgebacken. Nun wird der Sauerrahm mit Zucker, Vanille oder auch Zimt abgeschmeckt und über die Papanaşi gegossen und serviert. Der Phantasie sind jedoch keine Grenzen gesetzt, statt dem Sauerrahm kann man Schlagsahne oder Crème Fraîche darübergeben, statt Vanillezucker gezuckerten Mohn oder Nüsse, oder man kann sie in Schokoladensauce tunken.

Was in Italien die Pasta, ist in Rumänien die Suppe. Sie darf am Mittagstisch einfach nicht fehlen.

Bohneneintopf

Zutaten: 1 mittelgroße Zwiebel,
Zitronensaft von einer Zitrone,
150 Gramm durchwachsener Speck,
400 Gramm grüne Bohnen, 200 Gramm weiße Bohnen,
1/4 Liter Rinderbrühe,
3 Zweige frisches Bohnenkraut, 1 Eßlöffel frischer Thymian.
Zubereitung: Die weißen Bohnen über Nacht in Wasser einweichen. Speck in feine Würfelchen schneiden und anbraten bzw. auslassen. Knoblauch und Zwiebel schälen, fein schneiden und unter den Speck mischen und dünsten. Die weißen Bohnen mit dem Einweichwasser dazugeben, das Ganze zugedeckt ca. 90 Minuten köcheln, mit Salz und Thymian würzen. Die grünen Bohnen waschen, putzen und eine Viertelstunde vor Ende der Kochzeit zu den weißen Bohnen geben, ebenso das Bohnenkraut, Zitronensaft und Rinderbrühe. Nochmals mit Salz und Thymian abschmecken. Servieren kann man auch diese Bohnensuppe mit einem Löffelchen saurer Sahne, oder man bestreut sie mit fein geschnittenen Porreestreifen.

Große landwirtschaftliche Nutzflächen ziehen sich bis zum verwunschenen Westgebirge und zu den Banater Bergen, durchsetzt von städtischem und dörflichem Leben, das seine ehemalige Verbundenheit mit dem Habsburgerreich nicht leugnet.

Der Westen

Das Banat und seine Geschichte

Das Banat mit seinem Zentrum Timişoara grenzt an Ungarn und Serbien. Unverkennbar zeigt sich hier ganz im Westen Rumäniens die große habsburgische Vergangenheit. Seit frühester Zeit ist das Banat (rumän. Banatul) ununterbrochen besiedelt. Sein Name leitet sich von ›Ban‹ ab, der Bezeichnung für einen ungarischen Verwaltungsbeamten. In vorchristlicher Zeit dakisch, geriet es im 1. Jahrhundert vor Christus in den römischen Interessenbereich und wurde Teil der römischen Provinz Dakien. Nach dem Rückzug der Römer war die Region dem Ansturm der Völkerwanderung ausgesetzt. Im Mittelalter herrschten die verschiedenen Woiwoden, unter denen das Gebiet in sogenannte Woiwodate aufgeteilt wurde. Diese verbündeten sich untereinander im Kampf gegen die Ungarn.

Einige wenige Woiwodate konnten ihre Unabhängigkeit bis ins 15. Jahrhundert hinein bewahren, der Großteil des Gebietes wurde aber schon im Jahr 1054 der ungarischen Krone einverleibt, unter der sich viele Adlige magyarisierten. Unbeugsame Freiheitskämpfer, so zum Beispiel György Dósza, wurden Opfer der ungarischen Oberherren. Die Zeit war geprägt von Aufständen der Bauern und Leibeigenen einerseits sowie der Bildung von Zünften und dem Aufbau des Handels, vor allem des Salzhandels, andererseits.

Der gemeinsame Feind waren die vordringenden Türken. Gegen sie wurde 1432 von Sigismund, dem ungarischen König und deutschen Kaiser aus dem Geschlecht der Luxemburger, eine militärische Grenzprovinz eingerichtet. Man schuf einen Verteidigungswall, in dem die Festungen Arad, Timişoara, Oradea und Alba Iulia besondere Bedeutung erlangten. Die Grenzeinheiten bestanden aus Rumänen, Serben und Ungarn. Im Landesinnern siedelten Deutsche, Italiener und Franzosen. Bei Brodfeld konnte unter Führung des Rumänen Paul Chinez (Pavel Chinezu) 1479 zwar ein Sieg gegen die Türken errungen werden. Aber mit dem Tod des ungarischen Königs Ludwig II. 1526 in der Schlacht bei Mohács (Südungarn) gegen Süleyman begann die 200-jähriger Periode des Banats unter türkischer Herrschaft. Süleyman machte die Region zu einem Paschalyk, also einer türkischen Provinz, mit Sitz des Paschas in Timişoara. Der Boden gehörte dem Sultan, die Bauern wurden Leibeigene. Mehrere Aufstände gegen die Türken wurden niedergeschlagen, erst 1716 gelangen entscheidende Siege gegen die Besetzer, die unter Führung des berühmten Feldherrn Eugen von Savoyen bei Peterwardein (Petrovaradin, Serbien) vernichtend geschlagen wurden. Das befreite Banat war nun jedoch verwüstet und ganze Landstriche menschenleer.

Nach ihrem Sieg in der Schlacht von Belgrad wurde den Habsburgern im Frieden von Passarowitz (1718) das Banat zugesprochen, und der Wiederaufbau begann. Banater Schwaben wurden in drei Schüben ins Land geholt, regelmäßig angelegte Dörfer dieser absolutistischen Staatskolonisation prägten das Flurbild. Nun lebten Serben, die im 15. Jahrhundert nach der Besetzung ganz Serbiens durch die Türken gekommen waren, sowie Rumänen, Juden und die Banater Schwaben nebeneinander. Den Serben war 1690 von Kaiser Leopold I. (1658–1705) eine eigene orthodoxe Kirchenprovinz im Banat gestattet worden. Unter Franz Rákóczi kämpften Ungarn und Rumänen gemeinsam gegen

▲ Karte S. 65

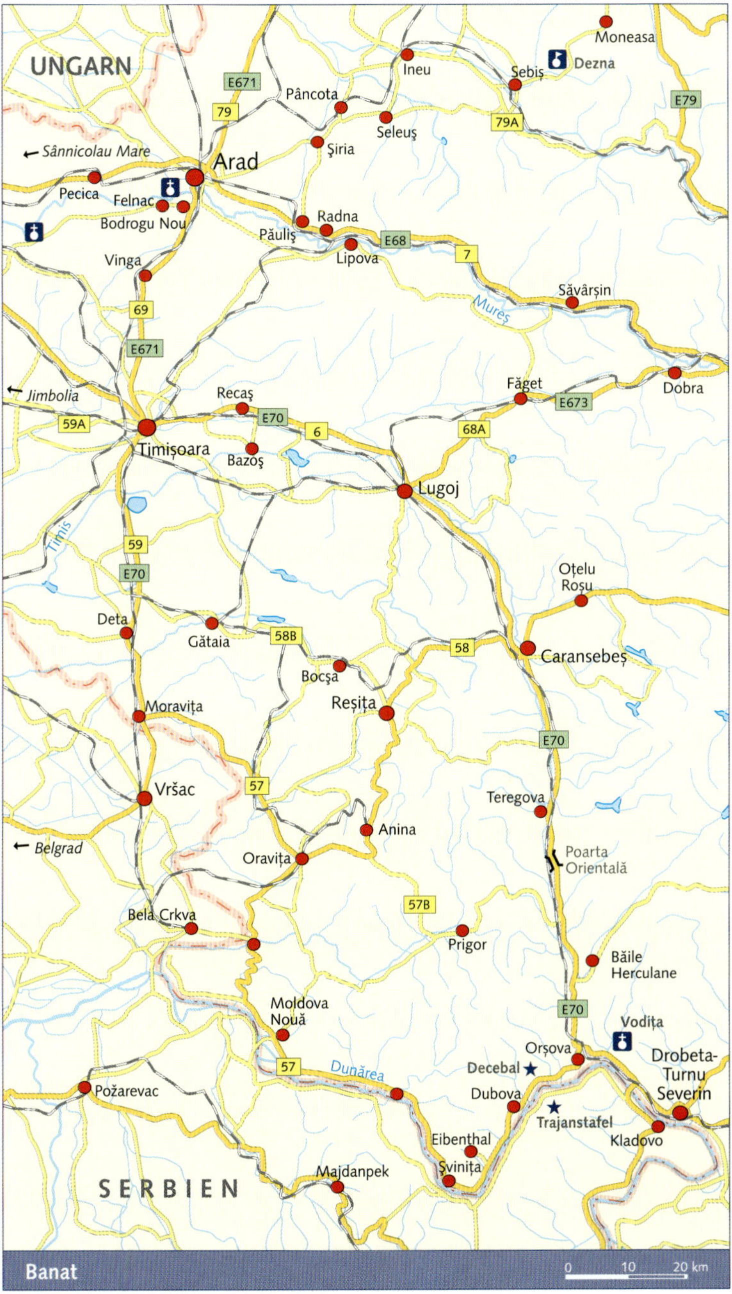
UNGARN
Moneasa
Ineu
Dezna
Sebiș
E671
79
Pâncota
E79
79A
Seleuș
Șiria
← Sânnicolau Mare
Arad
Pecica
Felnac
Bodrogu Nou
Radna
Păuliș
E68
Lipova
7
Vinga
Săvârșin
Mureș
69
E671
Dobra
Făget
E673
← Jimbolia
Recaș
E70
59A
6
68A
Timișoara
Bazoș
Lugoj
Timiș
59
E70
Oțelu Roșu
Deta
Gătaia
58B
58
Caransebeș
Bocșa
Reșița
Moravița
E70
57
Vršac
Teregova
Anina
← Belgrad
Oravița
Poarta Orientală
57B
Bela Crkva
Prigor
Băile Herculane
Moldova Nouă
E70
Vodița
Orșova
Drobeta-Turnu Severin
57
Dunărea
Decebal
Požarevac
Dubova
Trajanstafel
Kladovo
Eibenthal
Svinița
Majdanpek
SERBIEN
Banat
0 10 20 km

Der Westen

die Habsburger, Bauernaufstände folgten von 1737 bis 1739.
Der ungarische Adel nutzte die Schwierigkeiten des Wiener Hofes mit dem Banat und verleibte es sich 1779 ein. Trotz der Aufstände von 1848 blieb das Banat bis 1918 bei Ungarn. Nach dem Ersten Weltkrieg wurde das Banat im Vertrag von Trianon unter Serbien, Rumänien und Ungarn aufgeteilt. Der kleinere westliche Teil fiel an das neugegründete Königreich der Serben, Kroaten und Slowenen, der Rest wurde Rumänien zugesprochen. Dieses zwischen den Flüssen Theiß (rumän. und serb. Tisa, ungar. Tisza), Donau (rumän. Dunărea, ungar. Duna, serb. Dunav) und Mieresch (dt. auch Marosch, rumän. Mureş, ungar. Maros) sowie den Südkarpaten liegende rumänische Banat wurde und wird von Rumänen, Magyaren, Serben und Deutschen bewohnt. Nach dem Zweiten Weltkrieg veränderte sich die Bevölkerungsstruktur sehr stark, nur wenige Banater Schwaben blieben in der Region. Auch der Anteil der Serben, die einst mit etwa 50 000 Menschen vertreten waren, ging zurück.
Geographisch handelt es sich beim Banat um die Fortsetzung der weitgestreckten ungarischen Tiefebene, in der seit jeher Landwirtschaft betrieben wurde. Bis heute prägen riesige Getreide-, Mais- und Sonnenblumenfelder sowie Rinder- und Schweinezucht die Region. Gegen Osten, in der Gegend um Lipova und Ineu, steigt diese Ebene zu einem weichen Hügelland an, wo man von Wein bewachsene Hügel sieht. Im Süden wird das Banat von einem Mittelgebirge begrenzt, das sich in folgende Abschnitte untergliedert: Vršac (liegt bereits in Serbien), Almăj, Dognecea, Anina, Locva und Semenic. Im Semenic liegt der gleichnamige Nationalpark und mit dem Vârful Piatra Goznei (1449 Meter) auch die höchste Erhebung des Banater Gebirges. In dieser Gebirgsregion führten einst die Kohle- und Eisenerzlager zur Entstehung von Bergbausiedlungen wie Anina, Reşiţa oder Bocşa, heute kleine Skigebiete.
Alle Städte des Banats verfügen über Flughäfen, aber nur Timişoara und Arad bieten internationale Verbindungen an.
In den Städten hat sich das Bild der Habsburger Architektur erhalten. Bis 1918 entwickelte sich ein Art-Nouveau-Stil. Die Bäder von Moneasa und das vielleicht bekannteste Heilbad Băile Herculane sowie der erst 1990 gegründete, 61 211 Hektar umfassende Nationalpark Domogled Valea Cernei bieten viel Abwechslung auf kleinem Raum. Klimatisch gehört das Banat zu den niederschlagsarmen Zonen Rumäniens.

▶ Karte S. 65

Arad

Kurz hinter der ungarisch-rumänischen Grenze liegt mit Arad die zweitgrößte Stadt des Banats. Wie viele Städte in Rumänien beeindruckt die sichtbar gewordene Aufbruchsstimmung der Stadt Arad den Besucher. Das historische Zentrum ist zweigeteilt in einen repräsentativen Teil, der vor allem durch die allzu kräftigen neuen Farben seiner Verwaltungsbauten und durch seine großzügigen Grünanlagen entlang des Flusses besticht, und einen älteren Teil, der leider zusehends dem Verfall preisgegeben wird.

Stadtgeschichte

Die Siedlungsspuren der Stadt gehen bis auf vordakische Zeit zurück. Von 106 bis 271 stand der Ort unter römischer Herrschaft. Schriftliche Erwähnung fand Arad erstmals 1135. Tataren- und Mongoleneinfälle blieben der Stadt, wie vielen anderen, in den Jahren 1241 und 1242 nicht erspart. Die Türken eroberten die Festung im Jahr 1552 und hielten sie mit einer kurzen Unterbrechung durch Michael den Tapferen bis zur Ablösung durch die Habsburger im Jahr 1687. Unter den Habsburgern entwickelte sich der Ort zum militärischen Verwaltungszentrum der Militärgrenze im Mureşgebiet, während die umliegenden mittelalterlichen Festungen Ineu, Lipova und Nădlac an Bedeutung verloren. Während des Ungarnaufstandes von 1848 war die Stadt zeitweilig Sitz der Revolutionäre unter Führung von Lajos Kossuth. Die Österreicher schlugen den Aufstand nieder, und ließen am 6. Oktober 1849 13 Generäle hinrichten, derer bis heute als ›Märtyrer von Arad‹ gedacht wird. Dem nationalen Befreiungskampf der Rumänen schlossen sich so bedeutende Persönlichkeiten wie Avram Iancu und Vicenţiu Babeş an. Babeş sprach sich für eine rumänische Gleichberechtigung aus. In einem ersten Schritt wurde 1861 Rumänisch als offizielle Sprache der Gemeindeverwaltung der Stadt Arad anerkannt. Bedeutende rumänische Schulen entstanden sowie ein ungarisch- und ein rumänischsprachiges Theater. Im Frieden von Trianon fiel Arad mit dem Banat an Rumänien. Während des Zweiten Weltkrieges erlitt Arad große Zerstörungen, vor allem durch die im September 1944 abziehenden Hitler-Horthy-Truppen.

Wie Oradea und Timişoara war Arad lange von den Habsburgern und somit barock geprägt. Eingebettet in die Flussschleife des Mureş und seinem im Stadtbereich kanalisiertem Nebenarm Mureşul Mort (Toter Mureş), ging Arads wirtschaftlicher Aufstieg mit der Flößerei von Holzwaren und Salz einher. Im 18. Jahrhundert stieg seine Bedeutung mit der Gründung zahlreicher Manufakturen, darunter großer Textilunternehmen. Die Stadt wurde bereits 1858 an das österreichische Eisenbahnnetz angeschlossen und spielte seitdem eine wichtige Rolle im Handel mit Transsilvanien. Infolgedessen wuchs die Einwohnerzahl von 20 000 Mitte des 19. Jahrhunderts bis auf 100 000 während des Zweiten Weltkrieges an.

Auch in der kommunistischen Ära blieb die Industrie – vor allem Textil-, Waggon- und Drehbankfabriken – bestimmend, landwirtschaftliche Großbetriebe nutzten die fruchtbare Mureşebene. Planlose Wohngebiete aus dieser Zeit haben leider das Stadtbild entstellt.

Die alte Festung

Stadtbesichtigung

Nur wenige Brücken führen im Stadtbereich über den Mureş. Die bekannteste ist die Trajansbrücke (Podul Traian), eine Stahlkonstruktion im Sezessionsstil von 1907, die im Zweiten Weltkrieg zerstört, aber mit internationalen Mitteln wieder aufgebaut werden konnte. Eine andere führt zur **Festung** (Cetatea) am linken Ufer des Mureş. Sie wurde wie die in Alba Iulia, Timişoara und Oradea als Bollwerk der Habsburger gegen die Türken nach dem Vaubanschen System von dem Generalingenieur Ferdinand Hersch zwischen 1763 und 1783 erneuert wurde. Ihr Kern war 200 Jahre früher erbaut worden. Die Festungsmauern umschließen das barocke Gebäude der Garnisonskirche mit zwei Türmen. Die Festung diente auch als Gefängnis. Hier waren Aufständische unter Horea im 18. Jahrhundert inhaftiert, revolutionäre Franzosen während der Napoleonischen Ära, Aufständische von 1848 und Serben im Ersten Weltkrieg. Heute ist das Areal militärisches Sperrgebiet. Die Zweiturmfassade der Garnisonskirche ist nur von der Brücke auf der linken Flussseite zu sehen.

Zentrum der Stadt ist der sehr befahrene Bulevardul Revoluţiei. In seiner Mitte liegt eine Grünanlage, Bauten verschiedenster Stile von der Habsburger Zeit bis zum 19. Jahrhundert säumen ihn. Wie in vielen Städten Rumäniens wird auch in Arad der Opfer der Revolution von 1989 gedacht: ein schlichtes Holzkreuz vor dem Rathaus, eine Steinsäule in der Mitte des Bulevardul Revoluţiei. Die **evangelische Kirche** (Biserica Roşie) verdankt ihren Beinamen der ungetünchten, mit rotem Backstein verblendeten Mauer. Sie wurde 1906 im neugotischen Stil errichtet. Das prächtige **Neorenaissancehaus** mit seiner reichen Fassadenverzierung war einst der Sitz der Eisenbahndirektion (CENAD). Gleich daneben liegt der imposante Bau des **Rathauses** (1872 – 1876) mit seinem 45 Meter hohen Turm, wiederum im Stil der Renaissance. Unter den historistischen Bauten sieht man immer wieder einzelne Jugendstilfassaden. Auch das 20. Jahrhundert ist mit dem 13 Stockwerke hohen **Astoria Hotel** repräsentiert, das 1969 nach einem Entwurf von Miloş Cristea fertiggestellt wurde. Von seiner Terrasse hat man einen weiten Blick über den Ceala-Wald bis zu den Păuliş-Hügeln. Dem Astoria gegenüber liegt die prunkvolle **römisch-katholische Kirche**, die 1904 im Neorenaissancestil erbaut wurde. Über dem Eingang hängt eine Kopie der Pietà Michelangelos. Die Kirche verfügt über eine Orgel von 40 Registern mit 1200 Pfeifen.

Die Allee endet am Avram-Iancu-Platz mit dem klassizistischen **Staatstheater** aus dem Jahr 1874. Es wurde 1958 grundlegend restauriert und verfügt über einen Saal mit 700 Plätzen. Die Fassade mit ihren Säulen korinthischer Ordnung und einem Dreiecksgiebel erinnert an eine Tempelfront. Das Basrelief ist ein Gemeinschaftswerk der Arader Bildhauer Valeriu Brudaşcu, Ioan Tolan und Emil Vitroel. 1969 wurde dem Haus ein **Theatermuseum** angeschlossen.

Im historischen Zentrum

▲ Karte S. 69

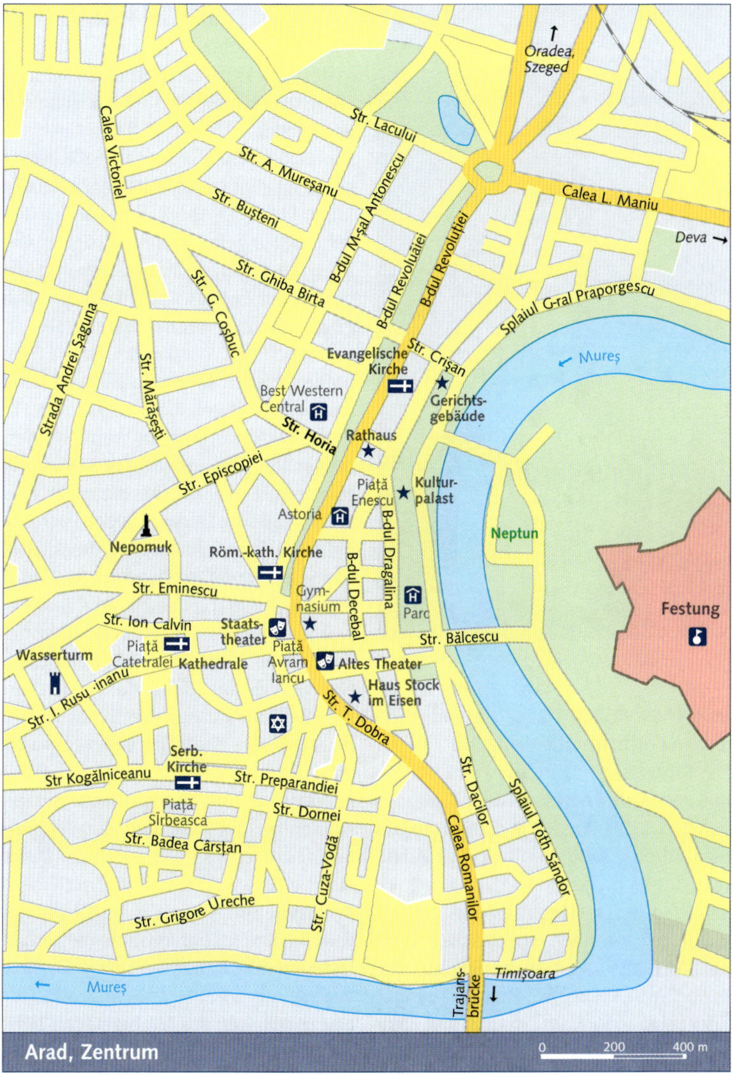

Hält man sich vom Theater in Richtung Fluss, kommt man am **Gymnasium Moise Nicoară** vorbei, einem Neorenaissancegebäude von 1869, das zwischenzeitlich nach dem rumänischen Dichter Ion Slavici benannt war. Ihm gegenüber liegt das ›Hotel Parc‹ direkt am Mureş. Entlang der Flusspromenade werden die Kontraste des Stadtbildes am deutlichsten. Im Wasser tummeln sich Badende und Kanufahrer, am gegenüberliegenden Ufer, der Festungsseite, liegt eine große Freizeitanlage (›Neptun‹) mit Schwimmbädern. Im Hintergrund sind

Die serbische Kirche

jedoch die hohen Türme der Industrieanlagen nicht zu übersehen.

Die Promenade führt zur Piață Enescu mit dem **Kulturpalast** (Palatul Cultural) von 1913. Er beherbergt die Philharmonie und die Stadtbibliothek. Der Architekt des Neorenaissancebaus war Ludwig Szántay. Die Hauptfassade erinnert wiederum an einen griechischen Tempel. Musiker wie George Enescu, der Tenor Traian Grozăvescu, der Sänger Tito Schipa, Richard Strauss und Béla Bartók waren hier zu Gast. Zwei Büsten des 1929 jung verstorbenen Bildhauers Gheorghe Groza stellen den Historiker Alexandru Dimitrie Xenopol (1847–1920, Stifter der Bibliothek des Kulturpalastes) und den Dichter George Cosbuc (1866–1918) dar. Weitere Büsten zieren die kleine Allee zum Mureşufer, darunter sind der Bildhauer Petru Pipos (1859–1913) und der Pädagoge und Wissenschaftler Marcel Olinescu (1859–1913). Auch das neobarocke **Gerichtsgebäude** von 1892 liegt an der Promenade.

▲ Karte S. 69

Hinter dem Theater an der Piață Avram Iancu lag ehemals das älteste Viertel der Stadt. Planloser Abriss, eine kuriose Verkehrsführung und Vernachlässigung der alten Bausubstanz haben davon allerdings kaum etwas übrig gelassen. Die Fragmente des **Alten Theaters** (Teatrul vechi) von 1817 sind in der Strada Gheorghe Lazăr zu sehen. Es war eines der ersten Barockgebäude seiner Art, in dem Aufführungen in rumänischer, deutscher und ungarischer Sprache stattfanden. Hier spielten die ungarische Schauspielerin Déryné und 1940 der deutsche Schauspieler Louis Treumann, Eminescu verdingte sich hier als Souffleur. Noch Anfang des 20. Jahrhunderts wurde hier eines der ersten Kinos installiert. Heute ist der Bau eine Ruine.

Nur wenige alte Gebäude erinnern an die reiche Vergangenheit, so das Wohnhaus mit dem **Stock im Eisen** (Casa cu lacăt). Es wurde 1815 erbaut, 1930 aufgestockt und modernisiert. Seinen Namen verdankt es dem Baumstamm aus dem Jahr 1837, um den ein Bandeisen gelegt wurde und das mit einem Schloss befestigt war. Die Nägel mit den verschiedenen Köpfen waren die Hinterlassenschaft der Zunftgesellen vor ihrer Wanderung in eine andere Stadt. Der Nagelkopf war das Wahrzeichen ihres Berufszweiges. Heute ist davon nur noch das Eisenband mit dem Schloss zu sehen.

Unweit davon befindet sich die **Synagoge.** Das zweistöckige Gebäude mit der schlichten Fassade wurde von 1828 bis 1834 errichtet.

Ein Spaziergang vom Avram-Iancu-Platz über die Strada Mihai Eminescu führt zum ältesten Denkmal der Stadt. Das **Standbild des heiligen Johannes Nepomuk** (Sf. Ioan Nepomuk) wurde 1729 von einem unbekannten Künstler aus Stein im Barockstil geschaffen. Mehrfach musste es seinen Standort wechseln, bis es in der Strada Episcopiei endlich Ruhe fand. In der Strada Mihai Eminescu 44 steht das rumänisch-orthodoxe **Bischofsamt** (Episcopia Ortodoxă Română). Das Gebäude stammt aus dem Jahr 1879, es wurde später aufgestockt und verändert.

In einem Bogen sieht man den trutzigen ehemaligen **Wasserturm** (Turnul de apă) und kommt zum Kathedralenplatz (Piață Catedralei) mit der rumänisch-orthodoxen **Kathedrale** (Catedrala Ortodoxă) aus der zweiten Hälfte des 19. Jahrhunderts. Im Laufe der Zeit erfuhr sie wesentliche Veränderungen. Im Inneren kann man eine geschnitzte Altarwand von Mihai Ianici sehen. Die Malereien von Nicolae Alexici und Ioan Zaicu lehnen sich im Stil an westliche Vorbilder an, die neobyzantinischen Malereien aus den 1950er Jahren stammen von A. Damiani. Rechts neben dem Kirchenbau befinden sich die ehemalige Lehrerbildungsanstalt (Preparandia) und das Theologische Institut, zwei bedeutende rumänische Lehranstalten.

Vor der Kathedrale stehen die **Markthallen**. Täglich findet dort der Gemüse- und Obstmarkt statt. Hinter dem Markt geht es weiter zur Piață Sârbească. Die **serbisch-orthodoxe Kirche** (Biserica Sfânti Petre şi Pavel) ist ein Relikt der im Banat einst in großer Zahl ansässigen Serben. In mehreren Bauetappen entstanden die heutige Form und Ausstattung. Man begann 1702, erweiterte 1790 bis 1822 im Barockstil und fügte die goldene Kuppel hinzu. Das Innere schmücken Kuppelfresken von Nicola Alexici (1808–1873) mit biblischen und historischen Szenen. Die ebenfalls von ihm gestaltete Ikonostase wurde 1902 restauriert und von Stefan Alexici (1876–1923) neu bemalt. Besonders stolz ist man auf die ältesten Fahnen der orthodoxen Arader Zünfte. Sava Tekeli (1761–1842), der sich für die Minderheit der Serben besonders einsetzte, ist hier bestattet. An der Südmauer befindet sich eine Gedenktafel mit einem Lobgedicht der serbischen Dichterin Eustachia Arsici.

i Arad

Vorwahl: 0257.

www.infoarad.net: Die neue Webseite der Stadt gibt einschlägige praktische Hinweise, so sind z.B. alle Straßenbahnlinien und deren Stationen aufgeführt.

Weitere Adressen: www.primariaarad.ro, www.arad.ro.

Anreise mit der Bahn (historische Station des Orient-Expresses), dem Bus und über den internationalen Flughafen von Arad möglich.

Vor dem Bahnhof starten Überlandbusse in alle Himmelsrichtungen, auch Minibusse sind hier zu finden. In der Stadt selbst verkehren Straßenbahnen.

Continental Astoria Arad, Bulevardul Revoluției 79–81, Tel. 281700, Fax 281094. 4 Sterne, EZ 85 Euro, DZ 140 Euro.

Parc, Bulevardul Dragalina 25, Tel. 280820. 3 Sterne, schöne ruhige Lage am Mureş, EZ 60 Euro, DZ 85 Euro.

Best Western Central Hotel, Str. Horia 8, Tel. 256636, Fax 256629. 3 Sterne, direkt im Zentrum in einer Seitenstraße, ruhig, EZ 70 Euro, DZ 95 Euro.

Deutsches Kulturgut im Banat

»Möchte wieder in die Gegend, wo ich einst so selig war, wo ich lebte, wo ich träumte, Meiner Jugend schönstes Jahr. Also sehnt ich in der Ferne nach der Heimat mich zurück. Wähnend in der alten Gegend findet sich das alte Glück«. Dies schrieb einst sehnsüchtig Nikolaus Lenau in seinem Gedicht ›Einst und Jetzt‹ über seine Heimat. Lenau war kein Einzelfall: Im Banat haben Deutsche viele Spuren hinterlassen.

Abseits der Landstraße von Sânnicolau nach Timişoara liegt Lenauheim (ung. Csatád), das man am besten aber von Jimbolia aus erreicht. Am 13. August 1802 wurde dort der Dichter Nikolaus Franz Niembsch Edler von Strehlenau geboren. Seit 1830 veröffentlichte er unter dem Namen Nikolaus Lenau seine Werke. Zu seinem Andenken wurde sein Heimatdorf Csatád zunächst in Strehlenau, dann in Lenaudorf und ab 1922 in Lenauheim umbenannt. Sein Geburtshaus ist heute ein Museum mit Gedenkstätte zu Ehren des Literaten. Obwohl Lenau hier nur fünf Monate seines Lebens verbrachte, haben seine heimweherfüllten Verse dem Ort ein ewiges Denkmal gesetzt. In ärmlichen Verhältnissen groß geworden, ermöglichten ihm seine in Wien lebenden Großeltern ein Studium. Nikolaus Lenau wechselte von der Philosophie zum Recht und zur Medizin, Aufenthalte in Stuttgart brachten ihn mit der Schwäbischen Schule zusammen. Von einer Reise nach Amerika kehrte er enttäuscht wieder zurück. Sein problematisches Verhältnis mit der verheirateten Marie von Löwenthal verhinderte den Weg in eine glückliche Beziehung. Vom Wahnsinn ergriffen, verbrachte er seine letzten Jahre in der Heilanstalt Winnental. Mit seinen in deutscher Sprache geschriebenen Gedichten errang Lenau bereits in den 1830er Jahren große Berühmtheit. Schade, dass er heute weitgehend in Vergessenheit geraten und nur noch Spezialisten ein Begriff ist.

Im Dorf Zăbrani, dem einstigen Guttenbrunn, begegnet man einem anderen deutschsprachigen Dichter: Adam Müller-Guttenbrunn. Das langgezogene, noch immer typische Banater Dorf unweit von Lipova erhielt seinen deutschen Namen 1734 von den Siedlern wegen des Brunnens. Die Schwabengemeinde war der einzige Ort im Banat, in dem ein Odenwälder Dialekt gesprochen wurde. Im Zentrum des Dorfes wird seit kurzem in der ›Casa Memorială‹, einem Haus vom Anfang des 20. Jahrhunderts, des umstrittenen Dichters gedacht. Er erblickte hier im Jahr 1852 das Licht der Welt. Als uneheliches Kind hieß er nach seiner Mutter Müller, später fügte er den Namen seines Geburtsortes hinzu. Seit 1870 lebte er in Wien, wo er als Theaterkritiker und Feuilletonist sowie in den Jahren 1893 bis 1896 als Direktor des Wiener Raimund-Theaters tätig war. Seine literarischen Anfänge liegen in den Theaterstücken ›Gräfin Judith‹ und ›Im Banne der Pflicht‹ von 1882. Thema seiner Erzählungen und Geschichtsbilder war häufig, wie in seinem Werk ›Der große Schwabenzug‹, die banatschwäbische Heimat, die er gegen die Magyarisierung verteidigte und dazu auch unter den Pseudonymen Ignotus, Franz Josef Gerhold und Vetter Michel schrieb. Antisemitische und nationalsozialistische Tendenzen, die in seinem Werk

Erinnerung an den großen Dichter in Lenauheim

anklingen, brachten ihm so manche Kritik ein. Über Nikolaus Lenau verfasste er eine Romantrilogie in drei Teilen.

Herta Müller

Im Kreis Timiş in Nitzkydorf (Niţchidorf) wurde 1953 Herta Müller geboren, die in Timişoara Germanistik studieren konnte. Für ihr Werk ›Niederungen‹ erhielt sie 1984 den ›aspekte‹-Literaturpreis, weitere Preise folgten. Herta Müller ist heute unbestritten eine der wichtigsten Gegenwartsautorinnen im deutschsprachigen Raum. Sie kann gleichzeitig als bekannteste Vertreterin für den Exodus der Dichter und Intellektuellen deutschsprachiger Herkunft aus dem Banat angesehen werden. Waren die ersten Werke Müllers bestimmt vom dörflichen Leben der deutschsprachigen Gemeinden, so erzählt sie später von Albträumen, von Abrichtung, Lüge und Verrat. Angefeindet, bespitzelt und zermürbt, erhielt sie mehr oder weniger freiwillig Gelegenheit zur Auswanderung nach Deutschland, wo sie seit 1987 lebt. Schon der Titel ihres Buches ›Reisende auf einem Bein‹ verrät den inneren Zwiespalt, der mit dem Verlassen der Heimat die Seele beschwerte, ein Thema, das ihr Gesamtwerk prägt. Im Jahr 2009 wurde ihr neuester Roman ›Die Atemschaukel‹ für den Büchnerpreis nominiert, die wichtigste Auszeichnung dieser Art, kurz darauf erhielt sie den Nobelpreis für Literatur für ihr Gesamtwerk.

Abschied ist ein Apfelwort
kommt so blind und rund
ins Rollen
Nasen ziehn die Koffer fort
haben keinen andern Grund
außer, dass sie leben wollen.

Herta Müller

Lektüretipps:

Hans Bender et al., Nikolaus Lenau heute gelesen, Wien: Wilhelm Braumüller Verlag 2000.

Nikolaus Lenau, Liebesgedichte, Frankfurt: Insel Verlag 2002.

Adam Müller-Guttenbrunn, Lenau – das Dichterherz der Zeit, Timişoara: Facla-Verlag 1975.

Herta Müller, Herztier, Reinbek: Rowohlt Verlag 1996.

Herta Müller, Heute wär ich mir lieber nicht begegnet, Reinbek: Rowohlt Verlag 1999.

Herta Müller, Im Haarknoten wohnt eine Dame, Reinbek: Rowohlt Verlag 2000.

Herta Müller, Atemschaukel, München: Hanser Verlag 2009.

Rund um Arad

Nur wenige Denkmäler zeugen von der wechselvollen Geschichte des Banat, und diese muss man sich teilweise mühsam suchen. Im Verborgenen trifft man dann auf Spuren von Dichtern wie Nikolaus Lenau und Musikern wie Béla Bartók.

Lipova

Eine Fahrt von Arad den Mureş aufwärts führt nach Lipova. Der Ort ist eine der ältesten Siedlungen der Arader Gegend und aus den drei Ortschaften Lipova, Radna und Şoimoş zusammengewachsen. Mittelpunkt von Lipova, links des Mureş, ist die Piață Unirii mit dem türkischen **Basar** des 17. Jahrhunderts und der unweit davon gelegenen **rumänisch-orthodoxen Kirche**, die während der zweiten Welle osmanischer Eroberung in drei Bauetappen entstanden ist. Im Inneren befinden sich Malereien der alten rumänischen Schule des 17. Jahrhunderts. Etwa drei Kilometer außerhalb liegt Băile Lipova, früher ein Kurort mit Mineralquellen.

Radna

Lipova gegenüber liegt Radna mit seiner dominierenden Zweiturmfassade des ehemaligen **Franziskanerklosters** bosnischer Mönche, seit 1992 Päpstliche Basilika ›Maria Mutter der Gnaden‹ (Basilica Papală Maica Harurilor). Die Franziskaner waren seit 1325 in Lipova ansässig, die heutige Kirche geht auf die Neugründung im 17. Jahrhundert zurück. Verehrt wird in ihr ein wundertätiges Marienbild. Als Wallfahrtskapelle wurde sie im Jahr 1767 geweiht.

Auf dem Weg zum direkt anschließenden Şoimoş liegt rechts der **Kriegsgräberfriedhof**, wo die Gefallenen der Kämpfe bei Păuliş im September 1944 bestattet wurden. Oben auf dem Berg sieht man die **Festungsreste** eines ehemaligen Woiwodats. Die Burg wurde im 13. Jahrhundert begonnen und erfuhr im Laufe der Zeit etliche Veränderungen.

▲ Karte S. 65

Şiria

Über Păuliş führt eine malerische Strecke zunächst durch eine flache und weite, später hügelige Landschaft zum nördlich von Lipova gelegenen Şiria. Hoch oben auf dem Berg sind **Festungsreste** aus dem 13. Jahrhundert zu sehen. Im Ort wurde der Dichter Slavici (1848–1925) geboren. Im **Schloss Bohus** (Castelul Bohus), einem typischen Gutshaus des 19. Jahrhunderts, ist eine Gedenkstätte des Dichters sowie eine Ausstellung über den Komponisten Emil Monția (1887–1965) untergebracht. Monția verbrachte einen Teil seiner Kindheit hier. Eines seiner bekanntesten Werke ist ›Das Mädchen von Cozia‹ (Fata de la Cozia).

Ineu

Von Şiria kommt man über Seleuş nach Ineu. In Seleuş lebten der Schriftsteller Nicolae Horga-Popovici (1796–1811), berühmt durch sein Werk ›Der Spiegel des weisen Menschen‹, und der Musiker Ion Vidu (1863–1931), Sammler rumänischer Musikfolklore.

Der Name Ineu kommt vom türkischen Wort für Burg. Einen Eindruck von der ehemals mittelalterlichen Stadt gewinnt man nur, wenn man von Westen einfährt. Direkt am Fluss Crişul Alb liegt die einst sehenswerte **Burg Karadjordjeviç**, eine Vierflügelanlage, in der heute Militär stationiert ist. Die Burg war im Jahr 1860 der Exilwohnsitz des serbischen Königs Alexander, der zwei Jahre zuvor entthront worden war.

Moneasa

Fährt man von Ineu weiter nach Osten, gelangt man – vorbei an der Burg Dezna, die angeblich auf den Dakerkönig

Decebal zurückgeht – nach Moneasa. Der Bildhauer Gheorghe Groza (1899–1930) wuchs hier auf. Der Kur- und Badeort mit gründerzeitlichen Villen hat leider wie so viele Kurorte viel vom alten Glanz verloren. Die Mineralquellen sind seit 1597 bekannt, haben eine Temperatur um 30 Grad Celsius und enthalten Bikarbonat, Magnesium, Kalzium und Natriumsalze.

Als Ausgangspunkt für Wanderungen ist Moneasa gut geeignet. Zwei Kilometer entfernt befinden sich Marmorsteinbrüche, in deren Nähe Tropfsteinhöhlen entdeckt wurden.

Kloster Hodoş-Bodrog

Südwestlich von Arad, abseits der Ortschaft Bodrogu Nou bei Felnac, liegt verwunschen am rechten Mureşufer das rumänisch-orthodoxe Kloster Hodoş-Bodrog. Von liebevoll angelegten Wegen und Gärten sowie einer Mauer umgeben, erinnert diese westliche rumänisch-orthodoxe Niederlassung an die Moldauklöster. Es handelt sich um eine der ältesten Klostersiedlungen Rumäniens. Die Gründung knüpft an eine Sage an, wonach ein Auerochse hier eine Ikone gefunden haben soll, die den Klosterbau veranlasst hat. Zum Klosterkomplex gehören Amtsgebäude, die Abtwohnung, Mönchszellen, mehrere Gebetsstätten und die kleine **Hauptkirche**. Im Inneren wird über dem Eingang noch heute der versteinerte Kopf des Auerochsen verwahrt. Die Kirche entstand im 14. Jahrhundert. Sehenswert sind altrumänische Wandmalereien des 16. Jahrhunderts im byzantinischen Stil von unbekannten Meistern. Die Ikonostase wurde vom Banater Bildhauer Busuioc geschaffen. Während der Türkenherrschaft von 1552 bis 1690 diente das Kloster als Residenz von Erzpriestern. Im Jahr 1651 war der Metropolit Sofronie aus Russland hier zu Gast, im 19. und 20. Jahrhundert diente die Kirche als Grabstätte der Arader Bischöfe.

Im **Klostermuseum** befindet sich eine mittelalterliche Bibliothek mit kirchenslawischen Handschriften aus dem 16. Jahrhundert und altrumänischen Büchern. Ein Kleinod ist das ›Îndreptarea legii‹, ein Gesetzbuch, das 1652 in Govora auf Veranlassung Matei Basarabs gedruckt wurde und eine wichtige Quelle in bezug auf die damaligen Beziehungen beiderseits der Karpaten darstellt. Hier schrieb Sevastian Tabacovici 1835 eines der ersten rumänischen Theaterstücke: ›Iertfa lui Avram‹ (Abrahams Opfer), das Literaturhistorikern erst spät bekannt wurde.

Munar

Fährt man vom Kloster Hodoş-Bodrog weiter nach Westen, so weist kurz vor dem Dorf Satu Mare ein Abzweig auf Munar hin, wo ein serbisch-orthodoxes **Kloster** zu besichtigen ist. Das Kloster ist seit 1539 erwähnt. Die Malereien mit der Ikonostase stammen von Stefan Tenețchi. Die umgebenden Klosterbauten sind im Süden und Westen zweistöckig, im Norden eingeschossig; im Südflügel befand sich die Abtswohnung. Die Mönchszellen stammen aus dem 18. Jahrhundert. Ein bedeutender Archimandrit war Gherasim Adamovici (1783–1789), der spätere Metropolit von Sibiu. Er unterstützte die im ›Supplex Libellus Valachorum‹ von 1791 enthaltenen Forderungen der Rumänen.

Sânnicolau Mare

Letzter größerer Ort vor der ungarischen Grenze ist die alte Siedlung Sânnicolau Mare (Sînnicolau in alter Schreibweise, dt. Groß Sankt Nikolaus, ungar. Nagyszentmiklós) am Aranca-Fluss, einem toten Arm des Mureş. Im Jahr 1799 wurde hier ein einzigartiger Schatz von 23 Goldgefäßen mit einem Gesamtgewicht von fast zehn Kilogramm entdeckt. Die Vielfalt der religiösen und kulturellen Gefäßdekorationen gibt bis heute Rästel auf und verweist auf zentralasiatische, persisch-sassanidische, römisch-hellenistische und byzantinische Einflüsse. Die Forscher glauben jedoch, die Fundstücke im Umkreis der Altbulgarischen Kunst ansiedeln zu können. Der Schatz befindet sich heute im Kunsthistorischen Museum in Wien.

Viele einander stilistisch ähnliche **Kirchen** im Ort geben Zeugnis für die Vielfalt der Konfessionen. Von Bedeutung ist die unter Denkmalschutz stehende serbische Kirche (1783–1787) mit einer Ikone vom Berge Athos. Im damaligen Nagyszentmiklós wurde der bedeutende ungarische Musiker Béla Bartók (1881–1945) geboren. Sein Geburtshaus steht nicht mehr, nur eine Büste vor dem ihm gewidmeten Gymnasium erinnert an ihn. Im örtlichen **Museum** wird aber eine bedeutende Musikaliensammlung aufbewahrt. Von hier stammte auch die Schriftstellerin Emilia Lungu Puhallo (1853–1932).

Timişoara

Größte Stadt des Banat und zweitgrößte Rumäniens ist Timişoara (dt. Temeschwar/Temeschburg, ungar. Temesvár). Sie hat rund 31 000 Einwohner und ist das historische, wirtschaftliche und kulturelle Zentrum des Banats. Die Stadt liegt inmitten der Banater Tiefebene. Trotz der industriellen Umgebung erinnert ihr Zentrum – Bauten ebenso wie das Lebengefühl – an eine Stadt der ehemaligen Habsburger Monarchie, vergleichbar mit Bratislava (Preßburg) oder Linz. Der heutige Name hat sich aus dem lateinischen ›Castrum Temensiensi‹, die Burg am Timiş, entwickelt.

▲ Karte S. 77

■ Stadtgeschichte

Vor der Toren Timişoaras fanden viele bedeutende Kämpfe statt: Der Adel besiegte 1514 György Dósza, den Anführer der Bauernbewegung, János Hunyadi kämpfte gegen die Türken, Ali Pascha wurde von Prinzen Eugen besiegt, und 1848 belagerten die Österreicher die Stadt. Die Stadtgeschichte reicht aber noch weiter zurück: Nachdem die Römer Dakien verlassen hatten, überzog ein Heer von Völkern das Gebiet, die Sarmaten und Awaren besiedelten das Stadtgebiet und errichteten wohl die Stadtbefestigung als Ring. Erstmals urkundlich erwähnt wird der Ort im Jahr 1266, das seitdem als Gründungsdatum gilt.

Anstelle der awarischen Siedlung entstand im 14. Jahrhundert eine erste Steinfestung. Eine städtische Entwicklung ist seit dem 18. Jahrhundert zu erkennen. Vorher bestand der Ort nur aus einer Festung, um die sich zwei Stadtviertel, die große und die kleine Palanka – sogenannte Meierhöfe –, entwickelt hatten. Die Wertschätzung der Türken für den Ort spiegelt sich in den Beinamen, die sie ihr gaben: Temesvar i gümüssvar (das silberne Temesvar), Temesvar i cigerköse (Temesvar, Winkel im Paradies). Aus dieser Zeit sind keine Denkmäler erhalten.

Im 18. Jahrhundert gab es vier Stadtviertel mit etwa 5000 Einwohnern und zwei Vorstädte, die von Serben und Rumänen bewohnt wurden. Die Stadt wurde zum Mittelpunkt des nach der Türkenzeit neu besiedelten Banats. In drei Etappen kamen die sogenannten Banater Schwaben, etwa 75 000 Siedler aus der Mosel- und Rheingegend, zunächst von Karl VI., dann Maria Theresia (1740–1780) und schließlich von Joseph II. (1780–1790) dazu eingeladen. Das Wiederaufbauwerk durch den Gouverneur Graf Mercy wurde mit der Regulierung des Stadtba-

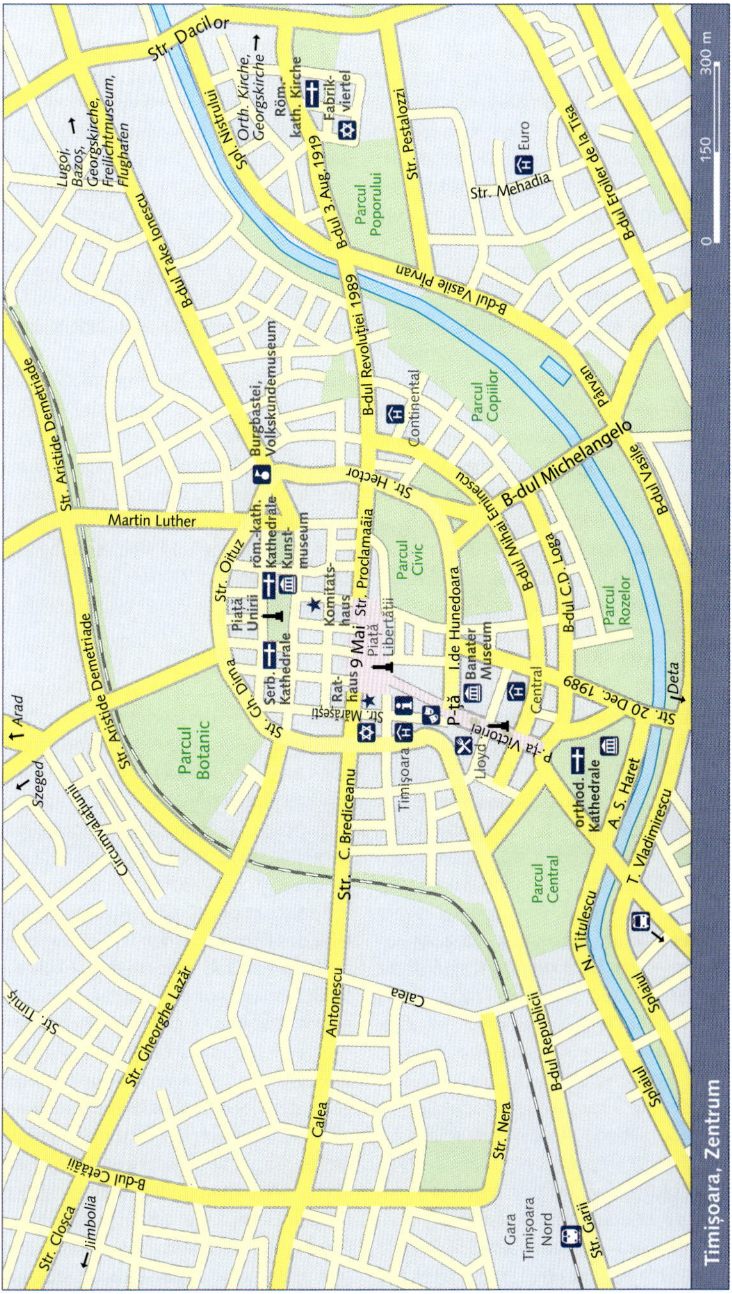
Timişoara, Zentrum
0
150
300 m
Str. Dacilor
Lugoj, Bazoş, Georgskirche, Freilichtmuseum, Flughafen
Spl. Nistrului
Orth. Kirche, Georgskirche
Röm.-kath. Kirche
Fabrik-viertel
Str. Pestalozzi
Euro
Str. Mehadia
B-dul Eroilor de la Tisa
B-dul 3 Aug. 1919
Parcul Poporului
B-dul Vasile Pîrvan
Pârvan
B-dul Take Ionescu
Str. Aristide Demetriade
Burgbastei, Volkskundemuseum
B-dul Revoluţiei 1989
Continental
Parcul Copiilor
B-dul Michelangelo
B-dul Vasile
Str. Hector
Martin Luther
Str. Oituz
Piaţă Unirii
röm.-kath. Kathedrale
Kunst-museum
Komitats-haus
Str. Proclamaţia
Parcul Civic
B-dul Mihai Eminescu
B-dul C.D. Loga
Parcul Rozelor
Str. Gh. Dima
Serb. Kathedrale
Rat-haus
9 Mai
Piaţă Libertăţii
I.de Hunedoara
Banater Museum
Central
Str. 20 Dec. 1989
Deta
Arad
Parcul Botanic
Str. Mărăşeşti
P-ţă
P-ta Victoriei
Lloyd
Timişoara
orthod. Kathedrale
A. S. Haret
T. Vladimirescu
Szeged
Circumvalaţiunii
Str. C. Brediceanu
Parcul Central
N. Titulescu
Str. Timiş
Str. Gheorghe Lazăr
Calea
Antonescu
Calea
B-dul Republicii
Splaiul
Splaiul
Str. Nera
B-dul Cetăţii
Str. Cloşca
Jimbolia
Gara Timişoara Nord
Str. Gării

ches, der Bega, in den Jahren 1728 bis 1760 und der Trockenlegung der nahen Sümpfe eingeleitet. Die Burg erhielt die Form eines unregelmäßigen Vielecks, das von Wassergräben umgeben war. Im 19. Jahrhundert trug die Lage an der großen Eisenbahnstrecke, die Mittel- und Westeuropa verband, erheblich zum Aufschwung ›Wien Südungarns‹ bei; er war mit einem Bauboom nach habsburgischem Muster verbunden.

Als eine der ersten Städte Europas erhielt Timişoara eine elektrische Straßenbahn und elektrische Straßenbeleuchtung. In der Vielvölkerstadt wohnten in dieser Zeit Rumänen, Ungarn, Serben, Ukrainer, Bulgaren und Deutsche. Erst der Zweite Weltkrieg und seine Folgen veränderten das Bild: Viele Banater Schwaben wanderten bis in die 1960er Jahre aus, und noch 1972 kam es unter der Regierung Ceauşescus zur offiziellen Verurteilung und Enteignung von Serben und Deutschen.

Seit 1962 ist Timişoara Universitätsstadt. Die Universität baute auf der Tradition der Technischen Hochschule der Vorkriegszeit auf. In den 1920er Jahren gab es außerdem die ›Banatia‹, eine Kulturstätte des Banater Schwabentums, deren Tätigkeit aber später von den Kommunisten unterbunden wurde.

Die Geburtsstadt von Johnny Weismüller – dem bekannten ›Tarzan‹-Darsteller – war einst die Stadt der Literatencafés. Der Dichter Franz Xaver Kappus, dessen Briefwechsel mit Rilke bekannt ist, sei stellvertretend genannt. Noch während der Diktatur Ceauşescus wurde die literarische Produktion in allen Sprachen gefördert, allerdings bei gleichzeitig repressiver Überwachung. Die Stadt entwickelte sich neben Bukarest zur bedeutendsten Verlagsstadt.

In Timişoara begannen am 15. Dezember 1989 die Unruhen mit zahlreichen Demonstrationen, in deren Verlauf das kommunistische Regime gestürzt wurde. Seit etwa 2004 gilt die Stadt als Boomtown Rumäniens und ist die Großstadt mit der niedrigsten Arbeitslosenquote; man spricht daher von Vollbeschäftigung. Nicht nur deutsche Firmen wie Linde, sondern auch amerikanische wie Solectron, die eine große Produktionsstätte zur Herstellung von Mobiltelefonen und GPSs im Westen der Stadt unterhält, haben sich angesiedelt. Procter & Gamble produziert Waschpulver, und die Schweizer Firma Nestlé lässt hier Waffeln backen. In jüngster Vergangenheit haben viele Firmen sogar über eine Produktionsverlagerung nachgedacht, weil es in Timişoara mittlerweile an Fachkräften mangelt und die Steigerung von Löhnen und Gehältern bereits über denjenigen älterer EU-Mitgliedsstaaten liegt.

Orientierung

Die Stadt, nach dem Fluss Timiş benannt, liegt heute an der Bega, die von 14 Brücken überspannt wird und an der noch zwei alte Wassertürme (Turnul de Apă) zu finden sind. Der Fluss entspringt östlich der Stadt in den Poiana-Ruscă-Bergen in etwa 1000 Meter Höhe. Große Wasserschwankungen machten auch in Timişoara die Kanalisierung nötig. Die Ufer des Flusses werden von einem breiten Grünstreifen eingesäumt. Auch im Stadtzentrum auf der rechten Flussseite wurden auf den Flächen des ehemaligen Glacis viele Grünanlagen eingerichtet. Radialstraßen aus allen Himmelsrichtungen leiten über die Ringstraße ins teilweise verkehrsberuhigte Zentrum. Innerhalb dieses Ringes liegt die eigentliche historische Altstadt mit den drei wichtigen Plätzen Unirii, Libertății und Victoriei.

Für Straßenbahnfans bietet das Stadtbild Interessantes: Einst gab es in Timi-

▸ Karte S. 77

şoara ein Werk für Straßenbahnwaggons; es wurde 1990 stillgelegt und wartet auf Wiederbelebung. Neben Straßenbahnzügen aus dieser Produktion sind auch 25 ausgemusterte Modelle aus München, 40 Züge aus Bremen und 25 aus der Partnerstadt Karlsruhe in den Straßen der Stadt unterwegs.

Piață Unirii

An der Piață Unirii (Einheitsplatz oder Domplatz) wird die Habsburger Vergangenheit der Stadt am deutlichsten sichtbar: Von allen Seiten wird der Platz von historischen Bauten umschlossen. Die Mitte des Platzes nimmt die **Dreifaltigkeitssäule** (Monumentul Sf. Treimi) ein, die an die Pestsäule des Wiener Grabens erinnert. Die Säule wurde vom bayerischen Meister Gustav Major aus Sandstein geschaffen. Die Heiligen Sebastian, Rochus, Borromäus, Nepomuk und Johannes sowie die Heilige Dreifaltigkeit mit der Gottesmutter schmücken die Säule. Unweit davon wurde im Jahr 1894 eine Thermalquelle entdeckt (Izvorul de apă minerală) und zur Erschließung für die Bevölkerung dafür ein vertieft liegender **Brunnen** (Fântâna din Piață Unirii) errichtet.

Im Osten steht die barocke, römisch-katholische **Kathedrale** (Catedrala romanocatolică), deren Bau Emanuel Fischer von Erlach dem Jüngeren (1693–1742) zugeschrieben wird. Die Kirche wurde in den Jahren 1736 bis 1773 auf ehemaligem Sumpfgebiet errichtet. Nach der Trockenlegung wurden Eichenpfosten in den Boden gerammt und ein Fundament von gebranntem Backstein gelegt. Die monumentale Zweiturmfassade mit einem Portalvorbau mit ionischen Säulen, ovaler, baldachinartiger Bedachung und Urnen zu ihren Seiten erinnern an die Wiener Peterskirche. Das Innere besteht aus einem tonnenüberwölbten Schiff mit Seitenkapellen, Querhaus und Chor. Im Westen ist eine Empore eingezogen. Der Hauptaltar mit der Darstellung des heiligen Georg ist ein Werk des Michael Unterberger (Direktor der Wiener Akademie, 1754), die plastischen Figuren stammen von Josef Rössler. An den Seitenaltären hat auch Johann Nepomuk Schöpf mitgewirkt, der einige Jahre später im Dom von Oradea tätig wurde. Die Orgel von 1906 stammt aus Timişoara selbst.

Die breite Flanke des **Komitatshauses** (Prefectura Veche) rahmt die Südseite

Die schöne Piață Unirii

des Platzes. Es war 1754 als Sitz des Gouverneurs errichtet worden. Veränderungen haben den ursprünglich barocken Charakter des Gebäudes mit zwei Innenhöfen zerstört. Hervorzuheben sind die zwei Tore des Haupteingangs mit ihren schwanenförmigen Fahnenständern an den Ecken.

Dem Dom gegenüber liegt mit ihrem Chor zum Platz die serbisch-orthodoxe **Bischofskirche** (Biserica episcopiei sârbeşti), die in den Jahren 1745 bis 1748 erbaut wurde. Die aktive Kirche ist mit einer schönen Ikonostase des 19. Jahrhunderts ausgestattet. Daneben steht der **Palast der serbischen Diözese** (Palatul eparhiei sârbeşti, Haus 4). Er ist auch unter dem Namen Vicariatul bekannt. Das barocke Gebäude stammt aus dem 18. Jahrhundert und diente zunächst der Ortsverwaltung, danach dem Bistum von Cenad als Bischofssitz. Es wurde 1809 verändert und beherbergt heute ein serbisches Museum mit Gegenständen aus serbischen Klöstern wie den Kirchen von Ciacova, Sânpetru, Ivanda, Foeni und Petrovaselo, dem Kloster Bezdin sowie persönlichen Erinnerungen von Banater Serben.

Allmählich lassen sich am Platz auch kleine Restaurants nieder, die zur Belebung erheblich beitragen.

Piaţă Libertăţii

Südlich der Piaţă Unirii liegt der Freiheitsplatz (Piaţă Libertăţii), dessen Mitte eine **Nepomukstatue** schmückt, wie man sie auch in Arad findet. Am Sockel sieht man Szenen aus dem Leben des heiligen Nepomuk. Die Königin von Böhmen verbirgt ein Geheimnis vor ihrem Gemahl, Wenzel verlangt von Nepomuk, ihm dieses zu verraten, Nepomuk weigert sich. Der Meister der Statue war der Wiener Bildhauer Blim. Er schuf das Denkmal 1756. Zunächst direkt vor dem alten Rathaus plaziert, 1852 vor die Transsilvania-Kaserne gebracht, nach dem Bau des Hotels ›Continental‹ auf dessen Gelände aufgestellt, fand die Statue 1974 ihren endgültigen Platz auf der Piaţă Libertăţii.

Zwei historische Bauten sind an diesem Platz bemerkenswert: das **Militärkasino** (Cazinoul Militär) von 1788, als Sitz des Militärkommandanten erbaut, und an der Nordseite des Platzes das Alte Rathaus (Primăria Veche). Das **Rathaus** war ein Entwurf des Italieners Pietro del Bozo aus den Jahren 1731 bis 1734. An ihm sieht man das Wappen von Timişoara. Es besteht aus einem offenen Tor zwischen zwei Türmen, einer starken Festung und einer Befestigung aus Palisaden. Der Bau wurde 1782 von Josef Aigner restauriert und erhielt dabei eine neue Fassade. 1935 fand erneut eine Restaurierung statt, die das Barocke durch den Renaissancestil ersetzte. Rechts des Eingangs ist eine Inschrift in türkischer Sprache zu sehen. Sie war der Grund für die Vermutung, dass sich hier ein türkisches Bad befand. Diese These ist nach wie vor umstritten.

Nur ein Stück weiter, in der Strada Mărăşeşti 9, ist eine der großen **Synagogen** von Timişoara zu sehen. Der Wiener Architekt Ignaz Schumann hat sie im maurischen Stil entworfen.

Piaţă Victoriei

Auf dem dritten Platz, dem langgestreckten Siegesplatz (Piaţă Victoriei), fanden am 16. Dezember 1989 die folgenschweren Ereignisse der jüngsten Geschichte Rumäniens statt. Ein schlichtes **Holzkreuz** gleich beim Theater erinnert daran.

Zwei monumentale Bauten begrenzen die Platzanlage. Im Norden, zur Stadtmitte hin, steht die **Staatsoper und Nationaltheater** (Opera şi Teatrul Naţio-

▲ Karte S. 77

nal). Das Theater hat in Timişoara eine lange Tradition, es wurde bereits 1753 begründet. Als Spielsaal für die Stücke in rumänischer Sprache diente zunächst der Festsaal des Rathauses. In den Jahren 1872 bis 1874 wurde dann das eigene Haus im Renaissancestil durch die Wiener Architekten Helmer und Fellner entworfen. Ein Brand von 1880 zerstörte es weitgehend. Nur zwei Jahre später wurde es wieder aufgebaut, um 1920 brannte es erneut ab. Der heutige Bau ist ein Wiederaufbau von 1923 bis 1928. Die Dekoration wurde im neobyzantinischen Stil gehalten und geht auf Duiliu Marcu zurück. In der Stadt finden außerdem Aufführungen im ungarischen und deutschen Theater statt, daneben sorgen das Puppentheater (Teatrul de Păpuşi) und die Philharmonie (Filarmonica de Stat ›Banatul‹) für ein reges kulturelles Leben. Schräg gegenüber der Staatsoper ist das **Rektorat der Polytechnischen Universität** in einem Gebäude der Wende vom 19. zum 20. Jahrhundert untergebracht. In dessen Erdgeschoss befindet sich das legendäre Restaurant ›Lloyd‹.

Die Piaţă Victoriei mit der Kathedrale

Auf der gegenüberliegenden Seite steht der mächtige Bau der **Kathedrale der Metropolie des Banat** (Catedrala Mitropolitană). Mit ihrem Bau begann man 1936, für das Fundament wurden 1186 Betonpfeiler in das Sumpfgebiet gerammt. Ihr Stil ist byzantinisch-moldauisch. Die Stufen, Sockel, Kolonnaden, Türen und Fensterverzierungen wurden aus behauenem Naturstein aus den Brüchen von Banpotok gefertigt. Im Tiefgeschoss befindet sich ein Museum, aus dessen Bestand die Glasikonen besonders hervorzuheben sind. Die Mitte des langgestreckten Platzes nimmt die fast fünf Meter hohe **Säule** mit der kapitolinischen Wölfin ein. Die Nachbildung ist ein Geschenk der Stadt Rom von 1926. Gleich neben der Metropoliekathedrale liegt der **Zentralpark**. In ihm findet man Denkmäler von bedeutenden rumänischen Persönlichkeiten, zum Beispiel die 1934 gestiftete Büste von Vincenţiu Babeş (1821–1907), dem Führer der nationalen rumänischen Partei von Transsilvanien und dem Banat. Oder am Ende des Parkes eine Büste Anton Sailers, der die Poliklinik gründete, sich im sozialen Bereich sehr engagierte und die Stiftung zur Errichtung eines Blindenasyls begründete. Sailer starb im Jahr 1904.

Um die historische Altstadt lag ehemals ein Ring von Bastionen mit einer **Burg** und einem Glacis. Die Burg des 14. Jahrhunderts wurde im Jahr 1441 von Iancu de Hunedoara (Castelul Huniazilor) befestigt. Im Jahr 1522 eroberten die Türken und 1718 die Österreicher unter dem legendären Prinzen Eugen von Savoyen die Burg. Mit älteren Elementen wurde der Bau 1856 rekonstruiert, und seit 1949 beherbergt er das **Banater Museum** (Muzeul Banatului) mit Abteilungen für Geschichte, Naturwissenschaft und Anthropologie. Auch Teile der alten Burgbastei (Bastionul Cetății) sind erhalten und wurden in das heutige Straßennetz integriert. In einer Seitenstraße, der Martin-Luther-Straße, findet man gegenüber dem Hotel ›Continental‹ solche Reste, in denen gemütliche Restaurants ihren Platz gefunden haben.

Unter den weiteren Sehenswürdigkeiten ist besonders die römisch-katholische **Katharinenkirche** (Biserica Romano Catolica Sf. Ecaterina) in der Innenstadt zu nennen. Sie entstand zu Anfang des 18. Jahrhunderts und wurde wegen Baufälligkeit 1896 umgebaut. Sie ist innen und außen barock und enthält ein Altarbild des Wieners Ferdinand Schieszl von 1761. Die Orgel mit 30 Registern stammt von Leopold Wegenstein. Die **Friedhöfe** der Stadt sind wegen ihrer Grabdenkmäler sehenswert.

Das Fabrikviertel

Wer etwas mehr Zeit in Timişoara hat, sollte sich einen Spaziergang in das Fabrikviertel (Cartierul Fabrică) nicht entgehen lassen, das sich parallel zum Burgviertel entwickelt hat. Die noch heute dort ansässige Industrie gab dem Viertel den Namen. Bauten des Jugendstils und Kirchen all der Konfessionen, die auch in der Innenstadt vertreten sind, säumen die Hauptstraße des Viertels. Vom Hotel ›Continental‹ folgt man dem Bulevardul Revoluției und überquert die nicht allzu breite Bega über die Decebal-Brücke. Von ihr hat man einen malerischen Blick auf das von Trauerweiden gesäumte Ufer, das inmitten der Stadt ein idyllisches Plätzchen bildet. Entlang dem Bulevardul 3. August 1919 folgen die Bauten des **Neptunbades** (Băile Neptun), der **Volksgarten** (Parcul Poporului), in einer Seitenstraße die **Synagoge** und an der Piață Romanilor die **römisch-katholische Kirche** von 1896 im neoromanischen Stil von Josef Kremer. An der Piață Traian befindet sich die unter Denkmalschutz stehende serbische **St. Georgskirche** (Biserica sârbească Sf. Gheorghe), die 1745 im romanischen Stil erbaut wurde. Eine reiche Ikonostase schmückt das Innere. Am Ende der Straße darf die **rumänisch-orthodoxe Kirche** im Neobarock mit byzantinischen Elementen von 1906 nicht vergessen werden.

Dendrologischer Park

In Bazoş, etwa 15 Kilometer östlich, liegt der zum Naturschutzgebiet erklärte dendrologische Park mit über 500 seltenen Bäumen und Pflanzen.

Timişoara

Vorwahl: 0256.

Touristen-Informationszentrum, im Bürgermeisteramt, Str. Alba Iulia 2, Tel. 437973, infoturism@primariatm.ro. Sommerprogramm April bis September Mo–Fr 9–20, Sa 9–17 Uhr, Winterprogramm Oktober bis März Mo–Fr 9–18, Sa 10–15 Uhr, www.temeschburg.com.

Tourismus Agentur Tymes Tour, Piața Victoriei 6, Tel./Fax 203015, info@tymestour.ro. Verschiedene Stadtführungen.

Die Anreise ist mit der Bahn, dem Bus oder per Direktflug über den internationalen Flughafen möglich.

Timişoara verfügt über vier **Bahnhöfe**: Ost-, West-, Nord- und Südbahnhof. Hauptbahnhof ist der Bahnhof Nord, 1,5 km vom Zentrum entfernt (Strada Garii). Von ihm gibt es täglich Verbindungen nach Wien und in alle größeren Städte Rumäniens. Außerdem fährt ein Nachtzug über Wien nach München.

▶ Karte S. 77

Vorverkauf Bahntickets, Strada Nicoale Pualescu 3, Tel. 491889.

Busbahnhof (Autogară), Strada Iuliu Maniu 54. Von hier starten Busse nach ganz Europa und durch ganz Rumänien.

Der **internationale Flughafen Traian Vuia** (TRS) liegt 10 km vom Zentrum entfernt im Osten der Stadt, Tel. 493639, aero time@west.ro. Direktflüge ab Wien, internationale Flüge nach Moldawien und regelmäßiger Flugverkehr nach Bukarest. Die Buslinie Nr. 26 pendelt zwischen Zentrum und Flughafen.

In der Stadt verkehren öffentliche Busse RATT und Minibusse. Minibusse bedienen auch den Flughafen. Sie können auch auf den Straßen angehalten werden.

Im Zentrum verkehren die Straßenbahnen. Das Netz wurde komplett saniert.

Taxi City Tel. 949.

Taxi Eco Tel. 120120.

Timişoara hat ein großes Angebot an Hotels. Empfehlungen:

Continental, Bulevardul Revoluţiei 5, Tel. 494144, Fax 494145. 4 Sterne, Bewachter Parkplatz, nicht weit vom Zentrum; EZ 85 Euro, DZ 90 Euro.

Euro, Strada Mehadia 5, Tel. 201253, Fax 221444. 3 Sterne, DZ 57 Euro.

Timişoara, Strada Mărăşeşti 1-3, Tel. 498854, Fax 400460. 3 Sterne, im Zentrum neben dem Theater; DZ 53 Euro.

Central, Strada Lenau 6, Tel. 490091, Fax 490096. 2 Sterne, DZ 50 Euro.

Restaurant Lloyd, Piaţă Victoriei 2, Tel. 294949. Das traditionsreiche Haus hat seit Juli 2000 wieder geöffnet, die alte Einrichtung wurde restauriert. Das Gebäude war 1911 im sogenannten Sezessionsstil für die Waren- und Wertpapierbörse sowie die Handelskammer erbaut worden. Beide Institute gehörten zu der 1865 gegründeten Lloyd-Gesellschaft, die das Funktionieren der Banater Wirtschaft und den Schutz der Kaufmannschaft zu überwachen hatte. Im Erdgeschoss etablierte sich das Restaurant, zunächst als ›Café Wien‹, heute heißt es eben ›Lloyd‹ mit guter traditioneller und internationaler Küche.

Naturhistorisches Museum (Secţia de istorie şi ştiinţe naturale), Piaţă Iancu Huniade 1, tgl. außer Mo 9-17 Uhr.

Kunstmuseum (Muzeul de Artă) Strada Mercy 2, tgl. außer Mo 9-17 Uhr.

Volkskundemuseum (Muzeul de etnografie), Strada Poap Şapcă 4, tgl. außer Mo 9-17 Uhr.

Freilichtmuseum (Muzeul Stului Bănăţean), Aleea Avram Imbroane 2, 1. Mai bis 30. September tgl. außer Mo 10-17 Uhr.

Museum der Metropolie für religiöse Kunst (Muzeul Mitropoliei Ortodoxe a Banatului), Piata Victoriei, Öffnung auf Anfrage: Tel. 190960.

Museum der serbisch-orthodoxen Diözese (Muzeul Diocezei Ortodoxe Sârbeşti), Piaţă Unirii 4, Öffnung auf Anfrage: Tel. 130426.

Iulius Mall, Strada Demetriade 1, unweit des Europaplatzes Piaţa Consiliu Europei nördlich vom Zentrum. Beste Einkaufsmöglichkeiten in dem 2005 fertiggestellten, größten Einkaufszentrum Westrumäniens mit 210 Läden auf einer Fläche von 70 000 Quadratmetern.

Bega-Einkaufszentrum, im Zentrum beim Parcul Civic. Alles Nötige.

Festival Inimilor (Festival der Herzen), Folklorefestival, seit 1979 stets im Juli.

Jazz-Festival, stets im November.

Die Banater Bergbauregion

Im Südosten von Timişoara liegen die Bergbausiedlungen Reşiţa (dt. Reschitza, ungar. Resicabánya), Bocşa und Anina. Lediglich **Bocşa** hat sich ein wenig vom alten Charme der Habsburger Zeit bewahren können. Es bestand ursprünglich aus drei Dörfern, wovon eines mit deutschsprechenden Bergarbeitern besiedelt war. Die Habsburger hatten die Türken in der Region abgelöst und den Bergbau seit 1703 wiederbelebt. Unter den Kommunisten wurden die Dörfer zur Stadt vereinigt.

Reşiţa wurde unter den Habsburgern ein wichtiges Industriezentrum mit banatschwäbischer Tradition. Unmittelbar in der Nähe der Stadt wurden die Steinkohlevorkommen von Anina und das Eisenerz aus Dognecea ausgebeutet. Diese wirtschaftliche Stellung konnte Reşiţa auch nach dem Anschluss an Rumänien behalten und zunächst weiterentwickeln. Heute ist vom einst bedeutenden deutschstämmigen Bevölkerungsanteil fast nichts mehr vorhanden. Die einen flohen nach dem Frontwechsel 1944 nach Deutschland, andere wurden nach Russland verschleppt. Mit 120 000 Einwohnern hat die Stadt während der kommunistischen Ära einen gewaltigen Bevölkerungszuwachs erlebt. Auch wenn sie ihre wirtschaftliche Vorrangstellung verloren hat, so werden die umliegenden Ressourcen in den Anthrazit- und Braunkohlebergwerken bis heute noch ausgebeutet. Die Eisenhütte wurde 1991 stillgelegt.

Der junge Kurort Băile Herculane um 1824

▲ Karte S. 65

Die völlig zersiedelte Stadt hat nichts mehr von ihrer Vergangenheit bewahren können. Lediglich die **Ausstellung** der ›Lokschmiede‹ Reşiţa in einer kleinen Freilichtanlage ist sehenswert. Einst war hier die STEG-Fabrik (später in ›Combinatul Metalurgic‹ umbenannt) ansässig, in der bis 1920 vorwiegend Schmalspurloks für die Forste und Hüttenwerke, seit 1926 auch Normalspurloks im Nachbau österreichischer und deutscher Modelle produziert wurden. Am Anfang des innerrumänischen Bauprogramms stand die auf den Namen des Königs ›Regele Ferdinand‹ getaufte Lok 50.243. Die weitere Produktion von Reşiţa bestand im Nachbau der preußischen Typen P 8 und G 10 als Reihe 230 und 50, die sich bald zu rumänischen Standardtypen entwickelten. Seitdem die Herstellung von Dieselloks die Dampflokomotive auch in Rumänien abgelöst hat, ist der Lokomotivbau völlig zum Erliegen gekommen.

Von Reşiţa führt eine wunderschöne, bewaldete und bergige Strecke nach **Anina** und macht den trostlosen Eindruck der Bergbausiedlung auf 653 Meter Höhe wieder wett. Man fährt hier durch das Semenic-Gebirge und trifft kilometerweit auf kaum einen Menschen. Erst ab Bozovici beginnen wieder die Dörfer, die Landschaft wird weiter, überschaubarer, und landwirtschaftlich genutzte Flächen prägen das Bild.

Von dort ist es nicht mehr weit bis nach **Băile Herculane**. Es ist, neben Buziaş in der Hügellandschaft südöstlich von Timişoara, das berühmteste Bad im Banat. Schon von den Römern entdeckt, ist es, umgeben von hohen, bewaldeten Felsen, vor allem ein Kurort für Einheimische. Nur wenige Gebäude erinnern an die glanzvollen Zeiten.

Banater Bergbauregion

Best Western Rogge Hotel, I.L. Caragiale Str. 12, Reşiţa, Tel. 0355/411111, Fax 411110, office@roggehotel.ro, www.roggehotel.ro. 3 Sterne, gepflegt.

Das Eiserne Tor

Das Eiserne Tor (rumän. Portile de Fier) liegt zum Teil in der Walachei – im Kreis Judeţul Mehedinţi im Südwesten Rumäniens mit dem Hauptort Drobeta-Turnu Severin und dem Banat, im Kreis Caraş Severin –, zum Teil auf der serbischen Seite.

Drobeta-Turnu Severin und Umgebung

Die über 110 000 Einwohner große Stadt Drobeta Turnu Severin ist ein guter Ausgangspunkt für eine Fahrt entlang des Eisernen Tores. Die Stadt selbst hieß früher nur Severin (ungar. Szörényvár, dt. Turm-Severin); ihr heutiger Name lässt sich einerseits mit nördlicher Turm übersetzen, andererseits auf den Stadtpatron zurückführen, den heiligen Severin von Noricum (Österreich). Den Zusatz Drobeta erhielt die Stadt 1972 zur Erinnerung an die Existenz der römischen Stadt Drobeta. Vermutlich gründete der römische Kaiser Severus Alexander an dieser Stelle bereits eine Burg. Im Mittelalter war die Stadt eine Kolonie des Erzbistums Kalocsa unter dem Patronat des heiligen Severin von Noricum und Verwaltungszentrum des gleichnamigen ungarischen Banats Severin.

Von hier führte zur Römerzeit die auf 20 Bögen ruhende Trajansbrücke des berühmten Architekten Apollodorus von Damaskus über die Donau. Am Donauufer befinden sich nicht nur die **Reste der Trajansbrücke**, sondern auch die eines antiken **Militärlagers** und einer mittelalterlichen **Zitadelle** anstelle der einstigen Römerfestung. Das gesamte Areal wurde zu einem Freilichtmuseum umgestaltet, das die archäologischen Funde präsentiert. An das Areal schließt das **Museum des Eisernen Tores** an, in dem unter anderem ein Holzmodell der Trajansbrücke einen Eindruck von der größten Brücke der Antike gibt. In der Stadt sind die Grundmauern der mittelalterlichen katholischen **Kirche St. Severin** sowie die **Fußgängerzone** mit dem Wasserturm und das **Theater** sehenswert.

An der Donau befindet sich ein zünftiges Restaurant mit großem Gastgarten,

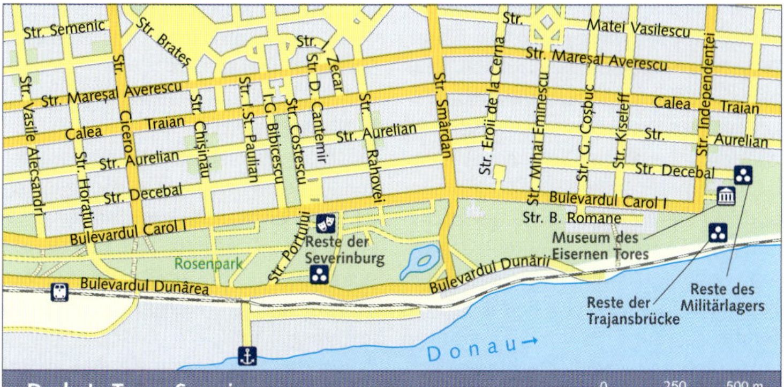

Drobeta-Turnu Severin

Auf dem Areal der alten Römerfestung

in dem auch traditionelle Tanz- und Musikgruppen auftreten. Nördlich der Stadt befindet sich das zum Naturschutzgebiet erklärte **Mehedinți-Plateau** mit einem interessanten geologischen Park und zahlreichen Höhlen. Es ist über Ilovița, Cireșu oder Malovaț zu erreichen.

Entlang der Donau beginnt wenige Kilometer außerhalb des Zentrums der **Naturpark Eisernes Tor**. Dieser etwas poetische Name geht auf die Türken zurück, die nicht nur den Donaudurchbruch, sondern noch mehrere Balkan- und Karpatenpässe als ›Demir Kapi‹ (Eisentor) bezeichneten. Ehemals unterband bei Niedrigwasser ein quer durch den Fluss verlaufendes Felsriff jegliche Durchfahrt. Erste Sprengungen im Jahr 1834 schufen eine Fahrmöglichkeit für flache Barken, und erst zwischen 1891 und 1896 wurde auf serbischer Seite ein zweieinhalb Kilometer langer, 80 Meter breiter und 3 Meter tiefer Umgehungskanal in den Felsen gesprengt. Während des Ersten Weltkriegs legten Deutsche Truppen neben dem Kanal Gleise und ließen die Schiffe flussaufwärts von Lokomotiven im Schlepptau gegen die starke Strömung ziehen.

▶ Karte S. 65

Unterhalb der rumänischen Stadt Drobeta-Turnu Severin und der serbischen Stadt Kladovo dreht sich die Donau in zwei Kehren um die Halbinsel Klijuc (Schlüssel) aus dem Bergland heraus. Ab hier spricht man von der unteren Donau. Die 1971 bis 1984 entstandenen **Kraftwerksbauten** haben das Durchbruchstal des Eisernen Tores völlig verändert. Als jugoslawisch-rumänisches Gemeinschaftsprojekt wurde das Großkraftwerk Djerdap I unter dem Eisernen Tor zwischen Slip und Gura Văii 1972 errichtet. Der Betondamm hat eine Höhe von 58 Metern und eine Breite von 941 Metern; er staut das Wasser 150 Kilometer zurück und ließ den Wasserpegel der Donau um 35 Meter steigen. Zahlreiche Orte wie die alte Römerstadt Orşova und die Insel Ada-Kaleh vor Tekija versanken in den Fluten. 30 000 Menschen wurden umgesiedelt.

Die heute unproblematische Passage ermöglichen doppelstufige Schleusen mit über 300 Meter langen und 30 Meter breiten Schiffskammern und 32 Metern Wasserhub. Auch größere Containerschiffe sowie Passagierschiffe kommen hier durch. Etwa 79 Kilometer stromabwärts reguliert seit 1984 ein weiteres Stauwehr – Djerdap II. – den Wasserzufluss für die Stromgewinnung. Die Turbinen beider Wasserkraftwerke erzeugen 1068 Megawatt Strom, der auf beide Staaten aufgeteilt wird.

■ Kloster Vodița

Kloster Vodița ist eine der ältesten dokumentarisch belegten Gründungen und die erste klösterliche Einrichtung Rumäniens, die unabhängig nach den Regeln der Ostkirche verwaltet wurde, so wie es vom heiligen Vasilius dem Großen festgelegt wurde.

Es ist eine der drei auf Initiative des Heiligen Nicodim in Rumänien entstandenen Klosteranlagen und konnte mit finanzieller Unterstützung des Vojvoden Ladislaus I. Dvon zwischen 1370 und 1372 gebaut werden. Dessen Nachkommen – Dan I., Mircea der Ältere, Dan II, Vlad Dracul und Radu der Wunderbare – erhöhten die Stiftungsbeiträge. Selbst Sigismund der Luxemburger, König von Ungarn (1387 bis 1437), erkannte die Besitztümer des Klosters an. Im Jahr 1406 wurde es sogar vom serbischen Despoten Stefan Jazarovici mit zehn serbischen Dörfern beschenkt. Unter den Osmanen wurde 1524 die Festung von Severin besetzt. Infolge wurden alle Klostergüter Kloster Tismana übergeben. Weniges ist über die Zeit danach überliefert. Im 17. Jahrhundert taucht das Kloster auf einer Oltenienkarte jedoch noch auf. Constantin Brâncoveanu gewährte dem Kloster 1705 einige Vorrechte, und Atanasie, der Leiter des Tismana Klosters, ordnete Renovierungsarbeiten an. Nach dem türkisch-österreichischen Krieg, der 1718 im Frieden von Passarowitz endete, begann ein erneuter Niedergang. 1821 standen nur noch Ruinen. Auf Initiative des Metropoliten von Olţenia, Nestor Vornicescu, wurde im März 1990 die Vodiţa-Gesellschaft gegründet, die den Wiederaufbau dieses alten Klosters förderte und dafür die Zustimmung des Synods der rumänischen orthodoxen Kirche erhielt. Seit 1997 ist Protos Ianichie Nicolaiescu Abt des Vodiţa Klosters.

Lange Tradition: Kloster Vodiţa

Orşova

Orşova auf der rumänischen und Tekija auf der serbischen Seite rahmen das Einfahrtstor ins eigentliche Eiserne Tor. Von hier starten Schiffsfahrten auf der Donau bis zum Donauengpass. Die Hafen- und Werftstadt Orşova liegt an der Nahtstelle von Walachei und Banat und gehört noch zum Kreis Mehedinţi. Das alte Orşova, das unter den Donaufluten versunken ist, blickte auf eine bewegte Geschichte. Zunächst siedelten Daker, anschließend Römer und im Mittelalter kamen die Ungarn. Von 1524 bis 1719 war es osmanisch. Darauf folgten immer wieder die Habsburger, deren letzte Bastion es bis 1737 hier an der Donau blieb. Orşova kam während des Ersten Weltkriegs zu Rumänien, wurde nach dem Krieg von den Franzosen besetzt und im Vertrag von Trianon Rumänien zugesprochen. Ein buntes Völkergemisch aus Juden, Osmanen, Ungarn, Serben, Banater Tschechen war hier traditionell zu Hause. Das neue Orşova ist ein von Hochhausbauten geprägtes Städtchen, in dem auch ein nationales Sportzentrum ansässig ist. Ein der heiligen Anna geweihtes **Nonnenkloster** aus dem 20. Jahrhundert wurde zum Gedenken an die Opfer des Ersten Weltkrieges gestiftet.

Von Orşova donauaufwärts

Während die Reste der alten römischen Straßenkonstruktionen in den Fluten verschwanden, hat die Stromenge heute ihre Schrecken verloren. Nur die marmorne **Trajanstafel** auf serbischer Seite wurde an der Steilwand um 40 Meter nach oben versetzt.

In Eselnița, ganz in der Nähe von Orșova gelegen, hat sich seit der großen Wende wenig verändert. Bescheidene Häuschen mit kleinen Vorgärten reihen sich aneinander; eine malerische Landschaft umgibt den Ort. Am Beginn des sogenannten ›Cazanele Mici‹ (dt. kleiner Kessel oder Schlucht oder Kazan), wie die sich verengenden Donauabschnitte hier bezeichnet werden, ist das nagelneue **Kloster Din Valea Mracunei** zu besichtigen – und ein Stück weiter, direkt an der Hauptstraße, das in den Felsen gehauene **Decebal-Monument** von 40 Meter Höhe und 25 Meter Breite. Vielbesucht ist der Standort des Felsenbildes, von Weitem an den vielen parkenden Autos zu erkennen. Vielleicht war es vom Stifter, dem Unternehmer und Professor Iosif Constantin Dragan, als Pendent zu den Traianstafeln gedacht.

In jüngerer Zeit haben sich eine ganze Reihe von Pensionen und Gasthäusern entlang der Donau etabliert, unter denen die Pensionen ›Decebal‹ und ›Settembrie‹ besonders hervorzuheben sind. Auch Rundfahrten auf der Donau werden allerorts angeboten. Hierzu gibt es verschiedene Varianten: Man fährt zum ›Cazanele Mari‹ (großer Kazan), den Traianstafeln bis auf 50 Meter Entfernung (serbisches Staatsgebiet) und zu den Höhlen Gura Ponicoveni und zur Veteranenhöhle. In letzterer sind Verbauungen aus der Habsburgerzeit zu entdecken, die die Höhle für Garnisonen militärisch und als Fluchtburg genutzt haben. In Dubova bietet die Pension ›Decebal‹ Bootsausflüge an.

Ein Abzweig in das noch deutsch ausgeschriebene **Eibenthal** (rum. Bigăr) erinnert an die tschechischsprechenden Böhmen, die im Banat an der unteren Donau seit 1823 angesiedelt worden.

Bei **Șvinița** ragen zwei steinerne **Türme** aus dem Wasser, die Ruinele Cetații Tricule. Sie sollen Reste einer Zollstation der Habsburgerzeit von 1792 sein. Andere Quellen berichten von Fragmenten einer Burg des sagenumwobenen Banus aus dem 15. Jahrhundert. Tatsächlich waren ihre letzten Bewohner jedoch Haiducken. Zum Ortsgebiet gehört auch das **Șvinița Fossilien-Natur-Reservat** von 95 Hektar Fläche mit Ammoniten, Belemniten und anderen Fossilen der mittleren Juraperiode.

Immer dicht entlang dem Donauverlauf folgt die Straße bis nach Moldova Nouă

Die berühmte Trajanstafel

▲ Karte S. 65

und Baziaş. Das Städtchen **Moldova Nouă** (ung. Újmoldova, dt. Neumoldova) liegt auf der Südseite des Locvagebirges und entwickelte sich aus zwei getrennten Dörfern, wovon eines von Österreichern und das andere von Rumänen bewohnt war. Seit dem Altertum wurde hier Bergbau betrieben, der unter den Habsburgern wieder aufgenommen wurde. Doch seit 2005 liegt der Kupferbergbau still, während der an der Donau gelegene Teil, Moldova Veche, dank des Donauhafens expandiert.

In einem länderübergreifenden Projekt wurde der **Donauradweg** durch Kroatien, Serbien und Rumänien angelegt. Ein besonders schönes Teilstück dieses Radweges führt entlang des Eisernen Tores der Donau. Auf rumänischer Seite wird die Trasse variiert zwischen Gebirgswegen für Mountainbiker und flacheren Strecken entlang der Donau. Das Projekt wurde unterstützt durch die Gesellschaft für Technische Zusammenarbeit (GTZ) in Deutschland, dem WBF Serbiens und dem WBF Rumäniens.

Das Eiserne Tor

Anreise mit dem Auto über Serbien, Portile de Fier I. oder über Ungarn und das Banat. Mit dem Zug nach Drobeta-Turnu Severin oder Orşova und mit dem Flugzeug über Craiova.

Information Naturpark Porţile de Fier, Strada Banatului 92, Orşova, Felix Baratky, Tel./Fax 0252/362596, mobil 030/590877, www.npdjerdap.org.

Informative Internetseiten: www.donau-info.org, www.info-danube.org und www.gtz.ro.

Geologischer Park, Infos in Drobeta-Turnu Severin, Str. Traian 89, Tel./Fax 0252/311626, geoparc@sejmh.ro.

Pensiunea Turist, Marian Soare, Str. Matei Vasilescu Nr. 19, Drobeta-Turnu Severin, Tel. 0252/325232. Gemütlicher Familienbetrieb in hübschem Gebäude, mit nettem Gastgarten und guter Küche; DZ 140 Lei.

Continental, Drobeta-Turnu Serverin, Bulevardul Carol I. 2, Tel. 0252/306730, Fax 306707, www.continentalhotels.ro. 3 Sterne, EZ 55 Euro, DZ 70 Euro.

Traian, Bulevardul Tudor Vladimirescu 74, Dobreta-Turnu Serverin, Tel. 0252/311760, Fax 310290. 2 Sterne, DZ 70 Euro.

Continental Motel Gura Văii, Calea Timişoarei, Gura Văii, Tel. 0252/342144, Fax 342143, www.continentalhotels.ro. 3 Sterne, EZ 40 Euro, DZ 60 Euro. An der Fernstraße E70 (DN6) bei Kilometer 348,5.

Pensiunea Septembrie, Str. Dunării Nr. 1198 D, Eselniţa. Restaurant und schönes Schwimmbad mit wunderbarem Blick aufs Eiserne Tor, gute Küche, Ausflüge werden angeboten; DZ 180 Lei, EZ 150 Lei.

Hotel Steaua Dunarii, Strada Dunarii Nr. 1016, Eselniţa, Tel. 0722/207918 und 0723/542121, www.steaua-dunarii.ro. Die wunderschön gelegene Pension an der Donau (DN 57), nur 15 Kilometer von Orşova entfernt, wird von den waldreichen Ausläufern des Almaj-Gebirge eingefasst.

Hotel Decebal, Dubova, Tel. 0252/368032, 0747/808585, www.pensiunea decebal.ro. 3 Sterne, 12 DZ, 3 Appartements, großes Restaurant, gute Küche; Bootsausflüge.

Pensiunea Iona Paloş, Str. Graţca 128, Orşova, Tel. 0722/2278269, Tel. 0740/242416.

Hotel Meridian, Str. Eroilor 12, Orşova, Tel. 0252/362800. 3 Sterne, nicht weit vom Zentrum. Es werden Boote vermietet und Sportfischen geboten.

Museum des Eisernen Tores, Strada Independeţei 2, Drobeta-Turnu Severin, Tel. 0252/312177, Di–So 9–17 Uhr.

Von Băile Herculane nach Timişoara

Von Băile Herculane führt die E70 in großem Bogen nach Timişoara zurück. Man kommt zunächst über die Poarta Orientală (540 Meter), passiert dann **Caransebeş**, eine Industriestadt mit Flughafen, und erreicht **Lugoj**, eine Kleinstadt beiderseits des Timiş. Unweit einer alten Dakerfestung hatten hier die Römer ein großes Lager errichtet. Bereits seit dem Mittelalter gab es hier einen starken deutschen Einfluss. Am rechten Ufer des Flusses entwickelte sich die deutsche Siedlung, am linken die rumänische. Die Industrie – von herausragender Bedeutung sind hier die Textil- und Schuhproduktion – hat zur Zersiedelung des Stadtbildes beigetragen. Einige historistische Bauten, bereits wieder renoviert, erinnern an die Habsburger Epoche. Wenige Kilometer vor Timişoara liegt die Weinstadt **Recaş**. Mehrere nicht zu übersehende Weinkeller bieten die Verkostung des bekannten Schwabenweines an.

Die neue orthodoxe Kirche in Caransebeş

▲ Karte S. 65

Die Stadtkirche in Jimbolia

Jimbolia

Wer von Timişoara in Richtung Serbien fährt, benutzt den Grenzübergang Jimbolia (dt. Hatzfeld, ung. Csombolya). Eine gute, nicht sehr befahrene Straße führt dorthin. Unter Maria Theresia wurde die heutige Grenzstadt mit Deutschen besiedelt. Sie legten zunächst zwei Siedlungen an, Hatzfeld und Landestreu, die nach wenigen Jahren zu einer einzigen Gemeinde Hatzfeld zusammengelegt wurden. Im Zuge der Dreiteilung des Banats im Jahr 1920 wurde Hatzfeld dem damaligen Jugoslawien und erst 1925 durch eine Grenzregelung endgültig Rumänien zugesprochen. Im Städtchen mit seinen heute 12 000 Einwohnern war der bekannte Banater Kunstmaler Stefan Jäger (1912–1962) zu Hause. In seinem Atelier wurde eine **Gedenkstätte** eingerichtet. Das Stadtbild ist stark österreichisch geprägt, die römisch-katholische **Kirche** vom Anfang des 20. Jahrhunderts ist von Weitem an ihrem neogotischen Turm erkennbar.

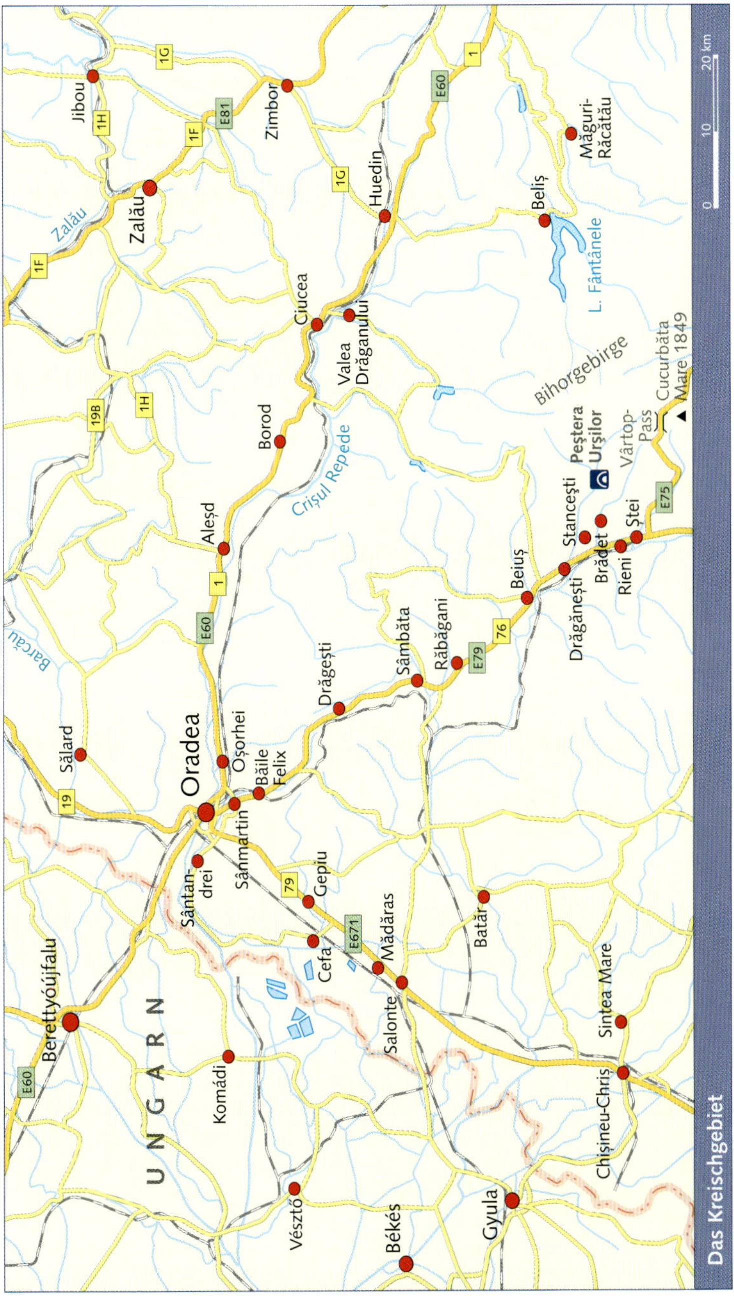
Das Kreischgebiet
0
10
20 km
UNGARN
Oradea
Berettyóújfalu
Komádi
Vésztő
Békés
Gyula
Sălard
Oșorhei
Băile Felix
Sânmartin
Sântan-drei
Gepiu
Cefa
Mădăras
Salonte
Batăr
Sintea Mare
Chișineu-Criș
Drăgești
Sâmbăta
Răbăgani
Beiuș
Drăgănești
Rieni
Brădet
Ștei
Stancești
Peștera Urșilor
Vârtop-Pass
Cucurbăta Mare 1849
Bihorgebirge
L. Fântânele
Beliș
Măguri-Răcătău
Huedin
Valea Drăganului
Ciucea
Borod
Aleșd
Crișul Repede
Barcău
Zalău
Zimbor
Jibou
E60
E81
E671
E79
E75
1
1F
1G
1H
19
19B
76
79

Das Kreischgebiet

Das Kreischgebiet (Crişana), diese im Westen Rumäniens an der Grenze zu Ungarn gelegene Landschaft, ist im weitesten Sinn ein Randgebiet Siebenbürgens. Es handelt sich dabei um eine historische Landschaft, die heute zweigeteilt ist: Ihr westlicher Teil liegt in Ostungarn, ihr östlicher in Westrumänien. Im Süden wird das Kreischgebiet vom Fluss Mureş (dt. Mieresch/Marosch, ungar. Maros), im Osten vom Apuseni-Gebirge, das die Grenze zum historischen Siebenbürgen darstellt, und im Westen von der Theiß begrenzt.

Das Kreischgebiet ist verwaltungsmäßig heute der Verwaltungsbezirk (Judeţ) Bihor, abgekürzt BH. Ebenso wie das Banat gehörte das Kreischgebiet nicht zum historischen Siebenbürgen, wird aber heute mit dem gesamten Bezirk Bihor dazugezählt.

Nach der Schlacht von Mohács 1526 wurde Ungarn dreigeteilt, der östliche Teil zum Fürstentum Siebenbürgen. Dieses war innenpolitisch zwar selbständig, aber außenpolitisch den Osmanen unterstellt. Durch die Fürsten von Siebenbürgen wurden mehrere mittelostungarische Komitate mitregiert, die eigentlich zum Königreich Ungarn gehörten. Darunter war auch das Kreischgebiet. Man fasste diese Komitate, zu denen nach dem Vertrag von Speyer von 1571 unter anderem auch Maramureş und Sathmar gehörten, als ›Partium‹ zusammen. Dies wird vom lateinischen Ausdruck ›dominus partium regni Hungariae‹ hergeleitet. Seit 1920 gehörte das Gebiet mit Ausnahme seines westlichsten Teils zu Rumänien.

In der Gegend gibt es eine große ungarische Minderheit, was sich auch an zahlreichen zweisprachigen Ortsschildern ablesen lässt. Die Flüsse Criş (dt. Kreisch, ungar. Körös), Crişul Alb und Crişul Repede standen Pate für den Namen der Region. Der Crişul Repede ist östlich von Oradea in zwei Seen aufgestaut. Seine Kraftwerke versorgen die Crişana mit Strom.

▲ Karte S. 91

Oradea

Oradea liegt nur sechs Kilometer von der rumänisch-ungarischen Grenze entfernt und ist die wichtigste Stadt der Crişana. Mitten durch Oradea fließt der Crişul Repede (schnelle Kreisch). Zu seinen beiden Seiten hat sich die Stadt mit heute rund 250 000 Einwohnern entwickelt.

■ Piaţă Unirii

Links des Flusses liegt der zentrale **Einheitsplatz** (Piaţă Unirii) mit dem Denkmal von Mihai Viteazul (1593–1601). Gebäude im barocken und historistischen Stil säumen den langgezogenen Platz. Hier stehen unter anderem das **Rathaus** (Primăria) aus dem 19. Jahrhundert, die barocke **Nikolauskirche** (Biserica Sfântul Nicolae), die im Jahr 2005 der griechisch-katholischen Gemeinde zurückgegeben wurde, und die orthodoxe **Kathedrale**, deren Grundstock 1784 gelegt wurde. Für das katholische Oradea war es keineswegs selbstverständlich, dass die damals noch sehr unterdrückten Rumänen ein eigenes Gotteshaus erhielten. Dies machte erst das Toleranzedikt (1781) Kaiser Josephs II. möglich. Bei dem Bau handelt es sich um eine einfache Saalkirche: Pronaos mit Empore, Naos und dreiparförmige Altarapsis. An der barock gegliederten Fassade ist am Giebel eine Mondkugel mit Uhrwerk angebracht, das die Mondphasen anzeigt. Deswegen erhielt die Kirche auch die Bezeichnung ›Biserica cu lună‹.

Jugendstil

Die renovierte **Einkaufspassage** (Palatul Vulturul Negru) an der östlichen Seite der Piață Unirii entstand 1907/08 nach Plänen von Jakob Dezsö und ist eines der vielen schönen Beispiele für den Jugendstil in Rumänien.

Auf der gegenüberliegenden, rechten Seite des Flusses sind Repräsentationsgebäude wie das **Theater** (Teatrul) und die **Philharmonie** sowie eine ganze Reihe von Jugendstilgebäuden zu sehen. Der Jugendstil, der sich Ende des 19. und Anfang des 20. Jahrhunderts in einigen Teilen Europas durchsetzen konnte, fand über Ungarn auch im heutigen Rumänien Eingang. Hier wird diese Stilrichtung wie in Frankreich als ›Art Nouveau‹ bezeichnet. Außer in Oradea sind mehrere Bauten dieser Stilrichtung noch

Jugendstil par excellence: die Einkaufspassage an der Piață Unirii

in Târgu Mureş zu sehen. In seinen verschiedenen Ausprägungen floraler und organischer Ornamente, über das lineare Zweidimensionale hin zum Konstruktivistischen und Geometrischen sind in Oradea alle Entwicklungsstufen vertreten. Die Stadt ist für Liebhaber dieser Bauten ein echter Geheimtipp. Einige Beispiele, die einen kleinen Einblick der erhaltenen Vielfalt geben können, seien hier exemplarisch aufgeführt:

In der Strada Moscovei 4 befindet sich, wiederum von Jakob Dezsö, die **Casa Adorján II.**, in der Strada Independenței 11–13 die **Casa Fuchsl**. Neben Mende Valer waren auch weitere ungarische Baumeister wie László Vágó und József Vágó in Oradea tätig. Ihre Entwürfe sind im Palatul Moskovitz in der Strada Vasile Alecsandri 1 und in der **Casa Vágó** in der Strada General Moşoiu 14 umgesetzt. Weiter wirkten neben Rimanóczy Kálmán junior und Löbl Ferenc die Meister Sztárill Ferenc und József Guttman.

▲ Karte S. 93

Für den Besucher leicht zu finden ist das von Sztárill Ferenc entworfene **Hotel Astoria**, ein Bau von 1902. Es ist heute ein wenig heruntergekommen und fällt in die Zwei-Sterne-Kategorie. Unweit davon kann man das ehemalige **Hotel Transilvania** von Jószef Guttman bewundern. Es stammt von 1903/04 und liegt unmittelbar an der Oper. Mit dem **Hotel Parc** von Czoczek Alajos an der Strada Republicii, Ecke Strada Aurel Lazăr, endet der Rundgang entlang der Jahrhundertwendebauten.

■ Ehemaliges Bischöfliches Palais

Etwas abseits vom eigentlichen Zentrum, am Bulevardul Dacia und neben dem Parcul Petöfi Sándor, befindet sich das ehemalige Bischöfliche Palais (Palatul Baroc), das Berühmtheit wegen seiner 365 Fenster erlangte. In diesem stattlichen Haus ist seit 1971 das **Museum der Kreisch** (Muzeul Țării Crişurilor) untergebracht. Es handelt sich um einen großangelegten, u-förmigen barocken Bau mit Eck- und Mittelrisaliten. Er wurde nach dem Entwurf des Wiener Architekten Franz Anton Hildebrandt in den Jahren von 1762 bis 1776 errichtet und kann seine Verwandtschaft mit dem Belvedere des Prinzen Eugen in Wien nicht verleugnen. Vor der Hauptfassade des Schlosses befindet sich ein Denkmal von Szent László Kiraly. Die Rückseite der Dreiflügelanlage wird von Steinbüsten historischer Persönlichkeiten gesäumt. Im Inneren war der Palast mit Wandmalereien geschmückt, die noch heute neben den Ausstellungsstücken zu sehen sind.

Das Museum verfügt über Abteilungen zur Geschichte, Bildenden Kunst, Volkskunde und Naturwissenschaft. Im Erdgeschoss befinden sich die historische Sammlung mit prähistorischen Fundstücken an Vasen und Scherben und die naturwissenschaftliche Sektion, deren Stolz die Eier von über 700 Vogelarten sind. Hier ist auch das in der Bihor-Gegend gefundene Mammutskelett zu bestaunen.

Im Ersten Obergeschoss warten zunächst die historischen Räume wie der Festsaal mit seinen erhaltenen Einrichtungsgegenständen auf den Besucher. Auch die Schlosskapelle mit Gemälden des Malers Schöpf ist dem Publikum zugänglich. Daneben werden die Säle zur Ausstellung der rumänischen Malerei genutzt. Man gewinnt nicht nur einen Eindruck von den lokalen Künstlern Transsilvaniens und Oradeas, sondern von ganz Rumänien. Die Werke von Dimitrie Paciurea, Gheorghe Petraş, Lucian Grigorescu und des Bildhauers Ion Jalea sind ausgestellt. Das Kunstgewerbe ist mit einer bedeutenden Jugendstilglassammlung vertreten.

Am Domplatz

Neben dem Schloss ist der Neubau des **römisch-katholischen Domes** (Catedrala romanocatolică) zu sehen. Der erste Bau befand sich innerhalb der Festung und wurde von den Türken zerstört. Der heutige Bau geht auf den Baumeister Giovanni Battista Ricca zurück, wurde 1752 begonnen und vom berühmten Wiener Architekten Franz Anton Hildebrandt 1762 vereinfacht weitergeführt. In der Kuppel ist Maria Himmelfahrt von Johann Nepomuk Schöpf aus Prag zu bewundern.

Auf dem Domplatz steht das **Denkmal des König Ladislaus** von István Toth. Der heilige Ladislaus ist der Nationalheilige der Ungarn - er starb 1035 -, und seine Reliquien wurden im ehemaligen Dom ebenso verehrt wie die Gebeine des ungarischen Königs und späteren deutschen Kaisers Sigismund aus dem Geschlecht der Luxemburger.

Festung

Die Festung (Cetatea) am anderen Ende des Stadtzentrums ist in ihrer Gesamtanlage nicht so vorbildlich erhalten geblieben wie etwa die von Alba Iulia. Sie war einst nach französischen Vorbildern erneuert worden und diente zur Abwehr der Türken. Die Festung wird derzeit renoviert.

Die Umgebung von Oradea

Die Umgebung von Oradea, insbesondere der Süden, bietet sich vor allem wegen seiner Naturschönheiten und schönen Kirchen für Halbtages- und Tagesausflüge an.

Băile 1. Mai

Ein Ausflug in den Süden der Stadt, zunächst in Richtung Sânmartin bis zum Heilbad Băile 1. Mai, lohnt sich vor allem für Naturfreunde. Dort entspringt der im Winter nicht vereisende Pârâul Petea (Peta-Bach), der sich in seinem Oberlauf zu einem See ausweitet. In ihm wachsen Seerosen bei steten 28 Grad. Diese Seerosen-Spezies (Nymphaea loitus, var. thermalis) gibt es nur sehr selten in Südosteuropa. Dass sie schon seit dem Tertiär hier heimisch sind, schließt man aus den von Botanikern analysierten versteinerten Resten. Entdeckt wurden die Seerosen von dem Botaniker Paul Kitaibel 1798. Sie leben sechs bis sieben Tage und entwickeln in dieser Zeit 40 000 Samen. Andere Lebewesen wie der Rote Fisch sowie eine spezifische Schnecke leben hier. Ein paar Kilometer weiter liegt das Heilbad Băile Felix mit seinen Hotelkomplexen.

Bihorgebirge

Im Südosten von Oradea liegen die Munții Bihorului (dt. Bihorgebirge, ung. Bihari hegység). Der stark zerklüftete Gebirgszug bildet die Westgrenze zu

Siebenbürgen und ist Bestandteil des Siebenbürgischen Westgebirges, dem Apuseni, mit dem gleichnamigen Nationalpark. Seine höchste Erhebung ist der Cucurbăta Mare mit 1849 Metern. Das Gebiet, in dem sich traditionelle Hirten- und Holzfällersiedlungen bis heute ursprünglich erhalten haben, ist ideal zum Wandern. Im Winter kan man am Vârtop-Pass (1120 Meter) Skilaufen.

Im gesamten Gebirgsstock finden sich viele Karsterscheinungen, die man auf gut markierten Wegen erwandern und besichtigen kann. Die Cetățile Ponorului zählt zu einer der größten europäischen Karstformationen. Besonders eindrucksvoll und sehr beliebt bei den Rumänen ist die ›Peştera Urşilor‹ (Bärenhöhle). Die Höhle wurde erst 1975 unterhalb eines Steinbruchs entdeckt. Sie erhielt ihren Namen nach den in ihr aufgefundenen Skeletten von Höhlenbären (Ursus Spelaeus).

Außerdem machen die vielen **Holzkirchen** mit ihren spitzen und hochaufragenden Kirchtürmen, wie sie auch in der Maramureş zu finden sind, eine Fahrt in diese Region zu einem Erlebnis. Auf einer kurzen Strecke von wenigen Kilometern sind unzählige Holzkirchen versteckt zu finden. In der Ortschaft Brădet steht die Johannes dem Theologen geweihte Holzkirche aus dem 18. Jahrhundert noch gut sichtbar oberhalb der Hauptstraße. Im gegenüberliegenen Haus werden die Kirchenschlüssel liebevoll verwahrt. Die Kirche ist reich mit Ikonen, Schnitzarbeiten und sogar mit den selten erhaltengebliebenen Wandmalereien geschmückt. Besonders schön ist das hölzerne Eingangstor verziert.

Eine Fahrt durchs Bihor wird auch wegen der vielen Holzkirchen zu einem Erlebnis. In vielen Orten liegen sie versteckt und abseits der Hauptstraßen, nur ihre Spitzen verraten sie von der Ferne. Kommt man dem Ziel näher, verschwinden sie hinter Bäumen oder Häusern. Häufig, wie in Stanceşti und in Rieni, findet man die Kirchen inmitten eines kleinen verwachsenen Friedhofes, mancherorts wurde ihnen ein zierlicher Steinbau zur Seite gestellt, in dem heute die Gottesdienste stattfinden.

Oradea

Vorwahl: 0259.

Continental, Strada Aleea Ştrandului, Tel. 418655, Fax 411280, www.continental-hotels.ro. 3 Sterne, EZ 76 Euro, DZ 90 Euro.

Hotel Atlantic, Str. I. Vulcan 9, Tel. 426911, www.hotelatlantic.ro. 4 Sterne, DZ 70 Euro. Für Geschäftsleute gut geeignet.

Elite, Strada I.C. Brătianu 26, Tel. 414924 und 419759, www.hotelelite.ro. 4 Sterne, klein, sehr intim und gepflegt; EZ 60 Euro, DZ 85 Euro.

Hotel Astoria, Str. Teatrului 1, Tel. 430508; DZ 35 Euro.

Museum der Kreisch (Muzeul Țării Crişurilor) im Palatul Baroc, tgl. außer Mo 10–18 Uhr, Sa 10–15 Uhr. Historische Sammlung, Inneneinrichtung des Schlosses, Rumänische Malerei, Eingang auf der Seite Şirul Canonicilor.

Peştera Urşilor, am Ende des Dorfes Chişcău, nur geführte Besichtigung möglich, Dauer 1 Stunde, in rumänischer Sprache. Ganzjährig Di–So 10–17 Uhr, letzter Einlass 16.30 Uhr. Eine der bekanntesten Tropfsteinhöhlen in Rumänien, seit 1980 zu besichtigen und mittlerweile zum Touristenmagnet geworden.

▲ Karte S. 93

Sathmarer Gebiet

Das Sathmarer Gebiet (ung. Szatmár vármegye) liegt südlich der Theiß, wird vom Someș durchflossen und gehörte bis 1918 als Verwaltungseinheit zum Königreich Ungarn. Heute ist das ehemalige Komitat auf Ungarn, die Ukraine und Rumänien verteilt, wobei die größere Fläche als selbständiger Kreis Satu Mare in Rumänien liegt. Noch heute stellen die Ungarn hier mit 68 Prozent den größten Bevölkerungsanteil. Seit dem Jahr 1711 wurden im Sathmarer Gebiet sogenannte Sathmar-Schwaben angesiedelt; sie machen heute noch etwa zwei Prozent der Regionsbevölkerung aus.

Satu Mare und Umgebung

Am Rande der Maramureş, im äußersten Nordwesten Rumäniens und nur wenige Kilometer von der ungarischen Grenze entfernt am Fluss Someş, liegt die Stadt Satu Mare (dt. Sathmar, ungar. Szatmárnémeti), Hauptstadt des gleichnamigen Kreises. Übersetzt bedeutet der Name ›Großes Dorf‹. Der Ort wird erstmals um das Jahr 1000 erwähnt. Urkunden weisen auf eine mittelalterliche Siedlung im Jahr 1213, die 1243 von den Mongolen zerstört wurde. Einst lebten hier viele Juden, denen Simon Geissbühler in seinem Buch ›Spuren, die vergehen. Auf der Suche nach dem jüdischen Sathmar‹ ein literarisches Denkmal gesetzt hat.

Die Stadt hat heute 115 000 Einwohner, von denen etwa 40 Prozent Ungarn sind. Schon im frühen Mittelalter sollen dem Ruf Königin Giselas Deutsche gefolgt sein, die sich im ›Großen Dorf‹ und auf der gegenüberliegenden Flussseite in der Siedlung Minţiu niederließen. Im 18. Jahrhundert wurden in der Region die ›Sathmarer Deutschen‹ angesiedelt. Die ungarischen Grafen hatten sie zwischen 1712 und 1815 vor allem aus dem Bodenseegebiet angeworben. Bis zum Zweiten Weltkrieg waren die Deutschen vorwiegend in der Landwirtschaft beschäftigt. Noch heute leben in der Region viele Deutsche, ihr kulturelles

Schöner Jugendstil: das Hotel Dacia in Satu Mare

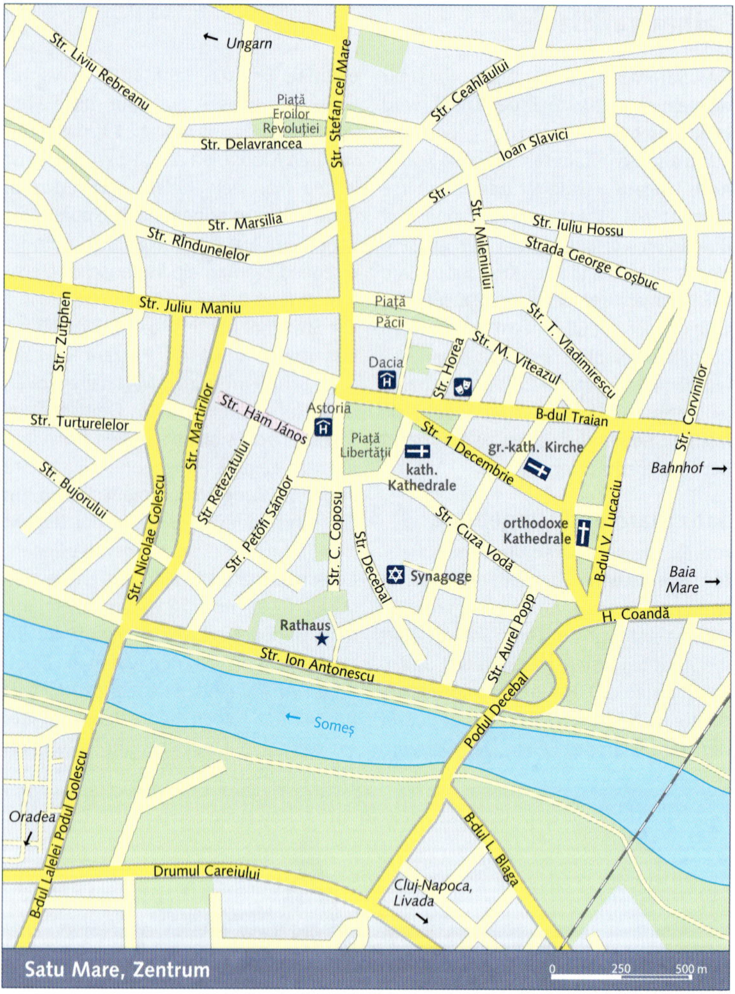

Zentrum ist Carei (dt. Groß Karol). In Satu Mare schlossen am 29. April 1711 der Habsburger Kaiser und die Führer des ungarischen Aufstandes (Kuruzenaufstand, 1703–1711) unter der Führung des siebenbürgischen Generals Sándor Graf Károlyi den Frieden von Sathmar. In ihm wurden den Rebellen mit Ausnahme von Franz II. Rákóczi – er erkannte den Frieden nicht an – die Rückgabe ihrer Güter und eine freie Religionsausübung zugesichert. Seit 1721 war Satu Mare gemeinsam mit Mintiu freie Königsstadt. Im Vertrag von Trianon fiel die mehrheitlich von Ungarn bewohnte Stadt und ihr östliches Hinterland an Rumänien, nach dem Wiener Schiedsspruch zurück an Ungarn und nach der Eroberung durch die Sowjets erneut an Rumänien.

Sehenswürdigkeiten

In den letzten Jahren wurde einiges zur Verschönerung des Zentrums unternommen, das sich dank wirtschaftlicher Erholung auch wieder lebhafter zeigt. Hierzu tragen nicht unerheblich einige neue Cafés und Restaurants bei.

Den Kern der Stadt bildet der Freiheitsplatz (Piață Libertății). In seiner parkähnlichen, üppig mit Hortensien und Rosen geschmückten Mitte steht das Denkmal von Vasile Lucaciu (1852–1922). Um diesen Platz sind Gebäude aus dem 19. Jahrhundert angeordnet. Wegen ihrer Kuppeln und ihrem Turm dominiert die **römisch-katholische Kathedrale** (Catedrala Romano Catolică) die Szenerie. Der Bau wurde Ende des 18. Jahrhunderts begonnen und 1837 mit der Kuppel von dem Wiener Architekten Jószef Hild beendet. An der Nordseite des Platzes liegt das in reinem Jugendstil erbaute Hotel ›Dacia‹, das glücklicherweise umfassend renoviert wird. Und gleich dahinter erreicht man durch eine schmale Gasse den Feuerwehrturm von 1904, der von 12 bis 18 Uhr bestiegen werden kann.

Einen Eindruck vom alten Satu Mare vermittelt die Horeastraße. An ihrem Anfang steht das **Theater**, das sowohl ungarische als auch rumänische Aufführungen bietet. Benachbart sind einige gemütliche Bars und Restaurants. Der kurze Straßenzug wird vom Justizpalast abgeschlossen. Links vom Justizpalast führt der Weg zu einer zierlichen Platzanlage mit ungarisch reformierter Kirche, die von historischen Schulgebäuden umgeben ist.

Zwischen Freiheitsplatz und Someș verläuft eine Fußgängerzone mit Einkaufsmöglichkeiten, der Post und zahlreichen Mobiltelefonläden. Das dominierende Hochhaus am Ende dieser Straße ist das Rathaus. Über den Someș, der in ein Betonbett gezwängt ist, führen im Stadtgebiet drei Brücken, darunter die Decebalbrücke als wichtige Verkehrstrasse, während man entlang des Flusses auf dem Hochwasserschutzdamm gut Fahrrad fahren kann.

Das Stadttheater

Wendet man sich hingegen über die Strada 1. Decembrie 1918 nach Osten, so erreicht man vorbei am historischen Gebäude des staatlichen Archivs die **griechisch-katholische Kirche** und bis zur nächsten Kreuzung die orthodoxe **Kathedrale** (Biserica Ortodoxă). Ihre Ostseite begrenzt eine weitere Grünanlage mit einem Schevtschenko-Denkmal, dem verehrten Nationaldichter der benachbarten Ukraine, und eine Kopie der römischen Wölfin. In entgegengesetzter Richtung, in der Strada Ham János, befindet sich die **Synagoge**. Der jüdische Friedhof wurde durch die Str. 9. Mai 1877 in zwei Teile untergliedert. Während des Zweiten Weltkriegs war in Sathmar ein Ghetto eingerichtet, von dem aus die Juden nach Auschwitz verschleppt wurden. Heute leben schätzungsweise hundert Juden hier.

Kloster Mănăstirea Maica Domnului Portărita

Unweit von Livada, etwa 25 Kilometer östlich von Satu Mare, wurde auf Beschluss des Bistums im März 1991 das neue Kloster ›Mănăstirea Maica Domnului Portărita‹ im Rahmen der rumänisch-orthodoxen Gemeinde Prilog errichtet. Die Mönche unterstehen dem Bischof von Maramureş mit Sitz in Baia Mare. Als Bodengeschenk erhielt das Kloster 0,6 Hektar vom Diakon Băbut Gheorghe von Oradea. Die neue Kirche ist dem heiligen Stefan gewidmet und wurde in Anwesenheit hoher Geistlicher geweiht. Das Kloster lebt von der Landwirtschaft und dem Verkauf der Bücher, die im eigenen Verlag ›Pelerinul Român‹ gedruckt werden. Nicht nur an religiösen Festtagen erfreut sich das Kloster eines großen Besucherstroms.

Satu Mare

Vorwahl: 0261.
www.satu-mare.ro.

Internationaler Flughafen Satu Mare Păuleşti 14 Kilometer südlich der Stadt. Carpatair und Airline direct bedienen Satu Mare ab München, Hamburg und Frankfurt.

Zugverbindungen nach Oradea, Bukarest, Cluj und mit Umsteigen nach Mamaia ans Schwarze Meer.

Busbahnhof für regionale und überregionale Busverbindungen direkt beim Bahnhof, Bushaltestelle für Minibusse in die Umgebung von Satu Mare bei der orthodoxen Kirche.

Hotel Astoria, Str. Kogălniceanu 1, Tel. 806185, Fax 714121, office@hotel-astoria.ro, www.hotel-astoria.ro. 3 Sterne, freundliche Unterkunft im renovierten historischen Gebäude direkt im Zentrum.

Dacia, Piaţă Libertăţii 8. Jugendstilgebäude, derzeit in Renovierung, Wiedereröffnung für 2012 geplant.

Restaurant Crama Perinița, Str. 1. Decembrie 1918, kein Telefon, tgl. 8–17 Uhr. Bietet in einem gemütlichen Keller gute rumänische Küche.

Restaurant Chilly Csarda, Str. Petőfi 30, Tel. 0725927700, chillycsarda@yahoo.com. Sehr nettes Restaurant der ungarischen Küche, deutschsprechender Service und großer Gastgarten.

Restaurant Cocktail Bar Horea, Str. Horea 10, Tel. 715912. Gleich beim Theater.

Im Sommer findet das Kultur- und Trompeterfestival statt.

▶ Karte S. 98

Die Maramureş und ihre Geschichte

Die historische Region Maramureş (dt. Marmarosch, ungar. Máramaros) gehörte bis 1918 zu Ungarn; heute liegt sie teils auf rumänischem, teils auf ukrainischem Gebiet. Es ist eine waldreiche Berglandschaft mit den größten zusammenhängenden Buchenwäldern und den größten Urwaldarealen Europas. Die Urwaldareale der Waldkarpaten, die sich auf slowakischer und ukrainischer Seite befinden, stehen seit langem unter Naturschutz und wurden im Jahr 2007 zum Weltnaturerbe erklärt.

Das Gebiet wurde von den Römern nie erobert und blieb daher rein dakisches Herrschaftsgebiet. Seit dem 13. nachchristlichen Jahrhundert drangen ›hospites‹ des ungarischen Reiches ein, und im Jahr 1386 konnte es als ›Komitat‹ (eine Verwaltungseinheit) Ungarn angeschlossen werden. Die Beharrlichkeit, mit der hier die Menschen an ihren Bräuchen und Traditionen festhielten, brachte ihnen in der Folgezeit den Beinamen ›Wolfsvolk‹ ein.

Nach der Schlacht von Mohács 1526, in der der ungarische König im Kampf gegen die Türken fiel, wurde Ungarn dreigeteilt. Die Maramureş wurde als Bestandteil des sogenannten Partiums unter die Hoheit der siebenbürgischen Fürsten gestellt. Als Siebenbürgen an Habsburg fiel, kam auch die Maramureş unter österreichische Herrschaft. Seit dem österreichisch-ungarischen Ausgleich von 1867 und bis 1918 gehörte die historische Maramureş als eigenes Komitat zur ungarischen Reichshälfte. Sie war über die Jahrhunderte hinweg in ihrem nördlichen Abschnitt (heutige Ukraine) von ruthenischer bzw. slawischer Besiedlung dominiert. Daneben lebten hier unter anderen Ungarn, Rumänen, Juden und Deutsche.

Die Neuordnung nach dem Ersten Weltkrieg führte zur Zerschlagung von Österreich-Ungarn; Teile der Maramureş wurden der neu gegründeten Tschechoslowakei zugebilligt. Galizien ging an Polen, Rumänien erhielt Bessarabien, die Bukowina, Siebenbürgen mit Teilen der Maramureş – Großrumänien war entstanden. Nur ein Zwischenspiel war die Rückgabe der Maramureş an Ungarn während des Zweiten Weltkrieges. Nach 1945 wurde die historische Maramureş zwischen der Ukraine und Rumänien aufgeteilt. Die Theiß (rum. Tisa, ungar. Tisza, ukrainisch Tissa) wurde damit auf einer Länge von 32 Kilometern zur Grenze zwischen beiden Staaten.

Geographisch betrachtet lässt sich die Maramureş auch als Theißbecken definieren. Der wichtigste Ort dieser historischen Region war Sighetu Marmaţiei, das seit dem Zweiten Weltkrieg direkt an der Grenze zur Ukraine liegt und mit dem Verlust seines Umlandes auch seine wirtschaftliche Stellung verlor.

Der südliche Teil der historischen Maramureş gehört heute zu Rumänien und wurde mit dem südlich angrenzenden Lapuscher Land, das historisch betrachtet Siebenbürgen ist, zum Judeţul (Kreis) Maramureş zusammengefasst; sein Hauptort ist Baia Mare.

Von Osten über den Süden bis nach Westen wird diese Region, einer natürlichen Burg ähnlich, von lieblichen Bergketten der Ostkarpaten und der Waldkarpaten durchzogen, die Maramureş, Rodna, Ţibleş, Lăpuş, Gutâi und Igniş genannt werden. Im Osten schließt der Kreis über den Prisloppass (1416 m) an die Moldau an, und im Süden reicht er an Siebenbürgen. Der Hutapass (587 m) verbindet die Region im Westen mit dem Kreis Satu Mare.

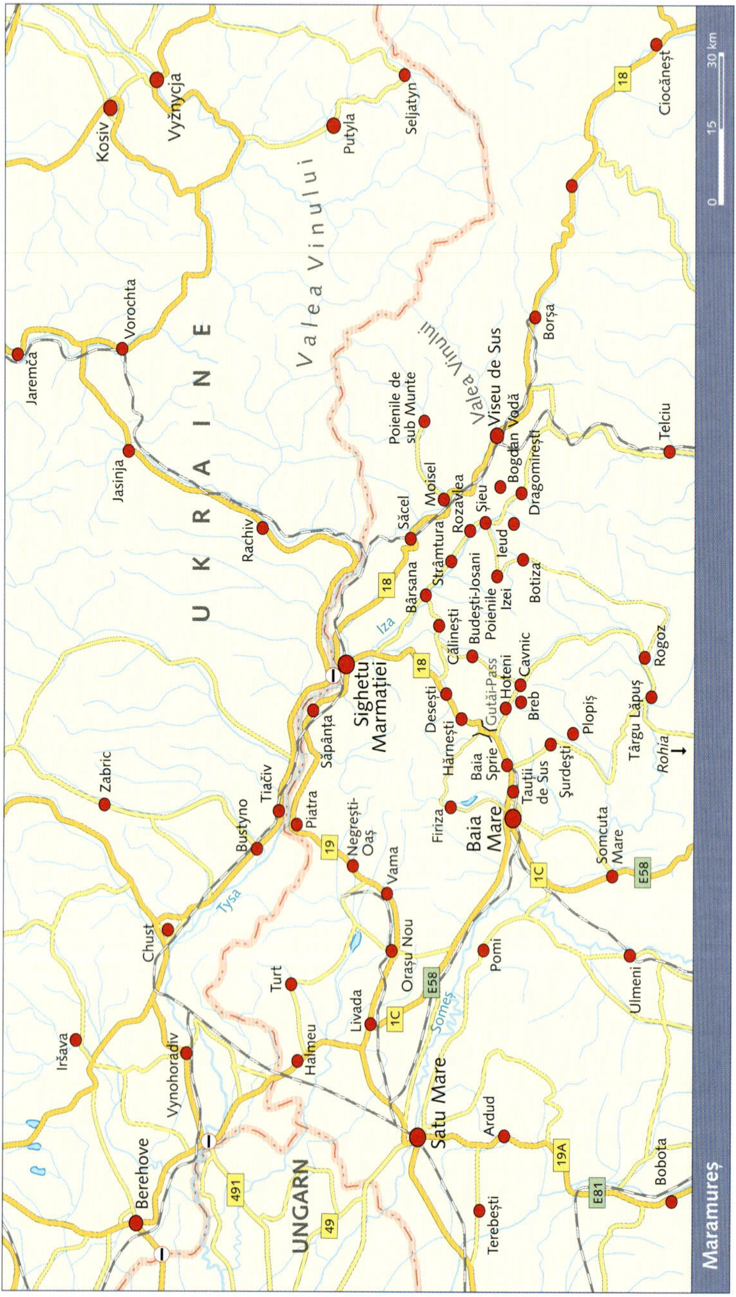
Maramureş
0 15 30 km
UKRAINE
UNGARN
Valea Vinului
Valea Vinului
Tysa
Iza
Someş
Rohia
Gutâi-Pass
Jaremča
Kosiv
Vyžnycja
Putyla
Seljatyn
Vorochta
Jasinja
Rachiv
Tiačiv
Bustyno
Zabric
Chust
Iršava
Vynohoradiv
Berehove
Sighetu Marmației
Săpânța
Piatra
Negrești-Oaș
Vama
Orașu Nou
Turt
Halmeu
Livada
Satu Mare
Ardud
Terebești
Bobota
Pomi
Ulmeni
Baia Mare
Firiza
Baia Sprie
Tăuții de Sus
Șurdești
Plopiș
Somcuta Mare
Hărnești
Desești
Hoteni
Breb
Cavnic
Călinești
Budești-Josani
Poienile Izei
Botiza
Ieud
Bârsana
Strâmtura
Rozavlea
Șieu
Săcel
Moisel
Bogdan Vodă
Dragomirești
Poienile de sub Munte
Viseu de Sus
Borșa
Telciu
Rogoz
Târgu Lăpuș
Ciocănești
18
19
1C
19A
E58
E81
491
49

Diese kleine Region mit einer Gesamtfläche von 6304 Quadratkilometern, wovon 50 Prozent gebirgig sind, ist wie ganz Rumänien eine Region der Kontraste. Einerseits ist die Maramureș ein teilweise seit dem Altertum mehr oder weniger genutztes Bergbaugebiet. Die Fülle an Eisenerzen der vulkanischen Ostkarpaten (Carpații orientali) wird bis heute ausgebeutet. Die Spuren sind in den Bergbauorten Baia Sprie, Cavnic, Băiuț und ganz besonders in Baia Borșa unübersehbar. Andererseits werden die immer noch dichten Wälder von zahlreichen Wasserläufen durchzogen. Beim Wandern in den teilweise unberührten Tälern mit ihren üppigen, blumenübersäten Wiesen kann man intakte Dorfstrukturen erleben, in denen Schwarzbüffelherden nicht selten sind, und in den Höhen hinter den Wäldern trifft man immer wieder auf weltabgeschiedene archaische Siedlungen. All das und die vielfältigen landschaftlichen Erlebnisse machen den Aufenthalt in der Maramureș zu einem unvergesslichen Erlebnis. Auf häufig unmarkierten Wegen trifft man auch hin und wieder auf einen Köhler. Einige Ortschaften wie beispielsweise Izvoare, Mogoșa, Cavnic bieten Gelegenheit zu gemütlichem Wintersport, während es in Borșa lebhafter zugeht. Fürs Klettern bietet sich der Hahnenkamm (Creasta Cocoșului) an. Die Ortschaften Ocna Şugatag, Coştiui, Onceşti, Bârşana weisen noch wenig genutzte Mineralquellen auf.

Noch 1900 bedeckten die Wälder fast 90 Prozent des Gebietes. Dies führte zur Entwicklung einer qualitätvollen Handwerkerkunst. So fertigten die Bewohner aus Holz Arbeitsgeräte wie Pflüge und Jagdfallen, Bauteile wie Tore und Zäune, Gebrauchsgegenstände wie Löffel, Schalen und Schüsseln sowie Möbel. Aus Holz gefertigte Stempel dienten zur Verzierung und Kennzeichnung der in Erinnerung an die Toten verschenkten Gebäck-Kringel.

Die Region wurde einerseits bekannt für ihre ethnische Vielfalt mit bäuerlicher Kultur, Volkstrachten und fröhlichen Volksfesten, andererseits für ihre einzigartige Holzarchitektur sowohl weltlicher als auch sakraler Bauten. Seit dem Umbruch in Rumänien scheint man jedoch insbesondere im privaten Bausektor bedauerlicherweise jeglichen Bezug zum Dorf und seinen Traditionen verloren zu haben. Die Neubauten lassen häufig jedwede Harmonie mit ihrer Umgebung vermissen. Aber die Holzkirchen mit ihren wie spitze Pfeile in die Höhe gerichteten Türmen trotzen dieser Tendenz und wurden glücklicherweise ins UNESCO-Weltkulturerbe aufgenommen. Seit einiger Zeit wird die historische Region der Maramureș grenzüberschreitend sowohl in der Ukraine als auch in Rumänien mit Unterstützung der EU für den Tourismus attraktiver gemacht. Einen wichtigen Beitrag hierfür lieferte auch die Wiedereröffnung des Grenzübergangs Solotvino/Sighet über die historische Theißbrücke. Im Jahr 2007 war die Grenze nach dreijähriger Bauzeit an der Brücke eröffnet worden, musste aber kurz darauf wegen Mängeln an eben dieser Brücke wieder geschlossen worden. Erst nach vielen Debatten und entscheidenden Sanierungsarbeiten kann man heute ganz unkompliziert die gesamte Maramureș neu entdecken.

Die Anreise ist über den Flughafen von Baia Mare, mit dem Zug ab Cluj oder Bukarest bis Baia Mare (Schlafwagen) oder mit dem Pkw möglich. Ideale Ausgangspunkte für die Erkundung der Maramureș sind Baia Mare, Sighetu Marmației und Vișeu de Sus. Im Laposcher Land ist die touristische Infrastruktur noch eher dürftig.

Feste in der Maramureş

Die Maramureş zeichnet sich durch eine ungewöhnliche Fülle an religiösen und profanen Festen aus. Im Folgenden eine Auswahl aus den vielen Veranstaltungen:

16.–18. Februar Nationaler Biathlon.

19. Februar Fest des ›Lent‹.

3./4. März Cavnic, ›Lenker Festival‹.

9. April ›Udătoriu‹ von Surdeşti.

13. April ›Satire und Humorfestival‹, Vişeu de Sus.

15. April ›câte flori pe Iza-n-sus‹ Blumenfest.

13. Mai ›Tânjaua de pe Mara‹, Flussfestival in Mara.

20. Mai ›Cupşeni‹ Kostümfestival und ›Floare mândră depe Iza‹ Blumenfest von Mandar.

27. Mai ›Armindenii Rogozului‹: Am Weißen Sonntag bauen die Burschen von Rogoz einen hohen hölzernen (pole/aminden).

27. Mai ›Daffodil‹ Kostümfest.

28/29. Mai Frühlingsfest in Vişeu de Sus.

28.–30 Juni Sommerfest in Vişeu de Sus.

30. Juni Bârsana Klosterfest.

7./8. Juli Dumbraviţa, Tanzfestival.

9.–16 Juli Sommerschule des Erinnerungsmuseums in Sigehtu.

20. Juli Eliasfest in Dragomireşti.

21./22. Juli Sommerfest in Sălîştea de Sus.

6/7. August Fest der deutschen ethnischen Minderheit im Vasertal.

12. August Gulaschfest in Ocna Şugatag.

15. August Maria Himmelfahrt.

18./19. August Imkerfest in Cerneşti.

2. September Dorftanzfest in Hoteni.

9. September Zwiebelmesse in Asuaju de Jos.

15./16. September Victor Neagra: Musikfestival in Şomcuta Mare.

22./23. September Herbstfest in Remetea Chioarului.

28. September Chestnut-Fest in Baia Mare.

6. Oktober Grapes Ball in Ocna Şugatag.

11.–14. Oktober Internationales Dichterfest in Sighetu.

12.–14. Oktober Nichita Stănescu: Dichterlesungen.

15. Oktober Paraschivas-Tag in den Holzkirchen von Poienile Izei und Deseşti.

8. November ›Erzengel Michael und Gabriel‹ Fest in Şurdeşti, Plopiş und Rogoz.

21. November ›Einführung der Gottesgebärerin in den Tempel‹ im katholischen Mariä Tempelgang.

30. November ›Andreastag‹: Zelebration von Ritualen, um unverheirateten Mädchen einen Partner zu vermitteln.

1. Dezember Nationalfeiertag Rumaeniens.

6. Dezember Nikolaustag in den Holzkirchen.

15./16. Dezember ›Veniţi la Viflaim‹ Weihnachtsfolklorefest.

17.–22. Dezember Şomcuta Mare ›Chioar Kulturtage‹.

27./28. Dezember Sighetu Marmaţiei ›Winterkostümfest‹ seit 1968.

Baia Mare

Die alte Bergbau- und neue Kreishauptstadt der Maramureș, Baia Mare (dt. Frauenbach/Neustadt, ungar. Nagybánya), liegt in einer Senke am Fuß der geologisch interessanten Gutăi-Berge, im Tal des Săsar-Flusses. Im Stadtgebiet ist dieser Fluss allerdings in Beton gezwängt. Ein unrühmlicher Bekanntheitsgrad haftet der Stadt an, wurde sie doch 2006 zum größten Umweltverschmutzer Europas deklariert. In den nahegelegenen Bergwerken werden vor allem Blei, Kupfer und Gold abgebaut. Die Messungen ergeben kontinuierlich die schlechtesten Luft- und Wasserwerte Europas, was allerdings seit dem Beitritt zur EU und dem letzten großen Umwelt-Unfall verbessert wurde. Die Kupferhütte ›Phoenix‹, in der sulfidische Kupfererze verhüttet werden, besitzt mit 351 Metern einen der höchsten und bemerkenswertesten Schornsteine Europas. Heute ist Baia Mare Universitätsstadt, besitzt einen internationalen Flughafen und mit dem FC Baia Mare einen erfolgreichen Fussballverein.

Um den gemütlich anmutenden Altstadtkern hat sich die 140 000 Einwohner große Stadt großräumig in sozialistischen und modernen Vierteln ausgebreitet. Sie bietet eine Reihe von Museen, unter denen sich der Besuch des Mineralienmuseums besonders empfiehlt. Herz der Stadt ist der **Freiheitsplatz** (Piața Liebertații), um den sich historische und mehr oder weniger sanierte Bauten gruppieren, darunter eine kleine orthodoxe Kirche. Einer dieser Bauten davon ist das etwas mitgenommene Hunedoara-Haus. In ihm soll Iancu Hunedoara gelebt haben.

Benachbart ist der Friedensplatz (Piață Păcii). Von hier ist es nicht weit zu einem **Kirchenensemble** mit Resten mehrerer sakraler Bauten, die von der Bedeutung des Ortes im Mittelalter zeugen und beispielgebend für die wechselvolle religionsgeschichtliche Entwicklung dieser Region sind. Während der mittelalterlichen Blüte entstanden im 14. Jahrhundert eine dem heiligen Georg geweihte Kirche und eine weitere zur

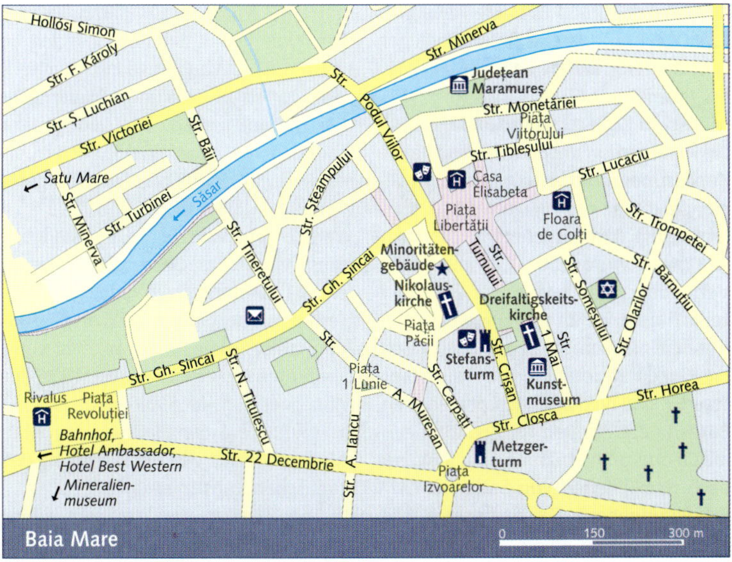

Auf dem Markt in Baia Mare

Erinnerung an den heiliggesprochenen König Stefan. Von ihr ist nur noch der im 15. Jahrhundert unter Matthias Corvinus dazugebaute Turm (Turnul Ştefan) oder auch Uhrturm erhalten, das älteste Denkmal der Stadt. Es folgten zwei weitere Kirchen; eine ist dem heiligen Nikolaus, eine andere dem heiligen Martin geweiht.

Mit Istvan Kopácsi wurde im Jahr 1547 die Reformation in der Stadt eingeleitet. Kopácsi begründete die ›Schola Rivulina‹; die Kirche des heiligen Martin diente seitdem den Lutheranern. Die Nikolauskirche wurde den Calvinisten zur Verfügung gestellt und war zwischenzeitlich dem Stefan geweiht worden.

Mit dem Habsburger Leopold I. erfasste die Gegenreformation 1687 die Stadt. Jesuiten und Minoriten wurden berufen, Bürgerkriege sorgten für Zerstörungen, die Georgskirche brannte ab und wurde nach dem Frieden von Sathmar 1714 wiederaufgebaut. Der Stifter des Wiederaufbaues war Bischof László Matyasovszky aus Nyitran. Ein erneuter Brand im Jahr 1763 zerstörte auch diesen Bau, an seiner Stelle entstand die Dreifaltigkeitskirche (Biserica Sfânta Treime). Nach der Vertreibung der Jesuiten im Jahr 1773 wurde sie zur Pfarrkirche. Bei dem typischen Jesuitenbau handelt es sich um eine Wandpfeilerkirche mit einem Tonnengewölbe und an jeder Seite drei Nebenkapellen. Die Seitenaltäre stammen von Jószef Melzi, das Hauptaltarbild mit dem Thema der Bergpredigt malte Karoly Kiss.

Weitere sehenswerte Bauten sind das Haus Elisabeta, die Bastei der Münzstätte, das Minoritengebäude, die alte Herberge, der Metzgerturm (Turnul Măcelarilor). Baia Mare war Sitz einer berühmten Malereischule, die 1896 der Münchner Künstler Simion Hollosy Corbul gründete. Einen Eindruck vom Malstil dieser Schule gibt die Sammlung des städtischen Kunstmuseums.

Bis zum Zweiten Weltkrieg lebten hier wie in der gesamten Maramureş viele

▲ Karte S. 105

Juden. Eine verfallende Synagoge legt Zeugnis davon ab. Die wenigen hier noch lebenden Juden zelebrieren ihre Liturgie in einem kleinen Neubau.

Die Umgebung von Baia Mare

Ein schöner Abschiedsblick auf Baia Mare bietet sich vom Dealul Florilor im Norden des Zentrums direkt beim Dorfmuseum. Von dort fährt man wenige Kilometer nach Westen bis Apa-Sărată, wo man dank mineralischer Quellen kuren kann.

Das nördlich von Baia Mare gelegene **Firiza-Tal** ist Naherholungsgebiet und bietet gute Wandermöglichkeiten. Nur elf Kilometer von Baia Mare entfernt wurde der Firiza zu einem großen See aufgestaut, auf dem Wassersport betrieben wird.

Die DN 18 führt von Baia Mare in östlicher Richtung. Man passiert zunächst **Tauții de Sus** mit einer unter Denkmalschutz stehenden Peter-und-Paul-Kirche. Sie steht direkt an der Durchgangsstraße und erinnert in ihrer Bauweise aus Stein und Holz eher an die Kirchen des Apuseni und des Bihor. **Baia Sprie** gehört zu den alten Bergarbeitersiedlungen, die schon im 14. Jahrhundert Erwähnung fanden. Hier ist eine römisch-katholische Kirche aus dem 14. Jahrhundert sehenswert. Einige markierte Wandertrassen nehmen hier ihren Anfang. Besonders malerisch liegt der Bodi-See. Und im ein wenig höher gelegenen Mogoșa wird Wintersport betrieben. Die Berghütte Mogoșa liegt auf 1272 Metern und bietet ebenso wie der wenig entfernte Touristenkomplex Șuior Übernachtungsmöglichkeiten.

Vom Gutăi-Pass (987 m) kann man auf einem markierten Wanderweg – Rotes Band – zum Hahnenkamm (1340 m) wandern, einem schroffen zerklüfteten Felsen. Er erfreut sich bei Kletterern und Bergsteigern größter Beliebtheit. Und hinter dem Gutăi-Pass führt eine weniger gute Straße nach Izvoarele, ein Erholungs- und Skigebiet inmitten einer atemberaubenden Landschaft.

Von Baia Mare oder auch Baia Sprie empfiehlt sich eine Rundfahrt ins Laposcher Land (Țara Lâpușului), auf der man einige berühmte Holzkirchen anfahren und besichtigen kann.

Baia Mare und Umgebung

Vorwahl: 0262.

www.baiamare.city.ro. In rumänischer und englischer Sprache.

Touristeninformationszentrum Baia Mare, Str. Gh. Sincai Nr. 46, Zi 20, www.visitmaramures.ro.

Internationaler Flughafen Baia Mare, 8 km östlich der Stadt; Tel. 293444, www.baiamareairport.ro. Flüge via Bukarest oder Budapest bis Baia Mare.

Busbahnhof, Str. 8 Martie 3, Tel. 213841, www.urbisbaiamare.ro. Regelmäßige Verbindungen nach Sighetu Marmației, Satu Mare und Târgu Lapuș.

Complex Hotelier Rivulus, Str. Culturii 3, Tel./Fax 216302, www.hotelrivulus.ro, hotel.rivulus@gmail.com. 3 Sterne, DZ 208 Lei, EZ 170–200 Lei. Direkt im Zentrum, unübersehbares Hochhaus mit Geschäften, modern renoviert.

Pension Floare de Colți, Str. Dr. Vasile Lucaciu 48, Tel. 250216, office@floaredecolti.ro, www.floaredecolti.ro. 3 Sterne, direkt in der Altstadt, liebevoll gestalteter Familienbetrieb mit Gaststätte, in der landestypische Küche serviert wird.12 Zimmer, DZ 30–35 Euro mit Frühstück.

Der Westen

Hotel Ambassador, Str. Moldovei 2, Tel. 250242, Fax 250238, office@hotelambas sador.ro, www.hotelambassador.ro. 4 Sterne, DZ 60 Euro, EZ 195 Lei. Modernes Hotel, nicht weit vom Zentrum, ruhig.

Hotel Best Western, Bucuresti Avenue 23, Tel. 222405, Fax 0262/224561, www.bestwesterneurohotel.ro. Standardhotel, das gerne von Geschäftsleuten frequentiert wird. Service und Frühstück eher lieblos, DZ 50 Euro.

Berghütte Mogoşa, www.mogosa.ro

Touristenkomplex Şuior, www.suior.ro

Izvoare, www.statiuneaizvoare.ro

Muzeul de Artă‹ Str. 1 Mai 8. U.a. bedeutende Sammlung der Schule von Baia Mare. Gegen Ende des 19. Jahrhunderts hatte sich unter der Leitung von Simon Hollósy (1857–1918) eine Künstlerkolonie etabliert. Sie zog nicht nur Künstler aus allen Teilen Ungarn an. Sie wurde in eine freie Malschule umgeformt, aus der maßgeblich Impulse für die moderne Malerei kamen. Die Kolonie von Nagybánya wurde auch als ›Barbizon Ungarns‹ bezeichnet.

Muzeul de Mineralogie, Bd. Traian 8, www.muzeuminbm.ro. Seit 1989 in diesem modernen Gebäude untergebracht, zeigt das Museum einen umfangreichen Bestand seltener Minerale und Edelsteine aus den Bergwerken der Maramureş.

Muzeul Judeţean Maramureş. Mit Schwerpunkten auf der Geschichte und der Archäologie des Kreises, darunter auch zur Bergbautechnik, Numismatik, Waffen, Uhren, Briefmarken und Siegel.

Kastanien-Festival. Seit 1993, Musik, Sport, Traditionen. Die Benennung des Festes geht auf die hier gut gedeihenden Edelkastanien zurück, die dank des milden Klimas des Săsartales ungewöhnlich weit nördlich anzutreffen sind.

Einkaufs- und Freizeitzentrum **Golden Plaza**, Str. Victoriei 73, www.goldenplaza.ro.

Im Zentrum

Karte S. 105

Die Holzarchitektur Rumäniens

Zahlreiche Höhepunkte rumänischer Holzarchitektur finden sich in Siebenbürgen vor allem in den Kreisen Bihor und Alba sowie in der Maramureş. Beide Regionen verdanken ihre abwechslungsreiche, uralte Holzbaukunst, die vielfach den Stein- und Backsteinbau beeinflusste, den ausgedehnten Wäldern. Bis heute hat sich diese Tradition besonders in der Region Maramureş bewahrt. Hier wird Holz nach wie vor beim Bau von Wohnhäusern, Kirchen und landwirtschaftlichen Anwesen verwendet. Im Laufe der Jahrhunderte wuchsen politische und soziale Einheiten in sogenannten Ţări (Ländern) zusammen. Die mächtigsten unter ihnen waren die Ţara Maramureşului und Ţara Lăpuşului. In ihnen stehen die meisten Holzkirchen.

Die Holzkirchen der Maramureş zeichnen sich durch eine spezifische Holzbauweise aus, vielfach sind sie ohne Nägel gezimmert. Vereinfachend lassen sie sich in zwei zeitliche Etappen untergliedern. Zur ersten gehören die Kirchen, die vor dem letzten verheerenden Tatareneinfall im Jahr 1717 entstanden sind. Sie weisen bereits auf die lange Tradition und die damit verbundenen Erfahrungen in der Holzbauweise hin. Nach diesem letzten Tatareneinfall wurden die Kirchen repariert, erneuert, verschönert und damit monumentaler gestaltet. Bisweilen wurden anstelle der abgebrannten Kirchen neue und viel reicher verzierte Gotteshäuser errichtet. Diese gehören der zweiten Etappe an. Sie erhielten eine zweite Traufe und einen Glockenturm mit spitzem hohen Helm, der den Einfluss der Gotik erkennen lässt, aber auch als Ausdruck des Sieges zu verstehen ist. Eingebettet in die Umgebung, vereinigen sich diese Kirchen zu einer Symbiose mit der Natur. Im Inneren der Kirchen dieser zweiten Etappe findet man prächtige Malereien, die den Einfluss byzantinischer Traditionen, aber auch die des Abendlandes aufweisen. Von ehemals mehr als 100 solcher Holzkirchen wurde etwa ein Drittel zerstört, ein Drittel ist vom Verfall bedroht und ein letztes Drittel wird bewahrt und ist zu besichtigen; acht von ihnen wurden ins UNESCO-Weltkulturerbe aufgenommen. Auch im ukrainischen Teil der Maramureș blieben zahlreiche Holzkirchen erhalten. Sie finden bedauerlicherweise wenig Beachtung und sind daher dem Verfall preisgegeben.

Eine Fahrt ins Laposcher Land

Im Kreis Maramureș liegt die nördlichste Landschaft Siebenbürgens. Sie erstreckt sich vom Kamm des Şibleș- und Lăpuș-Gebirges bis zur Talsenke des großen und vereinten Someș. Dazwischen liegt eine Berg- und Gebirgslandschaft, die die Senke von Lăpoș umgibt. Hauptort ist die Stadt Târgu Lăpuș; sie und ihre Gemeinden gehören zum historischen Siebenbürgen. Ethnographisch ist das Laposcher Land ein Zentrum rumänischer Volkskunst: Aus massiven Balken gezimmerte Häuser und Tore, formvollendete Holzkirchen, bemalte Hafnerwaren und geschnitzte Holzgegenstände dominieren hier. Dieser Zipfel Siebenbürgens ist von kleiner Fläche, aber vielfältig in seinen Volksgruppen und Religionen. In Dămâcușeni (Domokos) und Târgu Lapiș (Magyarlápos) leben Ungarn, in Lelești (Csicsálábfalva) katholische, aus der Zips angesiedelte Slowaken, Petru Rareș (Reckenteg/Retteg) war eine sächsische Gründung, die später zunehmend von Ungarn und Rumänen besiedelt wurde. Dazu gesellten sich jüdische und armenische Kaufleute. Im Tal des Sucu-Baches

trifft man auf Köhler, und in Groșii (Țibleșului/Töks) leben viele Schafzüchter. Es gibt im Bezirk Mineralwasserquellen wie in Borcut (Borkút), Bergbau wie in Răzoare (Macskamezö), wo Eisenerz und Molybydän abgebaut wurde. In Ciceu-Corabia (Csicsúifalu) wurden in den Rhyolith-Brüchen des Ciceu-Berges bis zum Ende des 19. Jahrhunderts Mühlsteine gemeißelt. Târgu Lapoș (Laposch/Magyarlapos) ist eine Stadt mit 13 Gemeinden. Hier wurde der ungarische Naturwissenschaftler Ferenc Benkö (1745–1816) geboren.
Eine Rundfahrt von Baia Sprie durchs Laposcher Land führt zu drei Holzkirchen, die ins Unesco-Welterbe aufgenommen wurden: Șurdești, Plopiș und Rogoz. Alle drei sind den Erzengeln geweiht. Die älteste ist jene von Rogoz aus dem 17. Jahrhundert, Șurdești und Plopiș wurden im 18. Jahrhundert begonnen und innerhalb von 40 Jahren vollendet.

Die Holzkirche in Şurdeşti

Die wohl berühmteste der Holzkirchen ist die Kirche zu den heiligen Erzengeln von Şurdeşti. Man fährt aus Richtung Baia Sprie in den Ort hinein, biegt in der Ortsmitte rechts ab und achtet auf den Hinweis ›Monument‹. Nach 1500 Metern führt auf der linken Seite ein schmaler Weg zur Kirche. Die Holzkirche von Şurdeşti ist mit ihren 54 Metern bis zum Kreuz auf dem Turmhelm und 72 Metern vom Boden gemessen das größte Eichenbauwerk der Welt. Im Jahr 1721 ist die Kirche den Erzengeln Michael und Gabriel geweiht worden.
Der Bau erhebt sich über einem rechteckigen Grundriss mit eingezogenem, fünfseitigem Altarraum und vereinigt von außen alle Merkmale, die den Neubauten aus der Zeit nach dem Tatareneinfall eigen sind: doppelte Traufe, Fenster in Erd- und Obergeschossebene und viel plastischer Schmuck, worunter das Gurtgesims in der Form des gedrehten Seils hervorzuheben ist. Es tritt auch an den Türrahmen mit Rosetten auf.
Man betritt die Kirche durch einen offenen Vorraum, dem sogenannten Pridvor (Narthex) an der Westseite, der später angefügt wurde. Im Inneren findet man Malereien mit Themen aus dem Alten und Neuen Testament. Links vom Eingang ist der Traum Jakobs zu erkennen. Interessant sind die Szenen der Apokalypse, das Jüngste Gericht mit den langen Tischreihen und das Abendmahl. Die barocke Ikonenwand besteht aus vier Rängen und wurde laut Stiftungsinschrift 1787 unter Kaiser Josef II. von einem Maler Stefan ausgeführt, der auch die Wandmalereien geschaffen hat. Ein typisches regionales Element ist, dass die Ikonen mit Schaltüchern geschmückt werden. Die Sitzbänke sind mit Schafwolle bedeckt. Eine Treppe aus einem Stück führt zu einem Balkon für die Knaben. Die Männer standen beim Gottesdienst vorn, die Frauen hinten. Die Malereien im Vorraum sind von rumänischen Fachleuten restauriert worden, während sie im Hauptraum noch original sind. Man beachte, dass im Original die Holzbalkennähte durch feinen Stoff überdeckt wurden. Diese Technik ist im Vorraum während der Restaurierung leider zerstört worden.
Malerisch liegt vor der Kirche der Friedhof. Auf ihm kann man typische romanische Sarkophage sehen, deren Holznägel noch aus Eiche gefertigt sind.
Kontaktperson für den Kirchenbesuch: Priester Cozmuta, Tel. 0262/298744.

Die Holzkirche von Plopiș

Die abseits der Hauptstraße gelegene Erzengelkirche ist in ihren Ausmaßen kleiner als viele andere, besticht aber

▶ Karte S. 102

Die Holzkirche in Plopiș ist eine von vielen in dieser Region

durch die Ausgewogenheit ihrer Proportionen. Sie wurde von den Dorfbewohnern, vorwiegend Zimmerleuten, 1798 begonnen und 1810 mit den Malereien von Stefan dem Maler vollendet.
Kontaktperson für den Kirchenbesuch: Augustin Făt, Tel. 0262/298936.

Die Holzkirche in Rogoz

Unweit von Târgu Lăpuș liegt das Dörfchen Rogoz. Von Weitem sieht man zunächst zwei dominierende Steinkirchen. Hinter diesen führt eine unasphaltierte Dorfstraße zu zwei Holzkirchen. Eine, der Heiligen Paraskieva geweihte, wurde hierher auf den Friedhof versetzt. Vor der Paraskieva-Kirche befindet sich die Kirche zu den heiligen Erzengeln. Sie wurde 1663 anstelle eines von den Tataren niedergebrannten Baus errichtet. Es handelt sich um den sogenannten echten rumänischen Typus, der aus rechteckigem Naos mit eingezogenem siebenseitigem Altarraum und einem polygonalen Pronaos im Westen besteht. Hervorzuheben ist die ornamentale Plastik der Kirche. Die nur fragmentarisch erhalten gebliebene Ausmalung erfolgte 1785 durch die Maler Radu Munteanu und Nicolae Man. Auffällig sind die erklärenden Untertitel mit vermutlich moralisierenden Absichten. Die Kirche hebt sich durch ihren Südeingang, das asymmetrische Dach und die vorkragenden Balkenverbindungen in Form von Pferdeköpfen ab. Unter der verlängerten Traufe an der Nordseite steht der sogenannte Tisch der Ältesten. Jede Familie, die berechtigt ist an ihm zu tafeln, hat ihren eigenen gekennzeichneten Sitzplatz. An kirchlichen Feiertagen dient er als Armentisch zum Gedenken an die Toten.
Ein Abstecher könnte von Târgu Lăpuș zwölf Kilometer nach Süden führen. Dort befindet sich **Kloster Rohia**, einst Mittelpunkt des spirituellen Widerstandes gegen den Kommunismus. Nicolaus Steinhardt, ein Denker des modernen Rumänien, zog sich in ihm in die Einsamkeit zurück. Gäste sind im Kloster stets willkommen.
Von Târgu Lăpuș führt die schlechte Straße über den Pasul Rotunda (1040 m) nach Norden bis nach Cavnic, einem altem Bergbauort, in dem heute der Tourismus gefördert wird.

Von Baia Mare nach Sighetu Marmației

Die DN18 führt von Baia Mare über den Gutâi-Pass nach Sighetu Marmației. Auf der Passhöhe erwartet den Besucher ein einladendes Gasthaus inmitten einer künstlich angelegten Wasserlandschaft. Die Strecke folgt nun dem Marabach und erreicht **Desești**. Eine malerische liebliche Landschaft breitet sich hier aus. Unterhalb der Kirche, die gut ausgeschildert ist, befindet sich ein großer Parkplatz. Eine ältere Holzkirche wurde Opfer des Tatareneinfalls 1717. Die neue – wie in Poienile de Izei der Gottesfürchtigen Paraschiva geweihte – **Kirche** entstand der Legende nach an jener Stelle, wo der geweihte Altar der heiligen Paraschiva nicht mehr umfiel. Im typisch rumänischen Schema mit Pronaos, Naos und Altarraum wurde sie 1770 erbaut. Die Kirche besitzt außerordentlich anschauliche und gut erhaltene Innenmalereien, die am Deckenbalken auf das Jahr 1780 datiert werden. Sie gehen auf den Maler Radu Munteanu aus dem Laposcher Land und seinen Gehilfen Gheorghe aus Desești zurück. Im Jüngsten Gericht erkennt man die Sünder wiederum an ihren Kleidern: Die Türken und Tataren tragen Pluderhosen und Tuniken, die Deutschen lange, schwarze Röcke und kleine Hüte, die Franzosen enganliegende Hosen und hohe Hüte. Die Kirche ist in einen Friedhof eingebettet, auf dem sich Kreuze finden, die jenen der Keltenkreuze sehr ähnlich sind. Der Priester Ioan Sigartău, Tel. 0262/372614, öffnet gerne die Kirchenpforte.

Die Malereien in der Kirche von Desești sind einen Besuch wert

▲ Karte S. 102

Der weitere Weg bis nach Sighetu führt an der Mara entlang. Am Wegesrand stehen alte Frauen und bieten ihre Pilze, Früchte und Kräuter feil. Nächste Ortschaft ist **Hărnești** mit zwei sehenswerten **Kirchen**; eine ist den Erzengeln, die andere der Paraschiva geweiht. In **Giulești** einige Kilometer weiter wurde Ilie Lázar (1895–1976) geboren, Politiker und Führer der nationalen Bauernpartei. Sein Haus wurde zur **Gedenkstätte**. In Vadu Izei mündet die Mara in die Iza, hier endet ihr Tal. Einige nette Pensionen laden zum Übernachten ein.

Sighetu Marmației

Sighetu Marmației (ungar. Máramaros-Sziget; ›sziget‹ bedeutet ›Insel‹), die alte Hauptstadt der historischen Maramureş, ist die nördlichste Stadt Rumäniens. Sie liegt am Zusammenfluss von Theiß und Iza, direkt an der Grenze zur Ukraine. In Urkunden wird sie im Jahr 1326 erstmals erwähnt.

»Irgendwo im fernen Siebenbürgen, im Schatten der Karpaten, nahe der launenhaftesten Grenze des östlichen Europas, war einmal eine kleine staubige Stadt: Sighet. Eine Stadt wie viele andere, und doch unterscheidet sie sich von anderen Städten. Friedlich und ergeben scheint sie zur ihrem eigenen Vergessen versteinert zu sein. Sie hat ihre Vergangenheit verleugnet, doch ist sie ihrem Griff ausgesetzt. Verdammt, außerhalb der Zeiten zu leben, atmet sie nur noch im Gedächtnis derer, die sie verlassen haben. Diese Stadt war meine Stadt. Sie hat sich dennoch nicht verändert. Ich habe die niedrigen grauen Häuser wiedergefunden. Noch immer liegen die Kirche und die Metzgerei einander gegenüber. An der Ecke des engen Marktes scheint die verlassene Synagoge auf

In der Gedenkstätte für die Opfer des Kommunismus

jemanden zu warten.« So schrieb der hier geborene Élie Wiesel, dem in der Casa Memorială Élie Wiesel gedacht wird. Der Dichter wurde 1928 in Sighetu geboren, 1944 ins Konzentrationslager deportiert und lebte nach seiner Befreiung zunächst in Paris und heute in Amerika. In seinem Werk ›Gesang der Toten‹ beschreibt er die Gefühle seines Besuches in seiner Heimatstadt. Im Sommer 2002 weihte er in seinem Geburtshaus das **Museum jüdischer Kultur** ein. Weitere jüdische Denkmäler sind der jüdische Friedhof mit kleiner Synagoge, die renovierte Synagoge im Zentrum und das Holocaust-Mahnmal unweit vom Friedhof.

Eine einzigartige museale **Gedenk- und Forschungsstätte** zur Aufarbeitung der kommunistischen Vergangenheit wurde in einer ehemaligen Haftanstalt für politische Gefangene eingerichtet (Memorialul Sighet). Der Besuch ist sehr zu empfehlen.

Das Zentrum von Sighetu ist inzwischen wieder bunter geworden, die historische Substanz wurde teilweise saniert. Mitten im Zentrum stehen vier **Kirchen**: die protestantische aus dem 16. Jahrhundert, die 300 Jahre später neugotisch restauriert wurde, die rumänisch-orthodoxe, die römisch-katholische und die erst kürzlich renovierte ruthenische Kirche. Auf dem Markt gibt das lebendige Treiben einen Eindruck von den Produkten der Region, während der rege Fußgängerbetrieb zwischen der Ukraine und Rumänien den Kleinhandel der Einheimischen erahnen lässt.

Einige nette Hotels und Pensionen machen das 41 000 Einwohner große Städtchen zum idealen Ausgangspunkt für eine Maramureș-Fahrt. Die zahlreichen Dörfer mit ihren Bauernhäusern aus Holz, die Zäune und die immer wieder auftauchenden Holzkreuze lassen die Fahrt dorthin zu einem Erlebnis werden. Diese Holzkreuze, die sogenannten ›Troițe‹, wurden als Votivgabe, Grabkreuze oder als Erinnerungsmal an den Straßen aufgestellt. Der Künstler Vasile Pătru Chindriș ist berühmt für seine besonders schönen Kreuze geworden. Auch die Holztore sind mit viel Liebe zum Detail gestaltet. Häufig sind sie auf vier Säulen gestützt, die mit hunderten von geschnitzten Motiven verziert sind, wobei die Sonne und das Seil am häufigsten vorkommen. Das Seil gilt als Lebensfaden. Die Tore bedeuten den Bewohnern eine Schwelle zu einer neuen Welt. Durch sie treten Neuvermählte und neugeborene Kinder, und nach dem Tod wird der Mensch dadurch hinausgetragen. Um sich einen Überblick über die Holzverarbeitung zu verschaffen, empfiehlt sich der Besuch des **Museums des Maramureşgebietes** am Stadtrand. Es entstand bereits im 19. Jahrhundert, und dank vieler Aktivitäten konnte ihm das 1981 eröffnete ethnographische Freilichtmuseum angeschlossen werden. Für Interessierte der Bauernkultur bietet es einen schönen Überblick.

Săpânța

Nur zwölf Kilometer westlich von Sighetu-Marmație liegt der kleine Ort Săpânța, der durch den ›Fröhlichen Friedhof‹, wie ihn ein französischer Reisender erstmals genannt hatte, mittlerweile auch im Westen sehr berühmt geworden ist. Egal von welcher Seite man in den Ort einfährt, die Beschilderung führt direkt zum **Cimitilul Vesel**, für den Eintritt zu zahlen ist. In farbenfroher Pracht, bei der das Blau dominiert, ist hier Kreuz an Kreuz gereiht, auf denen die Verstorbenen bei ihrer Tätigkeit zu Lebzeiten dargestellt sind. Das ganze Dorfleben breitet sich aus. Die Darstellungen werden begleitet von Texten mit humoristischen Sprüchen oder spöttischen Hinweisen auf kleine Fehler und Schwächen der Verstorbenen. Seit 1935 hatte der Handwerker und Holzschnitzer Ioan Stan Pătraş diese Grabdenkmäler geschaffen und auch für sich – er ist 1977 verstorben – mit einem Kreuz gesorgt. Sein Wohnhaus wurde zur **Gedenkstätte**. Die Tradition der Grabdenkmäler setzt heute der Künstler Dumitru Pop fort. Seine Werkstatt kann besichtigt werden.

Auf dem Friedhof steht eine schöne **Kirche** im Renaissancestil mit Glockenturm. Man sollte es sich nicht entgehen lassen, dem klangvollen Glockenspiel des Glöckners einmal beizuwohnen. Unweit vom fröhlichen Friedhof ist eine historische Waschmaschine zu besichtigen, im nahegelegenen Wald entsteht ein neues **Kloster** mit einer hölzernen Kirche.

Weit weniger beachtet wird der **jüdische Friedhof**, dessen eingewachsene Gräber sich entlang der Ausfahrt in Richtung Sighetu verbergen und Zeugnis davon geben, welch großen Anteil am Leben in der Maramureş einst die jüdische Bevölkerung hatte.

In Săpânța lässt sich nicht nur die Geschichte zurückverfolgen, sondern auch ländliches Idyll erleben. Allerorten sitzen die Alten, die Frauen wie die Männer beinander, um sich auszutauschen und manche Handwerkskunst wird weiterhin gepfllegt. So übt Maria nach wie vor das Spinnen und Weben aus und fertigt Hirtentaschen, Decken und Teppiche.

In der Umgebung von Săpânța

Viele Ortschaften in der Maramureș sind bunt bevölkert. Dies wird an den Ortstafeln sichtbar. Hinter Săpânța liegt das Dorf **Remeți**, das gemäß zweisprachiger Ortstafel vorwiegend von Rumänen und Ukrainern bewohnt wird. **Tecea** ist dreisprachig beschildert: ungarisch, ukrainisch und rumänisch. Letztes Dorf

▲ Karte S. 102

Liebevoll wird der Toten auf dem ›Fröhlichen Friedhof‹ gedacht

DUPĂ CE M AM MĂRITAT
MĂRIE LUI TITO HOSTRIGAT
SARA ŞI DIMINEAŢA
AM CITIT MULT BIBLIA
LUI DUMNEZEU M AM RUGAT
ŞI DOI COPII EL MIO DAT
AŞ FI VRUT SĂ MAI TRĂIESC
ŞI SĂ ÎI CĂSĂTORESC
DA MOARTEA CU URÎT NUME
TÎNĂRĂ MAI LUAT DIN LUME
SĂ LAS FECIOR NEINSURA
ŞI FATĂ DE MĂRITAT
DAR EU ASTEA LE LĂSAI
LA 47 DE AI Mr 2003

im Județul Maramureș ist **Piatra** (Köveslasz/Kamenicja) mit einer einladenen Cabana am Ortsausgang.

Durch einen dichten Buchenwald - ein Baum, für den die Maramureș noch immer so berühmt ist - erreicht man den Huta-Pass 587. Hier beginnt das Județul Satu Mare. Am Pass befindet sich die Cabana ›Sambra Oilor‹, und Holzhütten werden zum Übernachten angeboten.

Sighetu Marmației

Vorwahl: 0262.

Touristeninformation, Piața Liebertății 21, Tel. 0262/312552, www.mtmm.ro.

Pension Restaurant Perla Sigheteană, Strada Avram Iancu 65a, Tel. 310613, Fax 062/310268,imberti@mail.alphanet.ro унд perlasigehteana@yahoo.com. 3 Sterne, DZ 140 Lei, EZ 120 Lei mit Frühstück. Die liebevoll gepflegte Pension besteht seit dem Umsturz in Rumänien und erfreut sich immer noch großer Beliebtheit.

Hotel Marmația, Str. Mihai Eminescu 97, Tel. 0372/721210, Fax 0262/312241, contact@hotelmaramtia.ro, www.hotelmarmatia.ro. DZ 240 Lei mit Frühstück, Parkplatz, Internet, größeres geschmackvolles, im Grünen gelegenes Haus mit großem Restaurant und Garten.

Hotel und Restaurant Casa Iurca de Călinești, Str. Drago Vodă 14, Tel. 318882, office@casaiurca.ro. Liebevoll geführtes familiäres Haus mit urgemütlichem Restaurant und romantischem Garten, am Wochende Volksmusik. Um die Ecke zum Elie-Wiesel-Haus.

Pensiunea Livada Ilieş, Săpânța 1146A, Tel. 0740/331102, 074/5655426. Neu, abseits der Straße und erhöht, ruhig, schöne Sicht, 100 Lei mit Frühstück.

Camping Poieni, Săpânța. Hier werden auch kleine Holzhütten vermietet.

Museum jüdischer Kultur im Elie-Wiesel-Haus, tgl. 10–18 Uhr, gute englischsprachige Führung. Das Museum untersteht der Holocaust Stiftung. Ausgestellt sind Einrichtungsgegenstände jüdischer Familien der Maramureș, und Dokumente zur jüdischen Geschichte der Region.

Gedenkstätte für die Opfer des Kommunismus und des Widerstandes (Memorialul Victimelor Comunismului Și al Rezistenței), Str. Corneliu Coposu 4, www.memorialsighet.ro, April bis Oktober Mo–So 9.30–18.30, Oktober bis April Di–So 10–16 Uhr, Mo geschlossen. Letzter Einlass 30 Minuten vor Schließung. Das Museum wurde von Ana Blandian und Romulus Rusa begründet und zeigt in den Zellen des ehemaligen Gefängnisses eine herausragende Dokumention zur Entwicklung der kommunistischen Partei Rumäniens, ihrer Ziele und der Folgen für die Gesellschaft am Beispiel ihrer unzähligen Opfer. Die Dokumentation ist rumänisch und englisch beschriftet. Das Museum sollte auf jeder Agenda einer Reise durch die Maramureș stehen.

Jüdischer Friedhof tgl. außer Sa 10–15 Uhr.

Ethnographisches Museum (Muzeul Etnografic al Maramureşului), Piața Libertății Nr. 15, tgl. außer Mo 10–18 Uhr, www.muzeulmaramuresului.ro.

Muzeul Satului Maramureșean: Das Dorf- bzw. Freilichtmuseum ist dem Ethnographischen Museum angeschlossen und befindet sich am Ortsende Richtung Rona de Jos. Es ist wie ein kleines Dorf am Hang angelegt und besteht aus verschiedenen Nutz- und Wohnbauten von Slaven, Juden, Magyaren, Rumänen und Roma. In ihnen werden Gerätschaften, aber auch Textilien und Ikonen ausgestellt.

Karte S. 102

Entlang des Izatals

Im Izatal scheint die Zeit vielerorts stehen geblieben zu sein. Ganz besonders entlang dieses Tales gewinnt man den Eindruck, dass die Bewohner ihre Traditionen und ihr Brauchtum, ihre Bau- und Lebensweise bewahren. Unzählige kleine Dörfer mit kostbaren Holzkirchen trifft man hier an, und überall gibt es Übernachtungsmöglichkeiten in familiären kleinen Pensionen.

Bârşana

Die D J 186 führt durch das Tal. Über Oncești und Nănești erreicht man Bârşana, einen größeren bemerkenswerten Ort. Sein Name steht für die Tradition der Schafbesitzer mit Schafen von der Rasse bârșana. Schon unter König Carl Robert I. von Anjou soll der hiesige Knese Stanislaus anerkannt und bestätigt worden sein. Und schon seit dem 14. Jahrhundert soll sich hier ein größerer Klosterkomplex befunden haben, dessen Mönche im Laufe der Zeit eine Lehranstalt unterhielten. Unter den Habsburgern wurde das Kloster mit seinen Ländereien konfisziert und ging an die griechisch-katholische Niederlassung von Cernoc. Danach verliert sich die Geschichte etwas im Dunkeln. Seit 1993

Das schmucke neue Kloster

ist das neue **Kloster**, das aus mehreren Kirchen und Wohngebäuden besteht, wieder aufgebaut und geweiht. Es hat sich seitdem zu einem bedeutenden Besuchermagnet mit Picknickplätzen und nettem rustikalen Restaurant entwickelt. Ein großer Parkplatz ist auf Busse eingestellt, ein Gästehaus bietet Pilgern, Gruppen sowie Kindern Unterkunft, und viele Buden locken den Besucher unübersehbar hierher. Neuerdings wird das Ensemble durch ein **Museum** ergänzt. Gegenwärtig leben hier elf Nonnen und drei Schwestern (www.manastireabarsana.ro).

Die versteckt liegende alte **Holzkirche** wird oft übersehen. Sie liegt abseits der Hauptstraße, an der man am besten das Auto abstellt. Das malerische Kirchlein von 1720 ist über einen Pfad hinter den Dorfhäusern zu erreichen. Sie ist dem Tempelgang Marias geweiht und wurde erst 1806 an ihren jetzigen Standort versetzt, den Dealul (Hügel) Jbârului. Der Legende nach soll sich hier ein Pestfriedhof befunden haben, dessen eilig verscharrte Tote durch die hierher versetzte Kirche ihre ewige Ruhe finden sollten. Die Kirche weist im Außenbau ein zweistufiges Dach auf, ihre Innenmalereien unterscheiden sich von jenen der anderen Holzkirchen der Maramureş durch die betonte barocke Ausprägung. Besichtigung: Priester Urda, Tel. 0262/331006.

Zwischen Bârşana und Șieu

Von Bârșana führt eine Straße zum westlich gelegenen Călinești, wo man ins Tal des Cosău-Baches einbiegt. In **Sârbi** findet man viele Höfe mit geschnitzten Holztoren, Hutmacher, die die traditionellen Männerhüte fertigen, und eine Wassermühle, die bis heute von den Einheimischen als Getreidemühle genutzt wird.

Der Westen

Budești-Josani ist berühmt für seine hölzerne **Nikolauskirche**. Sie wurde 1643 anstelle eines Vorgängers errichtet und hebt sich durch ihre vier Türmchen am Fuß des Turmhelms von anderen Kirchen der Region ab. Naos und Pronaos wurden 1762 von Alexandru Ponehalski ausgemalt, der barocke Altarraum geht auf Ianoş Opriş zurück. In der Kirche werden kostbare Ikonen auf Glas und Holy aufbewahrt. Das älteste Exemplar zeigt Johannes den Täufer und geht ins 15. Jahrhundert zurück. Die Kirche ist 1999 von der UNESCO zum Welterbe erklärt worden. Die zweite Kirche in Budești-Susani entstand 1760. Im Inneren führen die Szenen des Neuen Testaments in eine phantasievolle Welt.

In den benachbarten Dörfern Breb und Hoteni trifft man auf bemerkenswerte traditionelle Architektur und viele Holztore. In Hoteni findet im Mai das bunte Volksfest Tânjaua de pe Mara statt, zu Ehren des ersten Bauern, der im Frühjahr aufs Feld fährt.

Zurück auf der Dj 186 führt der Weg durch die Dörfer **Strâmtura** mit einer versteckt inmitten eines verwunschenen Friedhofs liegenden, den Erzengeln geweihten **Holzkirche**. Obgleich sie mit Friedhof direkt an der Haupstraße liegt, ist sie leicht zu übersehen, vor allem weil ein steinerner Kirchenbau alle Aufmerksamkeit auf sich lenkt.

An der Straße nach Bogdan Vodă

▲ Karte S. 102

In **Rozavlea** hingegen ist die alte **Holzkirche**, die zum Schutz vor den Tataren hierher versetzt wurde, fast nicht zu übersehen. Im Jahr 1717 wurde sie von Künstlern aus Dragomirești ausgemalt. Auf dem sie umgebenden Friedhof befindet sich das Grab des Chirurgen Griessmüller.

Bogdan Vodă war ehemals der Sitz des Fürsten Bogdan V., dem Begründer des moldauischen Fürstentums. Sein **Denkmal** erinnert daran. Direkt an der Hauptstraße steht eine schöne **Holzkirche** von 1722. Von hier lohnt sich ein Abstecher ins Seitental, um weitere kleine Dörfer mit sehenswerten Kirchen und traditionellem Handwerk kennenzulernen.

Poienile Izei

Über das Dorf Șieu mit seiner griechisch-katholischen Holzkirche von 1760, deren vollständig ausgemalte Innenwände leider verrußt sind, erreicht man Poienile Izei, dessen **Holzkirche** – ebenfalls auf der UNESCO-Welterbeliste – als eine der besterhaltenen und durch ihre reiche Innenausstattung schönsten Holzkirchen der Maramureș gilt. Ihr benachbart steht die neuere und größere Steinkirche, an der man sich von Weitem orientieren kann. Die alte Holzkirche ist der in Rumänien sehr verehrten ›Gottesfürchtigen Paraschiva‹ geweiht. Ihr Baustil weist beide zeitlichen Etappen auf. Im Jahr 1604 entstand der untere Teil. Während der Renovierung im Jahr 1785 wurden auch die Wände erhöht und der Ansatz mit einem schindelgedeckten Traufgesims markiert. Im Inneren entstand die bis heute sorgsam gehütete Innenausstattung, für die laut Inschrift

Die Kirche in Poienile Izei

das ganze Dorf aufkam. Die Wandmalereien führen in das Alte und Neue Testament, die Beschriftung der Bildwerke ist vielfach kyrillisch. An den Wänden der Vorhalle werden im Jüngsten Gericht Betrüger, Lügner und Habgierige verdammt. Der Lügner wird an seiner Zunge aufgehängt, die Hexe von den besprochenen Kühen aufgespießt, ein räuberischer Bauer von zwei Teufeln gepflügt. Feinde des Landes – häufig Türken, Araber, Tataren und Zigeuner – sind hier sehr anschaulich gemalt. Besonders hervorzuheben ist die selten umgesetzte Szene vom Tod des von Gott verfluchten Kains, der von einem seiner Nachkommen, dem Lamech, unwissentlich mit dem Pfeil getroffen wird. Die Malereien gehen nachweislich auf Radu Munteanu im Jahr 1794 zurück. Neben den Wandmalereien besitzt die Kirche einen bemerkenswerten Schatz an Ikonen. Für die Besichtigung der Kirche ist Priester Ioan Pop zu kontaktieren, Tel. 0262/334321.

Von Poienile Izei führt eine sehr schlechte Straße nach **Glod** mit einer weiteren, sehr schönen **Holzkirche**. Auf besserem Weg erreicht man den Ort aber über Podul Slătorii, was einen Umweg von wenigen Kilometern bedeutet.

■ Ieud

Das Dorf Ieud befindet sich am nördlichen Abhang des Țibleș-Gebirges, wurde im Jahr 1364 erstmals erwähnt und besitzt ein kleines **volkskundliches Museum**, das sogenannte Hanfmuseum, welches der Initiative der Familie Pleș zu verdanken ist. Hier kann man schöne Souvenirs kaufen, darunter auch handgewebte Stoffe. Berühmt aber ist der Ort für seine beiden Holzkirchen. Im Tal steht die unierte, griechisch-katholisch Biserica din Șes von 1718, auf der Anhöhe ihr Pendant, die rumänisch-orthodoxe Holzkirche ›Biserica din Deal‹; auch sie ist als Weltkulturerbe ausgewiesen. Die letztgenannte, die Bergkirche Maria Geburt, ist der Geburt Mariens geweiht, deren Fest am 8. September feierlich begangen wird. Obgleich die Datierung ins 14. Jahrhundert nicht gesichert ist, gilt der Bau aus Tannenholz als einer der ältesten Holzbauten Rumäniens. Die Kirche wurde allerdings im 18. Jahrhundert erneuert. Die Wandmalereien des Künstlers Alexandru Ponehalski zeigen dem Kanon gemäß Szenen aus dem Alten und Neuen Testament. So wird in der Vorhalle in der umfangreichen Darstellung des Jüngsten Gerichtes der Streit um die Seelen ausführlich wiedergegeben. Im Text eines Teufels, der eine Gruppe von Frauen für sich beansprucht, heißt es: »Diese Menschen haben in der Kirche gestritten, deswegen lasse ich sie nicht dir«, worauf der Engel antwortet: »Fahr nach unten, Teufel, für diese Sünden taten sie große Buße und der Herr hat ihnen verziehen«. Viele Details wie die Kleidung der Gestalten erinnern an die Trachten der

Die griechisch-katholische Kirche in Ieud

Umgebung. Jede kleinste Fläche wurde ausgenutzt, vielfach stehen Darstellungen nebeneinander, die keinerlei Verbindung untereinander haben. Der belehrende Wert einer Bilderbibel wird hier durch Erklärungen mit sinnbildlichem Charakter unter den Bildlegenden verstärkt. In mühevoller Kleinarbeit werden die Malereien seit einigen Jahren restauriert. Und da man nur in Sommermonaten daran arbeiten kann, wird es auch noch einige Zeit dauern, bis die Arbeit abgeschlossen sein wird. Das Restauratorenteam, das derzeit aus einigen jungen Frauen besteht, die ihre Ausbildung in Bukarest absolvierten, gewährt dennoch sehr freundlich Einlass. Die Ikone der Schutzheiligen ›Maria Geburt‹ von 1782 zeigt ebenfalls bemerkenswerte, der Umgebung entnommene Anregungen, beispielsweise die vielen sich wie auf einem Teppich ausbreitenden Feldblumen. Auf dem Dachboden der Kirche wurde eine Urkunde von 1391 entdeckt, der sogenannte ›Kodex von Ieud‹, der als erstes Schriftstück in rumänischer Sprache gilt.

▶ Karte S. 102

Botiza

Botiza ist berühmt für seine Weberinnen, die tradtionelle Wolldecken herstellen. In der Dorfmitte sind einige traditionelle Häuser konserviert, in einem von ihnen ist ein kleines **Museum** eingerichtet. Der Weg führt von hier zum Friedhof mit einer steinernen und einer hölzernen **Kirche**. Letztere entstand 1699 in Vișeu de Sus und wurde im 19. Jahrhundert hierher versetzt. Wer sich umblickt, sieht gegenüber in der Ferne eine weitere Holzkirche.

Dragomirești und Săcel

Zurück im Izatal, erreicht man die Ortschaft Dragomireşti mit einem kleinen **Dorfmuseum**, das Trachten, Töpferwaren und Holzschnitzereien aufbewahrt. Weiterhin sind eine **Holzkirche** und ein neueres **Kloster** zu besichtigen.
Săcel ist der letzte Ort im Izatal und berühmt für seine Töpferwaren. Die rotgebrannten, steinpolierten irdenen Waren werden in Form und Technik der archaischen Dakerkeramik nachempfunden. Nur noch wenige Töpfer sind verblieben. Einer von ihnen ist Tanase, dessen **Werkstatt** ausgeschildert und zu

Handarbeit in der Töpferei

besichtigen ist. In vielen Generationen führt seine Familie diese Handwerk bereits aus. Im Norden des Dorfes liegen die unterirdischen Tongruben, die Ton in rot, blau, gelb und schwarz liefern. Der Ton wird mit Wasser gemischt und an der Scheibe geformt. Anschließend erfolgt die Bemalung mit Schwarz, danach die Trockung und dann die Politur mit einer Art Kiesel. Anschließend wird zwischen 24 und 42 Stunden in offenem Feuer gebrannt. Gefertigt werden Teller, Becher und Krüge, um das Kraut einzulegen, aber auch gerne Vasen und Blumentöpfe.

Izatal

Pensiunea Casa Dăncuş, Ieud Nr. 539, Tel. 0262/336126, 0765/249899, 0744/920013, ieud@casadancus.ro, www.casadancus.ro. DZ 50 Euro mit Halbpension, DZ mit Frühstück 40 Euro. Maria Dăncuș war lange in Italien und bietet seinen Gästen eine gelungene Mischung aus italienischer und rumänischer Küche.

Pensiunea Rustic, Onceşti 168, Tel. 0762/293250 und 0745/50344431, rustic_oncesti@yahoo.com. Liebevoll eingerichtetes traditionelles Haus direkt an der Hauptstraße mit rückwärtigen Zimmern und guter Küche.

Von Sighetu Marmației durchs Vișeul-Tal nach Moisei

Eine zweite schöne Tagesroute von Sighetu Marmației aus – neben der Fahrt durch das Izatal – ist die Fahrt über Tisa, Crăciunești, Rona de Jos und Rona de Sus über die DN 18 ins Tal der Wischau (Vișeu). Fast in jedem Dorf steht eine schöne Holzkirche, manche ist geschlossen, manche wird geöffnet, aber sie sind harmonisch in die Landschaft eingebettet. Die Ortstafeln wechseln in ihren Beschriftungen, je nachdem ob die Ortschaft mehrheitlich ukrainisch-rumänisch wie Crăciunești oder ungarisch-ukrainisch besiedelt ist. Manche Orte werden auch dreisprachig ausgeschrieben wie beispielsweise Koștui. In Rona de Jos leben viele Roma.

Die Strecke führt durch waldreiches Gebiet und nähert sich allmählich dem Naturpark Maramureșului. In allen Dörfern nisten zahlreiche Störche, und in **Rona de Sus** kann man ein ukrainisches **Nonnenkloster** erwandern, das erst vor kurzem wieder aufgebaut und belebt wurde. Im mehrheitlich ungarischen bewohnten **Koștuj** hat das ehemalige **Castel Apafi** die Zeiten überdauert. In ihm wurde eine Schule eingerichtet. Kurz vor Petrova führt ein Abzweig zu einem neuen **Kloster**, und dahinter tritt man ins Valea Vișului (Wischautal) ein. Über Leordina mit Übernachtungsmöglichkeiten erreicht man Vișeu de Sus.

Vișeu de Sus

Das Städtchen Vișeu de Sus ist bekannt für die hier lebenden Zipser und die seit dem Jahr 2004 wieder belebte Waldbahn, die **Wassertalbahn**. Vișeu de Sus liegt im Osten der Maramureș, in der Maramureș-Senke, und ist im Nordosten vom gleichnamigen Gebirge umgeben. Das Maramureș-Gebirge erstreckt sich auf 100 Kilometern und grenzt an die Ukraine. Im Städtchen treffen zwei Bäche zusammen, die Wischau (Vișeu) und die Wasser (Vaser), weswegen die Siedlung auch ›zwischen Flüssen‹ – ›între Râuri‹ – genannt wurde. Im Zentrum, direkt an der Hauptstraße, stehen einige Kirchen, und es bestehen gute Übernachtungsmöglichkeiten.

Überquert man die Vaser, erreicht man im Dorf die sogenannte **Zipserei,** das Stadtviertel, in dem sich seit dem 18. Jahrhundert die deutschsprechenden Zipser niederließen. Die Habsburger hatten sie aus der Slowakei angeworben, um die vermeintlichen Salz- und Goldfunde mit ihrer Hilfe hier zu fördern. Doch die Erwartungen in die Fundstätten wurden enttäuscht, und die Zipser fanden ihre Lebensgrundlage in der Holzverarbeitung und anderen Gewerben. Die letzten Kolonisten kamen noch Anfang des 19. Jahrhunderts. Damals lebten in der gesamten historischen Maramureș etwa 60 000 Zipser. Viele von ihnen wurden 1945 nach Orenburg im Ural in Lager verbracht und kehrten erst 1949 wieder heim. Wie andernorts in Rumänien sind inzwischen viele ausgewandert, kommen aber gerne regelmäßig zu festlichen Anlässen in ihre Heimat zurück. Zwei sprachlich unterschiedliche Zweige der Zipser können unterschieden werden: Eine Bewegung kam aus Oberösterreich, Gmunden und Ischl, eine andere aus der Slowakei, der dortigen Zips. In Vișeu de Sus hat sich jener Sprachzweig des Salzkammergutes durchgesetzt und wurde im Laufe der Zeit mit Rumänisch, Ungarisch, Ukrainisch und Slowakisch vermischt.

Steinkirche und Holzkirche in Borșa

Die Zipserei in Vișeu de Sus wurde durch den österreichischen Architekten Ernst Plaud geplant und ist durch eine Hauptstraße geprägt, die Strada 9. Mai. Von ihr führen rechtwinkelig kleinere Straßen ab. Besonders auffällig ist, dass alle Häuser in einer Front zur Straße stehen.

Vor dem Zweiten Weltkrieg bestand in Vișeu auch eine große jüdische Gemeinde, deren Viertel hinter dem heutigen Sägewerk lag. Von der Station der Wassertalbahn wird man in der Ferne des **jüdischen Friedhofs** gewahr. Daneben waren auch armenische Kaufleute hier sesshaft. Heute ist das Städtchen Partnerstadt der Schweizer Stadt Zug, die hier zwei Waisenhäuser unterhält und das Spital unterstützt.

Das Vinului-Tal

Von Vișeu de Sus bietet sich ein Ausflug ins Valea Vinului (Weintal) an. Mit dem Auto erreicht man das Tal über Vișeu de Mijloc (Mittelwischau). Zu Fuß startet man am besten hinter der sogenannten Zipserei über die Hügel hinauf. Manchmal finden sich auch Einheimische, insbesondere Frauen, die von ihren Besorgungen in der Stadt in ihre Weiler zurückkehren und Wanderern gerne den Weg weisen. Durch das Valea Vinului führt eine nichtasphaltierte Straße, häufig verkehren Fuhrwerke. Während der Zeit des Kommunismus gab es einen regen einheimischen Tourismus. Die leeren, etwas heruntergekommenen Unterkünfte sind ein Indiz dafür. Im hinteren Teil des Tales trifft man auf einige Quellen, die salziges, aber auch magnesiumreiches Wasser bieten, dessen Geruch an faule Eier erinnert. Die Einheimischen verdünnen es gerne mit Essig, weil sie der Meinung sind, dass es den Geschmack verbessert.

Das Valea Vinului ist Ausgangspunkt für eine dreistündige Wanderung zum soge-

Im lieblichen Vinului-Tal

nannten Kinderberg, zum Weiler Opčina. Im Ruthenendorf hat man besonders viele Kinder und lebt sehr archaisch als Selbstversorger. Viele leben nur im Sommer auf dem Berg, manche aber auch ganzjährig. Der Zauber von Landschaft und Dorfwelt bleibt Besuchern unvergessen.

Moisei

Das letzte Stück durch die Maramureș führt nach Moisei, einem sehr langgezogenen Dorf am Fuß des Rodna-Gebirges. Wie vielerorts in der Maramureș fallen auch hier die vielen mit Emailtöpfchen bunt geschmückten Bäumchen auf. Sie weisen darauf hin, dass im Haus ein Mädchen oder eine junge Frau in heiratsfähigem Alter ist.

Die DN17C zweigt von hier nach Süden ab und führt über den Setref-Pass (817 m) direkt nach Siebenbürgen. Nur wenige Kilometer in dieser Richtung liegt das gleichnamige **Kloster Moisei**, das neben einem steinernen Neubau auch eine alte Holzkirche aufzuweisen hat.

An der Hauptstraße in Richtung Borșa liegt eine museale **Gedenkstätte** zur Erinnerung an den Widerstand gegen die Horthy-Truppen, der in einem Blutbad endete. Im Oktober 1944 richteten die Besatzer 29 rumänische Bauern hin und brannten die Siedlung nieder. Das Museum ist täglich außer Montag von 10 bis 18 Uhr geöffnet. Schräg gegenüber auf einer Anhöhe erinnert das Denkmal des Bildhauers Vida Geza an das Geschehnis.

In der Gedenkstätte

Die Waldbahn im Valea Vaser

Unterwegs in der Wassertalbahn

So manches Eisenbahnerherz schlägt in Vişeu de Sus höher, weil hier nach wie vor eine der für Rumänien einst so typischen ›Waldbahnen‹ regelmäßig fährt, wenngleich heute auch als Touristenattraktion. Als Schmalspurstrecken entstanden diese Bahnen weit vor der Wende zum 20. Jahrhundert, um das aufwendige Flößen von Holz zu ersetzen. Die Strecken waren so konzipiert, dass die beladenen Züge bergab immer rollen konnten. Wurden für die Bergfahrt zu Beginn noch Zugtiere eingesetzt, konnten sie bald durch Dampfloks ersetzt werden.

Die einzige Waldbahn, die erhalten geblieben ist, ist die Wassertalbahn von Vişeu de Sus. Sie hat sich zu einer touristischen Attraktion entwickelt, die Eisenbahnliebhaber aus ganz Europa anzieht. Seit 1932 dient sie dem Holztransport durch das Tal der Vaser (Wasser) nach Vişeu de Sus. Nach dem Ende des Sozialismus war ihre Zukunft ungewiss. Infolge großer Überschwemmungen im Jahr 2001 wurden die Gleise schwer beschädigt. Dank der Initiative des Schweizers Michael Schneeberger wurde der Schweizer Förderverein ›Hilfe für die Wassertalbahn‹ ins Leben gerufen und die Bahn im Jahr 2004 wieder in Betrieb genommen. Dabei ist sie keine Museumsbahn, sondern immer noch vor allem Transportmittel für Holzfäller.

Ginge es nach den örtlichen Interessen, wäre die Bahn längst stillgelegt und eine durch das ursprüngliche Tal getriebene Asphaltschneise würde Raum für den Holztransport

Letzte Vorbereitungen vor dem Start

auf Lastkraftwagen schaffen. Immer wieder müssen die Betreiber Rückschläge einstecken wie durch das schwere Hochwasser im Juli 2008. Damals sorgte vor allem das bereits zum Abtransport gelagerte Holz für schwerste Schäden an Gleisen, Brücken und Untergründen. Die Reparaturkosten liegen weit höher als die Gewinne, und so bleibt der Erhalt der Bahn auf Unterstützung angewiesen. Noch im Jahr 2010 war die Fahrt auf voller Strecke noch nicht wieder möglich. Derzeit fährt der Touristenzug 21 Kilometer in etwa zwei Stunden durch eine zauberhafte, teilweise wilde und unbesiedelte Landschaft. Während der einstündigen Pause werden Getränke und Gegrilltes angeboten; dann geht es zurück. Unterwegs steigen schon mal Einheimische zu und bieten traditionelles Gebäck an. Die eigentlichen Arbeitszüge hingegen enden erst nach 43,5 Kilometern in Coman, nahe der ukrainischen Grenze. Ein ganzes Team von Freiwilligen und Angestellten trägt so zur Touristenattraktion bei. An der Bahnstation bestehen Parkmöglichkeiten für Autos und sogar für Fahrräder. Unermüdlich treibt Schneeberger mit seinen Partnern Projekte zur Förderung und Erhaltung der Wassertalbahn voran. So lädt auf dem Gelände des Bahnhofs vor der Abfahrt das Café-Restaurant ›Der Elephant‹ zu einer Erfrischung ein. Das Gebäude, ein ehemaliges hierher versetztes jüdisches Haus, steht symbolisch für das ehemalige Judenviertel hinter dem Sägewerk an der Bahnstation. Auf den Abstellgleisen steht ein neuerworbener Zug, der zu einem Hotel und Restaurant ausgebaut wurde, davor wird ein Campingplatz angelegt. Die ersten Gäste kamen 2011.

Fahrplan: 1. Mai bis 30. Juni und 16. September bis 17.Oktober Do, Fr und Sa/So ab Vișeu de Su ab 8.30 Uhr; 1. Juli bis 12. September Mo–Son tägl. ab Vișeu de Su ab 8.30 Uhr.

Informationen: CFF Vișeu de Sus, Str. Cerbului 5, Vișeu de Sus, Tel. 0262/353381 und 0745/543875, www.cffviceu.com, mail schneeberger@wassertalbahn.ch. Es sind auch Gruppenfahrten buchbar.

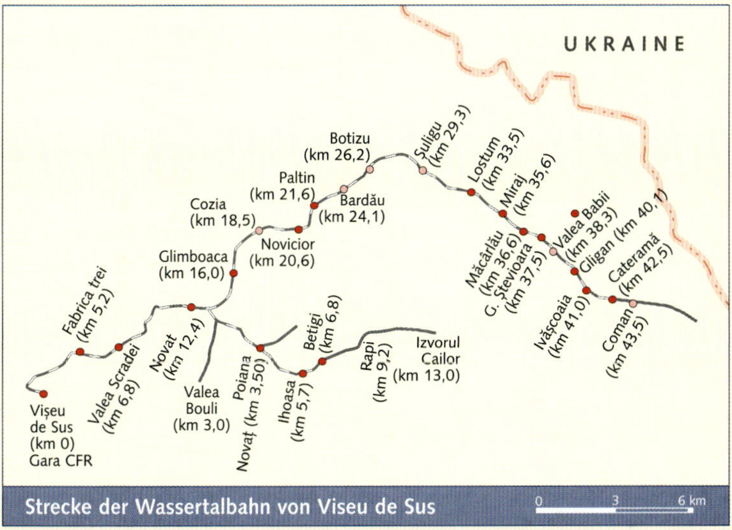

Strecke der Wassertalbahn von Viseu de Sus

Vișeul-Tal

Busverbindungen bestehen zwischen dem Tal, Sighet und Cluj Napoca. www.tinuta.ro.

Pensiunea Nagy, Str. Prislop, Vişeu de Sus, Tel. 0262/354681, 0743/278690, 0742/497041www.pensiunea-nagy.ro, rezervari@pensiunea-nagy.ro. Innerhalb von acht Jahren haben Nagy und seine Frau diese zur Institution gewordene Pension etabliert, immer weiter ausgebaut und erweitert. Ein heimeliges Holzhaus mit ursprünglichem Garten und gepflegter Küche zieht Gäste aus In- und Ausland ganzjährig an. Direkt hinter dem Haus beginnen Fußwege ins benachbarte Weintal. Zur Entspannung werden Sauna und Jakuzzi geboten. DZ 120 Lei.

Pensiunea Restaurant La Cassa, Str. Gheorghe Doja, 6, Vişeu de Sus, Tel./Fax 0262/355682, mobil 0749/997939, info@la-cassa.ro, www.la-cassa.ro. DZ 90 Lei ohne Frühstück, Frühstück 10 Lei; relativ neues, ruhiges und komfortables Haus; zentrumsnah, aber versteckt. Der Eigentümer war lange in Augsburg und hat sich in der Heimat eine neue Existenz aufgebaut.

Pension Agnes, Str. Spiru-haret 10A, Vişeu de Sus, mobil 0744/44332730, 07421/53808, skurka_utu@yahoo.com. Zimmer und Appartements.

Gästehaus Livisra, Str. Poduri 59, Vişeu de Sus, Tel. 0765/252325 und 0766/252428, Fax 0262/352711, iv_strategicinvest@yahoo.com, www.livisra.ro. Israela und Liviu haben sich mit dieser komfortablen, abseits der Stadt und inmitten der Natur gelegenen Pension einen Herzenswunsch erfüllt. Sie verwöhnen die Gäste mit vielen Ausflügen und einer originellen Küche.

Gästehaus Poarta Munților, Valae Vinului 84a, Vişeu de Sus, Valeavinului@aol.de, www.maramures.de, Tel. 0262/352849, mobil 074/9906315. Florentina und Björn Reinhardt sorgen in ihrer idyllischen Pension mit ausgezeichneter Küche für echte Erholung vom Alltagsstress. Ihr Ausflugsangebot reicht von kulturell orientieren Klosterfahrten bis hin zu Wanderungen in abgeschiedenste Dörfer und Weiler, wo die Welt stehen geblieben zu sein scheint.

Pensiunea Sanda, Ţicală Ian, Str. Moldova 1, Vişeu de Sus, Tel. 0262/352032, mobil 0743/988319. Die schlichte Pension mit wenigen Zimmern befindet sich unweit des Bahnhofs der Wassertalbahn, DZ 80 Lei.

Forest Tours, Vişeu de Sus, Tel. 0749/396494 und 0749/336470; im Winter sind Buchungen über die Schweiz möglich: Tel. 0041/792/575892 und 0041/797/118320, brigitte.grossmann@ggs.ch, www.forest-tours.ch.vu. Brigitte Großmann und Ulli Reist bieten Quad-Abenteuer, geführte Ausflüge und vermitteln Unterkünfte. Geboten werden von Mai bis September unter anderem Touren zu Käsereien, Handwerksbetrieben - grenzüberschreitend in die Ukraine und in die vielen abgelegenen Täler.

▶ Karte S. 102

Auch Borşa kann mit einer Holzkirche aufwarten

Borşa und Umgebung

Letzte Station in der Maramureş ist die Bergbausiedlung Borşa (ung. Borsa, dt. Borscha). Die langgestreckte Siedlung am Fuß des Rodnagebirges geht auf das Mittelalter zurück. In der neueren Geschichte machte sie mehrfach, zuletzt im März 2000, mit Umweltkatastrophen von sich reden. Damals war kurz nach dem Zyanidunfall in Baia Mare hier in Borşa der Damm eines Klärbeckens des Goldbergwerks gebrochen, die Theiß und weitere Flüsse durch Schwermetall verseucht worden. Heute sind viele Bergwerke stillgelegt, und die Arbeitslosigkeit des 27 000 Einwohner großen Städtchens ist sehr hoch.

Eine Straße, eher ein Forstweg, führt nach **Băile Borşa** (Borscha-Bad) in den Munţii Maramureşului mit kohlensäure-, natriumchlorid-, kalzium- und magnesiumhaltigen Mineralquellen. Hier kurten zu Ceauşescu Zeiten Privilegierte.

Außerhalb, in Richtung Prislop-Pass, liegt **Staţiunea balneoclimaterică Borşa**, der Luftkurort Borşa, der mit seinen vielen Hotels zu einer Bettenburg geworden ist. Er ist Ausgangspunkt zum Wandern und zum Skifahren im Rodnagebirge, das 1990 zum Nationalpark erklärt wurde. Das **Rodnagebirge**, ein Gebirgsmassiv von 50 Kilometer Länge, gehört zu den Ostkarpaten und ist sowohl von der Maramureş als auch von Siebenbürgen zugänglich. Sein höchster Gipfel ist der Pietrosu (2303 m), der bereits 1979

In Băile Borşa

zum Biosphärenreservat erklärt wurde. Das Gebirge ist auch Quellgebiet des Großen Someş und berühmt für seine viele Seen und Höhlen. Eine Wanderung führt zum Naturschutzgebiet Pietrosul Rodnei südlich von Borşa. Naturschönheiten wie die Cascada Cailor, Rumäniens höchster Wasserfall von 90 Meter Fallhöhe, erwarten den Naturfreund. Man folgt der blauen Markierung und benötigt etwa fünf Stunden. Weiter in Richtung Osten passiert man den Prislop-Pass, mit 1416 Metern der höchste Pass des Landes und gleichzeitig die Grenze zur Moldau. Ab hier führt die Strecke entlang der Goldenen Bistritza.

Borşa und Umgebung

Pensiunea Vaduri, Str. Vasile Alecsandri 66B, Borşa, Tel. 0747/029814, 0762/202004, 0262/344223; www.statiuneaborsa.ro/vaduri. 3 Sterne, ansprechende Pension.

Borşa Staţiunea, ca. 5 km vor der eigentlichen Touristenhochburg, direkt an der Straße.

Hotel Victoria, an der Landstraße Richtung Moldau. Sehr einladendes gepflegtes Haus, DZ 100 Lei ohne Frühstück.

Prisloppass Cabana Marilena, Die einfache gemütliche Hütte steht einsam auf dem Pass. Beim Aufwachen wird man von einem aufregenden Panorama überrascht. Die Hüttenwirtin Marialena spricht sehr gut italienisch; pro Nacht 20 Lei.

▶ Karte S. 102

Feste und Brauchtum der Maramureş

Die Volkstracht der Maramureş ist unverkennbarer Ausdruck von Lebensfreude und Optimismus. In der Farbpalette ist Weiß vorherrschend. An der Frauenbluse, aber auch am Männerhemd dominiert diese Farbe. Die Hosen, sogenannte ›gaci‹, sind den Frauenröcken ähnlich, nämlich sehr weit geschnitten. Der kurze Wintermantel ›gubă‹ ist aus Wollstoff und am Kragen und den Taschen mit schwarzem Samt verziert. Einst war dieser Mantel ein Kennzeichen adliger Familien. Die Farben Rot und Schwarz, oft in Streifen, dominieren die Frauenschürze. Die traditionellen Bundschuhe, die ›opinci‹, einst aus Schweineleder, heute aus Kautschuk gefertigt, erfreuen sich auch heute noch großer Beliebtheit. Im Winter wickelt man die Beine bis zum Knie in Lappen, die ›obiele‹, die aus weißem Wolltuch gewebt sind.

Während die Männer Lammfellmützen tragen, findet man bei den Frauen blumengeschmückte Kopftücher. Ein Bewohner der Region ist auch an seinem Hut, dem ›clop‹, zu erkennen, einer Kopfbedeckung, die mit mehrfarbigen Quasten geschmückt ist und mit einem Riemen unter dem Kinn festgebunden wird. Von den Frauen wird das mit vielfarbigen Glasperlen bestickte Halsband ›zgărdan‹ getragen. Jedes Tal und sogar jedes Dorf weist seine Eigenheiten auf.

Die Trachten können am Neujahrsfest in Sighetu Marmației bewundert werden. Zu diesem Fest, aber auch zu Weihnachten, werden die ›colinde‹-Lieder zum Lobpreis der Geburt Jesu Christi gesungen. Mit Masken verkleidet ziehen die Menschen mit Glöckchen, Peitschen und Trommeln durchs Dorf. Die Ochsen tragen Handtücher und Kringel auf den Hörnern, alles Symbole der Fruchtbarkeit und Hoffnung auf eine reiche Ernte.

Ein bedeutendes Frühlingsfest ist das Sankt Georgsfest (Sângeorz) am 23. April, zu dessen Anlass grüne Zweige an Toren und Stalleingängen aufgehängt werden. Man bespritzt Häuser und Menschen mit Wasser, was an ein Reinigungsritual erinnert. Dieses Wasserspritzen ist auch für das ›Tânjaua‹ (Die Vorderdeichsel) im Frühling üblich. Der Hauptheld des Festes ist derjenige Bauer, der als erster mit dem Ackern begonnen hat. Am ersten Sonntag des Monats Mai findet in der Gemeinde Bogdan Vodă und anderen Dörfern das ›ruptul sterpelor‹ (Hirtenfest) statt. Während des auch ›sâmbra oilor‹ genannten Festes werden in einem symbolischen Akt die Milchschafe von den Unträchtigen getrennt und damit der Beginn eines neuen Zyklus des Hirtenlebens eingeleitet. In Borşa wird Anfang Juni das Blumen- und Heilkräuterfest begangen, Feuer auf den Hügeln werden übersprungen. Der August steht im Zeichen der Kirmes auf dem Prislop-Berg.

Die Vielzahl an religiösen Festen ist nicht weniger farbenfroh und gesellig. Besondere Verehrung wird der Muttergottes zuteil, der man auch zu ihrer Geburt (September) und ihrer Einführung in den Tempel (November) gedenkt. Beliebte Heiligenfeste sind jene der Paraskieva (Oktober) und der Erzengel Michael und Gabriel (November).

Frauen in typischer Tracht der Maramureş

Angeschmiegt an den Karpatenbogen, steht Kirchenburg an Kirchenburg. Diese Wehranlagen sind Zeugen einer langen Geschichte und Sinnbild für den Wunsch, die geliebte Heimat gegen Fremde zu verteidigen.

Siebenbürgen

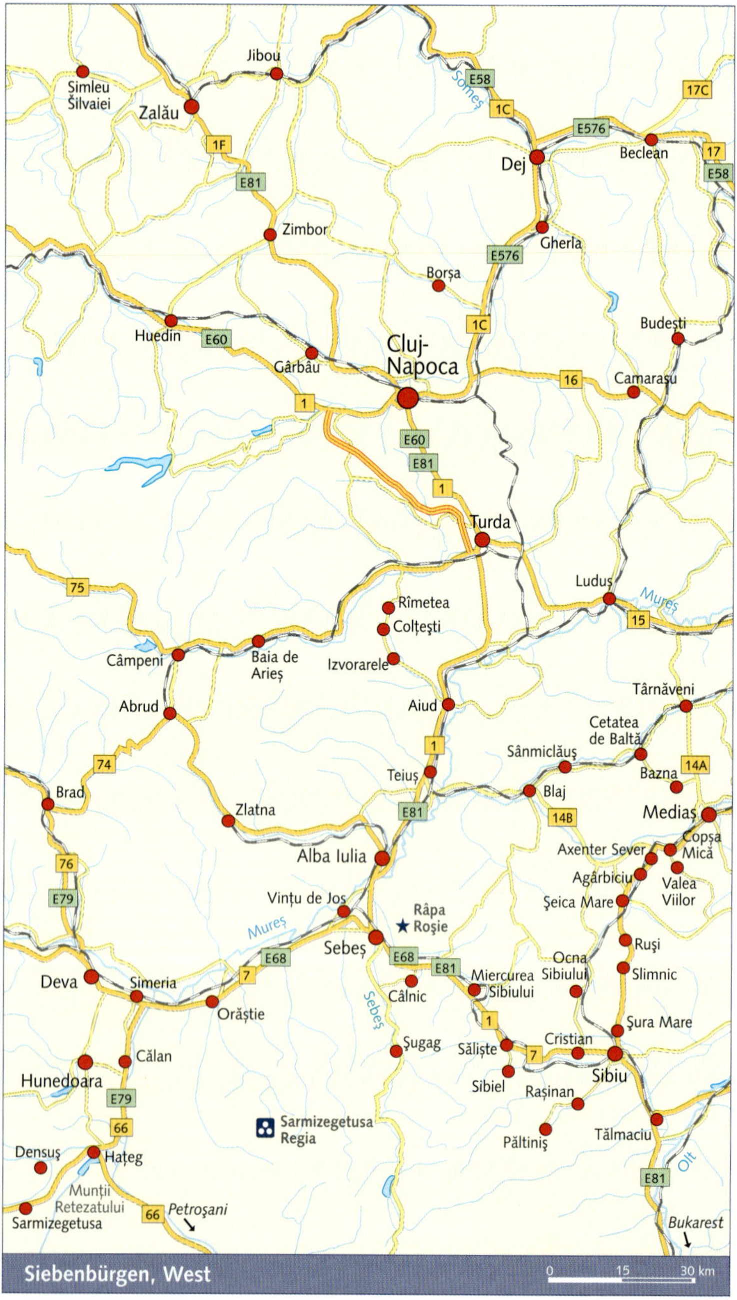
Jibou
Şimleu Şilvaiei
Zalău
1F
E81
Zimbor
E58
Someş
1C
17C
E576
Beclean
Dej
17
E58
Gherla
E576
Borşa
Huedin
E60
1C
Budeşti
Gârbău
Cluj-Napoca
16
Camarasu
1
E60
E81
1
Turda
75
Ludus
Mureş
Rîmetea
Colţeşti
15
Câmpeni
Baia de Arieş
Izvorarele
Aiud
Târnăveni
Abrud
Cetatea de Baltă
1
Sânmiclăuş
74
Teiuş
Bazna
14A
Brad
Blaj
Zlatna
E81
14B
Mediaş
Copşa Mică
Axenter Sever
Alba Iulia
76
Agârbiciu
Valea Viilor
E79
Vinţu de Jos
Şeica Mare
Râpa Roşie
Mureş
Sebeş
Ruşi
E68
E68
E81
Ocna Sibiului
Slimnic
Deva
Simeria
7
Miercurea Sibiului
Câlnic
Orăştie
Sebeş
1
Şura Mare
Cristian
Şugag
Sălişte
7
Călan
Sibiu
Sibiel
Raşinan
Hunedoara
E79
Sarmizegetusa Regia
66
Păltiniş
Tălmaciu
Densuş
Haţeg
Olt
Munţii Retezatului
E81
Sarmizegetusa
66
Petroşani
Bukarest
Siebenbürgen, West
0
15
30 km

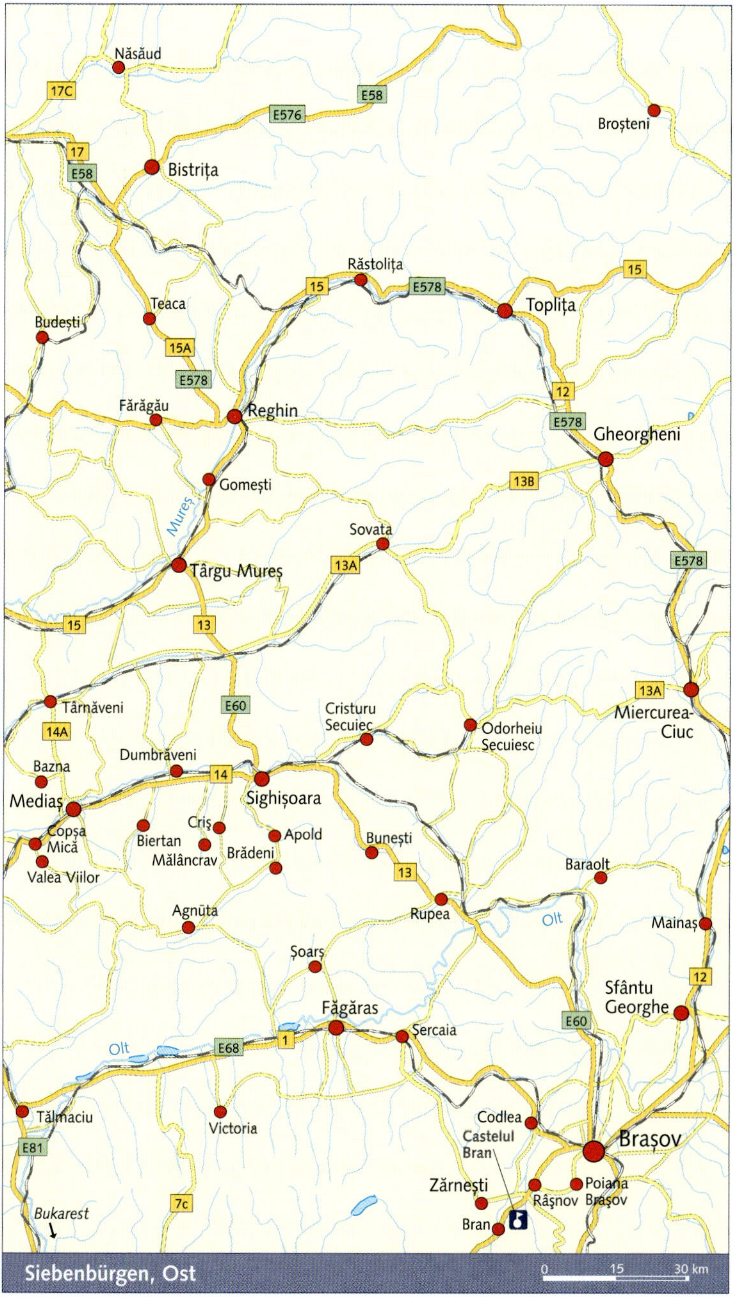

Siebenbürgen, Ost

Siebenbürgen

600 Jahre nach der Einwanderung der ›Sachsen‹ nach Siebenbürgen dichtete Hans-Adolf Helmuth Erdmann Ludwig Waldemar von Moltke, Gutsbesitzer in Schlesien und Diplomat:

Siebenbürgen, Land des Segens,
Land der Fülle und der Kraft,
Mit dem Gürtel der Karpathen
um das grüne Kleid der Saaten
Land voll Gold und Rebensaft!
Unsern Vätern anvertraut
Die aus fernen deutschen Landen
Hier die neue Heimat fanden
Die sie selber sich erbaut.

Siebenbürgen (dt. auch Transsilvanien, rumän.Transilvania/Ardeal, ungar. Erdély), das ›Land hinter den Wäldern‹, wie die Übersetzung von Transsilvanien lautet, ist eine der bekanntesten Regionen Rumäniens. Mitten im Karpatenbogen gelegen, eingeschlossen von den Ost- und Südkarpaten im Norden, Süden und Osten sowie im Westen vom siebenbürgischen Erzgebirge, handelt es sich um eine zwischen 300 und 800 Meter über dem Meeresspiegel gelegene Hochebene. Das waldreiche Hügelland, die Heimat unter anderem des im übrigen Europa fast völlig ausgestorbenen Bären, hat vorwiegend Mittelgebirgscharakter. Es wird durch die Täler des Mureş (dt. Mieresch/Marosch, ungar. Maros, 776 km), die Târnava Mare (Große Kokel, 221 km) und Târnava Mică (dt. Kleine Kokel), den Olt (Alt, 699 km) sowie den Someş (dt. Somesch, ungar. Szamos) gegliedert. Gegen Westen öffnen sich das Someştal und das Mureştal zur ungarischen Tiefebene hin.

▲ Karte S. 132/33

In Siebenbürgen lebten seit Jahrhunderten die Volksgruppen der Ungarn, Szekler, Siebenbürger Sachsen und Rumänen. Der ethnischen Vielfalt stand die religiöse nicht nach. Katholiken, Lutheraner, Kalvinisten, Unitarier und rumänisch-orthodoxe Christen lebten in einer unvergleichlichen religiösen Toleranz nebeneinander.

Für den Reisenden bietet Siebenbürgen nicht nur Wander-, Sport-, Jagd- und Kurmöglichkeiten, sondern eine auf den ersten Blick stark mittel- und westeuropäisch beeinflusste Kulturlandschaft. Von romanischen Bauwerken (Kathedrale Alba Iulia) über die von der Parler Schule beeinflussten gotischen Bauten (St. Michael in Cluj, Schwarze Kirche in Braşov) bis hin zu den nach den Türkeneinfällen stark befestigten Kirchenburgen trifft man auf eine Vielzahl mittelalterlicher Denkmäler. Deren Innenräume sind häufig mit an byzantinischen und serbischen Vorbildern orientierten Wandmalereien geschmückt. Der Einfluss des Islam zeigt sich vor allem im Kunsthandwerk, so sind eine Besonderheit der Siebenbürger Kirchen die vorwiegend anatolischen Teppiche, die die Wände schmücken.

Seit dem 18. Jahrhundert prägten die Habsburger die Kulturlandschaft, es entstanden barocke Kirchenbauten und gewaltige Festungsanlagen. Im 19. Jahrhundert kamen ganze Straßenzüge von Repräsentationsbauten dazu, die zur Jahrhundertwende durch Jugendstilfassaden ergänzt wurden. Diese Epochen prägen noch heute die Städtebilder.

Geschichte Siebenbürgens

In dem seit dem Altpaläolithikum besiedelten Gebiet bestand im 2. Jahrhundert vor Christus das Reich der Daker, das zur römischen Provinz Dacia wurde. Während der Völkerwanderung durchzogen es die Sarmaten, Goten und Hunnen. Zeitweise wurde das historische Siebenbürgen dem Reich der Gepiden, der Awaren und sogar der Bulgaren eingegliedert.

Ende des 9. Jahrhunderts und endgültig mit dem Sieg von König Ladislaus (1078–1095) über die Kumanen nahmen die Ungarn das Gebiet in Besitz. Das verwüstete und entvölkerte Gebiet wurde zur Verteidigung der Grenzen mit Szeklern besiedelt und seit dem 12. Jahrhundert zusätzlich durch deutsche Siedler gesichert. Fast 1000 Jahre gehörte Siebenbürgen zur ungarischen Krone. Nach dem Aussterben des Geschlechtes der Árpáden sicherten sich die aus Frankreich kommenden Anjous unter Karl Robert die Thronfolge von Ungarn. Im Untertanenland Siebenbürgen herrschten Woiwoden. Unter Ludwig I. von Anjou erreichte Ungarn einschließlich Siebenbürgen seine größte Ausdehnung. Hermannstadt (Altland), Kronstadt (Burzenland) und Bistritz (Nösnerland) wuchsen zu Wirtschaftsmetropolen.

In den Jahren 1432, 1438 und 1442 drangen die Osmanen unter Sultan Murad II. in Siebenbürgen ein. Der Bauernaufstand von 1437 trug gleichermaßen zur Schwächung bei. Er wurde von den führenden Ständen, dem ungarischen Adel, den Szeklern und den Sachsen gemeinsam niedergeschlagen.

Über die Ehe der Tochter Ludwigs I., Maria, mit Sigismund geriet Siebenbürgen in den Besitz der Luxemburger. Albrecht I., Sigismunds Schwiegersohn, trat als erster Habsburger das Erbe an. Es folgte ein Intermezzo unter dem Böhmen Wladislaw, bis János Hunyadi für Albrechts Sohn Ladislaus V. das Land führte. Zunächst verlor er gegen die Türken in der Schlacht bei Varna 1448 und auf dem Amselfeld (Kosovopolje), erkämpfte jedoch schließlich einen Sieg gegen Mehmed II. 1456 bei Belgrad. Sein Mündel Ladislaus starb an der Pest, und so konnte sein Sohn Matthias zum Nachfolger gewählt werden. Matthias Corvinus (›der Rabe‹) war streng, sehr gebildet, schlug die heimischen Aufstände nieder und siegte 15-mal gegen die Türken. Unter ihm breitete sich italienischer Einfluss aus, nicht zuletzt, weil viele bedeutende Siebenbürger in Italien studiert hatten.

Die Türkengefahr wuchs indes bedrohlich an. Konstantinopel war 1453, Belgrad 1521 gefallen, und in der Schlacht von Mohács 1526 musste der junge ungarische König Ludwig II. sein Leben lassen. Ein zwölf Jahre dauernder Nachfolgestreit zwischen Erzherzog Ferdinand I., einem Bruder Kaiser Karls V., und Johann Zápolya, Woiwode Siebenbürgens, begann. Ferdinand pochte auf seine Ansprüche mit den Rechten seiner Gemahlin, einer Schwester des gefallenen Ludwig II. Zápolya ließ sich mit Unterstützung der Türken in Stuhlweißenburg (Székasfehévár) zum ungarischen König wählen. Die Sachsen schwankten, was zur Folge hatte, dass sich ihre Städte unterschiedlichen Parteien anschlossen.

Als Johann Zápolya 1540 starb, besetzten die Türken unter Suleiman Budapest. Ungarn wurde geteilt: Budapest blieb 150 Jahre osmanisch, das westliche und

So wie hier in Târgu Mureş erinnern zahlreiche Denkmäler im Land an Avram Iancu

nördliche Ungarn unterstand den Habsburgern; der östliche Teil, Zápolyas ehemaliges Königreich, wurde vom Mutterland gelöst und ein der Hohen Pforte tributpflichtiges Fürstentum. Ein Landtag der ›Drei Nationen‹, der die Rumänen rechtlos und ausgeschlossen ließ, bestimmte die Politik. Dieser Zusammenschluss des ungarischen Adels mit den Szeklern und Siebenbürger Sachsen wählte seit 1437 den Fürsten.

Unter Stephan IV. Báthory (1571–1586), Gabriel Bethlen von Iktár (1613–1629) und Georg I. Rákóczi (1630–1648) erreichte Siebenbürgen seine wirtschaftliche und kulturelle Blüte, auch erfolgte der Übertritt zum Protestantismus. Schwache Fürsten, Aufstände der Bauern und der rumänischen Minderheit sowie die Erfolge der Habsburger gegen die Türken führten zur Anerkennung der habsburgischen Oberhoheit unter Fürst Mihály I. Apafi 1686 im ›Tractatus Halerianus‹. Der Frieden von Karlowitz 1699 brachte die direkte Unterstellung Siebenbürgens unter Wien. Als autonomem Großfürstentum oblag die Verwaltung Siebenbürgens einem Gubernium mit Sitz in Hermannstadt und der Siebenbürgischen Hofkanzlei in Wien. Die von den Habsburgern eingeleiteten gegenreformatorischen Maßnahmen scheiterten am Widerstand der Stände. Unter den ersten Gouverneuren Georg Bánffy und Samuel von Brukenthal erreichten die Städte erneut eine wirtschaftliche Blüte.

Die nicht in der Regierung vertretenen Rumänen begannen Ende des 18. Jahrhunderts ihre Gleichstellung zu fordern. Unter der Regierung Josephs II. kam es im Jahr 1784 zum Aufstand unter Führung von Horia, Cloşca und Crişan. 1785 wurde die Leibeigenschaft abgeschafft. Die von den Ungarn unter Führung von Lajos Kossuth initiierte Revolution von 1848/49 brachte Siebenbürgen durch Beschluss des Klausenburger Landtags kurzfristig wieder zu Ungarn.

▲ Karte S. 132/33

Auch die Rumänen unter Avram Iancu (1824–1872), dessen Denkmal in vielen Städten steht, rebellierten. Reformerische Ideen hatte das Kolleg des Gheorghe Lazăr verbreitet. Ein Bündnis von Ungarn und Rumänen hätte der Sache sicher Erfolg beschieden, doch die Ungarn ignorierten die Forderungen der Rumänen, woraufhin diese auf der Seite der Habsburger kämpften. Mit Unterstützung zaristischer Truppen gelang den Habsburgern schließlich der Sieg.

Infolge des österreich-ungarischen ›Ausgleichs‹ von 1867 wurden Kaiserin Elisabeth (Sisi) und Kaiser Franz Joseph zu Königen von Ungarn. Siebenbürgen fiel an Habsburg. Während dieser Zeit der Vereinigung mit Ungarn, die bis zum Ersten Weltkrieg erhalten blieb, wurden die Privilegien der Sachsen beschnitten, das Gebiet in 15 Komitate aufgeteilt, die ungarische Sprache zur Pflicht und mit dem ungarischen Ortsnamengesetz alle Ortsnamen in die ungarische Sprache übertragen. Seit dieser Komitatsverfassung begann eine Magyarisierungspolitik, gegen die sich Sachsen und Rumänen zur Wehr setzten. 1916 kam es zu einem Vertrag zwischen den Ententemächten, in dem Rumänien für den Fall eines Kriegseintrittes auf Seiten der Entente der Anschluss Siebenbürgens versprochen wurde. Die Ungarn mussten diese Regelung im Vertrag von Trianon 1920 anerkennen. Im sogenannten ›Wiener Schiedsspruch‹ (November 1940) wurde dieser Anschluss auf Druck Hitlers teilweise rückgängig gemacht. Ungarn erhielt das nördliche und südöstliche Siebenbürgen – Nösner- und Szeklerland – zurück. Diese Entscheidung annullierte der Frieden von Paris (1947), so dass Siebenbürgen bis heute zu Rumänien gehört.

In diesen dramatischen Zeiten waren die ungarische und die deutsche Bevölkerung mehr oder weniger starken Diskriminierungen ausgesetzt. In einer Phase des Entgegenkommens schuf Rumänien eine ›Ungarische Autonome Region‹ mit gewissen Rechten hinsichtlich der Pflege des Magyarischen als zweiter Amts- und Unterrichtssprache neben dem Rumänischen, die leider nur bis Anfang der 1960er Jahre bestand.

Die Siebenbürger Sachsen

Die bei uns bekannteste Volksgruppe Siebenbürgens sind die Siebenbürger Sachsen. Sie blicken auf eine 850-jährige Vergangenheit zurück und bilden die Nachkommenschaft jener aus dem Rheinland, der Pfalz, Luxemburg, Flandern und dem Elsass stammenden deutschen Kolonisten, die bereits Mitte des 12. Jahrhunderts vom ungarischen König Géza II. (1141–1162) geholt wurden, um das unerschlossene, versumpfte Land im Karpatenbogen zu kolonisieren. Die Siedler gründeten zunächst sieben Siedlungen, daher der Name Siebenbürgen. Ihr Mittelpunkt war Herrmannstadt (Sibiu). Die Siedlung im Burzenland erfolgte einige Jahrzehnte später mit Hilfe des Deutschen Ordens. Die Mundart dieser Volksgruppe steht dem Moselfränkischen nahe, weist jedoch regionale Unterschiede auf; heute erinnert sie uns an das Kölsche. Die Auswanderungsroute führte über Mitteldeutschland, was fälschlich für ihren Ausgangsort gehalten wurde – dies ist eine von mehreren Erklärungen für die Herkunft der Bezeichnung Sachsen für diese Siedler.

Im Mittelalter legten die Siebenbürger Sachsen rund 250 Dörfer und eine Anzahl von Städten an. Ihre Privilegien bestanden in der Selbstverwaltung und dem Eigentum an Grund und Boden; dies bestätigte der ungarische König Andreas II. 1224 in einer Urkunde, dem ›Privilegium Andreanum‹, dem großen Freibrief der Sachsen. Auf eigenem Territorium, genannt Königsboden, entstanden drei rechtlich abgegrenzte Selbstverwaltungsgebiete: im Süden

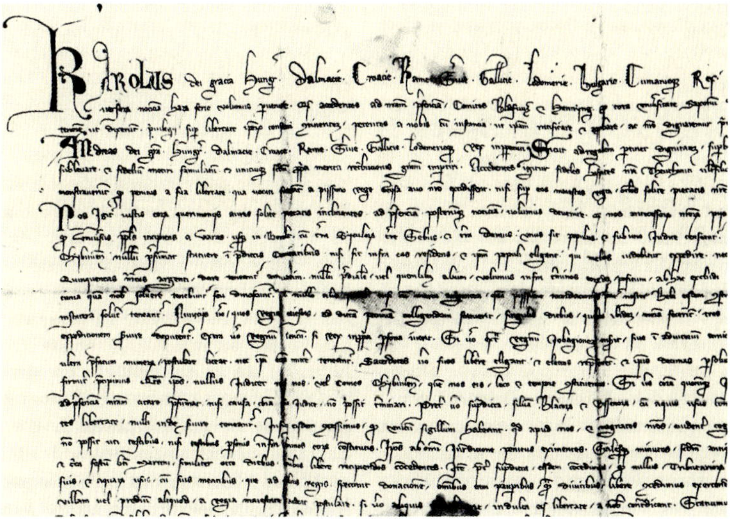

Das berühmte ›Privilegium Andreanum‹ (Ausschnitt)

Hermannstadt mit Schäßburg und Mediasch, östlich davon das sogenannte Burzenland um Kronstadt und im Norden das Nösnerland um Bistritz. Auch außerhalb dieses Territoriums siedelte man, dort aber ohne Sonderrechte.

Im Jahr 1437 schlossen sich die Siebenbürger Sachsen mit den ungarischen Adligen und den Szeklern zu einem Drei-Nationen-Bund zusammen, der über weitgehende Privilegien verfügte. Die Siebenbürger Sachsen wurden von einem Sachsengrafen vertreten, der an der Spitze einer sogenannten ›Nationsuniversität‹ stand. Sie fungierte als Verwaltungsbehörde und war 1486 als ›Universitas Saxonum‹, Gesamtheit der Sachsen, gegründet worden. Von 1542 bis 1550 beschlossen die Sachsen für sich die Einführung der lutherischen Reformation. Damit bestand der Unterschied zu den anderen Bewohnern Siebenbürgens nicht mehr nur in der Sprache und dem Rechtsstatus, sondern auch in der Konfession, waren doch die Magyaren kalvinisch und katholisch, die Rumänen orthodox und die Szekler katholisch. Die führende Persönlichkeit für die Einführung dieses Bekenntnisses war der Humanist Johannes Honterus.

Die evangelische Kirche prägte als Volkskirche mit ihrem zunächst in Birthälm, später in Hermannstadt residierenden Sachsenbischof wesentlich das Selbstverständnis der Siebenbürger Sachsen. Unter der Herrschaft Maria Theresias wurde die sächsische Selbstverwaltung weiter ausgebaut, was vornehmlich der Tätigkeit des damaligen Sachsengrafen und Gouverneurs Baron Samuel von Brukenthal (1721–1803) zu verdanken war.

1876 beendete Ungarn die jahrhundertelange Sonderstellung der Siebenbürger Sachsen; ihr Territorium wurde den Komitaten eingegliedert. Die Nationsuniversität existierte als Stiftung zur Verwaltung ihres Vermögens (Gebäude und Grundeigentum) weiter. Sie diente außerdem der Förderung kultureller Zwecke, besonders des Schulwesens. Die dadurch entstandenen Konflikte mit Ungarn führten dazu, dass die Führung der Sachsen nach dem Ersten Weltkrieg auf einer Versammlung in Karlsburg die Angliederung Siebenbürgens an Rumänien billigte. Die kurz darauf folgende Agrarreform traf die Siebenbürger Sachsen schwer, dennoch waren die Beziehungen zum rumänischen Staat leidlich. Im Jahr 1933 fand der letzte Sachsentag statt.

Eine weitere Verschlechterung der Situation erfolgte nach dem Frontwechsel während des Zweiten Weltkrieges 1944, in dessen Folge es zu vielen Deportationen kam. Die Entwicklung der Siebenbürger Sachsen war danach vom Auswanderungswunsch geprägt. Nach dem Zweiten Weltkrieg begann ein regelrechter Exodus. Die Regierung enteignete das Land der Siebenbürger Sachsen und schickte alle Männer und Frauen zwischen 17 und 45 Jahren zu fünf Jahren Zwangsarbeit in die Sowjetunion. Viele kehrten entweder gar nicht oder direkt in die Bundesrepublik zurück. Eine gute Einnahmequelle für die Ceauşescu-Diktatur waren die Zahlungen von Bonn für jedes Ausreisevisum; man spricht von 8000 D-Mark pro Kopf. Als sich 1990 die Grenzen öffneten, packten 90 Prozent der verbliebenen 100 000 Sachsen die Koffer. Die wenigen Gebliebenen sind zumeist alt oder mit Rumänen verwandt. Dies hat zu nicht mehr rückgängig zu machenden Veränderungen geführt. Im Jahr 2002 lebten noch etwa 15 000 Siebenbürger Sachsen in Rumänien, die sehr engagiert zum Kulturleben beitragen. Zwischenzeitlich sind aber auch einige Sachsen wieder in ihre alte Heimat zurückgekehrt und haben sich hier eine neue Existenz aufgebaut.

▸ Karte S. 132/33

Der Deutsche Ritterorden

Bereits unter Géza II. (1142–1161) wurden für den Süden Siebenbürgens Siedler angeworben. Gézas Nachfolger Andrea musste zunächst seinen Herrschaftsanspruch gegen den Bruder Emmerich verteidigen. Für seine Tochter Elisabeth warb er 1211 um den Landgrafen Hermann auf der Wartburg in Thüringen. Hermann und sein Bruder Ludwig waren Ordensmitglieder. Andreas selbst war mit dem Deutschen Ritterorden dank seiner Beteiligung beim Kreuzzug vertraut. Der Hauptsitz des Ordens lag damals in Palästina. Sein Ordensmeister Hermann von Salza (1173 –1239), ebenfalls aus Thüringen, hatte sich als Schlichter zwischen Papst Honorius III. und Kaiser Friedrich II. sowie als Berater Friedrichs verdient gemacht. Friedrich wiederum war mit Konstanze verheiratet, der älteren Witwe des ungarischen Königs Emmerich, also der Schwägerin von König Andreas II.

Andreas suchte Siedler gegen den Einfall der Kumanen. Er übertrug 1211 dem Orden, der sich die Verbreitung des Christentums und die Krankenpflege zur Aufgabe gemacht hatte, das erste Siedlungsgebiet in Europa: das Burzenland. Dieses noch unbewohnte Gebiet war gegen die Moldau und die Walachei von Bergen umschlossen. Im Nordosten umspülte es der Olt, der später als Wasserweg für die Waren, vor allem das Salz, genutzt wurde. Das Burzenland hatte eine Größe von 30 Quadratkilometern. Die Deutschen Ritter erhielten das Gebiet frei von Abgaben, den Zehnten inbegriffen, um das Tor gegen die Kumanen zu schließen. Sie hatten freie Richterwahl und eine eigene Distriktordnung. Gleichzeitig war es ihnen gestattet, hölzerne, mit Pfahlwerk und Türmen befestigte Schlösser und Städte zu erbauen. Bei der Entdeckung von Gold und Silber waren 50 Prozent an den König abzuführen, 50 Prozent sollten dem Orden gehören. Innerhalb des Burzenlandes besaß der Orden Markterlaubnis, konnte Maut und Zoll erheben. Die Mitglieder waren von der Bewirtung des Woiwoden freigestellt. Der Papst bestätigte ihnen im Jahr 1218 die freie Pfarrerwahl, der Bischof Siebenbürgens gestattete den Bau von Kirchen. Der Orden durfte in seinem Gebiet den Zehnten erheben.

Hermann von Salza ließ das Gebiet durch einen Komtur übernehmen. Es ging ein Aufruf an Freiwillige, auch aus Flandern, den Niederlanden, dem Rheinland und anderen Gebieten zur Besiedlung des Burzenlandes. Man begann mit der Errichtung von festen Plätzen. Doch bald überschritten die Ritter ihre Rechte: Sie errichteten nicht nur hölzerne, sondern auch steinerne Burgen, ließen eigene Münzen prägen und erweiterten eigenmächtig die Grenzen ihres Besitzes. Außerdem pflegte der Orden enge Verbindungen zum Papst, um mit dessen Hilfe einen selbständigen Ordensstaat zu errichten. Andreas widerrief daraufhin 1223 seine Schenkung und zwang die Ordensritter zwei Jahre später, das Land zu verlassen. Diese hatten inzwischen bereits den Ruf nach Masowien bekommen, wo sie ihren Hauptsitz auf der Marienburg bei Danzig errichteten.

Unter den Ordensrittern war eine stattliche Anzahl von Burgen – Schwarzburg zur Fogarasch, Heldenburg bei Krisbach, Rosenauerburg – entstanden, in deren Schutz bäuerliche Siedlungen gegründet wurden, die sich zu blühenden Ortschaften entwickelten. Daneben schützten Verschanzungen am Olt vor den Kumanen. Die Burgen wurden durch den Mongoleneinfall größtenteils zerstört. Erhalten, wenn auch verändert, blieb nur die Törzburg (Castelul Bran), die mit der heute zerstörten Kreuzburg und Rosenauerburg Schutz zur walachischen Seite bot. Die Hauptburg war die Marienburg (rumän. Feldioara). Sie lag am Olt; Maria, die Schutzheilige des Ordens, gab ihr den Namen. Heute befindet sich dort eine evangelische Kirche.

Braşov

Mit rund 280 000 Einwohnern ist Braşov (dt. Kronstadt, ungar. Brassó) die Hauptstadt des Burzenlandes. Sie liegt am Fuße der Karpaten und wird im Süden von der Tâmpa (Hohe Zinne) überragt, einem fast 1000 Meter hohen Ausläufer der Südkarpaten, dem Hausberg der Kronstädter. Von zwei Seiten durch Gebirge eingefasst, die Ost- und Südkarpaten, wird die Stadt vor dem rauhen Klima der Moldau und der Walachei geschützt. Nicht weit entfernt liegen einige Kurgebiete, und auch die unmittelbare Umgebung der Stadt bietet ergiebige Erholungsmöglichkeiten.

Die Stadt Braşov lag an einer alten Völkerstraße, die den Raum an der unteren Donau mit dem Karpatenbecken verband. Als wichtiges Handwerks- und Handelszentrum lag sie am Schnittpunkt zwischen Europa und Orient. Auf einer mittelalterlichen Zunft- und Kaufmannstradition aufbauend, entwickelte sich der Ort unter ungarischer Oberhoheit zum Zentrum des historischen Burzenlandes, zu einem bedeutenden Handels- und Industriezentrum Siebenbürgens. Auch heute, nach der Wende, ist diese Geschichte im Stadtbild sichtbar.

Braşov gehörte zu jenen 14 Ortschaften des Burzenlandes, die vom deutschen Ritterorden gleich zu Beginn gegründet wurden. Die mitgebrachten deutschen Kolonisten blieben auch nach der Vertreibung der Ritter und schufen zu Füßen der Ordensburg das zunächst noch Brassovia genannte Kronstadt, das diesen Namen 1251 erhielt. Im 15. Jahrhundert schützten erste starke Mauern, Bastionen und Türme die Stadt. Im Laufe der Jahrhunderte hat Kronstadt durch die Einfälle der Türken besonders gelitten. Im Jahr 1689 nahmen österreichische Truppen unter General Antonio Caraffa die Stadt ein und steckten sie in Brand; dabei wurde die evangelische Kirche schwer beschädigt. Von 1950 bis 1960 trug Braşov den Namen Oraşul Stalin (Stalinstadt). Heute gilt sie auf Grund ihrer erfolgreichen Entwicklung als heimliche Hauptstadt Siebenbürgens.

Mit der Bahn ist die Stadt von Bukarest, Sighişoara, Cluj, Arad, Sibiu oder Arad zu erreichen. Wer mit dem Auto anreist, dem sei der Umweg über Poiana Braşov empfohlen. Über die Panoramastraße erkennt man die malerische Stadtanlage, in ihrer mittelalterlichen Geschlossenheit, obgleich der Mauerring nicht vollständig erhalten blieb.

Stadtbesichtigung

Von der alten **Befestigung** sind der Weiße Turm (Turnul Alb), der Schwarze Turm (Turnul Negru) und die Schmiedebastei (Bastionul Fierarilor) in der Aleea dupa Ziduri erhalten. Sie beherbergt das Archiv der Stadt. Die Türme dienten zur Beobachtung und Verteidigung, und von ihnen führten unterirdische Gänge in die Stadt. Auf der Zinnenseite stehen

Das schmucke Rathaus am Marktplatz

▶ Karte S. 141

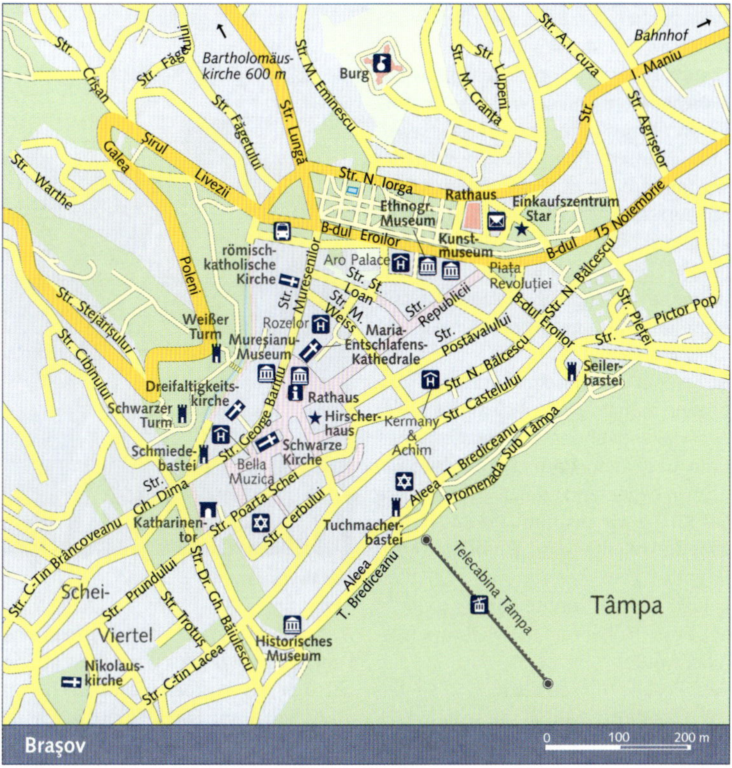

noch die mächtigen Basteien mit bis zu zwölf Metern Höhe und zwei Metern Stärke. Sie tragen die Namen Tuchmacherbastei (Bastionul Funarilor), Seilerbastei (Bastionul Postăvarilor) und Leinweberbastei (Bastionul Ţesătorilor). Im **Museum** in der Leinweberbastei ist ein schönes Stadtmodell zu sehen.

Das historische Zentrum der Stadt liegt innerhalb der früheren Festung, ist verkehrsberuhigt und die Hauptstraße, die Strada Republicii, erfreulicherweise autofrei. Hier reihen sich seit der Wende wieder viele kleine Cafés und Restaurants aneinander.

Die Hauptstraße führt direkt auf den riesigen Rathaus- oder Marktplatz (Piaţă Sfatului), dem immer schon wichtigsten Platz der Stadt. Er ist unbebaut und nur mit Bänken und Brunnenanlage geschmückt. Das schöne **Rathaus** (Primăria) aus dem Jahr 1420 wurde 1777 im Barock erneuert. Von diesem hat der Turmwächter, wie anderswo auch, vor Feuer, Wasser und Feinden gewarnt. Heute ist hier das historische Museum der Stadt untergebracht. Der **Uhrturm** mit 48 Metern Höhe entstand im 16. Jahrhundert. Am Platz befindet sich auch das alte Kaufhaus, auch **Hirscherhaus** genannt. Es gehörte dem Bürgermeister von Kronstadt, Lukas Hirscher, und wurde von 1539 bis 1545 errichtet. Heute befindet sich darin das gemütliche Restaurant ›Cerbul Carpatin‹ (Karpatenhirsch).

Wahrzeichen von Braşov ist die **Schwarze Kirche**. Sie ist mit einer Höhe von 87 Metern das größte gotische Gotteshaus Siebenbürgens und genießt einen besonderen Rang unter den historischen Monumenten. Ihren Namen verdankt sie dem großen Stadtbrand von 1698, der auch ihre Mauern und Wände weitgehend schwärzte, ihrer Monumentalität aber keinen Abbruch tat. Die Kirche ist heute gleichzeitig Gotteshaus und Museum und täglich zwischen 10 und 17 Uhr geöffnet.

Auf einem romanischen Vorgängerbau begann man im Jahr 1389 mit dem Bau der Hallenkirche mit dem gotischen Chor nach dem Vorbild von Sebeş, jedoch in bedeutend größeren Ausmaßen. Die Kirche war bis zum Jahr 1477 weitgehend vollendet und wurde der Muttergottes geweiht. Von den geplanten beiden Türmen konnte nur der südliche auf einer Höhe von 65 Metern ausgeführt werden.

Fünf Portale führten ehemals in die Kirche. Das Westportal ist mit seinem Kielbogen, geschmückt mit üppigem Eichenlaub und Fialen, das prächtigste. Durch dieses Portal betritt man die Kirche heute. Im Jahr 1542 wurde unter dem Reformator Johannes Honterus der evangelische Gottesdienst in deutscher Sprache eingeführt. Im Zusammenhang mit der Reformation steht auch das Gemälde an der Stirnseite im südlichen Seitenschiff von Hans Schullerus (1866–1898), auf dem die Vereidigung des Kronstädter Stadtrates auf die neue Lehre dargestellt ist.

Die Hallenkirche mit drei gleich hohen Schiffen erhielt nach dem großen Brand eine neue Innenausstattung. Dabei wurde das gotische Gewölbe durch ein barockes Tonnengewölbe ersetzt. Die evangelische Gemeinde hatte im 18. Jahrhundert regen Zulauf, und um Platz für

Der Weiße Turm

mehr Gläubige zu schaffen, zog man eine Empore ein. Von der alten Ausstattung hat sich das kostbare Taufbecken von 1472 erhalten. Ein Kleinod – ein ›al secco‹ ausgeführtes Wandgemälde in der südlichen Vorhalle – kann nur auf Anfrage besichtigt werden. Darauf ist die Muttergottes mit dem Jesuskind zwischen der heiligen Katharina mit Rad und Schwert und der heiligen Barbara mit Turm dargestellt. In den beiden unteren Ecken des Gemäldes erkennt man das Wappen des ungarischen Königs Matthias Corvinus und seiner Gattin Beatrix von Neapel-Aragon. Mit Unterstützung der UNESCO wurde das Gemälde 1970 restauriert. In dieser Vorhalle sind auch drei Altartafeln aus dem 15. Jahrhundert ausgestellt. Sie stammen vom spätgotischen Flügelaltar des Marienburger Altars. Auf den Tafeln sieht man die Kreuzigung, Geißelung, Beschneidung, den zwölfjährigen Christus im Tempel und Maria Verlöbnis. Erwähnenswert

▶ Karte S. 141

sind noch die größte Orgel Siebenbürgens mit 4000 Pfeifen von 1839 und die anatolischen Gebetsteppiche.

Im **Schei-Viertel** (auch ›Belgerei‹ oder ›Baldscheroi‹ genannt), das außerhalb der mittelalterlichen Stadtmauern direkt hinter der Poarta Schei liegt, steht die rumänisch-orthodoxe **Nikolauskirche** (Biserica Sfântul Nicolae). Ihre Ursprünge sind nicht vollständig geklärt. Entscheidend waren enge Verbindungen zwischen Walachei und Burzenland. Der heutige Bau entstand im Verlauf des 18. Jahrhunderts. Relativ gut erhaltene Wandmalereien befinden sich im Inneren. Neben der Kirche stand eine Schule, die erste, an der Rumänisch unterrichtet wurde. Braşov war traditionell die Stadt des Buchdrucks. Das rege kulturelle Leben zog auch den bedeutenden Übersetzer und Buchdrucker Coresi an. Hier wurden die ersten Bücher in rumänischer und slawischer Sprache gedruckt. Die Schule dient heute als **Museum** der ehemaligen Ausstattung der Nikolauskirche; neben Ikonen beinhaltet es auch wertvolle Bücher, Urkunden und Handschriften des 16. Jahrhunderts sowie Exponate aus der Geschichte der Druckkunst. Außerdem kann man das Klassenzimmer der ältesten rumänischen Schule besichtigen.

Nur wenige Schritte sind es von hier zur **Synagoge**, einem der wenigen erhalten gebliebenen Zeugnisse der jüdischen Gemeinde von Braşov. Das erst kürzlich sehr aufwendig und liebevoll renovierte Gebäude kann neuerdings besichtigt werden. Ein Besuch lohnt sich.

Braşov ist auch die Geburtsstadt des Dichters Andrei Mureşianu (1816–1863). Sein Gedicht ›Erwache Rumäne‹ wurde seit 1989 zur Nationalhymne Rumäniens. Im Haus der Familie Mureşianu, die über mehrere Generationen Künstler, Gelehrte und Patrioten stellte, wurde ein **Museum** eingerichtet. Es birgt neben Möbeln, Gemälden und persönlichen Gebrauchsgegenständen auch das Familienarchiv. Außerdem gibt es einen Einblick in ein typisch siebenbürgisches Stadthaus, das im Laufe der Zeit mehrfach an den Zeitstil angepasst worden ist.

Abseits vom Zentrum steht die gotische **Bartholomäuskirche** (Strada Lungă 251), ältester Sakralbau der Stadt und eines der ältesten Gotteshäuser Siebenbürgens. Der Bau war im 13. Jahrhundert begonnen worden, unter dem Einfluss der Zisterzienser kamen gotische Elemente hinzu. Von zwei geplanten Türmen wurde nur einer aufgebaut. In der Südkapelle sind Reste mittelalterlicher Malerei zu sehen. Am Ende der Straße befindet sich ein **Heldenfriedhof** für im Ersten Weltkrieg gefallene rumänische Soldaten.

Braşov

Vorwahl: 0268.

Touristenbüro, im Alten Rathaus, Piaţă Sfatului 30, Mo–Sa 9–18 Uhr, So 9–15 Uhr.

activetravel, Str. Republicii 50, Tel. 477112, www.activetravel.ro. Tagesausflüge zu den kulturellen Sehenswürdigkeiten, Trekking und Wandertouren zum Bucegi, Piatra Craiului, Făgăraş, Piatra Mare, Ciucaş, Fahrradverleih, Fahrradtouren.

Bahnverbindungen nach Bukarest, Sighişoara, Cluj, Arad, Sibiu und Arad, Busverbindungen in alle Richtungen.

Hotel Casa Rozelor, 4 Sterne, Str. Michael Weiss 20, Tel./Fax 475212, www.casarozelor.ro (dt.). DZ 85 Euro. Mit viel Geschmack und Liebe hat die Familie Wierschen dem drohenden Verfall dieses Gebäudekomplexes Einhalt geboten und darin fünf Zimmer sowie drei Apartments eingerichtet, die keine Wünsche offenlassen. Heimelige Atmosphäre, Komfort und modernste Technik sind hier mitten im historischen Zentrum unspektakulär verbunden. Das Haus ist mittlerweile sehr bekannt – eine Reservierung empfiehlt sich.

Hotel Bella Muzica, Piaţă Sfătului 19, Tel. 477956, www.bellamuzica.ro. DZ ab 120 Euro. Gemütliche Zimmer in denkmalgeschütztem Altstadthaus. 25 Zimmer und Suiten. Kein hoteleigener Parkplatz.

Hotel Casa Kermany & Achim, 3 Sterne, Str. N. Bălcescu 26, Tel. 436068, Fax 436069, casa.kermany@yahoo.com. DZ und Apartments, Frühstück inklusive. Individuell und ideenreiche Gestaltung von kleinen gemütlichen Zimmern mit nettem Service mitten im Zentrum.

Hotel Aro Palace, 4 Sterne, Bulevardul Eroilor 27, Tel. 478800, Fax 478889, www.aro-palace.ro (dt.). EZ 110 Euro DZ 130 Euro. Eines der großen standardisierten, renovierten Häuser im Zentrum.

Restaurant Sergiana, Str. Mureşenilor 27, Tel. 419775, www.sergiana.ro. Authentische, rumänische Küche mit viel Fleisch in einem äußerst gemütlichen Ambiente zu fairen Preisen. Das Restaurant besteht seit vielen Jahren, ist kürzlich auf die gegenüberliegende Straßenseite umgezogen, die Qualität ist gleichbleibend sehr gut.

Restaurant Bistro de L'Arte, Piaţă Enescu 11, www.bistrodelarte.ro, Tel. 0722/19980. Mediterran inspirierte Küche, die auch viele Kleinigkeiten anbietet.

Restaurant Cetate, Str. Dealul Cetăţii 5, Tel. 417614, www.aro-palace.ro. Burgrestaurant, geeignet für festliche Anlässe, größere Gesellschaften und für Musikliebhaber, mit Biergarten.

Deane's Irish Pub, Str. Republicii 19, Tel. 411767, www.deanes.ro. Vielbesuchte Kneipe mit Speisenangebot.

Hotel Restaurant Altstadt, Piaţă Sfatului 1, Tel. 476945, Fax 414559, altstadt_brasov@yahoo.com. Rustikales Gasthaus mit traditionellen Gerichten.

Restaurant Bellagio, Str. Michael Weiss 18, Tel. 412795, www.bellagio.ro. Italienisches Restaurant in der Fußgängerzone.

Café/Restaurant Clătităria La République, Str. Republicii 33, Tel. 0744/351668. Witziges kleines Gasthaus, das Pfannkuchen von süß bis pikant in vielfachen Variationen bietet.

Patisserie Coffeetaria Vabrardealului, Str. Gheorghe Bariţiu, mit mannigfaltigem Angebot an Süßigkeiten und wenigen Tischen.

Historisches Museum (Muzeul de Istorie), im Rathaus und der Weberbastei, Mo–So 9–17 Uhr.

Ethnographisches Museum (Muzeul de Etnografie), Bulevardul Eroilor 21 A. Mit Zweigstellen in Rupea und Săcele, zeigt eine Sammlung von Trachten, Webarbeiten und anderen Gegenständen aus den Bauernhäusern der Umgebung.

Kunstmuseum (Muzeul de Art.), Bulevardul Eroilor 21, Di–So 10–18 Uhr. Ständige und temporäre Ausstellungen.

Hausmuseum der Familie Mureşianu (Casa Mureşenilor), Piaţa Sfatului 25, Di–Fr 9–17 Uhr, Sa/So 10–17 Uhr. Sehenswertes Stadthaus, Kulturprogramm.

Muzeul Prima Şcoala Românească, auf dem Areal der orthodoxen Nikolauskirche im Scheiviertel, tgl. 9–17 Uhr. Die rumänische Schule und auch Kostbarkeiten der Buchdruckerkunst; ein Muss für jeden, der alte Handschriften schätzt.

Mehrere Festivals jedes Jahr, am bekanntesten ist das **Internationale Festival der leichten Musik** ›Cerbul de Aur‹ (Goldener Hirsch).

▲ Karte S. 141

Johannes Honterus

Hinter der Schwarzen Kirche in Braşov steht das Denkmal des Siebenbürger Humanisten und Reformators, Buchdruckers und Universalgelehrten Johannes Honterus (1498–1549). Sein Werk und seine Leistungen – nicht nur für Siebenbürgen – können nicht genug gewürdigt werden. Honterus wurde 1498 als Johannes Gros geboren, nahm später den Namen seiner Mutter an, einer geborenen Dorothea Honnes, den er, wie zu diesen Zeiten üblich, latinisierte. Als Einzelkind aus wohlhabendem Hause wurden Honterus alle erdenklichen Möglichkeiten zu einer umfassenden Bildung gegeben. Sein erster Studienaufenthalt war Wien, damals neben Krakau eine der bedeutendsten Universitäten, deren Gründung auf das Jahr 1356 zurückgeht.

Bahnbrecher für eine neue, humanistische Weltanschauung war in dieser Zeit Ennea Silvio Piccolomini (späterer Papst), der in einer öffentlichen Disputation 1445 in Wien seine Leitgedanken programmatisch verkündete. Honterus begegnete so bedeutenden Humanisten wie Conrad Celtis und dem Siebenbürger Professor Adrian Wolfhard (1491–1544) und traf Aventinus, den großen Regensburger. Er selbst lehrte in Krakau Astronomie und Geographie, war in Basel tätig, wo unter anderem seine Siebenbürgen-Karte in Druck ging. Berühmt wurde er vor allem durch die Einführung der Reformation in Kronstadt und sein ›Reformationsbüchlein‹ von 1542, das unter seinem Humanistennamen Honterus in die Geschichte einging. Johannes Honterus lebte ab 1533 in seiner Heimtstadt Kronstadt, wo er eine Druckerei und später eine Bibliothek einrichtete und 1544 auch zum Stadtpfarrer gewählt wurde. Hier starb er im Januar 1549.

Das 1898 enthüllte Bronzedenkmal in Braşov, eine Arbeit des Berliner Bildhauers Harro Magnussen, zeigt ihn mit diesem ›Reformationsbüchlein‹ und der ›Schulordnung‹, mit der Rechten weist er auf das von ihm gegründete Gymnasium. Honterus beeinflusste die Ordnung und Entwicklung der neuen lutherischen Kirche maßgeblich.

Für Süddeutsche interessant: In Pfaffenhofen an der Ilm wird alljährlich ein Fest zu Ehren des Gelehrten begangen.

Johannes Honterus auf dem Landtag zu Weißenburg

Die Umgebung von Braşov

Im Süden von Braşov, auf 1000 Meter Höhe, liegt **Poiana Braşov** (Schulerau), der Luft- und Winterkurort Rumäniens schlechthin. Eine erste touristische Erschließung der Region erfolgte unter Mitwirkung des Siebenbürgischen Karpatenvereins 1924. Mittlerweile wurde sie zum ›Tourismusgebiet von nationalen Interesse‹ (Staţiune Turistică de interes Naţional) erklärt. Entsprechend viele Hotels sind bereits gebaut, bestehende renoviert und neue geplant worden. Schon unter Ceauşescu standen hier fast 3000 Betten für Wander- und Skiurlaube zur Verfügung.

Râşnov

Die ehemalige **Bauernburg** Râşnov (dt. Burg Rosenau, ungar. Rozsnyó) ist eines der wenigen erhaltenen Beispiele der Deutschordensburgen im Siebenbürgener Burzenland. Die sehr verwahrloste Burg wurde in den letzten zehn Jahren dank der privaten Initiative eines Italieners in einen besichtigenswerten Zustand versetzt.

Man kann mit dem Auto nach oben fahren und unterhalb der Burg parken oder das Auto im Ort an der Piaţa Unirii stehen lassen und zu Fuß einen Treppenweg durch den Wald nutzen. Auch wenn neuere Forschungen die Entstehung einer Burg bereits vor der Zeit des Deutschen Ordens ansetzen, geht man größtenteils doch davon aus, dass eine Burg aus Holz von 1211 gemäß den Vereinbarungen zwischen dem Deutschen Orden und König Andreas den Vorgänger der heutigen bildete. Später haben die deutschen Dorfgemeinden Rosenau, Neustadt und Wolkendorf den Bau in Stein ausgeführt und zum Schutz gegen Eindringlinge erweitert. Inzwischen wurden die Mauern mit den sieben Türmen gesichert und teilweise wiederhergestellt. Von ihnen bieten sich wunderbare Panoramablicke auf das Burzenland und die Gebirgsstöcke von Königstein und Bucegi.

Das Innere der Burg ist wie ein kleines Dorf gestaltet, in dem verschiedene Handwerksbetriebe ansässig sind und den Besucher in ihre Welt einführen. Gleich links hinter dem Eingang ist ein **Museum** eingerichtet, in dem Dokumente und Exponate zur Geschichte der Burg und ihrer Umgebung ausgestellt

Burg Râşnov

▲ Karte S. 132/133

Burg Bran gilt als Heimat des Grafen Dracula

werden. Zunächst als reine Verteidigungsanlage gegen von Osten eindringende Kumanen errichtet, entwickelte sich die Burg im Laufe der Zeit als Fluchtort für die Bewohner der Umgebung. So kombinierte man die Verteidigungsanlage mit den Bedürfnissen einer Herberge. Im 16. und 17. Jahrhundert existierten hier mehr als 80 Häuser. Sie lagen neben den Umfassungsmauern und in zwei zentralen Inseln der Burg. Dazu kamen Kapelle, Schule und Wege. Die dauernde Bewohnung endete erst nach 1700, als nach der Entstehung von gesicherten Grenzen die Sachsen in die heutige Stadt hinunterzogen. Diese wechselvolle Geschichte wird reich dokumentiert mit Haushaltswaren und landwirtschaftlichem Gerät, Eisenwaren, Handwerksproduktionen, einem Pferdewagen, Wappen sowie Glasprodukten des ersten urkundlich erwähnten Glaswerkes der Umgebung von 1526.

Die Burg ist täglich von 9 bis 18 Uhr und Samstag von 10–18 Uhr geöffnet.

Castelul Bran

Castelul Bran (dt. Törzburg, ungar. Törcsvár) lässt sich auf den Ordenskomtur Dietrich zurückführen. Die **Burg** liegt auf einem Kalksteinfelsen inmitten der Karpatenlandschaft, dicht am Törzburger Pass. Die prächtige Anlage war ein Wiederaufbau der Kronstädter Bürger im Jahr 1377, da Ludwig I. von Ungarn (1342–1382) sie zur Verteidigung der südöstlichen Grenze seines Reiches benötigte. Man verwendete ausschließlich Flusssteine. Neben der strategischen Funktion war die Burg auch Zollstelle für den Warenverkehr zwischen der Walachei und dem Burzenland. Die Anhöhe, auf der die Burg steht, heißt auf Rumänisch ›Straja‹ (die Wacht). Die außergewöhnlich gut erhaltene Burg erhielt ihre heutige Gestalt 1553. Sie galt einst als uneinnehmbar. Heute ist sie ein beliebter Anziehungspunkt für Touristen. Man hat Zugang über eine monumentale Treppe. Die Räumlichkeiten sind auf vier Stockwerken angelegt. Im Norden liegt der massive Torturm, weitere Türme dienten der Sicht in alle Himmelsrichtungen. Die Burg wechselte mehrfach den Besitzer, zeitweilig (1395) nahm sie der Woiwode Munteniens ein, Mircea cel Bătrân. Gerne wird sie deswegen mit Vlad Ţepeş, dem legendären Grafen Dracula, in Verbindung gebracht, der allerdings nie in der Burg seines Großvaters Mircea war. 1498 ging sie in den Besitz der Kronstädter, Ende des 17. Jahrhunderts verwalteten sie die Habsburger und im 19. Jahrhundert erhielt sie Königin Maria zum Geschenk. Sie ließ sie nach Schloss Balcic in Bulgarien zu ihrer zweiten Sommerresidenz ausbauen. Testamentarisch verfügte die Königin, ihr Herz in einer Grotte unweit des Schlosses zu begraben; bis 1968 wurde es dort auch aufbewahrt.

Die Burg ist heute **Museum**, unterhalb wurde ein **Volkskunstmuseum** angelegt.

Nationalpark Königstein

Die Ortschaft Zărneşti (dt. Zernen) am Fuße des Königsteins ist von Braşov nur 30 Kilometer entfernt und ein beliebter Ausgangspunkt für Ausflüge in den Nationalpark Königstein (Piatră Craiului). Der 12 400 Hektar große Nationalpark ist neben dem Bucegi ein beliebtes Klettergebiet. Seine höchste Erhebung beträgt 2238 Meter. Wanderungen von leicht bis sehr schwierig können hier unternommen werden. Das Gebiet birgt eine reiche Großwildpopulation wie Bären, Wölfe und Luchse, auch Vogelbeobachter und Botaniker kommen angesichts der Artenvielfalt auf ihre Kosten. Kompetente Führer begleiten die Touristen gerne. Besonders zauberhaft ist die Region in schneereichen Wintern, in denen das Angebot durch Skitouren und Schneeschuhwandern auf den Spuren von Tieren bereichert wird.

Die Umgebung von Braşov

Die Umgebung von Braşov kann teilweise mit dem Zug, öffentlichen Bussen und Minibussen erreicht werden. In Poiana Braşov befindet sich die wichtigste Haltestelle am großen zentralen Pkw- und Busparkplatz, teilweise halten die Minibusse auch an den Hotels. So gut wie alle Ortschaften um Braşov werden von den Minibussen bedient. Vor Schloss Bran und in der Ortschaft Râşnov halten sowohl Busse als auch die privaten Minibusse an der öffentlichen Haltestelle entlang der Hauptstraße. Die Minibusse kann man auch auf den Hauptstraßen anhalten. Man zahlt direkt beim Fahrer, pro Fahrt derzeit 2 Lei.

Pension Elena, Piatră Craiului Str., 43, Zărneşti, Tel./Fax 0268/223070, mobil 0744/656043, beatrice24@xnet.ro, www.pensiuneaelena.ro. Die im Jahr 1998 gegründete Pension hat sich dem Öko-Tourismus verschrieben. Ländliche Wohnkultur wird in diesem Haus mit moderner Ausstattung verbunden. Gigi Popa, der Inhaber, nimmt sich viel Zeit für seine Gäste und spielt an manchen Abenden auf seiner Gitarre; DZ 50 Euro.

Pension Hermann, Măgura, office@cntours.ro, www.cntours.eu; DZ/HP por Person 38, EZ/HP pro Person 48 Euro. Pension in einer malerischen Streusiedlung hoch oben mit Blick auf den Nationalpark und Bucegi. Gemütlichkeit, Komfort sowie eine gute traditionelle Küche. Ganz besonders ist die Programmgestaltung der Betreiber, die von geführten Wanderungen mit geologischen, botanischen Schwerpunkten auch Tierbeobachtung von Bären, Bibern und Vögeln beinhaltet. Im Winter wird das Programm mit Schneeschuhwandern und Wanderungen auf Tierspurensuche ergänzt.

Restaurant Coliba Haiducilor, Poiana Braşov. Rustikal, abends Volksmusik.

▶ Karte S. 141

Die Kirchenburgen Siebenbürgens

Unter den Bauwerken der Siebenbürger Sachsen sind vor allem die Kirchenburgen hervorzuheben. Es sind freistehende, von einer Schutzmauer umgebene Kirchen, die den Dörfern und Städten ein in diesem Teil des Karpatenbogens ungewöhnliches Gesicht verleihen. Man fährt von Ort zu Ort und erblickt in Mittel- und Westsiebenbürgen, häufig auf der Anhöhe, oder im Burzenland, hier im ebenen Ortszentrum, eine solche wehrhafte Anlage.

Die Entstehung dieser Kirchenburgen ist im sozialen, rechtlichen und historischen

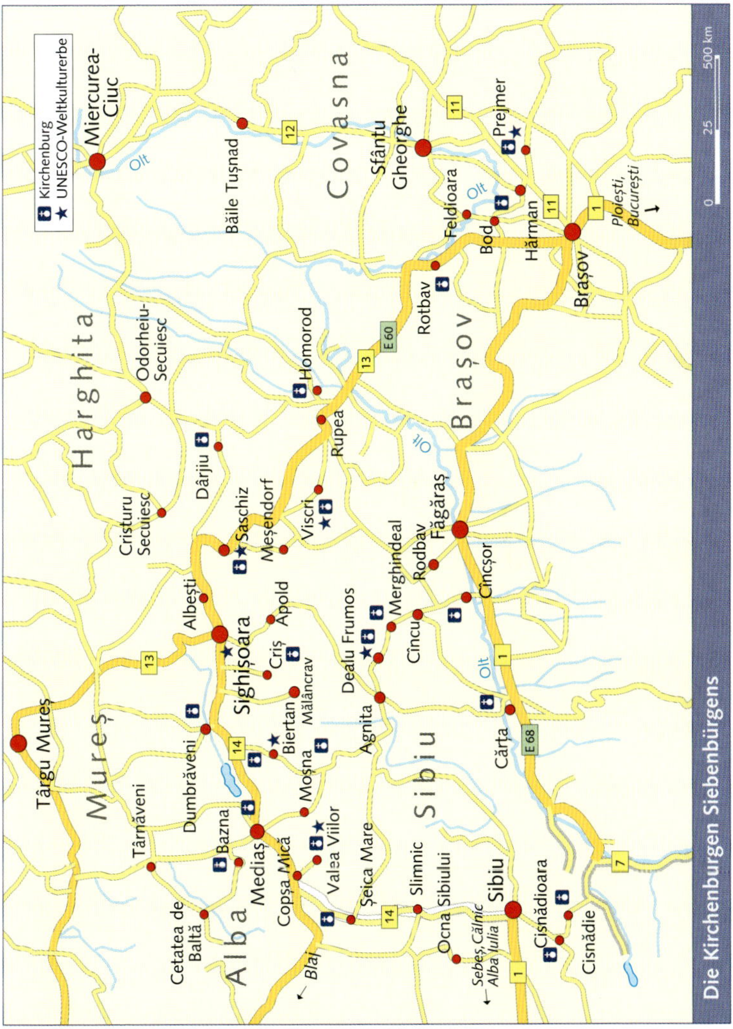

Sonderstatus dieser Region begründet. Im Freibrief war verankert, dass dem Adel auf dem Siedlungsgebiet keine Vorrechte eingeräumt werden mussten, gleichwohl war aber im Kriegsfall ein Aufgebot zur Verteidigung zu stellen. Daneben war das Recht gewährleistet, einen Richter und den Pfarrer frei zu wählen, genauso wie das Recht, Handel zu treiben und ausschließlich über den zugeteilten Boden, den sogenannten Königsboden, zu verfügen.

Die so begründete ›Hermannstädter Freiheit‹ wurde auf andere Siedlungsverbände wie das Burzen- und das Nösnerland übertragen. Zum ersten Mal musste diese Freiheit während des Mongolensturmes im Jahr 1241 verteidigt werden. Die Dörfer waren mit Hinblick auf etwaige Feinde so angelegt, dass sich der eigentliche Hof nicht hinter dem Haus, sondern in einem gesonderten Teil der Ortschaft befand. So reihten sich die Häuser in geschlossenen Zeilen eng aneinander und bildeten ein Straßen-, Anger- oder Platzdorf. Noch heute prägen diese Anlagen das Ortsbild wie etwa in Homorod. Rückte der Feind näher, gab man das Dorf preis und flüchtete mit der Habe in eine leicht erreichbare Befestigung.

Dieses auffällig enge Zusammenrücken gegen einen eventuellen Feind war der Ausgangspunkt für die Entstehung der Kirchenburgen. Schon vorher hatte es befestigte Kirchen gegeben. Sie waren in basilikaler Form angelegt, besaßen einen massiven Turm über dem Westjoch des Mittelschiffes mit Schießscharten und Wehrgang, während der Kirchhof von einer Mauer umgeben war (Cisnădioara). Daneben gab es auch zur Burg ausgebaute Wohnsitze wie den des Grafen Chyl von Kelling (Călnic).

▸ Karte S. 149

Mit den ersten Einfällen der Türken in Siebenbürgen 1395 und 1420 und weiteren im Laufe des 15. Jahrhunderts, die ihre schlimmsten Auswirkungen 1491 hatten, begann man mit dem systematischen Ausbau der Wehranlagen. Die Befestigungskunst der Städte wurde auf die Kirchen übertragen. Die Wehrmauern wurden überhöht, mit überdachten Wehrgängen ausgestattet, mit einer Reihe von Wehrtürmen versehen und das Tor mit zusätzlichen Befestigungsanlagen geschützt. Oft folgte ein zweiter oder gar dritter Befestigungsring. Die Kirche selbst blieb jedoch bis auf den Westturm unbefestigt (Prejmer). Eine andere Gestaltung erfuhren Wehrkirchen unter Ausnutzung hügeligen Geländes. Oft wurden hier vor allem die Kirchen besonders zu Verteidigungszwecken umgebaut (Biertan).

Den Variationen und baulichen Formen schienen keine Grenzen gesetzt. Selten gleicht eine Anlage der anderen. In letzter Konsequenz folgte dann ein Wehrkirchenbau, bei dem teilweise auch die alten Kirchen abgetragen wurden und einheitliche Baukörper als Sakral- und Verteidigungsanlage entstanden (Saschiz).

Bis zum Tatareneinfall hatte die Hauptaufgabe der Kirchen darin bestanden, das Glaubensleben der Gemeinde zu gestalten, was auch künstlerisch umgesetzt wurde. Nach den Türkenangriffen wurde die Kirche Symbol des Widerstandes gegen die Bedrohung von außen, zum Bollwerk im Krieg gegen die Andersgläubigen. Dies hatte eine Vereinfachung des Grundrisses und billigere Baumaterialien zur Folge. Statt der Basilika wurde seitdem vorrangig die Saalkirche gebaut. Es entstanden Wehranlagen mit Gussscharten, Wehrgängen, Schießscharten, Wehrtürmen und Ringmauern, die mit der Kirche zu einem einheitlichen Ganzen verschmolzen. Auch auf die Bauten der Szekler in Ostsiebenbürgen (Dârjiu) und die der Rumänen im Westen Siebenbürgens (Gurasada) hatten diese Bauten Einfluss. Seit 1993 wurden durch die Siebenbürgisch-Sächsische Stiftung München in verschiedenen Kirchen umfangreiche Restaurierungsarbeiten begonnen, deren Ergebnisse deutliche Verbesserungen des Erhaltungszustandes zur Folge hatten. Dennoch bleibt viel zu tun.

Mehr als 150 Kirchenburgen blieben in Siebenbürgen erhalten. Auf einer Rundreise begegnet man vielen von ihnen. Manche sind zugänglich, manche baufällig, manche werden derzeit restauriert. Doch nicht alle können ausführlich behandelt werden. Ein Abstecher hier und da auf nicht so gut befahrbaren Straßen wird mit der Großartigkeit der Bauten in winzigen Dörfern belohnt.

Die über 500 Jahre alten siebenbürgischen Kirchenburgen sind ein weltweit einmaliges Ensemble mittelalterlicher Wehrarchitektur, dessen Bestand stark gefährdet ist. Sie sind im Besitz der evangelischen Kirche, die unmöglich die Mittel aufbringen kann, alle Kirchenburgen zu retten. Daher wurde ein Sofortprogramm zur Rettung der Siebenbürgischen Kirchenburgen, unterstützt von der GIZ (vormals GTZ), im Jahr 2007 ins Leben gerufen, die ›Leitstelle Kirchenburgen‹ mit Sitz im Landeskonsistorium der Evangelischen Kirche in Hermannstadt. Die Leitstelle hat zwei Arbeitsschwerpunkte: zum einen die Vernetzung der verschiedenen Initiativen und Projekte rund um das Thema ›Kirchenburgen‹ und zum anderen ein Sofortprogramm zur Rettung der Kirchenburgen zu planen und umzusetzen, dessen Schwerpunkt bauliche Maßnahmen zur Sicherung gegen den weiteren Verfall darstellen.

Prejmer, die östlichste der siebenbürgisch-sächsischen Kirchenburgen

Orgeln in Rumänien

Ein bemerkenswertes Projekt im Zusammenhang mit den Kirchenburgen und deren Innenausstattung ist die ›Schweizer Stiftung für Orgeln in Rumänien‹. Die Stiftung wurde im Jahr 1999 in Zürich ins Leben gerufen und begann ihre Tätigkeit in Hărman (dt. Honigberg), wo auf dem Gelände des ehemaligen Pfarrhauses eine Werkstatt für Orgelbauer und Kunstschreiner entstand. Jugendliche lernen hier nach deutsch-schweizerischem Muster, Schreiner und Orgelbauer zu werden. Seit dem Jahr 2003 ist dieser moderne Lehrbetrieb im siebenbürgischen Hărman aktiv. Ziel dieses mustergültigen Projektes war die Hilfe zur Selbsthilfe durch Vermittlung handwerklichen Könnens in zwei Berufen, für die in Rumänien eindeutig Bedarf besteht: Orgelbau und Restauration sowie Schreinerei von Massivholzprodukten. In beiden Fällen ist ausschlaggebend, dass die angestrebte Qualität der Lehrausbildung westlichem Standard entspricht. Das bedeutet, dass 80 Prozent der dreijährigen Ausbildung praktischer Art sind – Lernen am Objekt –, 20 Prozent sind theoretische Basis. So etwas gab es seit dem Zweiten Weltkrieg in Rumänien nicht mehr. Da die meisten früher im Land tätigen Orgelbauer ausgewandert sind und viele der etwa 500 Orgeln im Land, vorrangig in Siebenbürgen und im Banat, restauriert oder ausgetauscht werden müssen, ist der Bedarf an gut ausgebildeten Orgelbauern groß. Die Absolventen beabsichtigen somit auch eine selbständige Tätigkeit in dem erlernten Beruf, wobei als Übergang eine mehrjährige Praxis als angestellte Fachkräfte im Lehrbetrieb der Stiftung beiden Seiten hilft.

Der Lehrbetrieb wird von Schweizer Fachkräften geleitet. Er ist inzwischen im Lande voll anerkannt, einerseits wegen der Qualität seiner Absolventen, andererseits wegen seiner Produkte. 13 historische Orgeln wurden seit Beginn des Projekts restauriert und wieder in Betrieb genommen, darunter die von Hărman (Honigberg) und Viscri (Deutsch-Weißkirch). Seit dem Ende des Zweiten Weltkriegs wurde in Rumänien keine Orgel mehr gebaut. Der erste Auftrag für den Neubau einer großen Orgel seit 1945 wurde in Honigberg ausgeführt. Die moderne mechanische Orgel steht heute im Festsaal der Musikhochschule in Bukarest und wurde im Jahr 2008 eingeweiht.

Die Ausbildung der Schreiner konzentriert sich auf Massivholzprodukte. Wertvolle Möbel, Spezialtüren und Fenster, besonders bei der Restauration historischer Gebäude, sind typische Produkte dieses Betriebs. Zur Zeit wird ein Ausbau geplant, um auch die Restauration antiker Möbel und wertvoller Holzwerke in einem zusätzlichen Lehrplan vermitteln und durchführen zu können.

Die Schweizerische Stiftung will mit ihrem Engagement in Rumänien nicht nur den beiden (Nischen-) Berufen zu weiterem Leben verhelfen, sondern auch einen Beitrag zur Wiedererstarkung des handwerklichen Mittelstandes leisten, der in früheren Zeiten zur Prosperität Rumäniens ausschlaggebend beigetragen hat.

Weitere Informationen: Schweizer Stiftung für Orgeln in Rumänien, Postfach 238, CH-8126 Zumikon, www.ssor.ch.

Neu gebaute Orgel für die Stadt Bukarest

Cisnădioara

Fährt man von Sibiu in Richtung Süden, so kann man eine schöne Kirchenburgenrundfahrt mit der Kirchenburg von Cisnădioara (dt. Michelsberg, ungar. Kisdisznód) beginnen. An Obstanbaugebieten vorbei kommt man in den kleinen, etwas abgelegenen Ort. Die schlichte, mittelalterliche Kirche ist über einen ziemlich steilen Fußweg zu erreichen. Bei guter Sicht erschließen sich die atemberaubenden Ansichten der Fogarascher Berge mit der Burg im Vordergrund. Viele Kirchen in Siebenbürgen, so auch die in Cisnădioara, sind abgeschlossen. Den Schlüssel besorgt man sich im Dorf, direkt am Haus, an dem der Fußweg beginnt. Obwohl immer mehr Siebenbürger Sachsen die Heimat verlassen und damit die Obhut für die Kirchen aufgeben, findet sich immer jemand, der bei der Suche nach dem Kirchenschlüssel hilft.

Die Kirche von Michelsberg ist vor dem Mongoleneinfall im Jahr 1241 entstanden und damit die einzige erhaltene Wehrkirchenanlage dieser frühen Zeit. Laut einer Urkunde wurde sie im Jahr 1223 vom Magister Gozelinus der Zisterzienserabtei in Kerz geschenkt. Typisch für diese Zeit war der Grundriss einer Basilika mit offenem Dachstuhl, der hier in Bruchsteinmauerwerk ausgeführt ist. Auf dem Gelände, das Ende des 13. Jahrhunderts mit einer Mauer umgeben wurde, liegt noch immer ein Vorrat mächtiger Steinblöcke, die auf den Feind hinabgerollt werden konnten. Das Westportal, nach dem Einfall der Mongolen errichtet, gilt als eine der ältesten Steinmetzarbeiten in Siebenbürgen.

Diese Kirche stammt aus dem 13. Jahrhundert

Cisnădie

Nur wenige Kilometer Fahrt über kleine Straßen sind es von Cisnădioara nach Cisnădie (dt. Heltau, ungar. Nagydisznód). Das einst reiche Sachsendorf hat seine ursprüngliche Anlage beibehalten; schmucke, renovierte Häuser flankieren die Hauptstraße. Im Zentrum, mitten in der Ebene, nicht in der Höhe, liegt die einst der heiligen Walpurga geweihte Kirche, die trotz ihres wehrhaften Aussehens nicht gleich auszumachen ist. Nur ihr gotischer Turmhelm ist weithin zu sehen. Die Kirche romanischen Ursprungs wurde im 15. Jahrhundert zur gotischen Kreuzkirche und Kirchenburg mit dreifacher Ringmauer umgebaut. Jeder Ring wurde mit einem Wehrgang ausgerüstet; zwischen dem ersten und zweiten Ring lag der Wassergraben. Zeitgleich entstanden die Verteidigungstürme und die auf Steinbögen ruhenden Wehrgänge. Wohnhäuser sind dem Komplex vorgebaut, so auch die Wohnung des Küsters, von dem man den Schlüssel zur Kirche erhält. Im Westturm der Kirche befand sich einst die Turmuhr. Sein heutiges Aussehen erhielt der Turm 1793. Er wurde jedoch wiederholt durch Blitzeinschlag stark beschädigt, bis der Rat dem Kauf eines Blitzableiters nach der ›von den kompetentesten Richtern Teutschlands allgemein gebilligten neuesten Methode des Dr. Reimarus in Hamburg‹ zustimmte.

Im Inneren zeigt sich eine typische siebenbürgische Kirche mit umklappbaren

In der Kirche von Cisnădie

Holzbänken und einer später hinzugefügten Holzempore. Im gotischen Chor befanden sich einst Wandmalereien. Der Kirchenschatz aus getriebenem vergoldeten Silber befindet sich heute im Brukenthal-Museum in Sibiu (Hermannstadt) – ein Schicksal, das er mit vielen Kunstwerken der Kirchenburgen teilt. Heute noch erhalten ist ein Flügelaltar im Chor, das Prunkstück der Kirche.

Cârța

Von Cisnădie kann man die Burgenfahrt über die E68 nach Osten, in Richtung Făgăraş fortsetzen. Auf dieser Strecke führt ein Abstecher nach Cârța (dt. Kerz, ungar. Kerc). Das Dorf selbst wirkt ein bisschen ausgestorben. Von einem Zaun und einem schönen Garten umgeben liegen die Reste einer ehemals bedeutenden Klosteranlage der Zisterzienser. Den Schlüssel zur Anlage holt man sich im dahinterliegenden Pfarrhaus, wo es auch Ansichtskarten zu kaufen gibt.

Die Zisterzienser waren an diesem Ort am weitesten nach Südosteuropa vorgedrungen. Die mittelalterliche Anlage wurde einst als Tochterkloster des Zisterzienserklosters von Igriş (dt. Egresch, ungar. Egres) im Banat gegründet, von dem leider nichts mehr erhalten geblieben ist. Egresch gehörte zum Kloster Pontigny in Frankreich. Kerz entstand Anfang des 13. Jahrhunderts, eine Urkunde spricht von Schenkungen durch König Andreas. Während des Mongoleneinfalles 1241 wurde das Kloster zerstört und danach unter den Schutz von Hermannstadt gestellt. Den Zisterziensern ist die Urbarmachung der umliegenden Wildnis zu verdanken. Nach den Verwüstungen durch die Türken im Jahr 1421 wurde das Kloster erneut aufgebaut. Als jedoch unter dem Wiener Abt Reymund Bärenfuß die Sittenlosigkeit überhand nahm, löste es König Matthias auf. Als östlichster Vorposten des Ordens hatte das Kloster bahnbrechende Wirkung für Siebenbürgen.

Die nur noch in Ruinen erhaltene Kirche der Frühgotik war einst 54 Meter lang. Ihr Chor wurde für den Einbau der protestantischen Kirche im 16. Jahrhundert genutzt. Im Original sind der Chor, die Vierung, ein Teil des Querschiffes, die Außenwände vom Seitenschiff, drei Pfeiler vom Hauptschiff, der Torturm und die Ruinen der ehemaligen Klostergebäude erhalten. Im ehemaligen Hauptschiff der Kirche befindet sich heute ein Friedhof mit Gräbern von deutschen Gefallenen des Ersten Weltkrieges, die 1928 hierher verbracht wurden.

Östlich und nördlich von Cârța

In den kleinen Ortschaften abseits der Hauptstraße sind noch viele Kirchen zu entdecken, teilweise vollständig erhalten, teilweise ruinös: **Cîncşor** (dt. Kleinschenk, ungar. Kissink); **Dealu Frumos** (dt. Schönberg, ungar. Lesses), dessen Kirche im 16. Jahrhundert zur Verteidigung ausgebaut wurde; **Merghindeal** (dt. Mergeln, ungar. Morgonda) mit seiner im 15. Jahrhundert zur Wehrkirche umgebauten romanischen Pfeilerbasilika; **Agnita** (dt. Agnetheln, ungar. Szentágota).

▲ Karte S. 149

Die Gemeinde Rodbav besitzt nicht nur eine Wehrkirche, sondern auch das einstige Kurbad **Rodbav** (dt. Rohrbach, ungar. Nádpatak) mit jodhaltigen Mineralquellen, die bei Ischias, Rheuma und Nervenkrankheiten Linderung versprachen. Die Wehrkirche im Ort entstand in drei Bauphasen, zunächst als romanische Basilika, die zu Verteidigungszwecken in der letzten Bauphase in eine Saalkirche verwandelt wurde. Der Literaturhistoriker Rudolf Hörler schrieb im Siebenbürgisch-Deutschen Tageblatt einst über das weltabgeschiedene Bad: »Ich weiß nicht, ist es Zufall, Instinkt oder bewußte Absicht der Badeverwaltung, aber man wird nirgends so nachhaltig, so gründlich in Ruhe gelassen wie in Rohrbach. Ein rumänischer Knecht trägt den Koffer des Ankömmlings in das villenartige, in Eichen halb versteckte Wohnhaus, sperrt wortlos ein leeres Zimmer nach dem anderen auf, alle die noch frei sind, man sucht sich das netteste aus, was sehr schwer ist, denn sie sind so ziemlich alle gleich nett. Dort hinein stellt er den Koffer und verschwindet. Man bleibt allein mit dem winzigen Meldezettel auf dem Tisch, der diskret an die bürgerlichen Pflichten gemahnt, man füllt ihn aus und nun geschieht etwas ganz Wunderbares – kein Stubenmädchen erscheint, kein Zimmerkellner, kein Boy. Endlich geht man hinunter, um nach einem Abendessen zu suchen und siehe, drüben in der Restauration bekommt man alles, was man nur will.«

Făgăraş

Fährt man weiter den Olt hinauf, erreicht man Făgăraş (dt. Fogarasch, ungar. Fogaras). Während der gesamten Strecke wird man vom Făgăraş-Gebirge begleitet, wie dieser Gebirgsabschnitt des Karpatenbogens hier heißt. Er erreicht Höhen bis zu 2535 Meter. Im Ort steht eine mittelalterliche Burg, von einem Wassergraben umgeben. Sie wurde 1310 vom Ungarnkönig Ludwig dem walachischen Woiwoden Wladislaw zum Lehen gegeben und diente oft den muntenischen Herrschern als Zufluchtsort. Gabriel von Bethlen, der Siebenbürger Fürst, ließ sie im Stil der Renaissance umgestalten. 100 Jahre später schützte man das Schloss mit einer Ziegelmauer. Zwischen 1662 und 1690 fanden hier vier Sitzungen des siebenbürgischen Landtages statt. Nach dem Zweiten Weltkrieg diente die Burg zwölf Jahre als Gefängnis für politische Häftlinge. Heute ist ein **Historisches Museum** untergebracht, das über die Geschichte, Ethnographie und Kunst der Umgebung

Siebenbürgen

Die Reste de Zisterzienserklosters in Cârța

Diese Anlage beherbergt heute ein Museum

informiert. Besonders hervorzuheben ist eine wertvolle Hinterglasikonensammlung. Gegenüber vom Schloss erhebt sich nun eine der vielen, in Serie enstehenden Neubauten der orthodoxen Kirche.

Im Ort selbst sind noch einige Kirchen zu entdecken. Neben der unierten und der reformierten Kirche ist besonders die rumänisch-orthodoxe Nikolauskirche, die durch eine verglaste Vorhalle geschützt wird, hervorzuheben. In ihr werden kostbare Bücher aufbewahrt.

Museum: Di–Fr 8–18, Sa/So 9–17 Uhr; Nikolauskirche: tägl. 8–16 Uhr.

Prejmer

▲ Karte S. 149

Die östlichste der siebenbürgisch-sächsischen Siedlungen ist Prejmer (dt. Tartlau, ungar. Prázsmár), 18 Kilometer nordöstlich von Braşov an der Straße nach Buzău gelegen. 1240 wurden vier Burzenländer Gemeinden, darunter Prejmer, dem Zisterzienserorden verliehen. 1278 plünderten die Tataren erstmals den Ort. Eine zweite große Zerstörung erfolgte unter den Moldauer Fürsten 1552, bei der die Kirchenburg jedoch nicht eingenommen werden konnte. Das ganze 17. Jahrhundert war von Belagerungen und Plünderungen durch Türken, Tataren, Moldauer, Walachen, Kosaken und die Kuruzen (ungarische Aufständische im Habsburger Reich) geprägt.

Schon 1218 wurde der Bau der Heiligkreuzkirche begonnen, vermutlich vom deutschen Ritterorden. Im Grundriss hat die Anlage die Form eines griechischen Kreuzes, bei dem jeder Kreuzarm polygonal abschließt. Der Zentralbaugedanke, der dahinter steht, lässt sich auf byzantinischen Einfluss zurückführen. Die Vertreibung des Ritterordens führte zur Unterbrechung der Bautätigkeit. Sie wurde nach der Unterstellung des Ortes unter das Kerzer Patronat in der Zisterziensergotik fortgesetzt. Stilistisch kann man das am spätgotischen Netzgewölbe, den Radfenstern, den Bogenfriesen, den Bogenformen und den Spitzbogenfenstern mit Maßwerk erkennen, von denen sich zwei genau wie in Kloster Kerz hinter dem Altar befinden. Reste von Wandmalereien der gotischen Zeit entdeckte man an den Innenwänden.

Die Außenmauern an den polygonalen Apsiden wurden durch Strebepfeiler abgestützt. Über der Vierung erhebt sich ein massiver Glockenturm, der in dieser Form Umbauarbeiten des 15. Jahrhunderts zu verdanken ist. Zeitgleich erfolgte im südöstlichen Vierungspfeiler der Einbau einer Wendeltreppe, die Verlängerung des Westarmes mit dem Einzug der Empore. Auf vier Schlusssteinen im Westteil ist das Wappenschild Tartlaus mit den Buchstaben I.B.P. und der Jahreszahl 1512 zu sehen. Anschließende Umbauten betrafen die nördliche Seitenkapelle; im Laufe der Jahrhunderte waren mehrere Reparaturen nötig.

In den 1960er Jahren restaurierte man die Kirche, wobei Veränderungen späterer Jahrhunderte teilweise rückgängig gemacht wurden. Dabei konnte auch der gotische Flügelaltar aus dem Burzenländer Museum hierher zurückgebracht werden. Er war im 19. Jahrhundert durch einen neuen, modischeren ersetzt worden. Der gotische Flügelaltar besteht aus dem Mittelbild mit dem Kruzifix und acht Tafeln, auf denen die Beweinung, Grablegung, Auferstehung, drei Frauen am Grab, Fußwaschung, Abendmahl, Christus vor dem Hohepriester und die Geißelung dargestellt sind. Seit dem 17. Jahrhundert war die Gemeinde im Besitz einer Orgel, die im 19. Jahrhundert erneuert wurde.

Die Kreuzkirche ist von einer massiven Ringmauer umgeben, die in zwei Bauphasen entstand. In einer ersten Phase, vermutlich im 13. Jahrhundert, wurde ein ovaler Schutz von drei Metern Stärke angelegt. In einer zweiten wurde er ummantelt und vier Türme kamen hinzu, drei halbrunde und ein polygonaler.

Netzgewölbe der Kreuzkirche in Prejmer

Die Mauern sind heute 12 bis 14 Meter hoch und haben eine durchschnittliche Stärke von 4,5 Metern. Im oberen Bereich verläuft ein ziemlich breiter Wehrgang, von dem aus die Schießscharten und Gussöffnungen bedient wurden. Im Inneren des Burgringes befinden sich zahlreiche Kammern, in denen die Familien ihr Hab und Gut unterbrachten. Über 270 solcher Kammern wurden in zwei bis vier Geschossen eingebaut. Sie wurden während der Restaurierungsarbeiten in den 1990er Jahren rekonstruiert. Der Zugang erfolgte über offene Gänge. Im Abstand von drei Metern wurde eine zweite, niedrige Mauer errichtet, die die Außenecken der Türme miteinander verband. Im Süden befindet sich ein Torwehr. Ein 32 Meter langer, durch mehrere Fallgitter und Eichtore abgesicherter Gang bildete den Eingang zur Burg.

Davor baute man im 16. Jahrhundert eine Vorburg, die einen hufeisenförmigen Rathaushof umschloss. Die Vorburgmauern erhielten ebenfalls Schießscharten, Pechnasen und Gusserker. Die Außenfassade wurde mit Blendarkaden im Renaissancestil geschmückt. Über dem Eingang entstand ein Türmchen. Zwischen Vorburg und Südwestturm wurde eine Mauer gezogen, die einen Zwinger, auch Bäckerhof genannt, abschließt. In ihm befanden sich Wirtschaftsgebäude und Vorratshäuser sowie eine Bäckerei und eine Pferdemühle. Vor der Burg steht ein großer Parkplatz zur Verfügung, gegenüber befindet sich eine Touristeninformation. Kirche: Di–Fr 9–17, Sa 9–15, So 11–17 Uhr.

Hărman

Etwa 13 Kilometer nordöstlich von Braşov, an der Straße nach Sfântul Gheorghe, liegt das Dorf Hărman (dt. Honigberg, ungar. Szászhermány). Im 14. Jahr-

In Hărman

hundert zählte der Ort zu den 13 freien Gemeinden des Burzenlandes, die eine eigene Gerichtsbarkeit besaßen. Im Laufe von drei Jahrhunderten war Hărman immer wieder feindlichen Angriffen ausgesetzt. Zuerst kam der Moldauer Woiwode Stefan, die Burg hielt zwar stand, aber nur 50 Jahre später brannten Ort und Burg ab. Im Kampf zwischen Gabriel Báthori und Kronstadt mussten Ort und Kirche schwere Schäden hinnehmen, Brände und Pest sorgten für weitere Rückschläge. Während der Revolution von 1848 standen sich zunächst kaiserliche (habsburgische) Truppen und Szekler hier gegenüber, danach Russen gegen Szekler.

■ Wehrkirche

An der Kreuzung der beiden Hauptstraßen liegt die berühmte Wehrkirche. Wie Prejmer wurde auch Hărman im Jahr 1240 dem Patronat des Zisterzienserordens unterstellt. Die romanische dreischiffige Basilika mit einem quadratischen Chor wurde im 13. Jahrhundert errichtet.

Nur ein Jahrhundert später erfolgte der Bau des massiven Glockenturmes im Westteil der Kirche. Sein Erdgeschoss öffnet sich in Spitzbogenarkaden zum Kirchenschiff. Über das Westportal, flankiert von Treppentürmchen, betritt man das Gotteshaus. Im zweiten Geschoss des Turmes befindet sich eine Westempore, darüber zwei Geschosse, die zur Verteidigung mit Schießscharten ausgerüstet wurden, und ganz oben der Glockenstuhl. Die Langseiten der Kirche im Süden und im Norden weisen ebenfalls Eingänge auf.

Im Inneren sind Malereireste der vorreformatorischen Ausstattung erhalten: Spruchbänder und Heiligenfiguren. Schwedische Soldaten stifteten 1710 einen Altar, der nur 70 Jahre später durch den barocken ersetzt wurde; er hat bis heute Bestand. Das Werk des Bildhauers Franz Eberhard und des Malers Mohr aus Kronstadt zeigt die Kreuzigung und im oberen Register Moses und Aaron. Außer dem alten Altar ist den Schweden auch die erste Orgel der Kirche zu verdanken, deren Teile bei einer späteren Erneuerung integriert wurden. Karl XII., Gegner des Zaren Peter I., hatte hier zwei Wochen verbracht und es mit einem Sack Dukaten gedankt. Davon konnten Altar und Orgel gebaut werden.

▶ Karte S. 149

Eine Besonderheit ist das Gestühl für die Frauen. Die jahrhundertealten Sitzbalken sind lehnenlos, weil die Frauen ihre seidenen bestickten Rückenbänder der wertvollen Trachten schonen wollten. Nur drei Kirchen Siebenbürgens weisen solch ein Gestühl auf. Die Frauen saßen immer in der Mitte, damit sie besser geschützt waren. Wie viele Siebenbürger Kirchen besitzt auch Hărman orientalische Teppiche. Sie waren Geschenke der Kaufleute, die mit den Tataren handelten. In der Ortschaft gibt es auch eine bis heute produzierende Teppichmanufaktur.

Die Kirche ist von einer Ringmauer umgeben, in deren östlichen Teil eine Kapelle des 13. Jahrhunderts integriert wurde. Über einem Kellerraum liegt die vollständig ausgemalte Kapelle, darüber ein bewohnbarer Raum mit Rauchfang, was auf seine Verwendung als Speckturm hinweist. Die Wandmalereien zeigen Christus in der Mandorla, das Jüngste Gericht, die Kreuzigung, Geburt Jesu, die klugen und die törichten Jungfrauen, die Ausgießung des Heiligen Geistes, bis hin zu Pelikan, Löwe und Einhorn. Seit 1998 dauert die Restaurierung der Malereien schon an.

Das Bodenniveau um die Kirche herum war 1848 erhöht worden; es erlitt Schäden durch Feuchtigkeit, so dass man es abtrug und dabei Gräber entdeckte. Im Hof steht das Glockendenkmal von 1926, eine Stiftung Wiens, da die alten Glocken während des Ersten Weltkrieges eingeschmolzen worden waren; daneben ein Denkmal von 1973 für Gefallene des Zweiten Weltkrieges und Deportierte der gegnerischen Seite.

Die Wehrkirche in Hărman

Die Wehranlage geht auf das 13. Jahrhundert zurück. Zunächst wurde eine zwölf Meter hohe Mauer angelegt, die heutige innere Ringmauer. Diese verstärkte man durch sieben viergeschossige Türme: sechs quadratische und ein polygonaler, die alle vor die Mauer gesetzt wurden. Ein weiterer Mauergürtel des 15. Jahrhunderts verband die Türme untereinander und verstärkte somit den inneren Ring. Die Kirchenburg ist von einem Wassergraben umschlossen, dem vermutlich ein dritter Mauerring vorgesetzt war. Reste von Wohn- und Vorratskammern sind an der Südseite vorhanden. Die Ringmauer wurde wie üblich mit Schießscharten und Gusserkern versehen, der zweigeschossige Torturm mit Eichentüren und Fallgittern.

Kirche: Di–So 10–12 und 15–17 Uhr, jeden Sonntag ist Gottesdienst. In der Pizzeria ›Althaus‹ im Ort kann man bei exzellenter Holzofenpizza eine Pause einlegen.

Weitere Sehenswürdigkeiten

Unweit von Prejmer, in **Bod** (dt. Brenndorf, ung. Botfalu), wurde der Sänger Peter Maffay geboren, der sich mit Filmen und Hilfsprojekten für seine Heimat einsetzt. Seit neuestem ist er Pächter der Kirchenburg von Roadeş, in der ein Therapiezentrum für Kinder eingerichtet werden wird.

Von Hărman kann man auf einer Nebenstraße Richtung **Feldioara** (dt. Marienburg, ungar. Fáldvár) weiterfahren. Hier stand ursprünglich die Marienburg des Deutschen Ritterordens aus dem 13. Jahrhundert, von der nur noch Ruinen und der Westturm erhalten geblieben sind. Nach der Vertreibung des Ordens wurden Marienburg, Tartlau und Petersberg an die Zisterzienserabtei Kerz übereignet. Im Kampf um Siebenbürgen besiegte an dieser Stelle der moldauische Woiwode Petru Rareş im Jahr 1529 Ferdinand I. von Habsburg.

Um die Verbindungsstraße zwischen Braşov und Sighişoara, die E60/DN13, zu erreichen, fährt man zurück bis Bod und kommt schon bald auf die Hauptstraße. Vorbei an einem Waldgebiet, ein Stück am Olt entlang, liegen links und rechts des Weges immer wieder Wehrkirchen, unter anderen direkt an der E60 die romanische Saalkirche in **Rotbav** (dt. Rothbach, ungar. Szászveresmart).

Homorod

Ein Abstecher nach Homorod (dt. Hamruden, ungar. Homórod) lohnt sich allemal. Der Ort ist von Braşov über die E60 schnell zu erreichen. Nachdem man den Olt überquert hat, führt eine kleine Nebenstraße durch ein Waldgebiet zu dieser Ortschaft, einer von 15 Sachsengemeinden dieser Gegend. Ihr alter Name war St. Petersdorf, Peter und Paul war ihre Kirche geweiht. In den Quellen tauchte später der Name ›Hamrudia‹ auf. Darin steckt das Wort ›Hom(m)‹ von ›gerodet‹. Die gerodete Erde entwickelte sich zu einer stolzen und reichen Siedlung, in der man nicht nur von der Landwirtschaft lebte: Bekannt waren die Gestüte, in denen die Oldenburger Rosse gezüchtet wurden.

Ein interessanter, wenn auch stark mitgenommener Kirchenbau erwartet den Besucher. Den Schlüssel zur **Kirche** erhält man im Haus Nr. 374. Die letzten Siebenbürger Sachsen hüten die Kirche wie einen kostbaren Schatz, und dank ihrer Initiative konnte die Unterstützung des deutschen Botschafters in Rumänien gewonnen werden. Erste Sicherungs- und Erhaltungsmaßnahmen wurden seit 1998 eingeleitet. So konnten die verfal-

Die Kirchenburg in Homorod

Karte S. 149

Schmiegt sich in die Landschaft: Meşendorf

lenden Wehrgänge erhalten werden. Heute hat sich das Landeskonsistorium der evangelischen Kirche lutherischen Bekenntnisses mit Sitz in Hermannstadt der Kirche angenommen. Die ihrer Bestimmung nach trutzige Kirche, vielleicht die größte Anlage Siebenbürgens dieser Zeit, präsentiert sich heute als Kirche zwischen zwei Türmen, deren Chor nach Süden ausgerichtet ist. Sie war von einer doppelten Ringmauer umgeben, deren äußere abgetragen wurde. Der Kirchenbau selbst stammt aus dem Jahr 1270 und hatte den Chor und Altar im Osten. Dieser Ostchor des ersten romanischen Baus wurde in späterer Zeit in einen Wehrturm umgewandelt. In ihm befinden sich Reste alter Wandmalereien in mehreren Schichten, die teilweise gut erhalten sind. Dargestellt sind Szenen aus dem Leben Christi: die Gefangennahme, das erste Abendmahl und die Kreuzigung.

Im Inneren der heutigen Kirche sieht man Teppiche, darunter auch solche des ortsansässigen Frauenvereins. Der Glockenturm ist 29 Meter hoch, jede seiner Seiten 11 Meter lang und seine Mauern 4 Meter dick. In den Turm wurden Löcher für die Glockenseile gebrochen, da der Glöckner die Treppen nicht mehr steigen konnte.

Rupea und Meşendorf

Von Homorod zurück zur E60, liegt rechter Hand Rupea (dt. Reps, ungar. Köhalom). Auf einem Basaltberg erhebt sich eine langsam verfallende **Burg**, deren Ursprünge auf das 12. Jahrhundert zurückgehen. Nach der Zerstörung durch die Türken wurde sie im 15. Jahrhundert wieder aufgebaut, 200 Jahre später noch einmal mit polygonalen Bastionen verstärkt und gleichzeitig eine Kapelle hinzugefügt.

Man erreicht die Burg über einen steilen Fußweg, vor der Burg befindet sich ein Friedhof, der heute noch genutzt wird. Dorfbewohner haben sich am Eingang zur Burg eine Bleibe eingerichtet und hüten die letzten Reste.

Auf der Strecke sieht man immer wieder karstige Flächen. Eine Nebenstraße führt von der E60 nach Meşendorf (dt. Meschendorf, ungar. Mese). Das sächsische Dorf ist sehr gut erhalten; in ihm steht eine **Wehrkirche** mit einem freistehenden Turm.

Dârjiu

Nördlich von Homorod liegt Dârjiu (dt. Dersch, ungar. Székelyderzs) mit seiner Unitarierkirche. Der Ort gehörte zum Oberheller Stuhl, dem wichtigsten der sieben Szekler Stühle.

Auch in Dârjiu findet sich eine Wehrkirche

Die Gesamtanlage der **Wehrkirche** besteht aus einem doppelten Bering mit fünf rechteckigen Wehrtürmen, einem Torturm und dem Kirchhof mit dem nach Osten ausgerichteten Gotteshaus. Die Kirche geht auf das 13. Jahrhundert zurück. Im 15. Jahrhundert wurden der Chorabschluss polygonal verändert, die spätgotischen Fenster eingesetzt und der Ausbau zur Wehranlage vollzogen. Das lichte Innere ist von einem spätgotischen Netzgewölbe auf Konsolen überzogen und überrascht durch seine Wandmalereien, die ebenfalls aus dem 15. Jahrhundert stammen. Auf der Südseite des Langhauses sind von Osten nach Westen drei heilige Bischöfe dargestellt. Nur der zweite, Sath, und der dritte, laut Inschrift Kilian, lassen sich identifizieren. Es folgen das Jüngste Gericht und die Bekehrung des Paulus. Auf der Nordwand befinden sich fünf miteinander verwobene Szenen der Legende des heiligen Ladislaus, des ungarischen Nationalheiligen: Verfolgung der Kumanen, Kampf zwischen König und Kumane, Enthauptung des Kumanen, die Rast. Der Zyklus wurde beim Einbau der Empore beschädigt. Weitere Malereien im Chor sind schlecht erhalten.

▲ Karte S. 149

■ Saschiz, Albeşti und Viscri

Nur wenige Kilometer entfernt liegt Saschiz (dt. Keisd, ungar. Szászkézd). Die **Kirche** (UNESCO-Welterbeliste) ist im 15. Jahrhundert in eine Festung umgewandelt worden, indem man das Langhaus und den Chor durch ein Wehrgeschoss überhöhte. Die Außenwände erhielten Strebepfeiler, die durch Blendbögen zusammengefasst wurden. 40 solcher Blendbögen halten das Bauwerk wie einen Gürtel zusammen. Schießscharten, Gusslöcher und ein Wehrgang vervollständigen die wuchtige Anlage.

Bei Albeşti (dt. Weißkirch, ungar. Fehéregyház), kurz vor Sighişoara, siegte die habsburgische Armee gegen die transsilvanischen revolutionären Truppen am 31. Juli 1849, dabei fand der ungarische Dichter Sandor Petöfi auf seiten der Revolutionäre den Tod. Mit einer kleinen **Gedenkstätte** wird hier seiner gedacht.

Die Besonderheit der Kirche von **Viscri** (dt. Deutschweißkirch, ungar. Szászfehéregyháza) liegt darin, dass es sich trotz der frühen Bauetappe um eine Saalkirche mit einem Westturm und nicht um die übliche Basilika handelt. Doch nicht nur wegen seiner trutzigen Kirchenburg, sondern auch wegen des erhaltengebliebenen historischen Dorfs ist ein Besuch empfehlenswert. Auch seine königliche Hoheit Prinz Charles hat der Ort für sich eingenommen.

Sighişoara

Durch die Gestalt des sagenumwobenen Dracula hat die Stadt Sighişoara (dt. Schäßburg, ungar. Segesvár) Bekanntheit erlangt. Sie liegt im Tal der Târnava-Mare (dt. Grosse Kokel) und besticht durch ihr einzigartiges städtebauliches Gefüge, das sich wie selbstverständlich in die hügelige malerische Umgebung einfügt.

Unter der lateinischen Bezeichnung ›Castrum sex‹ wurde die Stadt als sechste der sieben Burgen der Sachsen gegründet. Unter dem altdeutschen Namen ›Schespurch‹ ging sie in die Annalen ein. Im Jahr 1367 erhielt sie den Rang einer ›Civitas de Seguzwar‹, woraus sich die heutige rumänische Benennung entwickelte. Die unruhigen Zeiten zwischen dem 16. und 18. Jahrhundert waren der Anlass für die regelmäßige Instandhaltung der Wehranlagen, die bis heute erhalten blieben. Später entwickelte sich Schäßburg zum Handwerker- und Han-

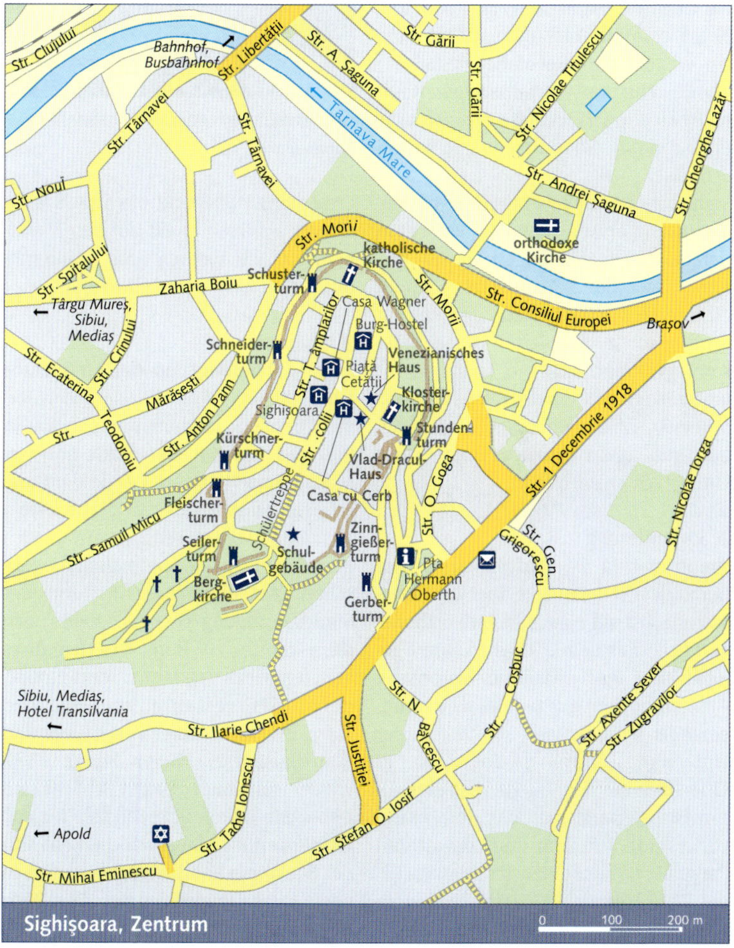

Sighişoara, Zentrum

delszentrum, das von Szeklern, Rumänen und Sachsen bewohnt war. Da die wirtschaftliche Entwicklung der Neuzeit relativ spät einsetzte, wurden wenige bauliche Veränderungen vorgenommen. Wie viele Städte Rumäniens veränderte auch Sighişoara durch die Industrialisierung nach dem Zweiten Weltkrieg sein Aussehen. Die Neubauten liegen jedoch alle abseits des historischen Stadtkernes. Gefahr drohte diesem einzigartigen architektonischen Ensemble während der Ceauşescu-Ära. Dem Abrissplan sollte die gesamte Altstadt zum Opfer fallen, was durch die Revolution verhindert wurde. Nur ein würfelförmiger Kaufhausbau erinnert an diese Absichten. Er entstand an einer bereits planierten Schneise.

Sighişoara ist ein beliebtes Ziel von Reisegruppen, entsprechend voll kann es in der Saison in den engen Gassen der Altstadt werden. In den letzten Jahren eröffneten mehrere Hotels und Restaurants in schön renovierten Altstadthäusern. Während sich die Touristen für eine Einkehr mehr in der Oberstadt entscheiden, ist ein lebendiges Kneipenleben mit vielen Einheimischen in der Unterstadt anzutreffen.

Orientierung

Wenn man in die Stadt einfährt, wird der Blick von der Brücke über die Târnava zunächst auf eine markante orthodoxe Kirche aus dem 20. Jahrhundert gelenkt. Die gut erhaltene historische Altstadt besteht aus zwei geschickt miteinander verbundenen Stadtteilen: der Unterstadt (Oraşul de Jos) und der Oberstadt auf dem Burgberg (Cetatea). Am besten parkt man das Auto in der Unterstadt auf dem zum bewachten Parkplatz umfunktionierten Marktplatz, der Piață Hermann Oberth. Zwei großzügig angelegte Straßen – die Strada 1.

▶ Karte S. 163

Blick auf die Oberstadt, in der Mitte der Stundenturm

Decembrie 1918 und die Strada Ilarie Chendi – führen direkt auf den Marktplatz zu. Alle anderen Gassen sind mittelalterlich klein und dicht bebaut.

Stundenturm

Eine Verbindung von der Unterstadt zum Burgberg ist der Stundenturm (Turnul Ceasului). Jahrhundertelang war in ihm das Rathaus der Stadt untergebracht. Seine Lage am Rande der Burgterrasse zwischen beiden Stadtvierteln lässt ihn sowohl den Marktplatz als auch den Burgplatz gleichermaßen beherrschen. Als ehemaliger Torturm der Stadtbefestigung ist er auch heute noch das Haupttor zur Burg. Die Ursprünge gehen auf das 14. Jahrhundert zurück, doch 1676 zerstörte ein Brand den Turm, der vom Tiroler Veit Grüber und dem Salzburger Philipp Bonge 1677 wieder aufgebaut wurde. Schlicht und ohne jede Dekoration, mit sehr kleinen Öffnungen im Mauerwerk, erhebt sich der Baukörper kontrastreich zur offenen Loggia des Obergeschosses. Das Dach ist schwungvoll verziert und wird von einer 64 Meter steil aufragenden Spitze bekrönt. Vier Ecktürmchen, einst das Autonomiesymbol einer mittelalterlichen Stadt, flankieren den Turmabschluss. In den fünf Turmgeschossen befanden sich ehemals die Munitions- und Schatzkammer, das Archiv, Verwaltungsräume und zuletzt das Gefängnis. Ende des 19. Jahrhunderts wurde in ihnen das **Historische Museum** (Muzeul de Istorie) eingerichtet. Dazu gehört auch eine Hermann-Oberth-Ausstellung. Der Physiker und Raumfahrtpionier wurde 1894 in Hermannstadt geboren. Seine deutschstämmige Familie siedelte bald nach seiner Geburt nach Schäßburg um, wo Hermann von 1902 bis 1912 das Gymnasium besuchte. Nach seinem Studium in Klausenburg, München, Göttingen und Heidelberg lehrte er in Mediasch. Ersten Ruhm erlangte er mit seiner 1917 entworfenen 25 Meter langen Rakete, die mit Alkohol und Sauerstoff betrieben wurde. Von den Behörden zunächst verlacht, erschien 1923 sein Buch ›Die Rakete zu den Planetenräumen‹. Diese und weitere Veröffentlichungen wurden die Grundlagen der internationalen Raumfahrtliteratur. Beratend stand er Fritz Lang für seinen Film ›Die Frau im Mond‹ zur Seite. Oberth wirkte als Professor in Wien und Dresden und stellte sich in den Dienst Adolf Hitlers, indem er an der Entwicklung der ›Wunderwaffe‹ V2 beteiligt war. Nach dem Krieg und bis zu seinem Tod 1989 in Nürnberg war sein berufliches Domizil Amerika. Einer seiner bekanntesten Schüler war Wernher von Braun.

Der berühmte Stundenturm, Detail

Bei gutem Wetter lohnt sich der Turmaufstieg für den schönen Ausblick auf die Umgebung, aber auch, um die berühmte Turmuhr von Johann Kirchel von 1648 von nahem zu sehen. In den Nischen zweier Turmfassaden stehen Personifikationen des Tages und der Nacht, des Friedens und der Gerechtigkeit.

Oberstadt

Jenseits des Stundenturms erstreckt sich die auf einer breiten Terrasse angelegte Oberstadt mit ihren dicht aneinandergereihten Häusern. Ihr Zentrum bildet die **Klosterkirche** (Biserica Mănăstirii), die der evangelisch-lutherischen Gemeinde übergeben wurde. Zur Kirche gehörte einst das danebenliegende **Klostergebäude**. Die Dominikaner waren vom 13. Jahrhundert bis zur endgültigen Übernahme des lutherischen Bekenntnisses und damit zur Neuordnung des kirchlichen Lebens hier ansässig. Im Jahr 1555 wurde der Orden, der im Laufe von 300 Jahren zu ansehnlichem Reichtum gelangt war, in Siebenbürgen aufgelöst. Die Güter wurden säkularisiert, die Räume vom Stadtrat übernommen und das Gebetshaus zur Hauptkirche der evangelischen Bevölkerung. Bis ins 19. Jahrhundert nutzte man die Klostergebäude als Schulen. In der Kirche sind von der alten Ausstattung nur der Teil eines Nebenaltares und das 1460 gegossene kelchförmige Taufbecken erhalten. Ein Brand zerstörte die Kirche

AUZIȚI VEDEȚI MIRAȚI-VĂ

1676 völlig. Ihr Wiederaufbau erfolgte im Barockstil. Eines der wenigen Beispiele eines siebenbürgischen barocken Altars slowakischer Meister ist hier zu sehen. Der Zeit des Wiederaufbaus entstammte auch die erste Orgel. Sehenswert ist die große Anzahl der anatolischen Teppiche, Spenden der Kaufleute, die mit den Tataren handelten.

Schräg gegenüber der Kirche liegt das **Venezianische Haus** (Casa Venețiana) aus dem 16. Jahrhundert. Erst im 19. Jahrhundert wurde es mit gotischem Zwillingsfenster und Erker ausgestattet.

Im **Vlad-Dracul-Haus** (Casa lui Vlad Dracul) soll Vlad Țepeş 1431 geboren worden sein, was aber historisch nicht belegt ist. Hier befindet sich heute ein gemütliches Restaurant mit traditioneller Küche. Links und rechts davon schließen sich gut erhaltene weinfarbene, laubgrüne und ockergelbe Häuser des 16. und 17. Jahrhunderts an.

Auf dem **Burgplatz** (Piață Cetății) ist man beeindruckt von den Häusern der Adligen und Patrizier, die im 17. und 18. Jahrhundert errichtet wurden. Hervorzuheben ist das Haus mit dem Hirschgeweih (Casa cu Cerb). Der Platz war das städtische Zentrum mit Schandmal und Schafott.

Die **katholische Kirche** (Biserica Catolică) am nördlichen Ende der Oberstadt stammt in ihrer heutigen Gestalt aus dem 19. Jahrhundert. In der kleinen Gemeinde sind vorwiegend die ungarischstämmigen Bürger der Stadt zu Hause. An der Burgmauergasse (Strada Zidul Cetății) etwas weiter kann man Reste der ehemaligen **Burgbefestigung** entdecken. Von 14 Wehrtürmen sind 9 erhalten geblieben, entlang der Mauer sind in nordöstlicher Richtung anzuschauen: Schusterturm (Turnul Cizmarilor), erkennbar an seinem roten Spitzdach; Schneiderturm (Turnul Croitorilor), einfach und massiv, ehemals durch Eisengitter verschließbar; Kürschnerturm (Turnul Blănarilor) auf achteckigem Grundriss und Fleischerturm (Turnul Măcelarilor).

Über die überdachte **Schülertreppe** (Scările Şcolarilor), die den Schülern seit 1642 über 175 Stufen den Anstieg zur Bergschule erleichtern sollte, erreicht man das ehemalige **Schulgebäude** von 1612, das Mitte des 18. Jahrhunderts umgebaut wurde. Seinerzeit wurden hierin nicht nur Sächsisch, sondern auch Rumänisch, Ungarisch, Armenisch und Jiddisch sprechende Kinder unterrichtet. Daneben steht das erst 100 Jahre alte Joseph-Haltrich-Gymnasium. In seinem Festsaal befanden sich Bilder mit sächsischen Persönlichkeiten, darunter Josef Haltrich und Bischof G.D. Teutsch. Im Zuge der Verstaatlichung wurden die Bilder 1948 abgehängt, doch 1993 konnte der ursprüngliche Zustand mit Spenden ausgewanderter Schäßburger wiederhergestellt werden.

Am südöstlichen Teil der Burgmauer befindet sich der 25 Meter hohe **Zinngießerturm** (Turnul Cositorarilor). Besonders die Türme Sighişoaras sind gute Beispiele, um die verschiedenen Stilphasen unterscheiden zu können. Der Zinngießerturm wurde auf quadratischer Basis begonnen, im Obergeschoss über ein Fünfeck erweitert und mit dem Dach abgeschlossen. Einschläge der letzten Belagerung von 1704 sind zu erkennen. Vom Gerberturm dagegen sind nur Ruinen geblieben. Einst verband ein Wehrgang beide Türme. Den Abschluss bildet der Seilerturm.

Der Uhrturm

Bergkirche

Die Bergkirche (Biserica din Deal) ist ein Kleinod der mittelalterlichen Stadt. Über einem romanischen Vorgängerbau entstand 1345 der gotische Chor mit Kapitellen, die denen der Michaelskirche von Cluj ähneln. Ältester Teil des Gotteshauses ist die Krypta des 13. Jahrhunderts, die einzige erhaltengebliebene Siebenbürgens. Der Westturm, ebenfalls aus dem 13. Jahrhundert, wurde 1429 während des Ausbaus in die dreischiffige spätgotische Halle einbezogen. Nach dem Erdbeben von 1838 wurde das Netzgewölbe der Seitenschiffe teilweise erneuert, während das Gewölbe im Chor eine hölzerne Nachbildung ist. Seit dem Jahr 2004 ist die Renovierung der Kirche abgeschlossen. Für die Sanierung des Bauwerkes und die in ihr konzipierte Ausstellung mittelalterlicher Kunstwerke wurden die Verantwortlichen mit dem Europäischen Museumspreis ausgezeichnet. Nun kann die Kirche wieder besichtigt werden. Auch eine lohnenswerte Führung in deutscher Sprache wird angeboten.

Zur Ausstattung der Kirche gehört neben der bedeutenden Krypta des 12. Jahrhunderts eine steinerne, mit gotischem Maßwerk verzierte Kanzel, die inschriftlich auf 1480 datiert ist, und ein spätgotisches fialenförmiges Sakramentshaus mit balusterförmiger Basis aus dem 16. Jahrhundert. Das Chorgestühl ist ein Werk des Tischlermeisters Johannes Reychmuth aus Schäßburg von 1523, seine Rückenlehnen werden Johann Stoß zugeschrieben. Wandmalereireste haben sich im Chor und am Triumphbogen, im nördlichen und südlichen Seitenschiff sowie im Atrium erhalten. Eine Darstellung im Turmeingang zeigt den Erzengel Michael als Seelenwäger, der die Teufel verjagt, ein Werk des Jakobus Kendlinger aus dem Jahr 1488.

Blick von der Oberstadt auf die Bergkirche

▲ Karte S. 149/163

Das Innere der Kirche dient als Ausstellungsraum für herausragende mittelalterliche Flügelaltäre, die aus anderen Gotteshäusern zu ihrem Schutz hierher gebracht wurden.

Unter der Vielzahl der Ausstellungsstücke befindet sich der sogenannte Martinsaltar im zweiten Joch des nördlichen Seitenschiffs. Seine Mitteltafel zeigt den heiligen Martin mit dem knienden Bettler zu Füßen. Der heilige Dominikus, gefolgt von drei Heiligen, hält seine Hand auf einen Hund in Anspielung auf die Rolle der Dominikaner während der Inquisition. Der Altar wird dem Meister Johann Stoß, einem Sohn des berühmten Veit, zugeschrieben, der sich aus der Slowakei kommend in Sighişoara niederließ. Weiterhin sind in der Kirche alte Grabsteine und Volkskunst ausgestellt, darunter bemalte Bauerntruhen.

Um die Kirche liegen der **Friedhof** und der **Seilerturm** (Turnul Frânghierilor), der einzige bewohnte Turm der Stadtmauer. In ihm wohnt der Friedhofswärter.

Apold

Von Sighişoara kommt man in Richtung Süden durch große Obstplantagen bis nach Apold (dt. Trappold, ungar. Apold).

In Apold angekommen, muss man zunächst nach dem Schlüssel fragen. Die spätgotische **Hallenkirche** wurde im Laufe der Zeit zur Verteidigung umgebaut. Dabei erhöhte man das Gewölbe, legte über dem Schiff ein Wehrgeschoss mit Schießscharten an und stützte die Wände durch Strebepfeiler am Chor ab. Im 16. Jahrhundert erfolgte der doppelte Mauerring mit Wehrtürmen und Basteien. Nur der äußere Ring ist erhalten, der innere fast vollständig abgetragen. Die Orgel wurde 1821 vom Schäßburger Johann Thoiss gebaut.

Sighişoara

Touristeninformation, in der Unterstadt gleich beim Busparkplatz. Mo–Fr 9–12 und 15–18 Uhr sowie Sa 9–13 Uhr.

Vorwahl: 0265.

Für alle Hotels gilt, dass man vor allem in der Sommersaison rechtzeitig reservieren sollte.

Hotel Casa Wagner, Piaţa Cetăţii 7, Tel. 506014, Fax 506015, www.casawagner.com. DZ 60 Euro. Stilvolles Hotel mit gutem Restaurant in der Oberstadt.

Hotel Sighişoara, Str. Şcolii 4–6, Tel. 771000, Fax 777788, www.sighisoara.com/hs. Mitten im historischen Zentrum gelegen, schlichte, aber sehr gemütlich eingerichtete Zimmer, DZ 50 Euro.

Pension Casa cu Cerb (Haus mit dem Hirschgeweih), Str. Şcolii 1, Tel. 774625, Fax 777349, www.casacucerb.ro. Direkt gegenüber dem Hotel Sighişoara, DZ 50 Euro. Das denkmalgeschützte Gebäude vom Anfang des 17. Jahrhunderts wurde von der Münchener Messerschmidt-Stiftung restauriert und beherbergt jetzt schöne Gästezimmer, ein Restaurant sowie Tagungsräume für bis zu 30 Personen. Das Haus wird oft von Gruppen genutzt, rechtzeitige Anmeldung ist angeraten.

Es gibt in der Altstadt ein Interkulturelles Begegnungszentrum, das neben einem Internetcafé auch ein Jugendhotel betreibt: **Burg Hostel Sighişoara**, Str. Bastionului 4–6, Tel./Fax 778489, www.ibz.ro.

Historisches Museum, im Stundenturm, Mo 10–15.30, Di–Fr 9–18, Sa/So 9–16 Uhr. Im ersten Geschoss steht ein schönes Stadtmodell, der Vorraum ist Hermann Oberth gewidmet. Daneben sind Keramik und Werkzeuge ausgestellt. Im zweiten Obergeschoss ist eine alte Apotheke mit Gläsern, medizinischen Instrumenten und getrockneten Pflanzen eingerichtet. Im dritten und vierten Obergeschoss sieht man Möbel, Küchengerät und Werkzeuge der einzelnen Zünfte, in der vorletzten Etage nochmals Keramik und Uhren; im sechsten Stock endet der Turm.

Bergkirche, tägl. außer Mo 10–17 Uhr.

Kirchenburg Biertan

Zwischen Sighişoara und Mediaş, in den Orten Criş (dt. Kreisch, ungar. Keresd), Dumbrăveni (dt. Elisabethstadt, ungar. Erzsébetváros) und Biertan (dt. Birthälm, ungar. Berethalom) liegen weitere Kirchenburgen. Unter ihnen gilt die in Biertan, mitten im siebenbürgischen Weinland, als die imposanteste. Man fährt in den Ort hinein und sieht sie schon von Ferne: Strategisch geschickt liegt sie auf dem höchsten Punkt des Ortes.

Die spätgotische dreischiffige Hallenkirche wurde in den Jahren 1500 bis 1516 anstelle eines Vorgängerbaues errichtet, dessen Chor man erhöhte und mit einem Wehrgeschoss versah. Eine bereits bestehende Umwallung wurde verdoppelt, im Laufe des 16. Jahrhunderts mit

acht Türmen verstärkt und spiralförmig als dreifacher Mauergürtel um den Hügel gelegt. Über dem Westportal sind die Wappen des Königs Wladislaw (1490–1516) und des Woiwoden Johann Zápolya (1510–1526) zu sehen.
Im Inneren bewahrte die evangelische Kirche ihre spätgotische Ausstattung, deren Prunkstück ein Flügelaltar ist. In dessen obersten Mittelfeld sieht man eine bemerkenswerte Kreuzigung, deren Kreuzbalken in Weinranken mit Trauben übergehen, während der Fuß wie ein Baumstamm im Boden verwurzelt ist. Auf den Altarflügeln sind Kaiser Augustus und Hesekiel dargestellt.
Im Südturm des inneren Berings sind Malereien aus dem frühen 16. Jahrhundert erhalten. Im Nordturm, dem sogenannten Mausoleumsturm, wurden 1913 die Grabsteine einiger Bischöfe aufgestellt. Die Ostbastei nannte man das ›Gefängnis‹. Man sagt, dass darin zerstrittene Eheleute so lange eingesperrt wurden, bis sie gelobten, sich wieder zu vertragen; sie mussten zusammen ein Bett, einen Tisch, einen Stuhl, einen Teller, einen Becher und einen Löffel benutzen.

Die Kirchenburg Biertan scheint ihre Umgebung zu bewachen

▲ Karte S. 132/33

Biertan war von 1572 bis 1867 Residenz der siebenbürgisch-sächsischen Bischöfe. Trotz des dreifachen Mauerringes wurde die Burg 1704 von aufständischen Kuruzen gestürmt und geplündert. Seit 1993 steht die Kirchenburg mit dem sie umgebenden inneren Ortskern auf der Welterbeliste der UNESCO.
Kirche: Di–Fr 9–12 und 13–18, Sa 9–12 und 13–16, So 9–11 Uhr. Der Kirche ist ein Gästehaus angeschlossen, das 40 Personen Platz bietet. Telefonische Anmeldung über Tel. 0269/214877 und direkt beim Pfarramt in Biertan.

Mediaş

Das Städtchen Mediaş (dt. Mediasch, ungar. Medgys) wirkt trotz seiner mehr als 50 000 Einwohner auf den ersten Eindruck ein wenig verschlafen. Es liegt am Unterlauf der Târnava Mare (dt. Große Kokel), ging aus einer römischen Siedlung ›beim Kreuzweg‹ (per medias vias) hervor und wurde erst nach 1235 von deutschen Siedlern in Besitz genommen und ausgebaut. Den Charakter einer mittelalterlichen deutschen Stadt mit Schindeldächern, Giebelbalken mit Bibelsprüchen konnte sich der historische Kern – mittlerweile eine Fußgängerzone – bis heute bewahren. Das Stadtbild wird vom Kirchenkastell (der ehemaligen katholischen Margarethenkirche) geprägt, ihren Umfassungsmauern und den Befestigungstürmen, die die Kirche umschließen. Das Kirchenkastell ist die einzige erhaltene Stadtkirchenburg Siebenbürgens.
Bis zum Jahr 1910 entwickelte sich die Stadt nur innerhalb ihrer mittelalterlichen Stadtmauern. Diese Mauern hatten eine Länge von 2,4 Kilometern; davon blieben 1,4 Kilometer erhalten. Mit der Entdeckung von Erdgas in der Umgebung begann die Ausdehnung. Fabriken wurden gebaut, die Arbeits-

Die evangelische Kirche

plätze zogen viele Menschen an. Auch heute noch zieht sich ein Kranz industrieller Anlagen um Mediaş, so zum Beispiel Glasfabriken für Auto- und Kristallglas, Maschinenbauwerke, Schuh- und Textilienfabriken und Wurstproduktionsstätten. In den Gassen der Altstadt hört man nur noch wenig Sächsisch: Die Wende von 1989 haben viele zur Ausreise genutzt.

Trompeterturm und evangelische Kirche

Die evangelische Kirche wird immer noch Margarethenkirche (Biserica Sfânta Margareta) genannt, weil sie dieser Heiligen geweiht war. Der Trompeterturm ist der Glockenturm der Margarethenkirche, an ihm ist die freie Gerichtsbarkeit der Stadt erkennbar. Der Trompeterturm (Tramitertum) – der Name ist vom sächsischen Wort ›Tramit‹ für Trompete abgeleitet – ist das Wahrzeichen der Stadt. Er ist fast 70 Meter hoch, wurde im 15. Jahrhundert begonnen, später erhöht und in die Westfront der evangelischen Kirche eingegliedert. Wie in Sighişoara, so verweisen auch hier die vier Ecktürmchen auf die Hochgerichtsbarkeit, das heißt die junge Stadt Mediasch konnte Todesurteile aussprechen und vollstrecken. An der Spitze des Trompeterturmes wurde eine Abweichung von der Senkrechten um fast zweieinhalb Meter festgestellt. Durch die Erhöhung senkte sich das Fundament und machte Anfang des 20. Jahrhunderts eine Stabilisierung notwendig. Das evangelische Kirche erhebt sich auf zwei Vorgängerbauten, die für die wachsende Gemeinde im Mittelalter zu klein geworden waren und deshalb abgetragen wurden. Im Jahr 1440 begann man mit dem Bau des heutigen hohen spätgotischen Chores. Im Anschluss folgte das dreischiffige Kirchenschiff, wofür das nördliche Seitenschiff der Vorgängerkirche eingebunden wurde. Dieses war wie der Vorgängerbau basilikal gestaltet und ist das älteste Bauglied der heutigen Kirche. Das südliche, mit dem Neubau errichtete Schiff zog man so hoch wie das Mittelschiff, und es entstand eine Halle. Im 19. Jahrhundert erhielt die Kirche eine Empore. Die zeitlichen Abstände zwischen der Errichtung der einzelnen Bauglieder vermochten die harmonische Innenraumwirkung nicht zu trüben. Im Chor und Mittelschiff findet man ein Netzgewölbe, in den beiden Seitenschiffen hingegen Kreuzgewölbe.

Eine Besonderheit stellen die schön verzierten Schlusssteine an den Kreuzungspunkten der Gewölberippen dar. Im Mittel- und Seitenschiff sieht man auf ihnen Wappenschilder, die auf die Stifter hinweisen, aber auch Wappen von Gebieten, Ortschaften und Zünften. An ihnen kann man die Geschichte der Stadt Mediaş ablesen. Die drei französischen Königslilien stehen für das Haus Anjou. Karl Robert von Anjou hatte der Stadt und dem Mediascher Stuhl die alten Rechte, derer sie der Siebenbürger

In der schön restaurierten Altstadt

Woiwode beraubt hatte, wiedergegeben. Das alte Stadtwappen von Mediaş versinnbildlicht eine offene rechte Hand mit Halbmond und Sternen, auf dem neuen Wappen hält die Hand einen Rebstock.

Im ältesten Teil der Kirche, dem nördlichen Seitenschiff, an den Laibungen der Arkaden und im Mittelschiff sind Wandmalereien zu sehen. Sie gehen auf den Vorgängerbau und das Jahr 1420 zurück. Am nördlichen Schiff erkennt man von links nach rechts den ungläubigen Thomas, die Weisen aus dem Morgenland, den heiligen Ludwig (Ludwig IX.) auf dem Thron, was vielleicht Bezug zu Ludwig von Anjou nehmen könnte, der Siebenbürgen damals regierte; ferner Bartholomäus, Katharina von Alexandria, die heilige Barbara und den gekreuzigten Christus. Erst während der Restaurierung in den 1970er Jahren wurden die Malereien freigelegt.

Im Chorraum hat man ehemalige Grabplatten aufgestellt. Sie befanden sich ursprünglich im vorderen Teil der Kirche, die als Grabstätte bedeutender Persönlichkeiten diente. Das älteste Ausstattungsstück ist das kelchförmige aus Glockenmetall gegossene Taufbecken aus der alten Kirche. Das Becken lässt sich auseinandernehmen; im Winter wurde es beheizt.

Der Stolz der Kirche ist der gotische Flügelaltar von 1490. Während des Bildersturms der Reformation waren die Reliefs der zwei schwenkbaren Schreintüren und die hölzernen gefassten Vollplastiken entfernt worden. Ein Teil der Skulpturen fand 1992 Ersatz durch die Auferstehungsgruppe des Wiener Künstlers A. Pichler. Die Werktagsseite (geschlossene Flügel) zeigt auf acht Altar-

Die frühere deutsche Schule

▲ Karte S. 132/33

bildern die Passion Christi. Auf der Kreuzigungstafel ist im Hintergrund an Stelle von Jerusalem die Stadt Wien dargestellt. Man vermutet als Künstler einen Maler im Umfeld des sogenannten ›Schottenstift- Meisters‹ von Wien. Im Chor befand sich einst die Orgel. Sie wurde später auf die Empore versetzt. Das alte Orgelwerk wurde 1755 vom einheimischen Meister Johannes Hahn erneuert.

Die Kirche war Zeuge wichtiger geschichtlicher Ereignisse. Im Jahr 1572 versammelte sich hier die Synode der sächsischen Geistlichkeit, um das Augsburger Bekenntnis anzunehmen; mehrere Landtage fanden hier statt; 1848 wurde hier der erste sächsische Jugendbund gegründet.

Kirchenkastell

Der Marktplatz mit schönen alten Patrizierhäusern wird vom Kirchenkastell an der Nordseite überragt. Parallel mit der Kirche wurden die Befestigungsanlagen gebaut, wobei der zum Teil doppelte Mauerring mit den starken Türmen entstand. Den Kirchhof betritt man unter dem Tor- oder Glockenturm mit seinem hölzernen Wehrgang. Geht man auf der Nordseite weiter, trifft man links auf die 1713 erbaute **alte Schule**. Ihr Gebäude schließt den fünften Wehrturm ein, der 1888 bis unter das Schuldach abgetragen wurde.

Weiter nach Osten steht der sogenannte **Seiler- oder Speckturm** mit regelmäßig angeordneten Gusslöchern. Er wird bis heute zum Trocknen des Schinkens genutzt. Anschließend folgt das **Geburtshaus von Stefan Ludwig Roth** (1796–1849). Der Schüler Pestalozzis, Magister, Pfarrer und fortschrittliche Denker galt als führende Figur der um Gleichberechtigung kämpfenden Bewegung im 19. Jahrhundert. Er wurde während der Wirren der Revolution von 1848/49 vom Regierungskomissar Ladislaus Csány wegen Landesverrates zum Tode verurteilt und erschossen. In seinem Denken wollte er allen gerecht werden: »Mit meiner Nation habe ich es wohlgemeint, ohne es mit den anderen Nationen übel gemeint zu haben.«

An der Ostseite der Kirche steht das **Pfarrhaus** aus der ersten Hälfte des 16. Jahrhunderts und unmittelbar daneben der **Marienturm**. Sein Name ist von der im Erdgeschoss liegenden Marienkapelle abgeleitet. Diese ist mit Malereien geschmückt und diente wohl den Geistlichen, die nicht der Reformation beitreten wollten. Der Rundgang durch die Kirchenburg endet mit dem überdachten Treppenaufgang auf der Südseite, der eine direkte Verbindung zum Markt herstellte. Hier ist der Mauerring doppelt und verstärkt durch den Schneiderturm, in dem ein **Heimatmuseum** untergebracht wurde.

Die Umgebung von Mediaş

Auch die Umgebung von Mediaş bietet eine ganze Reihe sehenswerter Sakralbauten. Wer nicht mit eigenem Auto unterwegs ist, kann sie von Mediaş mit öffentlichen Bussen oder Minibussen erreichen. Die Minibusse fahren vor allem an den Werktagen. Haltestellen befinden sich an den Bahnhöfen.

Valea Viilor

Eines der anschaulichsten Beispiele für eine Kirche, die nachträglich festungsartig ausgebaut wurde, ist die südwestlich von Mediaş liegende **Peterskirche** von Valea Viilor (dt. Wurmloch, ungar. Nagybaromlaka). Sie war im 13. Jahrhundert errichtet worden, aber die Umstände der Zeit erzwangen 1520 den Ausbau zur Wehrkirche. Man wölbte den Saal und den Chor ein und setzte

Die renovierungsbedürftige Kirchenburg Axenter Sever

über beide Bauglieder eine Reihe von Wehrgeschossen mit Schießscharten und Gusslöchern. Diese Wehrgeschosse mussten von Bögen zwischen Strebepfeilern getragen werden. Über dem Chor erheben sich turmartig vier solcher Wehrgeschosse, deren Abschluss bildet wie auch am Westturm ein Wehrgang mit Fachwerkbrüstung. Die Seiteneingänge der Kirche wurden durch hochgeführte Vorbauten und Fallgitter geschützt, der Westeingang ganz vermauert. Etwas früher war schon der ovale Bering mit vier quadratischen Wehrtürmen und einem Wehrgang auf Arkadenbögen angelegt worden, der im Inneren 36 Fruchthäuschen enthielt.

Zwischen Mediaş und Sibiu

Zwischen Mediaş und Sibiu liegen noch die **Kirchen** Axenter Sever (dt. Frauendorf, ungar. Assonyfalva), Agârbiciu (dt. Arbegen, ungar. Egerbegy), Şeica Mare (dt. Marktschelken, ungar. Nagyselyk), Ruşi (dt. Reußen, ungar. Rusz), Slimnic (dt. Stolzenburg,ungar. Szelindék), Şura Mare (dt. Großscheuern, ungar. Nagycsúr).

Bazna

Nordwestlich von Mediaş liegt die berühmte **Kirchenburg** Bazna (dt. Baaßen, ungar. Felsöbajom). Die Burg kann nach telefonischer Anmeldung besichtigt werden. Man sollte etwas Zeit mitbringen, um vor Ort den Kustoden zu verständigen. Bazna steht aber nicht nur für die Kirchenburg. Im Ort und der Umgebung werden einerseits Erdgasvorkommen gefördert, andererseits ist der Ort berühmt für das Baznaschwein, eine besondere Schweinerasse.

Im 19. und 20. Jahrhundert war das Städtchen ein berühmter Kurort. An diese Glanzzeit soll heute wieder angeknüpft werden. Der **Balnear Complex Expro** bietet Anwendungen mit jod- und bromhaltigen Quellen. Die Anlage wurde renoviert und im Jahr 2007 wieder eröffnet und hält einem Vergleich mit westlichen Kurbädern unbedingt stand.

Folklorefest in Bazna

▲ Karte S. 132/33

Die Ortschaft liegt abseits der großen Verkehrsanbindungen, nicht weit von kulturellen Zentren und bietet das idyllische Ambiente einer traditionellen Dorfstruktur. Im Ort haben sich mehrere Pensionen etabliert, die als Standpunkt für eine Siebenbürgen-Rundfahrt bestens geeignet sind.

Cetatea de Baltă und Sânmiclăuş

Eigentlich ist Cetatea de Baltă (dt. Kokelburg, ungar. Küküllövar) nur wenige Kilometer von Bazna entfernt. Doch erreicht man den Weinort mit dem Kastell Bethlen derzeit nur über die Hauptstraße über Blaj. Bekrönt und dominiert wird Cetațea de Baltă von seinem stattlichen **Schloss**, das in den Jahren 1615 bis 1624 im Auftrag von Stefan Bethlen entstanden war. Der rechteckige Ziegelbau mit vier runden Basteien an den Ecken erinnert an die französischen Schlösser der Renaissance. Er wurde mehrfach umgebaut und erhielt ein barockes Tor. Der Hof war von einer bescheidenen Ringmauer umgeben. Heute ist das Schloss privatisiert. In ihm befindet sich der Hauptsitz der Weinkellerei Jidvei mit eleganten Repräsentationsräumen und Gästezimmern für ausgesuchte Prominenz.

In Sânmiclăuş westlich von Cetatea de Baltă steht ein weiteres **Landschloss** der Familie Bethlen. Im Eingangsportal hat sich Nikolaus Bethlen als Baumeister verewigt.

Mediaş und Umgebung

Vor dem Torbogen zur evangelischen Kirche in Mediaş befindet sich die **Tourismus-Information** in der deutschen Schiller-Buchhandlung. Auch Fahrräder können hier geliehen werden. Auf der gegenüberliegenden Straßenseite lockt ein kleines **Café** mit köstlichen Süßigkeiten zu einer Pause.

Hotel Traube, Piață Regele Ferdinand I. 16, Mediaş, Tel. 0269/844898, Fax 844732, www. daforaturism.ro. 3 Sterne, mitten im Zentrum, DZ 60 Euro.

In der **Kirchenburg** in Mediaş gibt es zudem 5 Gästezimmer mit insgesamt 9 Betten. Anmeldung ist unter Tel./Fax 0269/841962 oder kastell@logon.ro möglich.

Pensiunea Turistică, Bazna Nr. 96, Tel. 0269/850028, www.bazna-basser-cazare.ro. Kleine Pension mit 11 gemütlichen Zimmern, großer Küche und großen Gemeinschaftsräumen, geeignet für Selbstversorger, DZ 30 Euro.

Pensiunea Bazna, Reservierung über Tel. 0269/850350. 3 Sterne, DZ 30 Euro.

Hotel Balnear Complex Expro, Bazna, Tel. 0269/831512, www.bazna.ro. DZ 120 Euro.

Evangelische Kirche, Mediaş, Mo–Sa 10–18 Uhr, So nur vormittags. Die Kirche wird tageweise von Schülern des deutschen Gymnasiums betreut.

Blaj

Weniger wegen der architektonischen Denkmäler als vielmehr wegen seiner historischen Bedeutung ist Blaj (dt. Blasendorf, ungar. Balázsfalva) erwähnenswert. Als geistige Hochburg des siebenbürgischen Rumänentums ist der kleine Ort mit heute 10 000 Einwohnern, die größtenteils vom Holzkombinat leben, in die Geschichte eingegangen. Bis 1948 war hier der Sitz der rumänischen griechisch-katholischen Kirche, deren Klerus und Gläubige dem Zwang ausgesetzt waren, zur Orthodoxie überzutreten.

Erstmals fand der kleine Ort unter der Bezeichnung ›Villa Herbordi‹ im 13. Jahrhundert Erwähnung. Ein Sohn des um 1266 regierenden Siebenbürger Fürsten Ost namens Herbord gab ihm diesen Namen. Im Jahr 1395 ging die winzige Siedlung als Geschenk des Kaisers an Blasius Cserei, wovon sich vielleicht der Name Blaj ableitet. Nachweislich war dieser Ort von Beginn an von Rumänen bewohnt, was in Siebenbürgen einzigartig ist. Er sollte zum Ausgangspunkt der Freiheitsbewegung der Rumänen werden. Zwischenzeitlich im Besitz der Familie Apafi, gelangte er mit deren Aussterben 1754 in staatliche Hand. Der Bischof und Gelehrte Ino-cențiu Micu-Klein (1692 - 1768) nutzte die Gunst der Stunde und verlegte den Sitz der griechisch-katholischen Kirche von Făgăraş nach Blaj. Er begann mit dem Bau von Schulen, die sich in den folgenden Jahren zum Mittelpunkt des kulturellen Rumänentums entwickelten. Sein Nachfolger, Bischof Aaron, setzte sein Werk fort. Es entstanden eine Grundschule, zwei ihr angeschlossene Gymnasien, ein Priesterseminar und bald darauf ein theologisches Seminar.

Am 1784 eröffneten Vollgymnasium studierten und lehrten einige bedeutende rumänische Schriftsteller und Gelehrte des 18. und 19. Jahrhunderts, die als Begründer der sogenannten ›Siebenbürgischen Schule‹ gelten: der Historiker, Theologe, Philosoph und Mathematiker Samuel Micu (1745 - 1806), der Schriftsteller und Philologe Gheorghe Sincai (1755 - 1816), der Historiker und Philologe Petru Maior (1761 - 1821), der Romanist Timotei Cipariu (1805 - 1887), der die Herkunft der Rumänen anhand der Sprache analysierte, ferner der Publizist George Barițiu (1812 - 1893), dessen Schriften zum nationalen Freiheitskampf anspornten.

Einige wichtige historische Ereignisse sind untrennbar mit Blaj verbunden. Am 27. Oktober 1687 unterzeichnete hier Kaiser Leopold I. einen Vertrag, in dem zum zweiten Mal in der Geschichte das selbständige Fürstentum Siebenbürgen und seine Unabhängigkeit von Ungarn proklamiert wurden. Hier entstand auch der Entwurf Avram Iancus (1824 - 1872) zur Aufhebung der Leibeigenschaft, dem eine große Volksversammlung auf dem Freiheitsfeld bei Blaj vom 15. bis 17. Mai 1848 folgte. Fast 50 000 Siebenbürger Rumänen, fast al-

▲ Karte S. 132/33

Die Schulen von Blaj waren Ausgangspunkt der rumänischen Freiheitsbewegung les Leibeigene, nahmen daran teil. Eine zweite Versammlung im September des gleichen Jahres erklärte die Vereinigung Siebenbürgens mit Ungarn für nichtig. Obwohl die Bewegung an der Gegengewalt scheiterte, stand sie für den Beginn des nationalen Rumänentums.

Ein Relikt dieser Wirren ist der Bau der orthodoxen **Kirche**. Als ehemaliger Dom der griechisch-katholischen Metropolie war sie durch Johann Baptist Martinelli, einem in Wien tätigen Baumeister, errichtet worden. Sie ist die erste Barockkirche Rumäniens und lässt deutlich die Verwandtschaft zum Habsburgerreich erkennen. Der Bau ging nur langsam voran und wurde in der ersten Hälfte des 19. Jahrhunderts durch die beiden Türme bereichert.

Zwischen Sebeş und Sibiu

Auf der Strecke zwischen Sebeş (Mühlbach) und Sibiu sollte man sich Zeit für die Kirchenburgen von Câlnic (dt. Kelling, ungar. Kelnek) und Cristian (dt. Grossau, ungar. Keresztényszigent) nehmen. Gerade die **Kirchenburg** von **Câlnic**, das man über eine gute hügelige Straße erreicht, ist interessant, weil es sich bei dieser ursprünglich um einen Wohnturm handelte. Im Jahr 1260 ließ sich der Graf Chyl von Kelling diesen dreigeschossig mit einer kleinen Kapelle bauen. Nachdem der Wohnkomplex 1430 an die Gemeinde veräußert wurde, erweiterte man die Befestigung um einen äußeren Mauerring und eine halbrunde Bastion. Im Innenhof entstand ein weiterer Mauerring.

Die Hauptstraße weiter in Richtung Sibiu wurde zur Schnellstraße ausgebaut, doch immer wieder verengt sie sich und führt durch die Dörfer. In diesen stehen die Häuser alle mit der Schmalseite zur Straße. Dicht an dicht schmiegen sie sich, ihre Abdeckungen sind fast aus-

Österreichischer Jugendstil: Ocna Sibiului

schließlich sogenannte Krüppelwalmdächer. In **Cristian** (dt. Grosau) steht in weiter Ebene die als romanische Basilika begonnene und später zur gotischen Halle umgebaute **Wehrkirche**. Die Chorumgestaltung leitete der berühmte Hermannstädter Baumeister Andreas Lapicida. Vom doppelten Bering ist nur noch der äußere erhalten, der innere wurde abgetragen.

Kurz vor Sibiu bietet sich ein Schlenker nach **Ocna Sibiului** (dt. Bad Salzburg, ungar. Vizakna) an. Das einst berühmte Bad wurde von der Jugendstilarchitektur des ungarischen Architekten Ödon Lechner geprägt. Zwei Denkmäler sind zu besichtigen: die **reformierte Kirche**, eine dreischiffige Basilika mit gotischem Chor und Netzgewölbe aus der Zeit vor dem Tatareneinfall, und die **orthodoxe Erzengelkirche**, eine Saalkirche, die Michael der Tapfere stiftete.

Eine große Anziehungskraft besonders für die Bewohner Sibius und auch der umliegenden Orte haben die Salzseen. Reiche Salzvorkommen wurden hier seit vorgeschichtlicher Zeit bis ins 20. Jahrhundert gefördert. Als man die Förderung im Jahr 1931 einstellte, ließ man die Gruben offen. Sie stürzten ein, was zur Entstehung von Salzseen führte. Der

20 Meter tiefe Tököly-See weist einen Salzgehalt von 310 Gramm pro Liter auf, mit 126 Metern ist der Schwalben- oder Avram-Iancu-See das tiefste Gewässer am Ort. An seiner Oberfläche hat man Temperaturen von 30 Grad, in zwei Meter Tiefe 46 Grad gemessen.

Sibiu

Sibiu (dt. Hermannstadt, ungar. Nagyszeben), die Hauptstadt des gleichnamigen Kreises, liegt auf den Terrassen des Cibinflusses. Die Stadt hat etwa 170 000 Einwohner und einen eigenen internationalen Flughafen mit Direktflügen nach München. Mit der Bahn kommt man von Deva oder Râmnicu Vâlcea nach Sibiu. Die meisten Landstraßen nach Sibiu sind in gutem Zustand. In den letzten Jahren sind gerade die Straßen in Siebenbürgen in erstaunlicher Geschwindigkeit verbessert worden. Der steigende Wohlstand hat bereits zu einem hohen Verkehrsaufkommen geführt – man steht viel im Stau.

Schon immer war Hermannstadt ein Bildungszentrum. Humanistische Gelehrte wie Niclaus Olahus und Konrad Haas, der Erfinder der Stufenrakete, waren große Söhne der Stadt. Für das Jahr 2007 wurde dieses geschichtsträchtige Kulturzentrum zusammen mit Luxemburg zur europäischen Kulturhauptstadt erklärt. In diesem Zusammenhang wurde in einem beispiellosen Einsatz in nur wenigen Jahren ein Teil der Altstadt grundlegend saniert, insbesondere die drei Plätze in der Oberstadt. Das Stadtbild, schon immer malerisch, ist im Sommer auch durch das große Angebot an Cafés und Gastgärten nicht mehr wieder zu erkennen. Da Nachhaltigkeit geplant war, wurde auch viel in komfortable Unterkünfte, den Ausbau der Straßen und den Ausbau des Flughafens investiert.

▲ Karte S. 180

■ Stadtgeschichte

Diese älteste Siedlung der Siebenbürger Sachsen am nördlichen Fuß der Südkarpaten wurde von Hermann von Nürnberg im 12. Jahrhundert gegründet und im Zuge des verheerenden Mongolensturmes 1241 zerstört. Sie erholte sich bald wieder und erhielt im 14. Jahrhundert das Stadtrecht.

Das mittelalterliche Städtchen war von drei Ringmauern umgeben. Die Befestigungsanlagen hielten lange den Eroberungsversuchen der Türken stand. Hermannstadt wurde zu einem der wichtigsten Handelsplätze der Region. Im 15. Jahrhundert konnte die Stadt auch die Führung auf politischer Ebene erringen. So fand hier die Versammlung der sächsischen Nationsuniversität statt, der politischen Vertretung des Sachsenlandes. Der von den Sachsen gewählte Comes (Nationsgraf) hatte hier ebenfalls seinen Sitz. Während der Nachfolgekämpfe zwischen Ferdinand und Johann Zápolya stand die Stadt zum Habsburgerhaus. Erst nach siebenjähriger Belagerung wurde Zápolya als Fürst von Siebenbürgen anerkannt. Im Jahr 1536 erfolgte der Übertritt zum Augsburger Bekenntnis. Die Lehren Luthers hatten rasche Verbreitung gefunden. Brände und die Pest setzten der Stadt in diesem Jahrhundert arg zu. Nach dem Dreißgjährigen Krieg begann ein Bedeutungsverlust.

Zweimal, von 1703 bis 1791 sowie von 1849 bis 1867, war Hermannstadt Hauptstadt des Großfürstentumes Siebenbürgen. Diese Stellung ging erst nach der Vereinigung Siebenbürgens mit Ungarn verloren. Bis zum Ende des 18. Jahrhunderts behielt Hermannstadt den Charakter einer rein siebenbürgisch-sächsischen Stadt. Unter Joseph II. wurde das ausschließliche Bürgerrecht für die Sachsen aufgehoben und die in den Außenbezirken lebenden Rumänen bekamen ebenfalls das Bürgerrecht. Der Zuzug nichtdeutscher Bewohner setzte ein. Um die Stadt herum entstanden Industrieansiedlungen. Nur wenige Siebenbürger Sachsen sind heute noch ansässig, etwa 1500. Das ›Deutsche Forum‹ bemüht sich, die Deutschen in Hermannstadt zum Bleiben zu bewegen. Der deutschstämmige Bürgermeister ist bei allen Bevölkerungsgruppen gleichermaßen angesehen.

Während des Rückzugs der Deutschen 1918 hielt sich Kurt Tucholsky kurzfristig in Hermannstadt auf und beschrieb es folgendermaßen: »Hermannstadt ist entzückend: bestes, altes, gutes Deutschland. Winklige Gassen, eine wundervolle Bevölkerung, sehr gutes Essen, nicht zu vergessen. Wir sprachen mit den Deutschen, die dort seit langen Jahrhunderten sitzen. Sie sprechen einen Dialekt, der ein wenig an das Alemannische anklingt, und manche Worte waren zu verstehen ... Es waren unvergessliche Tage.«

Hermannstadt hat sich seitdem verändert und auch gelitten, aber dennoch gibt es in der Stadt eine ungeheure Aktivität und viel Engagement zur Rettung des historischen Stadtbildes. Die ›Organisation Sibiu 2000‹ hat sich die Wiederherstellung zur Aufgabe gemacht. Sie wird unterstützt von der Bundesrepublik Deutschland, der Weltbank, dem Kulturministerium Luxemburg, dem World Monuments Fund und den Stiftungen der Sachsen in Deutschland. Mehr als 80 Monumente sind unter den Schutz der Organisation gestellt und sollen nach und nach renoviert werden.

Orientierung

Die mittelalterliche Stadt besteht wie auch Sighişoara aus Ober- und Unterstadt. Einst waren in der Unterstadt Handwerker und Soldaten aus dem gesamten Habsburger Reich ansässig. Sie wurden verächtlich von den ›Vornehmen‹ der Oberstadt als ›Kucheldeutsch‹

Sogenannte Sachsenhäuser

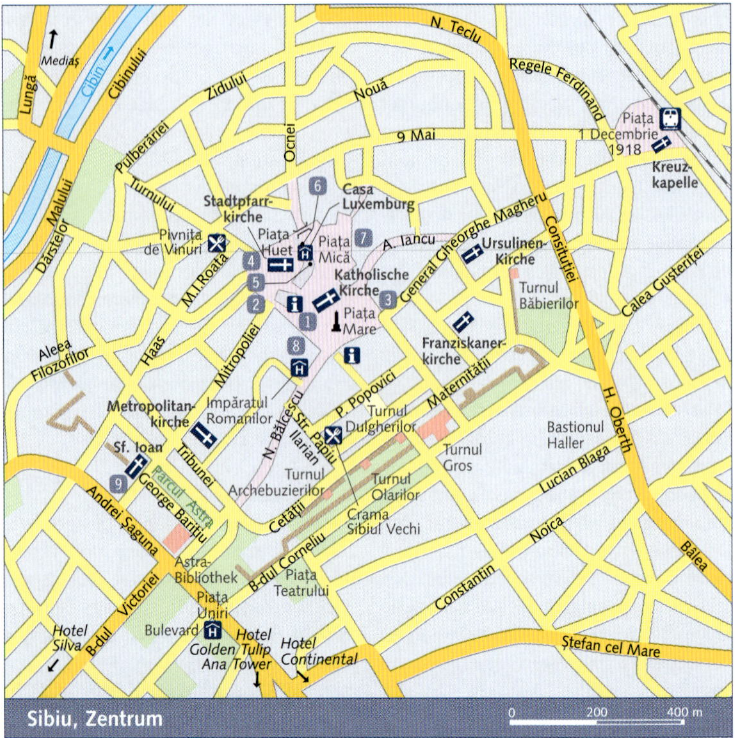

Legende

1. Rathaus
2. Historisches Museum
3. Lutsch-Haus
4. Brukenthal-Gymnasium
5. Franz-Binder-Gymnasium
6. Luxemburghaus
7. Apothekenmuseum
8. Nationalmuseum Brukenthal
9. Teutsch-Haus

(Küchendeutsch) bezeichnet, was sich auf ihre Sprache bezog, die von den vielen Zugereisten geprägt war. Davon ist heute nicht mehr viel zu spüren.

Über mehrere Treppenwege, mit malerischen Blicken auf die Dächerwelt, erreicht man die Unterstadt: den Pasajul Scărilor beim Historischen Museum an der alten Stadtmauer, die Pempflinger Stiege aus dem 19. Jahrhundert, die Sagtreppe hinter der evangelischen Kirche und den Bürgerstieg des 13. Jahrhunderts an der Piaţă Mica. In der Unterstadt mit viel alter Bausubstanz liegt der große Stadtmarkt mit seinem üppigen, farbenfrohen Angebot. Für jeden Geschmack ist etwas dabei.

Herz und Zentrum der alten Gründung ist die Oberstadt. Die Fußgängerzone Strada N. Bălcescu verbindet sie mit der neuen, im letzten Jahrhundert erweiterten Stadt. Einst lebte in dieser Oberstadt die gebildete, überlegene Schicht. Im wesentlichen machen drei Plätze den

historischen Teil aus: die Piață Mică, die Piață Mare und die Piață Huet.
An der südöstlichen Seite der Oberstadt erstreckt sich der erhaltene Teil der **Stadtmauer** mit wiederhergestelltem hölzernen Wehrgang, der Hallerbastei (Bastionul Haller) und den Türmen Dicker Turm (Turnul Gros), Zimmermannsturm (Turnul Dulgherilor), Töpferturm (Turnul Olarilor) und Armbrusterturm (Turnul Archebuzierilor später Tuchmacherturm). Die Stadtbefestigung von Sibiu wurde in zwei Etappen angelegt und bestand einst aus 39 Wehrtürmen, vier Bastionen, zwei Plattformen und vier Stadttoren. Die erste Etappe dauerte vom 13. bis 15. Jahrhundert. Im 16. und 17. Jahrhundert wurden nach Vaubanschen Prinzipien vor die Mauern Wallanlagen und Bastionen gesetzt, heute eine begrünte Zone und beliebter Treffpunkt aller Generationen.

Piață Mare

Im Zentrum der Piață Mare (Großer Ring) steht das **Denkmal für Gheorghe Lazăr** aus dem 19. Jahrhundert; darunter wird mit einer Gedenktafel der Opfer von 1989 gedacht. Der Platz vermittelt eine große Geschlossenheit, die Einmündungen der Straßen führen fast unmerklich zu den anderen Plätzen. Im Norden reihen sich das Hotel zum römischen Kaiser von 1895, heute das blaue Stadthaus, das Brukenthal-Palais, die Bahnkreditanstalt aus dem Neobarock, die römisch-katholische Kirche (Biserica romanocatolică), das Jesuitenkolleg, in dem sich heute der Bischofssitz mit Landeskonsistorium befindet, und der Ratturm aneinander.

Die Piață Mare

Die **römisch-katholische Kirche** fügt sich mit ihrer Südflanke vollkommen in die Häuserzeile ein. Ihr mächtiger Westturm korrespondiert mit dem Ratturm (Turnul Sfatului), dem Wahrzeichen der Stadt. Die Jesuiten legten den Grundstein in den Jahren 1726 bis 1733. Wie viele Jesuitenkirchen ist auch diese eine Wandpfeilerkirche mit drei Jochen, einem eingezogenen Chor und einer Empore. Die Kirche konnte ihr ursprünglich barockes Aussehen bewahren. Im Chor befindet sich das Grabmal für General Otto Ferdinand Graf von Abensperg, ein Werk des Klausenburger Anton Schuchbauer von 1751. Das Hochaltarbild ist ein Werk des Wiener Malers Anton Steinwahl. Die Gottesdienste finden in den drei Sprachen Deutsch, Ungarisch und Rumänisch statt.
Der **Ratturm** (Turnul Sfatului) wurde durch ein Erdbeben 1585 zerstört, wieder aufgebaut und erhielt 1826 ein Zwiebeldach. Auf einer Erinnerungstafel ist der Besuch von Prinz Charles von 1998 festgehalten. Im Haus mit der Nummer 26 ist ein interessantes **Apothekenmuseum** untergebracht.

Nationalmuseum Brukenthal

Das bedeutendste Museum der siebenbürgischen Kulturmetropole ist das Brukenthal-Museum, fast unmittelbar an der Piață Mare gelegen. Es ist eine Stiftung des Barons Samuel von Brukenthal an das Hermannstädter Gymnasium. Als Spross einer im 19. Jahrhundert erloschenen siebenbürgisch-sächsischen Adelsfamilie zählte er zu den größten

Staatsmännern des Siebenbürger Sachsentums. Der Gouverneur und enge Freund Maria Theresias trug während seines langen Lebens eine berühmt gewordene Gemäldesammlung zusammen. Einige der 462 Bilder holländischer und flämischer Meister wanderten nach dem Krieg ungeachtet anderslautender testamentarischer Verfügung nach Bukarest. 19 Gemälde, darunter ein Antonello da Messina, Lotto, Werke von Hans Memling, van Eyck und Breughel, wurden erfreulicherweise mittlerweile zurückgegeben.

Das Stadtpalais, frisch renoviert, wurde zwischen 1778 und 1785 von einem unbekannten Meister erbaut. Im Obergeschoss befanden sich einst die Empfangsräume. Brukenthal selbst richtete im Palais die Kunstsammlung ein, die seit 1817 der Öffentlichkeit zugänglich gemacht werden konnte. Heute gehört es zur Brukenthal-Stiftung. Die Sammlung wurde im Zuge der Renovierung neu angeordnet. Sie beherbergt neben Gemälden der flämischen und holländischen Schule sowie deutschen, französischen und spanischen Meistern auch bedeutende Werke rumänischer Künstler des 19. und 20. Jahrhunderts, darunter von Theodor Aman, Lucian Grigorescu, Ştefan Luchian und Theodor Pallady. Auch die österreichische Malerei des 16. bis 19. Jahrhunderts ist vertreten. Ferner gibt es Plastiken und Reliefs von Tullio Lombardo und Werke aus der Giovanni-da-Bologna-Schule. Kunsthandwerkliche Gegenstände wie Öfen, Möbel, Truhen und Kristallleuchter sind zu sehen. Nach dem letzten Weltkrieg wurden eigene Abteilungen für Volkskunst, Ethnographie, Geschichte und Naturwissenschaften sowie eine bedeutende Bibliothek angelegt. Der Rundgang beginnt im ersten Obergeschoss. Gleich im Treppenhaus kann man das heutige Sibiu mit einer alten Ansicht von Hermannstadt von Franz Neuhausser vergleichen. Die Sammlung wird heute von der Stiftung ›Samuel von Brukenthal‹ betreut.

Nach zähem Ringen erhielt die evangelische Kirche eine Sommerresidenz von Brukenthal in Avrig zurück. Dieses ist ebenfalls der Brukenthal-Stiftung unterstellt. Das Schloss liegt in Avrig, etwa 30 Kilometer südwestlich von Sibiu, und war einst nach dem Vorbild von Versailles mit einem französischen Garten gestaltet worden. Brukenthal ließ außerdem einen italienischen und einen englischen Garten anlegen und frönte hier seiner Leidenschaft als Botaniker. In seinem Garten wuchsen Pfeffer, Kaffee, Kakao und vieles mehr. Zu Zeiten des Kommunismus war im Schloss ein Lungensanatorium untergebracht. Eine grundlegende und qualitätvolle Sanierung von Schloss und Garten konnte bisher nicht umgesetzt werden. Erst fehlte es an Geld und kompetenten Fachleuten, heute zögern bürokratische Hürden die Umsetzung von bestehenden Plänen hinaus. So präsentiert sich das Schloss bis heute eher als traurige Bilanz des würdelosen Umgangs mit Kulturgütern.

Piaţă Huet

Von der Piaţă Mare spaziert man zur Piaţă Huet, benannt nach Albert Huet (von Hutter), dem 1567 verstorbenen Sachsengraf. Drei Monumente bestimmen den Platz: das **Brukenthal-Gymnasium** gegenüber der Kirche, die evangelische Stadtpfarrkirche (Biserica

▶ Karte S. 180

Die evangelische Kirche

evanghelică) und das **Denkmal von Georg Daniel Teutsch** (1817–1893). Teutsch hat als Bischof der siebenbürgisch-sächsischen Kirche die sächsische Nation erfolgreich gegenüber der ungarischen Regierung vertreten. Sein Sohn Friedrich folgte den Spuren seines Vaters und war ebenfalls Bischof.

Die Südflanke der **Stadtpfarrkirche**, die mit ihrem Eingang zur Piață Huet liegt, wirkt mit ihren steilen Giebeln wie eine mittelalterliche Häuserzeile, wäre da nicht der alles überragende Westturm. Links neben dem Eingang steht als letzte Hinzufügung mit einem Renaissancerahmen der zierliche Wendeltreppenturm. Der Bau wurde im Jahr 1320 als Marienkirche in der Hochgotik begonnen und bis 1520 in drei Etappen fertiggestellt. Dem Plan nach ist die Kirche eine dreischiffige Basilika mit Querschiff und polygonalem Chorabschluss. Bei Grabungen hat man einen romanischen Vorgängerbau entdeckt, dessen Reste jedoch nicht in den Neubau integriert wurden. Die Westseite begrenzt ein 1452 angeschlossener Bau, die sogenannte ›Ferula‹. In ihr ist eine große Anzahl bedeutender Grabsteine führender siebenbürgisch-sächsischer Persönlichkeiten aus dem 16., 17. und 18. Jahrhundert zu sehen, darunter Albert Huet (1567), Petrus Haller von Hallerstein (1569) und angeblich auch das Grabmal des walachischen Fürsten Mihnea des Schlechten (1510), um den sich zahlreiche Legenden ranken.

Man betritt die Kirche durch das Süd- oder Nordportal. An der Südseite ist eine Empore eingezogen, die mit einem wunderschönen Netzgewölbe geschmückt ist. Das nördliche Langhaus zieren prächtige barocke Epitaphien. Höhepunkt der Ausstattung ist zunächst das bronzene Taufbecken von 1438. Becken, Knauf und Fuß tragen 228 kleine Reliefs, teils

Am Kleinen Ring

mit Ornamenten, teils mit allegorischen Figuren und Szenen aus dem Alten und Neuen Testament verziert. Unter den Darstellungen fallen besonders die der orthodoxen Liturgie entnommenen Szenen der Verklärung und Maria Entschlafen auf. Auch die Wandmalerei der nördlichen Chorwand verdient Beachtung: Dargestellt ist die Kreuzigung, eingerahmt von architektonischen Elementen. Unten knien zu Seiten des Schmerzensmannes die Stifter, darüber sind der heilige Stephan und der heilige Ladislaus und oben Christus als Ecce Homo mit Gottvater zu sehen. Die Themen der Bekrönung sind die Geburt, die Taufe und die Himmelfahrt Christi. Die Inschrift in der Oberleiste der Einrahmung weist auf Johannes de Rozenaw (Rosenau) aus dem Jahr 1445. Die Malerei wurde 1650 übermalt und teilweise sogar ergänzt. Die Reitergruppe im Hintergrund der Kreuzigungsszene beispielsweise fügte man in dieser Zeit hinzu.

Piață Mică

Von der Piață Huet kommt man über die ›Lügenbrücke‹ (Podul Minciunilor) aus dem 19. Jahrhundert zur Piață Mică (Kleiner Ring). Dies war einst der Marktplatz der Handwerker, den Wohnhäuser und die prächtigen Häuser der Zünfte rahmen. Direkt hinter der Lügenbrücke

▶ Karte S. 180

liegen die ehemaligen Fleischerlauben, heute das **Haus der Künste**. An der Nordseite kommt man durch die Arkaden des Ratturmes, der Teil der zweiten städtischen Befestigung war, wieder zum Großen Ring.

Kirchen

Sibiu ist nicht nur der Sitz des evangelischen Bischofs, sondern auch Metropolie der rumänisch-orthodoxen Kirche. Die **Metropolitankirche** befindet sich in der Strada Mitropoliei. Nach dem Entwurf der Architekten Josef Kommer und Virgil Nagy wurde sie als vereinfachte Replik der Sophienkirche in Konstantinopel errichtet. Vor diesen Zentralbau setzten die Architekten zwei Türme, woraus eine Kuppelkirche mit einer Turmfassade entstand. In Anlehnung an byzantinische Kirchen sind die Innenmalerei und die Ikonostase weitausholend der Deesisthematik gewidmet. Jeden Sonntagmorgen wird der Gottesdienst von einem ausgezeichneten Chor begleitet.

Es gibt noch einige weitere sehenswerte Kirchen in Sibiu wie zum Beispiel die **Ursulinenkirche** (Biserica Ursulinelor) aus dem 15. Jahrhundert, die später barock umgebaut wurde, mit dem Kloster aus dem 15. bis 18. Jahrhundert. In der Kreuzkapelle steht eine Plastik, die aus einem Stein gehauen wurde: Christus umgeben von Maria und Johannes. Die **Franziskanerkirche** (Biserica Franciscanilor) mit ihrer Pietà stammt ebenfalls aus dem 15. Jahrhundert.

In der 1912 erbauten **Johanniskirche** befinden sich zwei der wertvollsten spätgotischen siebenbürgisch-sächsischen Flügelaltäre, die aus den Dorfkirchen Schweischer und Radeln entwendet wurden und auf Umwegen nunmehr in der Johanniskirche einen sicheren Standort gefunden haben.

Teutsch-Haus

In der Strada Mitropoliei 30, gegenüber dem Astra-Park, befindet sich eine Begegnungsstätte, das sogenannte Teutsch-Haus, in dem das landeskirchliche Museum, das Archiv sowie eine Buchhandlung mit einem Café eingerichtet wurden. Unter dem Motto ›Museum, Archiv, Dialog‹ finden hier unter Nutzung des Cafégartens herausragende Wechselausstellungen, Dialoge und Veranstaltungen statt. In der Buchhandlung findet man deutsche Zeitungen, was bis heute selten in Rumänien ist. In die Begegnungsstätte ist die Johanneskirche eingebunden, in der regelmäßig Konzerte stattfinden. Ein Besuch ist sehr lohnenswert, weil in ihr kostbare Kunstschätze wie die einst gestohlenen mittelalterlichen Altäre von Roadeln und Fischer verwahrt werden.

Die Umgebung von Sibiu

Außerhalb von Sibiu befindet sich eines der vielen während der kommunistischen Ära ins Leben gerufenen Freilichtmuseen. Inmitten einer von uralten Bäumen durchsetzten Naturlandschaft wurden alte Holzhäuser, Kirchen und Nutzbauten in diese Natur integriert. Das **Museum ASTRA**, bei den Einwohnern von Sibiu vor allem als Wochenendausflugsziel mit Kindern beliebt, liegt wenige Kilometer südlich von Sibiu. Man erreicht es über die Calea Dumbrăvii Richtung Răşinari oder man mietet sich ein Fahrrad oder benutzt den öffentlichen Bus.

Wie fast alle Städtchen Siebenbürgens hat auch Sibiu ein wunderschönes Umland. Ob Winter oder Sommer: Man fährt hinaus ins Grüne. Was die Zinne für die Kronstädter ist, ist für die Hermannstädter die ›Hohe Rinne‹ (rum. Păltiniş) im **Zibingebirge**. Busverbindungen dorthin stehen in Sibiu am Bahnhofvorplatz zur Verfügung. Gute 30 Kilometer sind es bis in dieses Wander- und Skigebiet. Zunächst geht es durch Dörfer, dann wird die Landschaft immer einsamer und waldreicher. Das letzte große Dorf ist Răşinari, Geburtsort des Dichters Octavian Goga (1881–1931) und Ausgangspunkt für Gebirgswanderungen, die zur Hohen Rinne führen. Eine serpentinenreiche Strecke erschließt den Luftkurort **Păltiniş** in 1443 Meter Höhe. Entlang der Strecke haben sich eine ganze Reihe Hotels und Pensionen angesiedelt, der Luftkurort selbst hat sich zum Wintersportgebiet entwickelt. Ein Ausflug anderer Art und bei Gästen aus dem Ausland sehr beliebt ist eine Fahrt ins 40 Kilometer westlich von Sibiu liegende **Sibiel** (dt. Budenbach, ungar. Szibiel) mit seinem pittoresken **Museum** für alte rumänische Glasikonen. Im gut erhaltenen Dorfkern finden regelmäßig Folkloreveranstaltungen und traditionelle Volksfeste statt.

Von Sibiu in die Walachei

Von Sibiu erreicht man über zwei Wege die Walachei und die Hauptstadt Bukarest. Der eine führt durch das landschaftlich schöne Olttal, der andere über die hochalpine Nationalstraße DN 7C, eine atemberaubend eindrucksvolle Strecke über die Südkarpaten, das Fo-garaschgebirge. Das Fogaraschgebirge mit den höchsten Gipfeln Rumäniens wird dabei zwischen den Gipfeln Moldoveanu (2544 Meter) und Negoiu (2535 Meter) gequert und verbindet so das Olttal im Norden mit der Walachei. Allein die Straße, unter Ceauşescu in den 1960er Jahren mit Gefangenen und Militär erzwungen, ist spektakulär. Am 20. September 1974 wurde diese Strecke, die Transfogarascher Hochstraße ›Drumul Transfăgărăşan‹ mit einer Länge von 90,2 Kilometern, eröffnet. Militärische Gründe waren vermutlich ursächlich für ihren Bau. Der Übergang über den Pass Bâlea Lac auf einer Höhe von 2014 Metern ist nur vier Monate lang geöffnet.

Den **Gletschersee Bâlea Lac** erreicht man im Winter daher nur von der Nordseite über eine Kabinenseilbahn ab dem Berghotel ›Bâlea Cascade‹. Nach dem Pass folgt ein 887 Meter langer Tunnel durch den Karpatenkamm in die Walachei. Eine ebenso eindrucksvolle Strecke führt zunächst in Serpentinen nach unten, 18 Kilometer an der Ostseite des **Vidraru-Staussees** vorbei, nach Curtea Argeş. Der Stausee, gespeist aus vielen Gebirgsbächen und dem Argeş, ist mit seiner 307 Meter langen und 166 Meter hohen Staumauer der größte Stausee Rumäniens.

Sibiu

Touristinformation, Str. Brukenthal 2, T. 208913, www.sibiu.ro; tgl. 9–17, Sa 9–13 Uhr.
Vorwahl: 0269.

Die Anreise mit dem Flugzeug ist über München mit Carpatair oder Tarom möglich. Der Flughafen liegt einige Kilometer westlich der Stadt. Es gibt eine Schnellbuslinie zwischen Flughafen und Bahnhof.

Vom östlich des Stadtzentrums gelegenen Bahnhof gute Zugverbindungen nach Braşov, Bukarest, Alba Iulia, Deva und Cluj-Napoca, aber auch in kleinere Gebirgsorte.

Busverbindungen u.a. nach Făgăraş, Avrig, Porumbacu de Jos und Sebeşul de Sus ab Bahnhofsvorplatz. Dort starten auch Minibusse in die umliegenden Orte.

Karte S. 132/33

Împăratul Romanilor S.R.L., Strada Bălcescu 4, Tel. 216500, Fax 213278, hir@verena.ro. 3 Sterne, direkt im Stadtzentrum in einem renovierten Gebäude der Jahrhundertwende. Insgesamt eine sehr schöne Atmosphäre, gutes Restaurant, bewachter Parkplatz; EZ 60 Euro, DZ 90 Euro.

Hotel Korona, Str. Luptei 8, Tel. 225533, www.pensiunea-korona.ro. Das sympathische Hotel liegt abseits vom Zentrum, ist schlicht, sauber und ruhig. Es gibt ein beliebtes Restaurant mit guter traditioneller Küche.

Pensiunea Casa Luxemburg, Piață Mică 16, Tel./Fax 216854, www.casaluxemburg.ro. Das Haus konnte dank der Unterstützung Luxemburgs aufwendig renoviert werden. Neben einem Café werden wenige, liebevoll gestaltete Gästezimmer vermietet.

Hotel Golden Tulip, Str. Scoala De Inot 2, Tel. 4000, www.goldentulipanatowersibiu.com; mit Panorama-Restaurant Fusion im Ana Tower, Mo–So 12–24 Uhr, internationale Küche.

Hotel Silva, Aleea Mihai Eminescu 1, Tel. 243985, silva@hotelsivasibiu.com, www.hotelsilvasibiu.com. Sehr schön im Park und zentrumsnah gelegen, alt, aber komplett renoviert; knapp 50 Zi; großer Parkplatz.

Jugendherberge, Piață Mică 26, Tel. 216445. www.hostelsibiu.ro. Die äußerst liebevoll geleitete Jugendherberge mitten im Zentrum bietet 25 Betten und einfache, aber moderne Gemeinschaftsbäder und Aufenthaltsräume.

Unterkunft können Gäste auch im **Altenheim Carl Wolff** in 13 Gästezimmern finden. Reservierungen über Heimleiterin Ortrun Rhein, Tel. 221131, Fax 223680, carlwolff@logon.ro.

In einem Gebäude neben der Evangelischen Stadtpfarrkirche, mit Blick auf den Kleinen Ring oder Huetplatz, gibt es ebenfalls ein kleines Gästehaus. Anmeldung bei Stadtpfarrer Kilian Dörr, Piață Huet 1, Tel./Fax 211203, hermannstadt@evang.ro.

Crama Sibiul Vechi, Strada Papiu Ilarian 3, Tel. 210461,www.sibiulvechi.ro. 12–24 Uhr, Kellerrestaurant mit typischer Küche, man sollte reservieren.

Restaurant und Weinkeller Pivnița de Vinuri, Str. Turnului 3, Tel. 210319. Gepflegtes Ambiente in renovierten Kellergewölben der Altstadt.

Atrium Classic Café, Piață Mică 16, am Abend Pianomusik, 10–3 Uhr.

Café del Sol, Piață Mică 24, Kultur und Café, 12–24 Uhr.

Imperium Pub, Str. Nicolae Bălcescu 24, vielfältiges Getränkeangebot, Live-Musik, vor allem Jazz. 11–2 Uhr.

La Turn, Piata Mare 1, Mo–So 12–24 Uhr, Tel. 0727/528876, www.laturn.com. Internationale Küche, empfohlen in Gastronomieführern.

Nationalmuseum Samuel von Brukenthal, Piață Mare 4/5, Tel. 217691, www.brukenthalmuseum.ro. Di–So 10–18 Uhr.

Geschichtsmuseum im Altembergerhaus, Str. Mitropoliei 2, Tel. 218143, Di–So 10–17 Uhr. Das Museum präsentiert seit 2007 in einer Dauerausstellung ein antikes und mittelalterliches Lapidarium, Waffen und Rüstungen, Dokumentationen der Zünfte von Sibiu, Gläser und Schmuck.

Apothekermuseum, Piață Mică 26, Tel. 218191, Di–So 10–16 Uhr.

Naturhistorisches Museum, Str. Cetății, Tel. 101782. Das Museum beherbergt die Herbarien der bedeutendsten Botaniker, die Siebenbürgen bereist und besammelt haben. Di–So 10–17 Uhr.

Nationaler Museumskomplex Astra, Tel. 218195, www.muzeulastra.ro. Di–So 10–18 Uhr. Umfasst das Völkerkundemuseum Franz (Piață Mică 11), eine Bibliothek (Str. G. Bariţiu,am Astra-Park), sowie ein Freilichtmuseum südlich der Stadt (Str. Calea Răşinari).

Jagdmuseum August von Spiess, Str. Şcoala de .not 4, Tel. 101784, www.brukenthalmuseum.ro. Di-So 10-16 Uhr.

Sächsisches Volkskundemuseum Emil Sigerus, im Casa Artelor, Piaţă Mică 20-21, Tel. 436960.

Evangelische Stadtpfarrkirche, tägl. ab 9 Uhr (Turm tägl. 9-16 Uhr), jeden Mittwoch Orgelkonzerte.

Museum Astra, tägl. 10-18 Uhr.

Kulturzentrum im Teutsch-Haus, www.myeuropeancity.eu, casa.teutsch@gmail.com; Mo-Fr 9-19, Sa 10-19, So 11.30-18 Uhr.

In den Sommer- und Herbstmonaten bietet die Stadt ein umfangreiches Kulturprogramm: Jazz, Theater, Film, Rockmusik.

Sibiu-Jazz-Festival, im Mai, www.sibiujazz.eu.

Sibiu Internationales Theaterfestival, im Mai und Juni, www.sibfest.ro.

Sibiu Artmania, im Juli, drei Tage Rock, Getöse, Freiheit, Kunst, www.artmaniafestival.ro.

Internationales Folklorefestival Cantecele Munţilor, 1-6. August. Hier werden Volkslieder, Volkstanz, Trachtenumzüge und ein großer Markt mit traditionellen Erzeugnissen geboten.

Töpfermarkt, erstes Wochenende im September auf der Piaţă Mare.

Mittelalter-Festival Cetăţi Transilvăne, letztes Wochenende im August, www.cetatitranssilvane.eu.

Internationales Festival Jazz and More, im Oktober, www.jazzandmore.ro.

Astra Filmfest, im Oktober, www.astrafilm.ro.

Alba Iulia

▲ Karte S. 189

Die Stadt Alba Iulia (dt. Karlsburg/Weißenburg, ungar. Gyulafehérvár) am Mittellauf des Mureş kann auf eine 2000-jährige Geschichte zurückblicken, die sich an der noch bestehenden Burg ablesen lässt. Im Verlauf der Geschichte war die Stadt eine wichtige siebenbürgische Niederlassung, ein politisches und religiöses Zentrum sowie zeitweilig sogar Hauptstadt von Siebenbürgen.

In der Antike befand sich auf diesem Hochplateau, strategisch geschickt, eine Siedlung um einen befestigten Kern, das dakische Tharmis. Als Dakien in eine römische Provinz umgewandelt wurde, errichteten die Römer zunächst ein ›Castrum Cabanae‹. Es entwickelte sich zum antiken Apulum und beherbergte fast 200 Jahre die XIII. Legion ›Auditrix Gemina‹. Reste dieses Castrums kann man an der nördlichen und südlichen Ringmauer erkennen.

Mit der Eroberung Siebenbürgens durch die ungarische Krone wurde Weißenburg königliche Festung. Nach dem Tatareneinfall 1241 kam es in den Besitz des katholischen Bistums, was zum Bau der St. Michaelskirche führte. Die mittelalterliche Festung hat das römische Castrum Apulum überlagert und dessen Grundriss einschließlich des Straßennetzes beibehalten. Die Türkengefahr machte bauliche Maßnahmen im 14. und 15. Jahrhundert nötig, die statt in Holz in Stein ausgeführt wurden. Mit der Erhebung Siebenbürgens zum autonomen Fürstentum unter türkischer Oberhoheit entstanden 1551 bis 1555 vor den vorhandenen Ringmauern vier Bastionen aus Holz und Erde. Hier fand der für die Rumänen so bedeutsame Einzug Fürst Michaels des Tapferen am 1. November 1599 als neuer Herrscher Siebenbürgens und der vereinigten Moldau und Walachei statt. Und nicht weit

von Alba Iulia wurde er im Feldlager bei Cîmpia Turzii 1601 ermordet.
Als der Komplex im 17. Jahrhundert zum Fürstensitz wurde, entstanden einerseits Befestigungsanlagen und andererseits Repräsentationsbauten wie der Fürstenpalast und das Akademische Kollegium sowie Wohnbauten. Unter Leitung des Architekten Giacomo Resti wurden die Bastionen der Südseite ausgeführt, die Tore im Osten und Westen erhielten schützende Vorwerke, und im Innern der Festung entstand eine zusätzliche Schutzmauer zur Sicherung des Fürstenpalastes. Ende des 17. Jahrhunderts kam das Fürstentum Siebenbürgen unter

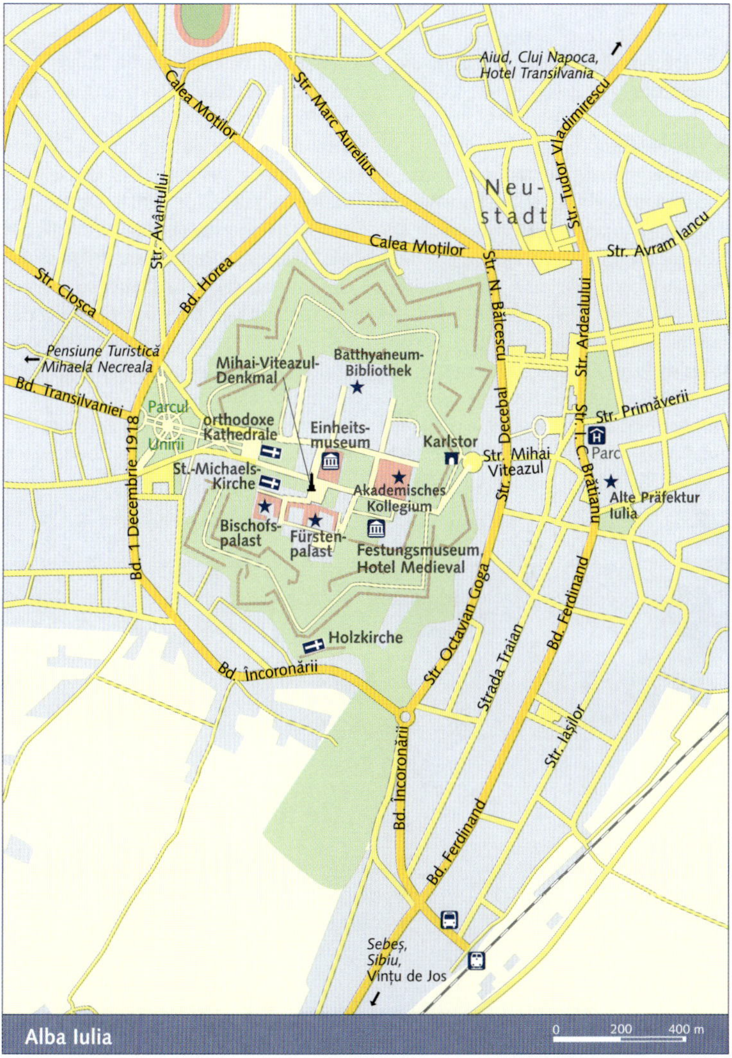

österreichische Verwaltung, deren Sitz Karlsburg wurde. Neue Baumaßnahmen veränderten die antike und mittelalterliche Topographie der Niederlassung. Die westlich der mittelalterlichen Burg gelegene Altstadt und ein Teil der Burg wurden niedergerissen, wodurch die Festung von der Stadt isoliert wurde. Das Hochplateau war nun von einer breiten, unbebauten Zone umgeben. Erst im 20. Jahrhundert überbaute man diese Schutzzone.

Die Festung

Das, was man heute von der Festungsanlage sieht, geht auf einen Entwurf von Giovanni Morando Visconti zurück. Die Baumaßnahmen richteten sich nach Vaubanschen Prinzipien und dauerten von 1714 bis 1738, gegen Ende des Jahrhunderts wurde die Anlage vervollständigt. Die Festung überlagerte von vornherein alle vorherigen Verteidigungswerke und schloss sie ein. Sie hat einen siebeneckigen Grundriss mit sechs Toren, eine Länge von 1400 Metern und eine Breite von 950 Metern. Die Länge der Mauern beträgt insgesamt zehn Kilometer, die innere Fläche umfasst 100 Hektar.

Die Mauern aus Stein und Backstein sind mit Ziegeln verblendet, an den Kanten mit Werkstein. Auch die Dimensionen von Bastionen, Erdwall, Ravelins und Contregarts sind gewaltig. Die Zugänge zur Festung waren durch Tore möglich, wovon die Tore eins und drei wie Triumphbögen dreibogig gestaltet sind. Ihre Fassaden wurden mit Reliefs und Statuen verziert. Das dritte und monumentalste Tor ist das Osttor, das von der Reiterstatue Karls VI. bekrönt wird (derzeit in Restaurierung). In seiner Gesamtheit ist das bildhauerische Werk der Festung Karlsburg unter Leitung des Österreichers Johann König entstanden und einzigartig innerhalb der barocken Plastik Rumäniens.

Die sternförmige Festung erhielt den Namen ›Alba Carolina‹ (Karlsburg) nach

Das Eingangstor zur Festung

Karte S. 189

Karl VI. (1711–1740), dem Vater Maria Theresias. Von der Reichsverwaltung als Hauptbefestigung Siebenbürgens bestimmt, kam ihr besondere Aufmerksamkeit zu. Sie ist eine der größten und besterhaltenen Befestigungsanlagen im Stil Vaubans in Südosteuropa und darf als das bedeutendste Ensemble einer Militärarchitektur in Rumänien betrachtet werden.

Vier Tore, wovon zwei als Triumphbögen gestaltet waren, sicherten die Festung ab. Der Besucher betritt sie von der Ost- oder Westseite. Gleich hinter dem Westtor überragt die orthodoxe **Kathedrale**, auch Vereinigungskathedrale genannt, die einst dominierende römisch-katholische Kirche. Die orthodoxe Kathedrale wurde erst 1921 im traditionellen rumänischen Stil errichtet. In ihr krönte man Ferdinand I. und Maria zu Königen von Großrumänien, und in ihr zelebrierte der Metropolit von Bukarest Miron Cristea den 1948 begangenen Festakt anlässlich der Zusammenlegung der unierten mit der orthodoxen Kirche. Man betritt den Kirchenkomplex durch einen Glockenturm von 58 Metern Höhe. Die Anlage besteht aus der von einer Kuppel bekrönten Kirche und einem rechteckigen Hof, den Rundbogenarkaden einfassen. Wandmalereien im neubyzantinischen Stil von Costin Petrescu schmücken das Kircheninnere, der Innenhof wird als Ausstellungsgelände für antike Funde genutzt. Der mittelalterliche Baubestand wurde größtenteils beim Bau der heutigen Festung zerstört.

Vollständig erhalten geblieben ist die römisch-katholische **St. Michaelskirche**. Der im südwestlichen Bereich der Festung gelegene Dom wurde im 13. Jahrhundert auf den Mauern von zwei Vorgängerkirchen des 10. und 12. Jahrhunderts errichtet. Ursprünglich als fünfschiffige Basilika geplant, sind nur drei

Ein Teil der mächtigen Festungsmauern

Schiffe, Querschiffe, Halbrundapsis, Nebenapsiden sowie im Westen ein Atrium zwischen den beiden quadratischen Türmen ausgeführt worden. Spätere Eingriffe waren sowohl dem neuen Zeitstil als auch den Instandsetzungen nach Zerstörungen durch wiederholte Brände zu verdanken. Der Dom besitzt sowohl außergewöhnlichen bauplastischen Schmuck aus der Romanik als auch solchen aus der gotischen Zeit, so zum Beispiel einen Fries mit der Darstellung des Lasters unterhalb des Traufgesimses auf der Südostseite des Chores. Hervorzuheben ist auch die Grabplastik im Inneren. Die Renovierung der letzten Jahre ist fast abgeschlossen. Eine Reihe von Grabplatten und Sarkophagen hochgestellter Persönlichkeiten aus Kirche und Politik sind zu sehen: Iancu de Hunedoara, Johannes Hunyadi, sein Sohn Ladislaus, Königin Isabella, die siebenbürgischen Fürsten Andreas Báthory, Stefan Bocskay, Michael Apafi und Gabriel Bethlen. Die Lázóykapelle (Lazokapelle) wird derzeit renoviert. Sie gilt als erstes Renaissancebauwerk Siebenbürgens und weist lombardisch beeinflusste Bauplastik auf.

In der Festung

Die **Hauptachse** durch die Festung ist nach Mihai Viteazul benannt, dessen Denkmal den Mittelpunkt schmückt. An ihrem Ende befindet sich das dritte Tor, das Karlstor. Entlang dieser Hauptachse liegen die Gedächtniskirche, ehemalige Häuser, die heute als Kaserne genutzt werden, und auch ein kommunistisches Denkmal fehlt nicht.

Geht man am Denkmal für Mihai Viteazul nach links, so trifft man auf eine mit Büsten bedeutender Rumänen geschmückte Allee. **Einheitsmuseum** und **Universität** mit Einheitssaal liegen einander gegenüber. Hier wurde am 1. Dezember 1918 als Folge des Ersten Weltkrieges auf einer großen ›Nationalversammlung‹ der Anschluss Siebenbürgens an Moldau und Walachei ausgerufen, also die Einheit der drei Provinzen Moldau, Walachei und Siebenbürgen. Daran waren Zugeständnisse an die nichtrumänische Bevölkerung gebunden, die sogenannten ›Karlsburger Beschlüsse‹.

Es gibt noch eine Reihe weiterer sehenswerter Bauten in der Festung wie zum Beispiel die Reste des ehemaligen **Fürstenpalastes** aus dem 15. bis 17. Jahrhundert. Der Apor-Palast stammt aus der Spätrenaissance zwischen 1670 und 1690, die Bauplastik zeigt den Übergang zum Barock. Das Gebäude wurde 1714 bis 1738 als Sitz für den Oberbefehlshaber erweitert. Ein **Bischofspalast** aus dem 17. bis 19. Jahrhundert und das **Akademische Kollegium** von 1692 lohnen auch einen Blick. Das gilt ebenfalls für die **Batthyaneum-Bibliothek** (ehemaliges Trinitarierkloster) aus dem 18. Jahrhundert und die **Alte Präfektur** aus dem 17. bis 18. Jahrhundert.

Im südlichen Teil der Verteidigungsmauern wurde ein **Museum** eingerichtet, ein Teil der Bastionen und Geheimtunnel zugänglich gemacht. Demnächst soll in diesem Teil auch ein mittelalterliches Hotel eingerichtet werden.

Außerhalb der Festung, deren Sanierungs- und Wiederbelebungsprozess noch in vollem Gange ist, direkt an ihren Mauern, befinden sich heute Grünanlagen, neue Verbindungs- und Radwege, Spielplätze, in den Kasematten witzige Kneipen, Bars und Restaurants.

Alba Iulia

Vorwahl: 0258.

Parc Hotel Alba Iulia, Strada Primăverii 4, Tel. 811723, Fax 812130. 2 Sterne, EZ 60 Euro, DZ 70 Euro.

Pensiune Turistică Mihaela Necreala, Dierii Str. 39, Tel. 8347165. Kleine Privatpension westlich der Festung.

Motel Lutsch 2000, außerhalb bei Vințu de Jos, direkt an der DN 7, Tel. 733273. Eine der erfolgreichen Privatinitiativen mit gutbürgerlicher rumänischer Küche und sehr nettem Service.

Einheitsmuseum, auf dem Festungsareal, 10–17 Uhr.

St. Michelskirche, tägl. 9–18 Uhr.

▲ Karte S. 189

Die nördliche Umgebung von Alba Iulia

Alba Iulia liegt in einer Ebene am Rande der Westkarpaten, dem Apuseni-Gebirge. Von hier bieten sich viele schöne Fahrten in die Umgebung an.

Nach Norden hin beginnt die **Weinstraße** mit vielen Dörfern, die vorwiegend von Ungarn bewohnt sind. In **Aiud** (dt. Strassburg, ungar. Nagyenyed) sind neben einer stattlichen Kirchenburg mitten im Zentrum einige Winzer anzutreffen, die einen offenen Weinausschank bieten, in gemütlichen Weinlokalen, die an die Wiener Heurigen Lokale denken lassen. (Salve Casa de Vinuri-Borhaz (Weinhaus), an der Hauptstraße. Man fragt nur nach Salve, benannt nach der gleichnamigen Privatinitiative eines Zusammenschlusses von Winzern.

Eine Nebenstraße führt über mehrere sehenswerte ungarische Dörfer. Eine weite Landschaft drängt sich langsam an die Klamm (Cheile) ›Vălişoarei‹ heran, wo die Felsen fast zusammentreffen. Anschließend folgen die schmucken Dörfer Izvorarele, danach das Blumendorf Colţeşti (ungar. Torockószentgyorgy), in dem die Bewohner von der Blumenzucht leben und ihre Häuser auch besonders blumenreich schmücken, und schließlich **Rîmetea** (Torockó). Dieses ungarische Dorf hat nicht umsonst Preise als schönstes Dorf Rumäniens gewonnen. Jedes Haus scheint mit dem anderen um Schönheit, Sauberkeit und Tradition zu wetteifern. In den traditionellen Häusern sind kleine Cafés, Restaurants, Pensionen, ein Käseladen, Souvenirgeschäfte und Kneipen untergebracht. Zentrum und Mittelpunkt ist die ebenso schmucke Kirche. Regelmäßig erneuern die Dorfbewohner den Anstrich ihrer Häuser, so dass das ganze Dorf wie eine einzige saubere Wohnstube wirkt.

Ein anderer Ausflug könnte in die Westkarpaten führen, das **Apuseni-Gebirge**, das reich an Naturschönheiten ist. Allein über 1000 Höhlen – Karst- und sensationelle Eishöhlen – sind hier zu entdecken, ferner dichter Wald und viele

Die wuchtige Kirchenburg in Aiud

Streusiedlungen, geologische Sehenswürdigkeiten, Schluchten und malerische Flusstäler.

Der Weg führt zunächst über **Zlatna** (dt. Kleinschlatten), ein industrialisiertes Bergbaugebiet, in dem vor allem Gold abgebaut wurde und das heute zwar über saubere Luft, aber seit den Stilllegungen um umso weniger Arbeitsplätze verfügt. Danach wird die Landschaft zauberhaft. Über **Abrud**, dessen Stadtbild an die Habsburger Zeit denken lässt, und **Câmpeni** (dt. Topesdorf), das kulturelle Zentrum der sogenannten Motzen (rum. Moţi), gelangt man ins sogenannte Motzenland. Es ist seit alters her von Rumänen besiedelt. Ein Abzweig von Câmpeni führt ins landschaftlich schöne **Arieştal**, das zum Wandern einlädt. Das Motzenland liegt grob gesagt am oberen Arieştal. Seine genaue Abgrenzung ist ebenso umstritten wie die Herkunft der Bezeichnung und der Bevölkerung. Die einen sehen die Motzen als direkte Nachfahren der Daker, die anderen gehen von einer späteren Zuwanderung aus. Der Begriff wiederum soll sich einerseits vom deutschen Wort nörgeln ableiten, weil man sich hier immer gegen feudale Oberherren – unter anderem die Habsburger – aufzulehnen verstand, andererseits wird es etymologisch von der deutschen Übersetzung ›Haarbüschel‹ oder Schopf abgeleitet. Auf jeden Fall ist es eine verwunschene Gegend, in der sich ein Dorf- und Weilerleben, wie es in Westeuropa vor vielen Jahrhehnten letztmalig anzutreffen war, erhalten hat.

In den Dörfern Albac (ungar. Fehérvölgy) und Gârda des Sus sind in den letzten Jahren viele Familienbetriebe entstanden, die sich Gastlichkeit, Naturverbundenheit und Behutsamkeit zur Maßgabe gemacht haben. Das Wandern ist hier eher leicht, die Wildpopulationen halten sich fern, weil das Gebiet von Streusiedlungen und einzelnen Weilern durchsetzt ist. Besonders zu empfehlen ist die Wanderung von Gârda de Sus zur Eishöhle. Verschiedene gut markierte **Wanderwege** von rund sechs Kilometer Länge (2,5 Stunden) führen nach oben. Manchen nutzen einen davon, den Schotterweg, auch mit dem Auto.

▲ Karte S. 132/33

Die nördliche Umgebung von Alba Iulia

Pensiunea Agroturistica Danciu‹ Gârda de Sus, Centru Str. 51, Tel./Fax 0258/778006, www.pensiunisihoteluri.ro/danciu. Pension in traditioneller Holzbauweise mit modernen Bädern. Direkt im Dorfzentrum am Fluss mit gemütlichem Restaurant, in dem viele eigene Produkte verwendet werden.

Eishöhle (Gheţarul Scărişoara): Mo–Fr 9–17, Sa/So 10–18 Uhr, letzter Einlass 30 Minuten vor Schließung.

Sebeş

Das kleine Städtchen Sebeş (dt. Mühlbach, ungar. Szászsebes) am gleichnamigen Fluss im Südwesten Siebenbürgens lag einst an der Kreuzung zweier wichtiger Landstraßen. Noch heute führt eine Hauptverkehrsader durch den Ort, weswegen es kein idyllischer Ort ist. Erste Erwähnung fand er 1223. Zwischen dem großen Platz (Piață Primăriei) und dem kleinen Platz (Piață Libertății) liegen die evangelische Kirche, die einstige Marienkirche, und die Jakobskapelle.

Sehenswürdigkeiten

Die **evangelische Kirche** ist ein mächtiger, gut erhaltener Bau, den man sich unbedingt anschauen sollte. In romanischer Zeit wurde sie als Basilika mit massiven Pfeilern und einer halbrunden Apsis begonnen. Nach dem Tatareneinfall wurde der Bau fortgeführt. Statt

Skulptur an der evangelischen Kirche in Sebeş

einer zweitürmigen Fassade schuf man einen Westturm mit Portal. Noch vor der Jahrhundertwende wurden Erneuerungen in Angriff genommen. Aus der romanischen Apsis entstand ein polygonaler gotischer Chor; das Mittelschiff erhielt ein Rippengewölbe. Im Zuge des Aufschwungs der Städte wurde der Chor zwischen 1362 und 1382 zu einem mächtigen Hallenchor ausgebaut. Er ist noch einmal so lang wie das Langhaus. Vielleicht kannte der Baumeister den Chor Heinrich Parlers in Schwäbisch Gmünd, denn in seiner reichen Ausschmückung erinnert der Chor von Sebeş an die Prager Parlerschule. Die Türkeneinfälle schwächten die Stadt, das Geld für den weiteren Ausbau musste in die Befestigungsanlagen gesteckt werden. Prunkstück der Kirche ist der gotische Flügelaltar, mit 13 Metern der höchste Siebenbürgens. Seine Reliefs werden Veit Stoß zugeschrieben. Auf Grund des Wappens von Ludwig II. wird er auf 1516 datiert (Besichtigungen: Di–Sa 10–13 u. 15–17, So 15–17 Uhr).

An der Platzseite erkennt man die alten **Fleischerlauben**. Von der Piață Libertății geht man nach rechts und stößt auf die Reste der alten **Wehranlage**: Studenten-, Schuster- und Schneiderturm (Turnurile Studentului, Cizmarilor şi Croitorilor). Wir finden auch typisch siebenbürgische Wohnhäuser hier, teilweise in die Befestigungsanlage integriert. Das heutige **Stadtmuseum** wurde im ehemaligen Fürstenhaus des Johann Zápolya untergebracht. In der Klostergasse steht das ehemalige **Dominikanerkloster**.

Die Umgebung

Naturfreunde können von hier aus die **Rote Schlucht** (Râpa Roşie) erlaufen. Vier Kilometer nordöstlich der Stadt hat sich ein zu Regenzeiten wasserführender Wildbach eine tiefe Schlucht gegraben. Die Witterungseinwirkung hat in die weichen Steilwände aus Kies- Quarzsand- und Tonerdeboden im Laufe der Jahrtausende Erdpyramiden und Sandsteinfriese wie ›rote Skulpturen‹ herausgemeißelt.

Wer Zeit hat und des Suchens nicht müde wird, dem sei ein Abstecher von Sebeş nach **Vințu de Jos** (dt. Unterwinz,

Blick auf die Rote Schlucht

ungar. Alvinc) empfohlen, einst ein großer Salzumschlagplatz. Die **Schlossanlage** wurde auf den Resten eines ehemaligen Dominikanerklosters errichtet. Den Auftrag dazu erteilte Georg Martinuzzi, Erzbischof von Esztergom und Kardinal von Siebenbürgen. Nach dem Tod von Johann Zápolya hatte er die Regentschaft in Siebenbürgen für dessen minderjährigen Nachfolger übernommen. Gabriel Bethlen, 1613 Fürst von Siebenbürgen und kurzfristig auch ungarischer König, ließ das Schloss umbauen, das heute nur noch eine Ruine ist.

Im Süden der Stadt liegt das landschaftlich reizvolle **Sebeştal**, das vorbei an Dakerfestungen und mehreren Stauseen über die Karpaten führt. Bis zur Ortschaft Şugag ist es wenig steil und sehr weit. Hier bietet sich auch eine Tour mit dem Fahrrad an. Dahinter beginnt der Anstieg, die Straße wird zunehmend schlechter und die Fahrt über den Pass ein Abenteuer. Jagen, Angeln, Wandern und Picknicken sind in dieser immer einsamer werdenden Gegend das Ziel derer, die sich hier einfinden.

Die Dakerfestungen

Wer Spuren des vorrömischen Rumänien sucht, fährt über eine gut ausgebaute Schnellstraße von Sebeş nach Westen bis Orăştie (dt. Broos, ungar. Szászvaros). Bei schönem Wetter sollte man sich für diesen Abstecher ins Grădişte-Tal unbedingt einen ganzen Tag Zeit nehmen. Das Interessante ist weniger diese Stadt mit ihren Relikten aus glanzvolleren Zeiten als vielmehr die wunderschöne Landschaft, durch die eine bequeme kleine Straße bis Costeşti führt. Danach sind die Schönheiten und Sehenswürdigkeiten, sieht man von einem Schotterweg ab, der bis Grădişte reicht, nur noch zu Fuß zu erreichen. Hinter der Ortschaft Costeşti liegen Sportplätze, der Bach

▲ Karte S. 132/33

Burg Costeşti geht auf die Daker zurück

lädt zum Baden ein, und man kann von hier aus nach Sarmizegetusa Regia wandern. Etwa viereinhalb Stunden sollte man sich für eine Strecke Zeit nehmen. Das vorrömische Sarmizegetusa Regia war wirtschaftliches, militärisches und kulturelles Zentrum der Daker von Burebişta bis Decebal. Es ist nicht ganz leicht zu finden.

Nach dem Zweiten Weltkrieg wurden die Hauptstadt und die Burgen der Umgebung, darunter auch Costeşti, systematisch erforscht. In einer Zeitspanne von mehr als 150 Jahren – vom 1. Jahrhundert vor Christus bis zum 1. Jahrhundert nach Christus – waren etwa 90 Befestigungsanlagen der Daker entstanden, besonders viele von ihnen im Südwesten Siebenbürgens, da alle wichtigen Zugangswege zur Hauptstadt der Daker versperrt werden sollten. Im engsten Umkreis der Hauptstadt Sarmizegetusa Regia, im Westabschnitt des Şureangebirges, sind dakische Siedlungen und Festungsanlagen bezeugt: Feţele Albe, Ceata, Sarmizegetusa – Grădiştea de Munte. Die Befestigungsanlagen bestanden aus Burgen unweit großer Ansiedelungen.

Sarmizegetusa Regia breitete sich auf einer Länge von ungefähr sechs Kilometern aus. Ihre Bauten standen auf künstlich angelegten Terrassen, die zum Teil von bis zu 14 Meter hohen Mauern gestützt wurden. Die antike Stadt selbst bestand aus drei Teilen: zwei zivilen Bereichen und einer heiligen Zone, zwischen beiden lag die Burg. Die Stadt war mit Wasserleitungen, Entwässerungskanälen, gepflasterten Wegen und Stiegen ausgestattet. Befestigungsanlagen umgaben den Hügel von 100 Meter Höhe. Sie bestanden aus einem Schutzwall, Palisaden und einer in dakischer Technik errichteten Ringmauer. Nach der Teilzerstörung durch die Römer im Jahr 106 nach Christus wurde die Burg von den Römern wiederaufgebaut und erweitert. Sie verwendeten Bauteile von allen Teilen der Stadt. Im Osten der Burg lag die heilige Zone, von der zehn Sanktuarien (sieben waren im Jahr 106 nur in Gebrauch), zwei runde und acht viereckige sowie ein großer Steinaltar, entdeckt wurden. In ihrer Orientierung verweisen sie auf astronomische Beobachtungen. Ungewöhnliche Anstrengungen erforderte die Beschaffung der Baumaterialien, des Kalksteins und des Andesit. Die Bauten zeigten dakische als auch hellenistische Stilelemente. Die moderne Archäologie hat das erforschte Gelände und ihre Bauten markiert. Heute ist das gesamte Gelände ins UNESCO-Weltkulturerbe aufgenommen. Man sollte sich unbedingt ausgiebig diesen Ursprüngen Rumäniens in schönster Natur widmen.

Hunedoara

Inmitten der riesigen, trostlosen Industriekomplexe Hunedoaras (dt. Eisenmarkt, ungar. Vajdahunyad) mit Eisenverhüttung, Chemiekombinaten und Baustoffindustrie befindet sich einer der bedeutendsten Profanbauten Siebenbürgens: **Schloss Corvineşti**. Als Castrum im 14. Jahrhundert errichtet, schenkte es Sigismund der Luxemburger 1409 dem Knesen Voicu. Der Vater des späteren Woiwoden Iancu von Hunedoara erhielt es, einschließlich 40 Dörfern, für seine Verdienste. Der Name der Burg

Mächtig: Burg Hunedoara

lässt sich vom rumänischen ›corb‹ (der Rabe) ableiten.

Iancu von Hunedoara hatte 1441 den Umbau zu einer großen Festung vorangetrieben. Da den bereits erfundenen Feuerwaffen aber keine Festung mehr standzuhalten vermochte, ließ er die Anlage nach seiner Wahl zum Reichsverweser in ein Residenzschloss umwandeln. Dabei entstanden eine gotische Kapelle und ein repräsentativer Wohntrakt. In dessen Erdgeschoss befand sich der Empfangsraum, der sogenannte Rittersaal. Durch ein Eingangsportal führt eine Wendeltreppe ins Obergeschoss in den Saal der Reichsversammlung. Zur Hofseite öffnet sich eine Art Loggia des Nordflügels, auch Matthiasflügel genannt.

Nach dem Aussterben des Geschlechts wechselte die Burg mehrfach den Besitzer. Fürst Gabriel Bethlen fügte die Munitionsbastei und den burgartigen Vorbau hinzu, der den Zugang zur Eingangsbrücke deckte. Später vorgenommene Einbauten wurden bei Restaurierungsarbeiten im 20. Jahrhundert beseitigt.

Ein Legende erzählt, dass der 30 Meter tiefe Brunnen einst von gefangenen Türken gegraben wurde. Ihnen hatte man dafür die Freiheit versprochen. Als der Brunnen jedoch nach 15 Jahren fertiggestellt war, hielten die Auftraggeber nicht Wort. Eine Inschrift auf der Brunnenmauer – »Wasser habt ihr, aber keine Seele« – erinnert an den Wortbruch.

Das Gebäude kann täglich außer montags von 10 bis 19 Uhr besichtigt werden.

Deva

▲ Karte S. 132/33

Die Industrie- und Bergbaustadt Deva (Diemrich, Devá) am linken Mureșufer ist die Hauptstadt des Kreises Hunedoara und auch Verwaltungssitz des Nationalparks Retezat. Sie wird von einer mittelalterlichen **Burg** auf einem vulkanischen Kegel überwacht, die einst zu den stärksten Festungen Siebenbürgens gehörte. Mehrfach diente sie als Gefängnis, dessen prominenter Insasse im Jahr 1308 Otto III. war, der Wittelsbacher Herzog von Niederbayern. Seit 2008 werden Instandsetzungmaßnahmen an der Burg vorgenommen, die über eine Bergbahn oder zu Fuß erreichbar ist. Unterhalb der Seilbahnstation erinnert ein **Pantheon** mit Büsten ehemaliger Spitzenturnerinnen Rumäniens wie Gina Gogean und Nadja Comăneci und ihrer Trainer an die ihn Deva ansässige Kaderschmiede des kommunistischen Rumäniens im Geräteturnen.

Im kleinen **Zentrum** um den Burghügel und die Fußgängerzone haben sich ein paar historistische Gebäude erhalten. Repräsentativster Bau der Stadt ist das Bethlen-Schloss, Curia Magna genannt. Es befindet sich an der Stelle des ehemaligen Burghofes, der einst Opfer des Mongolensturms wurde. Die herrschaftliche Dreiflügelanlage aus der Renaissance wurde 1621 unter Fürst Gabriel

Das Rathaus in Deva

Blick auf das Retezat-Massiv

von Bethlen renoviert und im 18. Jahrhundert barockisiert. Sie beherbergt heute das **Museum der dakischen und römischen Zivilisation** (Muzeul Civilizație Dacice și Romane). Das Museum wurde grundlegend renoviert (Bulevardul 1. Decembrie 1918 Nr. 39, Di–So 9–17 Uhr, Tel. 0254/212200, www.primariadeva.ro). Der große Daker Decebal ist zweimal in der Stadt zu finden: im Burgpark und vor dem Kulturhaus auf der Piața Victoriei als **Reiterstandbild**.
Sieben Kilometer außerhalb von Deva, direkt am Mureș bei Mintia (Marosnémeti), befindet sich eines der größten Kohlekraftwerke Rumäniens (Mintia Deva Power Plant).

Durchs Hațeger Land

Südlich von Hunedoara erstreckt sich das Hațeger Land mit seinem Hauptort Hațeg. Erster Ort auf dieser Strecke ist **Călan**. Im Ort selbst stören verrottete Industrieanlagen das schöne Landschaftsbild, im Vorort Strei (ungar. Zeykfalva) steht die von der rumänischen Knesenfamilie Zeyk im 13. Jahrhundert gestiftete orthodoxe **Kirche**. In ihrem Inneren sind wenige Reste kostbarer Wandmalerei an Wand und Chor zu sehen. An der Altarwand befinden sich ein Selbstbildnis und die Signatur des Malers.
In **Hațeg** (dt. Wallenthal, ungar. Hátszeg) verunstalten Erdgasanlagen das Bild; Eisen wird hier verarbeitet und das Hațeger Bier gebraut, beide Firmen sind wichtige Arbeitgeber.
Die Straße 66 führt über den Pasul Bănița-Merișor über das Retezat-Gebirge nach Petroșani (dt. Petroschen, ungar. Petrozseny) und weiter ins **Jiu-Tal** (Schiltal). Nach der Entdeckung der reichen Kohlevorkommen hat sich das Gebiet vom Wald- und Weidegebiet zu einer Industrielandschaft entwickelt. Hinter Hațeg vergisst man die häßlichen Eindrücke jedoch schnell und genießt die waldreiche Gegend mit ihren ausgedehnten landwirtschaftlich genutzten Flächen.
Südlich des Hațeger Landes, im **Retezat-Massiv** (Munții Retezatului) mit dem 2509 Meter hohen Peleaga und mehr als 80 Seen, liegt mit dem Retezat-Nationalpark der größte (130 Quadratkilometer) und bekannteste **Naturpark** Rumäniens, in dem Gemsen, Bären, Luchse und Hirsche leben. Lange war das Gebiet für die Touristen noch nicht so gut

erschlossen, mittlerweile aber gibt es eine ganze Reihe kleiner Pensionen, die sich um den Ökotourismus bemühen.

Densuş

Überall in Rumänien lohnen sich Um- oder Abwege von den Hauptstraßen, weil man sonst zu viele Kunstwerke übersähe. Ein Abstecher könnte von Haţeg nach Densuş (dt. Densdorf) führen. Die dem heiligen Nikolaus geweihte orthodoxe **Kirche** von Densuş gehört mit einer Gruppe von Steinbauten im Hatzeger Land zu den ältesten mittelalterlichen Baudenkmälern Siebenbürgens. Sie ist ein wahres Kleinod, das zur Zeit restauriert wird. In den Quellen wurde sie erst 1360 bezeugt. Die Ortsführer interpretieren die Kirche als Umbau eines heidnischen Tempels. Andere Erklärungen sehen in der Verwendung von Spolien (Bauteilen aus älteren Gebäuden) ihre Herkunft aus Sarmizegetusa-Ulpia Traiana, der Hauptstadt der römischen Provinz Dakien, die nur wenige Kilometer von Densuş entfernt liegt. Ob auf einem antiken Arestempel eine Kirche entstand oder Spolien herangeschafft wurden, sei dahingestellt. Tatsächlich tragen in dem quadratischen Raum vier massive Stützen, ehemalige antike Grabsteine, einen später hinzugefügten Turm. Auf den Grabsteinen sind Inschriften in den Sprachen Griechisch, Kyrillisch und Lateinisch zu lesen. Das Kirchlein ist klein. Ein Altarraum mit verlängerter Apsis wurde dem Hauptschiff angefügt. Die Altarplatte besteht ebenfalls aus einem antiken Grabstein.

Die Malereien im Inneren sind größtenteils ein Werk des Stefan Zugravul (Stefan der Maler), der byzantinischen Traditionen verpflichtet war. Seine Signatur findet man unter dem südöstlichen Fenster der Apsis. Im Naos sind links der Ikonostase die Heiligen Nikolaus, Prokopios, Cosmas und Damian, rechts Helena und Konstantin zu sehen. Auf den Pfeilern prangen König David, Bartholomäus und Gottvater mit Christus.

An der Außenseite hat der Baumeister antike Elemente varianten- und einfallsreich eingesetzt. An der Nord- und Südseite wurden rein dekorativ römische Säulen angeordnet. Von außen wirkt die Kirche wie ein Würfel, dessen Oberfläche mit Steinplatten und römischen Steinquadern verkleidet wurde. Der Glockenturm strebt auf quadratischem Grundriss in die Höhe – wie die Kirche mit einem steinernen Rautendach und vier Dreiecksgiebeln. Im Laufe der Zeit wurden Bauglieder auf der Südseite sowie der Pronaos angefügt. Ein wenig wirkt die Kirche wie ein Konglomerat aus mehreren Epochen. Als Zentralbau ist sie byzantinisch, während andere Elemente an siebenbürgische Holzbauten erinnern. Leider fehlen trotz des UNESCO-Schutzes die Gelder, um die Kirche grundlegend zu sanieren, so dass das Gerüst sicher so schnell nicht wieder abgebaut werden kann. Um die Kirche herum liegt ein idyllischer Friedhof. Im Eingangsbereich sind Fossilien ausgestellt. Heute noch werden die Gottesdienste der kleinen Gemeinde hier abgehalten.

Sarmizegetusa-Ulpia Traiana

Bevor man Siebenbürgen über die Poarta de Fier a Transilvaniei (Transsilvanische Pforte) verlässt und die Reise im Banat fortsetzt, lohnt sich noch ein Spaziergang durch das alte Sarmizegetusa-Ulpia Traiana östlich von Haţeg. Direkt an der Straße der gleichnamigen Ort-

Die Kirche in Densuş stammt aus dem Spätmittelalter

Ein Teil der Ausgrabungen in Sarmizegetusa-Ulpia Traiana

schaft liegt der Eingang zur Ausgrabungsstätte, die bis Sonnenuntergang geöffnet ist.

Unter persönlicher Führung leitete Trajan im Jahr 101 nach Christus sein 150 000 Mann starkes Heer über das Banat, gelangte ohne großen Widerstand nach Caransebeş, wo er auf Decebal traf und diesen besiegte. Decebal entkam, und Trajan zog über die Passhöhe ins Haţeger Land weiter. Hier brach er den Vormarsch ab und errichtete sein Winterquartier. Um diesen Militärstützpunkt entstand eine Siedlung. Diese wiederum wurde der Ausgangspunkt für eine Veteranenkolonie, die Colonia Ulpia Traiana Augusta Dacia (108–110).

Unter Hadrian erhielt die Colonia den Namen der alten dakischen Hauptstadt Colonia Ulpia Traiana Sarmizegetusa; Ulpia Traiana war Sitz des Reichsstatthalters für die drei Provinzen Dakiens. Unter Severus Alexander (222–235) wurde ihr der Titel ›metropolis‹ verliehen. Doch schon bald setzte der Niedergang der Stadt ein, und seit dem Ende des 3. Jahrhunderts war sie nicht mehr bewohnt. Die Benennung des heutigen Ortes nach der alten Stadt ist im Bestreben der vergangenen Jahrzehnte begründet, die romanische Abstammung der Rumänen durch antike Ortsnamen zu dokumentieren.

Hinter dem Eingang zur **Ausgrabungsstätte** sieht man rechter Hand die Reste des Amphitheaters. Es lag außerhalb der Stadtmauer und konnte 5000 Besucher aufnehmen. Vorbei an Thermen- und Tempelresten sowie landwirtschaftlich genutzten Feldern kommt man zum rechteckigen Zentrum der einstigen Kolonie, die von einer Steinmauer umschlossen war. Einige Bauten davon wurden freigelegt: eine Basilika, das Forum und das Aedes Augustalium, ein Gebäude, das einem besonderen Kaiserkult diente. Weitverstreut wurden auch die Reste von römischen Bauernhäusern gefunden. Die Funde der Ausgrabungsstätte sind im **Museum** am Ort sowie in Deva, Cluj und im Nationalmuseum von Bukarest ausgestellt.

Haţeger Land

Unter den Übernachtungsmöglichkeiten besonders erwähnenswert:

Pensiunea Iancu, Sălaşul de Sus nr. 49, Tel. 0254/779519. DZ mit Frühstück 50 Euro, auf Wunsch auch Halbpension mit ausgezeichneter authentischer Küche aus eigenen Produkten.

▲ Karte S. 132/33

Cluj-Napoca

Mehrere gut ausgebaute Straßen führen nach Cluj-Napoca (dt. Klausenburg, ungar. Kolozsvár) am Someşul Mic (Kleiner Somesch), offizielle Hauptstadt Siebenbürgens und Wirtschaftszentrum Westsiebenbürgens: Man erreicht es entweder von der Crişana kommend über die Westkarpaten über einen niedrigen Pass von 528 Metern, begleitet vom Crişul Repede, der zu mehreren Seen aufgestaut wird. Oder von Osten kommend über das malerische von Weinbergen umrahmte Turda (dt. Thorenburg, ungar. Torda), das einen Aufenthalt lohnt. Cluj-Napoca ist ebenso wie Alba Iulia eine sehr alte Stadt mit wechselvoller und bewegter rumänischer, ungarischer und deutscher Vergangenheit. In dakorömischer Zeit besaß es unter dem Namen Napoca Bedeutung. In Erinnerung daran wurde der heutigen Stadt 1974 der Namenszusatz Napoca angefügt. Auf den Ruinen des antiken römischen Napoca entstand eine neue Siedlung, die der Völkerwanderung zum Opfer fiel. Im 11. und 12. Jahrhundert war hier eine gemischte walachisch-slawische Bevölkerung ansässig. Auch nach der Errichtung eines magyarischen Militärlagers – Castrum Clus – 1213 blieb dieses Völkergemisch erhalten. In den folgenden Jahrhunderten wandelte sich Cluj zum bedeutendsten Verwaltungs- und Militärzentrum des gleichnamigen Komitats. Nach der Gründung des autonomen Fürstentums Siebenbürgen 1541 entwickelte es sich zur wichtigsten Stadt Siebenbürgens, der durch Michael den Tapferen alle einstigen Privilegien der Ungarn bestätigt wurden. Nach der Reformation blieb der Ort Hauptsitz des Magyarentums, und zweimal wählten die Habsburger Cluj zur Hauptstadt: von 1790 bis 1848 und von 1861 bis 1867. Im Rahmen des Rumänischen Königreichs fand eine gezielte Ansiedlung von Rumänen statt, und nach dem Ersten Weltkrieg wurde Cluj wegen seiner zentralen Lage zu einem wichtigen Kultur- und Verwaltungszentrum. Nach dem Zweiten Weltkrieg wurde die Industrialisierung vorangetrieben, die das Stadtbild stark verändert hat. Betriebe aus den Bereichen Maschinenbau, Lebensmittel, Möbel, Porzellan und Textil wurden angesiedelt. In der Stadt wird nach wie vor die bekannte rumänische Biermarke ›Ursus‹ produziert.

Mit 320 000 Einwohnern ist Cluj heute eine der großen Städte des Landes. Noch vor wenigen Jahren schien die Stadt in Lethargie verfallen zu sein, heute ist sie mehr denn je mit lebhaftem Leben erfüllt, nicht zuletzt wegen ihrer vielen Studenten. Einerseits bestimmen noch immer Straßenmärkte das tägliche Bild, andererseits ist mehr als andernorts eine Vielzahl neuer Hotels, Restaurants und kleiner Kneipen entstanden. Eine Filiale der Rumänischen Akademie, der zahlreiche Forschungsinstitute angeschlossen sind, hat hier ihren Sitz. Damit wurde an die Tradition der seit 1872 bestehenden Universität angeknüpft.

Daneben ist die Stadt ein Handels- und Verkehrszentrum. Zeugnis davon gibt der kürzlich renovierte Bahnhof (Gara Centrală) im Stil der Jahrhundertwende mit seinem neuen Schriftzug. Unweit des Bahnhofes steht ein Horia-Monument, dem Führer des siebenbürgischen Bauernaufstandes von 1784/85 gewidmet. Spannungen zwischen den ungarischen Bürgern, die etwa ein Drittel der Gesamtbevölkerung ausmachen, und den Rumänen haben immer wieder die Presse aufgeschreckt. Die Ungarn fordern seit 1989 kulturelle Autonomie, doch die Weichen wurden anders gestellt. So kam es beispielsweise zum Verbot aller Schilder in ungarischer Sprache.

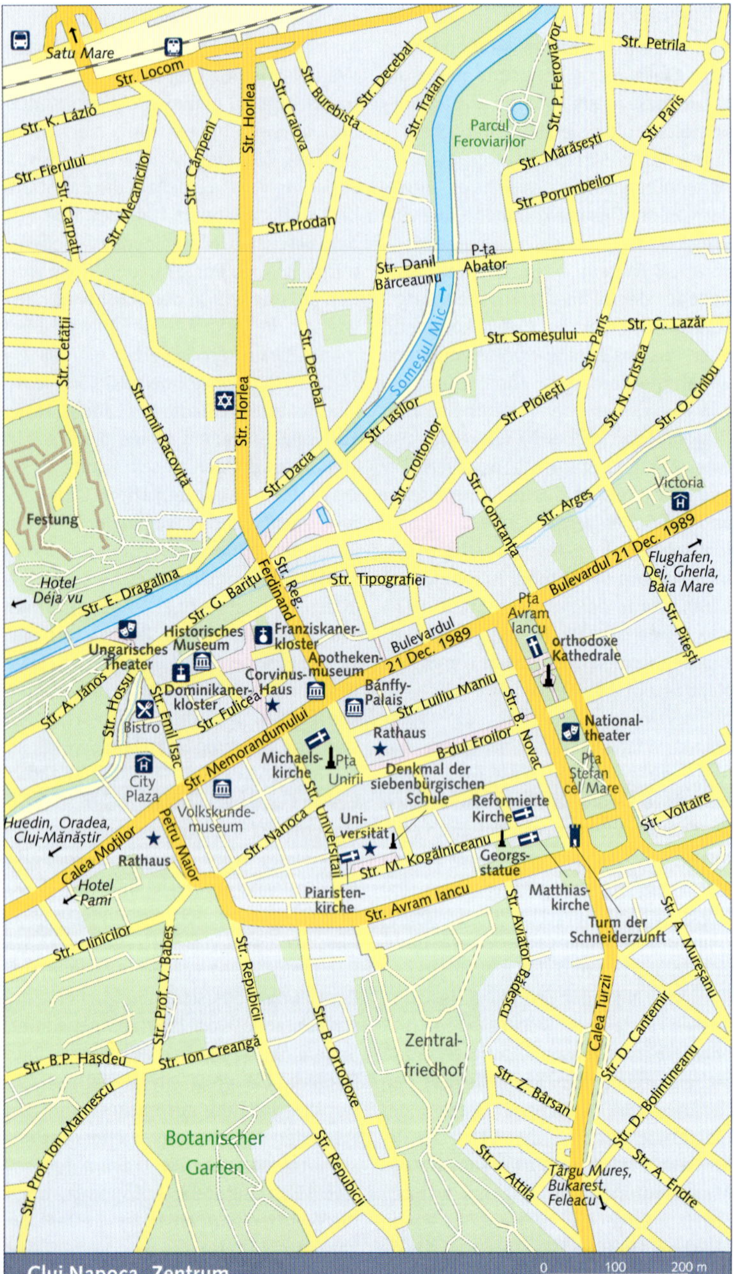

Cluj-Napoca, Zentrum

Das Reiterdenkmal für Matthias Corvinus

Auf dem geräumigen Einheitsplatz steht das Reiterstandbild (Monumentul lui Matei Corvin) des Matthias Corvinus (1443–1490), das von János Fadrusz in den Jahren 1894 bis 1902 ausgeführt wurde. Der berühmte Matthias, Sohn des ebenso berühmten Iancu de Hunedoara (Johann Hunyadi, 1387–1456), konnte natürlich nicht ahnen, dass das ihm gewidmete Denkmal einmal fast bürgerkriegsähnliche Zustände in seiner Heimatstadt provozieren würde.

Matthias erhielt den Beinamen Corvinus nach dem Raben (lat. corvus) seines Familienwappens. Während sich die Großen des Landes am 24. Januar 1458 nicht einigen konnten, weil keiner der ungarischen Thronanwärter seinen Anspruch auf eine königliche Abstammung zu stützen vermochte, versammelte sich der niedere Adel auf dem Eis der zugefrorenen Donau und rief den erst 14-jährigen Matthias zum König von Ungarn aus. Er war hochbegabt in vieler Hinsicht, ein ausgezeichneter Feldherr und erstklassiger Verwaltungsfachmann, ein gelehrter Astronom, Kenner und Mäzen der bildenden Künste; außerdem beherrschte er ein halbes Dutzend Sprachen. Seine mehrtausendbändige Bibliothek, die ›Corvina‹, war in ganz Europa bekannt. Matthias war ein echter Renaissancefürst auf ungarischem Thron, und durch seine zweite Ehe mit Beatrice von Aragón, einer Tochter des Königs von Neapel, kam der Einfluss der italienischen Frührenaissance an seinen Hof.

Die Geschichte der Sockelinschrift am Denkmal ist turbulent und zeugt von Rivalitäten zwischen Ungarn und Rumänen: Einst trug das Denkmal den ungarischen Namen ›Mátyás Corvin‹ sowie das Wappen des Habsburgerreiches. Nach dem Anschluss Siebenbürgens an Rumänien 1918 wurde der Name ersetzt durch den rumänischen ›Matei Corvin‹ und ein Zitat Nicolae Iorgas: »Siegreich in Kriegen, geschlagen nur in Baia von seinem eigenen Volk, als er versuchte, die unbesiegte Moldau niederzuwerfen«. Heute ziert ganz diplomatisch der Name in lateinischer Sprache das Denkmal.

Von 1940 bis 1944 gehörte Nordsiebenbürgen wieder zu Ungarn, und die alte Inschrift wurde wieder installiert. Unter den Kommunisten lautete sie dann ›Mathias Rex‹, später wurde im Auftrag des nationalistisch gesonnenen Bürgermeisters Gheorghe Funar die alte rumänische Inschrift wieder angebracht.

Unweit des Denkmals ist seit jüngster Zeit ein römisches Ausgrabungsareal offengelegt. Die Nachbildung eines Fragmentes der Trajansäule aus Marmor wurde 1998 vor dem Denkmal aufgestellt – das Ergebnis des hartnäckigen Kampfes von Bürgermeister Funar, der wegen der Ausgrabungen gleich das ganze Denkmal entfernen wollte. Der Widerstand der zahlenmäßig starken Ungarn stoppte das Vorhaben allerdings.

Das berühmte Denkmal

Die Altstadt

Das heute Altstadt genannte Viertel ist gekennzeichnet durch die vermutlich 1316 begonnene **Ringmauer**. Ihr Bau war ein Privileg, das die Dynastie der Anjou, die über Ungarn im 14. Jahrhundert herrschte, Deutschen und Szeklern in Siebenbürgen im 14. Jahrhundert gewährte. Die erste Ringmauer wurde vermutlich teilweise auf den Grundmauern des römischen Napoca angelegt.

In ihrem Zentrum, auf dem ehemaligen Markplatz, später umbenannt in Piață Libertății und heute der Einheitsplatz (Piață Unirii), steht die an deutsche Vorbilder angelehnte römisch-katholische **St. Michaelskirche** (Biserica Sfântul Mihai). Die Kirche wurde als Basilika begonnen und als gotische dreischiffige Hallenkirche im 14. und 15. Jahrhundert weitergeführt. Ihr Bau erfuhr im Laufe der Zeit noch mehrfach Veränderungen. Letztes Bauglied war der 80 Meter hohe Glockenturm im Stil der Neogotik an der Nordseite. Das Innere erhebt sich als Sterngewölbe. Die Wandpfeiler werden durch teilweise figurative Kapitelle geziert: Frau mit Gebetbuch, Steinmetz, eine Fiale meißelnd, Lehrer oder Student. Aus der Epoche der Renaissance (1528) stammt das Portal der Sakristei mit dem Stadtwappen und dem Pelikan, vielleicht ein Stifterwappen. Von 1556 bis 1716 wurde die Kirche von den Reformierten genutzt und deshalb die Innenausstattung größtenteils beseitigt. Nach der Rekatholisierung erhielt die Kirche eine barocke Ausstattung. Dem Barock verdankt sie die Kanzel, die vom Namenspatron, Sankt Michael, den Drachen tötend, bekrönt wird. Als Denkmal der Neogotik schmückt dieser auch das Hauptportal des Gotteshauses. Rechts vom Haupteingang, im Südwestjoch, befindet sich die dem Erzengel geweihte Michaelskapelle von 1481. Hier und im Langhaus sind wenige Reste der ehemals die gesamte Kirche schmückenden Wandmalereien erhalten. Gleich neben der Kirche und ebenso unübersehbar erinnert ein **Reiterdenkmal** an Matthias Corvinus, den berühmten Herrscher, der die Region so entscheidend geprägt hat. Der Einheitsplatz ist von prächtigen Gebäuden des 18. Jahrhunderts umgeben, unter denen das **Bánffy-Palais** (Palatul Bánffy) besonders einen Blick lohnt. Georg Bánffy ließ es in den Jahren von 1773 bis 1785 durch Johann Erhard Blaumann errichten. Es handelt sich um eine Vierflügelanlage um einen rechteckigen Ehrenhof. Dahinter lag ein zweiter, heute nicht mehr bestehender Hof, auf dem sich Wirtschaftsgebäude befanden. Den Mittelteil der Front bekrönt das Bánffy-Wappen, das von zwei Greifen gehalten wird. Als Stadthaus der ungarischstämmigen Adligen errichtet, beherbergt es heute das **Kunstmuseum**. Im Innenhof lädt ein malerischer Biergarten zum Verweilen und Verschnau-

Die Michaelskirche

▲ Karte S. 204

fen ein. Daneben liegt das **Palais Teleki**, das zwischen 1790 und 1795 im klassizistischen Stil errichtet wurde.

Das **Geburtshaus von Matthias Corvinus** (Casa Natală lui Matei Corvin), des großen Sohnes der Stadt, aus dem frühen 15. Jahrhundert ist zu besichtigen. Hinter dem Parterrefenster zur Linken des Spitzbogen-Eingangs soll der nachmalige Ungarnkönig 1443 das Licht der Welt erblickt haben.

Unweit davon befindet sich das heute als Musikschule genutzte **Dominikanerkloster** (Mănăstirea şi Biserica Dominicanilor). Anfang des 15. Jahrhunderts im gotischen Stil errichtet, steht es wohl auf den Ruinen eines römischen Tempels. Das ehemalige Refektorium dient heute der Musikschule als Konzertsaal.

Cluj ist Bildungs- und Kulturzentrum. An den vier Hochschulen mit insgesamt 22 Fakultäten sind derzeit etwa 30 000 Studenten eingeschrieben. Schon 1872 wurde die erste Universität gegründet. Sie wurde nach János Bolyai benannt, dem berühmten ungarischen Mathematiker des 19. Jahrhunderts. In den 1960er Jahren verschmolz sie mit der rumänischen Universität von Cluj, nach Victor Babeş benannt, und ist heute die Babeş-Bolyai-Universität (Universitatea-Babeş-Bolyai) mit ungarisch- und rumänischsprachiger Fakultät. Die zu Zeiten der autonomen ungarischen Region in Târgu Mureş gegründete ungarische medizinisch-pharmazeutische Fakultät wurde der von Cluj angeschlossen.

Daneben versucht heute das **Deutsche Kulturzentrum** (Centrul Cultural German), trotz Abwanderung vieler Deutscher, die deutsche Kultur und Sprache zu pflegen und zu fördern. Nicht weit davon befindet sich das **Denkmal der Siebenbürgischen Schule** (Monumentul Şcoalei Ardelene); es zeigt die drei Hauptvertreter: S. Micu, G. Şincai und P. Maior. Sie hatten im 18. und 19. Jahrhundert Meilensteine in der rumänischen Sprachforschung gelegt und damit maßgeblich das damals entstehende rumänische Nationalbewusstsein gestärkt.

Vorbei an der Strada Mihail Kogălniceanu passiert man ein Fragment der Stadtmauer. Nach der ersten großen Stadterweiterung wurde sie im 15. Jahrhundert errichtet. Ein Turm der Schneiderzunft (Bastionul Croitorilor), 1475 erwähnt, wurde durch Blitzschlag und Pulverexplosion zerstört. Die heutige **Bastei** wurde 1629 erbaut. Sie ist dreigeschossig und mit Schießscharten für Feuerwaffen versehen. Eine Abteilung des Historischen Museums hat hier ihren Sitz.

Von hier ist es nicht weit in das zweite Zentrum der Stadt, der einst außerhalb der alten Stadtmauer gelegenen Doppelplatzanlage: Platz Stefan des Großen (Piață Ştefan cel Mare) und Avram-Iancu-Platz. Hier befinden sich **Nationaltheater** und **Staatsoper** (Teatrul Național şi Opera). Schon im 19. Jahrhundert bestanden in Cluj drei Sprechbühnen, von denen eine in ungarischer Sprache spielte, und zwei Opernhäuser, von denen wiederum eines magyarisch geleitet war.

Gegenüber steht die orthodoxe **Kathedrale** (Catedrală Ortodoxă), die von Constantin Pomponiu und Gheorghe Cristinel 1912 im neobyzantinischen Stil errichtet wurde. Die **Avram-Iancu-Statue** (Statuia lui A. Iancu) ersetzte das Sowjetdenkmal.

Am Bulevardul Eroilor stehen das **Rathaus** von 1843 im Stil der Neorenaissance mit dem Stadtwappen und ein **Obelisk**, der zum Gedenken an die Opfer der Kriege errichtet wurde.

Die **Festung** (Cetatea) auf dem Schlossberg im Norden der Stadt wurde im 18. Jahrhundert nach den Vaubanschen Vorbildern errichtet.

Weitere Sehenswürdigkeiten

Die **reformierte Kirche** (Biserica Reformată din Centru) an der Strada Kogălniceanu wird auch reformierte Matthiaskirche genannt. 1486 wurde sie auf Geheiß des Matthias Corvinus als Minoritenklosterkirche begonnen, später den Jesuiten übergeben, im Streit zwischen Katholiken und Protestanten im Jahr 1603 schwer beschädigt, Mitte des 17. Jahrhunderts einem kalvinistischen Kollegium zugewiesen und wiederaufgebaut. Hervorzuheben ist die steinerne Kanzel. Eine bedeutende **Georgstatue** (Statuia Sfântul Gheorghe) steht vor dem Gebäude, eine Kopie des Prager Vorbildes der Klausenburger Bildhauerbrüder Martin (Mártin) und Georg (György). Sie ist etwa 600 Jahre alt und damit ältestes bronzenes Denkmal Siebenbürgens. Das **Franziskanerkloster** aus dem 15. Jahrhundert, dessen Bau durch Iancu de Hunedoara veranlasst wurde, ist ebenso einen Blick wert.

Der **Botanische Garten** mit einer Fläche von 13 Hektar ist der größte seiner Art in Rumänien. Er wurde 1920 angelegt.

Das **Memorandum** ist ein Monument zu Ehren der rumänischnationalen Bewegung des 19. Jahrhunderts.

Die **römisch-katholische Kirche/Piaristenkirche** ist der früheste Barockbau Siebenbürgens. Sie befindet sich an der Strada Universității und wurde als Jesuitenkirche von 1718 bis 1724 erbaut. Die Schauseite wird von zwei Türmen flankiert. Im Inneren befinden sich plastische Details, die an die Wiener Peterskirche erinnern.

Feleacu

Nur wenige Kilometer südlich von Cluj liegt der kleine Ort Feleacu mit einer siebenbürgischen Stiftung des Moldauers Stefan des Großen. Die rumänische Metropolie beherbergte hier eine Malschule.

Karte S. 204

Gherla

Im Norden von Cluj, auf dem Weg nach Dej, liegt Gherla (dt. Neuschloss, ungar. Szamosujvár). Noch Anfang des 16. Jahrhunderts war der Grund im Besitz des Bischofs von Oradea, Georg Martinuzzi, der sich ein **Schloss** nach Plänen des Italieners Domenico da Bologna errichten ließ. Den Anbau des sogenannten Rákóczi-Flügels schuf Serena 1553. Das Gebäude dient seit 1781 bis heute als Gefängnis, und noch vor der jüngsten Revolution war es ein gefürchteter Ort für politische Gefangene des Kommunismus.

Interessant ist jedoch die Geschichte des Ortes. Im Jahr 1669 wanderten wegen kriegerischer Auseinandersetzungen in der Moldau viele Armenier in die Region. Sie erhielten mit Erlaubnis der Familie Apafi das Recht, sich niederzulassen, was sie vor allem in Bistritz wahrnahmen. Im Pestjahr 1712 wurden sie aus der Hauptstadt des Nösnergaus vertrieben und gingen nach Gherla, das sie bereits gekauft hatten. Sie bauten die Siedlung aus, und bald sprach man anstelle von Gherla von Armenopolis. Heute erinnert die barocke **Kirche** mit dem Glockenturm und zwei niedrigeren Flankentürmchen an die armenische Gemeinde.

Im früheren Armenischen Viertel von Gherla

Turda

Als antikes Potaissa war Turda ein Knotenpunkt des römischen Dakien. Turda ist eine alte Salzstadt am Unterlauf des Arieş, deren Salzgruben bereits unter den Römern ausgebeutet wurden. Die Salinen waren seit 1992 für die Öffentlichkeit zugänglich, wurden mittlerweile renoviert und sind seit 2010 als Museum, Freizeit- und Kulturzentrum ein beliebtes Ausflugsziel.

Im Zentrum, das an einen langgezogenen Platz erinnert, sind mehrere Großbauten wie die katholische Kirche ohne Turm, das Theater und die reformierte gotische Kirchenburg mit ihrem Glockenturm von 1904 bestimmend. In der **katholischen Kirche** wurde 1568 ein Landtag abgehalten, der erstmals die Religionsfreiheit postulierte. Die **gotische reformierte Kirche**, aus dem 15. Jahrhundert und somit die älteste einschiffige Hallenkirche Siebenbürgens, ist für Kunstinteressierte sehenswert. Die sie einst umgebenden Verteidigungsbastionen des 16. Jahrhundert sind nicht mehr erhalten. Der Bau war wie Densuş mit Spolien eines römischen Kastells errichtet worden.

Nicht weit von der Kirche steht das ehemalige **Fürstenpalais**, das das **Historische Museum** beherbergt, derzeit renoviert wird und ein Kleinod mittelalterlicher profaner Baukunst darstellt. In der Parkanlage davor sind römische Grabsteine und Fragmente zu sehen.

Südlich der Altstadt lag auf dem Dealul Cetăţii (Festungshügel) einst das römische Castrum, das im 19. Jahrhundert vollständig abgetragen wurde. Das freigelassene Areal, auf dem archäologische Grabungen Grundrisse des römischen Hauptquartiers freigelegt und kenntlich gemacht haben, dient allabendlich als Hundetreff.

Im Zentrum von Turda

Übernachten und gut essen kann man im etwas sehr verspielten, fast kitschigen Hotel Restaurant ›Dracula Castle‹ mit einem sehr schönen Restaurantgarten.

Cheile Turzii

Für Naturliebhaber lohnt sich ein Ausflug in die acht Kilometer südwestlich von Turda gelegene Cheile Turzii (Thorenburger Schlucht, ungar. Tordai-hasadék). Die zwei Kilometer lange Klamm hat sich der Hăşdate-Bach durch den Kalkstein gefräst. 300 Meter hohe Steilwände, in denen sich viele Höhlen befinden, begrenzen die Schlucht. Im Talgrund wurde ein gut begehbarer Weg angelegt. Dank der hier entdeckten seltenen alpinen Pflanzen wurde das Gebiet bereits vor dem Zweiten Weltkrieg unter Schutz gestellt, das Naturschutzgebiet bis heute um einige Hektar erweitet.

Cluj-Napoca und Turda

Vorwahl: 0264 (Cluj-Napoca).

Hotel City Plaza, Strada Sindicatelor 9–11, Tel. 450101 Fax 450152, www.cityhotels.ro. 4 Sterne, EZ 120, DZ 135 Euro. 2005 eröffnet, ideal für Geschäftsleute (WLAN), zentrumsnah und ruhig.

Hotel und Restaurant Déja vu, Str. Ion Ghica 2, Tel./Fax 354941, www.dejavu.ro. 4 Sterne, westlich der Innenstadt, lie-

Siebenbürgen

bevoll-rustikal eingerichtet, EZ 75 Euro, DZ 90 Euro. Besonders empfehlenswert.

Hotel Pami, Calea Mănăştur 39, Tel./Fax 406333, www.hotelpami.com. 3 Sterne, EZ 40 Euro, DZ 55 Euro. 2004 eröffnet, schlicht, komfortabel.

Hotel Victoria, Bulevardul 21 Decembrie 1918 54–56, Tel. 59763, Fax 101940, www.hotelvictoria.ro. 3 Sterne, EZ 55 Euro, DZ 66 Euro.

Bistro, Str. Emil Isac 14, Tel. 0788/272442, Kleinigkeiten, Exklusives, gute Weine, schöne Musik.

Restaurant Hubertus, Bulevardul 21 Decembrie 22, Tel. 196743. Gute rumänische Küche, Musik, gehobene Preise.

Historisches Museum (Muzeul Naţional de Istorie a Transilvaniei), Strada D. Dalcoviciu 2, Tel. 195677. Mit reichhaltiger Mosaik-, Terrakotta- und Sarkophagsammlung, tgl. außer Mo/Di 10–17 Uhr.

Nationales Kunstmuseum (Muzeul Naţional de Artă), Piaţă Unirii (Einheitsplatz) 30 (im Bánffy-Palais), Tel./Fax 1969-52/-53. Zu sehen sind rumänische Künstler des 19. und 20. Jahrhunderts, tgl. außer Mo/Di 10–17 Uhr.

Salinen, Aleea Durgăului 7, Turda, Tel. 0364/260940, www.salinaturda.eu, tgl. 9–16 Uhr, letzter Einlass 1 Std vor Schließung.

Târgu Mureş

In Târgu Mureş (dt. Neumarkt, ungar. Vásárhely) lohnt sich ein Aufenthalt. Die Stadt am Mureş ist der Hauptort des Szeklergebietes und seit 1322 als ›Neuer Marktflecken‹ belegt. Obwohl sie ihren heutigen Namen nach dem längsten Fluss des Landes trägt, wird sie keineswegs von diesem geprägt. Der Mureş (dt. Mieresch/Marosch, ungar. Maros) schlängelt sich an der Stadt vorbei.

Gegen die rund 400 Jahre währende Bedrohung durch die Türken schützte man sich mit dem Bau der **Burganlage**. Die Bastionen der Zünfte können noch heute besichtigt werden. Die **reformierte Kirche** (Biserica Reformată) ist in die Festungsanlage integriert. Heute werden auf dem Areal dieser mittelalterlichen Festung archäologische Grabungen durchgeführt, weswegen die kleinen Geschäfte und Restaurants derzeit geschlossen sind.

Das repräsentativste Gebäude der Stadt ist der **Kulturpalast**, der mit dem **Rathaus** ein geschlossenes Ganzes bildet, ein schönes Beispiel für den rumänischen Jugendstil. Vor dem Rathaus ist eine **Skulptur** der römischen Wölfin aufgestellt, die die Zwillinge säugt – das Pendant zur Skulptur in Rom. Der Entwurf des Kulturpalastes geht auf die ungarischen Architekten Jakob Dezsö und Komor Marcell zurück. Die Majolikaziegeln für das Dach wurde in den Zsolnay-Werken in Pécs hergestellt. An Material wurde nicht gespart, wie man an den vergoldeten Mosaiken der Hauptfassade erkennen kann. Um einen Eindruck vom prunkvollen sezessionistischen Inneren zu bekommen, sollte man das **Historische Museum** aufsuchen, das neben der Philharmonie, einer Bibliothek, einem kleinen Konferenzsaal, dem Theater und dem Kunstmuseum untergebracht ist. Die 45 Meter lange Eingangshalle ist mit Carrara-Marmor ausgelegt. Zwei venezianische Spiegel und zwölf Wandbilder mit Szenen aus dem Szeklerleben schmücken die Wände.

Vom Kulturpalast läuft man in Richtung Zentrum an Fassaden verschiedener Epochen vom Barock bis zum 20. Jahrhundert entlang. Linker Hand steht das **Theater**, davor das **Denkmal Avram Iancus** (1824–1879). In diesem Theater gibt es eine ungarische und eine rumänische

▲ Karte S. 211

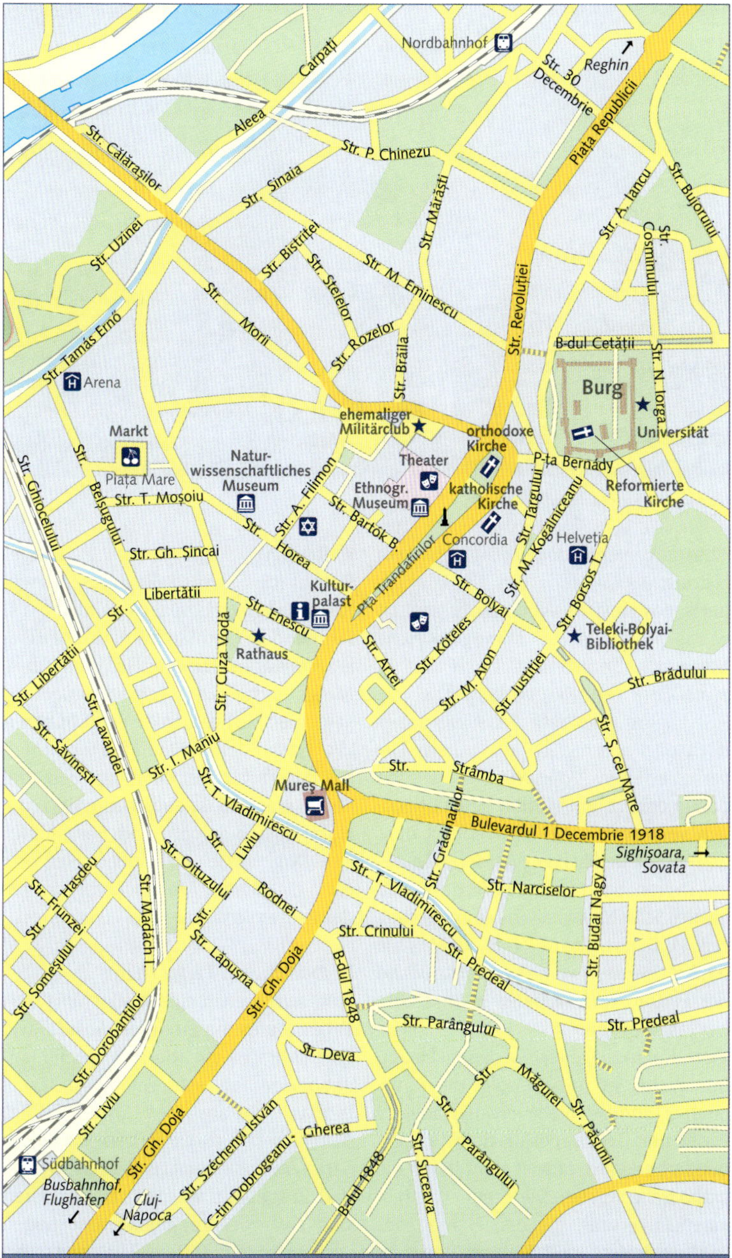

Târgu Mures, Zentrum

Der Kulturpalast

Abteilung. Neben dem Theater steht ein historisches Gebäude des 18. Jahrhunderts, das einst als Winterpalais genutzt wurde. In ihm ist das **ethnographische Museum** untergebracht. Das Palais ist zwar stark renovierungsbedürftig, die Ausstellung aber sehr liebevoll, detailreich und anschaulich präsentiert. Die verschiedenen Volksgruppen werden dokumentiert und in ihren Beschäftigungen veranschaulicht. Man erfährt über das Fischen im flachen Wasser des Mureş auf Stelzen, das Töpfern, das trotz Kenntnis der Scheibe archaisch bis in die Neuzeit kultiviert wurde, und sieht viele schöne Trachten vom Hochzeitsgewand der Frauen und Männer bis hin zum Neujahrskostüm.

Viele **Kirchen** flankieren diesen Hauptboulevard, so zum Beispiel die rumänisch-orthodoxe Kirche, die man an ihrer Größe und der Kuppel aus dem 19. Jahrhundert erkennt, unweit steht ferner die katholische Kirche. Die Stadt unterhält eine Universität, die den Namen des Mitbegründers der Siebenbürgischen Schule trägt: Petru Maior (1760–1821).

▲ Karte S. 211

■ Reghin

Reghin (dt. Sächsisch-Regen/Sächsisch-Reen, ungar. Szászrégen) wurde im 14. Jahrhundert erstmals als deutsche Siedlung erwähnt. Die nördlich von Târgu Mureş und verkehrsgünstig am Mureş liegende Stadt verdankte ihren früheren Wohlstand der Flößerei. Die Flöße fuhren flussabwärts in Richtung Arad. Daneben war und ist auch heute noch die Holzindustrie dominierend. Berühmt für ihre Originalität und Bildhaftigkeit war einst die Reener Mundart, von der leider heute nicht mehr viel zu hören ist.

■ Östlich von Târgu Mureş

Eine ausgezeichnete Straße führt von Târgu Mureş in den Kurort **Sovata**, wie Poiana Braşov ein Tourismusgebiet von nationalem Interesse. Einen Besuch sollte man nicht auslassen. Entwickelt hat sich dieser Kurort inmitten von sechs Salzseen, von denen zwei als Schwimmbad ausgebaut wurden. Die anderen sind zwar frei zugänglich und liegen verwunschen inmitten des Waldes, verfügen aber über keine Duschen. Im Ort befinden sich große Hotelkomplexe wie ›Danubius Hotel Sovata‹, ›Aluniş Hotel‹ und ›Brădet Hotel‹, Relikte aus kommunistischer Zeit, die aber saniert wurden und ganzjährig Kuren anbieten. Außerdem ist das Gebiet um den Kurort ein beliebtes Wander- und Erholungsgebiet. Eine kleine Fußgängerzone ist gesäumt von hübschen verschnörkelten Bauten der Jahrhundertwende, in denen zahlreiche Restaurants, Cafés und einladende Pensionen untergebracht sind.

Von Sovata führt eine malerische Straße nach **Odorheiu Secuiesc** (dt. Oderhellen, ung. Székelyudvarhely). An der Strecke liegen die Ortschaften **Praid** (dt. Salzberg, ung. Parajd) mit einem Salzbergwerk und Salzwasserbädern, und **Corund**, ein Töpferzentrum für die blaue Keramik. Ein Verkaufsstand reiht sich an den anderen, im Hinterhaus befinden sich meistens die Töpferwerkstätten. Die Region ist traditionell von Szeklern besiedelt.

Târgu Mureş

Touristeninformation (Centrul de Informare Turistică), Str. Enescu 2 (im Kulturpalast), Tel./Fax 404934, Mo–Fr 9–18, Sa 9–14 Uhr.

Vorwahl: 0265.

Der Flughafen ist 15 Kilometer von der Stadt entfernt; Mietwagen sind dort zu haben. Die ungarische Malev bedient Târgu Mureş mehrfach wöchentlich von Deutschland oder Österreich aus über Budapest. Infos: www.targumuresairport.ro.

Târgu Mureş hat zwei Bahnhöfe, Nord- und Südbahnhof, und einen Busbahnhof.

Hotel Concordia, Piaţa Trandafirilor 45, Tel. 260602, www.hotelconcordia.ro. 4 Sterne, nicht nur das erste Haus der Stadt, sondern dank Wellness- und Fitnessbereich ein kleines Luxushotel. Nach einer grundlegenden geschmackvollen Renovierung im modernen Stil konnte das Haus 2004 in einem historischen Gebäude seine Tore wieder öffnen. Die ebenso stilvolle Bar mit Café zur Flaniermeile wird von vorbildlich geschulten Obern bedient. DZ 140 Euro.

Continental Târgu Mureş, Piaţă Teatrului, Tel. 250416, Fax 250116, www.continentalhotels.ro. 3 Sterne, privatisiert und renoviert, DZ 90 Euro.

Hotel Helveţia, Strada Borsos Tamás 12, Tel. 216954. Kleines Hotel in einem Fachwerkhaus, DZ 69 Euro.

Hotel Arena, 4 Sterne, Str. Tamás Ernö 1, Tel. 430988, www.arenahotel.ro. DZ 80 Euro. Neues Haus am Stadtrand beim Sportkomplex mit neuer Eishalle. Hoher Standard mit anerkannt gutem Restaurant, geeignet für Geschäftsleute.

Historisches Museum und Kunstmuseum, im Kulturpalast, Di–Fr 9–16 Uhr und Sa/So 9–13 Uhr.

Ethnographisches Museum, Di–Fr 9–17, Sa 9–14, So 9–13 Uhr. Eine äußerst kompetente Dame führt gerne in englischer Sprache durchs Haus.

Naturwissenschaftliches Museum, Str. Horea, 24, Tel. 23 69 87. In einem neoklassizistischen Gebäude von 1893 werden Objekte zur siebenbürgischen Flora und Fauna präsentiert. Di–Fr 9–17, Sa 9–14, So 9–13 Uhr.

Gute Einkaufsmöglichkeiten in der **Mureş Mall**, deren Neubaukomplex an der Strada Iuliu Maniu vom Kulturpalast zu sehen ist. Die Geschäfte, wenngleich nicht alle, haben auch am Sonntag geöffnet.

Bistrița

Das Nösnerland im Norden Siebenbürgens ist ehemaliges deutsches Siedlungsgebiet und liegt zwischen dem Oberlauf des Someşul Mare und dem Tal der Bistrița. Das Zentrum des von Hügel- und Berglandschaften beherrschten Kreises ist die Kleinstadt Bistrița (dt. Bistritz, ungar. Besterce). Als Hauptstadt des ehemaligen Nösnergaues wurde sie früher Nösen genannt; heute leben etwa 80 000 Menschen hier.

Bistrița liegt in der Ebene des gleichnamigen Flusses, dessen Name slawischen Ursprungs ist und übersetzt ›die Reißende‹ bedeutet. Ihr wirtschaftlicher Aufstieg – begünstigt durch die nahegelegenen Silber- und Goldbergwerke – begann mit den Sachsen, die noch zu Beginn des 20. Jahrhunderts 50 Prozent der Bürger stellten. Als eine wichtige Station an der Handelsstraße Kiew–Regensburg zog sie viele ausländische Kaufleute an. So dominierten bereits

Bistrița, Zentrum

Ein schöner Biergarten im Zentrum

Anfang des 14. Jahrhunderts die Regensburger und Wiener Kaufleute. Gehandelt wurde vorwiegend mit Eisenwaren und Tuch.

Bistritz erhielt wie Kronstadt Marktrecht und ein städtisches Siegel: den Straußenkopf mit dem Hufeisen im Schnabel, der als Symbol für die kaufmännische Begabung gedacht war. Seit 1325 wurden hier die ersten ungarischen Goldgulden nach florentinischem Muster geprägt. Eine der im ganzen Reich erforderlichen Münzkammern hatte ihren Sitz in Bistritz. Den Münzkammern standen sogenannte Kammergespane vor, ungarische Verwaltungsbeamte, die im Vertragsverhältnis mit dem ungarischen König die Förderung des Edelmetalles im Lande leiteten. In dieser Blütezeit erhielt die Stadt auch die Erlaubnis für den gewinnbringenden, alljährlich im August stattfindenden Bartholomäusmarkt.

Ein Spaziergang durch Bistrița

Die beschauliche Kleinstadt lässt sich gut zu Fuß erkunden. Das historische Zentrum wird im Wesentlichen durch drei Plätze – Piață Unirii, Piață Centrală und Piață Mică – sowie mittelalterliche Häuserzeilen bestimmt.

Von Weitem erkennbar ist der zentrale Marktplatz (Piata Centrală) mit der **evangelischen Kirche** und ihrem ehemals 76,5 Meter hohen Turm. Der im gotischen Stil in der zweiten Hälfte des 14. Jahrhunderts errichtete Bau ersetzte eine spätromanische Kirche. Eine Modernisierung folgte durch den Baumeister Petrus Italus aus Lugano im Jahr 1563. Ältester Teil war der Turm mit Sgraffito-Verzierung aus dem Jahr 1487. Ein Brand im Jahr 2008 schädigte ihn schwer, der Wiederaufbau ist in Arbeit. Das Innere der Hallenkirche schmücken eine steinerne, mit spätgotischem Maßwerk verzierte Kanzel, ein gotisches Chorgestühl an der Südseite und eines im Stil der Renaissance auf der Nordseite sowie altorientalische Teppiche. Die Reste der Malereien stammen aus dem 19. Jahrhundert.

Drei **Bauten** des 15. und 16. Jahrhunderts haben die Zeiten überdauert: das Gebäude Piață Centrală 13 (das Pfarrhaus, Casa Parohială), das Petershaus (Casa Peterman, Nr. 15) und das Petru-Rareş-Haus (Nr. 30).

Zur Strada Gheorghe Șincai verläuft die **Kornmarktzeile** (Șirul Sugălete), eine Gruppe von 13 Arkaden-Häusern aus dem 15. Jahrhundert. Etwa aus der gleichen Zeit stammt das **Goldschmiedehaus** (Casa Aurarului) in der Strada Dornei 5. Am Markplatz verläuft eine neue **Fußgängerzone**, in der sich Cafés und Restaurants etabliert haben, unter denen das Restaurant ›Central‹ in einem historischen Gebäude besonders einladend ist.

Den Einheitsplatz (Piață Unirii) prägt die barockisierte **rumänisch-orthodoxe Kirche**. Ihr stimmungsvoller Innenraum wird bis heute durch Kerzen erleuchtet, Malereien und eine schöne Ikonostase verzieren sie. Von hier sind es wenige Minuten zum **Geschichts- und Kreismuseum** sowie zu den renovierten Hotels ›Coroana de Aur‹ und ›Bistrița‹.

In der Strada Gheorghe Şincai 21 erkennt man die **römisch-katholische Dreifaltigkeitskirche** an ihrer barocken Fassade; an ihr lässt sich die Vielfalt der Konfessionen ablesen.

Auch Bistrița hat schöne Kirchen

▲ Karte S. 214

Ehemals besaß die Stadt einen Burgberg. Als König Ladislaus V. von Ungarn 1453 den Bistritzer Distrikt als Erbgrafentum dem Reichsverweser János Hunyadi schenkte, baute dieser zur Sicherung seiner Herrschaft eine Zwingburg gegen die Sachsen des Nösnergaues. Diese wurden von König Ludwig I. 1363 in ihren Freiheiten den Bewohnern von Hermannstadt gleichgestellt. Als Unterdrückung und Steuerlasten unter Hunyadis Onkel Michael Szilágy immer härter wurden, begehrten die Bewohner auf und erhielten von König Matthias die alten Rechte zurück, dazu die Erlaubnis, die Burg zu zerstören. Das Material verwendeten sie zum Bau der 1484 vollendeten **Ringmauer** der Stadt, deren Reste noch heute in den Straßen Kogălniceanu, Ecaterina Teodoroiu und am Petru-Rareş-Platz zu sehen sind.

Ein Spaziergang durch die Parkanlagen führt zur Strada Dogarilor mit dem ehemaligen **Dominikanerkloster** (Claustrul Dominican). Der Orden kam im 14. Jahrhundert nach Siebenbürgen; er wurde stark begünstigt und gelangte vielerorts zu Reichtum und Grundbesitz.

Entlang der Bistrița passiert man die Sportanlagen und das Schwimmbad. Hier, am Fluss entlang, wird der ländlich-beschauliche Eindruck von der Stadt besonders deutlich.

■ Ausflüge in die Umgebung

Bistrița ist ein guter Ausgangspunkt für Wanderungen im **Rodnagebirge** über Rodna, Maiera, Rebrișoara, Rebra, Parva und Șanț. Die touristische Erschließung in diesen Orten ist noch nicht sehr weit fortgeschritten, es fehlt noch an ausreichenden Übernachtungsmöglichkeiten. Die Wanderwege wurden allerdings teilweise neu markiert.

Von Bistrița ist es auch nicht weit in das **Călimani-Gebirge**, wo man gut reiten

Das Schloss in Arcalia

und wandern kann. Als Ausgangspunkt eignet sich der malerisch gelegene Colibița-Stausee, wo man einige liebevoll eingerichtete beschauliche Privatpensionen findet. Von hier sind Wanderwege markiert. In südlicher Richtung, zunächst entlang der E576, erreicht man in wenigen Kilometern **Arcalia** mit einem **Bethlen-Schloss** und einem sehenswerten **dendrologischen Park**, der der Universität von Cluj unterstellt ist, und die Ortschaft **Herina** mit einer kostbaren **Pfeilerbasilika** von 1215, die schon von Weitem zu sehen ist.

Bistrița

Touristeninformation, Str. Titulescu Nr. 6. Vorwahl: 0263.

Der Bahnhof Bistrița Nord liegt an der Bahnstrecke Dej–Bistrița. Täglich verkehren mehrmals Schnellzüge.

Pensiunea Romance, Calaea Moldovei 58, Tel. 239900, mobil 0730/013454, www.pensiunea-romance.ro, receptie@pensiunea-romance.ro. 4 Sterne, EZ 185 Lei, DZ 200 Lei, die 2006 eröffnete Pension liegt an der Einfallstraße zur Stadt.

Hotel Codrişor, Codrişor Str. 28, Tel. 233978, Fax 236476, hotel@codrisor, www.hotelcordrisor.ro. 3 Sterne, renoviert, DZ 130 Lei Wochenendpreis.

Hotel Bistrița, Piața Petru Rareş 2, Tel. 231154, Fax 231826, hotelbistrita@mymail.ro, www.hotel-bistrita.ro. 3 Sterne, 49 Zimmer, DZ 175 Lei incl. Frühstück.

Jugendherberge Us-The ocals, Valea Caselor 22A, Tel. 0740/380496.

Pensiunea Ariniş, Colibița Nr. 249, Tel. 0740/407954, 0744/936866, contact@lacolibita.ro, www.lacolibita.ro.

Hotel Castel Dracula, Piatra Fântânele, Tel. 264010, Fax 264040, rezervari@casteldracula.ro, www.hotelcasteldracula.ro.

Pensiunea Edelweiss, Dorolea, Tel. 0735/900731, 0722/279171, 5 Zimmer.

Vlad Ţepeş und Dracula

Rumänien ist das Land vom Mythos des Vlad III.Ţepeş, der auch von offiziellen Stellen als Dracula vermarktet wird. Manche fragwürdige Projekte wie etwa der geplante Dracula-Park bei Schäßburg konnten jedoch vereitelt werden. Überhaupt haben sich, nicht zuletzt wegen der zahlreichen Kinofilme, im allgemeinen Bewusstsein die Legenden vor die historischen Fakten geschoben. Denjenigen, die fundierte Informationen zum Thema suchen, sei Dieter Schlesaks Buch ›Vlad. Die Dracula-Korrektur‹ von 2007 empfohlen.

Die historisch gesicherte Figur regierte mit Unterbrechungen als Woiwode der Walachei zwischen 1456 und 1476. Sein Ruf und Name ›Vlad der Pfähler‹ (›Ţepeş‹ vom rumänischen Wort ›Ţeapă‹ – ›der Pfahl‹) entstand aus seiner Vorliebe, seine Feinde zu pfählen. Sein Vater Vlad II. stand in Diensten Kaiser Sigismunds dem Luxemburger, wurde von diesem in den Drachenorden aufgenommen und übertrug den daraus gewonnenen Beinamen ›Dracul‹, Drachen oder Teufel, als Familiennamen auf seine Söhne. Der in Schäßburg zweitgeborene Vlad III., alias Dracula, verbrachte seine Kindheit als Geisel am türkischen Hof, sammelte Erfahrungen bei seinem Onkel in der Moldau und am Hof in Budapest. In seinen Regierungszeiten mit Sitz in Târgovişte war er Gegenspieler oder Verbündeter von anderen Großen der rumänischen Geschichte wie Stefan dem Großen, Matthias Corvinus und Mehmed II. Nach seinem gewaltsamen Tod fand er seine letzte Ruhestätte im Kloster Snagov unweit des von ihm gegründeten Bukarest.

Vlads aufregendem Leben und seinen zur Legende gewordenen Strafen setzte Bram Stoker aus Dublin (1847–1912) mit seinem 1897 erschienen Roman ›Dracula‹ ein unsterbliches Denkmal. Stokers Roman spielt in Siebenbürgen, sein Held ist ein Vampir, ein Szeklergraf, in dem Vlad III. Ţepeş gesehen wird. Am Anfang des Romans reist der Londoner Rechtsanwalt Jonathan Harker auf Wunsch des Grafen Dracula nach Siebenbürgen, da dieser zuvor in London ein Haus erworben hatte und nun den Kauf und die bevorstehende Überfahrt durch seinen Anwalt abklären lassen möchte:

»3. Mai. – Bistritz. Wir waren einigermaßen pünktlich abgefahren und erreichten kurz nach Einbruch der Dunkelheit Klausenburg ... Es war bereits dunkel, als wir in Bistritz einfuhren. Dies ist eine sehr interessante alte Stadt; sie liegt praktisch an der Grenze, denn der Borgopass führt hinüber in die Bukowina. Graf Dracula hatte mir das Hotel ›Zur Goldenen Krone‹ empfohlen, und zu meiner großen Freude fand ich, dass dies ein durchaus im alten Stil eingerichtetes Haus war. Ein Schreiben empfing mich dort. Mein Freund, willkommen in den Karpaten. Ihr Freund Dracula.«

An einer anderen Textstelle findet sich eine Beschreibung der merkwürdigen Gewohnheiten des Grafen:

»Ich sah hinaus in die wundervolle Weite, die sanftes, gelbliches Mondlicht taghell überflutete. In dem ungewissen Lichte verschwammen die Umrisse der fernen Hügel, und die Schatten in den Tälern und Schluchten waren von samtartiger Schwärze. Schon der Anblick dieser Schönheit gab mir Mut; mit jedem Atemzuge sog ich Frieden und Trost ein. Als ich mich etwas aus dem Fenster lehnte, wurde mein Blick durch etwas gefesselt, das sich ein Stockwerk tiefer links von mir bewegte; nach der Lage der Zimmer mussten sich hier die Fenster des Grafen befinden. Das Fenster, an dem ich stand, war hoch und tief mit einem steinernen Mittelkreuz, das, obgleich verwittert, dennoch ganz gut erhalten war. Es mochte eine stattliche Reihe von Jahren her sein, dass jemand hier hinausgeschaut. Ich versteckte mich hinter dem Fensterpfeiler und sah gespannt hinaus.

Das erste, was sich sah, war der Kopf des Grafen, der aus dem Fenster auftauchte. Ich sah das Gesicht nicht, aber ich kannte den Nacken und die Bewegung des Rückens und der Arme. Am wenigsten konnte ich über die Hände im Zweifel sein, die zu studieren ich ja schon reichlich Gelegenheit gehabt hatte. Zuerst war ich voll Interesse, fast belustigt, denn es ist eigenartig, welche Kleinigkeiten einen Gefangenen interessieren und belustigen können. Aber diese Gefühle verwandelten sich in Abscheu und Entsetzen. Ich sah, wie sich der ganze Mann langsam aus dem Fenster schob und, Kopf voraus, anfing, über dem schauerlichen Abgrund an der Schlossmauer hinunterzukriechen; sein Mantel breitete sich um ihn wie ein Paar großer Flügel. Erst traute ich meinen Augen nicht. Ich dachte, es wäre eine Täuschung durch das Mondlicht, irgendein toller Schatteneffekt; ich sah genau hin – es war kein Irrtum möglich. Ich sah die Finger und die Zehen in die Mauerritzen greifen, die der Zahn der Zeit des Mörtels beraubt hatte; er kletterte so mit beträchtlicher Geschwindigkeit abwärts, indem er sich die kleinste Unebenheit zu Nutze machte, wie eine Eidechse, die an einer Mauer entlangläuft.

Was ist das für ein Mensch, oder vielmehr, was ist das für eine Kreatur, die hier in Menschengestalt sich verbirgt? Das Entsetzen vor diesem schreckensvollen Ort überwältigt mich, ich fühle es; ich bin in Angst, in schrecklicher Angst und sehe keinen Ausweg; ich bin von Gefahren umgeben, an die ich gar nicht denken darf.«

aus: Bram Stoker, Dracula. Ein Vampirroman, München 1967.

Bela Lugosi (hier mit Helen Chandler) ist wohl der bekannteste Dracula-Darsteller

Abendstimmung am Lacul Colibița

Von Bistrița in die Moldau

Von Bistrița führt die E576, zunächst stets am Fluss Bistrița entlang, nach Osten, Richtung Moldau. Bei Prundu Bârgăului führt ein Abzweig ins Bistrițatal, das sich schluchtartig verengt und auf 16 Kilometern bis zum **Lacul Colibița** führt. Dieser Stausee ist ein beliebtes Naherholungsgebiet.

Zurück auf der E576, zeigt sich die Gegend eingerahmt von sanften, mit Obstbäumen und Weinreben bestandenen Hügeln. Im Hintergrund erheben sich die schützenden Berge der Ostkarpaten: im Norden die Tibleş- und Rodnei-Berge, im Osten die Bârgău- und Căliman-Berge, und im Süden dehnt sich die Hochebene Siebenbürgens mit ihrer Auenlandschaft aus. Neben den landwirtschaftlich genutzten Flächen für Getreide-, Obst- und Weinanbau gibt es in der Umgebung Erdgaslager, aber auch Salzseen und schwefelhaltige Quellen, die zum Kuren einladen. Viele schmucke Häuser sind in den letzten Jahren gebaut worden. Häufig sieht man in den Vorgärten Brunnen, die mit farbigen hölzernen Brunnenhäuschen umbaut sind.

▲ Karte S. 132/33

Man passiert auf dem Weg nach Vatra Dornei einige intakte große Dörfer, die aber unter dem Verkehr stark leiden, und überquert die Karpaten über den **Tihuța-Pass** (1200 Meter). Unterhalb der Passhöhe liegt **Piatră Fântânele**, ein kleines Skigebiet mit dem Hotel ›Schloss Dracula‹. Auf gut ausgebauter Straße erreicht man dann Vatra Dornei, schon im Kreis Suceava gelegen.

Vatra Dornei

Der Kur- und Wintersportort Vatra Dornei (dt. Dorna-Watra, ung. Dornavátra) mit seinen derzeit knapp 17 000 Einwohnern liegt am Zusammenfluss der Dorna in die Goldene Bistrița und hat trotz vielfältiger Sanierungsbemühungen noch nicht an den Glanz der Blütezeit anknüpfen können.

Vom Bahnhof beginnend reihen sich zweistöckige historische Gebäude aneinander, darunter die **Bibliothek** (1901), die **Synagoge** (um 1900) und die **orthodoxe Kirche.** Neben dem Bahnhof steht ein moderner Bau, der das **städtische Museum** beherbergt. Auf der gegenüberliegenden Uferseite beginnt die

Fußgängerzone, in der die Kurhotels der unverkennbar sozialistischen Periode stehen, darunter das bis heute nicht renovierte Hotel ›Bradul‹.

Direkt am Ufer befinden sich einige **Jugendstilgebäude**, darunter das einst prunkvolle Casino, das derzeit renoviert wird. Nicht weit davon findet der Wochenmarkt statt. Beeindruckend ist der **Stadtpark** (Kurpark) mit seinen vielen Quellen und einem uralten Baumbestand, er ist ein dendrologisches Kleinod. Büsten der berühmten Dichter Rumäniens – Eminescu, Ion Luca Caragiale, Ciprian Porumbescu, Mihail Sadoveanu – und des Musikers George Enescu verschönern die Parkanlage.

Das für sein Mineralwasser bekannte Städtchen ist ein geeigneter Ausgangspunkt fürs nahe gelegene Wintersportgebiet, für Wanderungen im Rodna-, Suhard- und Călimanigebirge. Die Nationalparkverwaltung ›Călimani‹ hat hier ihren Sitz, berät und bietet geführte Wandertouren und als einziger Nationalpark Rumäniens auch Reitertouren. Es handelt sich dabei um eine spezielle Pferderasse, die nur im Gebirge eingesetzt wird. Das **Besucherzentrum des Nationalparks** befindet sich in Șaru Dornei. Außerdem bieten sich Ausflüge ins

Im schönen Stadtpark von Vatra Dornei

Tal der Golden Bistrița an, auf der es sich wunderbar paddeln lässt. Eine Paddeltour bis nach Vatra Dornei dauert fünf Stunden. Auskünfte erteilen die Nationalparkveraltung Călimani und Salvamont Vatra Dornei.

Im Norden von Vatra Dornei liegt das sehr sehenswerte Dorf **Ciocăneşti**, in dem die meisten Häuser mit Ornamenten verziert wurden, die Stickereien nachempfunden sind. Das Dorf hat sich beim Wettbewerb um das Eierbemalen Ruhm erworben.

Siebenbürgen

Vatra Dornei

Hotel Salvamont, Tel. 0726/686687.

Hotel Vila Julia, Str. Runc 3C, Tel. 0230/375551, www.vilaiulia.go.ro. 3 Sterne, familiäres Hotel abseits vom Zentrum, ruhig, mit guter Küche.

Hotel Belvedere, Str. Lucian Blaga 9, Tel. 0230/374944, 0745/651150, contacthotelbelvedere@yahoo.com, www.belvedere-dorna.ro.

Pensiunea Pasul Lupilor, Neagra Șarului, Tel. 0771/438400. Das einfache 2-Sterne-Holzhaus ist für Wanderer geeignet, Ü/F 100 Lei pro Zimmer.

Nationalpark Călimăni, Director Basarab Bîrlădeanu, Str. 22 Decembrie 5, Tel. 0230/371104, Fax 374197, mobil 0722/250560, 0745/118366, basarab-birladeanu@gmail.com.

Rundflüge mit dem Segelflugzeug bietet der **Aerordromul Floreni**, Tel. 0771/438400, www.aventuracard.ro. 30 Minuten kosten 60 Euro.

Neben weiten Sonnenblumen- und Kornfeldern birgt diese Region auch die Hauptstadt Bukarest. In der vergleichsweise jungen Stadt werden die Geschicke des Landes gelenkt, und hier orientiert man sich stärker als anderswo in Rumänien nach Westeuropa.

Die Walachei

Unterwegs in der Donauebene

Östlich des Eisernen Tores, unmittelbar hinter Drobeta-Turnu Severin, öffnet sich die rund 500 Kilometer lange und bis zu 150 Kilometer breite Ebene der Walachei. Dieses Tiefland liegt 37 bis 40 Meter über dem Meeresspiegel und wird im Norden von den Karpaten und im Süden vom Balkankamm eingerahmt, der die Wasserscheide zwischen Mittelmeer und Schwarzem Meer bildet. Im heutigen Rumänien ist der Name Walachei kaum noch üblich, man spricht vielmehr von ›Ţara Românească‹ (Rumänisches Land). In der Antike war die Region als römische Provinz Moesien bekannt. Die Donau fließt hier bei geringem Gefälle träge zunächst nach Süden, dann in östlicher Richtung dahin und wird von der sogenannten ›Balta‹ begleitet, einem 8 bis 15 Kilometer breiten Sumpf- und Auengürtel. Berühmt war und ist die Region für das zähe oltenische Rind und die endlosen Weizenfelder. Wenn man diese Landschaft sieht, kann man ihre viel besungene und bedichtete Eintönigkeit und Melancholie gut nachvollziehen. Unter Aufnahme des Flusses Timok, der von Serbien kommt, bildet die Donau das Dreiländereck zwischen Bulgarien, Serbien und Rumänien. Ab hier ist der Strom auf 399 Kilometer Länge Grenzscheide zwischen Bulgarien und Rumänien.

▲ Karte S. 225

Geschichte der Region

Die Walachei (Ţara Românească) entstand zunächst durch die Vereinigung einiger Knesate und Woiwodate. Während die umliegenden Reiche Bulgarien, Ungarn und das im Osten liegende Tatarenreich durch Nachfolgestreitigkeiten geschwächt waren, gelang es dem Woiwoden Basarab I. (ca. 1310–1352), sein Land von der ungarischen Oberhoheit zu lösen. Der als Sieger aus den ungarischen Thronwirren hervorgegangene Karl Robert von Anjou forderte ihn im Jahr 1330 bei Argeş zum Kampf und musste in der Schlacht bei Posada eine Niederlage hinnehmen. Die herausragende Bedeutung des Gründers der Basarabiden-Dynastie lag in der erstmaligen Schaffung einer Zentralgewalt für dieses Territorium. Basarab dehnte mit seinem Sohn und Nachfolger, Nicolae Alexandru, seinen Herrschaftsbereich bis in die Ebene von Brăila und Ialomiţa sowie in die Gebiete nördlich der Donaumündung aus.

Immer wieder dem Druck Ungarns ausgesetzt, wurde die Walachei schließlich zum Verbündeten der Ungarn gegen die Tataren. Das neue Staatswesen gewann mit der von Konstantinopel gebilligten ersten Metropolie auf rumänischem Boden – in Argeş – innere Stabilität und Ansehen. Unter dem Fürsten Mircea dem Alten (1386–1418) erreichte das Fürstentum der Walachei seine größte Ausdehnung. Mircea kämpfte weiterhin gemeinsam mit den Ungarn gegen die Türken. Mircea siegte bei Rovine im Jahr 1394, die Osmanen auf dem Amselfeld im Jahr 1398.

Während Bulgarien und Serbien bereits in türkische Hände gefallen waren, setzte die Walachei den Widerstand fort. Es folgten entscheidende Siege der Osmanen gegen Kreuzritter und Ungarn in Nikopolis (Bulgarien). Obwohl der Feind

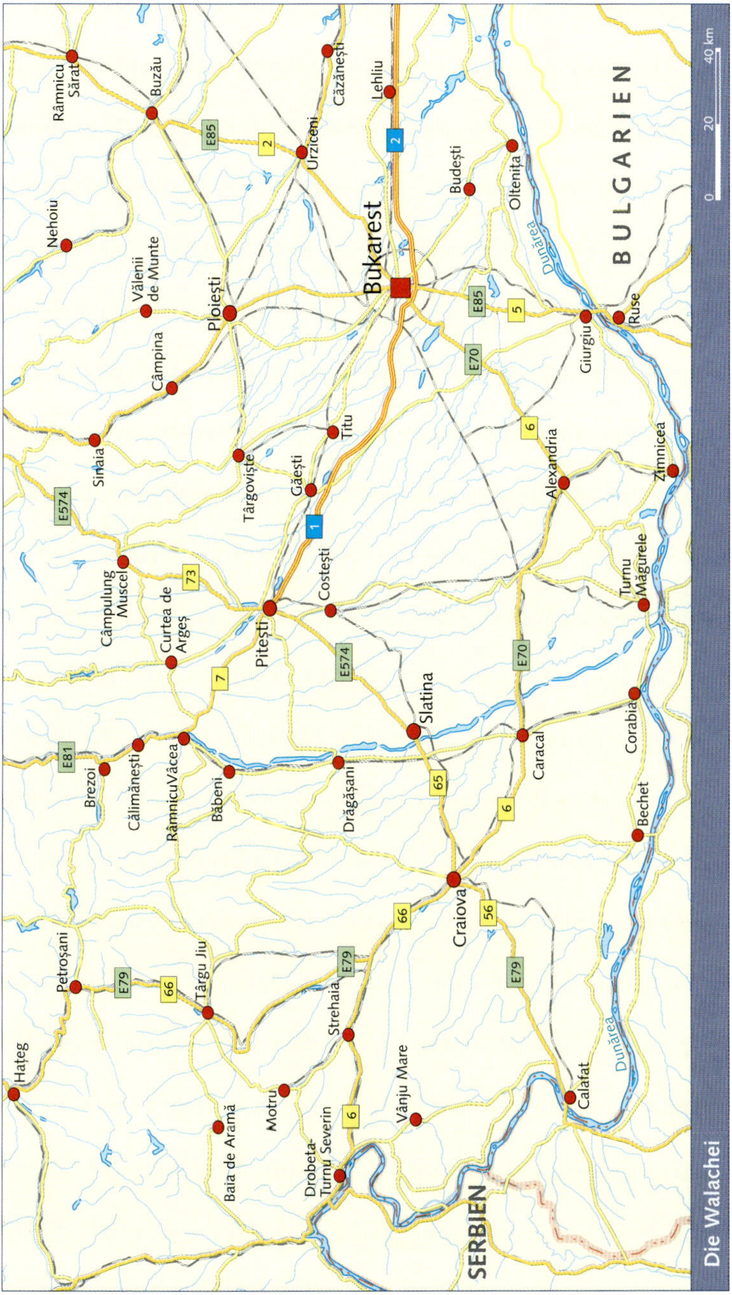
Die Walachei
0 20 40 km
BULGARIEN
SERBIEN
Dunărea
Dunărea
Bukarest
Râmnicu Sărat
Buzău
Nehoiu
Vălenii de Munte
Ploiești
Câmpina
Sinaia
Târgoviște
Găești
Titu
Urziceni
Căzănești
Lehliu
Budești
Oltenița
Giurgiu
Ruse
Alexandria
Zimnicea
Turnu Măgurele
Costești
Pitești
Câmpulung Muscel
Curtea de Argeș
Slatina
Caracal
Corabia
Bechet
Drăgășani
Băbeni
RâmnicuVâlcea
Călimănești
Brezoi
Craiova
Petroșani
Târgu Jiu
Hațeg
Baia de Aramă
Motru
Strehaia
Drobeta-Turnu Severin
Vânju Mare
Calafat
E85
E70
E574
E81
E79
1
2
5
6
7
56
65
66
73

durch den kriegerischen Timur Leng im Osten noch einmal gebunden war, zwang er die Walachei ab dem 15. Jahrhundert zu Tributzahlungen. Die Dobrudscha und Gebiete an der Donau gingen verloren. Auch Vlad III. Țepeş musste trotz militärischer Erfolge Mitte des 15. Jahrhunderts die osmanische Oberherrschaft anerkennen. Der Widerstand gegen die Türken erlahmte. Das Land wurde ausgepresst, die Bauern sanken zu Leibeigenen herab, während sich die Bojaren ihre Pfründe sicherten. Mit Michael dem Tapferen (1592–1601) wendete sich das Blatt kurzfristig nochmals, bevor er einer Verschwörung zum Opfer fiel. Die Restauration der Türken erfolgte zugunsten der Bojaren und einer stetig wachsenden Zahl griechischer Beamter (Fanarioten). Aufstände gegen die Griechen waren die Folge. Mit Şerban Cantacuzino und seinem Neffen Constantin Brâncoveanu erlebte die Walachei trotz fremder Einflüsse eine kulturelle Blüte.

Seit 1714 wurden zu Hospodaren der Walachei nur noch Fanarioten eingesetzt. Sie kamen vor allem aus den Familien der Mavrocordato, Ghica, Caradja, Soutzo, Hypsilanti. Der Beiname ›Fanar‹ bedeutet übersetzt ›Leuchtturm‹. So hieß ein vornehmes Viertel in Konstantinopel, in dem sich einflussreiche Griechen nach dem Fall Konstantinopels (1453) niederließen und nach ihm ›Fanarioten‹ genannt wurden. Mit ihnen nahm die Gräzisierung in Politik und Kultur ihren Lauf. Die Zeit bis zur Vereinigung mit der Moldau unter Cuza war von Verelendung und Aufständen geprägt.

▲ Karte S. 225

Das Athenäum in Bukarest

Bukarest

Die Region Muntenien (dt. Große Walachei), in deren Zentrum die Hauptstadt des Landes liegt, reicht im Süden zur Donau, im Westen bis zum Olt, im Norden bis zu den Karpaten, sie wird im Osten vom Bărăgan begrenzt. Um Bukarest herum befinden sich große industrielle Zentren wie Piteşti, Ploieşti und Buzău sowie kleinere wie Târgovişte, Câmpulung, Roşior de Vede und Alexandria. Dazwischen erstrecken sich riesige Felder, auf denen häufig Mais, eine Gabe der Türken, aber auch Getreide angebaut wird; um Călăreşti herum liegen Weinanbaugebiete.

Bucureşti (dt. Bukarest) liegt inmitten der walachischen Ebene (Câmpia Română), 50 Kilometer von der Donau und 100 von den Karpaten entfernt. Von der rumänischen Hauptstadt bieten sich dank der kurzen Entfernungen Wochenendausflüge in das traumhafte Umland mit seinen zahlreichen Naturschönheiten und Baudenkmälern an.

Die schönste Einfahrt nach Bukarest ist die von Norden. Außerhalb der Stadtgrenze liegen die beiden internationalen Flughäfen Baneasa und Otopeni sowie Industriegebiete. Hat man aber die Stadtgrenze überfahren, so präsentiert sich die Zwei-Millionen-Metropole von ihrer großzügigsten Seite. Mitten in einem Seen- und Grünanlagenkranz, der die Stadt an dieser Seite wie eine grüne Lunge umgibt, trifft man auf breit angelegte, lange Boulevards, die dem Ruf Bukarests als ›Paris des Ostens‹ alle Ehre machen. Mit der Eisenbahn kommt man in Bukarest auf dem Nordbahnhof (Gara de Nord) an. Von hier stehen gute nationale und internationale Zugverbindungen zur Verfügung. Der Bahnhof wurde zeitgleich mit der Eisenbahnstrecke Bukarest–Ploieşti im Jahr 1872 eingeweiht. Die Hauptstadt ist mit der Universität, die über 55 Fakultäten verfügt, dem Sitz der Rumänischen Akademie, elf dramatischen Theatern, drei Musik- und zwei Puppentheatern, dem philharmonischen Orchester mit Sitz im ›Rumänischen Atheneum‹ und ihren 40 Museen Bildungs- und Kulturhauptstadt des Landes. Das ›Tor zum Orient‹, wie der berühmte Dichter Caragiale einst Bukarest beschrieb, ist eine Stadt, die entdeckt werden will. Sieht man von der Einfahrt von Norden her einmal ab, so kann man sagen, dass sie sich nicht auf den ersten Blick präsentiert. Versteckt zwischen vielen Siedlungen und Hochhäusern trifft man immer mal wieder wie zufällig auf eine Kirche. Sei es, dass man sie dorthin versetzt hat, sei es, dass man einfach um einen alten Kirchenbau wahllos ein Wohnviertel angelegt hat.

Geschichte

Bukarest ist einerseits eine junge Stadt, deren Ursprung laut einem Dokument aus der Zeit des walachischen Fürsten Vlad III. Ţepeş (1456–1462) auf das Jahr 1459 zurückgeht, worin sie erstmals mit dem Namen Bucureşti erwähnt wurde. Ihre Entwicklung lässt sich seit diesem Zeitpunkt gut nachvollziehen. Andererseits ist sie viel älter, als sie sich gibt, da sie nachweislich schon in prähistorischer Zeit besiedelt war. Der Legende nach ist die Stadt von einem Hirten namens Bucur gegründet worden. Der Name ›Bucureşti‹ wird daher auch als ›Nachkomme des Bucur‹ gedeutet.

Unter Vlad III. Ţepeş entstand hier am Schnittpunkt wichtiger europäischer Handelsstraßen am Dâmboviţa-Fluss eine Burg und um diese Burg eine Siedlung. Mit dem Fall von Konstantinopel 1453 sahen sich die walachischen Fürs-

Der Triumphbogen entstand in der Zwischenkriegszeit

ten als Hüter der christlichen Welt, und von diesem Zeitpunkt an begann der Aufstieg von Bukarest. Es entwickelte sich zur Hauptstadt der Walachei – ein Status, den die Stadt auch nach der Vereinigung der Fürstentümer Moldau und Walachei (1862) bis heute als Hauptstadt Rumäniens ununterbrochen beibehielt.

Unter Fürst Mircea III. Ciobanul (der Hirte) erhielt die Siedlung in den Jahren 1558 bis 1559 eine Ummauerung und wurde als Curtea (Fürstensitz) bezeichnet. Reste des ›Alten Hofes‹ (Curtea Veche) sind erhalten geblieben. Unter den Fürsten Matei Basarab (1632–1654), Şerban Cantacuzino (1678–1688) und Constantin Brâncoveanu (1688–1714) verwandelte sich die Stadt in ein bedeutendes Handelszentrum.

Doch immer wieder waren die walachischen Herrscher gezwungen, ihren Hof zu verlassen. Außenpolitisch waren sie von den Osmanen bedroht, innenpolitisch von wütenden Bojarenkämpfen. Noch 1658 wurde Bukarest eingeäschert, um es nicht in die Hände der Tataren fallen zu lassen. Dem Aufstieg konnte all dies jedoch nichts anhaben; im Gegenteil, viele Kirchenbauten entstanden gerade in dieser Zeit. Besonders die Regierungszeit Matei Basarabs war von einer regelrechten Bauwut gekennzeichnet. Seine Stiftungen erkennt man vor allem an den bis dahin nicht üblichen offenen Eingangshallen, die auch als ›Exonarthex‹ oder Atrium bezeichnet werden. Unter Constantin Brâncoveanu etablierte sich der Stil, der seinen Namen trägt, eine Synthese von Renaissance- und Barockelementen. Zahllose, heute noch versteckt erhaltene Gebäude gehen auf ihn zurück: Die Colțea-Kirche, die Stavropoleos-Kirche und Schloss Mogoşoaia außerhalb von Bukarest. Die Stadt wuchs und wuchs, Ende des 18. Jahrhunderts lebten bereits 50 000 Einwohner in etwa 6000 Häusern.

Das Jahr 1821 war das Jahr der Aufstände auf dem Balkan und auch in Rumänien. Walachei und Moldau erkämpften ihre Unabhängigkeit, und mit ihrer Vereinigung wurde Bukarest zur Hauptstadt. In dieser Zeit gewann der französische Einfluss die Oberhand, was besonders in der Architektur zum Ausdruck kam. So veränderte sich die Stadt anhaltend im Sinne des Pariser Stadtbildes. Ein Großbrand im Jahr 1847 zerstörte den größten Teil Bukarests. Daher konnte der Wiederaufbau ganz nach dem Pariser Vorbild in Angriff genommen werden. Die erste Verlängerung des großen Boulevards nach Osten und nach Westen entlang des Cişmigiu-Parks und der Universität wurde begonnen und in der Verbindung zum Nobelviertel Cotroceni fortgesetzt. Der Fluss Dâmbovița wurde im Stadtgebiet in einen Kanal gezwängt. Moderne Einrichtungen wie Kanalisationssysteme, elektrische Straßenbeleuchtung und Straßenbahnen prägten das Bild um 1900.

▲ Karte S. 225/230

Die Architektur vereinigte viele Stile. Im Zuge des erwachenden Nationalbewusstseins entstand zeitgleich eine Mischung aus einheimischem Brâncoveanu-Stil und europäischem Art Nouveau. Die namhaftesten Architekten waren der Leiter der Hochschule für Architektur, Ion Mincu, und Petre Antonescu. Sie entwickelten den sogenannten neurumänischen Stil.

Nach dem Ersten Weltkrieg lebten bereits 400 000 Einwohner in Bukarest, nach dem Zweiten Weltkrieg überschritt sie die Millionengrenze. Neue Nobelbezirke wie Dorobanţi im Norden entstanden. In den 1930er Jahren fand die Architektur Bukarests Anschluss an die Moderne, der Funktionalismus war auf dem Vormarsch. Die Hauptboulevards, allen voran der Boulevard General Magheru, wurden korrigiert. Auf der alten Calea Victoriei baute eine amerikanische Firma im Jahr 1933 den Telefonpalast, der bis in die 1970er Jahre das höchste Gebäude der Stadt war. Nach dem Zweiten Weltkrieg wuchsen die Wohnsilos um die Stadt. Stellvertretend für diese Zeit sei das Haus der Presse im stalinistischen Stil genannt. Das letzte große Bauvorhaben vor der Revolution waren das Haus des Parlaments und das umliegende Satellitenviertel Centrul Civic.

Die nördliche Calea Victoriei

Guter Ausgangspunkt für eine Stadtbesichtigung ist die Piaţă Victoriei (Siegesplatz), eine verkehrsreiche Platzanlage ohne markantes Denkmal. Eine Metrostation und das Gebäude des **Siegespalastes** von 1937, nach Plänen von D. Marcu erbaut, sind die einzigen auffälligen Merkmale. In dem Gebäude hat die rumänische Regierung ihren Sitz. Nicht weit von hier befand sich der Wohnsitz Ceauşescus, der heute vom Bukarester Bürgermeister genutzt wird.

An der Piaţă Victoriei nehmen wichtige Verkehrsadern ihren Anfang stadteinwärts, die schon in den Anfängen der Entwicklung Bukarests festgelegt wurden. Der breite, verkehrsreiche Bulevardul Lascăr Catargiu führt über die **Piaţă Romană** (Römischer Platz) ins Zentrum, zwei bemerkenswerte Denkmäler schmücken ihn: eine Statue der römischen Wölfin, ein Geschenk der Stadt Rom von 1906 als Zeichen der Latinität Rumäniens, und das Revolutionskreuz (Crucea Revoluţiei) für die Opfer von 1989.

Auch die Calea Victoriei (Siegesstraße) nimmt vom Siegesplatz ihren Anfang. Constantin Brâncoveanu ließ sich im Norden der Stadt eine prunkvolle Residenz – Schloss Mogoşoaia – errichten. Vom fürstlichen Hof zu Bukarest führte eine Straße dorthin. Der Teil, der innerhalb der Stadt verlief, wurde ›Mogoşaia‹Brücke (Podul Mogoşoaiei) genannt. Der Gehsteig war damals noch mit Eichenplanken belegt. 1878 wurde die ›Brücke‹ im Gedenken an die kurz zuvor errungene Unabhängigkeit vom Osmanischen Reich in ›Siegesstraße‹ umgetauft.

An diesem Boulevard liegen wichtige repräsentative Bauten, in denen teilweise Museen untergebracht sind, Privathäuser und Kirchen und seit der Revolution auch Casinos und Restaurants. Die Gebäude sind innerhalb von 200 Jahren entstanden. Im Zentrum trifft man auch auf die großen traditionsreichen Hotels – ›Athénée Palace‹, ›Bucureşti‹, ›Continental‹ und ›Capitol‹ – die teilweise in den vergangenen Jahren renoviert wurden, jedoch nicht alle der Luxusklasse angehören.

Häuser, die Geschichten erzählen, reihen sich aneinander. Im Haus 194 lebte Cleopatra Trubetzkoi, Tochter des Fürsten Ghica, bei der Franz Liszt den Win-

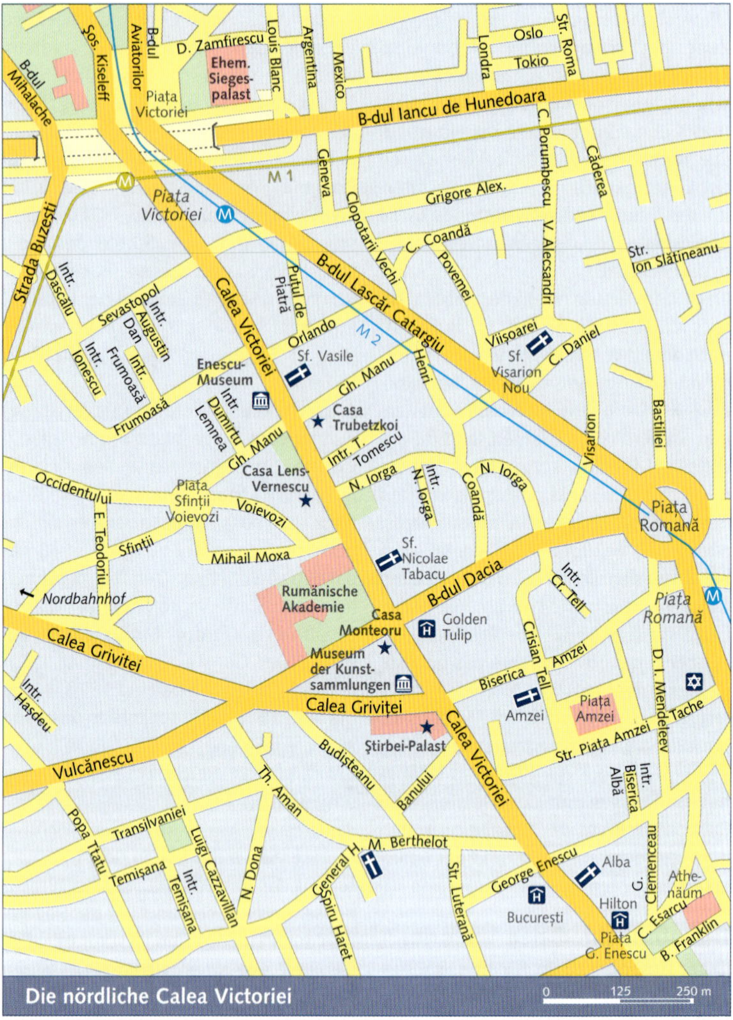

Die nördliche Calea Victoriei

ter 1846/47 als Gast verbrachte. In den Häusern 155 und 151 sind ein **Kunstmuseum** und eine **Münzsammlung** untergebracht. Eines der schönsten Gebäude an der Siegesstraße ist der **Cantacuzino-Palast** (Nr. 141) von I. D. Berindey. Er wurde 1898 für den Bojaren Grigore Cantacuzino errichtet. Neben dem Sitz des Komponistenverbandes beherbergt er heute das **George-Enescu-Museum**, in dem Leben und Werk des Musikers illustriert werden. Das Gebäude ist ein Bau des Eklektizismus. Neobarockes vereint sich mit Elementen des Art-Nouveau, wie die vom muschelförmigen Glasdach überdeckte Treppe. Zu beiden Seiten des Eingangs stehen antikisierende Marmorlöwen.

In der **Casa Lens-Vernescu** (Nr. 133) kann man inmitten prächtiger Innenmalereien von G.D. Mirea in einem Restaurant dinieren oder das Casino aufsuchen. Auf einem Vorgängerbau entstand dieses Prachthaus 1887 durch den bekannten rumänischen Architekten Ion Mincu.

Im Haus Nr. 125 hat die **Rumänische Akademie** ihren Sitz. Drei Gebäude sind von einer kleinen Grünanlage umgeben. Im Inneren verbirgt sich eine der umfangreichsten Bibliotheken des Landes mit seltenen Manuskripten, Büchern, Miniaturen, Kupferstichen und Holzstichen.

Das **Monteoru-Haus** (Nr. 113) ist ein weiterer Entwurf von Ion Mincu. Gegenwärtig dient das Obergeschoss dem Schriftstellerverband als Versammlungsstätte, in das Erdgeschoss ist ein italienisches Restaurant eingezogen.

Der **Ştirbei-Palast** ist ein Paradebeispiel für den Klassizismus. Der Entwurf wird dem französischen Architekten Sanjouand zugeschrieben und auf das Jahr 1835 datiert. Die Fassade mit Karyatiden und überhöhten Eckflügeln geht auf einen Umbau zurück, den 1881 der deutsche Architekt F. Hartmann durchgeführt hat.

Auf halber Strecke zum Zentrum liegt das **Museum der Kunstsammlungen** (Muzeul Colecţilor de Artă), bekannt als Haus Romanit. Der gelb getünchte Ziegelbau wurde erst kürzlich renoviert und ist wieder zugänglich. Vorbildlich werden die Sammlungen privater Stifter präsentiert, die rumänische und ausländische Malerei, Kunstgewerbe, Glas und Porzellan sowie Hinterglasikonen beinhalten. Die große Neuerung besteht in der Integration der ausgebauten Kellerräume, in denen ein beachtliches Lapidarium eingerichtet wurde, das erstmals Steinskulpturen und Fragmente alter und nicht mehr erhaltener Gebäude walachischen Ursprungs zeigt.

Von hier lohnt ein Abstecher zur **Piaţă Amzei**, wo sich der dem Zentrum am nächsten gelegene **Markt** befindet. Es gab in Bukarest mehrere Formen von

Dieses Museum ist dem großen Komponisten George Enescu gewidmet

Marktplätzen. Um die Jahrhundertwende waren vor allem die ›Bedeckten‹ typisch für die Stadt. Wenn sie auch in ihrer Form nicht mehr erhalten sind, so zeugen die Namen ›Halele Obor‹ oder ›Hală Traian‹ davon. Neben dem Nordbahnhof liegt der ›Buzeşti‹, der im Volksmund noch immer seinen alten Namen ›Matache Măcelaru‹ (Schlächter oder Metzger) trägt. Der größte und authentischte ist jedoch der in Obor im Ostteil der Stadt. Schon fast wie in einem kleinen Dorf wird hier alles angeboten, wonach einem der Sinn steht. Außerdem gibt es in der ganzen Stadt wie im großen Vorbild Paris die ›talcioc‹ (Flohmärkte).

Vorbei an der **Biserica Albă** mit den romantischen Malereien von G. Tătărescu kommt man zum Revolutionsplatz.

Piață Revoluției

Gleich mehrere für Bukarest und Rumänien wichtige Bauten flankieren die große Piață Revoluției; leider ist sie durch den starken Verkehr und den Parkplatz etwas entstellt.

Königspalast

Der u-förmige Königspalast (Palatul Regal) dominiert den Platz. Er umfasst einen mittleren Trakt mit zwei Seitenflügeln, die einen Ehrenhof abgrenzen. Die Fassaden sind – wie bei zahlreichen anderen Gebäuden der rumänischen Hauptstadt – im neoklassischen Stil gehalten und erinnerten vor dem Umbau an die königliche Bibliothek in Berlin. Sein jetziges Aussehen erhielt der Palast nach Entwürfen des Rumänen D. Nenciulesuc in den Jahren von 1927 bis 1937. Mehrere Institutionen sind hier untergebracht: die **Nationalgalerie** (Muzeul național de Artă), die bedeutendste des Landes, und der **Präsidentensitz**. Früher stand an dieser Stelle ein Bojarenhaus, das dem letzten walachischen Woiwoden und späteren ersten Fürsten der vereinten Donaufürstentümer, Alexander I. Cuza, als Residenz diente. Daraus wurde in der zweiten Hälfte des 19. Jahrhundert ein Schloss, in das der Hohenzollernprinz Carol I. (Karl I.) einzog. Nach der Abschaffung der Monarchie 1947 (König Mihai wohnte noch hier) bezogen die Kommunisten einen Teil des Palastes und ließen 1960 einen Palastsaal anbauen, der als **Theater- und Filmhalle** (Sala Palatului) genutzt wurde. Er hat Platz für 3500 Zuhörer. Ein anderer Teil wurde als **Kunstmuseum** eingerichtet und 1950 der Öffentlichkeit zugänglich gemacht. Der Besuch des Museums lohnt allein wegen der eleganten, keineswegs über-

Im früheren Königspalast ist heute das Kunstmuseum untergebracht

▲ Karte S. 233

Die Calea Victoriei zwischen Piață Revoluției und Dâmbovița 0 125 250 m

ladenen Präsentationsräume. Es besitzt eine wertvolle Abteilung für alte Kunst. Im linken Trakt sind europäische und rumänische Meister vom Mittelalter bis zum 18. Jahrhundert zu sehen, der rechte Flügel ist der Moderne vorbehalten. Hier können Werke großer Rumänen wie Th. Aman, N. Grigorescu, I. Andrescu, Șt. Luchian, Gh. Petrașcu, Ion Țuculescu, Ion Gheorghiu, Sabin Bălașa, Plastiken von Brâncuși oder D. Pacurea, C. Medrea und Ion Jalea bewundert werden. Das Erdgeschoss des Mittelteiles mit seinen schönen Räumlichkeiten wird für Sonderausstellungen genutzt, ebenso Säle im rechten Flügel.

Universitätsbibliothek

Gegenüber dem Palast sieht man die Universitätsbibliothek (Biblioteca Universității), die frühere Universitätsstiftung Carols I. Der Bau entstand 1910 durch Ștefan Burcus. Hier brachen 1989 die ersten Protestreaktionen aus, die letztlich zum Sturz von Ceaușescu führten. Die Panzer waren hier in Position gebracht. Leider geriet der Bau bei den Kämpfen in Brand; wertvolle Bücher fielen ihm zum Opfer.

Hotel Hilton

An der Nordseite des Platzes befindet sich das traditionsreiche Hotel ›Hilton‹,

Die Universitätsbibliothek

einst ›Athénée-Palace‹, das 1912 nach Plänen von Theophile Bradeau gebaut wurde. Unter der Leitung von Duiliu Marcu wurde das Gebäude in den 1930er Jahren rekonstruiert und seitdem wiederholt restauriert. Es ist immer noch das erste Haus am Platz, auch wenn es reichlich Konkurrenz bekommen hat.

Athenäum

Das etwas vom Platz zurückgesetzte rumänische Athenäum (Ateneuel Român), ein imposanter Rundbau, ist ein wichtiger Beitrag des sogenannten Eklektizismus und wurde vom Franzosen Albert Galleron – Erbauer auch der rumänischen Nationalbank B.N.R. in Zusammenarbeit mit Cassien Bernard – als Zirkus geplant und zu Beginn auch als solcher genutzt. Das Gebäude konnte mit Spenden der Bukarester Bevölkerung in den Jahren von 1886 bis 1888 zur Konzerthalle umgestaltet werden und erhielt den Namen des rumänischen Komponisten George Enescu (1881–1955). Der Eingang zum Konzerthaus ist in Form einer ionischen Säulenvorhalle mit Dreiecksgiebel gestaltet. Im Erdgeschoss führen von einer großzügigen Empfangshalle spiralförmige marmorne Treppenaufgänge zum Kuppelsaal. Den beeindruckenden Konzertsaal schmückt ein Wandfries mit Szenen zur Geschichte des rumänischen Volkes, an der Decke sind Porträts berühmter Rumänen angebracht. Die Malereien entstanden unter der Leitung des Malers Costin Petrescu (1871–1954). Trotz rücksichtsloser Eingriffe in die Substanz der Anlage während der Ceauşescu-Ära gilt das Athenäum als einer der bedeutendsten europäischen Konzertsäle. Die Bukarester Philharmonie hat hier ihren Sitz. Alle zwei Jahre findet das Enescu-Festival mit internationaler Besetzung statt, zuletzt im Jahr 2011. In der Grünanlage steht die **Statue Mihai Eminescus** von Gheorghe Anghel.

Früheres ZK-Gebäude

Folgt man weiter der Siegesstraße, sieht man an ihrer östlichen Seite ein Gebäude, das unverkennbar aus der kommunistischen Ära stammt. In ihm hatte das Zentralkomitee der Rumänischen Kommunistischen Partei (RKP) ihren Sitz. Nach der Revolution tagte der Senat in ihm. Seit dem Jahr 2008 wurde das Gebäude dem Polizeipräsidium Rumäniens übergeben. Ceauşescu versuchte im Dezember 1989 mit einer Rede vom Balkon dieses Komplexes das Ruder noch einmal herumzureißen, musste aber vom Dach des Gebäudes vor der aufgebrachten Menge mit dem Hubschrauber fliehen.

Vor dem Gebäude erhebt sich seit 2005 ein **Obelisk**, den ein Halbkreis mit Kreuzen geschmückter Steine umgibt. Dieses Denkmal erinnert an die Opfer der Revolution vom Dezember 1989.

Crețulescu-Kirche

Unterhalb des Platzniveaus befindet sich der schlichte Backsteinbau der Crețulescu-Kirche. Wie alle Kirchen in der Alt-

▲ Karte S. 233

stadt ist sie aktiv und für die Gottesdienste geöffnet. Sie war eine Stiftung des wohlhabenden Bojaren Crețulescu, der mit Safta, einer Brâncoveanu-Tochter, verheiratet war. Dem Steinbau (1720–1722) ging eine Holzkirche voraus. Der markante Ziegelbau ist ein Dreikonchentypus mit Naos, Pronaos und einer offenen Vorhalle (Atrium oder Exonarthex). Der Glockenturm im Westen ahmt die Tambourkuppel über dem Naos nach, so dass zwei gleiche Türme das Bild bestimmen. Die Außenwände sind in zwei Zonen untergliedert. In der unteren sieht man rechteckige Felder, während die obere mit sich kreuzenden dreipassförmigen Blendarkaden verziert ist. Das umlaufende Gurtgesims war ursprünglich auch aus Ziegeln gefertigt, wurde aber bei der Restaurierung durch Stein ersetzt.

Cişmigiu-Park

Mitten im Stadtzentrum liegt eine Oase der Ruhe, ein Treffpunkt für Alte, Kinder und Liebespaare. Erholung vom Großstadttreiben bietet der Cişmigiu-Park (Grădina Cişmigiu) nicht weit von der Siegesstraße. Er wurde 1860 als erster Garten Bukarests angelegt und nach Plänen des deutschen Gartenbaumeisters Carl R. Mayer unter Barbu Ştirbei verändert. Der Gartenbaumeister Mayer stammte aus Schwerin und hatte sich in Wien einen Namen gemacht.

Die Grünanlage umschließt einen **See**, den einst eine feuchte, mit Schilf bestandene Niederung umgab, in der Wildenten ihre Nester pflegten. Das sumpfige Terrain legte man trocken, als Relikt davon blieb der See erhalten. Viele Bäume wurden extra herangeschafft, teilweise aus Wien. 1910 wurde der Garten dem Zeitgeschmack angepasst, indem man Pappeln und andere Bäume zu Pyramiden- oder Kegelformen zurechtstutzte und Rosen in geometrische Beete pflanzen ließ, wie man es von französischen Schlossgärten kannte. Auch ein kleiner **Zoo** wurde eingerichtet. Auf dem Rondell stehen Büsten berühmter Dichter, unter ihnen darf Mihai Eminescu nicht fehlen, aber auch dem Bühnendichter Ion Luca Caragiale wurde hier die Ehre zuteil.

Zwei Bauten von Petre Antonescu sind im und nahe dem Park zu sehen: Seinem Südausgang gegenüber steht das **Rathaus** im neurumänischen Stil aus den Jahren 1906 bis 1910, und an der Nordseite des Parks befindet sich der **Crețulescu-Palast** von 1914, heute Hauptsitz der UNESCO-Vertretung.

Der Cişmigiu-Park, eine überraschend große Grünanlage mitten im Zentrum

Zwischen Calea Victoriei und Bulevardul Bălcescu

An der Fortsetzung der Calea Victoriei nach Süden liegen weitere schöne Gebäude: das jüngst renovierte **Hotel Continental** und ein Stück weiter das etwas verstaubte **Hotel Capitol**, beide vom Ende des 19. Jahrhunderts. Neben dem ›Capitol‹ beeindruckt das prunkvolle Gebäude des **Nationalen Militärclubs** (Cercul Militar Național), das 1912 von den Architekten Dimitrie Maimarolu und Ernest Doneaud errichtet wurde. Gegenüber, frisch renoviert, steht das sogenannte **Casa Capşa**, ehemals eine Mischung aus Hotel, Café, Restaurant und Bierlokal. Es wurde 1868 gegründet und war lange ein privilegierter Treffpunkt: Führende rumänische und ausländische Persönlichkeiten zählten zu seinen Stammkunden. Aber auch Literaten und Künstler wie Mircea Eliade trafen sich hier. Das Gebäude ist bereits restauriert, und im Erdgeschoss lädt ein Restaurant ins historische Ambiente ein. Ein wenig rückversetzt steht unauffällig und schlicht das Theater **Odeon**, das für kulturelle Veranstaltungen genutzt wird; in der Grünanlage wird dem Erneuerer der Türkei, Kemal Atatürk, mit einer Büste gedacht.

Das Haupttreppenhaus des Militärclubs

▲ Karte S. 233

Mehrere Passagen – eine davon ist die Pasajul Victoria –, die noch auf eine Restaurierung warten, führen zur Academiestraße. Und wieder kann man ein Kirchlein entdecken. Zwischen hohen Stadthäusern eingepfercht liegt die **Kirche Dintro zi** (›Von einem bestimmten Tag‹, auch als Enei-Kirche aufgeführt). Die dem heiligen Nikolaus geweihte Kirche war eine Stiftung der Gemahlin Constantin Brâncoveanus im Jahr 1702. Wie viele Kirchen Bukarests ist auch diese zierlich, sehr filigran und durch zarten Bauschmuck in Form von Rundbögen an der Außenseite geschmückt.

An den Hochhäusern vorbei kommt man zum Gebäude der **Mincu-Hochschule für Architektur** im neurumänischen Stil, die nach Plänen von Grigore Cerchez zwischen 1912 und 1927 erbaut wurde. Hier wird mit Ikonen, Kreuzen und Kerzen der Opfer von 1995 und an der naheliegenden Brunnenanlage weiter vorne der Opfer von 1989 gedacht.

Gegenüber steht das hochaufragende **Hotel Intercontinental** von 1970, ein Werk der Architektengemeinschaft D. Hariton, Gh. Nadrag, I. Moscu und R. Belea. Es ist mit seinen 20 Stockwerken bis heute das höchste Gebäude der Stadt. Vom gleichen Architektenteam wurde das benachbarte Gebäude des **Nationaltheaters** entworfen, das mehrere Funktionen hat: Schau- und Ausstellungsräume, ein Jazz-Club und andere Jugendtreffpunkte sind hier untergebracht. Jährlich findet hier eine internationale Buchmesse statt.

Ein Abstecher könnte von hier zur **Piață Rosetti** mit dem **Standbild** des Politikers und Schriftstellers C.A. Rosetti führen. Das Denkmal schuf W.C. Hegel im Jahr 1903. Von hier ist es nicht weit zur **armenischen Kirche**, die nach dem Vorbild von Etschmiadsin gebaut worden sein soll. Ihre Ursprünge gehen auf das 17. Jahrhundert zurück. 1911 wurde sie nach Plänen von Dimitrie Maimarolu wiederaufgebaut. Ein Museum ist ihr angeschlossen.

Die südliche Calea Victoriei

Im letzten Abschnitt der Siegesstraße trifft man noch auf zwei weitere historistische Bauten: das Prachtgebäude der **Sparkasse** (C.E.C.), anstelle einer mittelalterlichen Kirche zwischen 1895 und 1900 im Stil der Belle Epoque von Paul Gottereau errichtet, und gegenüber das fast zu gleicher Zeit entstandene ehemalige **Zentral-Postamt** (Palatul Poştei). Bezeichnenderweise wurde es auch ›Post-Palais‹ genannt; es dient der Stadt heute als **Geschichtsmuseum** (Muzeul de Istorie al României). Im Außenbau tritt der französisch beeinflusste Eklektizismus von A. Săvulescu deutlich in der Fassade hervor. Ein Besuch des Museums ist sehr zu empfehlen. Hier befindet sich die Kopie der weltberühmten Trajanssäule, so dass Besucher eine gute Möglichkeit haben, die Reliefs, bei denen es um Kriege der Römer gegen die Daker geht, einmal aus der Nähe zu studieren. Das Original befindet sich in Rom auf dem Trajansforum. Auf einer der Platten ist die letzte Szene des dakischen Dramas bildlich festgehalten: Decebal, von römischen Reitern umringt, gibt sich am Fuß einer Eiche sitzend, mit einem kurzen krummen Dolch den Tod. Er wollte damit der Schande entgehen, in Ketten gelegt nach Rom gebracht und dort hingerichtet zu werden. Besonders wertvoll ist die kostbare Schatzkammer. Goldene Idole, Schalen, Becher, Waffen, Kronen und kostbarer Schmuck werden in ihren Vitrinen gezeigt. Die ältesten Exponate stammen aus dem dritten vorchristlichen Jahrtausend. Darunter ist der besonders kostbare Schatz von Pietroasa (Vitrine 12), den die Rumänen wegen der vogelähnlichen Fibeln ›Henne mit den goldenen Küken‹ nennen. Im 19. Jahrhundert wurde er wiederholt gestohlen und wiedergefunden. Einmal hatte der Dieb die entwendeten Preziosen sogar auf der verschneiten Straße verloren. Ein Glück, dass es nur ein Abenteuer blieb.

Das mächtige C.E.C.-Gebäude

Piaţă Universitaţii

Nur wenige Schritte von der Siegesstraße, und man kommt zur Piaţă Universitaţii (Universitätsplatz), die ursprünglich mehr einer Straße oder bestenfalls einem ovalen Platz glich, aber seit 2011 auf den ehemaligen Platz des 21. Dezember erweitert wurde. Der eigentliche Universitätsplatz ist von sehenswerten Gebäuden umgeben. Eines davon ist das langgestreckte Universitätsgebäude, vor dem bis vor kurzem die **Standbilder** bedeutender Persönlichkeiten aufgestellt waren. Sie sind wegen der Bauarbeiten derzeit im Izvor-Park untergebracht, sollen aber hierher zurückkehren: das Denkmal des Dichters Eliade Rădulescu (1802–1872), die Reiterstatue Michael des Tapferen (Mihai Viteazul 1593–1601), der Pädagoge Gheorghe Lazăr (1779–1823) und der

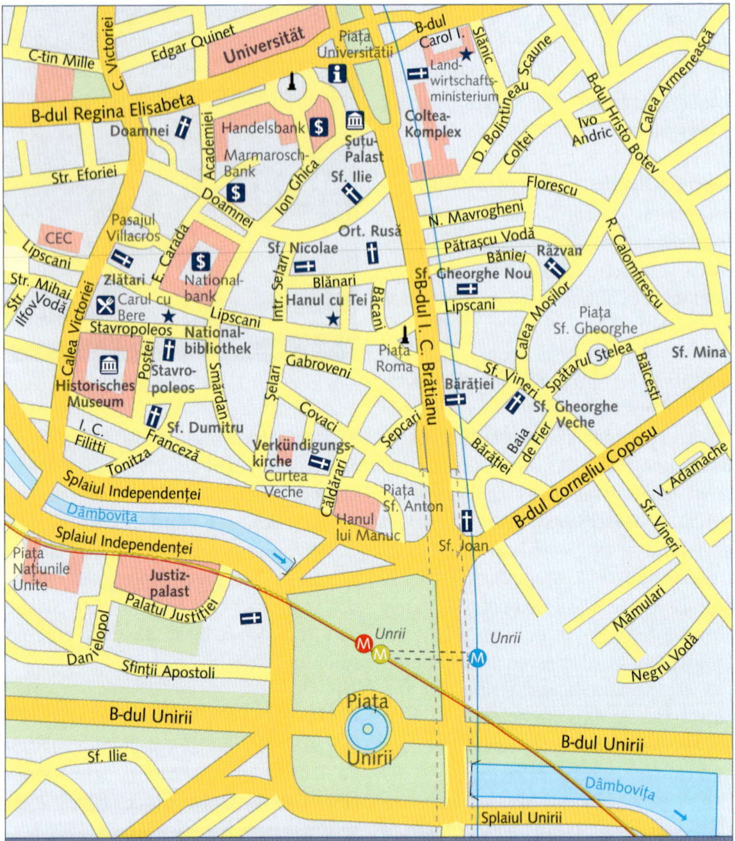

Piață Universitații, altes Handelsviertel und Alt-Bukarest 0 100 200 m

Mathematiker Spiru Haret. Die bronzene Reiterfigur Michaels besteht in ihrer Dynamik im Kontrast zu den klassizistischen Formen des Marmorsockels. Der Sockel trägt die bronzenen Wappen der drei Fürstentümer; die von Lorbeerkränzen eingerahmten Felder verewigen die Schlachten und die dem Fürsten ergebenen Heerführer und Staatsmänner.

Der Kern des **Universitätsgebäudes** wurde zwischen 1857 und 1869 von Alexandru Orascu entworfen, anschließend wurde das Gebäude nach Plänen von N. Gika-Budeşti erweitert. Im 20. Jahrhundert wurden die Bauarbeiten immer dann fortgesetzt, wenn eine neue Fakultät erforderlich war.

Der Eckbau der **Rumänischen Handelsbank** (Banca Comerciala Romană) am Universitätsplatz zum Bulevardul Bălcescu entstand 1906 als Sitz der allgemeinen Versicherung.

An der Südseite des Platzes befinden sich zwei Gebäude aus dem 19. Jahrhundert: das **Landwirtschaftsministerium** aus dem späten 19. Jahrhundert und das Museum der Stadt Bukarest im **Şuțu-Palast** (I.C. Brătianu Bulevardul).

Das ist ein typischer Bau aus der ersten Hälfte des 19. Jahrhunderts, eigentlich ein prachtvolles Bojarenhaus, das Hofmarschall Costache Şuțu um 1833 bis 1835 im neogotischen Stil durch Conrad Schwing errichten ließ. Unter seinem Sohn Grigore wurden die Fassaden im Stil der Neogotik umgebaut. Der Eingang erhielt ein kunstschmiedeeisernes Vordach, was typisch für die Bauten Bukarests um die Jahrhundertwende wurde. Berühmtheit erlangten die hier gegebenen Bälle. Auf einem war Leo Tolstoi als junger Offizier während des Krimkrieges zu Gast. Heute ist in dem Haus das 1959 eröffnete **Museum der Stadtgeschichte** untergebracht. Ausgestellt sind archäologische Funde, Dokumentationen, Münzen, historische Kostüme, Fotos und Möbel.

Das alte Handelsviertel

Noch ist der frühere Glanz des alten Handelsviertels nicht wiederhergestellt. Aber die schmalen Gassen mit den historischen Häusern vermitteln die prächtige Vergangenheit der Stadt und lassen hoffen, dass dieser Teil des alten Bukarest wieder neu entsteht. In der sozialistischen Zeit wurde dieses Viertel arg vernachlässigt, aber seitdem sind in einige Bauten schon wieder Handwerker

Das Lokal Carul cu Bere kann auf eine lange Tradition zurückblicken

Der nächtlich beleuchtete Platz der Universität

und Künstler, Restaurants und Kneipen eingezogen. Seit dem Mittelalter wohnten in diesem Viertel Handwerker und Händler. Die Namen der Straßen tragen noch heute die Namen der alten Zünfte: Blănari (Kürschner), Covaci (Schmiede), Gabroveni (Name der Händler, die aus der bulgarischen Stadt Gabrovo anreisten), Şelari (Sattler) und Şepcari (Hutmacher).

Eine Vielzahl kleiner, eng aneinandergefügter Geschäfte schmiegt sich hier in die Straßenzeilen. Das Viertel wurde stufenweise und kontinuierlich um den fürstlichen Hof herum auf einem sanften, kaum spürbaren Hügel als ständiges Handelsgebiet ausgebaut. Das ganze Viertel war ehemals ein einziger Basar, und so nannte man es auch ›Târg invelit‹ (bedeckter Markt).

Auf engem Raum liegen im alten Handelsviertel viele Sehenswürdigkeiten. Um sich von ihrer Besichtigung ein wenig zu erholen, ist besonders eine Einkehr im **Carul cu Bere** (Bierwagen) zu empfehlen. Das Traditionshaus ist hervorragend renoviert und bietet großen wie kleinen Gruppen Platz.

Die **Strada Lipscani** (Leipziger Straße) war und ist das Rückgrat des Viertels. Seit dem 18. Jahrhundert wurde sie so genannt, weil die Siebenbürger hier Waren verkauften, die sie aus Leipzig bezogen. Zur Leipziger Messe fuhren sie zweimal im Jahr. An der Strada Lipscani liegt auch der umgebaute **Hanul cu Tei** (Lindengasthaus von 1833), heute ein Großraum für Kunstausstellungen und Antiquitäten.

Mit dem Handel unmittelbar verbunden war damals wie heute das Bankwesen; die Banken sicherten sich hier die prächtigsten Bauten. Das Gebäude der **Rumänischen Nationalbank** stammt von 1888, die **Wertpapierbörse** oder Handelskammer – heute Sitz der Nationalbibliothek – wurde 1910 errichtet. Beide Gebäude wurden im Stil der französischen Neoklassik vom Architekten St. Burcus entworfen. Das Gebäude der **Marmarosch-Bank** von 1915 bis 1923 greift auf den neurumänischen Stil zurück und ist ein Werk von Petre Antonescu.

Von den in diesem Viertel gelegenen Passagen ist die **Pasajul Villacros** (einst Bijouterie – Schmuckpassage) die bekannteste. Auch sie ist noch weit weg vom alten Glanz, aber ihr ist auch jetzt eine etwas verwunschene Stimmung eigen, die zu entdecken lohnt.

In dem kleinen Viertel sind von den 100 Kirchen Bukarests gleich mehrere zu finden. In einer der Seitenstraße, von Hochhäusern fast erdrückt, liegt die **Doamnei-Kirche** (in Renovierung), eine Stiftung der Fürstin Maria Cantacuzino und eines der wenigen Beispiele aus dem 17. Jahrhundert. An der Ecke zur Siegesstraße befindet sich die **Zlătari-Kirche**, die Kirche der Goldschmiede, an der Strada Poştei die **Kirche Sfântul Dimitru** aus dem 18. Jahrhundert.

Stavropoleos-Kirche

Die schönste und prächtigste Kirche im Viertel ist die Stavropoleos-Kirche (Biserica Stavropoleos) in der gleichnamigen Straße, ein eindrucksvolles Beispiel des Brâncoveanu-Stils. Der griechische Mönch und spätere Metropolit von Stavropolis, Joanikie, ließ sie um 1730 als Kapelle eines Gasthofes errichten. Aus der einstigen schlichten Saalkirche wur-

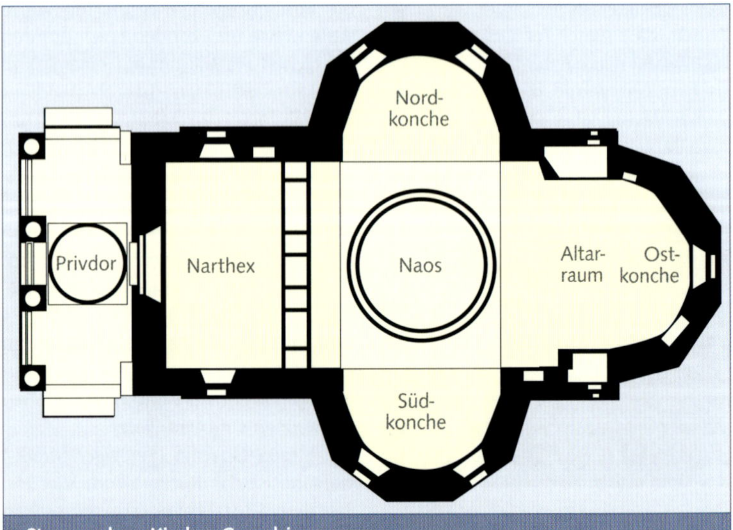

Stavropoleos-Kirche, Grundriss

▶ Karte S. 238

Kontemplativer Ort: der Innenhof der Stavropoleos-Kirche

de ein Dreikonchentypus mit Pronaos und einer offenen Vorhalle im Westen, wie sie für die Walachei im 18. Jahrhundert typisch war. Der gesamte Bau ist in der unteren Zone von Arkaden und Blendarkaden umzogen, die aus Dreipässen bestehen, wovon der mittlere die Form eines Kielbogens hat und ebenso wie die schlanken Säulen an Venedig erinnert. Über dem plastisch geschmückten Gesims folgt ein gemalter Medaillonfries. Diese **Außenmalerei** unterscheidet das Gebäude von anderen Bukarester Kirchen. Säulen und Türumrahmungen des Vorraumes sind mit plastischem Schmuck in Stein von Blumen und Blattranken verziert, ebenso die hölzernen Türflügel, die zusätzlich zwei Erzengelfiguren als Hinweis auf das Patronat ›der heiligen Erzengel‹ aufweisen. Im Gegensatz zu den Moldauklöstern wird hier das Zusammenspiel von Steinkunst, Innen- und Außenmalerei und Architektur zu einem harmonischen Ganzen als stilbestimmendes Element der Walachei des 18. Jahrhunderts deutlich. Dem Leiter der Hochschule für Architektur, Ion Mincu, ist die vorbildliche Restaurierung Anfang des 20. Jahrhunderts zu verdanken. Dabei ließ er Grundmauern der ehemaligen, gleichzeitig mit der Kirche angelegten Herberge freilegen und mit Arkaden überbauen. Sie dienen heute als **Lapidarium**. Gegenüber wurden Reste eines Han freigelegt.

Alt-Bukarest

Noch im Handelszentrum ist eine der romantischsten und reizvollsten Ecken Bukarests zu finden, die weit in die Geschichte der Stadt zurückführt.

■ Alter Fürstenhof

Unweit des Dâmbovița-Flusses, einst zwischen dessen beiden Armen gelegen, befinden sich die Ruinen des Fürstenhofes, des sogenannten ›Alten Hofes‹ oder ›Curtea Veche Domnească‹. In diesem hat Constantin Brâncoveanu die Macht 1678 übernommen. Bei der kirchlichen Zeremonie war auch der Patriarch aus Konstantinopel anwesend. Das Gelände stellt den Kern der mittelalterlichen Siedlung dar und bewahrt Überreste der früheren woiwodalen Paläste, die vormals hier standen. Die Anfänge gehen auf Vlad Țepeş zurück. Unter Constantin Brâncoveanu (1689–1714) wurde der Komplex im italienischen Stil erweitert und verschönert. Sein italienischer Sekretär Anton Maria del Chiaro erzählte von großen überwölbten Sälen, dem Garten im italienischen Stil, der das Gebäude umgab, und von den Festen. Mit der Zeit verfiel das Gebäude, Brände und Erdbeben taten ein übriges. Die fürstlichen Residenzen wurden mehrfach verlegt, zuletzt 1776 auf den Zentralhügel der Stadt, wo später der gegenwärtige Palast des Parlaments errichtet wurde.

Die von Archäologen freigelegten Überreste des Empfangssaales für die Botschafter und der Saal der Wachmannschaft vermitteln einen Eindruck vom alten Glanz. Seit dem Sommer 1995 findet hier regelmäßig ein Volksfest zur Wiederbelebung der Bukarester Atmosphäre der Jahrhundertwende statt.

Verkündigungskirche

Neben dem Alten Fürstenhof befindet sich das älteste erhaltene Gebäude der Stadt, die gegen Ende des 16. Jahrhunderts (1558/59) errichtete Verkündigungskirche, die ehemalige Hofkapelle. Sie ist eine Stiftung des Fürsten Mircea Ciobanul (reg. 1545–1554). Hier wurden die Fürsten der Walachei gesalbt. Das Mauerwerk aus Ziegeln im Wechsel mit Mörtelschichten, die Steinquader nachahmen, ist typisch für die Zeit und auch an der Nikolauskirche in Curtea zu sehen. Dies gilt auch für die mit Gesims gestalteten Sockel, die aufwendige Bearbeitung des Dachgesimses und die zarten Arkaden. Das Hauptportal, ein bezeichnendes Beispiel für den Brâncoveanu-Stil, ist mit Blattwerk und Ranken reich geschmückt. Die **Malereien** im Inneren gehören mehreren Epochen an. In der Kirche werden sehr stimmungsvolle Gottesdienste abgehalten.

Der alte Fürstenhof mit dem Denkmal für Vlad Țepeș

▲ Karte S. 238

Hanul lui Manuc

Gegenüber der Verkündigungskirche liegt der Hanul lui Manuc. Im alten Bukarest gab es viele Gasthöfe in der Art von Karawansereien. Als Anfang des 18. Jahrhunderts die türkischen Sultane aus Angst vor Unabhängigkeitsbestrebungen die Fürsten durch Ausländer ersetzten, vor allem durch reiche Griechen, kamen griechische Einflüsse nach Rumänien. Aus dieser Zeit stammt auch der Hanul lui Manuc. Mit der Verlagerung der Warenströme auf die Eisenbahn verschwanden diese Gasthöfe im 19. Jahrhundert allmählich. Erhalten blieb jedoch der 1808 erbaute Hanul lui Manuc, der Han des Manuc, des armenischen Händlers Manuc-Bey; ›han‹ bedeutet auf Türkisch ›Herberge‹. Mit ihm wurde an die Tradition der früheren Hane angeknüpft. Er befindet sich auf dem Gebiet des ehemaligen Fürstenhofes und wurde sehr schön instandgesetzt.

Das Gebäude umschließt einen rechteckigen **Hof mit Laufgängen** in Erd- und Obergeschoss. Die architektonischen Details wie Holzpfosten, Holzarchitrave und Bogen weisen auf die enge Verbindung von Klosterbaukunst, Stadtarchitektur und Volkskunst hin. Heute bieten mehrere Gastronomiebetriebe, ein Restaurant, eine Brasserie und ein Sommerlokal den Besuchern ein wenig Alt-Bukarester Flair. Wer mehr Wert auf Atmosphäre denn auf Komfort legt, dem sei das hier ansässige Zwei-Sterne-Hotel wärmstens empfohlen.

Ein historisches Ereignis fand hier auch statt: Im Jahr 1812 wurde im Hanul lui Manuc der Friedensschluss zwischen

Der Hanul lui Manuc, die letzte erhaltene Karawanserei in Bukarest

Russland und der Türkei besiegelt, womit Napoleon die Türkei als Bündnispartner gegen den Zaren verlor.

Bulevardul Brătianu

Nach Osten begrenzt der breite Bulevardul Brătianu das alte Handelsviertel. An ihm liegen noch zwei sehenswerte Kirchen. In einer Grünanlage steht die **Biserica St. Gheorghe Nou** aus dem späten 17. Jahrhundert mit dem Grabmal des Fürsten Constantin Brâncoveanu. Sein Standbild wurde 1939 vom Bildhauer Oscar Han geschaffen.

In Richtung zur Piață Universitații folgt der **Colțea-Architektur-Komplex** (I.C. Brătianu Bulevard 1). Die Stiftung von Mihai Cantacuzino, einem Onkel von Brâncoveanu, umfasst mehrere Wohltätigkeitseinrichtungen: das älteste Krankenhaus der Stadt, ein Altersheim, eine Schule und die gleichnamige Kirche (in Restaurierung). Wieder handelt es sich um einen Dreikonchenbau mit einer Tambourkuppel als Glockenturm. Besonders schön ist der Eingang zum Pronaos geschmückt. Hier sieht man die vier Evangelisten und Greife, die eine Inschrift tragen. Die Kapitelle der Vorhallensäulen sind reich mit Pflanzenornamenten und Tieren verziert. Ein Pelikan, der sich selbst zerfleischt, erinnert an romanische Vorbilder. Ein Brand von 1739 und ein Erdbeben haben das alte Krankenhaus völlig zerstört. Es wurde wiederaufgebaut und ist heute nach wie vor in Betrieb.

Neben der Kirche in Richtung Revolutionsplatz steht wieder ein **Holzkreuz** für die Opfer von 1989.

Haus des Parlaments und Centrul Civic

Das schwere Erdbeben von 1977 gab Ceaușescu den Vorwand, seinen gigantomanischen Plänen ein Fünftel der historischen Altstadt Bukarests zu opfern. 70 000 Menschen mussten bis Anfang der 1980er Jahre von heute auf morgen umziehen und das ihnen vertraute Viertel ›Dealul Spirii‹ verlassen. An seine Stelle trat das vollkommen maßlose Haus des Parlaments und die es umgebenden Neubauten.

Eine der Folgen dieser radikalen Umgestaltung war der sprunghafte Anstieg der wilden Hunde. Viele Menschen konnten gerade sich selbst versorgen. Die Tiere blieben im wahrsten Sinne des Wortes auf der Strecke und stromerten herrenlos in den Gassen Bukarests herum.

Unter den abgerissenen Stadtteilen befand sich auch das jüdische Viertel. Jüdische Gebäude blieben nur in anderen Stadtgebieten erhalten: der ›Templul Coral‹ von 1867 (Chor-Synagoge) und die ›Sinagoga Mare‹ der ehemaligen Herrnscheiderschule; letztere beherbergt heute ein jüdisches Museum. Unter den Opfern des Abrisswahnes war auch die Spiridon-Kirche, die der Fanariot Constantin Mavrocordat 200 Jahre zuvor gestiftet hatte. Sie wurde 1987 abgerissen, konnte jedoch 1995 dank der Unterstützung der Patriarchie nach alten Plänen wiederaufgebaut werden.

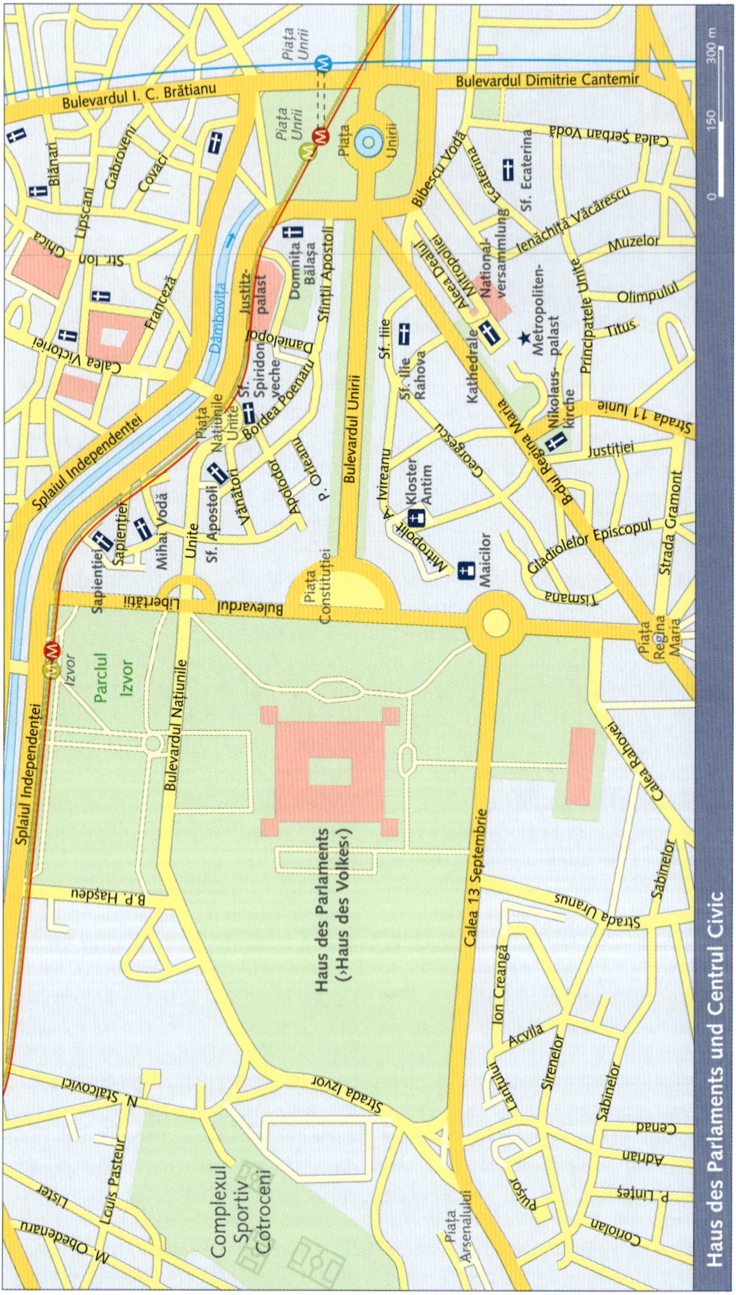

Haus des Parlaments und Centrul Civic

Die Kirche **Mihai Vodă** (Strada Sapienţiei) entging der Zerstörung durch ihre Verschiebung. Sie ist Teil eines der ersten Klöster Bukarests; ihr Stifter Michael der Tapfere versprach sich durch den Bau göttlichen Beistand für seinen Kampf gegen Sinan Pascha. Die Schlacht fand 1595 in Călugăreni, 25 Kilometer südlich von Bukarest statt und brachte den Türken eine verlustreiche Niederlage. Dieser entscheidende Sieg wurde in der Literatur vielfach verewigt. Im Volksepos von Stavrino wird vom ›sehr ehrfürchtigen und sehr tapferen Fürsten Michael‹ gesprochen. G. Palamidis verfasste eine Chronik in homerischem Stil. Beide Schriften waren in griechischer und rumänischer Sprache erschienen. Zwischen den neuen Wohnblocks kann man den Bau an den alternierend wechselnden Reihen von Ziegeln und verputzten Flächen erkennen. Der Baumeister folgte darin den byzantinischen Traditionen.

Auch das pittoreske **Antim-Kloster** (Strada Antim 29) überlebte dank seiner Versetzung. Dieses Geschenk des Großmetropoliten Antim Ivireanul befindet sich nicht weit vom Hügel der Patriarchie. Sein Gründer zeichnete sich als Gelehrter aus, der im Kloster eine Druckerei unterhielt, in der rumänische und griechische Bücher vervielfältigt wurden. Im dazugehörigen Synodal-Palast erkennt man den neurumänischen Stil.

Im betroffenen Viertel sind das Gebäude des Staatsarchivs und 40 Kirchen, darunter das Kloster Văcăreşti, für immer verlorengegangen.

Der dagegen erhaltene **Justizpalast** (1890–1895) von Albert Ballu gibt mit seinem französisch geprägten Eklektizismus einen Eindruck vom einstigen Stadtbild. Der Warteraum war ein Entwurf vom bekannten rumänischen Architekten Ion Mincu.

Auf der Suche nach dem alten Bukarest kann man nicht weit vom Justizpalast noch die 1751 erbaute **Domniţa-Bălaşa-Kirche** entdecken. Die Stifterin, Bălaşa, eine Tochter Constantin Brâncoveanus, wurde hier beigesetzt. Ihr Standbild schuf der Bildhauer Karl Storck. Ende des 19. Jahrhunderts erfuhr das Baudenkmal eine Erneuerung von Alexandru Orascu und Carol Benis.

Wohnblock aus der Ceauşescu-Ära am Bulevardul Unirii

Haus des Parlaments

Das mit Abstand größte Bauprojekt der Ceauşescu-Ära war das Haus des Parlaments (Palatul Parlamentului/Casa Republicii, unter dem Conducător ›Casa poporului‹/Haus des Volkes) mit seinen Zufahrtsstraßen und dem ›Centrul Civic‹, einem Wohnviertel in der Umgebung. Dem unvollendeten Parlamentsgebäude in seiner unvorstellbaren Größenordnung drohten nach dem Sturz des Diktators Schmutz und Verfall den Garaus zu machen. Auf der Suche nach neuen Bestimmungen nahmen das rumänische Parlament und ein Kongresszentrum hier ihren Sitz. Trotz dieser Nutzungslösungen ist die Wirtschaftlichkeit in Frage gestellt, da allein die Heizkosten unermeßlich sind. Als Nicolae Ceauşescu 1984 von einer Reise aus Nordkorea zurückkehrte, war es sein Ziel, den dortigen monströsen Palast des Volkes zu übertreffen. Es ist ihm gelungen. Der vom Parlamentsgebäude nach Osten führende Bulevardul Unirii (Straße der Einheit), eine in diesem Zusammenhang angelegte überbreite Schneise, ist mit 3,2 Kilometern länger als die Champs Elysées. Als bebautes Gelände ist das Haus des Parlaments nach dem Pentagon in den USA das zweitgrößte Gebäude der Welt. Eigentlich sollte es das ›Haus des Volkes‹ werden, doch die bis zum Sturz des Diktators bereits aufgebrauchten Summen standen in keinerlei Verhältnis zu den wirtschaftlichen Möglichkeiten des Landes. Allein 400 Architekten, 20 000 Arbeiter und Soldaten konzentrierten sich auf den Bau von einer Fläche von 265 000 Quadratmetern. Dreigeschossig konzipiert, wurde eine Höhe von 84 Metern erreicht, womit es wahrlich als pyramidal angesehen werden kann. Die Vorstellungskraft eines Menschen ist überfordert, um die Fluchten von Sälen zu ermessen. Allein der zweite Stock beinhaltete 450 Riesenräume. Der Ausdruck von den ›verlorenen Schritten‹ gibt treffend die Umstände wieder. Viele Materialien kamen aus Rumänien, dabei wurde an nichts gespart: Marmor aus Reşiţa, Moneasa und Gura Văii, Kirsch- und Nußholzbäume aus Siebenbürgen für die Vertäfelungen der zwei monumentalen Galerien von 150 Meter Länge und 18 Meter Breite.

Heute wird das riesige Gebäude auch für **Museen** genutzt. Die Räumlichkeiten des Parlaments können mit Führung besichtigt werden. In verschiedenen Trakten sind das Museum für Moderne Kunst, das Comic-Museum und ein Trachtenmuseum eingerichtet.

Schlichtweg gigantisch: das Haus des Parlaments

Karte S. 244

Die Patriarchenkirche, links das Gebäude der früheren Nationalversammlung

Auf der **Piață Constituției** (Platz der Verfassung) vor dem Parlamentsgebäude gab Luciano Pavarotti am 11. August 1999 ein Open-Air-Konzert; seither hat sich dieser Ort als Kulisse für zahlreiche Großveranstaltungen etabliert, darunter auch ein Autorennen. Für die großen Besucherzahlen bot sich dieser sehr weiträumige Platz förmlich an. Südlich der sogenannten ›Ceauşescu-Stadt‹ schließt der **Parcul Carol** mit dem Denkmal des unbekannten Soldaten an.

Patriarchenhügel

Südlich der Straße der Einheit liegt auf einer hügeligen Erhebung der Gebäudekomplex der sogenannten Patriarchie (Dealul Mitropoliei), Sitz des rumänischen Patriarchen. Seine **Kirche** war 1656 im Auftrag des Woiwoden Constantin Şerban entstanden und sollte die Bischofskirche von Curtea de Argeş übertreffen. Hier werden die Reliquien des Bukarester Stadtheiligen Dumitru aufbewahrt. Zum Komplex der Patriarchie gehört noch der ehemalige **Metropolitenpalast** mit einer Kapelle. Im Gebäude von 1709, in das man nur mit einer Sondererlaubnis Zutritt erhält, sind großformatige Stifterbilder des ersten Fanarioten-Fürsten Nicolae Mavrocordato und seiner Familie zu sehen.

Im benachbarten Gebäude der **Nationalversammlung** fand am 9. Mai 1859 die Abstimmung über die Vereinigung von Moldau und Walachei statt, und hier wurde am 9. Mai 1877 die Unabhängigkeit des rumänischen Staates proklamiert. Das Gebäude von unschätzbarem historischen Wert wurde in dieser Ausführung anstelle des Divanul Domnesc (Fürstendivan) 1907 im französisch-eklektischen Stil von D. Maimarolu entworfen.

Das Cotroceni-Viertel

Anfang des 20. Jahrhunderts entstand westlich vom Zentrum das Villenviertel Cotroceni. Heute ist es bei Künstlern und Akademikern beliebt. Auf dem Cotroceni-Hügel wurde auf Initiative von Prof. Dimitrie Brandza der **Botanische Garten** eingerichtet. In diesem Viertel trifft man auch auf die älteste Hochschuleinrichtung Bukarests: Die **Medizinische Fakultät** ist ein Werk von Louis Blanc (1902).

Herausragende Bauten im Cotroceni-Viertel sind die **Militärakademie** von Duiliu Marcu (1939) und der **Cotroceni-Palast** (Bulevardul Geniului 1). Seit dem 17. Jahrhundert befand sich hier ein zweiter fürstlicher Wohnsitz mit einem Klosterkomplex. Nach seiner Umgestaltung weilte Cuza einige Zeit darin. Ende des 19. Jahrhunderts wurden alle Gebäude bis auf die Kirche abgerissen. Der heutige Cotroceni-Palast entstand für Prinzessin Maria, die zukünftige Gattin König Ferdinands, dem Neffen und Nachfolger Carols I. Der Entwurf ging auf den Franzosen Paul Gottereau zurück. Wiederaufbauarbeiten wurden vom Rumänen Grigore Cerchez geleitet. Er fügte zwei Türme hinzu. Zwei Erdbeben schädigten den Bau nachhaltig.

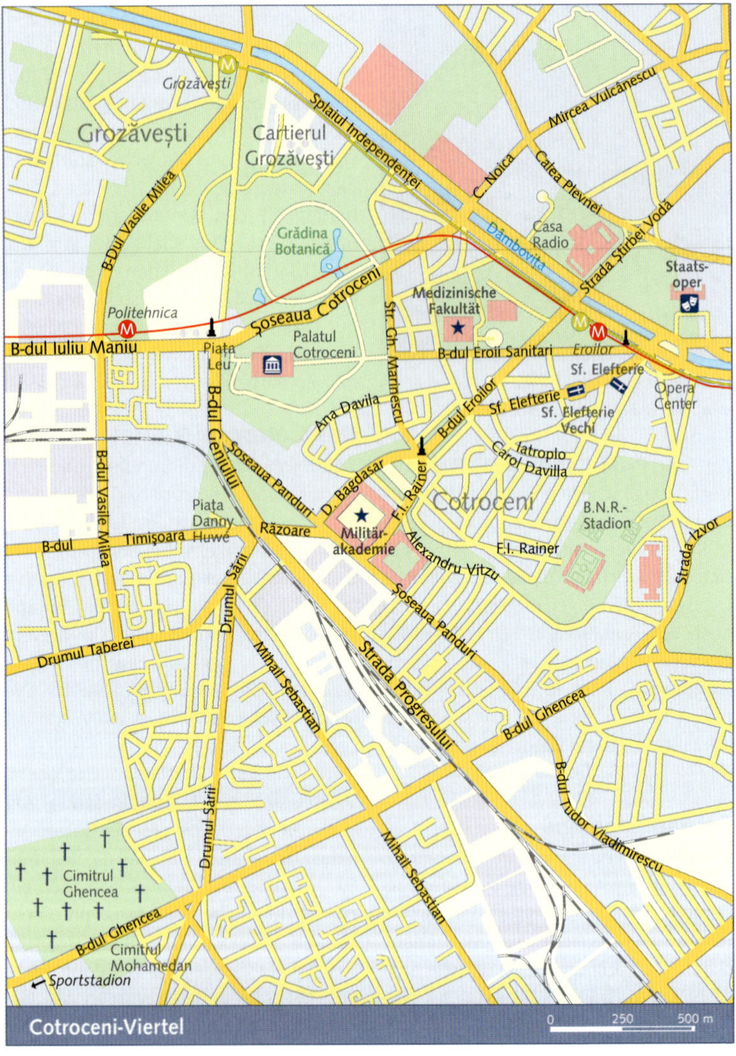

Seine Bestimmungen wechselten vom Pionierpalast zum Gästehaus und 1991 zum Sitz des rumänischen Präsidenten. Das Gebäude beherbergt derzeit das **Museum Cotroceni** mit der mittelalterlichen Sammlung und dient musikalischen und anderen künstlerischen Veranstaltungen.

Der Weg an der trostlos in Beton eingezwängten Dâmbovița zurück ins Zentrum führt zunächst in Nähe der Casa Radio und schließlich am Opernplatz mit der **Staatsoper** (Opera Română) vorbei. Dieser Arkadenbau von 1953 geht auf den Entwurf von Octav Doicescu zurück.

Der Norden

Über den Bulevardul General Margheru und seine Verlängerung, die wichtigste Nord-Süd-Achse Bukarests, erreicht man am günstigsten den Norden. Die Straße wurde bereits im 19. Jahrhundert begonnen. Dicht besiedelt säumen sie Hotels wie ›Lido‹ und ›Ambasador‹ aus den 1930er Jahren. Östlich vom Margheru liegt das Dorobanţi-Gebiet, ein Nobelviertel. Über den Bulevardul Aviatorilor und die Şoseaua Kiseleff (Kiseleff-Chaussee) erreicht man dann die nördlichen Ausfallstraßen.

Die Şoseaua Kiseleff lässt an die Champs Elysées denken. Hier reihen sich zunächst die ausländischen Vertretungen aneinander. In einem Palast im neurumänischen Stil an der Kreuzung der Kiseleff-Chaussee und dem Siegesplatz ist das **Muzeul Ţăranului Român** (Bauernmuseum) untergebracht. Mitte Juni finden hier jährlich Musikfestspiele statt. 1996 erhielt es den Preis als ›Bestes Europäisches Museum‹.

Auch am **Triumphbogen** fühlt man sich nach Paris versetzt. Als Einheitsdenkmal Rumäniens war es von Antonescu nach dem Ersten Weltkrieg entworfen worden. Zunächst entstand ein provisorischer Holz- und Stuckbau, erst in den 1930er Jahren erfolgte der Neubau aus Granit. Die symbolischen Reliefs wurden von den Bildhauern I. Jalea, C. Baraschi, Mac Constantinescu und A. Călinescu gefertigt. Ganz Rumänien feierte hier am 8. November 1941 den Namenstag von König Michael I. und den Sieg der rumänischen Armee, die Bessarabien zurückerobert und Odessa eingenommen hatte. Im Jahr des Neubaus wurde auch die Kiseleff-Chaussee jenseits des Bogens bis zum heutigen Flughafen Băneasa verlängert.

Unmittelbar in der Nachbarschaft des Bauernmuseums liegt der **Palatul Elisabeta**. Er wurde von Prinzessin Elena, Tochter König Ferdinands und zeitweise Königin von Griechenland, in Auftrag gegeben und 1937 fertiggestellt. Nur einheimische Materialien wurden hierfür verwendet: Der Tuff kam aus Deva, der Marmor aus Ruşchiţa in Siebenbürgen. Unter den Kommunisten wurde das Gebäude offizielle Residenz für Staatsgäste, unter anderem Sukarno, Nixon und Juan Carlos übernachteten hier. Nach der Wende konnte auch der Normalbürger im staatlichen Luxushotel mit Restaurant seine Zeit verbringen. Mittlerweile wurde das Palais jedoch der königlichen Familie zurückgegeben, die hier während ihrer Aufenthalte in Bukarest residiert.

An der Chaussee liegt auch das **Buffett** genannte Restaurant im neurumänischen Stil von Ion Mincu aus den Jahren 1889 bis 1892. Die nach dem General der russischen Protektoratszeit des 19. Jahrhunderts benannte Kiseleff Chaussee endet an der Piaţă Presei Libere.

Das von weither sichtbare Pressezentrum (Casa Scântei), vom Architekten H. Maicu 1956 nach dem Vorbild der Moskauer Lomonosov-Universität entworfen, war ein Geschenk Stalins. Die Bauweise wird gern – und durchaus zu Unrecht etwas abwertend – mit dem

Eine Folkloreaufführung im Dorfmuseum

Begriff ›Zuckerbäckerstil‹ umschrieben. Gleich beim **World Trade Center**, dem Symbol für die neue wirtschaftliche Öffnung Rumäniens, steht das **Hotel Sofitel**, eines der besten Häuser der Stadt. Das World Trade Center entstand vor zehn Jahren unter Leitung von V. Vion und N. Țarălungă.

Ein Kranz von Parkanlagen mit Seen zieht sich im Norden um die Stadt. Im **Parcul Herăstrău** befindet sich das sehr sehenswerte **Dorfmuseum** (Muzeul Satului). Es wurde auf Initiative des Soziologen Domitrie Gusti geplant, 1936 eingeweiht und seitdem kontinuierlich erweitert. Heute stehen auf einer Fläche von zehn Hektar 300 originale Bauernhöfe aus verschiedenen Regionen Rumäniens.

Auch über den Bulevardul Avilatorilor erreicht man den Norden. Am gleichnamigen Platz steht das **Fliegerdenkmal** (Statuia Aviatorilor). Bald schon ist das **Fernsehzentrum** (Centrul Televiziunii Române) zu sehen, wo sich 1989 die Machtkämpfe abspielten.

Ein eigenes Viertel ist um den **Palast Ghica-Tei** (Strada Doamna Ghica Tei 5) im Nordosten der Stadt entstanden. Die Bezeichnung verbindet den Namen eines Fürsten Ghica mit dem rumänischen Wort ›tei‹ – ›Lindenbäume‹, die sich hier

Der Triumphbogen

Karte: hintere Umschlagkarte

in diesem alten Bukarester Viertel gehäuft befanden. Als Sommerresidenz wurde der Palast für den Fürsten Grigorie IV. Dimitrie Ghica im Jahr seiner Ernennung zum Fürsten der Walachei (1822) errichtet. Das einstöckige Palais ist ein bedeutendes klassizistisches Denkmal, dessen ursprüngliche Form bewahrt werden konnte. Das Erdgeschoss ist in Rustika gekleidet und hat rechteckige Fenster, während das Obergeschoss mit schlanken, halbkreisförmig abschließenden Fenstern versehen ist. Leichte Risalite betonen die Seitenflügel und die Mitte. Das Eingangstor wurde ehemals von liegenden Löwen flankiert. Im Obergeschoss verrät der Balkon römischen Einfluss. Mit der dringend notwendigen Sanierung wurde bereits begonnen.

Am Ufer des Tei-Sees, noch innerhalb der Stadtgrenze, liegt das **Kloster Plumbuița**. Das Klosterensemble geht auf den walachischen Fürsten Peter den Großen und seine Mutter, Doamna Chiajna, zurück. Hier war die Wiege der ersten Bukarester Buchdrucker-Werkstatt. Das Kloster ist von einer Mauer umgeben und schwer zugänglich.

Wenn man schon einmal in dieser Ecke ist, sollte man es nicht versäumen, die **Kirche Fundenii Domnei** (Şoseaua Fundeni) aufzusuchen. Der Dreikonchenbau auf dem ehemaligen Gutsgelände Mihai Cantacuzinos ist besonders sehenswert wegen der seltenen Stuckarbeiten an den Außenwänden. Den Auftrag für die Kirche gab General Mihai Cantacuzino im Jahr 1699. Trotz Umbaus behielt diese Kirche ihre Einzigartigkeit. Es gibt wohl kein auch nur annähernd an diese Kirche erinnerndes Bauwerk in Rumänien. Die Stuckornamente, mit denen die Außenwände verziert sind, weisen deutlich auf persischen Einfluss hin. Leider ist sie stark dem Verfall preisgegeben.

Bukarest-Informationen

Allgemeines

Vorwahl: 021, aus dem Ausland 0040/21.

Touristeninformationen

Im **Nordbahnhof**, Öffnungszeiten allerdings unregelmäßig.

Centrul de Informare Turistică, Pasaj Piața Universitații (Universitätsplatz, Unterführung),Tel. 3055500, Mo–Fr 10–17 Uhr, www.pmb.ro, turism@bucuresti-primaria.ro.

Bukarest im Internet: www.bukarest-info.de (deutschsprachig). Für Informationen eignen sich auch die Hotels.

Folgende Stadtmagazine sind in den Hotels, in Buchhandlungen und teilweise in den Restaurants zu erhalten. Sie liegen manchmal kostenlos aus, manche kosten 2–3 Lei. City Guide (englisch); Şapte Seri (Sieben Abende rumänisch/englisch); Bucharest Hot Guide (englisch); Non stop (englisch, kostenlos); Bucharest Nightlife (englisch/rumänisch); Bucharest in your pocket (www.inyourpocket.com, englisch/rumänisch, sehr empfehlenswert); Coffee Break (rumänisch); Freetime (englisch); Bucharest guide business & entertainment (englisch); 24 - FUN (rumänisch); Bucureşti (Magazin für Unterhaltung, Business, Einkaufen, Stadtleben, sehr zu empfehlen); Downtown (Magazin fürs Clubleben).

Geld

An den zahlreich vorhandenen Geldautomaten kann mit der EC-Karte, oft auch mit der Kreditkarte, problemlos Bargeld bis zu einer Summe von 1000 Lei RON abgehoben werden. Umtausch ist in jeder der zahlreichen Wechselstuben und in den Banken möglich. Die meisten Hotels, Restaurants, Geschäfte und Banken akzeptieren die üblichen Kreditkarten wie Mastercard, Visa und American Express. Mietwagenfirmen verlangen sogar Kreditkarten-Nummern als Sicherheit.

Post

Die meisten Postämter sind täglich einschließlich Samstag vormittag geöffnet. Die Hauptpost befindet sich in der Strada Matei Millo 10, Tel. 3159030.

Internet

Mittlerweile bieten alle großen Hotels – nicht nur in Bukarest – ihren Gästen Zugang zum Internet, teilweise von jedem Zimmer und sogar kostenlos, teilweise in der Lobby. Daneben befinden ich im Zentrum unzählige Internetcafés. Sie sind in der Broschüre ›Şapte Seri‹ (›Sieben Abende‹, s.o.) aufgelistet.

Unterwegs in Bukarest

Mit Bus und Bahn

Bukarest verfügt über ein dichtes Netz an öffentlichen Verkehrsmitteln, es verkehren Autobus (autobuz), Oberleitungsbus (troleibuz), Straßenbahn (tramvai oder metrou uşor) und U-Bahn (Metrou). Wer es eilig hat, nehme die Metro, wer Zeit hat und etwas von der Stadt sehen möchte, die öffentlichen Busse. Busfahrkarten werden in den Häuschen an den Haltestellen verkauft. Nicht an jeder Haltestelle ist ein Verkaufsstand, und nicht jeder Stand hat immer offen. Es ist ratsam, Fahrkarten auf Vorrat zu kaufen. Seit jüngster Zeit werden Sammelkarten angeboten, die man wieder aufladen kann.

Eine der vielen Banken im Zentrum

Seit 1979 verfügt Bukarest über eine Untergrundbahn, die das schnellste Verkehrsmittel der Stadt ist. Das Streckennetz umfasst derzeit gut 63 Kilometer und vier Linien. Die Weiterführung der bestehenden und neue Linien sind in Planung, die rote Ringlinie M1 wird derzeit nach Osten verlängert. Die M2 (blaue Linie) quert die Stadt von Nord nach Süd, die Linien M4 und M3 führen von der Ringlinie in die Vorstädte. Die Stationen liegen relativ weit auseinander. Fahrkarten bekommt man an den Schaltern in den Metrostationen. Eine Tageskarte kostet derzeit 3,5, ein Carnet für 10 Fahrten 7 Lei. Infos: www.metrorex.ro, contact@metrorex.ro, Tel. 9264.

Ergänzt wird das öffentliche Verkehrsnetz durch die Busse der RATB. Das Busliniennetz wird derzeit ausgebaut, veraltete Busse wurden durch abgasärmere Typen ersetzt. Seit neuestem werden auf 13 Strecken Nachtbusse eingesetzt, die von 23 bis 5 Uhr alle halbe Stunde ab Piaţa Unirii fahren. Einige wichtige Linien:

131: Piaţa Romană – Flughafen Băneasa.

300: Über die Piaţa Victoriei direkt ins Zentrum.

783 (Express): Flughafen Otopeni – Piaţa Unirii.

781 (Express): Piaţa Reşiţa – Piaţa Romană.

Neben den Bussen der RATB sind private Minibusse unterwegs. Sie halten an den städtischen Bushaltestellen. Pro Person sind 2 Lei direkt beim Fahrer zu zahlen, man fährt so weit mit, wie man möchte.

Das Straßenbahnnetz ist einerseits gut ausgebaut, andererseits sind die Bahnen und Schienen teilweise in erneuerungsbedürftigem Zustand, teilweise fahren ausgemusterte Züge aus Deutschland und Österreich, teilweise wurden die Züge und Schienen erneuert. Die Straßenbahnen fahren vor allem im Zentrum entlang der großen Boulevards wie Bd. Regina Maria, Strada Traian, Bd. Ferdinand.

Für Reisen ins Umland stehen drei Bahnhöfe zur Verfügung (Fahrplanauskunft: http://infofer.ro):

Die meisten Züge fahren vom Gara de Nord (Hauptbahnhof), Information: Tel. 9521, 2230880.

Der Gara Basarab befindet sich hinter dem Hauptbahnhof. Von ihm starten viele Regionalzüge, u.a. nach Braşov. Infos: Tel. 6375705, 2230884.

Vom Gara Băneasa im Norden fahren die Züge ans Schwarze Meer. Information: Tel. 2224856.

Mit Auto und Mietwagen

Bukarest hat ein Parkplatzproblem, und in der Innenstadt müssen Parkgebühren entrichtet werden. Viele Hotels bieten Stellplätze gegen Gebühren an. Am besten lässt man das Auto im Norden stehen und fährt mit Bus oder U-Bahn in die Stadt oder geht von dort zu Fuß. Einige Tiefgaragen, beispielsweise am Universitätsplatz, sind noch im Bau.

In Bukarest gibt es ein großes Angebot an Mietwagen, vornehmlich Klein- und Mittelklassewagen. Man sollte aber unbedingt vorher reservieren. Anschriften der internationalen Firmen:

Express Rent a Car, Tel. 0744/389773, www.express-rent.com, office@express-rent.com.

Zur Rush-Hour im Zentrum

Rent a Car Hertz Hilton, Tel. 2221256, Fax 2221257, www.hertz.com.ro.

National Car Rental, International Airport Otopeni, Tel. 311/2704, Fax 311/2705.

Mit dem Taxi

Das Taxifahren ist immer noch preiswert in Bukarest und sehr bequem, wenn nicht gerade Berufsverkehr ist. Mittlerweile gibt es viele kleinere und größere Taxiunternehmen, darunter allerdings auch weniger seriöse. Man muss zwischen Standardtarifen pro Kilometer und unabhängigen Taxis unterscheiden, deren Kilometerpreis um ein Vielfaches höher ist. Der Kilometerpreis steht auf den Türen, er liegt zwischen 1,2 und 3,5 Lei.

Unterkünfte

Inzwischen gibt es ein großes Angebot an Unterkünften. Empfehlungen:

Größere Hotels

Athenée Place Bukarest Hilton, Str. Episcopiei 1–3, Tel. 3033777, hilton@hilton.ro, www.hilton.com. Zentrale Lage, 5 Sterne, exklusive Ausstattung, entsprechende Preise: EZ um 500 Euro.

JW Mariott Bukarest Grand Hotel, Calea 13. Septembrie 90, Tel. 4031904, www.mariott.com/buhro, marriott.bucharest@marriotthotels.com. 2001 eröffnet, hinter dem Parlamentspalast; eine Shopping-Meile ist integriert. 5 Sterne, DZ ab 200 Euro.

Inter-Continental, Bd. N. Bălcescu 4, Tel. 3102020, www.intercontinental.com, reservation@interconti.ro. 5 Sterne, mehrere sehr gute Restaurants, Fitnesscenter, EZ um 300 Euro.

Novotel, Calea Victoriei Nr 37 B, Tel. 3088505, www.novotel.com, www.accorhotels.com. DZ um 270 Euro.

Ramada/Majestic, Calea Victoriei 38–40, Tel. 3102772, reservations@majestic.ro, www.majestic.ro. DZ ab 170 Euro.

Capitol, Calea Victoriei 29, Tel. 3158030, Fax 3124169, reservations@hotelcapitol.ro. 3-Sterne-Haus im Herzen Bukarests, 2006 letztmalig renoviert. DZ ab 180 Euro.

Golden Tulip, Bd. Decebal 19, Tel. 3166516, Fax 3166519, reservations@goldentuliptimes.com, www.goldentuliptimes.com. Das Hotel der holländischen Kette Golden Tulip ist außerdem im Norden in Otopeni, ›Golden Tulip Sky Gate‹, und in der Calea Victoriei vertreten. Die Hotels gehören aber nicht zusammen, sondern sind Franchise-Unternehmen. Gute Ausstattung, u.a. Fitnessraum und Konferenzzimmer; DZ um 160 Euro.

Sofitel, Boulevard Expozitiei 2, Tel. 224-3000 und 2242683, Fax 2115688, www.sofitel.com, sofitel@sofitel.ro, reservation@sofitel.ro. Gehört zur **Accor-Gruppe**, unweit des Kongresszentrums. 4 Sterne, ausgezeichnet geführt. DZ um 200 Euro.

Helvetia, Piața Charles de Gaulle 13, Tel. 2230566, Fax 2230567, www.helvetia.netvision.net.il. Erstes Privathotel Bukarests, seit 1993 Joint-venture zwischen Schweiz und Rumänien. 3 Sterne, nicht zu groß, sehr empfehlenswert. DZ ab 150 Euro.

Phoenicia Grand Hotel, Bd. Alexandru Șerbanescu 87, Tel. 3000888/ 89, www.phoenicia.ro, reservation@phoenicia.ro. Besteht seit zwei Jahren, rumänisches und italienisches Restaurant, Pianobar und Nachtclub. Mehrere Kilometer nördlich des Zentrums, für die Ausstattung erstaunlich niedrige Preise: DZ 116, EZ 108 Euro, am Wochenende Sonderpreise.

Crystal Palace, Av. Cpt. Alexandru Șerbanescu 18–20, Tel. 2332030, www.crystalpalacehotel.ro, reservation@crystalpalacehotel.ro. 2003 erbaut, im Norden, in der Nähe der U-Bahnstation Aurel Vlaicu (M2), bietet jeden erdenklichen Komfort. Für Geschäftsleute wegen der Flughafennähe gut geeignet.

NH Hotel, Bd. Mircea Vodă 21, Tel. 300-0545, www.nh-hotels.com, nhbucharest@

nh-hotels.com. Das erste Hotel dieser spanischen Kette in Rumänien wurde vor kurzem eröffnet. DZ ab 140 Euro.

Radisson Blu CS, Calea Victoriei, 63–81, Tel. 3119000, www.radissonblu.com. 5 Sterne, exklusiv, zentral, sehr gutes Frühstück, entsprechende Preise: DZ ab 200 Euro.

Kleinere Hotels

Carol Parc Hotel, Alea Suter 23–25, Tel. 3363377, www.carolparchotel.ro, office@carolparchotel.ro. Dieses kleine 5-Sterne-Haus unweit des Carol-Parkes wurde erst im Frühjahr 2007 eröffnet. Jede Zimmereinheit erhielt ihre individuelle Gestaltung, Restaurant mit kleiner, aber feiner Speisekarte. Die Musikerin Sylvia Petre-Schlie und ihr Mann konnten sich mit diesem Haus einen Lebenstraum erfüllen. Ausstattung und Service lassen viel höhere Preise erwarten; ab 120 Euro.

Casa Capşa, Calea Victoriei 36, Tel./Fax 3134038, www.capsa.ro, info@capsa.ro. In einem Gebäude von 1852, neu renoviert. 5-Sterne-Haus mit 61 Zimmern, DZ um 200 Euro.

Moxa, Str. Mihail Moxa 4, Tel. 6505555, www.hotelmoxa.com office@hotelmoxa.com. 4 Sterne, 25 Zimmer, kleiner Wellness-Bereich, ruhig und nicht weit vom Zentrum. DZ um 200 Euro.

Residence, Str. Clucerului 19, Tel. 2231978, www.residence.com.ro, office@residence.com.ro. In der Nähe des Kiseleff-Parks.

7, Str. Aurel Vlaicu 20, Tel. 2107747. Das 4-Sterne-Haus liegt in einem schönen Viertel nicht weit vom Bd. Dacia. 24 Betten, Fitness-Bereich und Restaurant. DZ um 200 Euro.

Epoque, Intrarea aurona 17c, Cişmigiu, Sektor 1, Tel. 133123232. Neues Edelhotel, unweit der Oper, ruhig. 45 Zimmer, DZ 139–219 Euro ohne Frühstück; Frühstück 18 Euro; mit Michelin-Sterne Restaurant ›Bistro Epoque‹, www.epoque.ro, Mo–So 6.30–23 Uhr.

Scala, 4 Sterne, Str. C.A. Rosetti 19, T. 031/1041111, www.hotelscalabucuresti.ro, office@hotelscalabucuresti.ro. 2010 eröffnetes Boutiquehotel im historischen Gebäude, das der Leibarzt von Carol I. bewohnte; etwas üppig dekoriert. DZ ab 143, EZ ab 125 Euro.

Hotel Z, 3-Sterne-Haus unweit der Universität, 21 Zimmer auf 10 Stockwerken, geschmackvolles und modernes Haus, das eine Baulücke schließt; im Januar 2011 eröffnet; schlicht, modern, komfortabel. DZ 65–70, EZ 55–65 Euro.

Rembrandt, Str. Smârdan 11 (Leipziger Viertel), Tel./Fax 3139315/16, info@rembrandt.ro, www.rembrandt.ro. 3 Sterne, unter dem Motto ›Surprise and Delight‹ ideenreich gestaltete Unterkunft in einem historischen Gebäude. Die Gäste werden durch ausführliche Informationen, Planungen und Buchungen unterstützt. 16 Zimmer, EZ 55–118, DZ 130 Euro.

Hotel Amzei, Str. Piața Amzei 8 (Sektor 1), Tel./Fax 3139400, www.hotelamzei.ro, reservation@hotelamzei.ro. Familienhotel direkt im Zentrum in einer historischen Villa, 3 Sterne, sehr gutes Frühstück.

Gastronomie

Bukarest hat in den vergangenen Jahren in der Gastronomie enorm aufgeholt. Es gibt mittlerweile eine Vielzahl von Restaurants mit internationaler und nationaler Küche.

Internationale Küche

Das Preisniveau in den Restaurants der internationalen Küche entspricht den Preisen von München, Berlin, Wien und liegt teilweise sogar darüber.

Osho Steak House, B-dul Primaverii 19–21, www.osho-restaurant.ro; Mo–So 11–24 Uhr, Tel. 5683031. Neuester Star unter den Restaurants.

La Provence, Str. Barbu Văcărescu, Tel. 2431777. Eines der wenigen Restaurants, die sich auf die französische Küche spezialisiert haben. Gehoben.

▶ Karte: hintere Umschlagklappe

Einladendes Café

Mica Helveție, Str. Sandu Aledea 64, Tel./Fax 2245017, www.micaelvetie.ro, info@micaelvetie.ro, So geschlossen. Dieses Restaurant ist eine Besonderheit. Jakob Hausmann, ein Graubündner, lebt seit vielen Jahren in Bukarest und bietet eine erlesene Auswahl exzellenter rumänischer Weine zu einer originalen Schweizer Küche. Die Produkte kommen aus der Schweiz. Besonders zu empfehlen ist das Fleisch vom heißen Stein. Gehoben.

Up town, Str. Rabat 2, Tel. 2314077, www.uptown.ro. Im ersten Obergeschoss einer von außen heruntergekommen wirkenden Villa. Das Restaurant wird gerne von Geschäftsleuten aufgesucht.

Casa Doina, Avenue Kiseleff 4, Tel. 2226717, casadoina@xnet.ro. Das Restaurant, das früher unter dem Namen Bufett bekannt war, wird gerne von den Hotels empfohlen. Eine Reservierung ist trotz der hohen Preise unbedingt erforderlich. Im Gebäude ist zusätzlich eine Galerie eingerichtet.

Casa Vernescu, Calea Victoriei 133, Tel. 3119744. Das Restaurant etablierte sich nach der Wende und konnte seinen guten Ruf bis heute halten. Eine Reservierung empfiehlt sich; im gleichen Haus wird ein Casino unterhalten. Gehoben.

Maria Celeste, Șoseaua Nordului 7–9, Tel. 2326235, www.mclub.ro. Im Herăstrău-Park mit direktem Blick zum See. Das Restaurant unterhält auch in anderen Parkanlagen Clubs. Im Winter täglich bis 22 Uhr, im Sommer bis 23 Uhr. Mittlere Preisklasse.

La Fitze, Șoseaua Nordului 7–9, Tel. 2322093, bis 23 Uhr geöffnet.

Nice Place, Str. Tudor Ștefana 23, Tel. 0722/377772. Alle, die gerne unter Einheimischen essen, sind in diesem Bistro gut aufgehoben. Mittlere Preisklasse.

Red Bistro, Str. Costache Negri 1–5, Tel. 4102658, info@redbistro.ro. Im neuen Opera Center, die Küche ist italienisch beeinflusst. Wer nach dem Opernbesuch noch Appetit hat, ist hier richtig: Man wird äußerst zuvorkommend bedient, kann auch nur Kleinigkeiten essen und hat stets einen schönen Blick auf die Kirche Neu-Sankt-Elefterie und die Oper.

The Harbour, Piața Amzei, Tel. 0724/388686, ab 11.30 Uhr, mit Terrasse und Parkplatz.

La Gil, Bd. Aerogarii 15–17, Tel. 2329105. Nennt sich Nostalgie-Restaurant, internationale und nationale Küche, Folkloregruppen.

Louisenhof, Str. Iancu Căpitanu 30, Tel. 2532945. Das Restaurant, geführt von einem Rumänen, wirbt mit deutscher Küche. Nicht weit von der Pantelimonkirche.

Italienische Restaurants

Wie so gut wie überall in Europa gibt es auch in Bukarest eine Vielzahl an italienischen Restaurants. Von der Holzofenpizza zum fein zubereiten Fisch ist alles zu finden.

Casa di David, Șoseaua Nordului 7–9, Tel. 2324715. Das Restaurant gibt sich sehr vornehm, hohe Preise.

Gino's, Șoseanau Cotroceni 9, Tel. 0723/530901, ab 12 Uhr geöffnet. In diesem italienischen Bistro kann man auch nur einen Kaffee bestellen. Es sieht von außen eher aus wie eine Spelunke, ist aber innen sehr gemütlich. Auch Catering.

Zafferano, Str. Popa Savu 29, Tel. 222-7210. Ein sehr gastfreundlicher Italiener der gehobenen Preisklasse, Restaurant mit Terrasse.

Gattopardo blu, Calea Victoriei 115, Tel./Fax 3196595. Im Erdgeschoss der Casa Monteoru. Man tafelt in einem außergewöhnlich schönen historischen Ambiente aus dem Jahr 1887, im Sommer steht der Gastgarten hinter dem Haus zur Verfügung. Täglich außer Samstag. Mittlere Preisklasse.

Palladium, Bd. Unirii 1, Tel. 0729/ 144144, www.palladiumcafe.ro. Ganz in der Nähe des Parlaments; neues In-Lokal und nicht billig. Serviert wird bis 23 Uhr.

Pergola, Str. Fabrica de Chitrituri 2, Tel. 3374567, 10–24 Uhr. Vielfältiges Angebot an Speisen und Getränken vom Menü bis zur einfachen Tasse Kaffee. Nicht weit vom Carolpark.

Sole, Str. Olteni 9 (gegenüber dem Jüdischen Theater), Tel. 3270454. Unter anderem Holzofenpizza. Mittlere bis gehobene Preisklasse.

Capriccio, Str. Icoanei 18, Tel. 2111235. Eines der ersten italienischen Restaurants nach der Wende. In einem Teil von Bukarest, in dem zweistöckige, bürgerliche Einfamilienhäusern vorherrschen.

Zerillo's, Piața Lahovari 2, Tel. 3186291, www.incotro.ro/zerillos, 12–24 Uhr. Hausgemachte Pasta und Gnocchi, aber auch Pizza und dazu rumänische Weine; gehobene Preise.

Rumänische Küche

Jariștea, Str. George Georgescu 50–52, Tel. 3353338, www.jaristea.ro. Eines der originellsten Restaurants von Bukarest: ein mit Tüchern und Hüten geschmückter Pavillon, der bereits seit einigen Jahren besteht. Man sollte sich von der Lage, einer heruntergekommenen, schlecht beleuchteten Straße unmittelbar hinter dem Bd. Unirii, nicht abhalten lassen. Das Wachpersonal empfängt freundlich, der Service ist ausgezeichnet. Das Essen ist nicht preiswert, aber auch nicht überzogen. Eine Flasche guter Rotwein etwa kostet 60 Lei. Zu empfehlen sind der Vorspeisenteller und die Gänseleber. Unter dem wachsamen Auge der Eigentümerin, kapriziös mit einem großen Hut geschmückt, werden die Gerichte durch Peitschenschlag abgesegnet und unter Fackelschein serviert. Das Essen wird von einem abwechslungsreichen und niveauvollen Unterhaltungsprogramm begleitet, das Folklore und Klassik der ganzen Welt sowie Tanzeinlagen von Tango über Flamenco bis zur rumänischen Folklore bietet. Es darf auch getanzt werden. Eine Reservierung ist unbedingt erforderlich.

Boema, Str. Nicolae Caranfil 33, Tel. 2333739. Über zwei Stockwerke verteilt sind gemütliche Tische angeordnet, die den Blick auf die Straße und das Treiben freigeben. Das Essen ist frisch, gut und liebevoll zubebereitet. Das Restaurant ist hervorragend geeignet, die rustikale rumänische Küche kennenzulernen. Für den kleinen Geldbeutel.

Mon Chéri, Str. Tudor Ștefan 16, Tel. 2310908 www.bistromoncheri.ro. Der Name ist zwar französisch, doch die Küche in diesem heimeligen Ambiente eindeutig rumänisch. Günstige Preise.

Golden Blitz, Str. Răzoare/Bd. Geniului, Tel. 4105100. Ab 12 Uhr geöffnet, Folkloreprogramm, viele Geschäftsleute, mit Biergarten. Mittlere Preisklasse.

Villacrosse, Pasajul Macca (an der Calea Victoriei), Tel. 0744/796894 und 0727/297320, villacros@yahoo.com. Das kleine und einfache, aber sehr gute Restaurant bietet seit Jahren täglich frisch zubereitete Speisen, offenen Wein und eine gleichbleibend freundliche Bedienung. Günstig.

Hanul Hangitei, Str. Gabroveni 16, Tel. 3147046, geöffnet ab 12 Uhr bis zum letzten Gast. Im Keller eines alten Hauses mitten im Leipziger Viertel. Hier wird ein rumänisches Folklore-Programm geboten. Einrichtung und Küche sind traditionell rumänisch. Mittlere Preisklasse.

Terasa Doamnei, Str. Doamnei 9, Tel. 3146481, geöffnet von 11 Uhr bis zum letzten Gast. Gegenüber der Nationalbank, das Musikensemble spielt rumänische Lieder und internationale Schlager. Mittlere Preisklasse.

Vatră, Str. Brezoianu 23–25, Tel. 3158375. Übersetzt heißt das Lokal ›der Herd‹, nicht zufällig: Man sitzt in urigem Ambiente mit offenem Kamin; internationale wie nationale Gerichte. Mittlere Preisklasse.

Burebişta Vânătorescu, Str. Batiştei 14, Tel. 2118929. Hinter der amerikanischen Botschaft, schönes Ambiente im Kellergewölbe mit rumänischer bzw. ungarischer Musik. Bei der Reservierung sollte man auf die Platzwahl achten. Die Preise sind gehoben, es gibt nur Flaschenweine. Das Restaurant ist bekannt für seine Wildgerichte, darunter Bärenfleisch. Die Gäste sind vorwiegend Ausländer. Das Restaurant hat einen guten Ruf, der Service ist aber wenig zuvorkommend. Gehoben.

Burebişta Vânătorescu, Str. Calea Moşilor 195, Tel. 2109704. Das Restaurant hat sich nach der Wende im Erdgeschoss einer Hochhauszeile etabliert. Gute rumänische Küche mit großen Portionen. Der Service dürfte etwas freundlicher sein. Zivile Preise.

Caredy, Str. Sofia 1, Tel. 2302769. In einer alten Villa mit schönem Sommergarten wird seit zwei Jahren rumänische Küche serviert.

Arcade, Str. Ioan Cantacuzino 8, Tel. 2602960, rezervari@restaurantarcade.ro. Internationale und nationale Gerichte, schöner Garten. Gehoben.

Casa Românească, Calea Bucureşti 285 A, Otopeni, Tel. 3501510, mobil 0744/ 89920. Das Restaurant gehörte zu den ersten, die nach der Wende rumänische Küche angeboten haben. Es wird gerne von Geschäftsleuten, aber auch von Einheimischen aufgesucht. Bis 22 Uhr wird rumänische Volksmusik gespielt. Das Restaurant eignet sich auch für größere Gruppen. Es befindet sich neben dem Hotel ›Golden Tulip Sky Gate‹ und liegt direkt an der autobahnähnlichen Ausfallstraße. Das Essen ist sehr gut, der offene Wein etwas gewöhnungsbedürftig.

La Taifas, Str. G. Manu 16, Tel. 2127788. Im Obergeschoss des Restaurants Taifas (übersetzt ›das Geplauder‹) ist ein sehr schöner türkischer Salon eingerichtet, in dem auch traditionell serviert wird. In der Regel gutes Essen, akzeptable Preise, liebevolles Ambiente. An manchen Abenden Klavierbegleitung, Service leider wechselhaft. Häufig ist das Lokal ausgebucht. Im Sommer wird auch im Garten serviert. Besonders zu empfehlen ist ›Sărmăluţe cu Mămăliguţă‹, kleine Kohlrouladen mit saurer Sahne und Maisbrei.

Atheneu, Str. Epsicopiei 3, Tel. 3134900. An dieser Stelle existiert bereits seit 1924 ein Restaurant. Die Inhaber betreiben auch das › La Taifas‹ (s.o.).

Moara Măriei, Str. Blănari 14, Tel. 3156494. Großes Lokal mit gemütlichen Holzbänken, durchgehend Live-Musik. Zivile Preise.

Casa Gorjană, Str. Domniţa Anastasia 13, Tel. 3156429. Die rumänische Küche wird hier in klassischer Zubereitung serviert. Eine fünfköpfige rumänische Musikgruppe bietet jeden Abend Unterhaltung.

La Mama, Delea Veche 51, Tel. 3205213. Das Restaurant gehört zu einer Kette von sechs Filialen, die mit großem Erfolg arbeiten. Vielbesucht von der Bukarester Mittelschicht.

Decebal, Bd. Decebal 17, Tel. 3216700. Urgemütlich, für das schmale Portemonnaie.

Caru' cu bere, Str. Stavropoleos 3–5, Tel. 3137560, www.carucubere.ro. Bierhalle mit frisch renoviertem neugotischen Ambiente, eher für Biertrinker, rustikale Küche.

Don Tako, Str. Doctor Felix 101, Tel. 3169452. Erstes Restaurant mit rumänisch/mexikanischer Küche, die sehr ansprechend zubereitet wird, nicht zu teuer. Geöffnet bis zum letzten Gast.

Mazagran, Str. Biserica Amzei 30, Tel. 3116180. Eines der neueren Restaurants, das internationale und rumänische Küche innen oder im Sommergarten bietet.

Cafés

Im Lipscani-Viertel haben sich viele neue Cafés etabliert, allein in der Strada Smârdan das ›Café Kartell‹, das ›Café Loggia‹ und das ›Café Klein‹.

Markt Café, Strada Stavropoleos 3, neben der Bierhalle.

Salzburg, Str. Brezoianu 19, Tel. 3120714. Reizendes kleines Café, in dem frisches Gebäck serviert und Kaffeevariationen sowie frisch gepresste Säfte ausgeschenkt werden.

Internet Café, Bd. Mihai Kogălniceanu. Spezialität: Café Frappé (geschlagener Kaffee).

CremCaffé Royal, Piața Romană/Bd. Lascăr Catargiu 2, Tel. 3129111. In einer alten Villa, in der der Maler Petrescu wohnte. Das CremCaffé ist seit 1950 in Triest etabliert und hat nun zwei Filialen in Bukarest eröffnet. Die zweite ist gegenüber der Universitätskirche. Gemütliches Ambiente mit vielen Porträts, darunter sogar Lenin, abends Live-Violinenspiel von 20 bis 22 Uhr.

Galleron, Str. Nicolae Golescu 18a, Tel. 3124565. www.grandcafegalleron.ro. Das Café befindet sich hinter dem Athenäum und ist nach dem Architekten des Athenäums, Galleron, benannt. Im Jahr 2005 öffnete es in historistischen Räumen. Leider wird man, wie so oft, kontinuierlich mit moderner Musik berieselt, die Bildschirme halten einen auf dem Laufenden. Separate Nischen sind für Besprechungen geeignet, 9–24 Uhr.

Tempo, Str. George Enescu 10, Tel./Fax 3131228.

Yourcafé, Calea Plevnei 10, Tel. 3155790. Guter Kaffee, die Inneneinrichtung erinnert an einen klassischen griechischen Tempel.

Monaco Lounge, Str. Covaci 16, Tel/Fax 3140079, www.monacolounge.ro. Neben französischer Küche werden auch Events geboten: Live-Musik (Blues, Salsa, Jazz) und Parties.

Kartell, Str. Smârdan 7, Tel. 0749/057773. Hinter der Nationalbank.

Bars

Offside Pub, Str. Gabroveni 14, Tel. 3122916, www.offsidepub.ro. Bierkneipe, Café und Bar in einem, drei Fernseher halten über die Welt des Sports auf dem Laufenden. Dekoriert mit Trikots berühmter Fußballer. Kleine Snacks; vorwiegend rumänisches ›Bergenbier‹ aus Blaj, auch Live-Music.

Beverly Hills, Bd. Unirii (nahe dem Parlament). Die Bar lockt mit schönem Ambiente, weniger mit der unfreundlichen Bedienung.

Green hours, Calea Victoriei 120, Tel. 3145751, greenhours@yahoo.com. Jazz-Café mit schönem Biergarten in einem Hinterhof an der Prachtstraße; durchgehend geöffnet.

Queen's Club, Str. Mihai Bravu 32, Tel. 0722/754293, www.queensclub. Einer der wenigen Treffpunkte für Homosexuelle. Der Club hatte sich zunächst in der Str. Vineri etabliert, ist aber seit einigen Monaten im Gebiet Obor. Nicht leicht zu finden, auch die Taxifahrer kennen es nicht immer. Er befindet sich hinter den Hochhäusern im Areal der neu eröffneten Pizzeria ›La Piazzeta‹. Eintritt 20 Lei incl. einem Getränk, Do bis So 23–5 Uhr.

Amsterdam, Str. Covaci 6, www.amsterdam.ro, Club und Café.

In der Bar Beverly Hills

Derby, Bd Eroii Sanitari 49A, Tel. 0722/500361. Emil Avrămiţa führt dieses Restaurant mit Bar seit 1990.

Edgar's Pub, Str. Quintet 9, Tel. 3141843, edgar@home.ro. Bis 2 Uhr wird warmes Essen serviert, morgens gibt es ein reichhaltiges Frühstücksangebot.

ArtJazzClub, Bd. Nicolae Bălcescu 23A, www.artjazzclub.ro, Tel. 0722/ 589058. Im Keller der Orizont Art Gallery. Sa und So Jazz-Konzerte, Eintritt 20 -30 Lei, 22–5 Uhr.

Point Black, Str. Schitu Magureanu 6, Tel. 0727/126044. Für die mittlere Generation, täglich bis 24 Uhr.

PAT Lounge, Str. Sevastopol 21, Tel. 313310. Bar mit Pianomusik und Diskothek im Keller im Hinterhof, modern gestylt, ab 17 Uhr.

Kristal Glam Club, BD. Regina Elisabeta 34, Tel. 0722/795184, www.clubkristal.ro. Diskothek, Einlass ab 18 Jahre, Eintritt normal 10 - 12 RON, bei besonderen Veranstaltungen um 80 RON; Fr und Sa ab 23 Uhr. Die Disko ist in einem ehemaligen Kino untergebracht und großzügig ausgestattet. Sie steht auf der Beliebtheitsskala im Moment ganz oben und hält sich bereits seit drei Jahren. Gute Parkmöglichkeit.

Gossip, Str. Lânăriei 90, Tel. 3374788. Disko eher für junges Publikum, Zutritt ab 15 Jahre, Eintritt 10 Lei, ab 23 Uhr geöffnet, Mo/Di geschlossen. Bevorzugt wird Techno gespielt.

Mon Amour, Str. Mihai Eminescu, Diskothek.

Million Dollars, Şoseau Mihai Bravu 221 (Pasaj Piaţa Muncii), Tel. 0723/ 2297753215097. Der Nachtclub bietet erotische Tanzshows.

Spice, Calea Victoriei 21–23. Tel. 3120136, www.spiceclub.ro. Pub und Club, im ersten Stock direkt neben dem Polizeigebäude und gegenüber der Passage Villacrosse. Events verschiedenster Art von Klassik bis Pop.

Dark House, Bd. Regina Elisabeta 89. Seit 5 Jahren wird hier jede Nacht von 18 bis 3 Uhr Programm geboten. Jede Art von Musik für junge Leute mit einer Bar und Café. Im Keller wird getanzt.

Embryo Club, Str. Ion Oteteleşanu Intrarea Serg. Dascălu 8, Tel.0727/ 379023. Tanz und Cocktails, am Wochenende bis 5 Uhr morgens.

Syncron, Calea Vitan 206, Tel. 3443711. Rumänische Küche im Erdgeschoss, im Keller Diskothek für junge Leute mit gemischter Musik; Sa bis 5 Uhr morgens.

Cabaret, im Leipziger Viertel, Tel. 0722/ 937972. Die Events finden im Keller statt.

Sporting Club Bamboo, Str. Ramuri Tei 39, Tel.0788/296776, www.bamboosporting club.ro. Es ist zugleich Sportclub mit großem Pool, bietet ein italienisches Restaurant und ist berühmt für seine Diskoatmosphäre am Pool.

Club Fratelli, Str. Vulcanescu/Ceaikovski. Nur für Events geöffnet; kein Eintritt, finanziert sich über Getränke.

Museen

Bukarest ist sehr reich an Museen. Einige davon wurden erst in jüngster Zeit restauriert und konnten der Öffentlichkeit bereits wieder zugänglich gemacht werden, andere werden noch saniert. Besonders spannend ist die Geschichte der Kunstsammlungen, die im Muzeul Naţional de Artă al României zusammengefasst sind.

Ihre Bestände sind auf vier nationale Museen verteilt. Erste Museumsgründungen in Bukarest datieren vom Beginn des 20. Jahrhunderts, seitdem hat sich die Museumslandschaft kontinuierlich weiterentwickelt. Leider sind viele Museen nicht sehr gut besucht, andererseits ist es ein Genuss, ungestört die Sammlungen betrachten zu können.

Muzeul Național de Artă (Nationales Kunstmuseum), Calea Victoriei 49–53, Mi–So 11–19 Uhr. Das bedeutendste der staatlichen Kunstmuseen ist nach 10-jähriger Renovierung dem Publikum teilweise wieder zugänglich. Die Sammlung umfasst etwa 100 000 Exponate, die in sechs Abteilungen untergliedert sind: rumänische mittelalterliche Kunst – darunter kostbarste Ikonen aus dem ganzen Land –, Wandmalereien der mittelalterlichen Kirchen, rumänische moderne Kunst, orientalische Kunst, die Abteilung für Kunsthandwerk mit Stickereien, Schmuck und Keramiken und das Graphikkabinett mit alten Drucken.

Muzeul Colecțiilor de Artă, Calea Victoriei 111, Mi bis So 10–18 Uhr, jeder erste Mi im Monat freier Eintritt. Das Museum der Kunstsammler ist das zweite der vier staatlichen Kunstmuseen. Auf drei Stockwerken sind die Exponate von zwölf begüterten Sammlern ausgestellt. Die Exponate zeigen Gemälde rumänischer Künstler, Möbel, Asiatika, Teppiche, Stickereien, Vasen, Silber- und Zinngeschirre, Hinterglasmalerei, Fliesenbilder, Elfenbeinarbeiten und Waffen aus einem Zeitraum von etwa 250 bis 300 Jahren. Jüngster Zuwachs ist die Schenkung des Armeniers Humuz Aznavorian aus dem Jahr 2001, die unter anderem Gobelins, japanische Möbel, Perlmutteinlagearbeiten und Seidenteppiche aus Kayseri umfasst.

Muzeul K. H. Zambaccian, Str. Muzeul Zambaccian 21a, Mi–So 10–17.30 Uhr. Das Museum ist das dritte der nationalen Kunstsammlungen, wurde 1947 eröffnet und zeigt die Sammlung des armenischen Industriellen Krikor H. Zambaccian. Ausgestellt werden unter anderem 71 Bilder und Zeichnungen und 40 Skulpturen. Die insgesamt 310 Exponate beinhalten auch eine Sammlung französischer Malereien des 19. Jahrhunderts sowie Möbelstücke. Die Sammlung gibt einen schönen Überblick über die rumänische Malerei vom 19. bis Anfang des 20. Jahrhunderts. Nicolae Ion Grigorescu (1838–1907), hier mit Landschaften vertreten, und Ștefan Luchian (1868–1916) mit seinen Blumenbildern, Landschaften und Frauendarstellungen gelten als Begründer der Rumänischen Modernen Schule. Daneben sind Werke von Tonitza, F. Șiratom, Ioan Andrescu (1850–1882) und Constantin Lecca (1810–1887) sowie Bronzen von den Bildhauern Cornel Medrea, Dimitrie Paciurea und Oscar Han, Ölbilder von Theodor Pallady in expressionistischer Manier, ein Kopf des epochemachenden Bildhauers Brâncuși, Werke von Camill Ressu, Ion Theoderescu Sion, Gheorghe Petrașcu und Josif Iser zu sehen. Besonders stolz ist man auf die Originale und Kopien französischer Impressionisten, darunter Matisse, Sisley, Pissaro, Renoir und Cezanne.

Muzeul Theodor Pallady, Str. Spătarului 33, von Mai bis September Mi–So 11–19 Uhr, sonst 10–18 Uhr. Es handelt sich um das vierte Haus der nationalen Kunstsammlungen. Das Museum ist in der Casa Melik untergebracht, die als ältester erhaltener Profanbau Bukarests gilt, weil es trotz Bränden und Wiederaufbau seine ursprüngliche Form beibehielt. Gezeigt werden neben der Inneneinrichtung der Zeit Graphiken und Ölgemälde des Malers Theodor Pallady (1871–1956). Dem Museum ist eine museumspädagogische Abteilung angeschlossen, die auch Malkurse für Kinder anbietet.

▸ Im Parlamentsgebäude gibt es drei Museen:

▲ Karte: hintere Umschlagklappe

Muzeul Casa Popurului (Palatul Parlamentului), Eingang Str. Izor 2-4. Die Räumlichkeiten der Regierung, wo die Deputierten tagen. Eingang zum Parlament und zum Internationalen Konferenzzentrum. Geführte Besichtigungen Mo-So 10-16 Uhr.

Muzeul Costumelor populare din România, Eingang Str. Izvor 2-4, Corpurile A3 bis F, Mi-So 9-17 Uhr. Beide: Tel. 3160300, 41141111, www.casapoporului.ro.

Muzeul Național de Artă Contemporană, Eingang Calea 13. Septembrie 1, Tel. 3189137, www.mnac.ro, Eingang E4 (Palatul Parlamentului), Mi-So 10-18 Uhr. Das Staatliche Museum für zeitgenössische Kunst (oft abkürzend MNAC genannt) ist das jüngste der Bukarester Museum. Es befindet sich im Parlament.

Muzeul Nicolae Minovici, Str. Minovici 3, Tel. 3150837, Di-So 9-17 Uhr. Die Buslinie Nr. 753 hält ganz in der Nähe. Die Privatsammlung steht unter der Aufsicht der Rumänischen Akademie der Wissenschaften. Sie ist in den beiden Villen der Brüder Minovici untergebracht. In ihnen wird eine große Anzahl volkskundlicher Gegenstände aus den nördlichen Provinzen des Landes ausgestellt. Die Sammlung war der Stadt 1936 vermacht worden. Seit kurzem beinhaltet es auch das neugegründete Museum für Comics.

Muzeul Theodor Aman, Str. C. A. Rosetti 8, Tel. 3145812, Mi-So 9-17 Uhr. Zahlreiche Werke des Künstlers Theodor Aman sowie Möbel und Gebrauchsgegenstände werden gezeigt. Derzeit in Restaurierung.

Muzeul Gh. M. Tattarescu, Str. Domnița Anastasia 7, Tel. 3141006. In diesem Haus wohnte Tattarescu zwischen 1855 und 1894. Das Museum gibt nicht nur einen Einblick in Leben und Werk des Malers, sondern zeigt auch ein typisches Gebäude des 19. Jahrhunderts. Tattarescu ließ das historische Gebäude für seine Zwecke renovieren: Umbau des ersten Stocks, klassizistischer Schmuck der Fassade und Ölmalereien an den Innenwänden. Der Innenhof ist, wie damals üblich, von einer verglasten Veranda eingefasst. Derzeit in Restaurierung.

Muzeul Satului, Şos. Kiseleff 28-30, tgl. 10-19 Uhr. Das Dorfmuseum wurde auf Initiative des Soziologen Domitrie Gusti geplant, 1936 eingeweiht und seitdem kontinuierlich erweitert. Die einmalige Sammlung mit über 300 Originalbauten steht auf einer Fläche von zehn Hektar, darunter sind originale Bauernhöfe aus allen Regionen Rumäniens, Windmühlen, Kirchen, Zäune, Gasthäuser und alles, was zum Dorfleben gehört. Jedes bäuerliche Anwesen und jede Kirche, die hierher verlegt wurden, ist ein eigenes kleines Volkskundemuseum. Man erhält den Eindruck, sich in einem richtigen Dorf zu befinden. Neben Kirchen und Häusern sind Wind- und Wassermühlen, Höfe, Scheunen und Ställe zu sehen. Die Gehöfte mit den originalen Inneneinrichtungen sind, angefangen von den Textilien bis hin zu den Küchengeräten, vollständig eingerichtet.

Muzeul Țăranului Român, Şos. Kiseleff 3, www.muzeultaranului.ro, Di-So 10-18 Uhr. Das Museum der rumänischen Volkskunst und Traditionen feierte 2006 bereits seinen hundertjährigen Geburtstag. Von Mai 1996 bis Mai 1997 war es das Europäische Museum des Jahres. Es besteht aus einem Gebäude des 19. Jahrhunderts und einem Anbau aus den 1950er Jahren. Über drei Stockwerke verteilt sind Gegenstände der Volkskunst, darunter Hinterglasikonen, traditionelle Gebrauchsgegenstände aus dem rumänischen Bauernleben wie Schöpfkellen, Holzstempel, Kachelöfen, die verschiedenen Handwerke und ihre Gerätschaften, Wasserräder und Webstühle, Trachten der verschiedenen rumänischen Regionen und ganze Inneneinrichtungen der Bauernhäuser. Das Museum ist ein wunderbares Pendant zum Dorfmuse-

um. Auf einer großzügigen Fläche sind außergewöhnlich vielfältige Exponate sehr geschmackvoll präsentiert.
Noch heute finden an bestimmten Feiertagen wie Neujahr, Ostern oder dem Tag des heiligen Georg am 23. April oder am Tag des Kreuzes kleine Märkte statt. Kunsthandwerker kommen aus dem ganzen Land hierher und führen ihre Werke in Verkaufsausstellungen vor: von der Hirtenflöte bis zu Kannen, Ikonen aus Holz und Glas.

Historische Museen und Gedenkstätten

Muzeul de Istorie Şi Artă al Municipiului Bucureşti, I. C. Brătianu Bulevardul (im Palatul Şuţu), Mi–So 10–18 Uhr. Das Geschichtsmuseum der Stadt Bukarest ist in repäsentativen Räumlichkeiten des 19. Jahrhunderts eingerichtet. Es werden archäologische Funde vom Neolithikum bis zur Römerzeit, Einrichtungsgegenstände vom 18. bis zum 20. Jahrhundert sowie Dokumente zur Stadtgeschichte gezeigt. Ein Teil der Säle wird für Sonderausstellungen genutzt.

Muzeul Naţional de Istorie al României, Calea Victoriei 12, Mi–So 10–18 Uhr. Das Historische Museum wurde renoviert, neu geordnet und im Jahr 2009 die komplette Ausstellung der Öffentlichkeit wieder zugänglich gemacht. In ihm gibt es eine Abteilung für Philatelie, den Cezar-Librecht-Saal, den Kutschersaal und im Souterrain die besonders wertvolle Schatzkammer. Das Altertum ist mit Schätzen vom Jahr 1700 v. Chr. bis zum 5. nachchristlichen Jahrhundert repräsentiert. Darunter sind der Getenschatz mit Goldhelm und Trinkgefäßen und der Schatz von Pietroaşa, der 1837 gefunden wurde. Von ihm sind die verbliebenden 12 von ehemals 22 Exponaten ausgestellt: eine Krone, vier Fibeln, der große Teller, eine Vase, zwei Schalen. Der Dakerschatz von Sarmizegetusa und der Schatz von Apahida (Kreis Cluj) sind besonders sehenswert. Das Mittelalter ist mit reichen Preziosen der orthodoxen Kirche und der Fürsten der Walachei und der Moldau vertreten.

Muzeul Comunităţi Armene, Bd. Carol 43, Mo bis So 10–16 Uhr. Das Armenische Museum zeigt Dokumente zur Geschichte der Armenier in Rumänien.

Muzeul de Istorie a Comunităţii Evreieşti din România, Str. Mămulari 3, Mo–Do 9–14, Fr 9–13 Uhr. Das Jüdische Museum dokumentiert anhand von Objekten, Bildern, Karten und Statistiken ausführlich die historische Präsenz des Judentums von der Zeit der Daker bis heute. Für den Besuch ist ein Pass notwendig.

Muzeul George Enescu, Calea Victoriei 141, Di bis So 10–17 Uhr (9–17 Uhr im Winter). Das Museum zeigt Dokumente und Erinnerungsstücke aus dem Leben des bedeutenden Komponisten, darunter eine seiner ersten und seine letzte Geige, seine Totenmaske, seine Auszeichnungen und Dokumente zu seinen Auslandsreisen. Außerdem organisiert das Museum Wechselausstellungen. Auf dem Gelände hinter dem Museum steht sein letztes, bescheidenes Wohnhaus, das unverändert erhalten blieb und ebenso besichtigt werden kann.

Muzeul Naţional Cotroceni, Geniului Boulevard 1, Tel. 6383822, Di–So 10–18 Uhr. Eine Besichtigung ist nur mit Führung möglich, Anmeldung und Personalausweis sind erforderlich.

Curtea Veche (Palatul Domnesc), Str. Franceză 23–31, Tel. 3140375, Mo–Fr 8–17, Sa 9–14 Uhr. Archäologische Ausgrabung, Gruppen werden nur mit Voranmeldung eingelassen.

Muzeul Literaturii Române, Bd. Dacia 12, Mo–Fr 10–18, Sa/So 10–16 Uhr. Das Museum ist in der ehemaligen Casa Scarlat Kreţulescu eingerichtet. Der ehemalige Besitzer war unter anderem Kulturminister und gilt als Begründer des Postwesens in

▲ Karte: hintere Umschlagklappe

Rumänien. Das Gebäude entstand nach Plänen von Rudolf Borocyn 1863. Das im Jahr 1958 gegründete Museum bietet einen reichen Schatz an Handschriften, Fotografien, Erstausgaben und literarischen Veröffentlichungen.

Gedenkstätten

Die Rumänen verehren ihre Dichter und Künstler sehr. Deren Wohnstätten sind daher heute oft Museen.

Gedenkstätte Tudor Arghezi, Str. Martisor 26, Tel. 3325900, Di-So 10-18 Uhr. Ausgestellt werden Zeugnisse aus dem Leben des berühmten Dichters, der eigentlich Ion N. Theodorescu (1880-1967) hieß und den Namen Arghezi in Anspielung auf den antiken Fluss Argesis annahm. Gedenkstätte George Călinescu, Str. George Călinescu 53, Tel. 2313163, Di und Fr 10-14 Uhr. Ausgestellt sind Zeugnisse aus dem Leben des Dichters, der auch für die von ihm verfasste rumänische Literaturgeschichte bekannt wurde.

Gedenkstätte George und Agatha Bacovia, Str. George Bacovia 63, Tel. 3324547, Mi-Fr 10-17 Uhr. Der Dichter wohnte von 1933 bis 1957 in diesem Haus. Seit 1966 zeigt die hier eingerichtete Gedenkstätte Dokumente zu seinem Leben.

Gedenkstätte Liviu und Fanny Rebreanu, Bd. Gheorghe Marinescu 19, Tel. 6384393, Di-So 10-17 Uhr. Die Gedenkstätte wurde für den Novelisten, Journalisten und zeitweiligen Direktor des Nationaltheaters eingerichtet.

Gedenkstätte Ion Minulescu, Bd. Gheorghe Marinescu 19, Mi-Fr 10-17 Uhr. Die Gedenkstätte befindet sich in der Wohnung des Dichters Minulescu (1881-1944). Sie befindet sich im gleichen Haus wie die Bacovia-Gedenkstätte. In der Wohnung sind auch Hinterglas-Ikonen und polychrome mittelalterliche Holzfiguren interessant.

Technische Museen

Muzeul CFR-Căilor Ferate Române, Calea Griviței 193, Di-So 9-17 Uhr. Das Eisenbahnmuseum gibt in drei Sälen einen Überblick über die Entwicklung des rumänischen Eisenbahnwesens. Ausgestellt werden Dokumente und Fotografien berühmter Ingenieure wie Angel Saligny (1854-1925) und Elie Radu (1853-1931), Uniformen der Bahnbeamten, Zubehör wie Bahn- und Gleislampen. Zu sehen sind außerdem der Zug der Jungfernfahrt von Bukarest nach Giurgiu im Jahr 1869, die erste in Reșița gebaute Lokomotive sowie Modelle der im Land gebauten Lokomotivserien. Eine Führung ist in englischer Sprache möglich.

Muzeul Militar Național, Str. Mircea Vulcănescu 125-127, Di-So 9-17 Uhr. Das Militärmuseum ist die repräsentative kulturelle Institution des Verteidigungsministeriums. Es wurde von König Ferdinand I. begründet und ist seit 1959 in der umgebauten Offiziersschule aus dem Jahr 1895 eingerichtet. Es besteht aus mehreren Gebäuden, die sowohl für Dauer- als auch Wechselausstellungen genutzt werden.

Muzeul Național de Geologie, Șos. Kiseleff 2, Tel. 6505094, Mo-So 10-18 Uhr. Das geologische Museum wurde 1906 gegründet. Das Gebäude ist ein Entwurf vom Architekt Victor Ștefănescu. In drei Stockwerken wird die Geschichte der Erde und ihre Entstehung einschließlich einer großen Mineraliensammlung gezeigt. Die Beschriftung ist leider nur auf Rumänisch. Im Treppenhaus hängen Fotos bedeutender rumänischer Forscher. Besonders sehenswert ist die Abteilung zum Donaudelta und dem Schwarzen Meer.

Muzeul Național de Istorie Naturală ›Grigore Antipa, Șos. Kiseleff 1, Mi-So 10-18 Uhr. Ein naturhistorisches Museum in Form eines Naturalienkabinettes bestand bereits in Iași. Der Kern der Bukarester Sammlung geht auf den Großbojaren

Mihail Ghika aus dem Jahr 1831 zurück. Bereichert um ausgestopfte Tiere, wurde die Sammlung 1867 in einem Flügel der Universität untergebracht und mit der geologischen Sammlung zusammengeführt. Hier blieb sie bis 1893. Nach einem Brand wurden die Sammlungen in getrennte Gebäude überführt und dank der Initiative von Grigore Antipa (1867–1944), dem unermüdlichen Forscher, entstand das neue Gebäude. Gezeigt werden Exponate zur Entwicklung der Tierwelt: Dinosaurier, menschliche und tierische Skelette, Reptilien, Vögel, Säugetiere und die Unterwasserwelt. Besonders reich ist die Schmetterlingssammlung. Das Museum wird gern von Familien mit Kindern besucht.

Muzeul Tehnic Dimitrie Leonida, Str. Gen. Candiano Popescu 2, Tel. 3369390, Di–So 9–16 Uhr. Das technische Museum wurde im Jahr 1909 geschaffen. Es trägt den Namen des Ingenieurs Dimitrie Leonida (1883–1965), einem Wissenschaftler auf dem Gebiet der Energetik. Er sammelte Objekte, die die Entwicklung der Technik im Bukarest des 19. Jahrhunderts veranschaulichen. Darunter sind ein Zylinder der Assan-Dampfmühle von 1853 und die zur Beleuchtung der Stadt verwendeten Dynamos. Gezeigt werden Objekte zur Geschichte der Mechanik, Elektrizität, des Magnetismus, der Bergwerks- und Erdölindustrie, des Fernmeldewesens, der Hydraulik und Elektrotechnik, der Industriemaschinen und der Luftfahrt.

Observatorul Astronomic Vasile Urseanu, Bd. Lascar Catargiu 21, Tel. 6503475, www.astro-urseanu.ro, Mi bis So 10–18 Uhr. Das Observatorium wurde 1909 begründet und ist im Wohnhaus des Gründers, Admiral Vasile Urseanu, eingerichtet. Es birgt Objekte zur Geschiche der Astronomie, ein Teleskop und Manuskripte.

Muzeul Pompierilor, Bd. Ferdinand 33, Tel. 2522884, Mo bis Fr 10–16 Uhr, Sa und So nach Vereinbarung. Das Feuerwehrmuseum besteht seit 1963 in der alten Feuerwache. Gezeigt werden Exponate zur Entwicklung der Feuerlöschvorrichtungen, und es wird die Geschichte der Feuerwehr in Bukarest dokumentiert.

Galerien

Apollo, Bd. Nicolae Bălcescu 1, Mo–Sa 11–19 Uhr. Spezialisiert auf Gemälde und Skulpturen.

Nemţoi Galerie, Calea Victoriei 126, Mo–Sa 10–20 Uhr. Bietet kunsthandwerkliche Gegenstände, vor allem Glaskunst, an. Wer ein Geschenk sucht, sollte es hier versuchen.

Galatea, Calea Victoriei 132, Mo–Fr 10–18, Sa 10–14 Uhr. Ebenfalls feine Glasartikel.

Simeza, Bd. Magheru 20. Diese Galerie bietet zahlreichen rumänischen Künstlern Gelegenheit zu Ausstellungen.

Orizont, Bd. Nicolae Bălcescu 23A, Mo 11.30–18, Di–Fr 10.30–18.30, Sa 10–14 Uhr.

Veranstaltungen

Die Veranstaltungen können im Internet abgerufen werden. Außerdem sind in der Stadt verschiedene Veranstaltungsbroschüren käuflich zu erwerben oder liegen in den Hotels aus. Die umfangreichsten Informationen gibt Bucharest in your pocket. Einige Veranstaltungen konnten sich seit Jahrzehnten etablieren, andere wurden in jüngster Zeit ins Leben gerufen.

Mai: Musikfestival Bukarest.

September: ›George Enescu Musikfestival‹ www.festivalenescu.ro; Tennis Open.

November: Filmfestival DaKino, www.dakino-filmfestival.ro.

Einkaufen

Traditionelles Kunsthandwerk sind Körbe, Textilien, Trachten, Hinterglasikonen, Gebrauchsgegenstände für die Küche aus

▲ Karte: hintere Umschlagklappe

Typischer Blumenstand im Zentrum

Holz wie Kochlöffel sowie modernes Kunstgewerbe aus Glas.

Sehr schöne rumänische Souvenirs gibt es im Historischen Museum. Dort werden zu zivilen Preisen Kopien der prähistorischen Keramik verkauft. Diese werden gefertigt von Florin Dumitru: www.florin-dumitru.blogspot.com.

Curtea Sticlarilor, Str. Şelari 9-11, täglich 8-16 Uhr, Sa bis 14 Uhr. In den Werkstätten werden Glasarbeiten hergestellt.

Rumänisches Kunsthandwerk: , Str. Gabroveni 9, Str. Soarelui 4-6, Str. Franceza 58 (Leipziger Viertel), artasitraditie@yahoo.co, www.artasitraditie.ro. Bemalte Eier, Töpferwaren, Textilien; Ikonen, Webteppiche.

Hinterglasikonen, gemalt von Horia Ţigoiu, nur über Tel. 7772206.

Comtesse du Barry, Str. Ion Câmpineanu 10, Tel. 3152215, www.lemanoir.ro, office@lemanoir.ro. Delikatessen aus Frankreich.

Music Box 1, Bd. Corneliu Coposu 5, Tel. 3120052, und, Şoseaua Pipera 3, Tel. 2333648. Musik und Vidoverleih in der Bukarest Mall.

Cramă Ceptura, Tel./Fax 6500343. Weinhandlung mit großem Angebot rumänischer Weine auch vom Fass und drei Standorten: Calea Griviţei 107-109, Str. Alexandru Ioan Cuza 49, Piaţa Traian 3.

Casa de Vinuri Bucium, Bd. Dinicu Golescu (Ecke Mircea Vulcănescu), Tel. 3110889, Weinhandlung seit 1949.

Einkaufszentren und Supermärkte

Unirea-Shopping-Center, Piaţa Unirii, täglich 10-20 Uhr. Teure Designerläden und auch einfache Läden.

Bukarest Mall, Calea Vitan 55-59, www.bucurestimall.com, 10-22 Uhr. Hier findet man praktisch alles, von der CD bis zum Friseur.

Orhideea, Bul. Spl. Indenpendenţei 210-210 B (Straßenbahn Nr. 1).

Supermarkt Rainbow, Str. Mihai Eminescu, Mo-Sa 9-23, So 9-16Uhr. Galeriile Victoria, Calea Victoriei 17.

AFI-Palace, Cotroceni, Vasile Milea 4.

Shopping Center, Băneasa Şos. Bucureşti-Ploieşti 42 D.

Märkte

Es gibt viele Märkte, beispielsweise auf der Piaţa Dorobanţi, gegenüber den alten Traianshallen, um die Piaţa Bucur, in Obor und im Viertel Vatra Luminoasă sowie den Blumenmarkt am alten Hof (Curtea Veche), der auch Antoniusmarkt genannt wird.

Ärztliche Versorgung

Die ärztliche Versorgung in Bukarest ist im Vergleich zum ganzen Land dichter und qualitätsvoller. Das Angebot an Krankenhäusern und die bestehenden Krankenhäuser konnten verbessert werden. Viele Privatkliniken und Praxen haben sich etabliert. Großes Angebot an Apotheken, die Ketten Farmadex und Sensiblu sind in allen Stadtteilen zu finden.

Farmacia Universităţii, Piaţa Universităţii (in der Passage), Tel. 3102014, täglich außer So 7.30-19, Sa 10-14 Uhr.

Farmacia Verde, Calea Dobranţilor 159, Tel. 2301451, Mo-Fr 9-17, Sa 9-13 Uhr.

Farmadex, Calea Moşilor 280, Tel. 2119560; 24-Stunden-Apotheke.

Sensiblu, Piaţa Amzei, 10-22 Uhr.

Sensiblu, Bd. Bălcescu 7, 10-22 Uhr.

Sensiblu, im Unirea-Kaufhaus, 10-22 Uhr.

Die Umgebung von Bukarest

Um Bukarest herum, weniger als eine Autostunde entfernt, findet man malerische Dörfer, Klöster, Paläste und viel Natur. Im Norden liegt ein wunderschöner Kranz von Seen, der teilweise aus den Flüsschen Dâmbovița und Colentina gespeist wird. Die Parkanlagen um den Lacul Herăstrău, Lacul Floreasca und Lacul Tei sind die grünen Lungen der Stadt. In einem Radius von etwa 35 Kilometern befinden sich mehrere Klosteranlagen aus dem 16. und 17. Jahrhundert, die teilweise in ausgezeichnetem Zustand sind, teilweise derzeit renoviert werden.

Auf der Fahrt durch Muntenien erwarten den Gast in nördlicher Richtung noch eine Reihe weiterer Sehenswürdigkeiten. Man trifft auf die Klöster Căldăruşani, Snagov und Tigăneşti sowie das im reinen Brâncoveanu-Stil errichtete Schloss Mogoşoaia. Wer Geduld und Zeit aufbringt, kann gleich auch noch das Schloss von Buftea ansehen; nur wenige Kilometer östlich von Bukarest spiegeln sich in gleichnamigen Seen die Klöster Pasărea und Cernica.

Kloster Pasărea

Das Nonnenkloster Pasărea wurde vom Archimandrit Timotei aus Cernica im Jahr 1813 gegründet. Die Kirche (1847) geht auf den Nachfolger Calinic zurück. Der Bildhauer Gheorghe Anghel, der

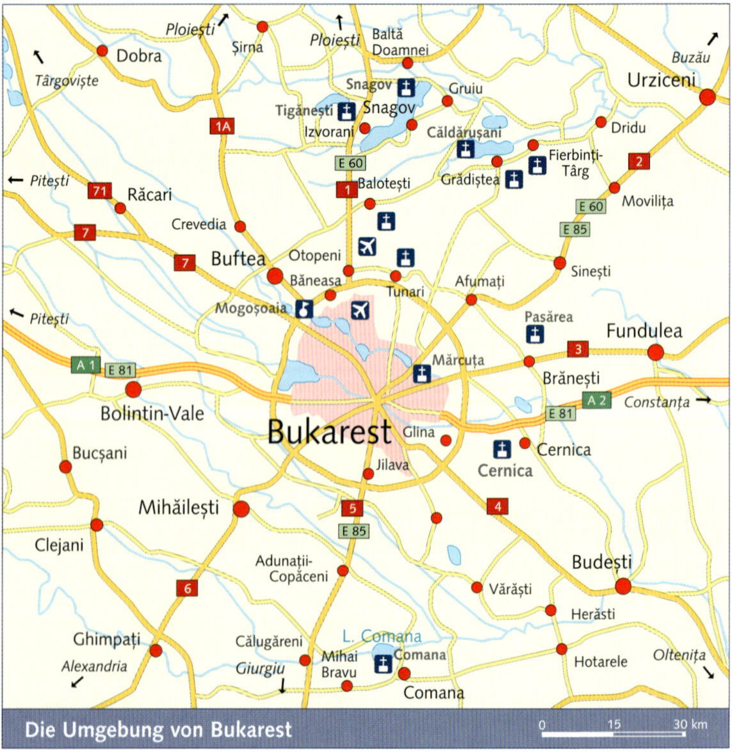

Die Umgebung von Bukarest

Romantisch gelegen: Kloster Cernica

lange in Pasărea gelebt hatte, fand hier seine letzte Ruhestätte; von ihm stammt die Eminescu-Statue vor dem Athenäum in Bukarest. Die Nonnen bieten den Reisenden Unterkünfte.

Kloster Cernica

Kloster Cernica liegt auf einer Halbinsel mitten in der Ebene. Als wenn sie sich verstecken wollten, ducken sich die Zellen der Mönche aus strategischen Gründen niedrig ins Gelände. Das Kloster geht auf eine alte Einsiedelei zurück, an deren Stelle Radu Voda Şerban das Kloster gründete. In das während einer Pestepidemie verlassene Kloster kehrten die ersten Mönche 1781 zurück. Starke Wiederbelebung verdankte es der bedeutenden Persönlichkeit des später heiliggesprochenen Abtes Calinic. Während seiner Leitung wurde die **Hauptkirche Sf. Gheorghe** Anfang des 19. Jahrhunderts wiederaufgebaut. Daneben sind die Lazaruskirche, ein Brunnen der Türken, ein malerischer Friedhof und das Refektorium mit Malereien von 1969 zum Leben des heiligen Calinic vom Maler Traian Bilţiu Dăncusi zu sehen.

Zum Kloster gehörten ein Waisen- und ein Krankenhaus, eine bedeutende Bibliothek, eine Schule für Kirchenmalerei und das heute noch aktive Priesterseminar; 84 Mönche sind derzeit ansässig. Der heutige Patriarch Rumäniens, Pater Teoctist, hat hier acht Jahre studiert. Ein kleines **Museum** präsentiert religiöse Kunst und antike Literatur. Im Kloster sind grundlegende Renovierungsarbeiten im Gange. Nicht weit vom Kloster steht ein Campingplatz zur Verfügung.

Kloster Comana und Jilava

Genau südlich von Bukarest liegt, ebenfalls malerisch an einem See, das Kloster Comana. Das Männerkloster wurde von Vlad Ţepeş im 15. Jahrhundert gestiftet und von Radu Şerban 100 Jahre später erneuert.

Weniger eine Sehenswürdigkeit als ein Denkmal trauriger Vergangenheit ist Jilava unmittelbar hinter der südlichen Stadtgrenze Bukarests. Die **Festung** im Ort wurde 1916 zu einem Gefängnis umgebaut und war unter dem Diktator Ceauşescu einer der gefürchtetsten Orte des Landes.

Schloss Mogoşoaia

Nordwestlich von Bukarest liegt inmitten einer Parkanlage mit See Schloss Mogoşoaia, ein einzigartiges Beispiel profaner Baukunst im Brâncoveanu-Stil. Wie die Inschrift oberhalb der Terrasse – ›Ich errichte diesen schönen Palast für meinen Sohn Ştefan‹ – belegt, gab Constantin Brâncoveanu den Bau anstelle eines älteren Gebäudes für seinen Sohn 1702 in Auftrag. Mit der Ermordung Constantins und seiner Söhne in Konstantinopel war das tragische Ende der Familie besiegelt. So konnte das Schloss seine Bestimmung nicht mehr erfüllen. Zunächst als Herberge benutzt, erwarb im Jahr 1860 das Fürstenhaus Bibescu den Besitz. Seit 1957 ist hier ein **Museum des Brâncoveanu-Stils** untergebracht. Außerdem diente es dem Schriftstellerverband als Gästehaus. In einem Teil des Schlosses ist seit neuestem ein Hotel eingerichtet.

Gleich zu Beginn der Erwerbung des Guts durch die Familie Brâncoveanu entstand die **Kapelle** vor dem Schloss in Form einer Saalkirche. Um einen rechteckigen Hof gruppieren sich einige Wirtschaftsgebäude.

In der Achse des Eingangstores liegt das **Schloss**, ein Ziegelbau mit plastischem Dekor in Stein und Marmor. Die üppigen Details der spiralenförmig kannelierten Säulenschäfte, die korinthischen Kapitelle, die Balustraden mit vegetabilen Ornamenten und eingeflochtenen Tierformen verweisen auf Einflüsse aus Siebenbürgen, Italien und Konstantinopel. Sie verschmolzen hier zu einem eigenen Ganzen.

Die Innenräume schmückten ehemals Wandmalereien, deren Thema die Adrianopel-Reise des Fürsten und sein Zusammentreffen mit dem Sultan im Jahr 1703 war. Im Verlauf der Zeit wurden Veränderungen vorgenommen: An der Nordseite wurde der zweite Stock hinzugefügt, das Dachgesims erhöht und ein Treppenaufgang an der Ostfront angefügt.

Karte S. 266

Schloss Mogoşoaia, ein Kleinod nahe Bukarest

Kulissen in den Filmstudios

Buftea

Buftea, nur 19 Kilometer von Bukarest entfernt, ist Hauptort des Bezirks Ilfov, der sich wie ein Kranz um Bukarest legt. Hier hat die rumänische Filmindustrie ihren Sitz, die seit ihrer Privatisierung 1998 wieder hoch im Kurs steht. Auch ein eigenes Filmfestival wurde bereits ins Leben gerufen, das Dakino-Filmfestival (www.dakino-filmfestival.ro). Neben den **Filmstudios** und einem **Theater** besitzt der Ort auch ein kleines **Schloss**, den ehemaligen Palast des Fürsten Barbu Ştirbei. Der Fürst, ein geborener Barbu Dimitrie Bibesuc, den sein Onkel aus der Familie Ştirbei adoptiert hatte, hatte zweimal den Thron der Walachei inne (1849–1853 und 1854–1856) und setzte sich für Reformen ein. Das einst liebevoll hergerichtete Gebäude inmitten einer großen öffentlichen Parkanlage, in der Ziegen und Schafe weiden, war lange ein staatliches Hotel. Heute steht das Gebäude samt Backsteinkirche aus dem 19. Jahrhundert zum Verkauf und soll wieder als Hotel genutzt werden. Im Palast fanden ab Februar 1918 Beratungen zwischen Mackensen und Averescu statt. Sie endeten mit dem sogenannten Vorfrieden von Buftea, der am 5. März 1918 zwischen Rumänien und den Mittelmächten geschlossen wurde.

Die Klosteranlagen im Norden

Nicht weit von Bukarest, etwas abseits der nach Norden führenden E60 in Richtung Ploieşti, liegen in verwunschenen Winkeln in oder am Wasser drei Klosteranlagen.

Kloster Snagov

Kloster Snagov steht auf einer kleinen Insel mitten im gleichnamigen See innerhalb eines Naturparkareals mit Campingplatz, Hotel und Freizeitanlagen. Am Wochenende wird das Gelände von den Bukarestern zur Erholung aufgesucht. Die Insel ist mit einem kleinen Ruderboot (nur mit Führer zu mieten) zu erreichen. Vom Ufer ist das Kloster nicht sichtbar. Von der Anlage sind nur noch die **Hauptkirche** und der **Glockenturm** aus dem 16. Jahrhundert erhalten. Berühmt wurde das Kloster als Grabstätte des Woiwoden Vlad Ţepeş Dracul. Eine Legende besagt, man müsse das Grab überschreiten, um die Sünden des Vlad Ţepeş abzutragen. Ende des 19. Jahrhunderts war die Insel eine Gefängnisinsel. Urkundlich ist eine Klosteranlage als Stiftung Mirceas des Alten (1386–1418) belegt. Von der Maria Verkündigung geweihten hölzernen Kapelle aus dieser Zeit sind nur die Flügel der Königstüre der Ikonostase erhalten. Sie befinden sich in Bukarest. Der heutige Ziegelbau geht auf den Fürsten Neagoe Basarab (1512–1521) zurück. Im Typus einer Kreuzkuppelkirche errichtet, wurden nach dem Vorbild der Athoskirchen Seitenapsiden angefügt. Im Westen ahmte man mit der Errichtung eines Atriums mit Tambourkuppel die Metropolenkirche in Târgovişte nach. Die Arkaden dieses Atriums wurden später unter Fürst Mircea Ciobanul 1559 vermauert und somit in einen Pronaos verwandelt. Die Malereien stammen ursprünglich von 1563, wurden mehrfach restauriert und übermalt. Bemerkenswert sind die Stifterbildnisse des Fürsten Neagoe Basarab, seines Sohnes Teodosie und des Fürsten Mircea Ciobanul auf der Westwand des Naos. Unweit dieses Klosters befanden sich einst Dörfer, die dem Erdboden gleichgemacht wurden.

Kloster Căldăruşani

Von Snagov sind es über Gruiu nur wenige Kilometer nach Căldăruşani. Wiederum am Ufer eines kleinen Sees liegt die Stiftung des Matei Basarab aus dem 17. Jahrhundert. Sie wurde mehrfach umgebaut. Alle Klostergebäude öffnen sich zum rechteckig umschlossenen Klosterhof. Hinter den Arkadenhallen befinden sich die Mönchszellen. Die Portalseite ist in rein rumänischem Stil in Anlehnung an die oltenischen Culen (befestigte Wohngebäude) erneuert worden. Das Kloster wird von Mönchen bewirtschaftet und derzeit eifrig renoviert.

Kloster Tigăneşti

Westlich von Snagov, bei Ciolpani, führt eine Abzweigung zum Kloster Tigăneşti. Auch während der harten kommunistischen Ära blieb das nicht ummauerte Kloster aktiv. Weniger wegen der Kirche als wegen der malerischen, reich mit Blumen geschmückten Anlage ist das Kloster einen Besuch wert. Die derzeit 150 Nonnen haben ihre Häuser in äußerst schmuckem Zustand um die der Himmelfahrt Marias geweihten **Kirche** von 1812 angeordnet. Eine Besonderheit dieses Klosters ist die riesige Weberei, in der Brokate, Borten, sakrale Stoffe und Andachtsbilder aus Stoff gefertigt werden. Gerne zeigen die Nonnen dem Besucher diese **Werkstatt**.

Der schöne See am Kloster Snagov

Karte S. 225/266

Die Klosteranlagen im Norden

Motel Lupului, Str. Complex Pacea 33–35, Izvorani, Tel. 021/4910711, Fax 4911106, motelul.lupului@gmail.com, www.motelul-lupului.com. Liebevoll geführtes Drei-Sterne-Haus mit gutem Restaurant. Nicht weit vom Waldgebiet um den Snagovfluss. Gerne ist man behilflich, zum Kloster Snagov zu finden.

Ploieşti

Das Industriezentrum Ploieşti ist die Hauptstadt des Kreises Prahova im Vorland der Südkarpaten und Mittelpunkt des nördlich von Bukarest liegenden Erdölfördergebietes. Daneben wird bei Craiova, in Ţicleni in der Kleinen Walachei, unweit der Stadt Buzău, in der Nähe des Karpatenbogens und in der Moldau in Zemeş bei Bacău Öl gefördert. Das Gebiet um Ploieşti gehört jedoch zu den größten und ältesten Fördergebieten. Der Rohstoff und seine Verarbeitung waren Ursache für die Entstehung des größten chemischen Industriekomplexes des Landes, wo Kunstgummi hergestellt wurde. Der Ort ist seit dem 15. Jahrhundert bekannt und entwickelte sich zunächst zur Handwerkerstadt. Erst mit dem Bau der ersten Erdölraffinerie 1856 erfuhr er einen enormen Aufschwung. Die daraus entstehenden Industrieanlagen haben mit allen negativen Erscheinungen das gesamte Umland geprägt.

Vor allem in den 1960er Jahren wurde die Stadt von der Erdölförderung, Erdölverarbeitung und vom Maschinenbau beherrscht. Dank der Lage unweit der Karpaten entwickelte sich hier zusätzlich die Holzverarbeitung.

Während des Zweiten Weltkriegs wurde das Öl vor allem nach Deutschland gebracht; daher griffen alliierte Bomberverbände Industrieanlagen mehrmals an, was auch der Altstadt sehr zusetzte. Im Jahr 1870 probte die Stadt mit der Proklamation zur selbständigen Republik den Aufstand. Auch wenn das nicht sehr ernst genommen wurde, diente das Thema Ion Luca Caragiale (1852–1912) als Stoff für eines seiner Theaterstücke. Die Stadt ehrte den Dichter mit einer Gedenkstätte.

Sehenswert sind zwei Stiftungen walachischer Fürsten: die **Biserica Domnească** (fürstliche Kirche) von Matei Basarab (1632–1654) und die **Nikolauskirche** von Michael dem Tapferen (1558–1601), die reiche Wandmalereien erhielt.

Prahova-Tal

Hinter dem Industriegebiet Ploieşti liegt der Eingang zum 120 Kilometer von Bukarest entfernten Prahova-Tal. Wie so häufig in Rumänien, liegen auch hier Industrie- und Erholungszentren dicht beieinander. Die 2000 Meter hohen Bucegi-Berge rahmen das Tal und bilden die Grenze zwischen Süd- und Ostkarpaten. An ihrem Fuß, auf 700 bis 960 Meter Höhe, liegt das auch als Luftkurort bekannte Sinaia. Wirtschaftliche Basis sind die Holzverarbeitung, der Wintertourismus und die Kurbetriebe. Daneben hat sich eine Nahrungsmittelindustrie entwickelt. Auf der dicht bewaldeten Strecke durch das Tal erreicht man auch die Wintersportgebiete der Südkarpaten.

Die königlichen Schlösser Peleş (auch Castelul Regal), Pelişor und Foişor entstanden im Auftrag der königlichen Familie aus dem Hause Hohenzollern-Sigmaringen. Das größte von ihnen ist Schloss Peleş, das als offizielle Sommerresidenz von Carol I. und seiner Frau Elisabeth in Auftrag gegeben wurde. **Schloss Foişor** entstand als Jagdhaus für private Aufenthalte des Königspaares, heute dient es dem Staatspräsidenten für Empfänge ausländischer Gäste und ist für die Öffentlichkeit nicht zugänglich.

Das Thronfolgerpaar Ferdinand und Maria erhielt ein drittes Schlösschen, **Pelişor** genannt, als intimes Refugium. Es ist kleiner als das Königsschloss und zeigt in seiner Ausstattung die Handschrift der künstlerisch aktiven Maria. In der Stilrichtung dominieren in Schloss Pelişor Jugendstil und Art Déco. Es ist mit einer Führung zur besichtigen.

■ Schloss Peleş

Die 1883 eingeweihte königliche Sommerresidenz Schloss Peleş (Castelul Regal) ist von einem wunderschönen Park im englischen Stil umgeben. Es wurde der Lieblingsaufenthalt für Königin Elisabeth von Rumänien, die auch unter ihrem Künstlernamen Carmen Sylva bekannt war. In einer ersten Etappe wurde das Schloss im Auftrag des Prinzen Carl von Hohenzollern (aus der schwäbischen Linie) von dem Wiener Architekten Wilhelm von Doderer in den Jahren zwischen 1872 und 1883 gebaut und dann in einem zweiten Abschnitt von Carol Liman von 1896 bis 1914 erweitert. Die Bauarbeiten mussten während des Uanbhängigkeitskrieges Rumäniens von 1877 bis 1878 unterbrochen werden. Das Schloss ist ein malerisches Beispiel der deutschen romantischen Architektur, das Formen des Stein- und

Das verspielte Schloss Peleş

Fachwerkbaues verbindet. Es verfügt über 160 Räume und eine großzügige Empfangshalle. Die Räume sind außergewöhnlich abwechslungsreich gestaltet. Wer Kunsthandwerk liebt, sollte nicht versäumen, das Schloss zu besichtigen. Maurisches, Türkisches, Venezianisches, Deutsches und andere Stile sind hier vertreten. An Material wurde dabei nicht gespart. Muranoglaslüster, eine Lederdecke aus Cordoba im Speisesaal, raffinierte Holzintarsien in der Empfangshalle, Teakholzmöbel, bunte Glasfenster und vieles mehr vermitteln jedoch den Eindruck von Überladenheit.
Im **Schlosstheater** ist ein Frühwerk des Jugendstilmalers Gustav Klimt – ein Fries mit Musen, Masken und Allegorien – zu sehen. Carol I. war eng mit dem Maler befreundet. In diesem Theater fand im Jahr 1906 die erste Kinovorstellung Rumäniens statt.
Im Schloss wurden Carol II. und später Mihai geboren, hier empfing Carol I. das kaiserliche Paar aus Österreich. Der Wegbereiter des modernen Rumänien, Carol I., starb hier im Jahr 1914 ebenso wie später König Ferdinand und seine Gemahlin Maria. Bis 1989 hielt hier auch gerne der ›Conducător‹ Hof.
Das Schloss wurde der Öffentlichkeit als Museum zugänglich gemacht (tgl. außer Mo/Di 9–15 Uhr). Mittlerweile wurde das Schloss der Königsfamilie zurückgegeben.

Kloster Sinaia

Das Kloster ist eine Stiftung Mihai Cantacuzinos vom Jahr 1695. Als General hatte Mihai Cantacuzino während einer Wallfahrt ins Heilige Land das Gelübde abgelegt, in seiner Heimat ein gleiches Kloster wie auf dem Berge Sinai zu errichten. Die gleichnamige Stadt ist aus sechs Ortschaften hervorgegangen, ist aber eine Gründung von 1874 und erhielt den Namen des Klosters. Neben den königlichen Schlössern und Kloster Sinaia ist auch das Landhaus des verehrten Komponisten George Enescu zu besichtigen,

▶ Karte S. 225

in dem ein **Museum** eingerichtet wurde. Auf dem Stifterbild in der alten Kirche sind Mihai und seine Familie von Pârvu Mutu (dem Stummen) porträtiert, dem Hofmaler der Cantacuzenen.

Die Chronik der Cantacuzenen beginnt mit Postelnic Constantin Cantacuzino, der aus einer byzantinischen Familie stammte, die seit dem 16. Jahrhundert in der Moldau und der Walachei zu Macht und Ansehen gekommen war. Er heiratete Helene, die Tochter des einheimischen Fürsten Radu Şerban. Mit ihrem Sohn Michael und der Tochter Stanca unternahmen sie eine Pilgerfahrt nach Jerusalem und zum Katharinenkloster auf dem Sinaigebirge. Stanca wurde später Mutter des Constantin Brâncoveanu, der der Tradition der Cantacuzenen gemäß auf den Namen Constantin nach dem ersten byzantinischen Kaiser getauft wurde.

Der heutige Klosterkomplex besteht aus dem **alten Kloster**, der ursprünglichen Cantacuzenen-Stiftung, und einem **zweiten Hof**, in dem die neuere und größere Dreifaltigkeitskirche des 19. Jahrhunderts steht. Man betritt zunächst den jüngeren Teil des Klosters. Ein bescheidenerer Vorgängerbau, der auf Veranlassung von Abt Joasaf und des Metropoliten Paisie entstanden war, konnte dank einer großzügigen Spende der Hohenzollern zu diesem mächtigen Bau erweitert werden. Die Kirche ist einerseits der heiligen Dreifaltigkeit und andererseits Peter und Paul geweiht. Sie ist im neubyzantinischen Stil ausgemalt und zeigt gemäß der Tradition die Stifterbilder an der Westseite des Naos. Hier steht Carol I. als Offizier neben dem Metropoliten Josif Gheorghian links vom Portal. Während man auf der anderen Seite Königin Elisabeth mit dem so früh verstorbenen Töchterchen, Prinzessin Maria, und den Prinzen Mihai Cantacuzino, dem Begründer des Klosters, sieht. Die Ausstattung ist prächtig und zeigt immer wieder das Motto König Carols I.: ›nihil sine deo‹ (nichts ohne Gott).

Auch in Kloster Sinaia ist ein Museum für George Enescu eingerichtet

Im südlichen Teil des Hofes steht der Glockenturm, in dem die Glocke des abgerissenen Colțeaturms von Bukarest aufbewahrt wird. Über einen Torbogen gelangt man vom neueren Teil in das ursprüngliche Kloster. Umgeben von einer Ummauerung, in der sich Wirtschaftsräume und Mönchszellen befinden, steht die Mutter-Gottes-Entschlafens-Kirche. Das vollständig ausgemalte Kirchlein wird leider nur selten geöffnet. In der Nordseite der Ummauerung befindet sich die Grabkapelle (Paraklesis) des 1921 verstorbenen Politikers Tache Ionescu.

Predeal

Der Luftkurort Predeal liegt auf einer Höhe von 1110 Metern und ist damit der höchstgelegene Wintersportort der Karpaten. Er bildet die Wasserscheide zwischen den bewaldeten Tälern des Prahova-Flusses im Süden und dem Timiş-Fluss im Norden und ist von den Gipfeln des Bucegi, des Postăvarul- und des Piatră-Mare-Massivs umgeben. Vom

Frühjahr bis in den Herbst wird hier gewandert, im Winter kommen die Bukarester zum Wintersport hierher; die Kabinenbahnen und Lifte wurden in jüngerer Zeit modernisiert. In Predeal fand im Sommer 2007 das Internationale Schach-Festival statt (www.chess-predeal.com, www.frsah.ro).

In Predeal befindet sich ein **Nonnenkloster** aus dem 18. Jahrhundert. Die Holzkirche des **Klosters Sf. Nicolae Predeal** wurde 1819 durch einen Steinbau ersetzt. Er folgt dem klassischen Schema Naos, Pronaos und Narthex. Der Innenraum wurde in Freskotechnik ausgemalt, der Glockenturm 1826 gestiftet. Die rumänisch-orthodoxe Kirche übergab 1993 das Kloster an Nonnen, die es bis heute bewirtschaften.

Die klassische Moderne der Architektur hat sich mit dem **Bucegi-Sanatorium** (1936) von Marcel Iancu in Predeal etabliert. Die Kuren bieten Linderung bei mentalen Krankheiten.

Predeal

Vorwahl: 0268.

Touristeninformation, Intrarea Gării 1, Predeal, Tel./Fax 455330, www.predeal.ro, contact@predeal.ro. Direkt am Bahnhof, viele Informationen über die Wandermöglichkeiten im gesamten Prahovatal. Mo–Fr 9–12.30 u. 14–18, Sa 9–14.

Mittlerweile gibt es im Ort eine Anzahl guter Pensionen und Hotels.

Pensiunea Casa Ana, Str. M. Săulescu 127 bis, Tel. 456572, Fax 813233, contact@casa-ana.ro, www.casa-ana.ro. 3 Sterne.

Hotel Ski & Sky, Str. Liviu Rebreanu 2, Tel. 455868, Fax 455878, office@ski-sky.ro, reservation@ski-sky.ro, www.ski-sky.ro. 4 Sterne.

Hotel Orizon, Str. Trei Brazi 6, Tel. 455150, Fax 455472, www.hotelorizon.ro, office@hotelorizon.ro. Im 136-Betten-Hotel fühlt man sich zwar in die längst vergessen geglaubte kommunistische Zeit zurückversetzt. Das Hotel bietet jedoch viele Sportmöglichkeiten, Tennisplätze und ein Hallenschwimmbad sowie einen Diskoclub, der auch von großen Gruppen Jugendlicher für ein Wochenende frequentiert wird. Das Hotel liegt abseits der verkehrsreichen Durchgangsstraße.

Pensiunea Medieval, Str. Mihail Saulescu 18, Tel. 455415, rezervari@hotelmedieval.ro, www.hotelmedieval.ro.

Restaurant Cabana Vânâtorilor, Str. Trei Brazi 3, Tel. 455285, Fax 457036, www.cabanavantorilor.ro, rezervari@cabanavanatorilor.ro. Das Restaurant gilt als eines der besten im Prahovatal. Es ist nicht ganz billig, besonders die Gerichte der rumänischen Küche sind zu empfehlen.

Târgovişte

Die Stadt Târgovişte hat eine lange Geschichte. Sie wurde erstmals in dem berühmten Bericht des bayerischen Adligen und Kreuzzugteilnehmers Johannes Schiltberger erwähnt, der die Schlacht von Nikopolis 1396 gegen die Osmanen miterlebte. Târgovişte liegt 60 Kilometer von Bukarest entfernt im vorkarpatischen Hügelland, am Râul Ialomiţa, und verdient trotz der einschneidenden Entwicklung zur Industriestadt mehr Aufmerksamkeit, als es zunächst den Anschein haben mag. Târgovişte löste Curtea de Argeş als Fürstensitz der Walachei vom 14. bis 17. Jahrhundert ab. Dieser wichtigen Rolle sind viele Bauwerke, von denen einige noch gut erhalten sind, zu verdanken. Zwei Hotels bieten hinreichend Übernachtungsgelegenheiten, und so lässt sich durchaus ein Tag gemütlich hier verbringen.

▲ Karte S. 275

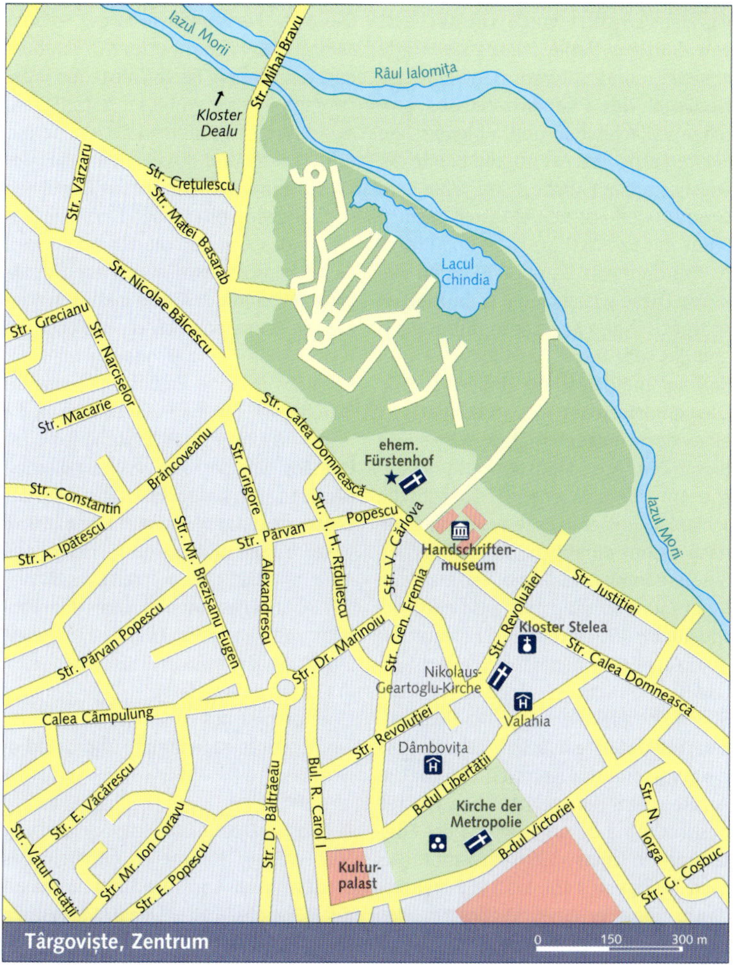

Târgovişte, Zentrum

Sehenswürdigkeiten

Allein 18 Kirchen in mehr oder weniger gutem Zustand erwarten den Besucher. Neben dem **Kunst- und Ethnographischen Museum** ist besonders das **Handschriftenmuseum** zu empfehlen.

Im Zentrum liegt der **Stadtpark.** Er ist Treffpunkt für Alt und Jung. In ihm wurden Ruinen der alten Stadt ausgegraben, rekonstruiert und anschaulich gemacht. Beherrscht wird die Grünanlage von der **Kirche der Metropolie**. Sie ersetzte Ende des 19. Jahrhunderts den Bau von 1520.

Auf dem Areal des **Klosters Stelea** befinden sich mehrere Profanbauten, von denen aber nur noch das Bischofshaus (1637) sein ursprüngliches Aussehen bewahren konnte. Als Nikon II. von Konstantinopel durchs Land gereist war, brachte er moldauische und byzantinische Einflüsse mit, unter deren Eindruck das Haus errichtet wurde. Die Kirche ist eine Stiftung Vasile Lupus; sie wurde anstelle eines älteren Bauwerks als Denkmal des Friedensschlusses zwischen walachischen und moldauischen Fürsten errichtet. Als Vorbild diente die Drei-Hierarchen-Kirche in Iaşi. Über dem Grundriss erhebt sich ein Dreikonchentypus mit Exonarthex; Naos und Pronaos werden von Tambourkuppeln bekrönt. Diese wie auch die stabförmigen spätgotischen Fensterumrahmungen und das spezifische Gewölbesystem gehen auf moldauischen Einfluss zurück. Die Ikonostase des 17. Jahrhunderts ist eines der wenigen erhaltenen Beispiele dieser Zeit. Am schönsten wirkt die Kirche am frühen Morgen. Das gotische schlanke Fenster in exakter Ausrichtung nach Osten nimmt die morgendlichen Sonnenstrahlen auf und versetzt den Innenraum in eine besondere Atmosphäre. Im 19. Jahrhundert bestand auf dem Areal eine bedeutende griechisch-lateinische Schule. Gegenüber vom Stelea-Komplex sieht man die **Nikolaus-Geartoglu-Kirche** aus dem 16. Jahrhundert, vorsorglich in ein Gerüst verpackt. Als Residenz der walachischen Fürsten neben Curtea de Argeş wurde der **Fürstenhof** erstmals 1396 erwähnt. Als Vlad Ţepeş von 1456 bis 1462 hier residierte, fügte er einen Wohnturm, den ›Chindia‹-Turm, hinzu. Fürst Petru Cercel (reg. 1583–1585) hat neben dem alten einen neuen Fürstenhof in Auftrag gegeben, den er inmitten eines italienischen Gartens anlegen ließ. Durch Brandstiftung zerstörten die Türken die Wohnbauten, die Matei Basarab einschließlich eines türkischen Bades wiederaufbauen ließ. Im Jahr 1660 wurde der Fürstenhof von den Türken auf höchsten Befehl geschleift, später veranlasste der Woiwode Brâncoveanu seine Wiederherstellung.

▲ Karte S. 275

Die erste **Fürstenkirche** in der Art der Metropolienkirche war im 16. Jahrhundert entstanden. Fürst Constantin Brâncoveanu ließ sie gründlich restaurieren. Aus dieser Zeit stammen die wunderbar erhaltenen Wandmalereien. An der Westwand sieht man die für Rumänien so typischen Stifterbilder. Dank der Tradition des Landes, die Spender eines Gotteshauses einschließlich ihrer Familien im Inneren der Kirche bildlich zu verewigen, kann man sich ein Bild von den historischen Persönlichkeiten machen. Im Naos ist eine Empore eingezogen. Darüber erkennt man sehr detailreich die Szene ›Muttergottes Entschlafen‹. Im Pronaos befinden sich mit heraldischen Motiven geschmückte Grabsteine der Gattin des Matei Basarab, Elene (1653 gestorben), und seines Stiefsohnes Mateiaş (1652). Sie werden Elias Nicolai aus Sibiu zugeschrieben. Über dem Pronaos sind zwei kleine Türme angeordnet. Ein Motiv, das sehr an die Bischofskirche in Curtea denken lässt.

Der Komplex des Fürstenhofes ist heute eine beliebte Kulisse für Filmproduktionen.

Kloster Dealu

Nur wenige Kilometer nördlich des Stadtzentrums von Târgovişte thront auf der Höhe das Kloster Dealu (Mănăstirea Dealu). 40 Nonnen leben derzeit von der Landwirtschaft und der Teppichproduktion. Das Kloster existiert seit der Zeit des Fürsten Mircea des Alten (1386–1418). Fürst Radu der Große stiftete den Dreikonchenbau neu, die **Kirche** war im Jahr 1500 vollendet. Innerhalb der walachischen Baugeschichte ist sie ein Meilenstein. Erstmals wird hier die pyramidiale Abstufung der Kuppeln angewandt. Der Pronaos besteht aus einem rechteckigen Raum, dem ein quergestelltes Rechteck östlich zum Na-

os vorgesetzt ist, und trägt zwei kleine Tambourkuppeln. Es ist das früheste Beispiel einer solchen pyramidalen Anordnung der Kuppeln. Außen sieht man reiche Gesimse aus Haustein. Die Wandzonen sind in der Horizontalen von Rundbögenarkaden geschmückt, die unterschiedliche Rhythmen innehaben. Besonders reich ausgestaltet sind die Arkaden der Westseite und die Tamboure. Die Malerei im Inneren ist neu. Im Pronaos sind Nicolae Iorga und Radu der Große bestattet.
Neben der Hauptkirche ist noch die kleine, ›Maria Schutzmantel‹ geweihte Kapelle zu besichtigen.

Târgovişte

Hotel Dâmboviţa, Bulevardul Libertăţii 1, Tel./Fax 0245/213370, www.hoteldambovita.ro. 3 Sterne, EZ 40 Euro, DZ 60 Euro.
Hotel Valahia, Bulevardul Libertăţii 7, Tel. 0245/620914, Fax 3125992. 2 Sterne, DZ 40 Euro.

Handschriftenmuseum (Muzeul tiparului şi cărţii vechi româneşti‹), Strada Justiţiei 3–5. Sehr sehenswert, Überblick über den rumänischen Buchdruck vom 16. bis zum 19. Jahrhundert.

Câmpulung Muscel

Der Ort Câmpulung Muscel (dt. Langenau), der sich gut als Ausgangspunkt für Wanderungen in die Karpaten eignet, ist nicht zu verwechseln mit Câmpulung Moldovesc. Als Standort des einstigen rumänischen Geländewagenherstellers ARO konkurriert es mit Piteşti, wo der von Renault aufgekaufte Autohersteller Dacia ansässig ist.
Wer von Siebenbürgen über Bran eine Walacheirundfahrt beginnt, kann den Ort als Standort für eine Rundfahrt zu den walachischen Klöstern benutzen. Gegründet wurde Câmpulung Muscel um das Jahr 1330 von Wladislaw I. (rum. Vlaicu). Es sind zwei **Kirchen** zu erwähnen: die Biserica Domnească von 1565 und eine viel ältere aus dem 14. Jahrhundert im Negru-Vodă-Ensemble (Strada Negru Vodă 64).

Câmpulung Muscel

Hotel Muscelul, Strada Negru Vodă 117, Tel./Fax 0248/511330, www.muscelul.ro. 2 Sterne, DZ 35 Euro. Zu dieser Gesellschaft gehört auch die ›Cabana Voina‹, eine Hütte. 25 Kilometer von Câmpulung Muscel entfernt. Reservierung unter obiger Telefonnummer.

Curtea de Argeş

Über Câmpulung oder die Industriestadt Piteşti, begleitet von schier endlosen Obst- und Weinanbaugebieten, gelangt man nach Curtea de Argeş. Im Provinzstädtchen im hügeligen Vorgebirge der Südkarpaten am Oberlauf des Flusses Argeş, dem die Stadt ihren Namen verdankt, findet alljährlich das Folklorefestival der Karpaten statt.
Curtea de Argeş war die erste historische Hauptstadt der Walachei. Ihre Bezeichnung ›Curtea‹ (Hof) stammt aus dem 14. Jahrhundert und weist darauf hin, dass die Fürsten der Walachei unter Basarab I. hier zunächst einen Fürstensitz errichten ließen. Unter den nachfolgenden Fürsten Nicolae Alexandru, Wladislaw, Radu I., Dan I. und Mircea cel Bătrân wurde sie dann zur ersten Hauptstadt der Walachei – abwechselnd mit Târgovişte. Als sie dann auch noch im Jahr 1359 zum Sitz des ersten von Konstantinopel anerkannten walachischen Metropoliten wurde, war sie nicht nur weltliches, sondern auch religiöses Zentrum der Walachei. Die zwar wenigen, aber grandiosen Bauten sind

Zeugen dieser Vergangenheit. Reste des Fürstenhofes mit der Nikolauskirche, die Ruine der Kirche Sân Nicoară, die Bischofs- oder Klosterkirche, die Töpferkirche und die Biserica Drujeşti können besichtigt werden.

Alter Fürstenhof

Auf dem von einer Mauer umgebenen Areal des ersten Fürstenhofes (Ruinele Curţii Domneşti) wurden bei Grabungen im Jahr 1920 Reste des alten Hofes gefunden. Eine erste Mauer entstand im 13. Jahrhundert und wurde nach ihrer Zerstörung während der Kämpfe zwischen dem Walachen Basarab I. und dem Ungarn Karl Robert von Anjou restauriert.

Nikolauskirche

In Nachbarschaft der Ruinen lag die Hofkirche, ein Vorgängerbau der heutigen, dem heiligen Nikolaus geweihten Biserica Domnească. Die Nikolauskirche – derzeit innen und außen eingerüstet – ist eine der ältesten Kirchen Rumäniens und gleichzeitig das nördlichste vollkommen erhaltene und kaum veränderte Beispiel einer griechisch-byzantinischen Kreuzkuppelkirche mit einem Turm über dem Naos und einem vorgesetzten Pronaos. Ob die Stiftung auf Basarab I. (1351/52), seinen Sohn Nicolae Alexandru (1359/60) oder auf den Thronfolger Wladislaw I. (Vlaicu, 1364–1377) zurückgeht, ist nicht geklärt. Das Äußere besticht durch seine Schlichtheit. Einziges Schmuckelement sind die typisch alternierend unverputzten Ziegel-, Fluss- und Bruchsteine, die am Turm durch vulkanischen Tuff ersetzt wurden. Sie geben dem Bau eine rote und aschgraue Farbigkeit. Das Innere befolgt das Konzept einer harmonischen Aufteilung des byzantinischen Kanons aus Pronaos, Naos sowie Apsis mit zwei Seitenapsiden, die durch eine Ikonostase vom Naos getrennt ist. Der gesamte Innenraum sind von einem Zyklus von Wandgemälden bedeckt, die größtenteils in das 14. Jahrhundert, die Palaiologenzeit, datiert werden. Im ikonographischen Programm lässt sich eine Verbindung zum Chorakloster in Konstantinopel herstellen. Einige Themen sind in abgewandelter Form zu sehen. So wird Christus auf der Deesis über dem Eingang vom Pronaos zum Naos von der Gottesmutter und vom heiligen Nikolaus flankiert. Der Patron der Kirche ersetzt also Johannes den Täufer. Zu Füßen Christi ist ein knieender Woiwode in abendländischer Kleidung dargestellt. Die Wände des Pronaos sind mit ausführlich gestalteten Szenen aus dem Leben des heiligen Nikolaus und der Muttergottes bemalt.

Die Darstellungen in der Kuppel und teilweise im Naos wurden mehrfach restauriert und übermalt, zunächst während Umbauarbeiten, als man die Fenster erweiterte. In den Jahren 1750 bis 1760 wurden die Gewänder teilweise der Mode der Brâncoveanu-Zeit angeglichen. Im Jahr 1827 stattete der Maler Pandeleimon das Innere der Kuppeltürmchen, Teile an Gewölben und an den Wänden neu aus. In den Jahren 1921 bis 1923 wurde die Malerei an beschädigten Stellen ersetzt. Die Hauptapsis wird von der Muttergottes geschmückt, flankiert von Johannes Chrysostomos und dem heiligen Nikolaus. Auf der Westseite des Naos sieht man in der unteren Zone die Stifterbilder und darüber die Muttergottes Entschlafen. Die Wände des Naos sind dem Leben Christi mit Fußwaschung und Christus am Ölberg gewidmet. Originell gestaltete Szenen sind die Volkszählung des Quirinus, das Gleichnis vom törichten Weisen und die Speisung der Fünftausend.

▶ Karte S. 225

Die Kirche diente auch als Grabstätte. Unter der mit Sonnenrad und Lebensbaum geschmückten Grabplatte des Fürsten Wladislaw I. (Vlaicu) vor dem südwestlichen Pfeiler fand man ein Reihe von Schmuckstücken der fürstlichen Kleidung, unter anderem ein perlenbesetztes Diadem, Ringe und eine wertvolle Gürtelschnalle. Die Fundstücke wurden ins Bukarester Museum gebracht. Unter weiteren Grabsteinen vermutet man die Reste von Fürst Radu I. und fürstlichen Familienmitgliedern.

Auf der Anhöhe südwestlich des Fürstenhofes ist die Ruine einer weiteren Nikolauskirche (Biserica Sânnicoară) zu sehen. Sie entstand zeitgleich als Saalkirche mit einem Turm über dem Pronaos.

Klosterkirche

Prunkstück des Ortes, ja ganz Rumäniens ist die im Norden der mittelalterlichen Stadt gelegene Bischofs- oder Klosterkirche (Biserica Mănăstirii Curtea de Argeş), die Neagoe Basarab stiftete. Sie liegt innerhalb eines üppigen Parkes, dessen Bäume den Blick auf die Kirche kaum freigeben. Als Baumeister dieser beeindruckenden Klosteranlage gilt der legendäre Meister Manole. Die Kirche ersetzte den alten Bischofssitz der Walachei. Am 15. August 1517 konnte die der Muttergottes geweihte Hauptkirche in Anwesenheit des Patriarchen von Konstantinopel, der Äbte der großen Athosklöster und zahlreicher weiterer Kleriker geweiht werden. Die Einmaligkeit des Bauwerks liegt im harmonischen Grundriss und in der außerordentlichen handwerklichen Präzision der Werksteinarbeiten und des Reliefschmuckes, der – über türkische Vermittlung – auf kaukasischen Einfluss zurückgeführt wird.

Die Kirche ist über einem Dreikonchengrundriss errichtet, dem ein vergrößerter, wohlproportionierter Pronaos vorgesetzt ist, der die Doppelfunktion als Kultraum und Grabstätte zu erfüllen hatte. Die Herrscher des 19. Jahrhunderts, Carol I. (Karl von Hohenzollern 1866–1914), seine Gemahlin Carmen Sylva (Elisabeth) und der Nachfolger, Ferdinand I., ein Neffe Karls, und seine Frau Maria fanden auf eigenen Wunsch hier ihre letzte Ruhestätte.

Beide Raumzonen kommunizieren miteinander. Naos und Pronaos sind hier erstmals durch eine dreifache Arkadenstellung anstelle der traditionellen Mauer voneinander getrennt. Diese Arkaden waren ursprünglich mit großen bestickten Vorhängen behängt. Berühmt wurde die Kirche wegen ihrer äußeren Gestaltung. Vier verschieden große Kuppeln gemäß der Bestimmung der darunterliegenden Räume bekrönen den Bau. Sie sind hierarchisch gestaffelt. Die größte Kuppel befindet sich über dem Naos, eine etwas kleinere über dem Kultraum des Pronaos, während ganz im Westen die Seiten des Pronaos, die als Grabstätte dienten, mit kleineren Kuppeln geschmückt wurden.

Die Bearbeitung des Steins gibt in ihrer feinen Profilierung Licht und Schatten wieder. Die Ornamente erinnern an den Orient. In Blau, Gold und Grün bemalte Steinmetzarbeiten lassen die Dekoration plastisch hervortreten. Über 150 ver-

Die beeindruckende Klosterkirche

schiedene Motive kann man zählen, darunter Quadrate, Dreiecke, Kreise, gedrehte Taue, Blüten und Blätter verschiedener Pflanzen. Eine ähnliche Dekorationskunst fand erst 100 Jahre später in der Drei-Hierarchen-Kirche in Iaşi wieder Anwendung. Als die Kirche unter Neagoe Basarab geweiht wurde, hatte sie ihre Bestimmung bereits verloren, denn der Fürsten- und Bischofssitz war mittlerweile nach Târgovişte verlegt worden.

Die unter Anleitung des französischen Architekten André Lecomte de Nouy 1875 vorgenommenen Restaurierungsarbeiten haben zwar den Gesamtcharakter der Kirche nicht mehr verändert, aber der Innenraum wurde seiner Malereien beraubt. Mit den Darstellungen war 1526 der Künstler Dobromir beauftragt worden. Teile konnte man retten und ins Bukarester Kunstmuseum bringen. Die erhaltenen Fragmente mit den Stifterbildern der Familie Neagoe Basarabs, seiner Frau Sepina, drei Söhnen und drei Töchtern, dem Schwiegersohn Fürst Radu de la Afumaţi sowie religiösen Darstellungen (Deesis, Erzengel Michael, Militärheilige) waren im August 2001 im Bukarester Kunstmuseum in einer Sonderausstellung zu sehen und vermittelten einen phantastischen Eindruck von der hohen Qualität der Werke.

Die Kirche bildete den Kern eines größeren Klosterkomplexes, dessen Gebäude gotischen Einfluss aufwiesen. Als fürstliches Kloster war es einst reich beschenkt worden. Das wenige, das von diesem Schatz erhalten blieb, wird heute ebenfalls in Bukarest aufbewahrt.

Neben der Kirche erinnert der **Brunnen des Manale** (Fântâna lui Manole) an eine Sagengestalt, die in der rumänischen Volksliteratur fortlebt, vor allem in Balladen. Der Baumeister Manole hatte den Bau nur vollenden können, als er versprach, die erste Frau zu opfern, die am nächsten Tag ankäme. Obwohl es seine eigene war, wurde sie lebendig eingemauert. Die Erfüllung des Versprechens sicherte dem Werk Bestand. Manole jedoch stürzte sich angeblich von den Mauern herab in den Tod.

▲ Karte S. 225

Weitere Sehenswürdigkeiten

Curtea war einst auch eine Handwerkerstadt. Aus dieser Zeit ist die **Töpferkirche** (Biserica Olarlior) von 1680 erhalten. Sie wurde auf einem vermutlich hölzernen Vorgängerbau errichtet. Dem Pronaos ist auf der Südseite ein Glockenturm mit rustikaler Holztreppe beigefügt. Die Außenmalerei ist eine Zutat des 19. Jahrhunderts. Auffällig daran ist die Vielzahl der Stifter. Jedes religiöse Thema geht auf einen anderen Stifter zurück, der vom Maler hier namentlich vermerkt wurde.

Zwei weitere kleinere **Kirchen** von 1730 sind Architekturbeispiele für Pfarkirchen: die Kirche ›Zu den heiligen Engeln‹ und am Ortseingang, aus der Richtung von Ploieşti, die ›Drujeşti-Kirche‹. Im Inneren und an der Westseite weisen beide Kirchen Malereien aus der Post-Brâncoveanu-Zeit auf.

Curtea de Argeş

Posada, Bulevardul Basarabilor 27–29, Tel. 0248/721451, Fax 721109. Nicht weit von der Klosterkirche, EZ 32 Euro, DZ 50 Euro.

Campingplatz, Sân Nicoară, schön auf der Anhöhe unweit der Kirchenruine gelegen, 2 Sterne.

Nikolauskirche, Besichtigung nur im Rahmen von Führungen (Englisch, Französisch und Rumänisch) möglich.

Klöster und Kurorte am Olt

Dort, wo der Olt (dt. Alt) die Karpaten durchbricht, beginnt Oltenien, die Kleine Walachei. Der Fluss gab der Region ihren Namen und bildet die Grenze zur Großen Walachei. Der linke Nebenfluss der Donau ist 670 Kilometer lang und entspringt in den siebenbürgischen Ostkarpaten. Er durchfließt die Beckenlandschaften Siebenbürgens, wendet sich bei Turnu Roşu nach Süden und erreicht über den niedrigen Rote-Turm-Pass (250 bis 380 Meter) die Walachei. Der Fluss führt häufig gefährliches Hochwasser, ist nicht schiffbar und wird für Wasserkraftwerke genutzt. Bei Brezoi, unweit der mittelalterlichen Zollgrenze zwischen der Walachei und Transsilvanien, nimmt er den Lotru auf.

Die Kleine Walachei war mit Ausnahme jener zwei Jahrzehnte zwischen 1718 und 1738/39 immer ein Teil der Walachei. Mit dieser kam sie nach lange

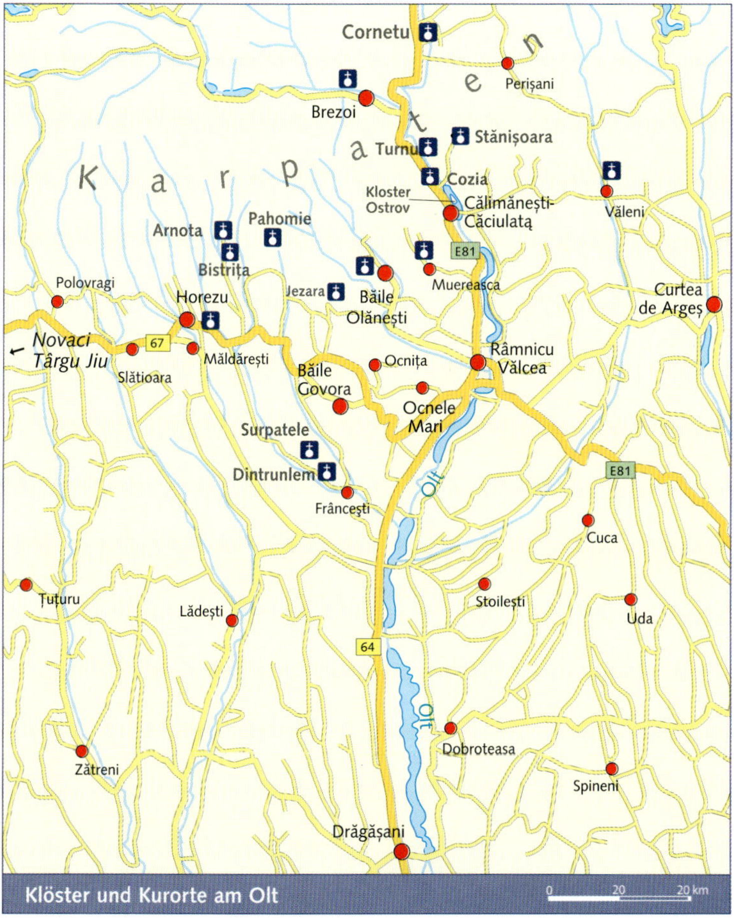

Klöster und Kurorte am Olt

währendem Widerstand gegen äußere Mächte im 15. Jahrhundert unter osmanische Herrschaft. Die Region war der Hohen Pforte zwar tributpflichtig, konnte aber ebenso wenig wie die Moldau niemals endgültig dem türkischen Reich einverleibt werden. Als jedoch Prinz Eugen bei Belgrad über die Türken siegte, wurden den Habsburgern im Frieden von Passarowitz Oltenien und das Banat zugesprochen, womit die Kleine Walachei kurzfristig einen anderen Weg beschritt als die Große Walachei.

Wenn man aus Richtung Norden, von Siebenbürgen, den Olt entlangfährt, entdeckt man einige Klosteranlagen rechts und links des Flusses. Biegt man von der E81 auf eine Nebenstraße Richtung Curtea, so trifft man bei **Văleni** auf ein **Nonnenkloster** des 17. Jahrhunderts. Folgt man der E81, so liegt noch vor Brezoi das **Männerkloster Cornetu** mitten in den Karpaten. Es wurde 1666 von Mareş Băjescu dem Statthalter von Craiova gestiftet und während größeren Restaurierungsarbeiten mit einer Verteidigungsmauer umgeben.

Über Brezoi oder auch Călimăneşti lassen sich die kleineren Klöster **Pahomie** – vom Eremiten Pahomie 1654 begründet, später zerstört und in den 1950er Jahren wiederaufgebaut – und **Iezera** – eine Stiftung Mircea Ciobanul von 1559 anstelle einer Kapelle des 15. Jahrhunderts – erwandern. Vorbei am **Kloster Stânişoara** aus dem Jahr 1747, am linken Ufer des Olt, erreicht man sodann Cozia.

Oberhalb des Klosters Turnu sind **Naturhöhlen** oder Zellen in den Berghang gehauen. Hier suchten die Heiducken (ungarisch Haiduk), die einzeln oder in Banden in den Wäldern lebten und gegen die Unterdrücker kämpften, im 16. Jahrhundert Zuflucht. **Kloster Turnu** entstand auf Veranlassung des Bischofs von Râmnic Varlaam im Jahr 1676.

▲ Karte S. 281

Kloster Cozia

Kloster Cozia ist nichts weniger als der Höhepunkt einer Oltenienfahrt: Es ist idyllisch am Olt gelegen, der unmittelbar an der östlichen Klostermauer nach Süden der Donau entgegenströmt, und gleichzeitig eines der ältesten erhaltenen mittelalterlichen Baudenkmäler Rumäniens. Der wehrhafte Charakter der Anlage ist am besten von der gegenüberliegenden Seite des Olt zu erkennen. Die fürstliche Stiftung wird Fürst Mircea cel Batrân (Mircea der Alte, 1386–1418) zugeschrieben und wurde zur Grabstätte dieses bedeutenden walachischen Herrschers. Mehr als 30 Jahre kämpfte er erfolgreich für die Unabhängigkeit seines Landes. Seine Stiftungen waren Ausdruck seines Dankes für die erzielten Erfolge. Die Verehrung für den berühmten Stifter hat viele rumänische Dichter und Dramatiker zu ihren Werken inspiriert.

Inmitten des Klosterhofes steht die **Kirche** im Typus einer Dreikonchenanlage mit Naos, Pronaos und einer offenen Vorhalle. Dieses frühe Beispiel des vom Kloster Vodiţa inspirierten Grundrisses wurde zum Vorbild der weiteren Entwicklung der walachischen Kirchen. Verschiedene Einflüsse kommen im Dekorationssystem zum Ausdruck. Die alternierende Gestaltung mit unterschiedlichen Materialien – hier Ziegel- und Bruchstein – ist typisch byzantinisch. Die kleinen Terrakotten, die Blend- und Fensterbögen umziehen, weisen auf den Einfluss des Balkans hin. Die Fensterumrahmungen und die Rosetten der oberen Zone der Fassaden mit geometrischen, vegetabilen und zoomorphen Motiven (darunter der byzantinische doppelköpfige Adler) lassen eine georgische Herkunft der Steinmetze vermuten.

Die Kirche ist vollständig ausgemalt. Eine originelle Ikonostase trennt Naos vom Altarraum. Die Andachtsbilder des untersten Ranges werden von geschnitzten Händen gehalten. Aus der Gründungszeit des Klosters stammen nur die Wandmalereien im Pronaos, der geschlossenen Vorhalle. Die Szenenfolgen beinhalten den Akathistos-Hymnus, die Vision des heiligen Petrus aus Alexandrien und eine Gruppe von Eremiten. Besonders die überlangen, schematisch ausgeführten Figuren der Eremiten unterscheiden sich von den viel später ausgeführten Malereien in Naos, Altarraum und Atrium. Diese wurden zwischen 1704 und 1707 im Brâncoveanu-Stil gemalt.

Man betritt die Kirche über das Atrium. Die Außenseite über den Arkaden schmückt eine Dreifaltigkeitsdarstellung der Ostkirche mit drei Engeln zu Besuch bei Abraham und Sarah. An der Eingangswand zur Kirche ist eine originelle Version des Jüngsten Gerichtes angebracht. Immer wieder sehenswert sind die für Rumänien so typischen Stifterbildnisse, die hier die Westseite des Naos schmücken.

Gegenüber, auf einer Anhöhe inmitten eines Friedhofes, steht die **Biserica Bolniței** (Kapelle des Siechenhauses). Die Kirche ist immer verschlossen; einen Schlüssel erhält man, allerdings nicht immer, direkt im Kloster. Es handelt sich ebenfalls um einen Dreikonchentypus mit Altarraum, Naos und Atrium. Im Außenbau erkennt man die Stein nachahmende Mörtelschicht, eine lokale Eigenheit des 16. Jahrhunderts. Als Baumeister wird in einer Inschrift der Mönch Maxim genannt. Bedeutend ist die Kirche wegen ihrer gut erhaltenen Wandmalereien des 16. Jahrhunderts. Die Maler David und dessen Sohn Radoslaw haben sie in den Farben Rot, Gelb und Blau im Auftrag des Bezirkshauptmanns Stroe gemalt. Sein Bildnis schmückt die Nordwand im Inneren der Vorhalle. Dort sieht man noch ein Votivbild Mirceas, Erzengel und Szenen aus dem Leben Johannes des Täufers.

Kloster Cozia

Zum Kloster gehört ein **Museum der alten Kunst** mit Urkunden, Stickereien und Bucheinbänden aus dem 16. bis 19. Jahrhundert.

Călimăneşti-Căciulata

Die Kleine Walachei ist berühmt für ihre Mineralquellen. Die bedeutendsten Kurorte Rumäniens befinden sich in diesem Teil des Landes. Der zwischen den Bergen Cozia und Căpățânii liegende Luftkurort Călimăneşti-Căciulata war eine dakisch-römische Siedlung, die zur Zeit des Fürsten Neagoe Basarab (1512–1521) befestigt wurde. Auf einer Höhe von 260 Metern direkt im Olttal bieten sich hier dem Besucher **Mineralwasserquellen** als Mittel gegen Rheuma- und Nierenkrankheiten. Schon im Altertum wurden die Quellen genutzt, Neagoe Basarab wusste sie ebenso zu schätzen wie Napoleon III. Große Hotelanlagen haben den Ort leider etwas entstellt.

Auf der Höhe des Kurortes befindet sich die Oltinsel mit dem **Kloster Ostrov**, die durch eine Brücke mit dem Ufer verbunden ist. Neagoe Basarab I. und seine Frau Despina gründeten es 1522.

Zwischen Călimăneşti-Căciulata und Râmnicu Vâlcea wurde der Olt aufgestaut; dadurch bietet er auf diesem Abschnitt Gelegenheit zum Wassersport und zur Erholung.

Die Bäder Olteniens

Auf einer abwechslungsreichen, rund 160 Kilometer langen Strecke zwischen Râmnicu Vâlcea und Baia de Aramă befinden sich unzählige Sehenswürdigkeiten und Naturschönheiten.

Günstig gelegener Ausgangspunkt für diese Rundfahrt ist der Hauptort **Râmnicu Vâlcea**. Der Ort selbst wurde urkundlich unter Mircea dem Alten im Jahr 1389 erwähnt. Begünstigt durch die Lage am Wasser des Baches Iazul Morilor, entstand hier die erste Papiermühle der Walachei. Seit 1705 existierte in der Stadt eine große Druckerei, die Bücher in mehreren Sprachen druckte. An Sehenswürdigkeiten bietet der Ort das ethnographische **Freilichtmuseum** mit walachischen Bauten, den Baukomplex der **Bischofskirche** aus den Jahren 1656 bis 1856, eine mit Außenmalereien versehene **Kapelle** von 1751 und die kleinen **Klöster** ›Cetăţuia‹ (16. Jahrhundert) und Inăteşti (1751).

Băile Olăneşti liegt nordwestlich von Râmnicu Vâlcea, im Tal des gleichnamigen Flusses und am Fuß des Căpăţânii-Gebirges. Der Ort ist seit dem 16. Jahrhundert bekannt, entwickelte sich zu einem berühmten Bad und wurde Gegenstand eines 1837 in Rumänien verfassten Werkes zur Bäderkunde. Von hier lassen sich Wanderungen zu versteckt liegenden Klöstern organisieren.

Östlich von Băile Olăneşti befindet sich die Ortschaft **Muereasca** mit dem **Kloster Frăşinei**. Anstelle der Holzkirche von 1710 entstand unter dem Einfluss von Calinic, als er Bischof von Ramnic war, 1863 das Kloster mit der Steinkirche. Die Besonderheit des Klosters liegt darin, dass es trotz Säkularisation seine Besitztümer nicht verlor und als einziges Kloster in Rumänien die auf dem Athos geltende Kirchensatzung bis heute beibehalten hat. Die Messen werden streng

Râmnicu Vâlcea auf einer Darstellung um 1870

▲ Karte S. 281

eingehalten, Frauen ist der Zutritt verboten, Fleischgenuss und Rauchen sind untersagt. Der Pflicht zur Gastfreundschaft kommt man im Refektorium nach. Das Kloster war nach dem Zweiten Weltkrieg ein Zentrum des Widerstandes gegen die Kommunisten.

In Richtung Süden erreicht man **Ocnele Mari** im Tal des Pârâul Sărat (übersetzt: der salzhaltige Bach) am Fuß des Ţeica-Hügels. Schon seit dem Altertum bis ins Mittelalter wurde hier das Salzbergwerk genutzt. Derzeit erfolgt die Salzgewinnung aus Solen, die zu Tage gepumpt und anschließend eingedampft werden. Hier wie andernorts in Oltenien wurde auch Sand gewonnen. Bei dessen Ausbaggern entdeckte man zoomorphe und antropomorphe Steingebilde von 100 Gramm bis 10 Kilogramm oder gar einer Tonne. Die ›Trovanten‹ und ›Mikrolithen‹ sind wahre Kunstwerke der Natur, deren Ursprung noch ungeklärt ist. Der Badebetrieb in dem 320 Meter hoch gelegenen Ort wurde 1812 eingerichtet. In der Umgebung liegt der kleine Kurort **Ocniţa** mit der dakischen Festung Buridava; sie stammt aus dem 3. bis 1. Jahrhundert vor Christus.

Im Südwesten von Râmnicu Vâlcea, auf der Strecke nach Hurezu, kommt man in den Kurort **Băile Govora** im Tal des gleichnamigen Flusses, einen sehr bekannten, 1879 eröffneten Kurort. Er liegt auf 360 Meter Höhe. Beeindruckend ist der ummauerte **Klosterkomplex**, der Radu dem Großen (1496) zugeschrieben wird und unter den Fürsten Matei Basarab und Brăncoveanu (1711) erweitert wurde. Bereits 1640 war hier eine Druckerei in Betrieb. In den eigenen Klosterwerkstätten wurden kostbare Stickereien und Ikonen hergestellt.

In der Gemeinde Frânceşti ist das **Kloster Dintrunlem** zu besichtigen. Sein Name leitet sich von der ursprünglichen Kirche des 15. Jahrhundert ab, die aus einer einzigen Eiche bestanden haben soll. Einen Eindruck vom damaligen Bau gibt das heute noch stehende Siechenhaus. Für Unermüdliche ist nicht weit entfernt das **Kloster Surpatele** zu entdecken. Es stammt ebenfalls aus dem 16. Jahrhundert und wurde von den Fürsten Matei Basarab und Constantin Brâncoveanu erweitert. Wie viele andere Klöster wurden auch diese beiden zu Museen.

Kloster Bistriţa

Von der Hauptstraße 67 zwischen Râmnicu Vâlcea und Târgu Jiu führt ein Abzweig zur Ortschaft Bistriţa. Flussaufwärts am gleichnamigen Fluss und am Eingang zur gleichnamigen Schlucht liegt das von kleinwalachischen Bojaren einer Familie Craioveanu 1490 gestiftete Kloster (Mănăstirea Bistriţa). Der Hauptkirche folgte Anfang des 16. Jahrhunderts eine sogenannte Bolniţa (Siechenkirche) mit einer während der Brâncoveanu-Zeit hinzugefügten Vorhalle. Diese Kirche erhielt später von Gheorghe Tattarescu (1850) ihre neugotische Ausmalung. Bistriţa – nicht zu verwechseln mit anderen gleichnamigen Orten – war über 100 Jahre eine der bedeutendsten Stätten altslawischer Kultur in der Walachei und ist bis heute gut erhalten. Die Anlage mit Nebengebäuden wurde zum Aufbewahrungsort wichtiger altslawischer Texte sowie Kirchengerät und Kunstgegenständen aus mehreren Epochen. Bis vor dem Zweiten Weltkrieg unterhielten die Nonnen hier ein Waisenhaus. Erst unter Ceauşescu mussten der Schulbetrieb und jegliche soziale Einrichtung eingestellt werden.

Kloster Arnota

Fährt man die kleine, schlechte Straße vom Kloster Bistriţa weiter bergauf, erreicht man ein weiteres bedeutendes

Kloster. Arnota liegt auf sehr steilem Gelände und wird auch gerne als Adlerhorst bezeichnet. Es handelt sich um eine Stiftung des Fürsten Matei Basarab (1632–1694), die als Grabstätte geplant war. Zunächst fand Matei seine letzte Ruhe in der Hauptstadt, bis seine Gebeine hierher verbracht wurden. Sein Grabstein gehört zu den wertvollsten Bildhauerarbeiten jener Zeit. Der große Kunstförderer stiftete hier die erste vom Humanismus geprägte Schule Südosteuropas und reaktivierte die wegen der vielen Kriege brachliegenden Druckereien.

Kloster Horezu

Hurezu direkt an der Hauptstraße 67 ist seit alters her ein wichtiges Marktzentrum am Fuß der Căpăţânii-Berge. Die Umgebung ist bis heute ein geschätztes Obstanbaugebiet.

Der Ort ist berühmt für seine Töpfer- und Keramikkunst. Töpferware wird in vielen Regionen Rumäniens hergestellt, die hiesige Keramik aber zeichnet sich durch ihre besonders schöne elfenbeinfarbene Glasur aus. Erkennbar sind die Stücke am Hahn, dem ortsüblichen Ziermotiv, sowie den Farbkombinationen, die einem Pfauenschwanz gleichen. Der Töpfermarkt heißt denn auch der ›Hahn von Horezu‹ (›Cocoşul de Horezu‹) und findet am ersten Sonntag des Monats Juni statt. Die Hersteller verschicken ihre Waren in alle Regionen Rumäniens und sogar ins Ausland.

Die Entstehung des Klosters Horezu (auch Hurezi geschrieben) fällt in eine Zeit der künstlerischen Hochblüte unter der Herrschaft der Familie Brâncoveanu. Stilistisches Kennzeichen dieser Zeit ist die Wiederbelebung byzantinischer und orthodoxer Ursprünge der Kunst. Der großanlegte Komplex in den Vorkarpaten ist mit den großen Klöstern auf dem Athos vergleichbar. Die Hauptkirche sollte die Grabkirche für Constantin Brâncoveanu werden und wurde 1690 begonnen. Die Ermordung Constantins und seiner vier Söhne am 15. August 1714 am Hofe des türkischen Sultans wegen Hochverrates verhinderte die Bestattung an diesem Ort.

Der Klosterkomplex ist rechteckig angelegt. An der Südseite liegen die Fürstenhäuser, die Bibliothek und der Glockenturm. Die Klosterkapelle, das Refektorium, Küche und Backhaus befinden sich an der Ostseite. Die Mönchszellen nehmen die Nordseite ein. Alle Gebäudeglieder sind in ihrer Ursprungsform erhalten. Nur im 19. Jahrhundert fügte man auf der Südseite angepasste Anbauten hinzu. Das Areal wird von einem größeren Mauergürtel eingefasst, der um die Wirtschaftsgebäude und den Fischteich herumführt. Außerhalb der Mauer stehen auf der Ostseite die Krankenkapelle und die Ruinen des Fürstenhauses; gegen Nordosten die Einsiedelei zu den heiligen Aposteln, vom ersten Abt des Klosters Johann errichtet; gegen Westen die Einsiedelei St. Stefan.

Dem Gesamtensemble des Klosters mit der Krankenkapelle, den Einsiedeleien und damit fünf zugehörigen Kirchen liegt ein komplexes Bauprogramm zugrunde, das einmalig in der Walachei blieb. Es wurde zwischen den Jahren 1691 und 1694 vollendet.

Das Kloster ist die wichtigste Stiftung des Fürsten Constantin Brâncoveanu und war zeitweilig auch Fürstensitz. Die Fürstentochter Ancuţa wurde hier bestattet. Der große Hof ist von Festungsmauern geschützt und hat an drei Seiten doppelte Säulengänge, in die sich Veranden, Treppen und Loggien einfügen. Darunter ist die berühmte, 1753 angebaute Dionysos-Loggia, eine Art Altan mit verzierten Säulen. Der typische

▲ Karte S. 281

Die Töpferwaren aus Horezu sind landesweit bekannt

Brâncoveanu-Stil tritt an den Dekorationen der Säulen und Balustraden hervor: in Stein gehauene Blüten, Blätter, Früchte, ein springender Löwe, ein galoppierendes Pferd und Reiter.

Der wichtige und bedeutendste Bau der Anlage ist die **Hauptkirche**. Sie erinnert in ihrem Grundriss – eine Dreikonchenanlage mit stark verlängertem Pronaos – an die Bischofskirche in Curtea. Wie alle Kirchen und das Refektorium der Anlage wurde sie vollständig ausgemalt. Davon blieben 90 Prozent der Originalausmalung bewahrt. Die Malereien gehen auf zwölf Maler unter der Leitung von Constantin und Ioan zurück, wie Inschriften ausweisen. Diese Maler waren auch in Bukarest in der Doamnei-Kirche tätig. Gleich dem Architekturprogramm liegt auch den Malereien ein komplexes Bildprogramm zugrunde. Im Gewölbe der Vorhalle sind Szenen zum Marienhymnus ›Über dich freut sich‹ zu erkennen. Das Bildprogramm weicht von früheren der Walachei um einige Szenen ab. So sieht man die Leiter des Johannes Klimax, die Jakobsleiter, das Leben des wahren Mönches, das Schiff der Christenheit, den Tod des Sefrem Sărul und den Schleier der Fürsprache der Gottesmutter. Das ikonographische Programm wurde ergänzt um örtliche Heilige wie Nicodim von Tismana, Grigore Decapolitul und Figuren des mystischen Romans Varlaam und Ioasaf, dem Leben Konstantins, des Namenspatrons des Stifters. Das Thema des Jüngsten Gerichtes ist hier bereits allgemein verbreitet gewesen und durfte als moralisierendes Moment nicht fehlen.

Im Pronaos sieht man die Ahnenreihe des Stifters, das Geschlecht der Cantacuzenen. Sie beginnt mit dem Begründer Postelnic. Der Woiwode Constantin Brâncoveanu selbst ist als erfolgreicher Herrscher repräsentiert. Der Maler suchte sich für sein eigenes Porträt einen Platz unter den Gerechten; man erkennt ihn rechts oben auf der Komposition des Jüngsten Gerichtes an der Ostwand der Vorhalle.

Die Fürstenhäuser und die Kirchen wurden mit geschnitztem Mobiliar ausgestattet: Gestühl, Sessel und Ikonostase übernahmen den Schmuck der Türgewände mit pflanzlichen Motiven und lassen an die Goldschmiedekunst denken. Die Ikonostase ist eine vergoldete Lindenholzwand, in der Malerei und Schnitzerei zu einer Synthese finden. In vier Registern, lesbar von oben nach unten, sieht man die Propheten, darunter die Deesis (Fürbitte), zu beiden Seiten die Zwölf Apostel, im dritten Rang die zwölf wichtigsten religiösen Feste der orthodoxen Kirche und im vierten Rang (erste Reihe von unten) die sogenannten königlichen Ikonen: Christus,

die Gottesmutter und Schutzheilige. Feine Steinmetzarbeiten sind am Kenotaph (leeres Grabmal einer Person, die an anderer Stelle bestattet ist) des Fürsten und Stifters zu erkennen.
Das ins Weltkulturerbe der UNESCO aufgenommene Kloster bietet Fremden Übernachtungsmöglichkeiten.

Polovragi

Polovragi, ein Stück weiter westlich von Horezu am Fuß des 2500 Meter hohen Paring-Berges gelegen, bezeichnet eine **Schlucht**, eine **Höhle** (beides Naturschutzdenkmäler) und das **Kloster** von 1470. Es ist Fürst Radu dem Schönen zu verdanken. Im 18. Jahrhundert wurde die Anlage um eine Krankeneinrichtung ergänzt. Hervorzuheben sind die Wandmalereien in der Vorhalle (Exonarthex) der großen Kirche, wo die Stiftungen auf dem Berge Athos veranschaulicht werden.

Măldăreşti

Gleich an Horezu schließt sich der Ort Măldăreşti mit seinem sehenswerten **Freilichtmuseum** an. In ganz Rumänien gibt es diese Museen der Volkskunst. Das hiesige bietet eine gute Gelegenheit, die klassischen Culen (das Wort stammt vom türkischen ›Türme‹) zu besichtigen, sogenannte Bojarenhäuser. Es handelt sich dabei um ein besonderes Kapitel der rumänischen mittelalterlichen Architektur. Im Moldauischen nennt man diese Bauten ›conac‹, in Transsilvanien ›curia‹ und in Oltenien eben ›cula‹. Sie sind teils Wehr-, teils Repräsentationsbauten, deren Herkunftsort in Kleinasien und Persien vermutet wird. Sie sind mit dem befestigten Haus der Balkanländer verwandt. Diese befestigten Wohnstätten traten unter der türkischen Herrschaft und häufig in Kombinationen mit den tradi-

Eine Cula im Freilichtmuseum Măldăreşti

tionellen Bauernhöfen Rumäniens auf. Es handelt sich um ein fast quadratisches Bauwerk mit Erdgeschoss und einem Stockwerk, zu dem eine Innentreppe führt. Die Außenwände des Erdgeschosses weisen nur eine Tür auf.
Zwei Beispiele, die ›Cula Greceanu‹ aus dem 18. Jahrhundert und die ›Cula Duca‹ aus dem 19. Jahrhundert, sind hier erhalten. Eine Innenbesichtigung ist mit dem Führer möglich. Das massive Erdgeschoss wird von Eichenholzbalken gestützt, durch schmale Schießscharten dringt Tageslicht eher spärlich ein. Über eine steile Innentreppe steigt man zu den breiteren oberen Stockwerken mit unregelmäßig verteilten Fenstern, die ebenfalls als Schießscharten dienten. Direkt unter dem Dach wurde eine Loggia mit niedrigen Säulen eingebaut.
Auf dem Areal des Museums befinden sich auch ein Brunnen, Wegkreuze (Troițe) und eine kleine Bojarenkirche. Die Mauern der Kirche sind außen im oberen Drittel von Medaillons mit Heiligenfiguren umzogen, deren Kleidung die Landestracht zeigt.

Naturschönheiten

Naturliebhabern bietet Oltenien einiges. Ein Abstecher könnte in das 1394 gegründete **Novaci** führen, das am Ober-

▲ Karte S. 281

lauf des Gilort-Flusses, am Fuße des Pârang-Gebirges liegt. Der von Michael dem Tapferen 1598 befestigte Ort ist als Ausgangspunkt für Wanderungen bestens geeignet. Viele alte Bräuche und Sitten wurden hier beibehalten.

Oltenien ist auch die Region der **Höhlen**. Die Peştera Liliecilor (Höhle der Fledermäuse) in der Bistriţa-Schlucht, die Peştera Polovragi unweit vom gleichnamigen Kloster und die Peştera Muierilor (Höhle der Frauen), die erste Höhle, die für den Tourismus mit elektrischer Beleuchtung ausgestattet wurde, sind einen Besuch wert. Die Höhlen waren häufig im Mittelalter Zufluchtsorte vor drohenden Gefahren und sind es auch heute noch für die Bären.

Târgu Jiu

Der wichtigste Ort im Westen Olteniens ist Târgu Jiu, die Stadt am Oberlauf des Jiu-Flusses. Sie hat eine lange Geschichte: Auf geto-dakischen Resten errichteten die Römer aufgrund der günstigen Verkehrslage eine Siedlung. In Târgu Jiu sind die Werke eines wegweisenden Bildhauers des 20. Jahrhunderts zu sehen: Constantin Brâncuşi (1876–1957). Er wurde im 26 Kilometer entfernten Dorf Hobiţa geboren, wo man ihm zu Ehren ein Museum einrichtete.

In den Jahren 1937/38 schuf Brâncuşi für seine Heimat monumentale **Denkmäler**, die als ›Tisch des Schweigens‹, ›Tor des Kusses‹ und ›die unendliche Säule‹ (Coloana Infinitului) weltberühmt wurden. Sie befinden sich alle im großen Stadtpark nicht weit vom Fluss. Gedacht waren die Werke als Erinnerungsmal an die Gefallenen des Ersten Weltkrieges. Sie wurden von der Frauenliga aus Gorj unter der Präsidentschaft von Aretia Tătărăscu 1935 in Auftrag gegeben. Die Auftraggeberin war die Gattin des damaligen nationalliberalen Ministerpräsidenten und späteren Botschafters in Paris unter der Königsdiktatur Carols II. Das Kunstwerk für die Frauenliga gilt als einziges vollendetes Werk Brâncuşis. Alle drei Denkmäler stehen aneinandergereiht in einer Achse, die das Ufer des Jiu mit dem Gelände verbindet, in dessen Mitte sich die Säule erhebt.

›Die unendliche Säule‹ hat eine Höhe von 30 Metern und besteht aus vergoldetem Stahl. Die vermeintlich vertikal angeordneten Rhomben sind wie Perlen auf einer Schnur über einen Stahlkern gestülpt. Das ›Tor des Kusses‹ besteht aus Stein und hat eine Höhe von über fünf Metern. Das Motiv wurde vom Künstler unzählige Male wiederholt und auf eigene Kosten in der Achse zwischen Säule und Tisch errichtet. Die Einweihung erlebte er 1937 persönlich mit. Für den ›Tisch des Schweigens‹ kam der Künstler mehrfach aus seiner Wahlheimat Paris nach Rumänien. Das Material stammte aus dem Steinbruch Banpotoc.

Brâncuşi war eigentlich Schreiner und Kunsttischler und studierte in Craiova an der Kunstgewerbeschule. Es folgten weitere Ausbildungsjahre an der Akademie in Bukarest, München und an der Ecole des Beaux Arts in Paris. Hier studierte er die Werke von Rodin, schloss Freundschaft mit Modigliani und vielen anderen Künstlern und holte sich die Inspiriation zur Entwicklung seiner abstrakten Formensprache. Ihm gebührt das Verdienst der Loslösung von der traditionellen Bildhauerkunst.

In der Umgebung führt eine Abzweigung nach **Curtişoara**, wo sich ein weiteres **Freilichtmuseum** mit Dorfhäusern der Olt-Region und typischen Culen befindet. Daneben kann eine **Kirche** mit einfachen Außenmalereien im Hof eines ehemaligen Adelssitzes besichtigt werden.

Kloster Tismana

Man sollte nicht versäumen, im Rahmen einer Walacheirundfahrt auch Kloster Tismana (Mănăstirea Tismana) aufzusuchen. Es liegt wunderschön inmitten dichter Esskastanienwälder und in der Nähe des gleichnamigen Ortes in den Bergen der Karpaten. Der Ort selbst gehört zu den ältesten der Region, sein Name geht auf dakisch-getischen Ursprung zurück und bedeutet ›ein von einer Mauer umgebener Ort‹. Die Gründung des Klosters ist eng mit dem bedeutenden und später heiliggesprochenen Geistlichen Nicodim verbunden.

Als die Ungarn das damalige Severin (heute Turnu Severin) eroberten, verließ Nicodim, der auch Kalligraph und Miniaturist war, sein Kloster Vodiţa unweit des Eisernen Tores und begab sich nach Oltenien in das Gebirge. Hier gründete er im Zeitraum von 1375 bis 1378 anstelle einer kleinen Kirche aus Taxus-Holz ein Kloster mit einer Steinkirche. Die finanzielle Unterstützung dazu erhielt er vom Fürsten Radu I.

Im Jahr 1378 konnte die Kirche in Anwesenheit des Patriarchen Philotheos von Konstantinopel geweiht werden. Nicodim erhielt den Rang eines Archimandriten, das Kloster etablierte sich zur Metropolie und wurde im Laufe der Zeit eines der reichsten Klöster der Walachei. Nicodim siedelte zunächst nach Prislop in Silvaşul de Sus im Haţeger Land um und kehrte erst 1406 nach Tismana zurück, wo er verstarb.

Der heutige Bau wurde vom Fürsten Radu dem Großen im Jahr 1508 veranlasst. Die Dreikonchenanlage weicht vom Vorgängerbau durch die Pastophorien (Räume zur Aufbewahrung kultischer Geräte) zu Seiten der Apsis, die Tambourkuppeln über Naos und Prona-

Karte S. 225/281

Kloster Tismana, Detail

os sowie den Umgang des Pronaos ab. Teilweise wurden Steine und glasierte Ziegel der alten Kirche verwendet. Für die Ausmalung konnte 1564 Dobromir gewonnen werden, der Kirchenmaler von Târgovişte. Reste davon - die Darstellung des heiligen Johannes von Rila - sind nur im Pronaos erhalten. Im Jahr 1821 war das Kloster ein Zentrum der Widerstandsbewegung der Walachei unter Führung von Tudor Vladimirescu.

Das Theater in Craiova auf einer rumänischen Briefmarke von 1977

Von Tismana nach Craiova

Wenige Kilometer westlich von Tismana liegt Baia de Aramă. Wer zur Abwechslung noch ein Naturdenkmal sehen möchte, dem sei empfohlen, nach **Ponoarele** zu fahren. Auf der Karstplattform der Mehedinţi-Hochebene liegen die 25 bis 30 Meter tiefen **Zlătoane-Seen**. Sie entstehen spontan und verschwinden wieder. Nicht weit von hier liegen der **Podul lui Dumnezeu** (Gottesbrücke) und der **Podul Uriaşilor** (Brücke der Riesen) - Bögen, die durch den Einbruch der zwischen Dolinen befindlichen Schwellen entstanden sind.

Von Târgu Jiu nach Süden erstreckt sich das **Jiu-Tal**, eine Bergbauregion. Hier wurde seit neuestem das Rafting entdeckt. Die rumänische Regierung sieht vor, in dieser Region den Fremdenverkehr zu fördern.

Craiova

Die knapp 300 000 Einwohner große Stadt **Craiova** ist die Hauptstadt von Oltenien. Übersetzt bedeutet ihr Name Königsstadt. Sie entstand anstelle der alten dakischen Siedlung Pelendava und stieg im 15. Jahrhundert zum Sitz der Würdenträger der Kleinen Walachei auf, der sogenannten ›Bani‹, die vorher in Strehaia residiert hatten. Vor dem Krieg eine mittlere Provinzstadt, ist sie heute ein wichtiger Verkehrsknotenpunkt: Zwei Europastraßen, die E79 und die E70, durchqueren Craiova, Bahnlinien verbinden es mit Orşova, Drobeta, Piteşti und Bukarest, und im Osten des Zentrums liegt der Flughafen. Die alte Bojarensiedlung hat durch ihre Entwicklung zur Industriestadt - unweit wird Öl gefördert - sehr gelitten, und Sorgen bereiten heute die vielen Arbeitslosen. Das Stadtbild ist von historistischen Bauten geprägt, unter denen die Prachthäuser der Bojaren besondere Aufmerksamkeit verdienen. Ältestes profanes Gebäude der Stadt ist das **Haus der Bane** (rum. Casa Băniei), dessen Bau Constantin Brâncoveanu 1699 veranlasste; älteste Kirchen sind die Biserica Sfântul Dumitru von 1651 und die Biserica Sfântul Ilie von 1720.

Von Craiova nach Călăraşi

Südlich von Craiova, an der Bahnstrecke nach Calafat, liegt der wenig bekannte Ort **Şegarcea**. Es ist ein kleiner Industriestandort, gleichzeitig aber auch ein Weinanbaugebiet, in dem seit neuestem Spitzenweine wie der italienische Riesling angebaut werden (www.domeniulcoroanei.ro).

Nur wenige Brücken verbinden Rumänien und Bulgarien. Erst bei Giurgiu trifft man auf die doppelstöckige **Brücke**, die das bulgarische Ruse mit dem rumänischen Giurgiu verbindet. Mit einer

Diese 2240 Meter lange Brücke verbindet Giurgiu und Ruse

Spannweite von 4000 Metern über die hier 2240 Meter breite Donau zählt sie zu den längsten Brücken Europas. Trotz der vielversprechenden Bezeichnung ›Brücke der Freundschaft‹ durfte jahrzehntelang niemand hinüber.

Die Donauhafenstadt Giurgiu war vom 16. Jahrhundert bis 1829 türkischer Brückenkopf. Im 20. Jahrhundert wurde sie zum Verladeplatz für Erdöl und erlitt deshalb im Zweiten Weltkrieg durch alliierte Bombardierungen schwere Schäden. Über die längste Pontonbrücke der Militärgeschichte setzten deutsche Truppen am 2. April 1941 vom rumänischen Giurgiu über die Donau nach Bulgarien.

Ab Giurgiu führt eine vorbildliche Straße über Oltenița in die unter Ceaușescu industrialisierte Stadt **Călărași** mit wunderschöner Umgebung unmittelbar an der Donau. Erst in jüngerer Zeit haben Rumänien und Bulgarien beschlossen, hier eine weitere Donaubrücke zu bauen, die Călărași mit Silistra verbinden soll. Ihre Fertigstellung wird trotz EU-Unterstützung wohl noch einige Zeit beanspruchen.

Die südliche Walachei

Azaro travel, Bd. Tineretului 10, Oltenița, Tel./Fax 0242/515588, office@azarotravel.ro, www.azarotravel.ro. Hotel, Restaurant und Reiseveranstaltungsagentur, beliebter Radlertreff; DZ 30 Euro.

Hotel Coliseum, Str Gheorghe Doja 16, Tel. 0251/232322, Calafat, mirabela_enea@yahoo.com. 4 Sterne. Mitten im Zentrum, fast neu.

Hotel Turris, Str. Independenței 1, Turnu Măgurele, Tel. 0247/416560, www.turris.ro. 3 Sterne, DZ 40 Euro.

Hotel Bavaria, Str. Caracal 3, Craiova, Tel. 0351/461761, Fax 0251/7414449, www.hotel-bavaria.ro.

Pensiune Flormang 1, Str. Dezrobiri 134, Craiova, Tel. 0251/466021, www.flormang.ro.

▲ Karte S. 225

Entlang der Donau

Von Drobeta-Turnu Severein bis **Calafat** sind es 88 Kilometer auf guter Landstraße. Der Name der genuesischen Gründung aus dem 14. Jahrhundert leitet sich von den Kalfatern ab, den in großer Zahl herbeigeholten Arbeitern zum Reparieren von Schiffen. Den Besucher erwarten in der Kleinstadt ein renoviertes Zentrum, mehrere Hotels und ein netter Biergarten. Schon bald wird man über die neu gebaute Donaubrücke ins bulgarische Vidin reisen können. Sie sollte gemäß den ursprünglichen Planungen schon 2010 fertiggestellt sein, wird wohl aber erst 2012 dem Verkehr übergeben werden können.

Weitere Nebenflüsse strömen der Donau auf diesem Abschnitt zu: der Jiu aus der Richtung von Craiova, des weiteren Vedea, Argeş und schließlich der Olt bei Turnu Măgurele, der die Walachei in einen östlichen Teil – Muntenien mit der Hauptstadt Bukarest – und einen westlichen Teil – Oltenien mit dem Hauptort Craiova – unterteilt. Letzterer bringt zwar die meisten Wassermassen, insgesamt wird das Volumen der Wassermenge im Unterlauf jedoch kaum gesteigert.

Entlang der Donau passiert man Corabia und Turnu Măgurele. **Corabia** leitet sich vom rumänischen Wort für Segelschiff oder Galeere ab und soll von gekenterten Genuesen gegründet worden sein. Im 19. Jahrhundert war das Städtchen ein bedeutender Hafen, unter Ceauşescu wurde es zum Industriestandort ausgebaut.

Auf dem Stadtgebiet befand sich ehemals die römische Siedlung Sucidava. Bemerkenswert sind die Ausgrabungen: Umfassungsmauern der Burg aus dem 5. Jahrhundert, römische Thermenreste, Straßenfundamente und Fragmente einer christlichen Basilika sowie das archäologische Museum mit römischen Tonwaren. In dieser Region hat der berühmte oltenische Männertanz ›Căluşarii‹ seine Wurzeln. Er soll auf den Geheimbund der Calus zurückgehen, die für ihren akrobatischen Männertanz berühmt wurden.

Die Strecke entlang der Donau präsentiert sich ab hier als ein einziges Vogelparadies. Kurz vor Turnu Măgurele mündet der Olt in die Donau. Sandbänke und eine endlose Weite breiten sich aus.

Turnu Măgurele war im Mittelalter Grenzfestung zwischen Muntenien und Oltenien. Von 1417 bis 1829 wurde es von den Osmanen beherrscht, die auf der gegenüberliegenden Flussseite in der berühmten Schlacht von Nikopel 1396 ein Kreuzfahrerheer besiegten. In der Kleinstadt sind Reste einer **römischen Brücke**, die auf Konstantin im Jahr 330 zurückgeht, und byzantinische Reste einer **Festung** der Zeit Justinians zu entdecken.

Weiter nach Osten reiht sich nun Dorf an Dorf; die romantischen Ziehbrunnen lassen nicht vergessen, dass es allerorts noch an Kanalisation und fließendem Wasser fehlt.

Strandbad bei Turnu Măgurele

Ein kleines Flüsschen stand Pate für den Namen der östlichsten Region Rumäniens. Wie in einem Schatzkästchen liegen hier verwunschene Klöster eng beieinander, die einen kostbaren Höhepunkt rumänisch-orthodoxer Kultur darstellen.

Moldau

Geschichte der Region

Die Moldau hat nicht zu allen Zeiten eben dieselben Gränzen gehabt, sondern ihr Umfang war zuweilen weiter, zuweilen enger, nach Beschaffenheit der Zu- und Abnahme der Republik. Der Fürst Stephan, mit dem Zunamen der Große, brachte sie zuletzt in diejenigen Gränzen, die sie zu unsrer Zeit hat.

Demetrius Cantemir, ›Beschreibung der Moldau‹, 1771

Man versteht unter der heutigen Moldau (Moldova) den Nordosten Rumäniens mit der Oberen Moldau, auch als Südbukowina bekannt, den Osten mit der ehemaligen Hauptstadt Iaşi entlang der Grenze zur selbständigen Republik Moldawien sowie das Neamţ-Gebiet südlich der Bukowina. Die Grenzen bilden die Ostkarpaten, die Flüsse Pruth und Donau sowie das Schwarze Meer.

Das einstige Fürstentum Moldau reichte in seinen Blütezeiten im Osten jedoch bis zum Dnjestr (rumän. Nistru) und im Norden bis nach Czernowitz. Im 18. und Anfang des 19. Jahrhunderts wurden die Fürstentümer Moldau und Walachei als Donaufürstentümer – Principautés Danubiennes – bezeichnet. Man erreicht die Moldau über die Pässe Siebenbürgens oder aus der Richtung der Walachei.

Dragoş, Darstellung aus dem 19. Jahrhundert

▲ Karte S. 297

Der Legende nach zog Dragoş, ein Sohn des Bogdan, übers Gebirge, um den plündernden Völkern Einhalt zu gebieten. Bei der Jagd nach einem Büffel kam er an den Fuß des Gebirges. Seine Hündin, die er sehr liebte und Moldau nannte, bestürmte den Büffel; dieser lief ins Wasser, konnte zwar erlegt werden, das Hündchen aber wurde durchs Wasser fortgezogen. Zum Andenken an ihn nannte Dragoş den Fluss Moldau (nicht zu verwechseln mit dem gleichnamigen Nebenfluss der Elbe in der tschechischen Republik), den Ort des Geschehens Roman, und den Büffelkopf nahm er ins Wappen seines neuen Fürstentums auf.

Mit dem Untergang des Römischen Reiches wurde die Moldau wie auch Siebenbürgen von Sarmaten, Hunnen und Goten heimgesucht. Die römischen Kolonisten flüchteten ins Gebirge, vor allem in die dicht bewaldete Maramureş. Im 14. Jahrhundert gliederte Ungarn unter dem ungarischen König Ludwig dem Großen (1342–1382) das Gebiet hinter den Ostkarpaten zur militärischen Absicherung als vorgelagerte Grenzmark ein und stellte es unter die Führung eines rumänischen Woiwoden. Das nördliche Siebenbürgen wurde jenem sagenumwobenen Dragoş überantwortet. Nach Führungsstreitigkeiten wurde das Gebiet um 1360 unter Fürst Bogdan, vormals Woiwode der Maramureş und Begründer der Stadt Rădăuţi, unabhängig. Er und seine Nachkommen konnten es beträchtlich erweitern.

Eine ständige Bedrohung stellten jedoch die Tataren dar. Sie hatten im Norden

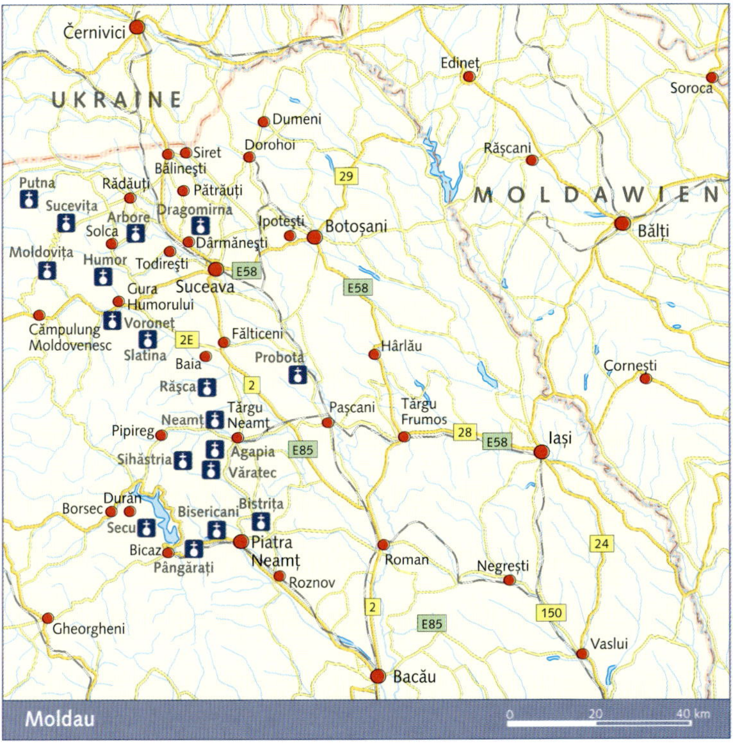

Moldau

des Schwarzen Meeres das Khanat der Krim geschaffen und ihre Kampfkraft den Türken zur Verfügung gestellt, um die ehemals moldauischen Festungen Chilia an der Donaumündung und Cetatea Albă (türk. Akkerman) an der Dnjestr-Mündung zu erobern.

Im 15. Jahrhundert wurde Stefan der Große (Ştefan cel Mare, 1457–1504) zur führenden Persönlichkeit in der Moldau. Von Papst Sixtus IV. wurde er für seinen erfolgreichen Kampf gegen die Osmanen mit dem Ehrentitel ›Athleta Christi‹ belegt. Ihm gelang es, den Vormarsch der Osmanen noch einmal aufzuhalten. Nachdem Konstantinopel 1453 gefallen war und damit das Byzantinische Reich sein Ende gefunden hatte, drangen die Türken bis jenseits der Donau in die Walachei vor. Im Jahr 1485 unterzeichnete Stefan in Colomea den Vasallenbrief zugunsten des Polenkönigs Kasimir, in der Hoffnung auf Beistand gegen die Türken. Er versuchte immer wieder, Bundesgenossen gegen die Türken zu gewinnen. Da ihm der Beistand versagt blieb, schloss er 1491 gegen Tribut mit den Türken Frieden.

Seine Nachfolger mussten sich aber nicht zuletzt auf seine Empfehlung hin den Osmanen beugen, als klar wurde, dass die christliche Welt sich nicht zu einer geschlossenen Front gegen den osmanischen Vormarsch zusammenfinden konnte. Die Oberhoheit der Pforte über die Moldau wurde im Jahr 1512 vertraglich anerkannt und dauerte schließlich bis zum Jahr 1769. Es gelang den jeweiligen Herrschern jedoch, noch eine weitreichende Autonomie innerhalb des Osmanischen Reiches zu bewahren. Bis zuletzt wurde das Land von einheimischen Hospodaren (vergleichbar einem Großherzog) regiert, die von der Hohen Pforte bestätigt werden mussten. Sogar der unter Stefan vollendete gesellschaftliche und kirchliche Aufbau des Landes überdauerte die ersten beiden Jahrhunderte osmanischer Oberherrschaft.

Auf Stefan folgte 1527 sein illegitimer Sohn Petru Rareş, der im Sinne seines Vaters die glanzvolle Epoche weiterführte. Trotz osmanischer Oberherrschaft dehnte er seinen Herrschaftsbereich bis zum Schwarzen Meer aus und löste sich von Ungarn. Wirtschaftlich profitierte das Land von der wichtigen, von Polen bis zum Schwarzen Meer verlaufenden Handelsstraße, während die Regierungszeit Alexandru Lăpuşneanus geprägt von einer zunehmenden Abhängigkeit gegenüber der Pforte war, der Einmischung der Polen in Staatsangelegenheiten der Moldau sowie der wachsenden Ansprüche der Großbojaren auf die Macht im Staate. Die kurze Herrschaft Michael des Tapferen festigte die Beziehungen zwischen der Moldau und der Walachei, was sich auch kulturell widerspiegelte.

Nach dem Ende des Russisch-Türkischen Krieges (1772–1774) war dem eigentlichen Kernland der Moldau – der Bukowina – ein Sonderweg beschieden. Im Jahr 1812 ging Bessarabien verloren, der Pruth wurde zur Ostgrenze des Landes. Im Jahr 1861 kam es zur zweiten, dauerhafteren Vereinigung von Moldau und Walachei, womit die Geschichte des heutigen Rumänien begann.

Die Moldau besteht noch heute aus weiten, landwirtschaftlich genutzten Flächen. Doch die einst so typischen Wagendörfer sind verschwunden. Da die Felder oft gewaltige Ausdehnungen hatten und zu weit weg vom Dorf lagen, fuhren zur Zeit der Feldbestellung und der Ernte die Feldarbeiter mit 10 bis 15 Wagen hinaus. Die Wagen dienten oft als Wohnung, woraus solche Wagendörfer entstanden. Die Wagenplane wurde als Zelt auf der Erde genutzt; bisweilen gab es auch Hütten aus Lehm, Stroh oder Schilf mit einer Feuerstelle in der Erde.

▲ Karte S. 297

Die Bukowina und ihre Geschichte

Das Gebiet im äußersten Nordosten Rumäniens, aber im Nordwesten des ehemaligen Moldaufürstentums, ist unter dem Namen Bukowina bekannt. Es ist mit der Maramureş durch die Prislop-Höhe und mit Transsilvanien durch das Bistriţa-Tal – die Bistriţa entspringt an der Flanke der Ostkarpaten – verbunden. Über diese Wege erreicht man noch heute am schnellsten die Region. Unter dem Namen Bukowina gehörte dieser Teil der Moldau mit Suceava und seinen berühmten Klöstern von 1774 bis 1918 zur Habsburger Monarchie. Die Bevölkerung setzte sich in dieser Zeit aus Ukrainern, Rumänen, Juden, Deutschen und Polen zusammen, was dem Land ein ganz eigenes Gepräge gab.

Das Buchenland, wie der Name in der deutschen Übersetzung lautet, war mit der Zustimmung der Russen an Österreich abgetreten worden. Im Rahmen des Russisch-Türkischen Krieges wurde es von den auf russischer Seite kämpfenden Österreichern besetzt und ein Jahr später in aller Form annektiert. Dies musste das Osmanische Reich anerkennen, zu dem die Moldau seit den Nachfolgern Stefans des Großen in mehr oder weniger großer Abhängigkeit stand. Nach zehnjähriger militärischer Verwaltung wurde die Bukowina 1786 mit

Joseph II., Porträt eines unbekannten Meisters

Galizien vereinigt, das schon nach der ersten polnischen Teilung (1772) erworben worden war. Im Jahr 1849 erhielt die Bukowina den Status eines Kronlandes. Unter den Habsburgern waren im 18. Jahrhundert bereits Deutsche hier angesiedelt worden; dies setzte sich im 19. Jahrhundert fort.

Unter Kaiser Joseph II. erfolgte die Säkularisierung des Gebietes. Die Klöster wurden gegen die Proteste der Egumene (Äbte) aufgelöst, und den Geistlichen blieb nichts anderes übrig, als Zuflucht im verbliebenen türkischen Teil zu suchen. In der Provinz Bukowina selbst blieben drei Klöster mit je 25 Mönchen besetzt. Dies waren Kloster Putna, das als Grablege des heiliggesprochenen Stefan des Großen diente, Kloster Dragomirna mit einer Metokkirche (Niederlassung) – der Georgskirche in Suceava, wo die Gebeine des Johannes Novus, dem Patron der Moldau, lagen – und Kloster Sucevița. Probota verblieb auf dem Gebiet der osmanischen Moldau, alle anderen Kirchen der Bukowina wurden Gemeindekirchen.

Nach dem Ersten Weltkrieg wurde die Bukowina 1919 im Vertrag von Saint Germain Rumänien zugesprochen, die deutschsprachige Czernowitzer Universität in eine rumänische umgewandelt. Bis zur erneuten Aufteilung konnten in der Provinz Nordbukowina drei größere Völker – Rumänen, Ruthenen (Ukrainer) und Deutsche – sowie drei kleinere Volksgruppen – Juden, Magyaren und Polen – einträchtig miteinander leben. Auch nach der Angliederung an Rumänien hatte dies Bestand. Doch mit der Besetzung durch die Sowjets 1940 und der damit verbundenen Aussiedlung der Deutschen fand diese Vielfalt ein Ende. Die Sowjetunion rechtfertigte ihre Ansprüche mit der widerrechtlichen Einverleibung Bessarabiens durch Rumänien nach 1919 und verlangte eine Kompensation. So kam der nördliche Teil der Bukowina zusammen mit dem westmoldauischen Bezirk Herța und seinen umliegenden Gemeinden zur Sowjetunion. Ein halbes Jahrtausend Fürstentum Moldau wurde somit aufgrund stalinistischer Willkür beendet.

Nur einmal in ihrer Geschichte hatte die Bukowina einem ostslawischen Staat angehört: Sie war vom 10. bis zum 11. Jahrhundert Teil des Kiewer Fürstentums, und im 13. Jahrhundert fiel sie kurzfristig unter die Herrschaft des podolischen Fürstentums Halic. Bereits im 12. Jahrhundert war diese Grenzprovinz von Rumänen besiedelt und damit die ethnische und kulturelle Voraussetzung für die im 14. Jahrhundert erfolgte Vereinigung mit der Moldau geschaffen worden.

Als Verbündete Deutschlands eroberten die Rumänen 1941 die nördliche Bukowina zurück, nach ihrer Kapitulation 1944 fiel es jedoch wieder an die Sowjetunion. Seither ist es der Ukraine angegliedert. Die südliche Bukowina dagegen gehört seit 1919 ununterbrochen zu Rumänien.

Die Klöster der Südbukowina

In der Bukowina findet man eine an Schönheit einzigartige Landschaft, die zudem reich an Architekturdenkmälern ist. Wer eine Rumänienfahrt unternimmt, sollte für diesen geographischen Abschnitt viel Zeit einplanen. Ob Winter, Frühling, Sommer oder Herbst - zu jeder Jahreszeit ist dieses so wenig vertraute Kulturgut eine Reise wert. Um möglichst viele der einsam gelegenen Klöster zu erreichen, ist das Auto das beste Verkehrsmittel. In den einzelnen Ortschaften in der Nähe der Klöster werden viele Privatzimmer angeboten, die Frauen stehen häufig mit Schildern am Wegesrand. Die Klöster selbst stellen einfache Kammern gegen ein geringes Entgelt zur Verfügung. Größere Orte wie das im Gebirge liegende Câmpulung Moldovenesc und die Hauptstadt Suceava eignen sich gut als Ausgangspunkte einer Rundreise.

Mit dem Aufbau des unabhängigen Staates Moldau und seiner Kirchenorganisation entstanden diese sakralen Denkmäler. Schon im 14. Jahrhundert erhielten die Klöster den Rang von Metropolien und wurden zu Kulturträgern der Moldau. Ein Kloster zur Ehre Gottes zu stiften und für das eigene Prestige zu gründen, wurde zur festen Tradition der moldauischen Fürsten und vermögender Bojaren. Besonders viele Bauwerke sind aus der Zeit Stefans des Großen (1457–1504) und seiner Nachfolger erhalten geblieben. Einige Denkmäler fielen den Kampfhandlungen im Ersten Weltkrieg zum Opfer wie zum Beispiel Sf. Procopie-Milişăuti (1487 erbaut).

▲ Karte S. 297

In ihrer Architektur bestehen die meisten Kirchen der Moldau im Unterschied zu den Klöstern der Walachei, die den byzantinischen Kreuzkuppelstil übernahmen, aus einem länglichen Schiff mit einem vorgezogenen Satteldach. Einige besitzen einen nicht freistehenden Turm, andere nicht. Als Grundriss liegt sehr häufig der sogenannte Dreikonchentypus vor. Dieser ist in den Bauten des 16. Jahrhunderts in fünf Räume gegliedert: Vorschiff, auch Pronaos genannt, Gruftraum, darüber liegende Schatzkammer, Hauptschiff (Naos) und Altarraum.

Die Raumgefüge unterscheiden sich in Bezug auf ihre Proportionen, Wölbungssysteme und die Trennelemente zwischen den einzelnen Räumen, die aus Säulen, Gittern oder Mauern bestehen können. Neben Tonnengewölbe und Einzelkuppel, die byzantinisch beeinflusst waren, gilt als eigenständige Entwicklung das sogenannte ›Moldauische Gewölbe‹, das meistens das Mittelquadrat des Naos bekrönt. Diese Konstruktion besteht aus vier Hauptbögen, über denen Pendentifs das Quadrat in einen Kreis überführen, den vier kleinere Segmentbögen wieder in ein Quadrat verwandeln.

In der Malerei der Moldau kann man drei Phasen unterscheiden. Zur Zeit Stefans des Großen wurde der sogenannte Moldaustil herausgebildet. Für diesen sind das Herausarbeiten des symbolischen Gehaltes wie auch die individuelle Darstellung der Personen auffällig. Um die Mitte des 16. Jahrhunderts, der zweiten Etappe der Entwicklung der moldauischen Malerei, wurde die Außenwandmalerei eingeführt. Eine Vorliebe für umfangreiche Prachtentfaltung wird in der Kirche des heiligen Georg in Suceava sowie in Probota, Humor und Moldoviţa deutlich. Feierlichkeit, Beredsamkeit und dramatische Bewegung wechseln einander ab. In einer dritten Phase, wofür die Malereien von Suceviţa

beispielgebend sind, bilden sich die Liebe zum erzählerischen Detail und die Betonung des Malerischen heraus.
Berühmtheit erlangten besonders die Klöster Voroneț (1488), Humor (1530), Moldovița (1532), Sucevița (1582) und Arbore (1503) wegen ihrer farbigen Außenmalereien. Aber auch die weniger bekannten Klöster Pătrăuți, Părhăuți, Bălineşti, Râşca und Probota sind eine Reise wert. Sie alle gehören zu den herausragenden Leistungen der rumänischen Kunst. Schlicht und unauffällig stehen sie von Mauern umgeben in Tälern oder auf Anhöhen. Jedes hat seine dominierende Farbgebung wie Humor das Rot, Voroneț das Blau, Moldovița das Gelb, Sucevița und Arbore das Grün. Noch ist nicht geklärt, warum in der Moldau in dieser Zeit die Außen- und nicht die Innenwände bemalt wurden. Vielleicht fanden die Gläubigen in den kleinen Gotteshäusern nicht ausreichend Platz und folgten dem Ritus außerhalb der Gotteshäuser. Im weitesten Sinne kann man diese ›gemalten Gebete‹ als Armenbibel verstehen, die Szenen aus der Schrift wiedergaben, die für den des Lesens unkundigen Bauern gedacht waren. Wie ein Teppich überziehen sie die Kirchenmauern. In ihnen sind aktuelle politische Bezüge eingefügt, die der Aufmunterung zur Abwehr der Türken dienten: die Stadt Konstantinopel, als sie einer Belagerung widerstanden hatte (Moldovița), oder die in die Hölle fahrenden Türken im Jüngsten Gericht (Voroneț). Die Bemalungen stehen in Rang und Qualität den Wandmalereien Italiens in nichts nach. Erstaunlich ist trotz der harten Witterungseinflüsse ihr einzigartiger Erhaltungszustand.
Der gesamte Klosterarchipel wurde in das UNESCO-Weltkulturerbe aufgenommen. Vom Tourismus dennoch bislang wenig entdeckt, sind diese Denkmäler eingebettet in eine malerische Landschaft und daher häufig von der Ferne gar nicht zu erkennen. Es ist, als ob sie sich ducken wollten. Es sind Oasen der Ruhe und der Weltabgeschiedenheit. Die Klöster sind heute wieder in kirchlicher Hand. In allen wirken Mönche oder Nonnen, die viel zum Erhalt, aber auch zur Lebendigkeit ihrer eigentlichen Bestimmung beitragen.
Der von Kriegen geprägten Zeit entsprechend, weihte man die Kirchen häufig einem heiligen Krieger wie Voroneț dem heiligen Georg oder Milişăuți dem heiligen Prokopios zu Ehren der Schlacht von Rîmnic im Jahr 1481. Dies sollte zum Kampf anspornen, war doch die Moldau immer Eroberungsversuchen ausgesetzt.
Auf den ersten Blick kann die Vielzahl an Figuren, Wiederholungen der Muttergottes und anderer vertrauter Personen aus der Bibel den Betrachter zunächst verwirren. In den Malereien lassen sich aber immer wieder die gleichen Themen wie ein Programm erkennen, auch wenn es Abweichungen in ihrer Deutung gibt. Sie unterscheiden sich in der Farbigkeit, in der Handschrift des Künstlers und in ihrer Anordnung. Die Westseite ist in der Regel dem Jüngsten Gericht vorbehalten, während die Prozession der irdischen und himmlischen Heerscharen zu Christus und der Gottesmutter (der sogenannte Cin oder ›Tschin‹) an der Ostseite, der Apsisseite, zu finden ist. Die Südseite wird regelmäßig vom Akathistos-Hymnus – einem der vielen Lobgesänge zu Ehren der Gottesmutter – mit der Belagerung von Konstantinopel und der Wurzel Jesse geschmückt. Daneben finden sich Genesisszenen – in die häufig ein eher seltenes Thema, der Pakt Adams mit dem Teufel, aufgenommen wurde –, die Himmelsleiter des Johannes Klimax, auch Tugendleiter genannt, und oft das nur

für die Moldau typische Thema der Himmelszölle, zumeist an der Nordseite. In nur 80 Jahren entstanden diese unvergleichlichen Außenmalereien, die mit der Kirche von Arbore begannen und abrupt mit der Kirche in Sucevița endeten. Die gesamte Ikonographie, vor allem der Akathistos-Hymnus, stand unter deutlichem Einfluss von Byzanz.

Für die Ausfertigung wurde die Mauer mit einem Gemisch aus Sand und Kalk getüncht, dem auch Lein- und Hanffasern beigemengt waren. Die getrocknete Mauer ließ man zunächst ruhen, dann wurde die Wand mit Wasser befeuchtet und der Grundriss der Komposition aufgetragen. Zum Binden der Farbe aus Pflanzen und Mineralien nahm man Ochsengalle und mengte wegen der schädlichen Einwirkung des Kalkes Ruß bei. Statt Wasser und Leim wurde den Farben noch Eigelb beigefügt, um sie fett- und wasserundurchlässig zu machen.

Voroneț

Um zur Klosterkirche Voroneț zu gelangen, der ›Sixtinischen Kapelle des Ostens‹, fährt man durch die Ortschaft Voroneț hindurch. An ihrem Ende befindet sich eine schlichte, in völligem Einklang mit der Natur stehende einzelne Kirche, die von einer Mauer umgeben ist. Weitere Klostergebäude der ursprünglichen Anlage sind nicht erhalten. An der Stelle des heutigen Baus befand sich ehemals die alte Holzkirche des Daniil Sihastrul, dessen Grabstätte in der Kirche zu sehen ist. Urkundlich entstand die Gesamtanlage bereits 1472,

Karte S. 297

Voroneț gehört zu den berühmtesten Kirchen Rumäniens

doch das heutige Gotteshaus stiftete erst Fürst Stefan der Große, es wurde laut der Votivtafel am Eingang zum Vorschiff (Pronaos) vom 26. Mai bis zum 14. September 1488 erbaut. »Stefan der Woiwode, von Gottes Gnaden Herr der Moldau, Sohn des Woiwoden Bogdan, begann zu bauen dieses Gotteshaus im Kloster zu Voroneț, im Namen des heiligen und ruhmreichen und großen siegreichen Märtyrers Georg im Jahr 6996 [=1488, d.Vf.] im Monat Mai den 26., am Montag nach der Ausgießung des Heiligen Geistes, und beendete es im gleichen Jahre im Monat September den 14.«

Die dem heiligen Georg geweihte Kirche ist damit die letzte von vier innerhalb eines Jahres errichteten Kultbauten: Milişăuti (zerstört), Pătrăuți und Sf. Ilie in Suceava. Eine Legende erzählt, dass der Fürst Stefan nach der Niederlage von Războieni hier einen Eremiten befragte und auf dessen Geheiß ins Schlachtfeld zurückkehrte.

Das Bildprogramm der Fassaden

Der Blick auf die Malereien der Kirche wird zunächst durch die tief herabreichende Traufe des Daches abgeschirmt. Im Grundriss liegt hier der moldauische Dreikonchentypus mit Altarraum (Apsis), Hauptschiff (Naos) und Vorschiff (Pronaos) vor, dem 1547 der Metropolit Grigore Roşca eine Vorhalle (Pridvor) anfügte. Über dem Naos erhebt sich auf moldauischem Gewölbe eine Tambourkuppel, während der Pronaos und die Vorhalle der Hierarchie gemäß mit herkömmlichen byzantinischen Gewölben nach oben abschließen. Von außen sieht man ein Strebepfeilerpaar, das den Seitenschub des innen liegenden Bogens abfängt und die für die Altarnebenräume ausgehöhlten Wände verstärkt. Das Dach ist entsprechend der einzelnen Räumlichkeiten gegliedert: ein Walmdach über dem Naos, ein Kegeldach über dem Turm und dem Altarraum. Neben den Malereien ziert eine auffällige Gliederung durch Blendarkaden und Blendnischen den Außenbau. Der plastische Türschmuck am Türrahmen zum Pronaos und zum Naos ist unter Beteiligung von Siebenbürger Steinmetzen spätgotisch ausgeführt worden.

Für die Außenmalereien und den Bau der Vorhalle und ihre Ausmalung scheint Metropolit Grigorie Roşca verantwortlich gewesen zu sein. Erst in unmittelbarer Nähe wird man der Kunst gewahr, die sich hier verbirgt. Die Außenmalerei aus der Zeit des Petru Rareş, neben Stefan dem Großen der bedeutendste Stifter in der Moldau, stellt eine Welt für sich dar. Hier spiegelt sich ein enorm hohes Kulturniveau des moldauischen Klerus wider.

Auf der Westseite sieht man in beeindruckendem Blau das Jüngste Gericht, ein Thema, das von vielen Kirchen bekannt ist. Man hat ihm hier die gesamte Fläche überlassen. Auf Fenster, die sonst in der Vorhalle üblich waren, wurde bewusst verzichtet. In fünf Rängen, die von oben nach unten zu lesen sind, präsentiert sich das theologische Programm. In der obersten Reihe rollen Engel den Himmel und die Tierkreiszeichen zusammen, in der Mitte erscheint im Himmelstor Gottvater. Darunter thront Christus in der Mandorla zwischen Maria und Johannes dem Täufer; dies wird als Deesisreihe (Fürbitte) bezeichnet. Sie sind umgeben von Engeln und den zwölf Aposteln als Beisitzer. In der dritten und mittleren Zone sieht man in der Mitte den leeren Thron, die sogenannte ›Hetoimasia‹ (griech. ›Vorbereitung‹). Neben ihm knien Adam und Eva. Auf der linken Seite erscheinen die Gerechten, auf der rechten die Ungläubigen, denen man die feindlichen Gesichter von Juden, Türken, Tataren und Armeniern gegeben hat.

Im unteren Register ist die Seelenwägung dargestellt. Der schwerbepackte Teufel schleppt die Sündenregister herbei, während die Engel, angeführt vom Erzengel Michael, Teufel und Verdammte in den Feuerstrom jagen. Zum Tag des Gerichts blasen die Engel statt Po-

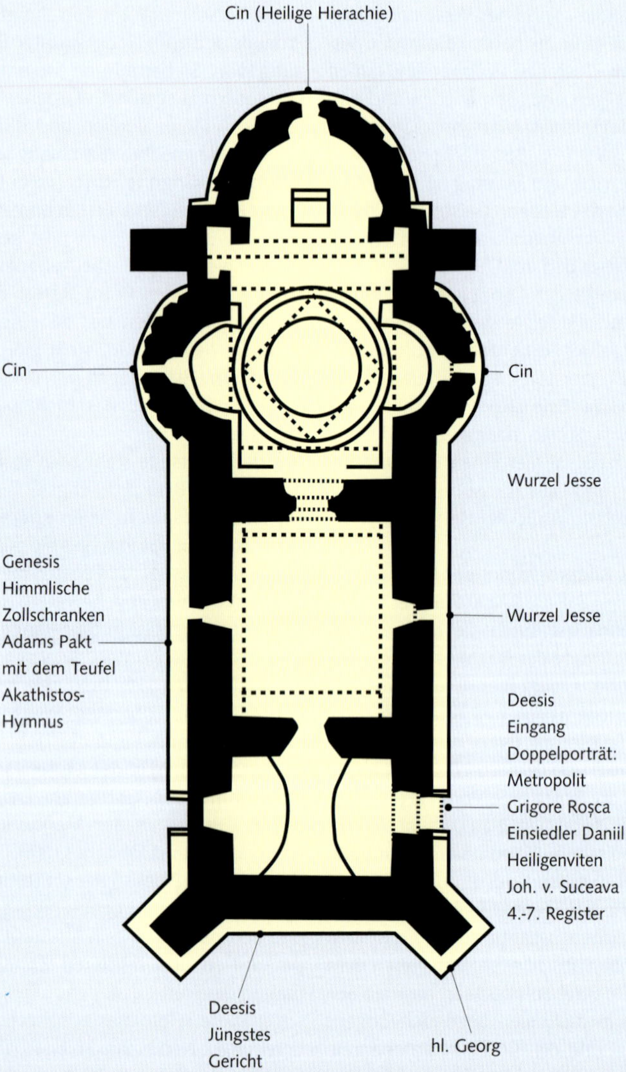

Schema der Außenmalereien am Beispiel Voroneț

▶ Karte S. 297

saunen heimische Holzblasinstrumente (Bucium). Die Erde und das Meer, die Gräber und die Tiere geben die Toten zurück. Links drängt sich die Schar der Heiligen zum Paradies. Hier thront Maria; die Erzväter Abraham, Isaak und Jakob halten die Seelen der Gerechten im Schoß. Die Malerei gibt außerordentlich anschaulich wieder, wie man sich trotz der Normen, die vorgegeben waren, Freiheiten herausnehmen konnte, um die Porträts, die Landschaft, die Mode und dramatische Handlungen dem Volk anschaulich und harmonisch zu vermitteln. Zur künstlerischen Gesamtwirkung trägt in entscheidendem Maße auch die Farbkomposition bei. Das Blau dominiert; chemische Untersuchungen haben bewiesen, dass man sich des Lapislazuli-Pulvers bediente.

Auf der Nordseite, die dem Wind ausgesetzt und deshalb weniger gut erhalten ist, sieht man den Akathistos, Szenen aus der Genesis und das nur für die Moldau bekannte Thema der ›Himmlischen Zollschranken‹. Das Thema einer Legende innerhalb der Vita des heiligen Basilius des Neuen war durch ein moldauisches Manuskript verbreitet worden. Auch der Pakt Adams mit dem Teufel, ein Thema der apokryphen Schriften, wurde hier volksnah aufgegriffen. Um den Boden, der den Bösen gehörte, bebauen zu können, schloss Adam nach der Vertreibung aus dem Paradies einen Pakt mit dem Teufel, wonach ihm dieser gestattete zu pflügen, unter der Bedingung, dass ihm Adam die Seelen seiner Nachfolger nach deren Tod überlasse. Christus zerriss diesen Pakt. Im Anschluss daran reihen sich Szenen aus dem Leben des Einsiedlermönches Antonius.

Die Register der drei Apsiden werden von der großen Komposition des Gebetes aller himmlischen und irdischen Hierarchen eingenommen. Engel, Erzengel, Cherubime, Seraphime, Propheten, Apostel, Bischöfe, Kirchenväter, Märtyrer, Einsiedler und Mönche streben in fürbittender Haltung der Altarapsisachse zu. Hier thront die Muttergottes mit Jesus Emanuel im Kelch, auf ihren Knien der siegreiche heilige Georg mit dem Schwert in der Hand.

Auf der Südfassade folgt über die gesamte Fläche verteilt die Wurzel Jesse, auf vielen anderen Kirchen jedoch der Akathistos-Hymnus. Über dem Eingang wacht die Deesis, und links der Tür sieht man ein Doppelporträt von Daniil dem Einsiedler (mit Heiligenschein) und dem Metropoliten Grigore Roşca (bärtig). Georgs Kampf mit dem Drachen und die Lebensläufe der beiden Heiligen Johannes von Suceava und Nikolaus in den darüberliegenden Zonen schließen die Malerei ab.

Das Kircheninnere

Man betritt die Kirche über den Eingang an der Vorhalle. Die Malereien im Gewölbe und auf den Wänden stellen eine Verbindung von Außen- zu Innenwelt dar. Wie der Pronaos war dieser Bauteil gestalterisch den Heiligenlegenden vorbehalten. Hier sind vor allem Szenen aus dem Leben des Elias und teilweise der orthodoxe Kirchenkalender an die Wände gebannt. Über dem Eingang in den Innenraum zum Pronaos begrüßt ein Bildnis der Muttergottes Eleusa den Besucher. Rührselig lehnt das Kind seine Wange an jene der Mutter und umarmt sie. Ein unbeschreiblich gütiger Ausdruck liegt in deren großen traurigen Augen. Die Malereien im Pronaos selbst gehören der Zeit um 1550 an und sind damit ein halbes Jahrhundert jünger als die des Naos und Altarraumes. So kann man innerhalb dieser Kirche gut die Malereientwicklung vergleichen. Das Gewölbe bedeckt die betende Muttergottes (Orans) mit Jesus Emanuel (byzantinischer Ikonographietypus). Das purpurne Maphorion (Schultertuch) mit goldener Borte hebt sich vorteilhaft vom sternenübersätem Hintergrund ab. Wie in der Vorhalle war es üblich, Begebenheiten aus dem Leben des Kirchenpatrons darzustellen. Man kann im oberen Register 28 Szenen aus dem Leben des heiligen Georg erkennen.

Eine Kette von Medaillons mit Brustbildern von Heiligen, die miteinander durch Blatt- und Blumenverzierung verbunden sind, trennt den Georgszyklus von den Darstellungen des orthodoxen Kalenders, der die Feiertage, die Heiligen und Martyriumsszenen der einzelnen Heiligen enthält.

Der gesamte Innenraum ist, wie für die moldauischen Kirchen üblich, nur spärlich beleuchtet. Durch Staub und Kerzenruß sind die Malereien, die zu den ältesten erhaltenen ihrer Art gehören, dunkler geworden.

Die Malereien des Altarraumes und des Naos wurden vermutlich kurz nach Beendigung des Baues ausgeführt, also um 1500. Gemäß der orthodoxen Hierarchie befindet sich in der Kalotte des Turmes der Pantokrator (Allherrscher), im Bildstreifen darunter im Tambour folgen die Seraphen, Erzengel, Propheten, und Apostel und in den kleinen Pendentifs, als Vermittler zwischen himmlischer und irdischer Sphäre, die Evangelisten. Die oberen Register der Wände sind schwer zu erkennen. Sie zeigen das Leben Jesu Christi, den Passionszyklus eingeschlossen. Die Südwestwand ist traditionsgemäß den Stiftern vorbehalten. Ihre Bilder wurden übermalt, das Abbild des verstorbenen Alexandru (Sohn und Mitregent Stefans des Großen) wurde durch das des jungen Bogdan ersetzt. Auf großem, mit Goldsternen übersäten Hintergrund – in der Moldau den Stiftern vorbehalten – empfängt der thronende Christus von Stefan dem Großen die Kirche als Opfergabe und erteilt ihm den Segen. Der heilige Georg als Patron der Kirche hat eine Mittlerrolle und stellt Christus den Woiwoden vor. Stefan trägt eine Krone

Maria im Gewölbe über dem Eingang

▲ Karte S. 297

und den byzantinischen Kaisermantel, die ›Granatza‹. Ihm folgen seine dritte Gattin, Maria Voichița (Tochter des walachischen Fürsten Radu des Schönen), ein Mädchen und der Thronfolger Bogdan Vlad. Gegenüber auf der Nordwand ist als Gegenstück Maria mit Krone und in kaiserlicher Kleidung zu sehen.

In der Hauptapsis thront die Muttergottes mit dem Jesuskind, sie sind von Engeln umgeben. Für die Moldau sind zwei Engel zu beiden Seiten des Thrones typisch. Danach folgt ein breiter Seraphenfries als Abgrenzung gegen das nächste Register. Von Nord nach Süd sieht man das Abendmahl, zweigeteilt die Kommunion der Apostel: den Empfang des Brotes und den Empfang des Weines. Dann folgt die Fußwaschung. Darunter stehen zwischen den Archediakonen Stefan auf der Nord- und Prohor auf der Südseite die großen Hierarchen der orthodoxen Kirche: greise Gelehrte, erkennbar an ihren Schriftrollen. Die Nebenräume zeigen Jesus im Grab mit der von drei Engeln begleiteten Muttergottes und den alten Simeon mit dem Jesuskind. Im Inneren bestechen Chorgestühl und Fürstenthron durch die präzise Ausführung ihrer vielfältigen geometrischen Motive, ihrer malerischen Verzierung, in die sich gotische Elemente und Flechtwerkornamente der Manuskripte jener Zeit mischen. Die Malerei geht teilweise auf das Jahr 1577 zurück, teilweise laut Inschrift auf Grigore Roşca, Metropolit von Suceava. Die Ikonostase stammt aus dem 18. Jahrhundert.

Im Gegensatz zu anderen großen Klöstern der Moldau ist Voroneț arm an Kultgegenständen. Der hier entstandene berühmte Voroneț-Codex, eine Stiftung Stefans des Großen und eine der ältesten Handschriften der Moldau, befindet sich heute in Putna. Einige Grabplatten, darunter die des Einsiedlers Daniil und des Metropoliten Roşca (gestorben 1570), sind erhalten. Sie sind mit herkömmlichen Varianten der Palmettenranken verziert; Daniils Grabplatte zeigt zwei zu einem Herz verschlungene Halbpalmetten. Davon unterscheidet sich die Grabplatte des Großhofmeisters Grigorcea (1600, zur Zeit der Movilăs) durch die malerische Komposition von Blumen und Blattranken.

Kloster Humor

Das Kloster liegt neben dem gleichnamigen Marktflecken und wurde Anfang des 16. Jahrhunderts gegründet. Außer der Maria-Entschlafens-Kirche sind von den Klosterbauten nur der 1641 errichtete Torturm und Reste einiger Grundmauern erhalten. Laut Urkunden wurde das erste Kloster hier in den Wäldern am Fuß des Höhenzuges Obcina Mare 1415 von Oană gestiftet, dem Statthalter Alexander des Guten. Die Grundmauern dieses Kirchenbaues wurden unweit der ehemaligen Kirche freigelegt. Das heutige Kloster mit der Maria-Entschlafens-Kirche wurde 1530 vom Logotheten (Kanzler) Theodor Bubuiog gespendet. Während der Habsburger Zeit wurde das klösterliche Leben aufgehoben, die Kirche als Pfarrkirche genutzt. Erst seit 1991 wird das Kloster wieder von Nonnen bewirtschaftet.

Kloster Humor war von Anbeginn ein wichtiges Kulturzentrum mit einer Schreibstube für die Mönche. Ein beredtes Zeugnis dieser Zeit ist das Evangeliarium von 1473, das sich heute in Putna im Museum befindet.

Die Kirche

Die turmlose Kirche entstand als Dreikonchenbau, bestehend aus fünf Räumen mit einem moldauischen Gewölbe über dem Naos. Im Westen wurde eine offene Vorhalle angefügt. Die Verzierun-

Der ›Tod des heiligen Nikolaus‹

gen am Sockelprofil, an Tür- und Fensterrahmungen sowie am Portalrahmen zwischen Grabkammer und Naos weisen auf siebenbürgische Steinmetze hin. Der Schatz der Kirche sind ihre **Malereien**. Die Außenmalereien von 1535 – Datierung der Nordfassade – gehen auf Meister Toma aus Suceava zurück. Die Innenmalereien folgen mit Ausnahme der Grabkammer, für die es keine verpflichtende Überlieferung gab, in ihrem Programm dem üblichen Kanon.

Den Eingang zum Pronaos schmückt ein besonders inniges Muttergottesbild. Im Typus der Liebkosenden (Glykophilousa) stützt Maria den Kopf des Jesuskindes, das sich mit seinen Händen an ihren Schultern festhält. Die Pronaoskuppel wird von einer monumentalen Komposition ausgefüllt. Im Scheitel sitzt vor himmelblauem Hintergrund die Gottesmutter mit zum Gebet erhobenen Händen (Typus Blacherniotissa), umringt von Engeln und den 24 Ältesten der Apokalypse. In den Pendentifs sind die Meloden (Hymnendichter) Johannes von Damaskus, Joseph Hymnographos, Theophaes Graptos und Kosmas von Majum zu erkennen. Die Bogenfelder werden durch die sieben ökumenischen Konzile geschmückt, darunter folgen Szenen des Menologions (Heiligenfestkalender).

Auf der Pronaoswand ist links vom Fenster die steinerne Stifterinschrift zu lesen. Die obere Zone der Grabkammer zeigt das nach kanonischen und apokryphen biblischen Büchern kombinierte Marienleben, darunter die selten zu findende Szene ›Maria besteht die Fluchwasserprobe‹.

Die **Außenmalereien** sind vor allem an der Südfassade gut erhalten. Hier haben Wind und Wetter die geringste Wirkung. Das Hauptthema ist der ›Akathistos-Hymnus‹, der auch die Wände von Probota, der Georgskirche von Suceava sowie Moldovița, Baia, Arbore und Sucevița schmückt. In der byzantinischen Welt waren Marienhymnen sehr verbreitet.

Kloster Moldovița

Vom Kloster Humor ist über die Ortschaft Gura Humorului, die E576 in Richtung Vama und von hier über eine kleine, aber gute Nebenstraße über Frumosu bald Moldovița erreicht. Wie viele moldauische Klöster ist auch dieses aus strategischen Gründen von einer imponierenden hohen Mauer mit integrierten Wohnbauten umgeben. Das Kloster wurde 1945 den Nonnen zurückgegeben, die es auch unter dem Dikatator Ceauşescu behalten durften. Derzeit bewirtschaften und renovieren 38 Nonnen die Anlage.

Der Vorgängerkomplex des heutigen Klosters bestand aus einer hölzernen Anlage von 1402. Alexander der Gute stiftete 1410 den Steinbau, den später ein Erdrutsch zerstört haben soll. Die alten Grundmauern sind nicht weit vom heutigen Kloster zu erkennen. Das heutige Kloster Moldovița wurde von Petru Rareş gestiftet, der im Garten seine letzte Ruhestätte fand.

▲ Karte S. 297

Die Kirche

Die Maria Verkündigung geweihte Kirche wurde laut Inschrift 1532 erbaut und fünf Jahre später ausgemalt. Der Dreikonchentypus mit Turm lehnt sich in seiner Staffelung von Altarraum, Hauptschiff, Grabkammer mit darüberliegender Schatzkammer, Vorschiff und Vorhalle stark an das Vorbild Humor an. Etwas jünger als Humor, unterscheidet sich der Bau nur durch das moldauische Gewölbe, den Turm über dem Naos und die Anordnung der Vorhallenpfeiler.

In der Vorhalle ist rechts das Grab von Kir Gheorghen, nach byzantinischer Zeitrechnung aus dem Jahr 1714, zu sehen. Das Portal zum Pronaos (Vorschiff) enthält in der Lünette eine bemerkenswerte Muttergottes, das Jesuskind zärtlich umarmend (Eleusa- oder Erbarmens-Typus). Im linken oberen Zwickel ist König Salomo dargestellt. Um den gesamten Portalrahmen figurieren Gestalten aus dem Jüngsten Gericht. Im Grabraum fällt das Baldachingrab für den Metropoliten Efrem aus dem Jahr 1613 besonders ins Auge.

Auf der Westwand im Naos sieht man das Porträt des bedeutenden Stifters der Moldau, Petru Rareş, der begleitet von seiner Gemahlin und seinen Söhnen, von Maria empfohlen, dem thronenden Christus seine Stiftung darbietet. Die für rumänisch-orthodoxe Kirchen übliche Ikonostase wird von einem hervorragenden Kruzifixus von 1593 geschmückt, während die Ikonen vom 17. bis 19. Jahrhundert stammen.

Die **äußeren Malereien** verdanken ihren guten Erhaltungszustand der sehr sorgfältigen Ausführung. Die Südfassade ist dem Akathistos-Hymnus, gefolgt von der Wurzel Jesse, die Apsis dem sogenannten Tschin oder Gebet aller Heiligen gewidmet: Themen, die auch in Humor an gleicher Stelle vertreten sind. Beim Tschin handelt es sich um eine erweiterte Deesisdarstellung (Fürbittreihe). Alle Figuren nähern sich im Fürbittgestus einer zentralen Gestalt. Das Ord-

Klosterkirche Moldovița

Auch Kloster Moldovița beeindruckt mit Wandmalereien

nungssystem umfasst in der Moldau die Heerscharen der Engel in den oberen Rängen, denen die Schau einer göttlichen Gestalt ›Alter der Tage‹ (Emmanuel als Pantokrator) gewährt wird. Darunter folgen die Propheten, die den inkarnierten Gott, dargestellt auf dem Schoß der jungfräulichen Mutter, in der visionären Schau erleben konnten. Im dritten Rang von oben folgen die Apostel, die in ihrer Funktion als nahe Begleiter oder ausgewiesene Fürbitter vor dem Thron Christi erscheinen. Dort, wo sie auf das Lamm ausgerichtet sind, versteht man sie als Glieder der Urkirche, denen Christus selbst Zugang zu den Altarsakramenten eröffnet.

Im nächsten Rang folgen die Bischöfe und Kirchenväter als Nahtstelle zur himmlischen Hierarchie, die auf das Mandylion (Christusabbild) zielen. Die Vermittler des Heils sind Mönche und Eremiten als Empfänger der Sakramente, als Augen- und Ohrenzeugen und Zeugen des Leidens. Ihr Fürbittgestus weist auf die zentrale Figur des Erzengels Michael.

▲ Karte S. 297

Weitere Bauten

Unter den **Klostergebäuden** ist die restaurierte Küsterwohnung von 1612 hervorzuheben. Sie diente als Wohnsitz, als Schule für die Kopisten und Miniaturmaler sowie als Aufbewahrungsort für den Klosterschatz.

Das Kloster verfügt über ein **Museum**, in dem Handschriften aus dem 15. Jahrhundert, Stickereien aus der Zeit Stefans des Großen und der Fürstenthron aus der Zeit von Petru Rareş aufbewahrt werden. Die Handschriften geben Aufschlüsse über Organisation und Gestaltung des Klosterwesens.

Die erhaltene **Umfassungsmauer** weist noch die Zinnen über dem Wehrgang und die befestigten Türme aus der Entstehungszeit auf. Die Arkaden des Wehrganges wurden im 17. Jahrhundert unter dem Einfluss des Klosters Dragomirna mit Rosetten und Blumenmotiven verziert.

Kloster Sucevița

Der große rumänische Dichter Mihai Sadoveanu schildert Kloster Sucevița als eindrucksvolle mittelalterliche Burganlage. Es lässt sich zu Fuß über die Hügel vom Kloster Putna ersteigen oder über die Straße von Rădăuți erreichen. Das Kloster liegt eingebettet in die Umgebung des gleichnamigen Dorfes, das sich zu beiden Seiten der Landstraße entlangzieht. Die Landschaft unterscheidet sich durch nichts von derjenigen, der man auf dem Weg zu den anderen mittelalterlichen Baudenkmälern der Moldau begegnet: Felder, die bis zum Fuße der bewaldeten Hügel reichen, überall Wasserläufe, die gleiche Stille.

Das Kloster ist eine Gründung des Metropoliten Gheorghe Movilă und seiner Familie aus dem Jahr 1582. Der Großbojar Ieremia Movilă konnte ohne fürstliche Erbrechte den Thron der Moldau

(1595–1606) besteigen. Dank seiner Schenkungen entwickelte sich Sucevița als eines der letzten Bauwerke des 16. Jahrhunderts zum reichsten Kloster der Moldau. Einzigartig ist die Erhaltung der ehemaligen **Befestigungswerke**. Sechs Meter hohe und bis zu drei Meter starke Mauern mit Laufgängen, Ecktürmen

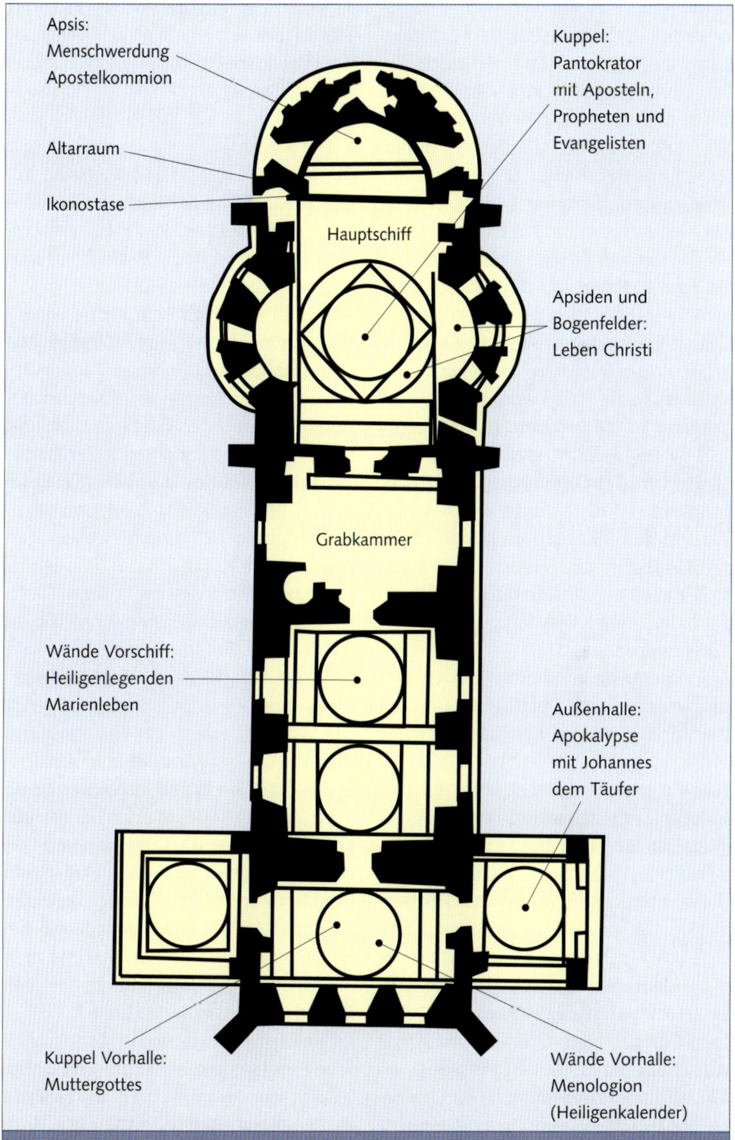

Schema der Innenmalereien am Beispiel von Kloster Sucevița

und Torturm bilden ein Geviert von 100 auf 104 Metern. Jeder der Türme aus Bruchsteinmauerwerk unterscheidet sich sowohl in Grundriss, baulicher Struktur und Wölbung. An der Nordwestecke befindet sich der Glockenturm; die Glocken stammen noch aus der Gründungszeit, ihre Abbildungen schmücken das Wappen der Stifter und der Moldau. Auch Teile der **Wohnbauten** sind noch erhalten.
Viele ausschmückende Legenden über das Kloster waren im Umlauf; die Chronik des Grigore Ureche erzählt Genaueres. So war das Schicksal des Klosters seit dem 17. Jahrhundert eng mit den historischen Ereignissen verknüpft. Es wurde 1610 und 1615 von den Polen und Kosaken sowie 1629 von Räubern geplündert. In die verödete Anlage zogen im Jahr 1642 Mönche aus der Großen Klause von Galizien. Sechs Jahre später konnte das Kloster unter Fürst Vasile Lupu mitsamt Besitz neu geweiht werden. Während der Habsburgerära behielt es seinen Klosterstatus bei. Während der staatlichen Renovierung von 1954 wurde das Dach originalgetreu wiederhergestellt, wurden die Umfassungsmauern vom Putz befreit und der sternförmige Sockel des Turmes freigelegt.
Das Kloster ist zu Recht stolz auf sein **Museum**, das neben Putna und Dragomirna eine der reichsten Sammlungen an Stickereien, Silberzeug, Miniaturen, Büchern, Handschriften und Drucken enthält. Im 16. und 17. Jahrhundert unterhielt das Kloster eine eigene Werkstatt mit bedeutenden Schreibern und Künstlern. Hier nahm das Wirken von Anastasie Crimcas, dem Gründer der Schule von Dragomirna, seinen Ausgang. Im 19. Jahrhundert bestanden hier eine bekannte Druckerei, eine Buchbinderei sowie eine Schule für Mönche und Laienbrüder. Unter den Handschriften ragen besonders jene aus dem Besitz von Neagoe Basarab und Alexandru II. Mirceas hervor. Sie stammen aus dem 16. Jahrhundert. Die gestickten Bildnisse des Ieremia und des Simion Movilă gelten als Hauptwerke der mittelalterlichen Stickerei Rumäniens.

▶ Karte S. 297

Die Kirche

Die dem Heiligen Dreikönigsfest geweihte Kirche ist der letzte und größte in der Reihe der Moldauklöster entstandene Dreikonchenbau. Bestechend sind die harmonischen Proportionen.
Im Grundriss besteht die Kirche wieder klassisch moldauisch aus Altarapsis, Naos mit hoher Tambourkuppel sowie Bogen und Halbkupppeln über beiden Seitenapsiden, der Grabkammer und der über eine Wendeltreppe erreichbaren Schatzkammer darüber (für Besucher nicht zugänglich), beide mit Quertonnen überdeckt, einem zweijochigen Pronaos mit Kuppeln über Pendentifs sowie der geschlossenen Vorhalle (auch als Exonarthex bezeichnet), an die im Norden und Süden je eine offene Vorhalle auf verschiedenen Stützen angefügt wurde.
Die **Wandmalereien** der Fassaden und des Inneren sind wunderbar erhalten und entstanden in den Jahren von 1595 bis spätestens 1606. In einer Handschrift des Klosters sind die Maler Ion und sein Bruder Sofronie genannt. In all ihrem Schaffen zeigt sich im Vergleich zu den früheren Malereien der Moldau das betont erzählende Element, so dass man hier deutlich die dritte Etappe des moldauischen Stils erkennen kann.
Im Inneren hat das reiche ikonographische Programm zu einer starken Unterteilung der Wandflächen in zahllose kleine Szenen geführt. Die Vorhalle (Exonarthex) wird an der Ostwand vom

›Jüngsten Gericht‹ geschmückt. Im Rahmen der traditionellen Wiedergabe hat sich der Maler erzählerische Freiheiten herausgenommen. So tragen kleine schwarze Teufel auf dem Rücken das Sündenregister der Menschheit in weißen Paketen. Die Gestalt einer kleinen weißen Seele mit einem Hahn auf der Schulter illustriert eine Volkslegende.
Von den Szenen der Heiligenlegenden an den Wänden ist aus der Vita Johannes des Neuen die Überführung seiner Gebeine nach Suceava hervorzuheben. Alexander der Gute, der die Überführung Anfang des 15. Jahrhunderts veranlasste, ist in fürstlichem Gewand neben seiner Gemahlin zu sehen. Begleitet vom ganzen Hof verlässt er die Residenzstadt, um die Gebeine zu empfangen. Deutlich kann man die thematische Ausführlichkeit sowie die Reduzierung der Maße erkennen, die der Malerei einen miniaturhaften Zug verleihen und die monumentale Wirkung abschwächen.

Im Pronaos werden die Heiligenlegenden mit der Lebensbeschreibung der beiden Heiligen Georg und Nikolaus auf dem unteren Wandstreifen fortgesetzt. Die großen Wandflächen bedeckt das sogenannte Menologion, der orthodoxe Kalender, mit je einer Episode aus dem Leben aller Heiligen. Die verschiedenen Gewänder zeugen von den Trachten verschiedener Regionen. Wieder hat sich der Künstler liebevoll vielen Details hingegeben.
In der Kuppel ist Abrahams Gastmahl angebracht, das in der orthodoxen Ikonographie die Heilige Dreifaltigkeit symbolisiert. Die Gastgeber Sarah und Abraham wurden entgegen der Traditionen in die Darstellung aufgenommen.
Die Wände und Gewölbe der Grabkammer sind mit Szenen aus dem Leben des Moses dekoriert. Besonders lebendig wird der Auszug aus Ägypten geschildert. In diesem Raum befinden sich auch die **Gräber der Stifter**. Die verzier-

Kloster Sucevița, Südseite

ten Grabplatten gehören zu den wenigen Denkmälern mit steinbildhauerischem Schmuck in der Moldau. Ihre Rechteckform ist am Rand geometrisch und von einer Schrift umrahmt. Das Mittelfeld ziert ein Schmuckmotiv oder eine Inschrift.

Der Naos ist, wenn auch nicht ausschließlich, dem Neuen Testament gewidmet. Die Südwand präsentiert den Stifter mit Familie. Fürst Ieremia Movilă mit Kreuz und Kirchenmodell in den Händen wird von Maria empfohlen und bietet seine Stiftung dem thronenden Christus dar. Vor ihm schreitet sein Sohn und Nachfolger Constantin, nach ihm folgen Familienmitglieder: Chiajna, die älteste Tochter, seine Mutter Maria, seine Frau Elisaveta, seine weiteren Kinder Ecaterina, Alexe, Stana und Zamfira. Auf der Nordseite kniet der Metropolit Gheorghe Movilă beim Empfang der Kommunion. In der Kuppel thront Christus Pantokrator; die Zwickel darunter füllen die sieben ökumenischen Konzile.

Die **Außenmalerei** unterscheidet sich von den anderen Klöstern durch die Darstellung der Leiter des Johannes Klimax an der Nordfassade sowie des brennenden Dornbusches und der Schutzmantelmadonna statt der Belagerung von Konstantinopel an der Südfront.

Auf der Nordwand ist gegen Westen die Legende des heiligen Pachomios (auch Pahomie, Begründer des organisierten Mönchtums) abgebildet. Zu den Szenen der Genesis führt die Himmelsleiter des Johannes Klimax. Das Thema geht auf den Mönch vom Sinai zurück, Johannes Klimax. Die 30 Stufen versinnbildlichen Tugenden, die zum Paradies führen, und entsprechen dem Lebensalter Christi. Auf grauem Hintergrund hat der Künstler das in Weiß und Blau gesäumte Rot der ausgebreiteten Flügel der in aufsteigenden Reihen angeordneten Engel gemalt, die sich durch eine schräge Leiter vom bläulichen Chaos der Unterwelt abheben. Laster, hier als vielköpfige Teufel geschildert, behindern emporklimmende, entblößte Körper, die sich in unwahrscheinlichen Stellungen winden, um der scheußlichen Umklammerung der Teufel zu entgehen. Nirgends in der Moldau ist der Kontrast zwischen der feierlichen Ordnung der himmlischen Sphäre und der chaotischen, auseinanderdriftenden Hölle dramatischer dargestellt worden als hier.

Die Südwand schmücken der Akathistos-Hymnus und die Wurzel Jesse. Unter den hellenistischen Gelehrten Platon, Pythagoras, Sophokles und Aristoteles fallen vor allem die jugendlichen Gesichtszüge des letzteren auf.

Kloster Putna

Kloster Putna, das älteste von Stefan dem Großen gestiftete Kloster, kann man gut nach der Besichtigung von Kloster Sucevița aufsuchen. Eine neue Straße führt zu dem Pilgerort, der heute wieder von Mönchen belebt ist.

Alte Glocken im Kloster Putna

▲ Karte S. 297

Der Legende nach wurde die eindrucksvolle, von mächtigen **Steinmauern** umgebene Gesamtanlage in den Jahren ab 1466 an der Stelle errichtet, wo der vom Fürsten abgeschossene Pfeil zu Boden fiel. Der Chronist Ion Neculce (1672–1745) schrieb ergänzend, »und so wurde ein schönes Kloster errichtet, ganz vergoldet, innen und außen bemalt und mit Blei gedeckt«. Das Kloster wurde während der Herrschaft des Fürsten Vasile Lupu (1634–1653) zerstört, entstand aber erneut nach altem Grundriss noch im gleichen Jahrhundert. Es wurde mehrfach einer Renovierung unterzogen und konnte 1966 mit Unterstützung der UNESCO sein 500-jähriges Jubiläum begehen. Gleich hinter dem Eingang erkennt man ein **Denkmal für Mihai Eminescu**, eines von den vielen im Land.

■ Die Hauptkirche

Die Hauptkirche steht im Zentrum der Anlage. Beim Wiederaufbau verzichtete man auf die Außenmalerei des Dreikonchentypus. Dafür beleben hohe Blendarkaden, Blendnischen und gotische Fensterrahmungen die weißen Außenwände, die wohl einstmals mit bunten Keramikscheiben verziert waren. Die Kirche wurde von Anbeginn als **Grabstätte Stefans des Großen** geplant. Dessen Grab ist mit einem weißen Marmorbaldachin überdacht. Auch seine Gattin und nachfolgende Moldaufürsten wurden hier bestattet. Die Gräber des 15. und 16. Jahrhunderts sind mit Großbuchstaben, Mäanderranken und daran pickenden Vögeln verziert, Motive, die volkstümlichen Webereien oder Wandmalereien entnommen wurden. Jedes Grab enthält die byzantinische und die lateinische Jahreszahl. Vor der Westfassade ist eine in sieben Hexagone unterteilte hohe Holzsäule mit eingeschnitzten Porträts moldauischer Fürsten zu bewundern.

■ Weitere Sehenswürdigkeiten

Zum Kloster gehört ein sehenswertes **Museum**, das die einstige kulturelle Bedeutung und das mittelalterliche Kunstschaffen in der Moldau unterstreicht. Es besitzt die gestickte Grabdecke der Maria von Mangop, der zweiten Frau Stefans, das älteste gestickte Porträt in natürlicher Größe. Das Kloster war die bedeutendste moldauische Schreibstube des Mittelalters, weswegen der Bestand an Miniaturen überragend ist. Unter den Schätzen, die aus anderen Klöstern der Bukowina stammen, ist das Tetraevangeliar von Humor aus dem Jahr 1473 erwähnenswert. Auch aus der Schule des Gavril Uric vom Kloster Neamț gibt es Handschriften zu sehen. Etwas Besonderes sind die Silberbeschläge der Handschriften sowie das mit dem Wappen der Moldau geschmückte und von Stefan dem Großen gestiftete Weihrauchfass von 1470.

In der Nähe des Klosters steht eine **Holzkirche**, die als ältestes Denkmal religiöser Architektur der Moldau gilt. Die Stiftung des Woiwoden Dragoş von 1353 ließ Stefan der Große aus Volovăț nach Putna bringen.

Bergwärts, am Rande einer Feriensiedlung, liegt die in den Felsen gehauene kleine **Höhlenkirche** des Einsiedlers Daniil (Biserica lui Daniil Sihastrul), eines Zeitgenossen Stefans. Den Überlieferungen nach soll er seinem Fürsten während der Osmaneneinfälle mit klugen Ratschlägen zur Seite gestanden haben. Heute verrichtet ein Mönch des Klosters Putna wieder täglich einen einsamen neunstündigen Dienst im Höhlenkloster.

Kloster Arbore

Von Putna nach Arbore gelangt man am besten über Marginea und **Solca** mit seinem alten Kloster und einer Brauerei. In **Marginea** kann man eine **Töpferei**

Kirche Arbore

besichtigen. Diese schwarze Keramik hat typische geometrische Muster und erinnert an mittelalterliche Bukowina-Keramikfunde.

Das Kloster Arbore liegt direkt an der Hauptstraße, ist von einer Holzmauer umgeben und muss für Besucher aufgeschlossen werden.

Die Kirche

Die Johannes dem Täufer geweihte Kirche war eine Stiftung des Heerführers und Bojaren Luca Arbore. Der hohe Würdenträger unter Stefan dem Großen ließ den Bau kurz nach dem Erwerb des Gutes 1502 im Tal der Solca errichten. Der schlichte rechteckige Bau ohne Turm erhielt die erste offene Vorhalle der Moldau. Im Inneren erweckt die Architektur den Eindruck einer Dreikonchenanlage. Tatsächlich handelt es sich aber nur um zwei runde, sehr tiefe Nischen im Mauerwerk als Apsiden, die von außen gar nicht in Erscheinung treten.

Ein sehr abwechslungsreiches Gewölbesystem deckt die einzelnen Bauglieder: im Pronaos abgetreppte Bögen und eine Kuppel über Pendentifs, im Naos ein moldauisches Gewölbe, über den Seitenapsiden Halbkugelsegmente und im Altarraum eine Tonne mit Halbkugel. Im Vorschiff liegt der Stifter unter einem **Baldachingrabmal**.

Kostbare **Innen- und Außenmalereien** schmückten die Kirche. Die Innenmalereien, allen voran die Stifterporträts, wurden 1538 während einer türkischen Invasion zerstört und vom Meister Dragomir, Sohn des Coman aus Iaşi, wieder erneuert. Unversehrt erhalten blieben nur die Heiligenfiguren im Vorschiff.

Die Außenmalereien entstanden kurz nach der Erbauung der Kirche und gehören zu den ältesten erhaltenen der Moldau. Aufgrund mangelhafter Technik sind sie stark mitgenommen. Neben den klassischen Themen wie dem Akathistos-Hymnus an der Südfassade sind hier auffällig viele Heiligenlegenden dargestellt. Die Verweltlichung der Georgslegende erreicht ihren Höhepunkt mit dem Empfang des Heiligen am Königs-

▶ Karte S. 297

hof und dem Gastmahl. Im Mittelgrund figurieren nicht nur Musiker, sondern auch reigentanzende Jünglinge und Mädchen.

Kloster Slatina

Die Straßenverhältnisse nach Slatina haben sich in jüngerer Zeit sehr zum Positiven verändert, in kurzer Zeit erreicht man nun vom Marktflecken Gura Humorului dieses wirklich stattliche und lebendige Kloster. Man fährt dabei durch schmucke Dörfer, deren Häusergiebel und Tore häufig durch traditionelle Schnitzereien, die farbig bemalt wurden, verziert sind.

Nach zügiger Fahrt erreicht man in kurzer Zeit das Nonnenkloster, dessen Bewohner jeden Besucher herzlichst willkommen heißen. Ein großer Parkplatz für Gäste ist nun ebenso vorhanden.

Das Kloster, eine prächtige Wehranlage, wurde vor wenigen Jahren zurückgegeben und seitdem in einen äußerst gepflegten Zustand gebracht. Beim Kloster handelt es sich um die erste Stiftung des Fürsten Alexandru Lăpuşneanu aus dem Jahr 1561, das in die Reihe der wunderbaren Klosteranlagen der Moldau gehört. Gleich auf den ersten Blick vermisst man die tief heruntergezogenen Schindeldächer der ersten Generation der Moldauklöster. Die großzügig angelegte **Kirche** bleibt mit ihrem dreilappigen Grundriss und der geschlossenen Vorhalle den moldauischen Traditionen treu. Die gesamte Anlage umziehen **Umfassungsmauern** mit Ecktürmen. Der **Turm** über der Einfahrt, das **Refektorium**, die **Wohnbauten** sowie das **Fürstenhaus** als wertvolle Beispiele weltlicher Architektur tragen zur Großartigkeit des Gesamtensembles bei.

Slatina, Kloster und Klosterfriedhof

Man sollte sich nicht wundern, wenn man männliche Geistliche sieht. Ein oder zwei männliche Mitglieder sind in einem rumänisch-orthodoxen Frauenkloster üblich: Sie halten den Gottesdienst ab.

Baia

Der kleine Ort Baia war die erste Hauptstadt der jungen selbständigen Moldau. Alexander der Gute (1400 – 1432), der mit einer Katholikin verheiratet war, hatte hier noch seinen Sitz. Für die Fürstin Ringola, eine Verwandte des polnischen Königs Wladislaw Jagiello, ließ er eine Kirche in Baia Moldovi erbauen.

Heute lohnt im Ort der Besuch der rumänisch-orthodoxen **Koimesiskirche**. Sie wird den Besucher auf den ersten Blick an das Erscheinungsbild der Kirche von Părhăuţi bei Todireşti erinnern. Eine der wenigen Quellen ist die steinerne Inschrifttafel, nach der sie von Petru Rareş gestiftet und am 12. September 1532, vier Tage später, als Kirche von Kloster Moldoviţa geweiht wurde. Obwohl es sich um eine fürstliche Stiftung handelte, ist die Architektur sehr bescheiden. Der rechteckige Grundriss schließt mit der runden Apsis im Osten ab. Die ungeglie-

Die Kirchenruine in Baia

derten Fassaden sind völlig glatt verputzt. Die Vorhalle öffnet sich in vier Arkaden. Der darüber liegende Raum war vermutlich für die Aufnahme von Glocken bestimmt und gilt als Vorläufer der vor allem im 17. und 18. Jahrhundert verbreiteten Glockentürme. Die den Klosterkirchen der Moldau zwischen Naos und Pronaos eingefügte Grabkammer fehlt, die Kirche umfasst also Naos mit Altarapsis, zwei kleinere, in die Dicke der Mauer eingelassene Seitenapsiden, den Pronaos und die schmale Vorhalle, an deren Südseite eine Wendeltreppe in das darüber befindliche offene Geschoss führt. Die **Innen- und Außenmalerei** wird auf 1535 bis 1538 datiert. Von der Außenmalerei sind leider nur noch Spuren auf der Südseite zu erkennen. Ein Teil der Übermalungen wurde zu einem unbekannten Zeitpunkt entfernt, so dass äußerst schwach der Akathistos-Hymnus und die Belagerung von Konstantinopel zu erkennen sind.

Die Kirche wird glücklicherweise derzeit renoviert. Sehenswert ist im Städtchen außerdem eine malerische mächtige **Kirchenruine**.

Kloster Râşca

Das sehenswerte Kloster Râşca liegt nur wenige Kilometer von der E85 entfernt und ist gut ausgeschildert. Am Ende des Dorfes im Tal des gleichnamigen Flusses ließ Petru Rareş 1542 eine **Kirche** von kleinen Ausmaßen errichten, deren Wandmalereien reich vergoldet waren. Unter dem Großstatthalter Costea

Klosters Râşca, Teil der Außenmalereien

▲ Karte S. 297

Băcioc wurde der Kirche Anfang des 17. Jahrhunderts eine Vorhalle angefügt. Der ehemals eintürmige dreilappige Grundriss erhielt auf diese Weise einen zweiten Turm über der Vorhalle, was optisch den Gesamteindruck völlig veränderte. Die Umfassungsmauern mit Wehrtürmen entstanden vom 17. bis zum 18. Jahrhundert. Der Ursprungsbau erhielt im Jahr 1552 **Außenmalereien** durch Stamatello Cotronas. Von diesen haben sich an der Südfassade die Leiter des Johannes Klimax und das Jüngste Gericht erhalten, während die Szenen aus dem Leben des heiligen Antonius etwas fragmentarischer sind. Das Innere wirkt wie zwei aneinandergefügte Kirchen, die durch eine Steinmauer voneinander getrennt sind. In beiden werden Gottesdienste abgehalten. Der ältere Teil ist ausgemalt, die Malereien sind jedoch stark verrußt. Man erkennt im Altarraum den heiligen Nikolaus und im Naos die wundersame Brotvermehrung. Auch die Bilder der Stifter und seiner Familie sind noch erhalten.

Kloster Probota

Kloster Probota, obgleich seit dem Jahr 2004 in der Liste des UNESCO-Weltkulturerbes, ist eines der weniger bekannten Klöster der Bukowina. Gebäude und Malereien wurden dank vielfältiger Unterstützung umfassend restauriert und stellen einen Höhepunkt moldauischer Malerei des 16. Jahrhunderts dar. Verschiedene Wege führen zu diesem Kloster. Eine günstige Variante über eine nicht ganz schlechte Straße ist diejenige über Fălticeni. Im Zentrum des Ortes biegt man am Neubau der großen orthodoxen Kirche in Richtung Dolhasca ab, von wo das Kloster gut ausgeschildert und nur noch wenige Kilometer im gleichnamigen Dorf entfernt liegt. Ein großer Parkplatz steht hier zur Verfügung. Seit dem Jahr 2008 verkehrt ein Panoramazug zwischen Suceava und Paşcani. Dieser hält in Dolhasca, von wo ein Bus nach Probota fährt.

Kloster Probota – der Name leitet sich vom Wort ›Bruderschaft‹ ab – ist eine Stiftung des Fürsten Petru Rareş, einem Sohn Stefans des Großen. Zwei Vorgängerbauten, einer aus Holz und einer aus Stein, waren der heutigen Anlage von 1530 vorausgegangen. Sie war von Beginn an als fürstliche Grablege geplant. Eine von mächtigen **Wehrmauern** umgebene Anlage erwartet den Besucher. Wenige Nonnen öffnen für die Besucher von Sonnenauf- bis Sonnenuntergang.

■ Klosterkirche

Die Klosterkirche besitzt sowohl Außen- als auch Innenmalereien. Der Dreikonchenbau der Kirche folgt im Grundriss der typischen Einteilung rumänisch orthodoxer Kultstätten: Altarraum, Naos, Pronaos und Pridvor. Zwischen Naos und Pronaos wurde zusätzlich die **Grabkammer** für die fürstlichen Gräber eingeschoben. In ihr sind die Gräber von

Judas nimmt sich das Leben

Petru Rareş und seiner Familie zu sehen. Die **Außenmalereien** gehören zu den ersten einer moldauischen Kirche überhaupt. Sie sind leider nur fragmentarisch erhalten. Zusätzlich ist der Bau mit den Einfassungen der gotischen Fenster in der Vorhalle aus gemeißeltem Stein geschmückt.

Das Prächtigste sind die **Innenmalereien**, die die Wände vollständig bedecken und erstrahlen, als seien sie soeben erst gemalt worden. Die Vorhalle, den Pridvor, schmückt die Darstellung des Jüngsten Gerichtes. Das Sujet soll vom Abt des Klosters und späterem Metropoliten Grigore Roşca eingeführt worden sein. Er war ein Vetter des Fürsten Petru Rareş. Die Komposition ist am Gewölbe von Sternzeichensymbolen umgeben. Im Pronaos und in der Grabkammer sind die Synoden und der Heiligenkalender zu verfolgen, während im Naos dicht an dicht die Passion Christi erzählt wird. Darunter sind an der Westseite die Stifterbilder, darunter Petru Rareş – erkennbar am Kirchenmodell –, seine Kinder Iljaş und Ştefan sowie seine Frau Elena Caterina zu sehen. Über den Stifterbildern sind besonders die Szenen der Gefangennahme Christi und der darüber weinende Petrus, die Geißelung und Pilatus, der seine Hände in Unschuld wäscht, hervorzuheben. Es folgt die Szene, in der sich Judas das Leben nimmt, darüber – wie üblich – Muttergottes Entschlafen. In der Nordkonche sieht man Christus am Kreuz und darunter die Kreuzabnahme, auf der Christus fast selbst vom Kreuz herabzusteigen scheint.

Kirchen und Klöster in der Südbukowina

Hotel Simera, 5900 Gura Humorului (Humor), Tel./Fax 0230/230227. 3 Sterne, sauber, gemütlich, familiär, EZ 35, DZ 45 Euro.

Cabana Voroneţ, Laura Vatavu, 5900 Gura Humorului (Humor), Tel. 0230/231024, Fax 638952. 3 Sterne.

Pension Casa Elena, Elene Piersic, Voroneţ 8, Tel. 0230/230651, Fax 230968, www.casaelena.ro. 3 Sterne.

Casa Lucretia, Strada Ion Luca Caragiale F.N., 5969 Vama, Tel. 0230/520160, Fax 314929, mobil 0294/555837. 3 Sterne, das liebevoll hergerichtete Haus liegt zwischen Voroneţ und Moldoviţa.

Popas Turistic Bucovina, Suceviţa, Tel./Fax 0230/465389, mobil 0744/600123. 4 Sterne, an der Straße 17A etwa 20 Kilometer von Rădăuti in unmittelbarer Nähe von Kloster Suceviţa, auf 720 Meter Höhe in schönster Natur.

Suceava

▲ Karte S. 322

Die Stadt Suceava zieht sich entlang zweier großer Verkehrsachsen, zwischen denen die Kleinode etwas verschwinden. Ein attraktives Zentrum hat Suceava bis heute nicht aufzuweisen, aber eine Reihe von Bauten lohnt einen Blick – und die Stadt daher einen Aufenthalt. Die legendäre Hauptstadt des ebenso sagenumwobenen moldauischen Fürsten Stefan des Großen wurde in Urkunden schon um die Mitte des 14. Jahrhunderts erwähnt. Petru I. Muşat (ca. 1378–ca. 1393) baute sie zeitgleich mit Neamţ zu einer starken Festung aus. Hauptsitz der moldauischen Fürsten wurde sie erst an dritter Stelle nach Baia und Siret unter Stefan III. (dem Großen). Diesen Rang musste Suceava im 15. Jahrhundert zeitweise mit Vaslui teilen, da an beiden Orten miteinander rivalisierende Fürsten residierten: in Suceava Ilie und in Vaslui sein Bruder Stefan.

An der wichtigen Handelsstraße vom Schwarzen Meer nach Polen gelegen, erlebte Suceava in dieser Zeit eine große

Unter Petru I. Muşat erfuhr Suceava einen deutlichen Aufschwung

Blüte, die erst mit der Verlegung der Hauptstadt nach Iaşi 1565 verlorenging. Die Stadt brannte 1624 völlig nieder und sank unter den Habsburgern zur Bedeutungslosigkeit herab. Doch der Chronist Dimitrie Cantemir sprach Anfang des 17. Jahrhunderts noch von 40 Kirchen aus Stein und Holz, die das Stadtbild prägten. Heute ist Suceava ein mittelgroßes Städtchen mit knapp 110 000 Einwohnern, in der die Industrie dominiert, vor allem der Maschinenbau und die Holzverarbeitung. Doch die Lage ist schwierig, denn der Ort liegt nur 50 Kilometer von der Ukraine, und es fehlen hier wie anderswo zugkräftige Investoren. Im Juli 2006 wurde die Region von schweren Unwettern heimgesucht, Wasser und Schlamm setzten vielen Ortschaften und ihren Bauwerken schwer zu.

Zwei Bahnhöfe und ein Flughafen machen die Anreise leicht, und so ist die Stadt ein guter Ausgangspunkt für Fahrten in die Bukowina. Außerdem ist auch ein Abstecher in die Ukraine – die nördliche Bukowina und nach Czernowitz – möglich. An der Grenze entstehen zwar Wartezeiten, aber es besteht für Bürger aus der EU und der Schweiz keine Visumspflicht.

Die Hotels im Zentrum stammen alle noch aus der kommunistischen Zeit, wurden zwar renoviert, sind aber, gemessen an Ausstattung, Service und Zustand, zu teuer. Im westlichen Ortsteil Schei wurde ein alter Konak zu einem großzügigen Hotel mit guter Zimmerausstattung ausgebaut, ihm ist auch ein gemütliches und feines Restaurant mit freundlichem Service angeschlossen. Hier, im Conacul Domnesc, ist man für eine Rundfahrt gut aufgehoben.

■ Orientierung

Die begrünte und mit Sitzgelegenheiten bestückte **Piaţă 22. Decembrie** (Platz des 22. Dezember) ist der Mittelpunkt der Stadt und somit ein guter Ausgangspunkt für einen Spaziergang; auch Kulturhaus und Hotels liegen nicht weit von ihr entfernt.

In Suceava sind mindestens fünf Kirchen sehenswert: Sf. Ilie, Kloster Sf. Ştefan cel Nou, Sf. Dimitru, Sf. Gheorghe Mirăuţi und Sf. Ioan Botezătorul. Zudem gibt es noch weitere, häufig geschlossene alte moldauische Kirchen, auf die man unweigerlich trifft, außerdem eine katholische und zwei armenische Kirchen, darunter das große Wehrkloster Zamca, sowie eine Synagoge (Strada Dimitrie Onciul) von 1870, die zwischen kommunistischen Wohnbauten und altem Baumbestand eingepfercht ist. Ihr gegenüber befindet sich das neue Post- und Telekommunikationsgebäude.

■ Demetriuskirche

Über die kleine, von kommunistischen Blöcken gesäumte Fußgängerzone erreicht man die kürzlich renovierte Demetriuskirche (Biserica Sfântul Dimitrul).

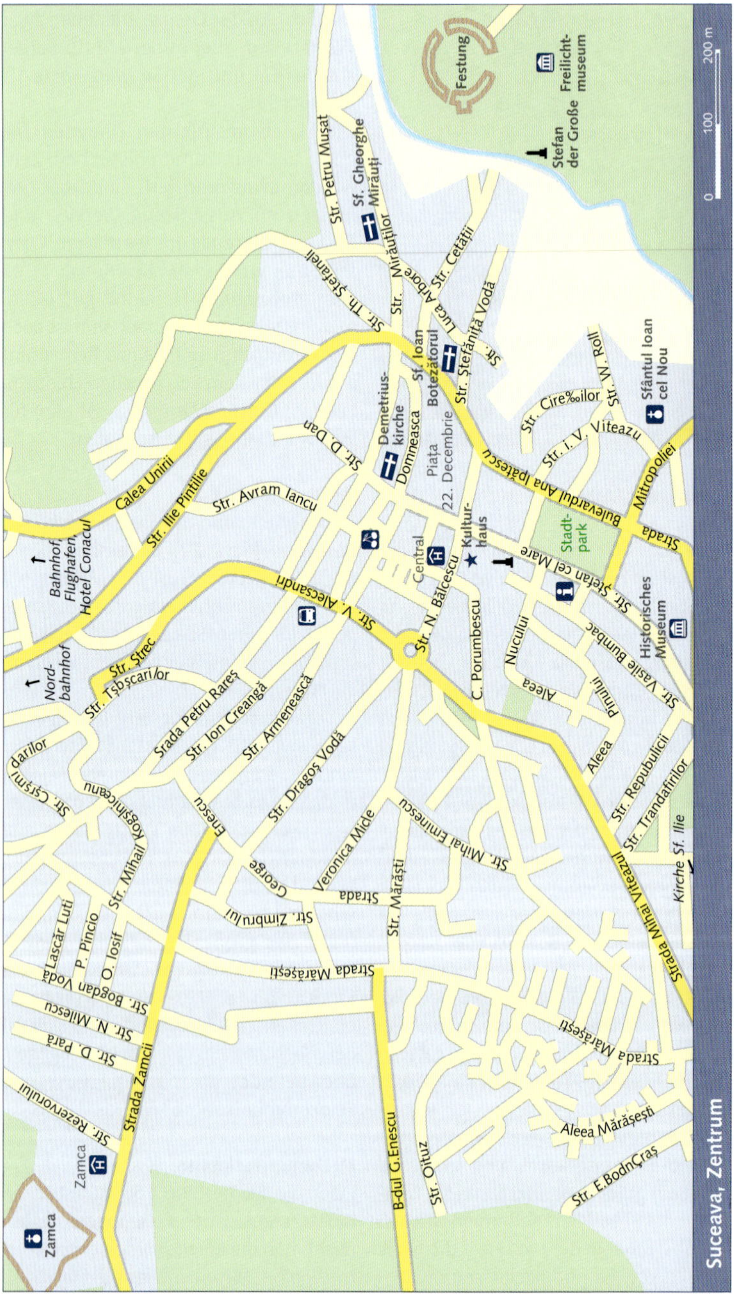
Suceava, Zentrum
0
100
200 m
Festung
Freilicht-
museum
Stefan
der Große
Str. Petru Mușat
Sf. Gheorghe
Mirăuți
Str. Mirăuților
Str. Th. Ștefanelli
Str. Cetății
Luca Arbore
Str. Ștefăniță Vodă
St. Ioan
Botezătorul
Demetrius-
kirche
Domneasca
Piața
22. Decembrie
Str. D. Dan
Calea Unirii
Str. Ilie Pintilie
Str. Avram Iancu
Bahnhof
Flughafen
Hotel Conacul
Nord-
bahnhof
Str. Ștrec
Central
Kultur-
haus
Str. N. Bălcescu
Str. V. Alecsandri
C. Porumbescu
Nucului
Aleea
Stadt-
park
Str. Ștefan cel Mare
Bulevardul Ana Ipătescu
Strada Mitropoliei
Sfântul Ioan
cel Nou
Str. W. Roll
Str. I. V. Viteazu
Historisches
Museum
Str. Vasile Bumbac
Str. Republicii
Str. Trandafirilor
Kirche Sf. Ilie
Strada Mihai Viteazul
Str. Mihai Eminescu
Str. Mărăști
Strada George Enescu
Veronica Micle
Str. Dragoș Vodă
Str. Armenească
Str. Ion Creangă
Strada Petru Rareș
Str. Mihail Koşălniceanu
Str. Zimbrului
Strada Mărășești
Aleea Mărășești
Str. Oituz
B-dul G.Enescu
Strada Zamcii
Zamca
Str. Rezervorului
Str. D. Pară
Str. N. Milescu
Str. Bogdan Vodă
Lascăr Luti
P. Pincio
O. Iosif

Markantes Merkmal dieser Kirche ist der freistehende **Glockenturm** von 1561. Sein oberstes Geschoss wurde im 19. Jahrhundert hinzugefügt. Grabungen unter der Kirche und südlich davon haben Reste eines Dreikonchenbaus hervorgebracht, der sich als identisch mit einem vom Chronisten Ureche 1475 erwähnten Gotteshaus erwies, das auf Stefan den Großen zurückging. Wie wir der steinernen Inschrift an der Südseite entnehmen, ließ der Sohn Stefans, Petru Rareş, auf diesem Vorgängerbau im Jahr 1534 die heutige Kirche errichten. Sie besteht aus Apsis, Naos mit Seitenapsiden, Pronaos und Exonarthex. Während der Rahmen der Inschrifttafel spätgotisch ist, gehören die Tafel mit dem moldauischen Wappen (Auerochse) sowie das Rahmenprofil der Renaissance an. Ein ähnliches Wappenschild ist sonst nur noch in Schloss Gherla erhalten.

Die **Außenmalereien** blieben nur auf der Südseite, und auch dort spärlich, erhalten. Einst war hier die Eroberung von Konstantinopel zu erkennen. Im Inneren wurden im Laufe der Zeit die Scheidewände zwischen Naos und Pronaos entfernt, was dem Innenraum eine gewisse Leichtigkeit verleiht. Er ist vollständig bemalt. Noch vor wenigen Jahren war von diesen Malereien nichts, aber auch gar nichts, zu erkennen. Die sorgfältige jüngste Restaurierung hat sie einerseits vom Ruß befreit, lässt andererseits aber auch Übermalungen vermuten, so dass sie wie frisch gemalt erstrahlen. Die Themen folgen dem traditionellen Kanon, wie er in Suceava auch noch in der Kirche Johannes des Neuen und in der Ilie-Kirche zu sehen ist. Im Pridvor ist demzufolge auf der Ostseite das Jüngste Gericht angebracht, um den Eintretenden zu ermahnen. Im Naos sehen wir Szenen aus dem Leben Christi. Unter ihnen sind besonders schön auf der Südkonche ›Drei Engel bei Abraham‹ und auf der Nordkonche der Gekreuzigte mit einer hinreißenden Kreuzabnahme darunter. Auf ihr scheint Christus selbst vom Kreuz herabzusteigen. Die Westseite ist wie immer den Stifterbildern vorbehalten, der hier Petru Rareş ist.

Rund um die Demetriuskirche

Nicht weit von der Demetriuskirche entfernt befinden sich der **Stadtmarkt**, der in der jüngeren Zeit viel lebendiger geworden ist, und gleich dahinter der Busbahnhof. Von hier starten die Überlandbusse in alle größeren und kleineren Städte des Landes.

Wenige Schritte hinter dem Turm der Demetriuskirche lag einst der **Fürstenpalast**, dessen Ruinen neuerdings konserviert werden. Mit der Verlegung des Fürstensitzes von Siret nach Suceava ließ Petru Muşat I. ein fürstliches Haus mit einem Turm zur Überwachung des westlichen Stadtzugangs errichten. Durch die Invasion der Osmanen wurde vieles zerstört und von Ştefan cel Mare erneuert.

Erhaltene Malerei im Innern der Demetriuskirche

Jenseits des großen Boulevards Ipătescu trifft man zunächst auf die **Biserica Sf. Ioan Botezătorul** (auch Biserica Domnielor genannt) von 1642, die auf einem älteren Vorgängerbau errichtet wurde, und ein Stück weiter die **Biserica Sf. Gheorghe Mirăuți**, die erste Bischofskirche der Moldau aus der Zeit von Petru Muşat I. Als die Moldau Metropolitensitz wird und Alexandru cel Bun die Reliquien des Heiligen Ioan cel Nou im Jahr 1402 nach Suceava brachte, wurde die Kirche zur Kathedrale. Sie fiel anschließend den Türken zum Opfer und wurde danach mehrfach erneuert. Im Inneren wird ein Grabstein der ersten Frau Ştefan cel Mares, Evdokia von Kiev, aufbewahrt, der bei Grabungen in den 1950er Jahren entdeckt wurde.

Kloster des Heiligen Johannes Novus

Sehr sehenswert ist das unter Denkmalschutz stehende Kloster des Heiligen Johannes Novus (Sfântul Ioan cel Nou). Als die Stadt Suceava im Mittelalter gewachsen war, wurde die alte Metropolitankirche zu klein und eine neue Kirche im Auftrag Bogdans III. 1504 begonnen. Sie wurde erst zwei Jahrzehnte später beendet und während der Herrschaft von Petru Rareş ausgemalt. Im Jahr 1589 wurden die Gebeine des Heiligen Johannes dem Neuen (Ioan cel Nou) von der alten Metropolitankirche hierher überführt. Hier ruht Ştefan cel Nou in einem kostbaren silberbeschlagenen Schrein unter einem Baldachin im Pronaos. Zwölf silberne Relieftafeln zeigen Szenen aus dem legendären Leben des Märtyrers. Viele Gläubige pilgern an sein **Grab**, um dem Landesheiligen andächtig zu huldigen und um seinen Beistand zu erflehen.

Das Kloster wurde um einen **Eingangsturm** im 16. Jahrhundert und um eine **Kapelle** auf der Ostseite des Hofes im 17. Jahrhundert bereichert. In der Kapelle werden heute Andachtsbildchen und Ikonen verkauft. Ende des 18. Jahrhunderts erfolgte die Umwandlung in eine Pfarrkirche und im Jahr 1866 die Einrichtung eines Filialklosters von Kloster Dragomirna. Eine erste Renovierung der Anlage fand unter Karl Romstorfer im 19. Jahrhundert statt, und bei diesen Arbeiten erhielt die Kirche ein buntes Dach aus glasierten Ziegeln, das sie mit der alten Metropolitankirche gemein hat. Eine weitere Restaurierung erfolgte im 20. Jahrhundert. Dabei wurden die **Außenmalereien** an der Süd- und Westseite aufgefrischt und konserviert. Der Bau war innen und außen bemalt, der Erhaltungszustand der Außenmalereien ist zwar nicht allzu gut, lässt aber die einstige Pracht erahnen. Die beiden Reihen von Blendnischen unterhalb des Daches werden von Engeln eingenommen. Auf den drei kräftigen Strebepfeilern an der südwestlichen Gebäudeecke, in der Mitte der Südfassade und am Ansatz des Trikonchos sind Gestalten mit Schriftrollen zu erkennen – vermutlich Propheten, vielleicht auch antike Philosophen oder Kirchenväter. Die Strebepfeiler gliedern die Wand in zwei Abschnitte: links Akathistos und Hym-

Schöne Wandmalereien schmücken die Klosterkirche

▲ Karte S. 322

nus ›Über dich freut sich‹ und auf dem friesartigen Streifen unterhalb der Fenster Szenen aus dem Leben des Moses, an die sich die Belagerung von Konstantinopel anschließt. Die rechte Hälfte gehört der Wurzel Jesse, flankiert von antiken Philosophen. Den Osten schmücken die Figurenränge des Tschin. Während sich an der Westfassade Reste vom Jüngsten Gericht erhalten haben, ist die Nordfassade völlig unkenntlich.

Im Grundriss erinnert die Kirche von Ştefan cel Nou stark deutlich an diejenige von Neamț (Vorhalle, Vorschiff, Hauptschiff, Altarraum), nur fehlt die Grabkammer. Um den liturgischen und repräsentativen Bedürfnissen einer Metropolitan- und Hofkirche gerecht zu werden, wurde der Naos des Bauwerkes durch je ein Joch im Osten und im Westen erweitert.

Zahlreiche Eingriffe haben das Aussehen der Kirche verändert. Einschneidend waren 1796 die Einfügung der zusätzlichen Fenster in den Naos in Höhe der Ikonostase und 1900 der Wanddurchbruch zwischen Naos und Pronaos durch den österreichischen Architekten Karl Romstorfer, bei dem die Malereien stark beschädigt wurden. Noch sind die Renovierungsarbeiten nicht abgeschlossen, größtenteils aber sind die Spuren von Rauch und Ruß beseitigt, und die Malereien erstrahlen größtenteils in altem Glanz. Besonders schön ist der Heiligenkalender erhalten.

Vom Kloster sind noch Teile der **Wehrmauern** und der **Glockenturm** am Eingang (1589), eine **Kapelle** des Metropoliten Anastasie Crimca (1626–1629) und die **Klosterzellen** aus dem 18. und 19. Jahrhundert erhalten.

■ Kirche Sf. Ilie

Ein Kleinod abseits vom Zentrum ist die Kirche Sf. Ilie (Eliaskirche). Man fährt am besten mit dem Taxi hin – aber Obacht: Nicht jeder Taxifahrer kennt diese Kirche! Sie befindet sich in einem Außenbezirk im Westen von Suceava. Sie wirkt von außen, als sei sie aus dem 19. Jahrhundert, tatsächlich aber geht sie gemäß Inschrift auf Stefan den Großen und das Jahr 1488 zurück. Der ursprüngliche Bau einschließlich der Malereien blieb bis heute erhalten, während der Außenbau zur Zeit der Habsburger Herrschaft zu seinem Nachteil verändert wurde. Für die Gottesdienste in diesem Viertel wurde im Hof der Kirche eine neue Holzkirche gebaut, während die alte unter Denkmalschutz gestellt ist.

Die **Malereien** sind stark vom Ruß verdunkelt und warten dringend auf ihre Reinigung. An einigen Stellen wurden Szenen bereits probeweise freigelegt. Sie zeigen, welche Kostbarkeiten sich an den Wänden befinden. Die Themen folgen dem Kanon und zeigen außerdem Szenen aus dem Leben des Elias. Unter diesen Szenen sei eine seltene Darstellung im Naos hervorgehoben, nämlich diejenige, die Elias eigenhändig beim Pflügen zeigt.

Die Kirche ist dem heiligen Elias geweiht. Dies findet unter anderem seinen Ausdruck darin, dass Elias auf der Westwand den Stifter Stefan den Großen der Gottesmutter empfiehlt. Außer den Wandmalereien birgt die Kirche auch kostbare **Ikonen** des 16. Jahrhunderts, darunter ist eine Eliasikone und eine der drei Engel bei Abraham.

■ Festung

Die Stadt Suceava besaß einst zwei Festungen. Die eine war die Festung Schei, anderthalb Kilometer nördlich der Stadt auf dem Hügel Zamca an der Stelle gelegen, die sich Şeptilici nennt. Nur ein Relikt ist von ihr übrig. Die eigentliche Festung befindet sich im östlichen Teil

Die alte Festung

der Stadt ganz nahe beim Zentrum. In ihrer Nähe steht das vom Zentrum aus erkennbare **Reiterdenkmal Ştefan cel Mares**, ein Werk des Bildhauers Eftimie Bârlădeanu aus dem Jahr 1977.

Die Festung aus dem 15. Jahrhundert lag einst vor den Toren der Stadt im Osten auf einem bewaldeten Hügel. Man fährt am besten mit dem Pkw (Taxi) oder geht zu Fuß durch den riesigen Parcul Cetăţii, der fast bis ins Zentrum reicht. Die Festung geht auf Stefan den Großen zurück, der damit die durch einen Erdrutsch zerstörte Burg des Petru I. Muşat im Norden Suceavas, beim Dorf Scheia, ersetzte. Es entstand ein rechteckiger, von Wehrmauern umgebener Hof mit vorspringenden rechteckigen Türmen.

Unter Stefan hielt die Festung 1476 und 1485 der türkischen und 1496 der polnischen Belagerung stand. In den Zwischenzeiten wurde sie wieder hergestellt und um jeweils einen Ost- und Südflügel als Wohnbauten erweitert. Inmitten des Burggrabens schuf man eine zweite Wehrmauer mit rechteckigen vorspringenden Türmen, die bald darauf ummantelt wurden. Ein neuer Graben mit steinverkleideter Böschung und ein Torbau in der Nordostecke kamen hinzu. Über eine Holzbrücke auf Steinpfählen gelangte man in die Burg. Man sprach von geheimen Verbindungskanälen zur Stadt. 1685 wurde die Burg auf türkischen Befehl aufgegeben und zerstört. Der Nordflügel fiel einem Erdrutsch infolge eines Erdbebens zum Opfer.

In der Festung werden Profilfragmente des 15. und 16. Jahrhunderts – aus Gotik und Renaissance –, Ofenkacheln und Fußbodenplatten gezeigt.

Auf dem Weg zur Festung kommt man an einem idyllisch gelegenen **Friedhof** vorbei; man nehme sich die Zeit zu einem Spaziergang zwischen den hier mit Kreuzen geschmückten Gräbern. Auch die Friedhöfe haben künstlerische Aussagekraft. Andernorts finden sich Gräber unter Obstbäumen, deren erster Ertrag symbolisch für die Seelen der Toten gespendet wurde, und wieder andere weisen Kreuze auf, die reich mit biblischen Szenen bemalt sind. Wieder andere schmücken Steinkreuze mit Ornamenten, die dem Holzkerbschnitt entlehnt wurden. Manchmal werden auf Pfählen Holzlaternen für Öllämpchen angebracht.

Nicht weit vom Friedhof befindet sich ein **Freilichtmuseum** mit Holzbauten der Bukowina.

▲ Karte S. 322

Kloster Zamca

Westlich vom Zentrum in einer grünen hügeligen Zone befindet sich das armenische Wehr (Mănăstirea Zamca). Es soll von einer damals hier ansässigen Kolonie armenischer Kaufleute gestiftet worden sein. Der Verfall wurde dank umfassender Sanierungsmaßnahmen gestoppt. Die **Mauer** wurde erneuert und auf gleiche Höhe gebracht.

Das Kloster besteht aus einer Torkirche, dem Eingangsturm im Osten, der Hauptkirche und dem Wach- bzw. Wehrturm im Westen. Ganz in der Nähe des Klosters befinden sich eine Sportanlage, ein schönes Restaurant mit Bar und großer Gartenterrasse. Es ist eine der wenigen gemütlichen gastronomischen Einrichtungen in Suceava und wird besonders von jungen Leuten gern aufgesucht.

Kloster Zamca wird derzeit renoviert

Suceava und Umgebung

Vorwahl: 0230.

Infoturism Centre, Strada Ştefan cel Mare 23, Tel./Fax 551241, infoturism@suceava.rdsnet.ro. Mo–Fr 9–18, Sa 9–13 Uhr.

Bilco Travel, Str. Nicolae Bălcescu 2, Tel./Fax 522460, www.romaniantrip.net. Guter Moldaureiseveranstalter, der auch Fahrkarten etc. vermittelt und touristische Informationen gibt.

Der **Busparkplatz** für die Überlandbusse befindet sich hinter dem Markt nicht weit von der Demetriuskirche.

Zamca, Strada Zamca 28a, Tel. 520985, Fax 521008. 2 Sterne, Direkt am Kloster Zamca, EZ 40, DZ 50 Euro.

Central, Strada Nicolae Bălcescu 4, Tel. 213047, Fax 521080. 2 Sterne, mitten im Zentrum, EZ 40 Euro, DZ 50 Euro.

Conacul Domnesc, Strada Agronomului 445, im Stadtteil Şchei, Suceava, Tel. 526996, Fax 520699, www.conaculdomnesc.ro. Das Hotel ist wenige Jahre alt und in einem historischen Gebäude untergebracht. Außerhalb des Zentrums, sehr ruhig, sehr großzügig und gepflegt und sehr zu empfehlen, DZ 60 Euro.

Wenige Kilometer von Suceava, im Dorf Pătrăuți, bietet die Kirchenleitung – Priester Gabriel Herea und seine Frau – **wenige Zimmer im Pfarrhaus** an. Priester Herea vermittelt auch Privatzimmer im Dorf sowie den Nachbargemeinden. www.patrauti.ro, parintelegarbriel@patrauti.ro, Tel. 040/740057712. Das Pfarrhaus befindet sich direkt gegenüber der alten Kirche.

Historisches Museum (Muzeul de Istorie). Mit schönen Steinmetzarbeiten des 17. Jahrhunderts, tgl. außer Mo 10–17 Uhr.

Zitadelle (Cetatea de Scaun) im Parcul Cetății, tgl. außer Mo 10–17 Uhr.

Kirche Sf. Ilie: Die Kirche ist normalerweise verschlossen. Wer sie besichtigen möchte, sollte sich mit dem Pfarrer der Gemeinde – Edy Gavrilei, Tel. 0744/119969 – in Verbindung setzen. Er freut sich über Besucher.

Moldau

Stefan III. cel Mare

Ştefan cel Mare (1433–1504) wird häufig auch Stefan der Große genannt. Der moldauische Woiwode wird von vielen als einer der bedeutendsten Herrscher der Vorläuferstaaten des heutigen Rumäniens angesehen. Er gilt weithin als Symbol für die religiöse und politische Unabhängigkeit der Moldau, dem es in einer wirren Zeit nicht nur gelang, den Thron seines ermordeten Vaters Bogdan II. zurückzuerobern, sondern auch, Thronprätendenten, die von Polen und Ungarn gestützt wurden, auszuschalten und die innenpolitische Situation zu stabilisieren. Mit Hilfe des Kleinadels, der Bauern und des Stadtbürgertums verstand er es während seiner Herrschaft (1457–1504), seine Macht gegen den Hochadel der Bojaren zu verteidigen.

Außenpolitisch war das Land in dieser Zeit von Polen, Kosaken, Ukrainern, Tataren und Osmanen bedroht. Stefan entriss 1461 der Walachei einen Küstenstreifen nördlich des Donaudeltas mit den wichtigen Festungen Chilia und Akkerman und verleibte ihn seinem Herrschaftsgebiet ein. Um gegen den unausweichlichen Osmanenangriff Unterstützung zu finden, schwor er dem ungarischen wie dem polnischen König den Lehnseid. Es kam aber zum Angriff des Ungarn Matthias Corvinus im Jahr 1475. Dessen Aggression schlug fehl und wurde vielmehr zum Beginn eines dauerhaften Zusammenwirkens zwischen Matthias und Stefan. Auch der Pole Johann I. Albrecht versuchte vergeblich – im Jahr 1497 –, die Moldau seinem Machtbereich einzuverleiben.

Mehrere kriegerische Auseinandersetzungen brachten der Moldau Gebietsgewinne. Durch eine geschickte Heiratspolitik verband sich Stefan zudem mit anderen Adelshäusern, er unterhielt enge Kontakte zu Rom und knüpfte enge verwandtschaftliche Bindungen zum Moskauer Großfürsten. Gegen die Osmanen konnte er zunächst noch Siege verbuchen wie bei Vaslui im Jahr 1475. Aber der ›Athlet Christi‹, wie ihn der Papst nach dieser siegreichen Schlacht nannte, wartete vergebens auf christliche Unterstützung. Nach mehreren Schlachten wurde sein Heer bei Războieni 1476 durch Mehmed II. Fatih aufgerieben, den Eroberer Konstantinopels. Auf seinem Sterbebett soll Stefan, enttäuscht von den Christen, seinem Nachfolger Bogdan III. geraten haben, eher eine Verständigung mit den Heiden anzustreben als mit den Christen.

Stefan III. cel Mare im Kloster Putna, Bild von Nicolae Iorga (1930)

Mit Stefan dem Großen wurde der kirchliche Aufbau des Landes vollendet, der auch die osmanische Zeit überdauerte. Nach jeder seiner vielen Schlachten legte Stefan zum Dank an Gott ein viertägiges Fasten ein und ließ ein neues Gotteshaus bauen. Er wurde im Kloster Putna bestattet und erst kürzlich heiliggesprochen.

Seine Spuren führen nicht nur in seine Residenzstadt Suceava, sondern in die ganze nördliche Moldau und die Bukowina, sein früheres Herrschaftsgebiet.

Kloster Dragomirna

Im Norden von Suceava, Richtung Ukraine, kann man weitere sehenswerte Kirchen besuchen. Eine Besonderheit unter allen Klöstern der Bukowina stellt das einsam gelegene Kloster Dragomirna dar. Man fährt wenige Kilometer auf der E85 und muss gut auf den Abzweig nach Dragomirna achten. Über eine Allee mit wunderbaren alten Bäumen, die an Apfelbaumplantagen vorbeiführt, erreicht man das Kloster. Zunächst entstand durch Anastasie Crimca, den Bojar Lupu und Simion Stroici im Jahr 1602 eine kleine sogenannte Klausenkirche, die später als Siechenkirche diente. Crimca, der große Gelehrte, ein herausragender Miniaturist und seit 1608 Metropolit der Moldau, ließ dann eine große Klosterkirche am Ufer des Sees in der Nähe von Quellen errichten. Bei einer Breite von nur 9,60 Metern steigt der **Turm** auf eine Höhe von 42 Metern. Diese Schlankheit verleiht dem Gebäude eine außergewöhnliche Eleganz. Auch im Grundriss weicht diese Kirche von den Vorgängerbauten ab. An das Rechteck schließt sich eine schlichte polygonale Apsis an, die nach Süden ausgerichtet ist. Herausragend ist der steinerne Turm, der vollständig mit geometrischen und Pflanzenmotiven verziert ist. Die für die Moldau bis dahin ungekannte **Meißelarbeit** – man kannte nur polychrome Malerei – findet Parallelen noch in der Drei-Hierarchen-Kirche von Iaşi und in Curtea. Deutlich ist der georgisch-armenische Einfluss erkennbar. Als Ziermotiv dominiert der sogenannte Torsadenriegel, ein dreifach geflochtenes Seil, das Zeichen der Einheit von Volk und Glauben.

Auch im Inneren beeindruckt die Monumentalität aus Stein: Man sieht steinerne Rippen, Torsadenprofile, Rosetten, heraldische Schilde sowie einen gepflasterten Boden, der fortlaufend in sieben Stufen von der Vorhalle bis zum Altar ansteigt, was eine ungewöhnliche räumliche Dynamik vermittelt. Im Inneren ist Anastasie Crimca bestattet.

Die Bedrohung durch türkische, tatarische, polnische und kosakische Über-

Kloster Dragomirna, Xylographie von Rudolf Bernt (1899)

fälle veranlassten den Fürsten Barnovschi, das Kloster mit steinernen, elf Meter hohen **Wehrmauern** zu umgeben. Das Viereck besitzt quadratische Türme, Zinnen, starke Strebepfeiler und einen Glockenturm mit Einfahrtstor, an dem das mittelalterliche moldauische Wappen zu sehen ist.

Der Südseite der Kirche gegenüber liegt das gotische **Refektorium**, ein großer Saal mit Spitzbogengewölbe, das in der Mitte von einem achteckigen Pfeiler getragen wird. Hierin wurde ein **Museum** eingerichtet, in dem mittelalterliche liturgische und profane Kunst, ein Ebenholzkreuz von 1542, Decken für liturgische Gefäße sowie Gold- und Silberstickereien zu bewundern sind. Die Kerze, die am Tag der Weihe (1609) angezündet worden war, wird voller Stolz aufbewahrt. Besonders die Liebhaber der Buchmalerei kommen hier auf ihre Kosten. An Werken ihres Begründers Anastasie Crima beinhaltet die Kalligraphenschule eine slawische Handschrift und ein Psalterbuch.

Unweit des Klosters steht noch die erste kleine **Kirche**, schlicht und wohlproportioniert. Die ortsansässigen Meister Crăciun, Matieş, Ignat und Gligorie malten die Wände des Hauptschiffes mit Szenen aus dem Leben Jesu Christi aus. Die Ikonostase aus vergoldetem Holz stammt aus dem Kloster Solca von 1613.

Pătrăuți

Ebenfalls nur wenige Kilometer von Suceava entfernt ist Pătrăuti. Seine **Heiligkreuzkirche** – geradezu einsam und verwunschen steht sie im Dorf – ist ebenfalls ein Kleinod. Sie gehört zum UNESCO-Weltkulturerbe.

Seit einiger Zeit schon wird die Kirche vom Priester Gabriel Herea betreut. Die beiden haben Großartiges geleistet: Das alte Pfarrhaus des bedeutenden Geistlichen Constantin Morarin wurde zum Museum umgestaltet und ein Parkplatz für Besucher angelegt. Der Glockenturm der Kirche, dessen Glocken auch für den Besucher geläutet werden, ist nun zugänglich gemacht und dient zusätzlich als Ausstellungsraum für hölzerne kultische Grabsteine. Und nicht zuletzt wurde die Sanierung der Kirche in Angriff genommen und mit der Restaurierung der Malereien im Inneren begonnen. Preot Gabriel Herea und seine Frau geben gerne auch eine fachkundige Führung in englischer Sprache. Kein dichtes Gras umwuchert die kleinste Stiftung Stefans des Großen aus dem Jahr 1487 mehr, alles wird gepflegt.

Der harmonische schlichte Dreikonchenbau mit Vorschiff, Turm über dem Hauptschiff und Altarraum verkörpert den ältesten vollständig erhaltenen Bau dieser moldauischen Ausprägung einschließlich des ›Moldauischen Gewölbes‹ über dem Naos. Das Gebäude präsentiert sich mit gotischen Einfassungen und Portalen sowie keramischen Verzie

Von außen unscheinbar, innen mit kostbaren Wandmalereien ausgestattet: Pătrăuți

▲ Karte S. 297

rungen unter dem Gesims. Es benötigte keine Außenstützen, weil seine Mauern so stark sind. So wird der Außenbau durch nichts beeinträchtigt und wirkt deshalb so harmonisch. Die Kirche ist auf ihrer Westseite außen und im Inneren vollständig bemalt. Anhand der **Stifterbilder**, die bereits restauriert wurden, wurden neue Erkenntnisse zur Datierung möglich. Die Stifterbilder, die generell als gemaltes Testament zu verstehen sind, zeigen in der obersten Malschicht dieser Kirche Stefan den Großen mit dem Kirchenmodell, seinen Sohn Bogdan, die dritte Frau von Stefan, Maria, und zwei Töchter, Anna und Maria. Maria verstarb 1496 und wurde in Kloster Putna bestattet. Bogdan war der letzte verbliebene Sohn Stefans. Darunter befindet sich eine ältere Malschicht, auf der Stefans Sohn Alexander, der eigentliche Nachfolger, dargestellt ist. Dieser verstarb jedoch im Jahr 1486. Also malte man neue Stifterbilder mit dem neuen Nachfolger, in diesem Fall Bogdan. Dies macht eine genaue Datierung der Wandmalereien möglich und zeigt uns Pătrăuți als älteste bemalte Kirche der Moldau. Die Stifterfamilie wird von Konstantin und Helena der Muttergottes empfohlen. Stefan verstand sich in seinen Kriegen gegen die Osmanen als Verteidiger des Christentums. Konstantin und Helena werden in der orthodoxen Kirche sehr verehrt und stehen ebenfalls für die Verteidigung des Christentums.

Auf der Westseite des Pronaos wurde die Restaurierung der **Malereien** bereits abgeschlossen. Sie zeigt einen militärischen Zug. Statt Soldaten sind hier jedoch heilige Märtyrer abgebildet, die zu völlig unterschiedlichen Zeiten gelebt haben. Sie werden vom Erzengel Michael angeführt, auf den Konstantin als Heerführer folgt. In griechischen, nicht altkirchenslawischen, Buchstaben steht

Stefan der Große, Stifter der Kirche

›In hoc signum vince‹ (In diesem Zeichen wirst Du siegen) geschrieben. Es ist eine Anspielung auf Konstantin, dem in der Nacht vor der Schlacht an der Milvischen Brücke träumte, dass er im Zeichen des Kreuzes gegen Maxentius siegen werde, und sinnbildlich so zu verstehen, dass sich Konstantin zum Christentum bekehren und taufen ließ. Die Märtyrer starben für das Kreuz und sind hier stellvertretend für Stefans Soldaten zu sehen, die ebenfalls für das Kreuz starben. Stefan regierte vier Jahre nach dem Fall von Konstantinopel und verstand sich als Erbe und Verteidiger des Christentums. Die heiligen Teodor Stratilates und Teodor Tyron sind durch eine Armgeste verbunden. Der heilige Georg ist am Banner mit dem Wappen Stefans zu erkennen.

Auch das Äußere der Kirche weist Malereien auf, wenngleich nur auf der Westseite. Hier ist das – stark geschädigte – Jüngste Gericht dargestellt. Eine Besonderheit im Vergleich zu anderen Versionen dieses Themas auf moldauischen Kirchen stellt die enorme Größe von Engel, Teufel und Waage dar. Zwei Frauen, die eine in Rot, die andere in Blau, versinnbildlichen Erde und Wasser.

Im gegenüberliegenden **Museum** sind Fotos, Volkskunst, Ikonen und Dokumente zur Geschichte des Klosters liebevoll ausgestellt. Im Hintergrund spielt während der Besichtigung Musik von Ciprian Porumbescu. Der Komponist, Sohn eines orthodoxen Priesters, war hier im Pfarrhaus mehrfach zu Gast. Er wurde 1853 in Şipote unweit von Suceava geboren. 1883 verstarb er in Stupca, das zu seinen Ehren in Ciprian Porumbescu umbenannt wurde. Im Museum wird ein altes Taufbecken aufbewahrt. Im Winter wird darin die Taufe vollzogen, obwohl der Vollzug der Taufe eigentlich dem Pronaos vorbehalten ist.

Todireşti und Siret

Beim Dorf Dârmăneşti, hinter dem einst die Grenze zum Habsburgerreich lag, führt ein Abzweig nach Todireşti. Am Ortseingang steht linker Hand die wenig bekannte **Kirche Părhăuţi**. Sie ist die Stiftung des Bojaren Gavril Trotuşan, der während der ersten Regierungszeit des Petru Rareş ein wichtige Stellung innehatte, dann aber in Ungnade fiel und vermutlich ermordet wurde. Die Kirche ist im Jahr 1522 erbaut worden, allen Heiligen Märtyrern geweiht und daher einzigartig für die Moldau. Die Malereien erfolgten zehn Jahre später. Ihr rechteckiger Grundriss ist der gleiche wie in Baia: runde Apsis im Osten und eine Vorhalle, die sich in Arkaden öffnet, mit einem darüber liegenden Raum. Der Raum in der Vorhalle diente vermutlich den Glocken. In der Moldau stand der Glockenturm üblicherweise immer außerhalb der Kirche, in Baia und in Părhăuţi befindet er sich im Inneren. An die Kirche schließt ein großer malerischer **Friedhof** an.

Der Schlüssel zur Kirche wird im Dorf aufbewahrt.

Ganz im Norden, kurz vor der Grenze zur Ukraine, liegt das kleine Industrie-

Kirche und Friedhof Părhăuţi

städtchen Siret, das im 14. Jahrhundert als zeitweilig bedeutender Fürstensitz und Hauptstadt der Moldau bekannt war. In dieser Funktion entstand einer der ältesten Steinbauten der Moldau, die um 1375 erbaute **Dreifaltigkeitskirche** (Biserica Sfânta Treime). Ihr Grundriss orientiert sich an byzantinischen Vorbildern und ist ein gutes Beispiel für die frühen moldauischen Dreikonchenanlagen mit Vorschiff (Pronaos), Hauptschiff (Naos) und Altarraum (Apsis). Der Außenbau ist dekorativ mit Bruchsteinen verkleidet und von Ziegelbändern durchzogen. Weitere Schmuckelemente sind die gliedernden Blendarkaden der Apsiden und glasierte Keramikornamente.

Bălineşti

Von Siret führt eine kleine Nebenstraße in Richtung Süden zur **Kirche** von Bălineşti. Sie stammt ebenfalls aus der Zeit Stefans des Großen. Sie steht am Ufer des Sereth, ein schlichtes Rechteck mit einem polygonalen Vorschiff und einem auf der Südseite später angebauten Glockenturm. Auftraggeber war 1493 der Kanzler Tăutu. In der Dekoration fallen besonders die gotischen Elemente auf, zum Beispiel die Skulpturen der Vorhalle im Flammenstil, die Fassa-

▲ Karte S. 297

den mit Rundtellern aus emaillierter Keramik unter dem Gesims, der Sockel, die Einfassungen und die Rippen am Gewölbe der Vorhalle. Im Inneren breitet sich eine hervorragende Wandmalerei aus, die auf den Kirchenmaler und Ordenspriester Gavril im Jahr 1493 zurückgeführt wird. Das Porträt des Stifters auf dem Votivbild ist eines der gelungensten Zeugnisse dieser Gattung. Im Schiff sind Szenen aus dem Leben Christi hervorzuheben, im Vorschiff ist die heilige Barbara dargestellt.

Rădăuţi

Auf einer Bukowinafahrt sollte unbedingt die St. Nikolauskirche in Rădăuţi (Radautz) besichtigt werden. Im Ort lohnt auch der kleine **Skulpturenpark** einen Blick. In ihm stehen Büsten der Herrscher Cuza (1859–1866), Petru Rareş (1527–1538), Ştefan cel Mare (1457–1504) und Alexandru cel Bun (1400–1432).

Dahinter biegt man rechts ab und kommt zur Bogdana, nach ihrem Stifter Bogdan I. dem Alten (1359–1365) benannt, dem Begründer des unabhängigen moldauischen Fürstentums. Die **St. Nikolauskirche**, dem heiligen Nikolaus von Radautz geweiht, wurde anstelle eines Holzbaues von 1360 errichtet und gilt als älteste Steinkirche der Bukowina. Von außen ist sie zunächst gar nicht als Kirche zu erkennen, es könnte sich ohne weiteres auch um ein Bauernhaus handeln: Das tief heruntergezogene Schindeldach reicht fast bis an die Strebepfeiler der Mauern heran. Im oberen Teil sind diese Pfeiler mit einem Fries von Nischen verziert. Unter Fürst Alexandru Lăpuşneanu wurde 1559 die geschlossene Vorhalle angefügt und die steinernen Einfassungen der Fenster ersetzt. Die Kenntnis darüber vermittelt die Inschrift in der Tür der Südseite: »Mit Wohlwollen des Vaters, mit Hilfe des Sohnes und mit Mitwirken des Hl. Geistes hat begonnen und wurde dieser kirchliche Vorraum vom dem rechtgläubigen verehrten Dreieinigkeit Johannes Alexander Woiwode und Herrscher der Moldau im Jahr 7067 (1559), 30 iunie z. Zeit Bischofs Kyr Eutemie aufgebaut«. Bis zum Ende des 18. Jahrhunderts diente der Bau als Bischofskirche. Unter Bischof Dozitei Herescu wurde 1780 der steinerne **Glockenturm** auf dem Areal errichtet.

Die Architektur ist für die Moldau nicht typisch. Es handelt sich um eine basikale Anlage, die in Vorraum (Exonarthex), Narthex oder Pronaos, Naos - der aus einem Hauptschiff und zwei Seitenschiffen besteht - und Altarraum (Apsis) untergliedert ist. Im Innern sind die für die Moldau ebenso einzigartigen Scheinemporen erstaunlich, ferner Geheimgänge über den Seitenschiffen, die über eine Wendeltreppe in den Pronaos führten.

Die Altarwand besteht aus Holz und stammt aus dem 17. bzw. 18. Jahrhundert. Haupt- und Vorschiff sind durch eine gemauerte Wand voneinander getrennt. 1882 wurden die alten **Wandmalereien** aus der Zeit Stefans des Großen vom Maler Epaminouchas Bucewski übermalt. Im Altarraum sind Abendmahl, Speisung der Apostel und Fußwaschung zu erkennen.

Der ›Bogdana‹ als Grabstätte seiner Ahnen, deren Gräber im Vorschiff zu sehen sind, ließ Stefan der Große erhöhte Aufmerksamkeit zukommen. Ein Meister Jan schuf in seinem Auftrag 1480 die **Grabplatten** für den Urahn Fürst Bogdan I. und seine Nachfolger. Der Künstler bediente sich der Technik des Flachreliefs. Ganz fein sind Motive wie das stilisierte Palmblatt gearbeitet, durchsetzt mit eigenständigen Formen aus der einheimischen Flora: Buchen-, Weißbuchen- und Ulmenblätter.

Die östliche Moldau

Der äußerste Osten Rumäniens grenzt mit dem Pruth an die Nachbarrepublik Moldawien; die Geschichte dieser Region ist eng mit einem Teil des heutigen Moldawien verbunden. Von Nord nach Süd durchfließt auf der Binnenseite der Siret (dt. Sereth) die Region. Sie ist größtenteils entwaldet und von fruchtbarem Lössboden bedeckt. Die weiten Flächen werden für Viehzucht und den Anbau von Getreide, Zuckerrüben und Kartoffeln genutzt. Im Frühsommer bezaubern vor allem die schier endlosen Sonnenblumenfelder auf der welligen Hügellandschaft mit goldenen Bildern. Nach Süden hin gerät die östliche Moldau in den Einzugsbereich der Donauebene.

Als Besichtigungsschwerpunkte sind hier die alte Hauptstadt Iaşi, in der man gut einige Tage verbingen kann, das berühmte Weinanbaugebiet Cotnari und die Geburtsstätte des für die Rumänen so wichtigen Dichters Eminescu zu empfehlen.

Den östlichsten Teil Rumäniens kann man von verschiedenen Richtungen ansteuern. Eine Möglichkeit ist es, aus Richtung Süden vom Donaudelta zu kommen. An der Bahnstrecke bei Mărăşeşti, südlich von Bacău, hatte der rumänische General Eremia Grigorescu (1864–1919) die deutsche Offensive unter Feldmarschall von Mackensen zum Stillstand gebracht. Mit dem Mausoleum ›Helden der Nation‹ wird dieser Schlacht bei Mărăşeşti, aber auch der von Oituz gedacht. Weiter geht es nach Bacău. Vor dem Krieg ein kleines und unbedeutendes Städtchen, expandierte es nach dem Zweiten Weltkrieg zur Industriestadt. Heute ist der Ort mit 90 000 Einwohnern drittgrößte Stadt der Moldau. Ein großes Zellulosewerk ist wichtigster Arbeitgeber. In Roman steht eine sehenswerte Bischofskirche mit bemalter Vorhalle. Der Sereth nimmt hier den der Region den Namen gebenden Fluss Moldau auf. Von hier ist es nicht weit zum Mirceşti des Dichters Vasile Alecsandri und zum Miclăuşeni des Ion Neculces, dem man wichtige historische Chroniken der Moldau verdankt. Über Târgu Frumoş erreicht man schließlich Iaşi.

▲ Karte S. 297

Bessarabien – Begriff und Geschichte

Moldawien, der östliche Nachbar Rumäniens, ist das bei uns wohl unbekannteste Land Europas. Es ist weitgehend mit dem historischen Bessarabien identisch. Diese Bezeichnung leitet sich von Basarab ab, einem Eroberer aus walachischem Fürstenhaus. Als Bezeichnung für das Gebiet östlich des Pruth wurde der Name erst im 19. Jahrhundert von der russischen Verwaltung eingeführt. Russland hatte diesen Teil der Moldau infolge des Russisch-Türkischen Krieges 1812 annektiert. Mit der Namensgebung Bessarabien sollte dieser Teilprovinz eine von der Westmoldau getrennte historische Identität verschafft werden.

Bis zu diesem Zeitpunkt war ›Bessarabien‹ 500 Jahre immer Bestandteil der Moldau gewesen und mit dieser der türkischen Oberhoheit unterworfen. Die Festungen Stefans des Großen und seiner Nachfolger zum Schutz der ostmoldauischen Grenze – Hotin, Soroca, Orhei und Cetatea Albă (Weißenburg) – lagen am Dnjestr und nicht am Pruth oder Sereth. Sie hatten sich lange sowohl gegen Einfälle der Steppenbewohner als auch der Osmanen bewährt. Im 19. Jahrhundert wurden deutsche Kolonisten in diesem Gebiet angesiedelt.

Im Jahr 1856, nach dem Krimkrieg, musste Russland den südwestlichen Teil mit dem Donaudelta an die Moldau abtreten, gewann diesen aber wieder durch den Berliner Kongress von 1878 zurück. Nach dem Ersten Weltkrieg wurde das Gebiet im Zuge der Neuordnung Europas Rumänien zugeschlagen, das es aber 1940 wieder an die UdSSR abtreten musste. Die Deutschen wurden daraufhin ausgesiedelt. Der Einfall nach Russland im Bündnis von Deutschen und Rumänen brachte das Gebiet 1941 Rumänien kurzfristig zurück, aber nach der Kapitulation ging es endgültig in den Besitz der UdSSR über.

Heute ist das historische ›Bessarabien‹ in die Ukraine und die nunmehr unabhängige Republik Moldau (Moldawien) aufgeteilt. Nach dem Zerfall der Sowjetunion und der Entstehung des selbständigen Moldawiens kam es zunächst zu einer Annäherung an Rumänien, und die Frage nach einer Vereinigung mit Rumänien stand im Raum. Mit großer Spannung wurde daher die Volksbefragung vom 6. März 1994 erwartet. Rumänische Hoffnungen und Sehnsüchte lagen unausgesprochen in der Luft. Doch die Mehrheit der Moldawier entschied sich für die doch gerade erst erworbene Selbständigkeit. Wer mag es ihnen verdenken!

Iaşi

Nur wenige Kilometer von der moldawischen Grenze entfernt liegt die Stadt Iaşi (Jassy). Mit 350 000 Einwohnern ist sie die viertgrößte Stadt Rumäniens und liegt an dem kleinen Fluss Bahlui. Ihre Umgebung ist hügelig und von der Landwirtschaft, teilweise von Weinreben, geprägt.

Iaşi ist geradezu ein Synonym für Bildung, Kultur, Revolution, Geschichte und Identität Rumäniens, denn viele rumänische Künstler, Gelehrte und herausragende Persönlichkeiten aus Politik und Gesellschaft lebten, studierten oder arbeiteten hier. Dieses aktive kulturelle Leben ist auch in der Gegenwart zu beobachten. Bis vor dem Zweiten Weltkrieg war es stark von einer großen jüdischen Gemeinde geprägt, der viele Impulse zu verdanken waren. Die Bedeutung dieser einst größten jüdischen Gemeinde Rumäniens neben Bukarest drückte sich in den über 100 Synagogen der Stadt aus, von denen nur eine einzige, die ›Synagoga marea‹ in der Strada Cucu 7, überlebt hat. Sie war anstelle eines Klosters in den Jahren 1657 bis 1682 entstanden, wurde 1914 erneuert und wird derzeit renoviert. Hier in Iaşi war unter Abraham Goldfaden im 19. Jahrhundert das erste jüdische Theater Europas entstanden, erst anschließend entstand das ›Barascheum‹ in Bukarest. Diese beiden jüdischen Theater waren in ihrer Bedeutung europaweit nur mit denjenigen in Wilna und Moskau vergleichbar. Das Pogrom vom 29. Juni 1941 bedeutete den Anfang vom Ende dieser jüdischen Gemeinde. Noch vor dem Krieg gegen die Sowjetunion hatte Marschall Ion Antonescu einen Plan entwickelt, der auf die ›ethnische Säuberung‹ des rumänischen Territoriums abzielte und auf der Wannsee-Konferenz vorgestellt wurde. Erst im Juli 1941 nahmen deutsche und rumäni-

Im früheren Casino ist heute ein Restaurant untergebracht

Moldau

sche Truppen Transnistrien ein; das Gebiet wurde gemäß eines Vertrages zwischen Rumänien und Deutschland unter rumänische Verwaltung gestellt. Doch bereits zuvor war es zu antijüdischen Angriffen über die Presse gekommen, in denen die Juden unter anderem für die sowjetischen Bombardierungen verantwortlich gemacht wurden. Diese anti jüdische Stimmung endete in einem Massaker, dem mindestens 13 000 Juden zum Opfer fielen und bei dem über 100 Synagogen zerstört wurden. Das Thema war lange, bis zur Gründung der Internationalen Kommission zur Erforschung des Holocausts in Rumänien, ein Tabu.

Während des Kommunismus blieb die Entwicklung zum Industriezentrum der Moldau nicht aus. Viele der chemischen, pharmazeutischen und metallverarbeitenden Betriebe gerieten in jüngerer Zeit in einen bedauernswerten Zustand. Während sich die Stadt heute einerseits zur IT-Hochburg entwickelt, hat der große sichtbare Aufschwung die Allgemeinheit andererseits noch nicht erreicht. Derzeit bangen viele Mitarbeiter der veralteten metallverarbeitenden Firma Fortus um ihre Arbeitsplätze. Und so wäre Iaşi dank seiner Lage das Tor zum Osten, scheint aber etwas vergessen hinter den Wäldern zu sein.

Geschichte

Schenkt man Dimitrie Cantemir Glauben, wurde die Stadt bereits von Stefan dem Großen zur Hauptstadt gemacht, um von hier aus gegen die Türken besser und wirkungsvoller vorgehen zu können, als von der alten Hauptstadt Suceava möglich war. Gesichert ist, dass dieser große Fürst der Stadt die erste, dem heiligen Nikolaus (Biserica Sfântul Nicolae) geweihte Kirche schenkte. Cantemir erzählte vom einstigen Dorf an dieser Stelle, mit weniger als drei Familien, wovon einer der Müller – Johann, rumänisch ›Ioan, verkleinert zu Iaşi – der Stadt den Namen gab. In einem Handelsprivileg, das Fürst Alexander der Gute (1400–1431) den Lemberger Kaufleuten 1408 erteilte, ist Iaşi erstmals als Zollstelle erwähnt, seit 1434 tritt es in den Urkunden als Marktflecken auf. Doch erst Alexandru Lăpuşneanu (1552–1561) verlegte die Verwaltung vollständig hierher und machte Iaşi damit zur Hauptstadt der Moldau, einen Rang, den sie drei Jahrhunderte, bis zur Vereinigung von Walachei und Moldau, beibehalten sollte. Danach übernahm Bukarest diese Rolle.

Die Bedeutung der Stadt als historisches Zentrum der rumänischen Kultur kann nicht genügend hervorgehoben werden. Schon unter der Herrschaft des moldauischen Fürsten Vasile Lupu (1634–1653) entstand 1640 im Kloster der Drei Hierarchen eine bedeutende Lehranstalt, die ›Academia Vasiliană‹. Gleichzeitig wurde in diesem Kloster auch die erste Druckerei der Moldau eingerichtet. Anfang des 19. Jahrhunderts löste dann die ›Academia Mihăileană‹ die 1821 aufgelöste ›Vasiliană‹ ab. Sie darf als erste rumänische Hochschule angesehen werden. Ihr Gründer Fürst Mihail Sturdza (1834–1849) vertraute die Leitung dem moldauischen Gelehrten Gheorghe Asachi (1789–1869) an. Berühmte Persönlichkeiten wie der Historiker Mihail Kogălniceanu (1817–1841) und der Nationalökonom Ion Ghica (1816–1847) lehrten hier. Beide spielten auch auf politischem Gebiet eine maßgebende Rolle. Reaktionäre Kreise sorgten kurzfristig für eine Unterbrechung des Unterrichts. Sie hielten die Vorlesungen für zu revolutionär. Ärzte und Naturforscher gründeten eine Gesellschaft, die den Anschluss an die naturwissenschaftliche Bewegung Westeuropas suchte. Die erste rumäni-

▲ Karte S. 337

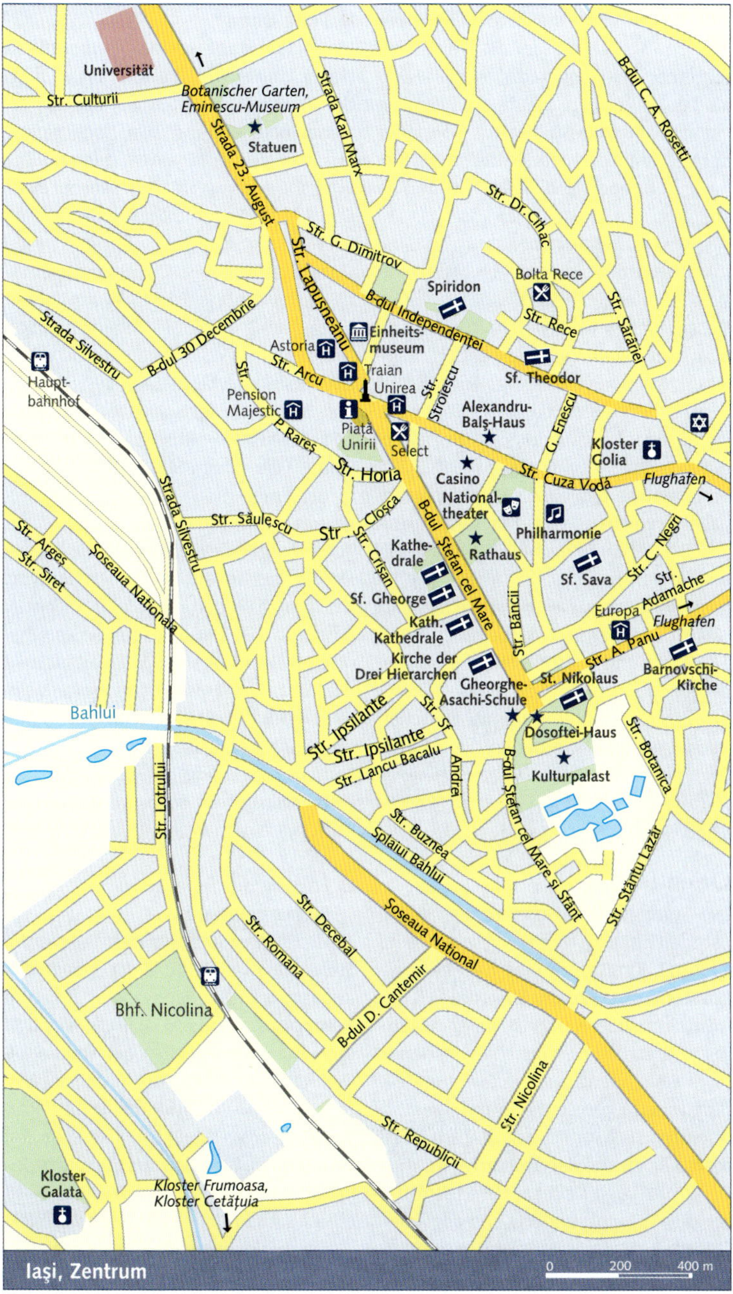

Iaşi, Zentrum

sche Universität, die heute noch den Namen Cuzas trägt, der die Donaufürstentümer vereinigt hatte, wurde 1860 ins Leben gerufen. Heute studieren an ihr etwa 50 000 Studenten. Seit 1975 besteht eine partnerschaftliche Verbindung zur Albert-Ludwigs-Universität in Freiburg.

Auch auf kultureller Ebene kam Iaşi eine führende Rolle zu. Im Jahr 1836 entstanden hier die erste Philharmonische Gesellschaft und das erste Konservatorium, beide benannt nach dem rumänischen Komponisten George Enescu. Auf dem Gebiet der literarischen Publizistik fiel der Stadt unangefochten die bedeutendste Rolle Rumäniens zu. Unschätzbare Impulse gingen zur Zeit des Nationalen Erwachens von diesem Zentrum aus. Den Anfang machten die Zeitschriften Gheorghe Asachis ›Albina Românească‹ sowie das literarische Beiblatt ›Alăuta Românească‹; beide wurden 1829 gegründet. Es folgten politisch bedeutende Journale: ›Convorbiri Literare‹ 1867 und ›Contemporanul‹ zwischen 1881 und 1891, in denen die größten rumänischen Dichter Mihai Eminescu (1850–1889) und Ion Creangă (1857–1889) veröffentlichten.

Orientierung

Die Stadt hat türkische, russische und österreichische Truppen gesehen, und auch die jüngsten Kriege haben ihr zugesetzt. Doch ihrem Flair hat all das nichts anhaben können. Dimitrie Cantemir erwähnte 40 Kirchen, von denen noch viele, wenn auch renovierungsbedürftig, erhalten sind und mit ihren Silhouetten das Antlitz der Stadt bestimmen. Gleich bei der Einfahrt wird man der großzügigen Alleen, der Prachtbauten des 19. Jahrhunderts und der vielen Denkmäler zum Andenken an rumänische Gelehrte und Künstler gewahr.

▲ Karte S. 337

Piaţă Unirii

Herz der Stadt ist der Einheitsplatz (Piaţă Unirii). Gerade hier in Iaşi trägt der Hauptplatz seinen Namen mit gewisser Berechtigung, war doch gerade Iaşi das Zentrum einer starken Einigungsbewegung im 19. Jahrhundert. Die 1912 errichtete **Statue** des letzten Fürsten der Moldau, Alexandru Ioan Cuza (Statuia lui A.I. Cuza), ist folgerichtig in der Mitte plaziert. Alexandru Ion Cuza gelang 1862 die Vereinigung von Moldau und Walachei. Er wurde damit zum ersten gewählten Fürsten Rumäniens. Seine von fortschrittlichen Gedanken geprägte Politik schuf ihm viele Feinde, die seinen Sturz herbeiführten. In der Emigration 1873 in Heidelberg gestorben, wurde ihm erst nach seinem Tode die gebührende Ehre zuteil. Zwei **Hotels**, das ›Traian‹ nach einem Entwurf des französischen Architekten Gustav Eiffel von 1862 und das für die kommunistische Ära stehende ›Unirea‹, säumen den Platz. Im Hotel ›Traian‹ war während der Besetzung von Bukarest durch die Deutschen (1916–1918) die provisorische Regierung untergebracht. Das Hotel wurde sehr schön renoviert und lockt mit einem netten Pub.

Entlang des Bulevardul Ştefan cel Mare

Flaniert man entlang des Bulevardul Ştefan cel Mare – am Wochenende seit neuestem Fußgängerzone – bis zum Kulturpalast, entdeckt man die wichtigsten Sehenswürdigkeiten der Stadt.

Das **Rathaus** (Bulevardul Ştefan cel Mare şi Sfânt 45) ist im Palais Rosetti-Roznovanu eingerichtet. Das Gebäude mit einer kleinen Kapelle wurde ursprünglich in den Jahren zwischen 1770 und 1800 erbaut und im Jahr 1831 vom Architekten Freywald renoviert. Ludovic Stawschi bemalte das Innere. Die einflussreiche

Familie Rosetti-Raznovanu erwarb das Palais am Ende des 19. Jahrhunderts, von der es dann die Stadt erwarb. Als Residenz des Thronfolgers Ferdinand diente es ihm auch während des Ersten Weltkriegs als provisorische Residenz.

In Höhe des Rathauses fällt auf der rechten Seite das mächtige Gebäude der **orthodoxen Kathedrale** (Mitropolia) ›Sfânta Paraschieva‹ mit ihren vier Ecktürmen ins Auge. Gustav Freywald aus Österreich begann den Bau mit Unterstützung des Ingenieurs Gheorghe Asachi 1833. Nach dem Einsturz der Decke wurde der Bau gestoppt und erst unter Alexandru Orăscu, dem Rektor der Bukarester Universität, 1886 vollendet. Das Innere ist untergliedert in Pronaos, ein mit Kuppeln überdecktes Hauptschiff, an das sich zu beiden Seiten ein Nebenschiff mit zweigeschossigen Emporen anschließt, und im Osten den Altarraum. Die Innenmalereien (1884–1886) wurden unter der Leitung von Gheorghe Tattarescu ausgeführt. Die Kirche wurde im Beisein König Carols I. geweiht. Im Inneren werden die Gebeine der Heiligen Parascheva verehrt, der Moldauer Landesheiligen. Am 14. Oktober ist der Gedenktag dieser Heiligen. Das Fest zieht jährlich Tausende von Pilgern in die Stadt und ist ein einmaliges Erlebnis für Besucher. Hinter der Kirche befindet sich der **Metropolitensitz**. Auf dem Areal steht außerdem die alte **Metropolitenkirche Sankt Georg** (Sfântul Gheorghe) ohne Turm von 1761.

Das Denkmal für den Schriftsteller Gheorghe Asachi

Von einzigartiger Bedeutung, nicht nur für Iaşi, sondern für ganz Rumänien, ist die **Kirche der Drei Hierarchen** (Biserica Trei Ierarhi), das Juwel der Stadt. Längst wurde sie für die Aufnahme in die Liste des Weltkulturerbes der UNESCO vorgeschlagen (siehe Essay auf Seite 341).

In Nachbarschaft der Kirche entwickelte sich ein **Kloster**, wovon nur noch das Gebäude mit gotischem Saal erhalten geblieben ist: die Lehrstätte der berühmten ›Şcoala Vasiliană‹. Zur Zeit Vasile Lupus war Sofronie Abt und Leiter der Schule. Die zur gleichen Zeit mit Hilfe des Metropoliten von Kiew – Petru Movilă – eingerichtete Druckerei hatte ebenfalls in diesem Kloster ihren Standort. Im Jahr 1642 wurde das erste Werk gedruckt, ein Lehrbuch in griechischer Sprache. Ein Jahr später kam die berühmte ›Cazanie‹ heraus, das Gebetbuch des Metropoliten Varlaam (1632–1653). Der gotische Saal beherbergt heute prächtige Stickereien und die abgenommenen Reste der Kirchenmalereien.

Benachbart zur Drei-Hierarchien-Kirche – Iaşi ist auch Bischofssitz – stehen die **Römisch-Katholische Kathedrale** vom 18. Jahrhundert mit Malereien des Italieners Giuseppe Carta aus Palermo und die **Gheorghe-Asachi-Schule** (Şcoala şi Statuia lui G. Asachi) aus dem 19. Jahrhundert. Der Schriftsteller und Gelehrte sitzt als Skulptur von Ion Georgescu (1890) vor dem Gebäude.

Der Bulevardul Ştefan cel Mare endet vor dem **Kulturpalast** (Palatul Culturii), wo die Hauptstraßen Iaşis zusammentreffen. Mit dem neugotischen Bau (1907) des rumänischen Architekten Berindey entstand die große Platzanla-

Das Dosoftei-Haus gehört zu den ältesten erhaltenen Häusern in Iaşi

ge, deren Mitte das **Denkmal Stefans des Großen** (1888) nach dem Entwurf vom Emmanuel Frémiet einnimmt. Im Kulturpalast sind heute die großen Museen der Stadt untergebracht: Museum für Kunst, Museum für Geschichte der Moldau, Museum der Ethnographie und Museum der Polytechnik. Außerdem wird der Palast als Messe- und Ausstellungsgelände genutzt. Noch vor dem Krieg diente der riesige Komplex als Justiz- und Verwaltungsgebäude. Die den Kulturpalast umgebende Grünanlage bietet Jung wie Alt Erholung. Hier wird, wie in vielen Städten Rumäniens, mit einem riesigen Kreuz aus weißem Marmor den Opfern der Revolution von 1989 gedacht. Hinter dem Kulturpalast liegt eine **Freizeit- und Sportanlage** mit einem Sommer- und einem Kindertheater. Anschließend folgt die ausgemalte **St.-Lazăr-Kirche** aus der Neuzeit.

An der Stelle des Kulturpalastes stand vom 16. bis 19. Jahrhundert der Fürstenhof. In seiner Nähe stiftete 1492 Stefan der Große seine einzige Kirche in Iaşi, die **Hofkirche Sankt Nikolaus** (Sfântul Nicolae Domnesc). Seit dem 16. Jahrhundert diente sie den Moldauer Fürsten als Krönungskirche. Der heutige Bau mit Keramikschmuck und Malereien in den Blendarkaden ist eine Kopie des 19. Jahrhunderts. Außen an der Apsis erkennt man die Darstellungen antiker Philosophen, darunter Tacitus, Apollonius und Thukidides. Im Inneren sind neben Heiligen Szenen aus dem Leben des Nikolaus dargestellt. In der Kirche finden stimmungsvolle Gottesdienste statt.

Das **Dosoftei-Haus** (Casa Dosoftei) aus dem 17. Jahrhundert gehört zu den wenigen Privatgebäuden aus jener Zeit, die sich erhalten haben. Das Laubenhaus besteht aus zwei verschiedenen Räumen mit Muldengewölben. Die Druckerei des moldauischen Metropoliten Dimitrie Dosoftei (1624–1693) soll hier zeitweise untergebracht gewesen sein. Unter dem Gelehrten Dosoftei wurde das Rumänische als Liturgiesprache eingeführt und löste das Slawische ab. Sein Bronzedenkmal von I. Bârleanu (1975) zeigt ihn sitzend beim Schreiben eines Buches. Bezugnehmend auf die Geschichte des Hauses finden hier Bücherausstellungen statt.

▲ Karte S. 337

Die Drei-Hierarchen-Kirche in Iaşi

Ein Stein auf der Südseite der Kirche trägt folgende Inschrift: »... wir haben dieses heilige Gebetshaus im Namen der drei Heiligen Vasile cel Mare, Grigorie Bogoslavul, Ioan Gură de Aur gebaut und Erzbischof Varlam hat es 7147 im Mai den 6. geweiht«. Mit den drei Heiligen sind Basilius der Große, Gregor der Theologe und Johannes Chrysostomos gemeint. Alle drei gehören zu den orthodoxen Kirchenvätern, die die Dogmen von Nicäa verteidigt hatten, und werden auch als Stadtpatrone von Iaşi verehrt.

Die Jahreszahl 7147 folgt der byzantinischen Zeitrechnung, womit das Entstehungsjahr der Kirche nach dem lateinischen Kalender dem Jahr 1639 entspricht. Fürst Vasile Lupu, der große Förderer der Ostkirche, hat diese Kirche gestiftet. Inmitten der Kirchen St. Nikolaus, St. Sava, Golia und Baranovschi fand hier die kulturelle Hochblüte der Moldau ihren gesteigerten Ausdruck. Dem klassischen moldauischen Dreikonchentypus des 16. Jahrhunderts ist man auch hier treu geblieben. Von Kloster Galata übernahm man die beiden hintereinander gesetzten, gleich hohen schlanken Türme. Diese vertikale Betonung ist typisch für das 17. Jahrhundert. Im Inneren erhebt sich je ein moldauisches Gewölbe über dem Naos und über dem Pronaos. Bewundert wurde die Kirche schon zur Zeit ihrer Entstehung wegen ihrer einzigartigen Außenverzierung. Die Steinornamente erinnern an das Repertoire von Dragomirna. Kleinteiliger Schmuck bedeckt vollständig die gesamte Oberfläche, einschließlich gliedernder und statischer Architekturelemente wie Strebepfeilern, Archivolten und Basen der Türmchen. Die Ornamente sind ganz unterschiedlicher Art: Säulchen wie an russischen Kirchen, orientalische Sonnenmotive, persische Vasen mit blühenden Zweigen sowie geometrische Muster nach armenischen und georgischen Vorbildern. Das Mittelgesims ist als gedrehtes Tau gemeißelt und von zwei Marmorbändern begrenzt. Der Einfluss siebenbürgischer Gotik ist in den Strebepfeilern, den Fensteröffnungen, den Profilen der Portale und Fenstergewänden mit ihren Stäben und Eselsrückenbögen sichtbar. Mehrfach war die Kirche Plünderungen ausgesetzt, Erdbeben taten ein übriges. Während der Restaurierung unter der Leitung des französischen Architekten Lecomte de Nouy wurde die originale Innenausmalung beseitigt. Die Denkmalpflege ging im 19. Jahrhundert andere Wege als heute, weshalb kostbarste Malereien ins Museum wanderten oder gar zerstört wurden. 1641 schenkten der Patriarch und die Synode von Konstantinopel der Kirche die Reliquien der in Rumänien sehr verehrten heiligen Paraschiva. Außerdem beherbergt die Kirche drei bedeutende Fürstengräber: den Stifter Vasile Lupu, Fürst Dimitrie Cantemir und Alexandru Ion Cuza. Fern der Heimat gestorben, war es angesichts seiner Bedeutung für Rumänien eine angemessene Ehre für Cuza, in dieser so kostbaren Kirche bestattet worden zu sein.

Seit 1990 sind Kirche und Kloster wieder mit religiösem Leben erfüllt.

Die Drei-Hierarchen-Kirche

Weitere Sehenswürdigkeiten

Aus kunsthistorischer Sicht sind noch die **Kirchen des heiligen Sava** (Sfântul Sava) vom Meister Enache aus Konstantinopel (1625), ein auffälliger Rundbau, die **Barnovschi-Kirche**, eine Stiftung des Woiwoden Miron Barnovschi (1633) im typisch moldauischen Stil mit zwei Kuppeln, die **Bărboi-Kirche** aus dem 18. Jahrhundert sowie die **Peter-und-Paul-Kirche** (1650) interessant. Außerdem gibt es im Zentrum außer der katholischen Kirche und der Synagoge auch eine **armenische Kirche** (Sf. Maria), deren Ursprünge auf das 14. Jahrhundert zurückgehen. Der gelb verputzte Bau wird derzeit renoviert. Als die Armenier im 14. Jahrhundert in die Moldau einwanderten, bauten sie eine erste Kirche in Botoşani und eine zweite hier in Iaşi.

Das **Kloster Golia** (Mănăstirea Golia) wurde ursprünglich vom Logotheten Ioan Golia gestiftet. Eine Neugründung durch Vasile Lupus ersetzte es um 1650. Der ummauerte Komplex besteht aus einem weiten unregelmäßigen Hof mit Kirche. Rundtürme verstärken die Ecken, ein Torturm diente gleichzeitig auch als Glockenturm und stellt den ältesten Teil des Klosters dar. Nach den Zerstörungen durch ein Erdbeben ließ Fürst Grigore II. Ghica das Kloster in den Jahren 1735 bis 1741 wieder aufbauen. Das östlich der Kirche gelegene kleine Gebäude mit Atrium gehört dieser Zeit an. Ein barocker Wandbrunnen schmückt westlich des Torturmes die Klostermauer.

Die Kirche entspricht im Grundriss dem klassischen Moldautypus: Vorhalle, Pronaos, Grabkammer, Naos und Altarraum. Ungewohnt für die Region ist die Fassadengliederung. Pilaster mit Kompositkapitellen und bogenumrahmte Felder, die giebelbekrönte Fenster einschließen, lassen italienische Künstler vermuten. Bemerkenswert ist das Südportal der Vorhalle. Es wird von reichen Ranken und Arabeskendekorationen im Flachrelief gerahmt. Die Bekrönung zeigt das Wappen der Moldau und eine byzantinisch stilisierte Verkündigungsszene. Die Kirche wurde zeitweise als Gefängnis oder Irrenanstalt missbraucht und wird derzeit renoviert.

▶ Karte S. 337

Das 1896 von den Wiener Architekten Fellner und Helmer erbaute **Nationaltheater** mit Staatsoper (Teatrului Național din Iaşi) trägt den Namen des rumänischen Dichters, Erzählers und Dramatikers Vasile Alecsandri (1821–1890), der später rumänischer Außenminister wurde. Vor dem Theater steht die Statue des Barden von Mirceşti (Statuia Bardului de la Mirceşti). In den Jahren 1900 bis 1910 wurde das Theater von einer anderen Größe der rumänischen Literatur geleitet, Mihail Sadoveanu. An sein Wirken erinnert die Statue in der Grünanlage des Theaters. Der große Erzähler schrieb über 120 Romane und Novellen.

Schräg gegenüber liegen die **Philharmonie** und das **Alexandru-Balş-Haus**. Letzteres ist ein Bau in reinem Klassizismus. Hier konzertierte einst Franz Liszt.

Wie wäre es mit einer Pause? Möchte man es etwas nobler, so empfiehlt sich das historische Casino mit einem schön renovierten Restaurant. Es liegt gegenüber dem einfachen Hotel ›Continental‹. Liebt man mehr das Traditionelle, so lässt man sich am besten von einem Taxi ins berühmte **Bolta Rece** bringen. In den Zeiten der literarischen und politischen Gesellschaft ›Junimea‹ (1863–1883) war dieses Lokal der Treffpunkt der Intellektuellen, Künstler und Revolutionäre. Von außen wirkt es zierlich und heimelig, im Inneren stehen weiträumige Keller mit gemütlichen Ecken für eine Vielzahl von Gästen bereit. Und wenn man schon in dieser Ecke ist, lohnt es sich auch noch, die **Kirche des**

heiligen Theodor (Sf. Theodor) und die **Spiridon-Kirche** (Sf. Spiridon) mit dem Grab des Fürsten Grigore Ghica Vodă aus dem 18. Jahrhundert zu besichtigen.

Das Universitätsviertel

Von der Piaţă Unirii nimmt auch die nach Nordwesten führende Strada Lăpuşneanu ihren Ausgang. An ihr liegt die ehemalige Residenz Cuzas. In dem klassizistischen Gebäude wurde das **Einheitsmuseum** (Muzeul Unirii) eingerichtet. Die Strada Lăpuşneănu geht stadtauswärts in eine breite verkehrsreiche Chaussee über: die Strada 23. August. Sie wird von **Grünanlagen** und **Prachtbauten** des 19. Jahrhunderts gesäumt. In einer kleinen Grünzone kann man sich nochmals mit den moldauischen Herrscherpersönlichkeiten vertraut machen. Acht ganzfigurige Statuen (Statuile) sind in Zweiergruppen angeordnet. Von ihren Sockeln schauen die Gründer Dragoş (1352-1353) und Alexandru cel Bun (1400-1432) langhaarig und mit Schwert in der Hand herab. Ştefan cel Mare (1457-1504) und Mihai Viteazul (1600) weisen mit ihren fürstlichen Insignien in den Händen auf ihren Erfolg. Ihnen folgen ihre Erben Ion Vodă cel Viteaz (1572-1574) und Petru Rareş (1527-1538, 1541-1546). Zwei Kunstförderer und Diplomaten, Vasile Lupu (1634-1653) mit Kirchenmodell und der Philosophenfürst Cantemir (1710-1711) mit Buch und Moldauwappen in der Hand, beenden den historischen Rückblick.

Mihai Eminescu amtierte auch als Direktor der Universitätsbibliothek

Prächtigster Bau an der Chaussee ist das **Hauptgebäude der Cuza-Universität** (Universitatea A.I. Cuza) von Louis Blanc. Am 21. Oktober 1897 fand seine feierliche Einweihung statt. Mit seiner großen Freitreppenanlage und dem Brunnen, der den Studenten als Treffpunkt dient, ist der imposante Bau ein klassisches Beispiel des pompösen Historismus. Vor dem Hauptgebäude steht – wie könnte es anders sein – Mihai Eminescu, der sicherlich am meisten verehrte Dichter Rumäniens. An der hiesigen Universitätsbibliothek war der Nationaldichter für ein Jahr (1874-1875) Direktor. Die Gebäude der einzelnen Fakultäten liegen an dieser Straße und sind zum Teil über die Stadt verteilt.

Der größte Park der Stadt ist der **Copou-Park** (Grădina Copou); in ihm steht das moderne **Eminescu-Museum** (Muzeul lui Eminescu) des Architekten Virgiliu Onofrei (1989). Zu den Exponaten zählen seltene Fotos und Erstausgaben seiner Bücher. Büsten rumänischer Dichter – darunter Ion Creangă und Iacob Negruzzi – und Bänke säumen die Parkwege. In romantischer Erinnerung an zärtliche Begebenheiten zwischen Eminescu und seiner Muse Veronica Micle wird in diesem Park auch noch die Eminescu-Linde (Teiul lui Eminescu) verehrt. Doch ihre Zweige hängen ein wenig traurig herab.

Nördlich vom Universitätsviertel erstreckt sich der **Botanische Garten**, der größte und einer der schönsten seiner Art Rumäniens.

Dimitrie Cantemir – ein Vorläufer der Aufklärung

Dimitrie (Demetrius) Cantemir war einst Fürst der Moldau, aber mehr noch humanistischer Gelehrter und Schriftsteller. Seine Leistungen sind heute nur noch wenigen bekannt. Im Jahr 1673 wurde er als Sohn eines rumänischen Serdars (Bojarenamt mit militärischen Aufgaben, Feldherr oder General) geboren. Seinen Ruhm verdankte er weniger seinen politischen Erfolgen als seinen Leistungen als Orientalist und Ethnograph. Seinen Hauslehrern hatte er seine fundierten Kenntnisse des Lateinischen und Griechischen zu verdanken Als Geisel nach Konstantinopel geschickt, nutzte er seine Jahre am Hofe des Sultans, um die türkische Sprache und Kultur, vor allem die Musik, zu erlernen. Im weiteren Verlauf seines Lebens eignete er sich Arabisch und Persisch an und verfasste die Schrift ›Der Diwan oder der Streit der Weisen mit der Welt‹, auch als ›Zwist der Seele und des Leibes‹ bekannt. Das Werk wurde bereits 1698 in Iaşi in rumänischer und griechischer Sprache gedruckt.

Als Fürst der Moldau versuchte er, sich durch einen Vertrag mit Zar Peter dem Großen vom Osmanischen Reich unabhängig zu machen und die Tributzahlungen abzuschütteln. Diese Politik scheiterte, Cantemir musste fliehen und fand Aufnahme in Russland. In Sankt Petersburg ging er eine zweite Ehe mit der Tochter Trubezkojs ein und diente Peter dem Großen als Diplomat. Ein Versuch, mit Unterstützung des Zaren die Moldau zurückzugewinnen, scheiterte jedoch. Dimitrie Cantemir begleitete 1722 die russischen Truppen auf dem Feldzug gegen Persien. Dabei hatte er Gelegenheit, seine Kenntnisse der Länder im Kaukasus und rings um das Kaspische Meer auszuweiten. Die Ergebnisse dieser Studien begann er in den ›Collectanea Orientalia‹ zu veröffentlichen, die allerdings erst nach seinem Tode erscheinen konnten. 1723, mit nur 49 Jahren, starb er nach schwerer Krankheit und wurde in Moskau bestattet.

Sein Sohn Antiochus, Gesandter des Zarenhofes bei König Georg in England, brachte sein Werk ›Osmanische Geschichte‹ auf die Insel, wo es übersetzt und herausgegeben wurde. Auch mit der Melodie und dem Rhythmus der osmanischen Musik beschäftigte er sich eingehend. Die Moldau verdankt diesem polyglotten Gelehrten einen frühen Höhepunkt rumänischer Geschichtsschreibung. Seine Hauptwerke ›Historia incrementorum atque decrementorum Aulae Othomanicae‹ und ›Descriptio Moldaviae‹, im Faksimiledruck der Originalausgabe von 1771 zu haben, begründeten seinen Ruf als Historiker von europäischem Rang. Die Würdigung seiner herausragenden Kenntnisse durch Zeitgenossen drückt sich auch in seiner frühzeitigen Mitgliedschaft (1714) in der Brandenburgischen Societät der Wissenschaften in Berlin aus.

Dimitrie Cantemir um 1716

Als Modernisierer der rumänischen Sprache sowie als vorzüglicher Kenner der Volkssprache des 18. Jahrhunderts kommt Dimitrie Cantemir in der rumänischen Sprachgeschichte bis heute eine besondere Stellung zu.

Klosteranlagen im Süden der Stadt

Nicht weit vom Stadtzentrum befinden sich einige sehenswerte Denkmäler. Obwohl nur wenige Kilometer entfernt, sind sie nicht ganz leicht zu finden. Man überquert den Bahlui-Fluss hinter dem Kulturpalast und fährt um den Bahnhof Nicolina, einen der beiden Bahnhöfe Iaşis, herum. Auf dem Weg trifft man auf stillgelegte, völlig verrottete Industrieanlagen, für deren Abriss oder Instandsetzung derzeit kein Geld vorhanden ist.

Kloster Galata (Mănăstirea Galata) liegt idyllisch auf einem der umliegenden Hügel. Der Woiwode Peter der Lahme (Petru Şchiopul) stiftete 1576 eine Kirche mit Kloster im Tal. Diese wurde zehn Jahre später auf der Bergterrasse neu erbaut. Aufgrund ihrer Lage ist die Kirche auch vom Zentrum aus zu sehen. In den traditionellen moldauischen Dreikonchentypus wurden walachische Elemente aufgenommen, die wegweisend für die späteren Moldaukirchen wurden. Naos und Grabkammer werden hier erstmals durch Arkaden statt der bis dahin üblichen Scheidewand getrennt. Die Apsiden erhielten hier statt einem Fenster drei, wodurch der Innenraum sehr viel lichter wurde. Die Höhentendenz wurde durch die Verdoppelung des moldauischen Wölbungssystems erreicht. Der Außenbau ist durch ein umlaufendes Rundstabgesims in zwei Zonen horizontal untergliedert. Über einem Sockel setzen drei unterschiedlich hohe übereinandergestaffelte Blendarkaden an, die nur von Fenstern durchbrochen werden. Die Verkleidung des gesamten Außenbaus durch Hausteine und Ziegel in wechselnder Anordnung geht ebenfalls auf walachischen Einfluss zurück.

Inmitten von stillgelegten Fabriken steht die klassizistische Kirche von **Kloster Frumoasa** (Mănăstirea Frumoasa). Die Gründung reicht ins 16. Jahrhundert zurück und erfuhr im 19. Jahrhundert radikale Umbaumaßnahmen. Heute ist nur noch die Kirche mit ihrer monumentalen Westfassade erhalten. Auf einem Stylobat (oberste Stufe eines Treppenabsatzes) erheben sich vier korinthische Säulen. In deren Mitte öffnet sich ein Rundbogen, auf den Seiten ruht ein Architrav. Der Dreiecksgiebel schließt die Fassade nach oben ab. Der Innenraum ist ein schlichtes, von Kuppeln überwölbtes Rechteck, mit einer Rundapsis im Osten und einer Vorhalle mit Empore im Westen. Die Kirche liegt eingebettet in einen verwunschenen Friedhof. Das Grabmal der Familie Sturdza (Mormântul Sturdza), bewacht von einer schlanken Frauenstatue, hebt sich von den überwachsenen Gräbern ab. Derzeit wird die Kirche renoviert.

Ebenfalls auf einem Hügel, einem der angeblich sieben, liegt **Kloster Cetăţuia** (Mănăstirea Cetăţuia). Von hier aus hat man einen wunderschönen Blick auf Iaşi und das Flusstal des Bahlui. Umringt von bewaldeten Hügeln, entstand die Stiftung Gheorghe Ducas zwischen 1668 und 1672 auf dem Areal einer ehemaligen Festung, von der sie den Namen erhielt. Auch das Kloster wurde kräftig befestigt. Fünf Meter hohe Steinmauern umgaben einst den Hof. Sie sind nur teilweise in voller Höhe erhalten. Von den Wohngebäuden sind das Fürstenhaus mit Resten eines Bades und das Abtsgebäude mit Anbauten jüngeren Datums gut erhalten. Die schlichte weiße Dreikonchenanlage wird dem Baumeister Gligorie Cornescu zugeschrieben. Die Tradition der doppelten, schlanken und hochaufragenden Türme wurde hier übernommen. In der Gliederung der Fassaden ist eine deutliche Zurücknahme an Zierat zu spüren. Um so dekorativer wirkt das gegensätzlich gewundene Steintau, das mit Eichenblättern und

Rosetten im Flachrelief eingefasst ist. Verdoppelte Blendarkadenreihen liegen nur in der oberen Wandzone vor. Außerdem sind die Fenster gotisch umrahmt. Die Wandmalereien im Inneren wurden übermalt. Im Pronaos sieht man das Jüngste Gericht, die Wurzel Jesse und – sehr schön gereinigt – die Familie des Stifters Duca, der auch hier bestattet wurde. Bei der Besichtigung trifft man auf reges Klosterleben.

Die Umgebung

Iaşi kann sich rühmen, viele Grünanlagen zu haben. Wem dies nicht genügt, muss nur wenige Kilometer fahren und ist schon inmitten von **Weinbergen**: im Norden die von Copou, im Nordosten die von Ciric und im Süden die von Bucium.

In Richtung Vaslui liegt das **Naherholungsgebiet Bârnova** mit Campingplatz. Miron Baranovschi stiftete hier ein weiteres Kloster, das 1990 reaktiviert wurde. Etwas abseits der Straße nach Vaslui kann man eine weniger bekannte, aber recht großzügige Stiftung Stefans des Großen entdecken, **Kloster Dobrovăţ** (1504). Die Malereien entstanden in der Zeit seines Nachfolgers Petru Rareş.

Iaşi und Umgebung

Vorwahl: 0232.

Offizielle Internetseiten: www.primaria-iasi.ro, www.iasi.ro.

Centrul de Informare Turistică, Piaţa Unirri 12, Tel. 261990, www.turism-iasi.ro, turism.iasi@gmail.com.

Goethe-Zentrum, Strada Lascăr Catargiu 38, Gebäude C derTechnischen Universität Gheorghe Asachi, Tel. 214051, Fax 217075, www.goethezentrum.ro. Das Goethe-Zentrum ist eine Rumänisch-Deutsche-Kulturgesellschaft in Kooperation mit dem Goethe-Institut Bukarest, Mo–Fr 14–18 Uhr.

Der **Flughafen** liegt etwa sieben Kilometer nordöstlich, unweit des Ciric-Naherholungsgebietes. Mittlerweile gibt es Direktverbindungen ab Wien, alle anderen Verbindungen führen über Bukarest oder Timişoara. In die Innenstadt fahren Taxis. Der Flughafen wird vor allem von Tarom und Carpatair angeflogen.

Dem Zugreisenden stehen die Bahnhöfe Iaşi westlich der Piaţa Unirii und der Bahnhof Nicolina südlich vom Zentrum zur Verfügung. Außerdem gibt es regelmäßige Busverbindungen in viele Städte des Landes und sogar ins benachbarte Moldawien. Der Busbahnhof befindet sich vor dem Bahnhof Iaşi. Minibusse nach Moldawien fahren vom Autogară Vest ab.

Hotel Europa, Str. Anastasie Panu 26, Tel. 242000 Fax 242001, www.hoteleuropa.ro. 4 Sterne, das fünf Jahre alte, erste Haus der Stadt bietet jedem verwöhnten Gast den erwünschten Komfort. Hochhaus im Zentrum, EZ 115, DZ 145 Euro.

Hotel Traian, Piaţa Unirii 1, Tel. 266666, Fax 212187, www.hoteltraian.ro. 4 Sterne, frisch renoviertes Haus in historischem Gebäude mitten im Zentrum.

Hotel Astoria, Str. Lăpuşneanu 1, Tel. 233888, Fax 244777, www.hotelastoria.ro. 3 Sterne, das Haus gehört zum Hotel ›Traian‹ und wurde vor zwei Jahren renoviert.

Pension Majestic, Str. Petru Rareş 7, Tel. 255557, www.pensiuneamajestic.ro. Nettes, neues Privathotel, nahe am Zentrum.

Restaurant Select, Piaţa 14. Decembrie 1989 Nr. 2, Tel. 210715, www.selectgrup.

▶ Karte S. 297/327

ro. Wirkt auf den ersten Bick etwas kommunistisch, aber sehr gute Küche.
Café Boheme, Piaţa Unirii. Jugendstiltreff für Durstige.

Hofkirche Sankt Nikolaus, tgl. 9–16 Uhr.
Drei-Hierarchien-Kirche und Museum, tgl. 9–12 und 15–19 Uhr.

Botanischer Garten, Str. Dumbrava Roşie 7–9, www.botanica.uaic.ro. Im Sommer 9–20, im Winter 9–17 Uhr.

Iulius MAll, Bulevardul Tudor Vladimirescu.
Moldova Mall, Strada Palat 1.
Carrefour, Felicia Strada Bucium 36.
Hală Centrală, im Zentrum.

Im Westen und Norden von Iaşi

Wie in einem Dreieck liegen die alten moldauischen Ortschaften Târgu Frumoş, Hârlău und das Paşcani des Schriftstellers Mihail Sadoveanu mit dem großen Kriegsgräberfriedhof. In Ruginoasa war Cuza zu Hause. Bei Târgu Frumoş fährt man auf die Landstraße 28B in Richtung Norden und erreicht eines der großen und berühmtesten Weinanbaugebiete Rumäniens: **Cotnari**. Der seit dem 15. Jahrhundert nachweisbare Marktflecken war sogar von Siebenbürger Sachsen kolonisiert worden. Der Fürst und Despot Vodă (1561–1563) hatte hier um die Mitte des 16. Jahrhunderts den Lehrer Johannes Sommer mit der Leitung des von ihm gegründeten lateinischen Kollegiums betraut. Doch das ist lange her. Heute interessiert den Besucher mehr der Wein.

Durch weite Mais- und Sonnenblumenfelder kommt man nach **Hârlău** mit der **Kirche Sankt Georg** (Biserica Sfântul Gheorghe). Dank einer Inschrift weiß man, dass diese Stiftung Stefans 1492 in nur fünf Monaten errichtet wurde. Die fürstliche Bauhütte musste für diese Leistung außerordentlich gut organisiert sein. Auf den ersten Blick möchte man gar nicht glauben, dass es eine so alte Kirche ist. Mit der Renovierung hat man es einfach zu gut gemeint. Die Silhouette ist zudem wesentlich durch die Blechdächer gestört. Ursprünglich besaß die Kirche mit Schindeln gedeckte Walm- und Zeltdächer. Die Steinfassaden sind vollständig mit Ziegeln verkleidet, von Außenmalereien weiß man nur über alte Fotografien. Die frühe Dreikonchenanlage mit moldauischem Gewölbe über dem Naos ohne Grabkammer wurde kurz nach ihrer Fertigstellung innen ausgemalt. Das Besondere der Malereien ist, dass hier zum ersten Mal Gewölbezone und obere Wandzone durch einen Medaillonfries voneinander malerisch geschieden wurden und dieses Stilmittel seitdem für die Moldau üblich wurde.

Das nächste Ziel ist **Botoşani**. Das Städtchen muss einst ein schöner Ort gewesen sein. Zumindest gewinnt man diesen Eindruck, wenn man durch die Fußgängerzone spaziert. Obwohl überall der Putz von den historischen Fassa-

Einer der zahlreichen Weinkeller in Cotnari

den abbröckelt, ist ein Hauch vom alten Glanz in dieser Straße – aber nur in dieser – geblieben. In der ansonsten planlos bebauten Stadt versteckt sich auch eine **Georgskirche**. Die zierliche Dreikonchenanlage aus Backstein – oder ist es nur eine Verkleidung? – besitzt eine schöne vergoldete Holzikonostase.

Ipoteşti

Von Botoşani führen zwei kleine Straßen nach Ipoteşti. Es ist der Geburtsort des Dichters Mihai Eminescu; und ihm zu Ehren wird auch der Ort bisweilen so genannt. Er ist so idyllisch gelegen, dass man rasch die traurigen Bilder der stillgelegten Fabriken und die tristen Hochhäuser um Botoşani vergisst. Die Fahrt auf dem kleinen Sträßchen versetzt in eine andere Welt. Zur **Eminescu-Gedenkstätte** gehört ein Museum (tgl. außer Mo 9–17 Uhr). Das **Grab des Dichters** auf dem Friedhof mit seiner kleinen Kapelle lockt viele Verehrer herbei. Auch ein **Freilichttheater** gehört zum Areal der Gedenkstätte, in dem des Dichters Werke regelmäßig aufgeführt werden.

Der Rumänienbesucher wird sowieso auf Schritt und Tritt an Eminescu erinnert. Geboren wurde Mihai Eminescu (1850–1889), der eigentlich Eminovici hieß, in eine turbulente Zeit: Seine Heimat kämpfte um die Unabhängigkeit, die Revolutionen von 1848 waren gescheitert, die romantische Bewegung Europas war am Ausklingen. In Czernowitz, einer Stadt mit deutscher Kulturausrichtung, ging Eminescu zur Schule. Dort kam er mit Theatertruppen in Berührung, die großen Einfluss auf sein Schaffen ausübten. In seinem kurzen Leben war er mehrfach als Bibliothekar, Souffleur und Übersetzer tätig. Übersetzungen der Werke Schillers in die rumänische Sprache sind ihm zu verdanken, und auch mit seinen eigenen Werken gelang ihm der Anschluss an die Weltliteratur.

Obwohl ohne Schulabschluss, studierte Eminescu zunächst in Wien, später auch in Berlin, wo er sogar für die rumänische Botschaft tätig wurde. Von der Philosophie wechselte er zu Jura und wieder zur Philosophie. Unter einem Pseudonym erschienen in den ›Literarischen Gesprächen‹ erste Werke. Lesungen hielt er vor der ›Junimea‹, der literarischen Gesellschaft ›Jugend‹. Sein autobiographischer Roman ›Der einsame Genius‹ offenbarte seine melancholische Seele. Gleichwohl traten in seinen Werken auch nationalistische und antisemitische Züge offen zutage. Daher verboten die Russen sein fremdenfeindliches Gedicht ›Doina‹.

Früh drückte Eminescu die Geldnot. Seine heute gerne romantisierte Liebe zur Dichterin Veronica Micle, der Frau eines Beamten, inspirierte und beschwerte ihn gleichermaßen. Auch nach dem Tod des um vieles älteren Ehemannes von Veronica fand ihre Liebe keine Erfüllung. Im Zustand geistiger Umnachtung verbrachte Eminescu einen Sommer im Neamţer Hospiz. Seine aufopferungsbereite Schwester nahm sich seiner an. Doch am 15. Juni 1889 starb er in Bukarest im Krankenhaus.

Dorohoi und Dumeni

In Dorohoi, im äußersten Zipfel Rumäniens, steht noch eine Stiftung Stefans des Großen: **Sankt Nikolaus** (Biserica Sfântul Nicolae) von 1495 mit gotischen Türrahmungen. Und nur acht Kilometer entfernt liegt der Geburtsort einer anderen Größe Rumäniens, des Komponisten George Enescu. Die Ortschaft Dumeni wurde ihm zu Ehren umbenannt. Eine Gedenkstätte ist seinem Leben gewidmet.

▲ Karte S. 297

Mihai Eminescu – Einsamkeit

Dicht verhängt sind meine Fenster,an dem Tisch sitz ich allein,
in dem Herd das Feuer flackert,sinnend blicke ich hinein.
Schwärme süßer Träume steigen,
im Gedächtnis sie erweckt
zirpen leise wie die Grillen in dem
Mauerloch versteckt.
Oder fallen auf die Seele, in der Tiefe
ganz zerschellt,
wie vom Licht am Kruzifixe Wachs
in Tropfen niederfällt.
In den Ecken meines Zimmers
Spinngeweb in Fäden hängt,
in die Bücherstöße haben Mäuse
keck sich eingedrängt.
In des Zimmers stillen Frieden blickt
mein Auge starr hinein,
und ich horche wie die Mäuse nagen
an dem Bücherschrein.
Ach, wie oft schon meine Leier wollt
ich an den Nagel hängen.
Um zu enden mit dem Elend und mit
allen meinen Sängen.
Aber dann der Grille Zirpen und das
Schleichen einer Maus
führen mich zurück zum Sinnen, und
es wird ein Vers daraus.
Aus den Zimmerecken kommt ihr,
still und langsam, Mäuse, Grillen,
und ihr seid für mich die Boten,
meine Traurigkeit zu stillen.
In den Händen die Zigarre in das
Feuer dann ich blick,
und ich halte meine Armut für ein
traurig süßes Glück
Manchmal – aber ach, so selten –,
manchmal, wenn schon abends
spät, ist's, als sollt's die Brust mir sprengen, denn ich hör, die Türe geht
Sie ist's! Und das leere Zimmer
scheint mir plötzlich wie gefüllt –
in des Lebens dunklem Rahmen ist
sie mir das Strahlenbild
Und mir will das Herz verbrennen,
dass so schnell verstreicht die Stunde,
wenn ich flüsternd mit ihr sitze,
Hand in Hand und Mund an Munde.

Mihai Eminescu 1878

Das Neamț-Gebiet

Zwischen dem Fluss Moldau und dem Cehalău-Gebirge erstreckt sich das Neamț-Gebiet. Auf einer Strecke von etwa 300 Kilometern liegen dicht beieinander unzählige Kunstdenkmäler und Naturschönheiten. Darunter befindet sich eine der ältesten Klosteranlagen, ›Neamț‹, ein unbedingtes Muss einer jeden Moldaureise. Eine Rundfahrt durch das Neamț-Gebiet führt auch immer wieder auf die Spuren rumänischer Dichter.

Der Name ›Neamț‹ leitet sich vom slawischen Wort ›Nemetz‹ ab, was ursprünglich ›sprachlos‹ bedeutete und sich als Bezeichnung für die ›Deutschen‹, der Sprache nicht Mächtigen, entwickelt hat. Der Name tauchte erst spät in den Quellen auf, obwohl die ›Nemți‹ (die Deutschen) schon frühzeitig mit der Kolonisierung des Nösnerlandes auch die Moldau erreichten. Der Chronist Ion Neculce berichtete, dass sie in den Burgen von Neamț und Suceava saßen. Die Bezeichnung mag auf die Gewohnheit der Rumänen zurückzuführen sein, eine Kleidung, die nicht der Nationaltracht entsprach, ›deutsche Kleider‹ zu nennen. Vielleicht bezeichneten sie aber auch die in dieser Zeit hierher geholten ausländischen Meister, die neue künstlerische Ausdrucksformen ins Land brachten.

Piatră-Neamț

▲ Karte S. 297

Als Ausgangspunkt für eine Besichtigungsfahrt eignet sich die von waldbedeckten Hügeln umgebene Stadt Piatră-Neamț (übersetzt: der Deutsche Fels). Sozialistische Bauten und starke Zersiedelung verschließen leider den Blick auf die Reste der alten Bausubstanz. Vom Zentrum führt eine Treppe durch eine Grünanlage hinauf zu den Resten der **Zitadelle** mit fürstlichem Wohnsitz von 1499, zwei kleinen, liebevoll hergerichteten **Museen** (Kunsthandwerk und Rumänische Kunst) und der sehenswerten fürstlichen **Johanneskirche**. Diese soll auf Stefan den Großen zurückgehen. Die Kirche aus Bruchsteinmauerwerk wurde an den Fassaden, den Blendarkaden der Apsis und den Friesen unter dem Dachgesims mit glasierten Ziegeln verkleidet. Der Eingang liegt ungewöhnlicherweise auf der Nordseite, dem ehemaligen fürstlichen Wohnbau zugewandt. Der gotisch anmutende Kirchturm erinnert an polnische Beispiele. Dem quadratischen Untergeschoss folgen die polygonalen oberen Stockwerke. Ganz oben war der Glockenstuhl. Der Turm war im oberen Teil nur von außen durch eine Strickleiter zugänglich.

Wer sich nicht von den kalten Hochhäusern abhalten lassen mag, kann im Zentrum die eine oder andere weitere Kirche entdecken. So steht direkt hinter dem Kaufhaus, umgeben vom kleinen Friedhof, die Helena und Konstantin geweihte Kirche.

Kloster Bistrița

Fährt man von Piatră-Neamț in Richtung Westen, liegen dicht hintereinander, unweit der mehrfach zu einem See aufgestauten Bistrița, einige mehr oder weniger bedeutende Klosteranlagen.

Kloster Bistrița (Mănăstirea Bistrița), nicht zu verwechseln mit der gleichnamigen Anlage in der kleinen Walachei, gilt nicht nur als eine der ganz großen Klosteranlagen der Moldau, sondern auch als bedeutendste Stiftung des Fürsten Alexander des Guten (Alexandru cel Bun, 1400–1432).

Von seinem Enkel Stefan stammt der **Glockenturm** (1498). Dieser besteht aus einem tonnengewölbten Erdgeschoss und zwei Stockwerken mit Kuppeln auf Pendentifs darüber. Im ersten Stockwerk befindet sich eine Kapelle, im zweiten die Glockenstube. Die Johannes Novus geweihte **Kapelle** besitzt bedeutende Wandmalereien von 1538. In ihrer Kuppel sieht man die Muttergottes mit dem Jesuskind, die Pendentifs werden von den Evangelisten geschmückt, und an der Ostwand sind Szenen aus der Passion Christi (Fußwaschung, Abendmahl, Christus vor den Hohepriestern Hannas und Kaiphas, und dem Statthalter Pilatus, Kreuzigung) angebracht. Die untere Zone gehört den Heiligen und Kirchenvätern. Auf der Süd- und Nordwand wurden die Passions- und Heiligenszenen fortgesetzt, bereichert durch Darstellungen zum Leben Johannes des Täufers und des in der Moldau sehr verehrten Johannes Novus. Die Malereien der Westwand wurden durch Anbauten zerstört.

Die **Hauptkirche** ist die Maria Entschlafen geweihte, einfach getünchte Dreikonchenanlage. Sie wurde über dem Grundriss des Vorgängerbaues im Jahr 1554 unter Alexander Lăpuşneanu errichtet. Archäologische Untersuchungen haben in dem nicht mehr erhaltenen Ursprungsbau die erste bekannte Grabkammer der Moldau nachgewiesen. Ein solcher Raum wurde in die Dreikonchenanlagen der Moldau zwischen Naos und Pronaos eingefügt. Von Beginn an als Grabstätte konzipiert, wurden in der Kirche ihr Stifter Alexander und seine Familie, darunter seine Frauen Anna und Maria sowie zwei Söhne bestattet. Außerdem fanden hier der bedeutende Chronist der Moldau, Grigore Ureche (1647), und Josif Muşat, erster Metropolit der Moldau, ihre letzte Ruhe. Der am meisten verehrte Schatz der Kirche ist eine Gnadenikone der heiligen Anna, ein Geschenk des Palaiologenkaisers Manuel (1395–1427). Die Malereien der Kirche wurden Anfang des 19. Jahrhunderts erneuert. Um sie zu schonen, befindet sich heute das Kerzenhaus außerhalb des Gotteshauses.

Mit der ersten Kirche entstanden auch die ersten Mönchszellen, eine Kopistenschule wurde eingerichtet, und sogar die erste Chronik der Moldau schon 1359 durch Mönche geschaffen. Durch eine Belagerung des bekannten Osmanen Süleyman des Prächtigen wurden Teile des Klosters wie Mauer, Zellen und Fürstenhaus in große Mitleidenschaft gezogen und bedurften des Wiederaufbaus, den Petru Rareş, der gleichzeitig die Nikolauskapelle spendete, Mitte des 16. Jahrhunderts veranlasste.

Als unter Alexander Lăpuşneanu der Neubau der Hauptkirche entstand, wurden auch die **Nebengebäude** und die **Umfassungsmauer** renoviert. Sie gelten heute als bedeutende Profanbauten der Moldau und werden gerne als Pendant zu den Gebäuden des Klosters Moldovița verstanden.

Im ehemaligen **Fürstenhaus** mit Malereien aus dem 16. Jahrhundert wurde im Jahr 1932 eine **Sammlung alter Kunst** mit Stickereien, Webwaren, Silberarbeiten, Manuskripten und Drucksachen untergebracht. Gerne öffnen die wenigen Mönche auf Anfrage die Räumlichkeiten und zeigen stolz die Glocke Stefans des Großen, Teile des Fürstenmantels Alexander des Guten sowie die Ikonen des 17. bis 18. Jahrhunderts. Erst 1987 wurde das Bauwerk einer erneuten Restaurierung unterzogen.

Weitere Klöster

Entlang der Straße Richtung Bicaz sind noch kleine Anlagen anzutreffen. Das Männerkloster von **Bisericani** in der Gemeinde Viişoara wurde anstelle eines

Das schmucke Kloster Agapia

100 Jahre älteren Baus Anfang des 16. Jahrhunderts erneuert.

Fast im Wald, einsam und leider sehr mitgenommen liegt das **Kloster Pângărați.** Die Stiftung Fürst Alexander Lăpuşneanus wird von wenigen Mönchen belebt, die den Wiederaufbau vorantrieben. Doch auch dieses Kirchlein wartet mit einer Besonderheit auf den Besucher; es handelt sich nämlich um eine Doppelkirchenanlage. Zwei funktionale Räume liegen übereinander. Im oberen befindet sich ein schlichter Steinaltar. Auf solche doppelgeschossigen Kirchen trifft man in Rumänien sonst nur noch in Suceava und in Cilic-Dere in der Dobrogea. Vielleicht hat sich hier kleinasiatischer Einfluss niedergeschlagen.

Kloster Văratec

Von Piatră Neamț sind in nördlicher Richtung, über die TN 15C und kleine Abzweigungen, mehrere Klöster zu erreichen. Mit den Augen des Dichters Hogaş sieht man die Umgebung des Klosters Văratec so: »...die Văratec-Berge sind hoch, die Wälder so schattig, die Täler so versteckt und tief, die Bäche so klar, die Heuwiesen so dicht, so hoch und so aufgeblüht, die Luft so balsamisch, dass die mutwilligste Seele sich von einer süßen Melancholie erweicht fühlt.«

Kloster Văratec ist eine Gründung der Nonne Olimpiada aus dem Jahr 1785. Die ehemalige Holzkirche wurde Anfang des 19. Jahrhunderts durch den heutigen Steinbau ersetzt. Viele der Gebäude gehen auf das 19. Jahrhundert zurück. Einige vermitteln durch eine später vorgesetzte hölzerne Veranda einen gemütlichen Eindruck. Auffällig viele Gebäude sind mit Schindeln gedeckt. Zum Kloster gehören weitere Kirchen, die außerhalb der Mauern liegen. Auf dem Friedhof befindet sich das Grab von Veronica Micle, der Muse Eminescus, mit der poetischen Grabinschrift: ›Das Nichts bringt dich, das Nichts nimmt dich‹. Im Kloster selbst ist ein **Museum** mit bemerkenswerten Ikonen zu besichtigen.

Wanderfreudige können von hier über den ›Weg der Königin‹ zum Kloster Agapia wandern (etwa sieben Kilometer). Auch lohnt es sich, das Naturreservat der ›kupfernen Wälder‹ (Brănişte Naturreservat) mit uralten Eichen auf einer Höhe von 460 bis 550 Metern zu durchstreifen.

▲ Karte S. 297

Kloster Agapia

Kloster Agapia gehörte mit Văratec zu den größten orthodoxen Nonnenklöstern Europas; noch heute ist das Klosterleben lebendig. Den Baukomplex stiftete Hetman Gavril Coci, ein Bruder des Fürsten Vasile Lupu, im 17. Jahrhundert. Von 1858 bis 1862 erfolgte eine vollständige Erneuerung. Von kunsthistorischem Interesse sind die Innenmalereien des bekannten rumänischen Malers aus dem 19. Jahrhundert: Nicolae Grigorescu, ›Meister Nicu‹ genannt. Der Künstler, der unter dem Einfluss der Schule von Barbizon stand, hat im Jahr 1860 hier im Alter von 22 Jahren begonnen und damit seinen künstlerischen Aufstieg begründet. Im klostereigenen **Museum** wurde seinem Werk ein eigener Saal gewidmet. Das Museum ist überhaupt sehr sehenswert. Es präsentiert überaus anschaulich Ikonen, religiöse und profane Handschriften und Dokumente zu wichtigen Persönlichkeiten der Umgebung; ein Saal ist rumänischen Dichtern gewidmet.

Außerhalb des Klosters liegt eine Gedenkstätte für den heiliggesprochenen Alexandru Vlahuță (1858–1919), patriotischer Dichter, Philosoph und Jurist.

Tărgu Neamț

Im Vorort Humuleşti, kurz vor der Einfahrt nach Tărgu Neamț, steht das Geburtshaus von Ion Creangă (1837–1889), heute eine **Gedenkstätte** mit Dokumenten zu Leben und Werk des Dichters. Târgu Neamț liegt am Ufer des Neamțul (auch als Ozana bekannt), für dessen Wasser aus dem Gebirge die Stadt berühmt war. Der Ort in den Vorkarpaten wurde bereits in vorgeschichtlicher Zeit besiedelt und war im Mittelalter ein wichtiger Markflecken mit Zollstation.

Überragt wird die Ortschaft von **Burg Neamț** auf dem Pleşu-Hügel (525 Meter). Nicht beweisen lässt sich die Vermutung, der Deutsche Ritterorden sei der Bauherr gewesen. Unter Fürst Petru I. Muşat wurde die Anlage 1380 vergrößert und durch Stefan den Großen befestigt, wonach sie sogar Mehmed II., dem bedrohlichsten Gegner der Moldau, trotzte. Noch im Jahr 1600 zog sich die fürstliche Familie des Vasile Lupu vor den Angriffen des Polen Johann III. Sobieski in die Burg zurück. Erst 1716 wurde sie Opfer der österreichischen Angriffe. Das 1965 bis 1972 restaurierte Gebäude ist ein bedeutendes

Die Burgruine hoch über der Stadt

Denkmal der mittelalterlichen rumänischen Architektur. Man erreicht die Burg mit dem Auto, indem man in Richtung Kloster Neamț fährt und dann nach rechts abzweigt.

Direkt im Ort – man orientiere sich Richtung Hospital – befindet sich das **Haus von Veronica Micle** mit einer Ausstellung zum Leben und Werk der Dichterin.

Kloster Neamț

Etwa 16 Kilometer nordwestlich von Târgu Neamț liegt ein Höhepunkt einer jeden Moldaureise, eine der bedeutendsten mittelalterlichen Mönchsgemeinschaften der Region: Kloster Neamț (Mănăstirea Neamț), einst eine reiche Anlage unweit vom Knotenpunkt zweier wichtiger Handelsstraßen des Mittelalters. Einer der Handelswege verlief von Transsilvanien über den Petru-Vodă-Pass und Pipirig über das Ozana-Tal, ein zweiter kam von Humuleşti, wiederum einem Knotenpunkt für drei Richtungen. Schüler des serbischen Mönchs Nicodim sollen das Kloster im 14. Jahrhundert gegründet haben. Die Großzügigkeit der Fürsten hat einen Komplex mit der Hauptkirche ›Christi Himmelfahrt‹, der Georgskirche, Maria Entschlafen- und Maria Verkündigungskapelle sowie der Johannes dem Evangelisten geweihten Friedhofskirche hinter dem Kloster entstehen lassen. Zum Ensemble gehören noch die außerhalb des Klosters liegenden Einsiedeleien: Sf. Ioan Bogoslav mit der 1835 errichteten Steinkirche, die Einsiedelei Vovidenia mit ihrer Steinkirche von 1751 und die Einsiedelei Pocrov mit einer Holzkirche von 1714.

▲ Karte S. 297

Man betritt das Kloster durch den ältesten Teil der heutigen Anlage, den Eingangs- oder auch **Glockenturm**, ein Geschenk Alexanders des Guten (1400–1432). Die zeitlichen Unterschiede sind an den Geschossen ablesbar. Das Obergeschoss wurde erst Anfang des 19. Jahrhunderts fertiggestellt und darin 1819 die Maria Verkündigungskapelle eingebaut. Die Wandmalereien im Erdgeschoss sollen auf jene Stefans des Großen zurückgehen, wurden aber im 19. Jahrhundert übermalt. Thema ist hier der selten dargestellte mittelalterliche Roman ›Varlaam und Ioasaf‹.

Bei ausgiebigen Grabungen der 1960er Jahre wurden im Zentrum des Klosters Reste eines Holzbaues und Fundamente eines darüber liegenden Steinbaus entdeckt. Hierbei handelte es sich um die erste Christi Himmelfahrt geweihte Kirche, eine Stiftung des Fürsten Petru Muşat (1375–1391), die vermutlich durch ein Erdbeben zerstört worden war. Darüber hatte man viel später, nämlich 1795, im klassizistischen Stil eine Georgskirche (Sfântul Gheorghe) erbaut. Sie wurde zum Zeitpunkt der Grabungen abgetragen und in den Osttrakt der Klosterbauten versetzt. In dieser Georgskirche wird eine wundertätige Muttergottesikone mit drei Händen, eine Nachahmung derjenigen vom Berge Athos, aufbewahrt. Die dritte Hand soll die des heiligen Damaschinos sein, dessen Hand die Muttergottes geheilt habe. Zur Erinnerung an die beiden ursprünglichen Kirchen haben die Restauratoren deren Grundrisse im Boden markiert. Die schwarzen Steine zeigen den Grundriss der Christi-Himmelfahrts-Kirche, die weißen den der Georgskirche.

Stefan der Große beschloss die Errichtung einer neuen, nördlich der alten gelegenen **Christi-Himmelfahrts-Kirche** (›Maria Entschlafen‹). Sie wurde seine größte Stiftung, und laut Inschrift am Eingangstor, 1497 beendet. In etwas größeren Maßstäben ist sie eine Nachbildung der ersten Kirche von Putna mit

Exonarthex, Pronaos, Grabkammer, Naos und Altarraum. Hier findet man den Prototyp für alle moldauischen Klosterkirchen des 16. Jahrhunderts. Im Inneren wurden die Räume ursprünglich durch Wände mit Türöffnungen voneinander getrennt. Doch zugunsten der Erweiterung des Gottesdienstraumes wurde die Wand zwischen Naos und Grabkammer abgebrochen und dabei das Stifterbild zerstört. Die moldauische Kuppel findet sich im Gegensatz zu anderen Kirchen hier nicht nur über dem Naos, sondern auch über der Grabkammer und den beiden Kuppeln des Pronaos und der Vorhalle. Die Sakristei, ein kleiner Vorbau, wurde 1553 an der Südseite der Apsis angefügt. Der Fassadenschmuck ist eine Synthese aus byzantinischer Tradition mit unverputzter Oberfläche aus Bruchstein und Schmuck aus Ziegeln und Schmelzglaskeramik in Friesen, Bändern und Arkaden. Die profilierten steinernen Verzierungen an Fenstern und Türen sind gotischen Traditionen verpflichtet und gehen auf siebenbürgische Meister zurück. In den Blendnischenreihen finden sich teilweise Malspurenreste.

Den Restaurierungsarbeiten ist es durch Abnahme des Putzes zu verdanken, dass die Dekorationen wieder zum Vorschein kamen. Ebenso wurde auch die ursprüngliche Dachform der Teildächer aus der Zeit Stefans des Großen wiederhergestellt. An den im 19. Jahrhundert übermalten Wandmalereien lassen sich zwei Etappen ausmachen: die Malereien des Schiffes, Vorschiffes und der Grabkammer gehören der Zeit Stefans des Großen an, die der Vorhalle und des Vorschiffes der Epoche des Petru Rareş (1554).

Während eines Besuches wird vielleicht gerade durch das Schlagen auf ein Holzbrett oder Holzlatten zum Gottesdienst gerufen – eine Tradition, die auf das türkische Verbot des Glockenläutens zurückzuführen ist und bis heute für besondere Anlässe beibehalten wurde. Der Gottesdienst in rumänischer Sprache dauert zwischen einer und dreieinhalb Stunden und ist ein einziger Lobpreis auf Jesus Christus und die Muttergottes. Vor der Messe wird die Ohrbeichte abgenommen, wenn man an der Eucharistie teilnehmen will. Geweihtes Wasser und Brot werden gereicht, beides sollte man nüchtern zu

Im Innenhof des beeindruckenden Klosters Neamț

sich nehmen. Das Brot erhält man in Form kleiner Brötchen, sinnbildlich der wahre Leib Christi, gestempelt mit Jesus Christus der Siegreiche.

Nicht nur als Gesamtensemble, in dem verschiedene Bauphasen moldauischer Baukunst vertreten sind, ist Neamț einzigartig, sondern auch als Kulturzentrum von herausragender Bedeutung. Die Klostergebäude, denen während der Renovierung ein Laufgang vorgesetzt wurde, waren Zeugen für 500 Jahre intensiver kultureller Leistungen. Die weithin bekannte Schule der Miniaturisten wurde in der ersten Hälfte des 15. Jahrhunderts von Gavril Uric geprägt, dem Autor eines illuminierten Tetraevangeliums von 1429, das sich heute in der Bodleian Library von Oxford befindet. Zur Zeit Stefans des Großen war die führende Gestalt Teodor Mărăşescul. Große Gelehrte wie Makarie und Eftimie wurden hier ausgebildet. Ihnen sind die Chroniken der Moldau zur Zeit des Petru Rareş und Alexander Lăpuşneanu zu verdanken. Im 18. Jahrhundert wurde von dem Metropoliten Veniamin Costache die erste Druckerei eingerichtet, die die Schreibschule ersetzte. Infolgedessen wurden viele Werke aus dem Griechischen und Slawischen ins Rumänische übersetzt. Viele dieser Übersetzungen werden in der Klosterbibliothek aufbewahrt, die sich im Südwesten des Klosterensembles befindet. Die Bibliothek verfügt über einen Bestand von etwa 18 000 weltlichen und religiösen Texten. Die bekannteste Übersetzung ist die ›Filokalia Dobroliubie‹.

Das intensive geistige Leben wurde von so markanten Persönlichkeiten wie Bischof Pahomie (Anfang des 18. Jahrhunderts) geprägt. Vor allem aber der heiliggesprochene Paisie Velicicovschi errang Ende des 18. Jahrhunderts mit seiner theoretisch erarbeiteten und praktisch in Neamț umgesetzten Reorganisation des geistlichen Lebens weit über die Grenzen seines Landes hinaus Bedeutung. Diese Strömung ist als ›paisianistische Bewegung‹ bekannt geworden.

Das **Klostermuseum** neben der Bibliothek verfügt über eine stattliche Sammlung an Kunstgegenständen. Außer der Schreibstube unterhielt das Kloster auch eine Werkstatt für liturgische Stickereien. Eines der bedeutendsten Werke, das Epitaphios des Abts Siluan von 1437, befindet sich in Bukarest. Trotzdem kann der Besucher hier noch einen reichlichen

Karte S. 297

Der Bicaz-Stausee

Am Eingang zum Campingplatz in Borsec

Bestand bestaunen. Vieles wurde von den Mönchen selbst gefertigt. Auch Ikonen werden gezeigt, von denen die Ikone der wundertätigen Muttergottes hervorzuheben verdient. Ihre Rückseite ist mit dem heiligen Georg bemalt. Einst schenkte der byzantinische Kaiser Johannes VIII. Palaiologos Fürst Alexander dem Guten die Kostbarkeit. Dieser wiederum vermachte sie dem Kloster Neamț. Die Ikone soll im siebten Jahrhundert geschaffen worden sein und verdankt dem Fürsten Michael Sturdza (1844–1845) den Beschlag aus Silber mit Edelsteinen.

Außerhalb der imposanten Mauern auf der Westseite befindet sich das runde **Weihwassergebäude** (1837–1847). Zum Patronatsfest des Klosters an Christi Himmelfahrt und Pfingsten wird das Wasser geweiht. Die Kuppel wurde 1974 bis 1977 von Varahil Moraru bemalt.

Das Männerkloster wurde während der Ceaușescu-Ära nicht vollständig enteignet. Nach 1991 erhielt es auch einen Teil seines Besitzes – darunter Weinberge und Wald – zurück. Wer mit dem Abt spricht, wird vom Bestreben nach Selbstversorgung erfahren.

Vom nahegelegenen Vânători-Neamț erreicht man das **Dragoș-Vodă-Reservat**, in dem Wisente und eine intakte Wald- und Süßwasserfauna geschützt werden.

Zwischen Tărgu Neamț und Bicaz

Die verwunschene Lage der Klöster Secu und Sihăstria macht diese Bauwerke besonders liebenswert. Als Abzweig von der Hauptstraße führt eine gute Straße durch einen Wald zum **Kloster Secu**. Es wurde in der Nachbarschaft einer älteren Anlage vom Statthalter Nestor Ureche 1602 erbaut, dem Vater des berühmten Chronisten. Die Dreikonchenanlage mit zwei Türmen ist stilistisch durch die Bauweise der Walachei beeinflusst. Eine Weiheinschrift mit dem Wappen der Moldau wurde ursprünglich von Vasile Lupu auf Burg Neamț angebracht. Auch hier findet man eine Sammlung alter Kunst- und Kultgegenstände, die im Kloster angefertigt wurden.

Ein Schotterweg, den man besser zu Fuß geht, führt zum **Kloster Sihăstria**. Bischof Ghedeon von Roman stiftete einen Vorgängerbau. Doch der heutige stammt von 1825, die Kapelle aus dem 20. Jahrhundert. Drei Kilometer weiter liegt die Klause Sihla mit einer Holzkirche von 1763. Über die Hauptstraße kommt man durch **Pipirig**, ein Zentrum der Volkskunst. Es ist Ausgangspunkt einer Wanderung zur **Höhle der heiligen Teodora** (14 Kilometer).

Bei **Hangu** erreicht man einen **Stausee** (Lacul Izvorul Muntelui), wo man die Route N15 über den Borsec-Pass nach Siebenbürgen wählen kann. Dabei bietet sich ein Abstecher in den heilklimatischen Kur- und Wintersportort **Durău** auf 800 Meter Höhe an. Außerhalb liegt das gleichnamige **Kloster**, die Gründung einer Tochter Vasile Lupus aus dem 17. Jahrhundert mit modernen Malereien in Enkaustik-Technik (wachsgebundene Farben) von N. Tonitza.

Borsec (dt. Bad Borseck, ungar. Gyergyóborszek), vorwiegend von Szeklern bewohnt, liegt rund 40 Kilometer westlich des Stausees und somit bereits in Siebenbürgen. Es ist bekannt wegen seiner vielen Heilquellen. Zu Ceauşescus Zeiten war Borsec dank seines milden Klimas einer der populärsten Kurorte Rumäniens. Wer die kleine Fußgängerzone entlangläuft, kann dies nur noch an den langsam verfallenden Prachtbauten der Jahrhundertwende erahnen. Berühmt aber ist der Ort für sein Mineralwasser, von dem mehr denn je abgefüllt wird und ganz Rumänien mit schmackhaftem Wasser versorgt.

Am südlichen Ende des Stausees erreicht man Bicaz. Das Städtchen liegt im Zentrum der Ostkarpaten, am Zusammenfluss der Bicaz mit der Bistrița. **Die Umgebung bietet schönste Wander- und Skigebiete**. Besonders locken die Berge des knapp 2000 Meter hohen Ceahlău, auch Olymp der Moldau genannt.

▲ Karte S. 297

Bicaz selbst ist ein Städtchen mit 15 000 Einwohnern, das vom Tourismus und von der 1955 vollendeten großen Zementfabrik ›Stejam‹ lebt. Im 19. Jahrhundert war es ein bedeutendes Flößer- und Waldwirtschaftszentrum. Nach 1884 wurde der Ort königliche Domäne. Heute ist er berühmt für seinen 35 Kilometer langen **Stausee**, der eine Fläche von 440 Quadratkilometern aufweist. Die Staumauer hat eine Höhe von 127 und eine Länge von 435 Metern. Das Wasserkraftwerk war einst nach Lenin benannt. Unweit befand sich in den 1950er Jahren eines der größten Strafarbeitslager des Landes. Viele politische Häftlinge haben am Staudamm mitgearbeitet.

Von Bicaz kommt man über den schönsten Pass der Ostkarpaten nach Siebenbürgen. Etwa 60 Kilometer führen durch die wilde Bicazklamm mit engen hohen Felswänden, an deren Ende eine Schlucht wartet, der sogenannte Höllenschlund. Dahinter liegt der **Lacul Roşu**, auch Mördersee (ungar. Gyilkostó) genannt. Die eisenhaltige Tonerde gab ihm den rötlichen Schimmer und verhalf ihm zu seinem Namen: Im Jahr 1838 rutschte ein bewaldetes Felsmassiv aus über 1000 Meter Höhe in den Fluss. Das Gestein wirkte wie ein Staudamm. Die Nadelbäume ertranken und ragen jetzt nur noch mit ihren kahlen Spitzen aus dem See hervor, aus dem die Bicaz fließt. Die Bicazklamm ist eines der populärsten Kletterparadiese Rumäniens.

Über den Bicaz-Pass (Pasul Bicaz, 1256 Meter) geht es in vielen Serpentinen durch dichtes Waldgebiet in das Städtchen Gheorgheni (dt. Niklasmarkt, ungar. Gyergyószentmiklós) nach Siebenbürgen.

Suceava, Kirche Stefan cel Nou

In flachem Land kommt die Donau zur Ruhe: Vorbei an Weizenfeldern und Rinderherden strömt sie auf das Schwarze Meer zu, fächert sich in ein weit verzweigtes Netz aus unzähligen Fluss- und Bachläufen auf und mündet in einer Landschaft, die sich viel von ihrer Ursprünglichkeit bewahren konnte.

Dobrudscha und Schwarzmeerküste

Die Dobrudscha

Die Dobrudscha, das Land des Getreides und der Sonnenblumenfelder, hat häufig den Ruf eines Exilortes, in dem Verlorenheit und Einsamkeit herrschen. Diese historische Landschaft wird von der unteren Donau, dem Delta und dem Schwarzen Meer umgeben.

Geschichte der Dobrudscha

Da nach Süden keine natürliche Grenze besteht, ist es in der Geschichte häufig zu Konflikten gekommen. Das mittelalterliche Herrschergeschlecht der Dobritici, unabhängige Bojaren (ein Dobrotica ist 1350 bis 1385 nachweisbar), hat dem Landstrich den Namen gegeben. Zu Römerzeiten war er Teil der römischen Provinz Moesia Inferior. In der Zeit Justinians wurde das Gebiet nach den Skythen des nördlichen Schwarzmeergebietes ›Scythia Minor‹ genannt. Im Mittelalter fiel es ans erste Bulgarische Reich (681). Nach einer kurzfristigen Unabhängigkeit im 14. Jahrhundert wurde der Landstrich Teil des Osmanischen Reiches und islamisiert. Bis 1940

Dobrudscha und Schwarzmeerküste

prägte ihn ein buntes Völkergemisch aus Bulgaren, Tataren, Rumänen, Türken, Griechen, Armeniern, Juden und Krimtataren, die nach der Eroberung der Krim durch Russland 1783 hierher geflohen waren. Als Folge der mit russischer Unterstützung erzielten Befreiung Bulgariens von den Osmanen 1874 entstand im Frieden zu San Stefano (Vorort von Konstantinopel, heutiger Flughafen von Istanbul) auf Kosten der Pforte für kurze Zeit Großbulgarien. Die westlichen Großmächte revidierten auf dem Berliner Kongress 1878 – unter Vermittlung des Deutschen Reiches – die Entscheidungen. Der östlich der Donau liegende Teil, die Norddobrudscha, wurde Rumänien zugesprochen, das allerdings lieber Bessarabien zum Dank für den gewährten Durchmarsch russischer Truppen behalten hätte. Diese Region wollten aber die Russen wegen der Donauhäfen, und sie bekamen sie auch. Im südlich der Donau gelegenen Teil der Dobrudscha entstand nunmehr als Bruchteil von Großbulgarien das rigoros verkleinerte autonome Fürstentum ›Donau-Bulgarien‹.

Der Vertrag von Bukarest (1913) im Anschluss an den zweiten Balkankrieg brachte Rumänien nochmals zu Lasten Bulgariens einen Gebietsgewinn: einen Landstreifen im Süden, den sogenannten Cadrilater (vom franz. Quadrilatere, das Viereck, die Süddobrudscha). Zwischen 1916 und 1918 stand das muslimisch und bulgarisch besiedelte Cadrilater unter bulgarischer Verwaltung, die übrige Dobrogea unter gemeinsamer Verwaltung der Mittelmächte. Nach dem Ersten Weltkrieg wurde die gesamte Dobrogea einschließlich Cadrilater an Rumänien gegeben, wo sie bis zum Zweiten Weltkrieg verblieb. Die von Bulgarien beanspruchte Rückgabe des Cadrilater erfolgte 1940 im Wiener

In der Dobrudscha gedeihen Spitzenweine

Schiedsspruch. Die Norddobrudscha verblieb bei Rumänien, womit die Teilung der Dobrogea bis heute besteht. Dieser Streifen bildet im Süden die einzige Landesgrenze zu Bulgarien, wohin es wenig Verkehr und derzeit noch bescheidene Beziehungen gibt. Neigungen, wenn man davon sprechen kann, stammen aus der Zeit um 1877, als die Rumänen Bulgarien unterstützten. Das 20. Jahrhundert war eher geprägt von Enteignungen und Umsiedlungen, zwischen Rumänien und Bulgarien kam es zu einem Bevölkerungsaustausch. Ein Vertrag von 1934 zwischen der Türkei und Rumänien sorgte für die Umsiedlung der Türken und damit für das Ende des muslimischen Elementes. Die einst großen sephardisch-jüdischen Gemeinden in Ruse und Galați sind ebenso Geschichte wie die Kolonien von in Bessarabien einst ansässigen deutschen Siedlern, meist Mennoniten und Pietisten aus Württemberg.

Die Steppen der Dobrogea, die bereits an die Ostmoldau heranreichen, waren immer schon Einfallsgebiet für viele Völker: Awaren, Bulgaren, Kumanen, Petschenegen und Tataren; heute erinnern nur noch die Ortsnamen in der Region daran.

Die Donau

Die Donau (rumän. Dunărea) ist mit mehr als 2850 Kilometer Länge – die Angaben schwanken – nach der Wolga (3530 Kilometer) der zweitlängste Fluss Europas. Sie durchfließt zahlreiche Kulturräume Mittel- und Südosteuropas, und seit den jüngsten politischen Umbrüchen säumen zehn Staaten ihre Ufer: Deutschland, Österreich, Ungarn, die Slowakei, Kroatien, Serbien, Bulgarien, Rumänien, die Ukraine und Moldau (Moldawien). Vom Schwarzwald bis zum Schwarzen Meer beträgt ihr Einzugsgebiet etwa 817 000 Quadratkilometer. Jährlich pumpt die Donau 203 Kubikkilometer Wasser ins Schwarze Meer. Das ist mehr als der gesamte Zufluss in die Nordsee in gleicher Zeit. Als Schifffahrtsweg beginnt sie bei Kelheim mit dem Main-Donau-Kanal.

Geomorphologisch lässt sich der Flusslauf in drei Teile untergliedern: obere, mittlere und untere Donau. Teile der mittleren Donau berühren Rumänien ebenso wie der gesamte Unterlauf, und auf hunderte von Kilometern bildet der Strom die Grenze zu den Nachbarländern Serbien und Bulgarien. Unterhalb der serbischen Bela Crkva (Weißkirchen), bei Baziaş, tritt die Donau in den Gebirgsdurchbruch des Eisernen Tores ein. Ab hier durchströmt sie auf einer Länge von 130 Kilometern, vom pannonischen Becken kommend, die Nahtstelle zwischen Balkan- und Karpatengebirge und erreicht nach Überwindung des Eisernen Tores das walachische Tiefland. In der gesamten Engtalstrecke bildet die Flussmitte die serbisch-rumänische Staatsgrenze. Auf der rumänischen Seite befinden sich auf diesem Abschnitt in den Ortschaften Baziaş, Cuşiţi und Zlatiţa Klöster, die im 17. und 18. Jahrhundert auf mittelalterlichen Vorgängerbauten entstanden sind.

Zwischen den 1200 Meter hohen Banater Karpaten im Norden und dem serbischen Erzgebirge im Süden zwängt sich der Fluss im sogenannten Eisernen Tor hindurch. Beim Eingang in das Engtal ist das Flussbett noch 1000 Meter breit, wird aber mehr und mehr durch die Felswände auf 350 bis 120 Meter verengt. Um die Wassermassen durchzuschleusen, hat sich die Donau in eine Tiefe von bis zu 80 Metern in

Kreuzfahrtschiffe passieren das Eiserne Tor

Im Donaudelta

den weichen Kalk gegraben. Stromschnellen, Wirbel und felsige Untiefen ließen diese Schiffspassage über viele Jahrhunderte zu einer gefährlichen und sehr gefürchteten auf dem Donaulauf werden. Erst seit der Inbetriebnahme der Wasserkraftwerke Đerdap I und Đerdap II und dem seitdem erhöhten Wasserspiegel ist die Passage für Schiffe ganzjährig gefahrlos geworden.

Das größte Problem der Donau ist die Bedrohung ihres ökologischen Gleichgewichts. Während der kommunistischen Herrschaft wurden in allen Comecon-Ländern Schwerindustrien ohne Rücksicht auf die Umwelt aus dem Boden gestampft, so auch in Rumänien. Die Ölraffinerien in Ploieşti etwa leiten ihre Abwässer über die Ialomiţa in die Donau ein, Bukarest entleert sich nach wie vor über die Dâmboviţa, das gigantische petrochemische Kombinat in Giurgiu leitet flüssige Emissionen in die Donau. Auch die luftverschmutzenden Industrien, wie die Kunstdüngerfabrik in Turnu Măgurele, tragen zum Schaden bei. Brăila und Galaţi haben sich im 20. Jahrhundert zu Industriestädten gewandelt, in Tulcea am Eingang zum Donaudelta ist ein Aluminiumwerk durch iranische Betreiber wieder in Betrieb genommen worden. Allein hier lagern 20 Hektar giftiger Rotschlamm, jener Schlamm, der auch für die Umweltkatastrophe im ungarischen Kolontar 2010 verantwortlich war. Ungeklärt ist, welche Schäden durch die beiden am Netz hängenden Reaktoren des Kernkraftwerks Cernavodă verursacht werden.

Neben der Europäischen Gemeinschaft bemüht sich das Projekt ›Blue Danube‹ der UNESCO um die Erhaltung der unteren Donau in einem möglichst naturnahen Zustand. Im Rahmen von ›Blue Danube‹ arbeiten ausgewählte Schulen, sogenannte UNESCO-Projektschulen, aus der Donauregion länderübergreifend in zahlreichen Arbeitsgruppen zu verschiedenen Themen, zum Beispiel Umwelt und Ökologie, Kultur und Tradition oder Frieden und Menschenrechte. Im Jahr 2001 hat Deutschland, vertreten durch ein Gymnasium in Passau, die Koordination des Donau-Projektes übernommen.

Die Donau zwischen Silistra und Brăila

In Höhe von Silistra (Bulgarien) geraten die Bergketten von Karpaten und Balkan außer Sichtweite. Die Donau hat nun den Charakter einer Seenplatte mit weitverzweigten Armen, die vor dem Höhenzug der Dobrogea (dt. Dobrudscha, bulgarisch Dobrudza) mit immerhin 400 Metern Höhe nach Norden ausweicht. Die Donau erreicht **Cernavodă**, wo sich das erste und bislang einzige **Kernkraftwerk** des Landes befindet. Sein erster Reaktor wurde 1996 in Betrieb genommen, sein zweiter im Jahr 2007. Knapp 20 Prozent des landesweiten Strombedarfs werden hier derzeit erzeugt. Einst befand sich hier die dakische Siedlung Axiopa.

Von Cernavodă bis Constanţa verläuft in strikter West-Ost-Richtung ein 70 Meter breiter Kanal, der auf 64 Kilometern über zwei Schleusen die Dobrogea quert und eine direkte Verbindung zum Schwarzen Meer herstellt. Schiffe sparen durch diesen 1984 eröffneten Kanal 250 Fahrtkilometer. Der Kanal hatte aber auch das Ziel, die Bewässerung der Dobrogea zu fördern. Als **Donau-Schwarzmeer-Kanal** war er das ehrgeizige Projekt des ›Conducătors‹. Man hatte die Idee schon 1949 umzusetzen versucht, das Vorhaben aber bereits 1953 eingestellt. Im Jahr 1975 wurde der Plan wieder aufgegriffen. 300 Millionen Kubikmeter Erdreich mussten dafür ausgehoben werden; doppelt so viel wie beim längeren Panamakanal. Nationales Prestigedenken war der Motor für dieses Projekt, denn der Kanal untersteht der Souveränität Rumäniens – anders als die Donau, die seit dem 19. Jahrhundert der gemeinsamen Kontrolle der Anliegerstaaten unterliegt. Hinsichtlich seiner Wirtschaftlichkeit ist der Kanal sehr umstritten. Aufgrund hoher Gebühren wird er von den Schiffen kaum befahren, obwohl auf ihm jährlich 75 Millionen Tonnen transportiert werden könnten.

Karte S. 362

Die für das Land so wichtigen Brücken über die Donau bei Cernavodă

In der Fußgängerzone von Brăila

Ab Cernavodă wird die Donau rechter Hand von den fruchtbaren Hügeln der Dobrogea begleitet und auf dem linken Ufer vom bis zu 25 Kilometer breiten Hochwasserbett mit mooriger Vegetation. Dahinter liegt der ganz anders geartete Bărăgan: »Im Sommer von der Sonne versengt, im Winter von Stürmen durchtobt, ein öder, trauriger, glanzloser Landstrich ohne Flüsse, ohne kühlende Wiesen und Wälder, nichts als unermessliche Weite, war der Bărăgan meinem Herzen dennoch das teuerste Fleckchen Erde.« So beschrieb Mihail Sadoveanu in seinen ›Geschichten am Lagerfeuer‹ die Region. Früher menschenleer und wüst, ist sie wegen ihres extremen Klimas gefürchtet und wird auch Rumäniens Kanaan genannt. Gerne siedelte man in diesem Teil der Donauebene unerwünschte Volksgruppen wie die Roma an, und während des Kommunismus lag hier ein bevorzugtes Abschiebegebiet für politisch Unerwünschte. Durch ihre glühende Hitze im Sommer und das eiskalte Steppenklima im Winter lehrte die Gegend die Menschen trotz des fruchtbaren Bodens schon immer das Fürchten. Bewässerungskanäle förderten die landwirtschaftliche Nutzung, das Gebiet ist mit endlosen Weizen- und Sonnenblumenfeldern bedeckt. Typisch für diese Region ist die widerstandsfähige Kugeldistel. Bei **Hârşova** sammeln sich die Arme der Donau kurzfristig, um sich dann über eine Breite von 30 Kilometern in drei Arme und drei Inseln aufzuteilen: Insula Calia, die Große und die Kleine Brăila. Natürliche Wälder wechseln sich hier mit künstlich angelegten Pappelwäldern ab. Bald darauf biegt die Alte Donau – Dunărea Veche – ab. Bei Brăila treffen die Arme wieder zusammen.

Brăila

Als zollfreier Donaufhafen und Umschlagplatz für Getreide besitzt Brăila, eine Stadt von rund 210 000 Einwohnern, einige Bedeutung. Viele Jahre war sie ein islamisches Einflussgebiet, ein sogenanntes Rajah, das von 1417 bis ins Jahr 1829 unter osmanischer Herrschaft stand. In dieser Zeit erhielt sie

Das Traian-Denkmal

ihre starken Befestigungen. Erst mit dem Frieden von Adrianopel kam Brăila wieder an die Walachei.

Wie ein Fächer breitet sich die Altstadt von Brăila aus. Sie geht auf das 19. Jahrhundert zurück und erinnert in ihrer Form an ein Amphitheater. In ihrem Zentrum befindet sich der **Stadtpark** mit dem großen **Traian-Denkmal**. In konzentrischen Kreisen sind schön bebaute Hauptstraßen angelegt, die von Radialen durchzogen werden. Vom Traian-Denkmal führen die Radialen ab. Die Hauptachse bildet die Fußgängerzone, in der schöne, aber renovierungsbedürftige historische Gebäude stehen. Besonders sehenswert ist das **Palatul Lyra** von 1924 im Jugendstil.

Wer Zeit für einen längeren Spaziergang hat, kann am linken Flussufer im Stadtpark verstreute Reste der **osmanischen Befestigung** entdecken und das eine oder andere **Bojarenhaus**.

Brăila ist Geburtsort des Schriftstellers Panait Istrati (1884–1935). Er wuchs in ärmlichen Verhältnissen auf und schlug sich nach kurzer Schulzeit mit vielerlei Gelegenheitsarbeiten durch. Istrati kam nach Frankreich, wo ein Selbstmordversuch scheiterte. Er lernte Romain Rolland kennen und schrieb sein Leben nieder. Schon sein erster Roman ›Kyra Kyralina‹, 1923 mit einem Vorwort von Rolland erschienen, machte ihn berühmt. Eine Reise in die Sowjetunion brachte ihn auf Distanz zum Kommunismus, was er in seinen Werken ›Russland nackt‹, ›So geht es nicht‹ und ›Auf falscher Bahn‹ zum Ausdruck brachte. In Frankreich als Agent der rumänischen Geheimpolizei und in Rumänien als Agent Moskaus verdächtigt, starb er vergessen und einsam 1935 in Rumänien an Tuberkulose. Einige seiner Werke liegen in deutscher Sprache vor; es lohnt sich, ihn wieder zu entdecken. Ein Künstler der Musikszene, der Bariton Petre Ştefanescu Goangă (1902–1973), wurde ebenfalls in Brăila geboren.

▲ Karte S. 362

Brăila

Hotel und Restaurant Edy's, Str. Mihai Eminescu 13, www.edys-complex.ro, www.hoteluri-braila.ro, contact@edys-complex.ro. Direkt in der Fußgängermeile in einem historischen Gebäude.

Galaţi

Nur 20 Kilometer hinter Brăila folgt die nächste größere Stadt: Galaţi (dt. Galatz). Mit etwa 300 000 Einwohnern ist Galaţi (Galatz) die siebtgrößte Stadt Rumäniens. Sie liegt nur wenige Kilometer von der Grenze zu Moldawien (Moldau) entfernt. Flussaufwärts von Galaţi mündet der Siret (Siretul) und flussabwärts der Pruth (Prut) in die Donau. Der Donauhafen von Galaţi gilt als bedeutendster Binnenhafen Rumäniens. Schon seit dem 17. Jahrhundert befand sich hier ein Ausfuhrhafen, zur Zeit des türkischen Außenhandelsmonopols wurden hier die Warenbewegungen von türkischen Be-

auftragten kontrolliert. Eine Schwemmsandinsel teilt den Donaulauf an dieser Stelle in zwei Arme, die eine Breite von 150 und 300 Metern haben.
Die seit 100 Jahren durchgeführten Begradigungen der Donaumündungsarme haben es ermöglicht, dass Hochseeschiffe über den Sulinakanal die Stadt erreichen. Zwei Fährverbindungen führen hier über die Donau. Die Überfahrt dauert zehn Minuten und wird sehr häufig durchgeführt.
Galați entwickelte sich in den 1960er Jahren zu einem bedeutenden Industriezentrum. Das größte Eisenhüttenwerk und die größte Schiffswerft Rumäniens sind hier nach wie vor ansässig. Daneben sind Maschinenbau, Textilfabriken, Fischereiverarbeitung, Sägewerke und Mühlen angesiedelt. Galați war einst Sitz der Donaukommission.
Im Zentrum ist die **Georgskirche** aus dem 17. Jahrhundert sehenswert. Die Stadt besitzt zudem einige **Museen**, darunter ein Historisches und ein Naturwissenschaftliches. Das Museum für Zeitgenössische Kunst (Muzeul de Artă Modernă și Contemporană) gibt einen Einblick rumänische moderne Kunst. Vom 150 Meter hohen **Fernsehturm** kann man mit Blick auf die Donauweiten tafeln. In Galați besteht ein relativ großes Angebot an 3-Sterne-Unterkünften. Die meisten von ihnen sind Hochhäuser. Das Hotel ›Faleza‹ (Str. Roșiari 1) hebt sich wohltuend davon ab.
Hinter Galați ändert die Donau ihren Lauf nach Osten und teilt sich in Nebenarme, flache Seen und Sümpfe. Auf rumänischer Seite halten die Höhen der Dobrogea die Wassermassen der Donau in Schach. Moldawien (Moldau) ist auf nur wenigen Kilometern Anrainer der Donau, dahinter ist sie auf rund 130 Kilometer Länge die Grenze zwischen der Ukraine und Rumänien.

■ Măcin

Über die Europastraße 87 in Richtung Brăila umfährt man sozusagen die Munții Măcinului, in denen ein Naturpark eingerichtet wurde. Der Einstieg in den Naturpark erfolgt von Măcin, Greci, Cerna, Luncavița und Hamacearca. Seine Landschaften sind von Steppen, submediterranen Wäldern, Graniten und verwitterten Erosionen geprägt.
Die Stadt Măcin liegt an einem Donauarm (rum. Brațul Dunărea Veche) kurz vor dessen Einmündung in den Hauptarm. Quellen berichten von einer alten getischen Siedlung, die unter römischer Herrschaft als Arrubium bekannt wurde. Reste der römischen Burg blieben übrig. Während der russisch-türkischen Auseinandersetzung ging die Schlacht von Măcin vom 10. Juli 1791 in die Geschichte ein.

Murfatlar

Westlich von Constanța, ganz in der Nähe des Donau-Schwarzmeer-Kanals, liegt Murfatlar, das von 1980 bis 2007 den Namen Basarabi trug. Am Ortsausgang wird man freundlich auf die Besichtigung der hiesigen, berühmten **Weingüter** hingewiesen. Einst war die Gegend berühmt für den süßen, blassgolden-bräunlichen Muskat mit einem Alkoholgehalt von 16 bis 18 Prozent. Heute werden viele französische Reben wie Pinot Gris, Chardonnet, aber auch Riesling angebaut. Man produziert mehr weißen als roten Wein, der dank des kalkhaltigen Bodens besonders gut gedeiht. Verköstigungen werden für Gruppen ab 20 Personen angeboten (www.murfatlar.ro, Tel. 0241/706850).
In Murfatlar wartet aber zudem ein Kleinod auf den Kunstliebhaber: Im Südwesten der Ortschaft, am Steilufer des Teichs Carasu, der heute ein Teil des Donau-Schwarzmeer-Kanals ist, ent-

Schier endlos erstrecken sich die Weinberge bei Murfatlar

deckten Arbeiter der Kreidesteinbrüche 1957 eine **Höhlenanlage**. Solche Anlagen befanden sich vom 9. bis 12. Jahrhundert im gesamten Byzantinischen Reich. Sie dienten sakralen Zwecken, zur Verteidigung und zum Wohnen.

Innerhalb der Anlage sind zwei Bautypen zu unterscheiden: offene, stufenartig in den Fels gehauene Becken und eher bescheidene, direkt in den Felsen getriebene Räume, die durch Mauerteile unter Verwendung von Mörtel ergänzt wurden. **Sechs Kirchen**, **Bestattungsräume** und geschlossene **Galerien** sind auf engstem Raum wie ein Labyrinth miteinander verbunden. Ein wenig erinnert das System an frühchristliche Traditionen. Die sechs Kirchen bestanden aus je zwei oder drei Räumen, die voneinander mittels Türen oder Pfeilern getrennt waren. Die Altarräume sind mit je einem Altartisch ausgestattet. Bei einigen existieren auch die Nebenräume des Altarraums, die in den leicht zu bearbeitenden Felsen aus Kreide gehauen wurden.

Interessant sind die bildlichen Darstellungen, die als Einritzungen ausgeführt wurden. Man sieht verschiedene Formen von Kreuzen, Oranten (Betende) als Porträts Verstorbener, eucharistische Becher mit zwei Vögeln. Ein Formenrepertoire ganz anderer Art repräsentieren die Tiere wie Schlange, Pferd, Wolf und Hase mit symbolischem Charakter und Szenen von Ritualen und Mythen. Im Rahmen dieser Darstellungen kann man Rutenbündel oder Standarten erkennen; mancher Figur ist eine Doppelaxt, Dreschflegel oder Keule in die Hand gelegt, um mythische Rituale oder Jagden vorzunehmen. An Schriftzeichen lassen sich Runen, kyrillische, glagolithische und griechische Buchstaben erkennen. Die Höhlenanlagen im Kreidefelsen von Murfatlar wurden kürzlich restauriert.

Tropaeum Traiani

Nur 35 Kilometer von Constanța entfernt, in der Süddobrudscha, befindet sich das Dorf Adamclisi mit dem Siegesdenkmal für den römischen Kaiser Trajan: das ›Trofeul lui Traian‹ (Trajans Trophäe). Der Ort und seine Umgebung gehören zu den wichtigsten archäologischen Ausgrabungsstätten in Rumänien. Kurz vor dem Ortseingang führt eine

▲ Karte S. 362

Allee nach rechts zum rekonstruierten zylindrischen Monumentalbau des ›Tropaeum Traiani‹. Der Ort beherbergt ein 1977 eröffnetes **Museum**, in dem die Originale des Tropaeum sowie Funde der Umgebung aufbewahrt werden.

Lange haben die Reste des Tropaeum Traiani als Ruine vor dem Ort existiert. Sie wurden im Jahr 1837 von Helmuth von Moltke entdeckt und 1882 bis 1891 unter der Leitung von Grigore Tocitescu ausgegraben. Die in der Region lebenden Türken hielten den Bau seiner Form nach, die an die Kuppel einer Kirche erinnerte, für christlich und nannten ihn ebenso wie den Ort Adam-Kilisse – die ›Kirche des Menschen‹. Im 19. Jahrhundert begann im Zuge der rumänischen Staatsbildung das Interesse an der Vergangenheit. Das Tropaeum Traiani, einst dem Mars Ultor geweiht, wurde rekonstruiert und 1977 zum hundertjährigen Jubiläum der rumänischen Staatsgründung feierlich wieder eingeweiht. Nach gründlichen Forschungsarbeiten hatte man es so wiederhergestellt, wie es einst ausgesehen haben könnte. Der originale Kern blieb erhalten. Um ihn herum wurde die Wandverkleidung – im Inneren die originalen Mauern – mit Metopen, Friesen, Zinnenverzierungen und Wasserspeiern in Gestalt von Löwen sowie der Bekrönung, allesamt in Kopien, nach Originalen wiederhergestellt.

Die Römer gründeten nach dem endgültigen Sieg Kaiser Trajans über die Daker im Jahr 106 nach Christus eine römische Niederlassung in der Provinz Moesia Inferior. Diesem Sieg widmeten sie das Denkmal auf dem Hügel, der die Ortschaft mit ihrer Umgebung beherrscht. Laut einer Inschrift wurde das Werk örtlicher Meister 108 bis 109 nach Christus errichtet. Thematisch war es der Vorläufer der dem gleichen Thema gewidmeten Trajanssäule in Rom. Das Tropaeum setzt sich zusammen aus Treppenbasis, Rundsockel, konischem Dach und statuenbestandenem Oberbau. Beim Umrunden des Zylinders, der einen Durchmesser von 30 Metern hat, wird der große römische Triumph anschaulich auf den 54 Zentimeter bis 1,5 Meter hohen Reliefs vermittelt. Bekrönt ist das Monument mit der Tropaeum Trophae (Trofeul) von neun Meter Höhe. Zu seinen Füßen kauern zwei gefangene Dakerfrauen, zwischen ihnen ein gefesselter Mann.

Im Museum sind die Originale des Frieses und der Metopen (verzierte Platten aus gebranntem Ton) zu bewundern. Dargestellt sind Figuren, Gefangene und Freie, Reiterangriffe, Gefechte zwischen Legionären und Dakern, Kämpfe um eine Wagenburg, die Flucht der Daker, die Vorführung von Gefangenen und Trophäen.

Die **Festung** (Cetatea), deren Reste am Ortsausgang in Richtung Ostrov auf einer Anhöhe zu sehen sind, wurde noch während der Völkerwanderung genutzt. Einige Bestandteile lassen sich auf einem Spaziergang ausmachen.

Die Umgebung

Von Adamclisi kann man weiter nach **Ostrov** fahren. Nur wenige Dörfer sind in dieser leicht hügeligen Landschaft verstreut. Man sollte einen vollen Tank haben, denn Tankstellen sind in dieser beschaulichen Landschaft rar. Von Ostrov ist es nicht mehr weit zur bulgarischen Grenze. Westlich vom Ort, auf der Donauinsel Pacuiu lui Soare, wurden Reste einer **byzantinischen Festung** aus dem 10. Jahrhundert entdeckt. In Ostrov selbst wurden Relikte aus römischer Zeit gefunden. Von hier aus setzt eine Autofähre, allerdings sehr unregelmäßig, über die Donau nach Călăraşi.

Die rumänische Schwarzmeerküste

Rumäniens Küste ist rund 245 Kilometer lang. Der dunkle, eisensulfidhaltige Schlick, der sich häufig auf diesen Kilometern findet, gab dem Schwarzen Meer seinen Namen.

Dessen Salzgehalt liegt mit 20 Promille deutlich unter dem des Mittelmeeres (36 Promille); dies wird durch den geringen Austausch mit dem Mittelmeer verursacht und die großen Ströme, die in das Schwarze Meer entwässern.

Im Süden grenzt die rumänische Schwarzmeerküste an die bulgarische Dobrudscha, im Norden an den Chilia-Arm (ukrainisch Kilija) der Donau, der gleichzeitig die Grenze zu Moldawien und der Ukraine bildet. Das Schwarze Meer (Marea Neagră) ist für die Rumänen das Tor zur Welt: Durch die Straße von Kertsch ist es mit dem Asowschen Meer, über den Bosporus mit dem Marmarameer und dadurch über die Dardanellen mit dem Mittelmeer verbunden.

Den rumänischen Küstenstreifen kann man in zwei Abschnitte untergliedern. Der nördliche Küstenabschnitt umfasst rund 143 Kilometer, beginnt beim Kap Midia – 60 Meter hohes, mit Löss und Sandstein bedecktes Kalksteingebirge – nördlich von Constanța und zieht nach Norden entlang des Donaudeltas bis zur Mündung des Chilia-Armes in das Schwarze Meer. Die Ufer sind auf diesem Abschnitt niedrig, bis maximal einen Meter über dem Meeresspiegel. Man findet hier Dünen und Sandbänke, Folgen der Anschwemmungen der Donau und der Meeresbrandung. Das Landschaftsbild ist von Teichen geprägt, die als Fischreservoir dienen, sowie endlosem Schilfdickicht – ein Vogelparadies. Die hier lebenden Pelikane, Kormorane, Reiher und Schwäne sind seit 1966 in Reservaten geschützt.

Der zweite Küstenabschnitt verläuft vom Kap Midia nach Süden bis Vama Veche an der Grenze zu Bulgarien. Hier locken breite, feinkörnige und flache Strände, die schon lange für den Tourismus erschlossen sind. Die Meeresbrandung hat die ausgedehnten Strände verursacht. Das Ufer liegt hier höher, man findet Kliffe aus Sandstein und Kalkstein. Vom Westen fällt das Gestein nach Osten sanft ab. Die Flachküste reicht weit ins Meer, erst nach etwa 200 Kilometern

Am Strand in Mamaia

▲ Karte S. 362

folgt ein Abfall des Meeresbodens auf eine Tiefe von bis zu 2245 Metern. Diese Flachküste ist wegen ihres Fischreichtums von wirtschaftlicher Bedeutung. Mit einer mittleren Temperatur von 12,5 Grad handelt es sich um die wärmste Zone des Schwarzen Meeres. Gemäßigtes kontinentales Klima von durchschnittlich 22 Grad mit Höchstwerten im Juli und August sorgt zudem für erholsame Aufenthalte. Hier reihen sich daher Badeorte und moderne Heilbäder aneinander: Mamaia, Eforie Nord, Eforie Sud und Mangalia. Sie bieten schwefel-, brom-, und jodhaltige sowie natrium-, kalzium- und salzhaltige Heilquellen.

In geringer Entfernung von der heutigen Küste liegen sogenannte Limane, also Ortschaften, die sich einst an Flussmündungen befanden. Diese Mündungen wurden vom Meerwasser überspült und nachher durch Nehrungen vom Meer wieder abgetrennt. Es sind die Ortschaften Tasaul, Siutghiol, Tatlageac und Techirghiol. Ihre Gewässer werden weder vom Grundwasser noch von Süßwasserflüssen gespeist. Der Techirghiol-See bei Eforie mit seinen 55 bis 50 Gramm Salz pro Liter ist berühmt für sein heilbringendes Salzwasser und die außergewöhnliche Heilkraft seines Schlammes. Schlammbäderkuren sind hier möglich. Neben die traditionellen sind im 20. Jahrhundert neue Sommerbadeorte mit mythologischen Namen wie Olimp, Neptun, Jupiter, Venus, Aurora oder Saturn entstanden. Sie bieten auch sportlich Ambitionierten ein vielfältiges Angebot: Surfen, Schwimmen, Reiten. Die Schwarzmeerküste, eines der wichtigsten Tourismusgebiete Rumäniens, ist seit den 1950er Jahren gut erschlossen. Von hier lassen sich viele Ausflüge ins Landesinnere, in die Bukowina mit ihren Klöstern, nach Bukarest und ins Donaudelta unternehmen. Auch die in unmittelbarer Umgebung liegenden ehemaligen griechischen Siedlungen mit ihren Museen bieten während eines Badeurlaubs Abwechslung.

Historisch betrachtet, wandelt man entlang der rumänischen Schwarzmeerküste auf den Spuren des alten Thrakien. Schon in vorgeschichtlicher Zeit besiedelt, haben sich im griechischen Altertum drei antike Städte besonders herausgebildet: Histria (Istria), Callatis (Mangalia) und im Zentrum der Küste eine der größten Städte Rumäniens mit dem größten Hafen des Landes: Constanța, das antike Tomis. In allen drei Städten haben sich Zeugnisse ihrer bewegten Vergangenheit bewahrt, in der der Handel eine wichtige Rolle gespielt hat. In der Ausgrabungsstätte Histria, etwa 60 Kilometer nördlich von Constanța, tritt dieses antike Erbe dem Besucher am nachdrücklichsten entgegen.

Ausgrabungsstätte Histria

Am Ufer des Sinoe-Sees ist eine einzigartige archäologische Fundstätte zu besichtigen, dennoch verlieren sich nur wenige Besucher hierher. Für den Rundgang benötigt man etwa eine Stunde. Die Entdeckung der Stadt und ihre Erforschung seit 1914 verdanken die Rumänen vor allem ihrem Archäologen Vasile Pârvan. Das antike Histria (Istria) ist aus antiken Quellen durch Strabo und Eusebius bekannt. In der frühen Mythologie hört man vom Istros, einem Sohn der Tethys. Der Weg der Argonauten auf der Suche nach dem sagenumwobenenen goldenen Vlies soll über Istros ins Mittelmeer geführt haben. Tatsächlich wurde die Donau in antiken Quellen unterschiedlich bezeichnet: Ihr Oberlauf wurde lateinisch Danubius und griechisch Danubis genannt, während der Unterlauf lateinisch Histria und griechisch Istria/Ister oder Istros hieß.

Die Gründung der Stadt Istria ging demnach auf das 7. Jahrhundert vor Christus zurück, als Bewohner der ionischen Stadt Milet südlich der Donaumündung die nach dem Fluss Istros benannte griechische Kolonie gründeten. Der Sinoe-See war damals eine offene Bucht und bot damit ein natürliches Hafenbecken. Die Versandung erfolgte erst im 2. Jahrhundert nach Christus. Die Siedler der Stadt standen einerseits in regem Kontakt zur einheimischen, getisch-dakischen Bevölkerung und trieben Handel mit dem Hinterland, andererseits versorgten sie ihr Mutterland Griechenland mit Waren, darunter Getreide.

Die Stadt pflegte intensive Handelsbeziehungen mit den großen griechischen Städten im Süden, was unter anderem Funde schwarzfiguriger Keramik des 7. und beginnenden 6. Jahrhunderts vor Christus untermauern. Ihre Herkunft wird den Mutterstädten Milet, Korinth und Athen zugeordnet.

Die Einfuhr von Keramik wurde später diversifiziert und stammte vorwiegend aus Ost-Griechenland. Um die wirtschaftliche Stärke der Kolonie zu sichern, war der größte Teil der örtlichen Bevölkerung des westlichen Plateaus überwiegend mit handwerklicher Produktion beschäftigt. Dazu gehörte die Verarbeitung von Edelmetallen, die Herstellung von Glas und lokaler Keramik.

Gegen Ende des 6. und im ersten Jahrzehnt des 5. Jahrhunderts vor Christus erlitt Histria schwere Zerstörungen, die auf Angriffe der Skythen zurückgeführt werden. Weitere Übergriffe erfolgten im 4. und 3. Jahrhundert. Infolgedessen kam es immer wieder zu Plünderungen und Zerstörungen, und die Stadt wurde mehrfach wiederaufgebaut. Im 4. und 3. vorchristlichen Jahrhundert konnte sie jedoch nicht mehr an die früheren Erfolge anknüpfen und entwickelte sich allmählich zum Agrarumschlagplatz. Mit der römischen Eroberung im 1. Jahrhundert vor Christus endete der 600 Jahre andauernde erste große historische Abschnitt in der Geschichte der Stadt. In einer zweiten Periode wurde die Stadt mit der Provinz Moesia Inferior dem Römischen Reich eingegliedert. Bei der Neuordnung des Reiches unter Kaiser Diokletian wurde Histria der Provinz Scythia zugeteilt. Nach der Zerstörung durch die Awaren im 6. Jahrhundert nach Christus gaben die Menschen die Stadt auf, und es wurde keine Siedlung mehr darauf errichtet. So ist Histria als einzige Grabungsstätte am Schwarzen Meer in Rumänien erhalten geblieben.

Ein Rundgang

Auf einem Rundgang kann man die Ergebnisse der langjährigen Forschungen besichtigen. Etwa die Hälfte der antiken Stadt ist ausgegraben. Die Funde liegen in mehreren Schichten übereinander, wovon nur die oberen ausgegraben wurden. Man sieht griechische, römische und byzantinische Reste.

Die heutige Ausgrabungsstätte ist von der römischen **Verteidigungsmauer** umgeben, die nach einer Niederlage im 3. Jahrhundert nach Christus errichtet wurde. Das Material für diese Mauer kam offensichtlich von zerstörten Häusern, denn man hat Steinblöcke mit Inschriften von Wohnhäusern gefunden. Der Verteidigungsmauer waren drei Erdwälle vorgelagert, unter denen die Fundamente einer noch älteren Stadt entdeckt worden sind.

Der Eintritt in die römisch-byzantinische Stadt erfolgte durch ein doppeltes **Haupttor** im Westteil der Mauer, die hier am stärksten ausgebaut ist. Das Tor besaß vier Türme. Hier beginnt auch heute der **Rundgang**. Direkt hinter dem Tor öffnet sich ein trapezförmiger Platz, gesäumt von öffentlichen und privaten Gebäuden. Auf der Ostseite befinden sich die Reste einer frühchristlichen **Kirche** mit Krypta, die bis ins 6. Jahrhundert benutzt wurde. Die Südseite weist Reste der **Basilika forensis** auf, eines Profanbaus für öffentliche Versammlungen. Zwei Säulenreihen unterteilen sie in drei Schiffe. Beide Bauten stammen aus dem 6. Jahrhundert und machen deutlich, dass das antike Histria bis ins frühe Christentum besiedelt war. Direkt an der genannten Basilika führt eine gepflasterte Straße zu den Thermen. Im Pflaster sind deutlich Wagenspuren zu erkennen. Die Mauer säumen Bauten verschiedener Größe und Anordnung. Einige dienten Verteidigungszwecken, andere wohl privaten. Die Straße erweitert sich zu einem Platz, an dem öffentliche Gebäude lagen: zwei Basiliken aus dem 6. Jahrhundert und ein Handelszentrum.

Am Ende der Straße, genau im Süden, liegen die römischen **Thermen**. An ihrer Stelle verlief einst die hellenistische Stadtmauer. Der große Komplex wurde ins zweite nachchristliche Jahrhundert datiert. Seine Mauern sind abwechselnd aus Steinen und Ziegeln aufgeschichtet. Hinter den Thermen lag der Wirtschaftsbereich der Stadt. Im östlichen Teil der Stadt befanden sich die Wohnhäuser. Interessant ist noch die größte **Basilika** der Dobrogea mit Maßen von 60 mal 30 Metern, gegliedert in Atrium, Narthex und Naos und einer polygonalen Apsis im Norden und Süden. Im 6. Jahrhundert errichtet, wurde sie bis zur endgültigen Zerstörung am Ende des gleichen Jahrhunderts mehrfach wiederhergestellt. Viele Fragmente von Säulen und Kapitellen weisen auf die einstige Pracht. Im Norden der Ausgrabungsstätte drang man in ältere Bauschichten vor und rekonstruierte, dass die in der Mitte des 7. Jahrhunderts vor Christus von Milet gegründet Kolonie vermutlich aus zwei unterschiedlichen Teilen bestanden hat. Ein Teil befand sich auf dem westlichen Plateau, von dem ein 35 Hektar großes Areal erforscht und anhand architektonischer und keramischer Funde als Wohnbezirk identifiziert werden konnte. Er war von einer befestigten Mauer umgeben. Im zweiten Stadtteil, der Oberstadt (Akropolis) von Histria, standen die wichtigsten Gebäude für das öffentliche Leben. Dazu gehörte der heilige Bezirk, in dem **Reste von drei Tempeln** gefunden wurden, die Zeus, Aphrodite und einer unbekannten dritten Gottheit geweiht waren. Inschriften verweisen auf das 6. vorchristliche Jahrhundert; nach Zerstörungen, vermutlich durch die Perser unter Darius oder die Skythen, erfolgte der Wiederaufbau derselben. In der Nähe dieses heiligen Bezirkes wird die Agora (Versammlungsplatz) vermutet. Weitere architektonische und keramische Fragmente, die nachweislich aus der zweiten Hälfte des 6. vorchristlichen Jahrhunderts stammen, gehörten vermutlich zum Aphrodite-Tempel und seiner Ausstattung. Im Süden der Akropolis wird ein zweiter ›heiliger Bezirk‹ angenommen. Zerstörungen des 4. Jahrhunderts bewirkten Neubauten im gleichen Areal mit Materialresten der alten Tempel. Aus dieser Phase stammen vermutlich ein **Zeustempel**, der **Altar von Zeus Polieus** und die **Propyläen**. Inschriften auf Marmorfragmenten machen eine Datierung in das 3. Jahrhundert vor Christus möglich. Zu Beginn der römischen Periode bis zum 6. nachchristli-

▲ Karte S. 362

chen Jahrhundert waren die Tempel verfallen, und es entstanden auf ihnen Gebäude verschiedener Bestimmung.

Nördlich der befestigen Stadt lag die ausgedehnte Nekropole mit ihren Tumuligräbern.

Dem Ausgrabungsareal ist ein **Museum** angeschlossen, das einen Überblick von der Zeit des Neolithikums über die griechische Besiedelung hin zur römischen Epoche und der frühen byzantinischen Zeit vermittelt.

Constanța

Constanța (dt. Konstanza), wird oft ›Rotterdam des Ostens‹ genannt, da sein Hafen der größte Seehafen des Landes und der wichtigste Hafen der Europäischen Union am Schwarzen Meer ist; hier werden mehr Waren umgeschlagen als im ukrainischen Odessa oder im bulgarischen Varna. Gleichzeitig gehört Constanța mit über 300 000 Einwohnern zu den größten Städten Rumäniens.

Südlich der Stadt, am Ausgang des Donau-Schwarzmeer-Kanals, liegt der neue Großhafen Agipea. Damit ist Constanța direkt mit der Donau und den mitteleuropäischen Städten verbunden. Die modernen Hafenanlagen (Portul de Petrol) wurden zur Verschiffung des in Ploieşti geförderten Öls gebaut. In 50 Metallbehältern sammelt man 200 000 Tonnen Petroleum. Constanța ist Endpunkt der Pan European Oil Pipeline (PEOP) die bis zum Jahr 2012 fertiggestellt sein soll, um den Bosporus zu entlasten. Sie soll das Öl von Constanța

Constanța, Zentrum

nach Triest befördern. Zudem ist Constanța über den Rhein-Main-Donau-Kanal mit der Nordsee verbunden. Daneben hat sich der Frachtverkehr ganz allgemein entwickelt. Deutlich wird dies an den großen Getreidesilos am Hafen. Zwei Rangierbahnhöfe, Palas und einer für das Hafenterminal, stehen zur Verfügung. Die Stadt ist auch gut an das Eisenbahn- und Autobahnnetz angeschlossen. Ein reger Fahrgastverkehr verbindet Rumänien mit Odessa, Sevastopol, Varna und Istanbul. Die Werft, eisenverarbeitende Werke und die Lebensmittelverarbeitung sind ebenso von einiger wirtschaftlicher Bedeutung. Außerdem ist Constanța Militärstützpunkt, die Militärbasis ›Mihai Kogălniceanu‹ wurde von den Amerikanern im Krieg gegen den Irak genutzt. Hier liegt auch der internationale Flughafen ›In Mihai Kogălniceanu‹ für den zivilen Luftverkehr.
Die Stadt ragt wie eine kleine Halbinsel ins Meer und schließt einen kleinen Golf ein, wodurch das Meeresufer das Aussehen einer Steilküste erhält. Im Hinterland findet man viele Streusiedlungen, die einst deutsch, griechisch, armenisch und jüdisch geprägt waren.

Geschichte

Die Stadt wurde zum ersten Mal im 6. Jahrhundert vor Christus erwähnt, als Seefahrer aus Milet kamen und eine Tochtersiedlung gründeten. Sie gehörte unter dem Namen Tomis zusammen mit Callatis, Histria, Dionysopolis und Odessos zu einem Bund von fünf Städten und wurde 138 vor Christus zur Metropole ernannt. Tomis war die größte und wichtigste Stadt an der Küste des ›Pontus Euxinus‹, wie man das Schwarze Meer in der Antike nannte. Der Name der Stadt wird durch verschiedene Volksagen hergeleitet: Vielleicht hieß ihr Begründer Tomos, vielleicht aber handelte es sich um das griechische Wort ›témnein‹ (›zerschneiden‹) in Anspielung auf einen Mythos, demzufolge Absyrtos von seiner Schwester Medea zerschnitten wurde, während die Argonauten, von Äetes, dem Vater Medeas, und Absyrtos aus Kolchis verfolgt, sich zu diesen Gestaden flüchteten. Auch das Kap Midia lässt sich mythologisch erklären. Es könnte die byzantinische Schreibweise für Medea sein. Vielleicht aber handelt es sich bei Tomi einfach um ein lokales, thrakisches Wort: ›Anschwellung‹, ›Gipfel‹, ›Sporn‹, was einen Bezug zur Halbinselform des Geländes herstellt.
Das heutige Zentrum war einst die griechische und später auch die römische Stadt. Man lebte fast ausschließlich vom Handel, nicht von eigener Produktion. So schlugen die Griechen hier ihre Waren um und brachten sie quer durch die Dobrudscha. Mit dem Aufstieg der Nachbarhäfen Callatis und Histria sorgten Missgunst und Neid für Bestrebungen, das antike Tomis zu unterjochen. Ein Krieg 260 vor Christus wurde zugunsten von Tomis entschieden.
Unter den Römern wurde die Stadt zum Verwaltungszentrum der pontischen Städte und zum Sitz des Präfekten des Küstengebietes (›praefectus orae maritimae‹). Die Stadt entwickelte sich zur bedeutendsten Stadt des Römischen Reiches am Schwarzen Meer. Während dieser Blütezeit unter Octavian Augustus verbrachte der berühmte Dichter Ovid hier seine letzten Lebensjahre; er war verbannt worden.
Während der Völkerwanderungszeit hinterließen vor allem die Goten im 3. Jahrhundert nach Christus große Zerstörungen. Doch noch im 5. und 6. Jahrhundert war ein reger Handel mit Konstantinopel nachweisbar. Nach archäologischen Forschungen erfolgte gerade in dieser Zeit die Ausbreitung der Stadt.

▲ Karte S. 377

Am Rande entstand die Ortschaft Constantiana, deren Name auf die Altstadt übertragen wurde und so den Namen Tomi verdrängte. Die Awaren löschten im 7. Jahrhundert dieses Constantiana völlig aus.

Auf den Ruinen von Tomis/Constantiana entstand das heutige Constanța. Vom 12. bis zum 14. Jahrhundert nutzten die Genueser den Hafen. Unter den Türken entwickelte sich das von ihnen ›Küstendje‹ genannte Constanța weiter, musste aber einen gewissen Bedeutungsverlust hinnehmen.

Die Gründung Rumäniens 1878 sorgte für einen vehementen Aufschwung: Constanța entwickelte sich zur Großstadt, der neue Seehafen und die Eisenbahn wurden gebaut. Auf dieser Eisenbahnstrecke entstand bei Cernavodă eine zu ihrer Zeit spektakuläre Stahlbrücke: 1661 Meter lang und 11 Meter breit – die längste der damaligen Welt. Die Ingenieurleistung des Rumänen Saligny galt damals als Wunder der Technik. Sie überspannte die dort in zwei Armen fließende Donau und ermöglichte die direkte Zugverbindung zwischen Bukarest und Constanța. Constanța stieg dadurch zum ersten Seehafen Rumäniens auf und erhielt ein bedeutendes Industriezentrum.

Während der sozialistischen Ära entstanden die wohl unvermeidlichen Fabriken und Einheitswohnblocks, aber auch Theater und Schulen. In dieser Zeit stieg auch die Einwohnerzahl stark an, von 60 000 im Jahr 1930 auf 135 000 im Jahr 1965.

Auch als Fundstätte archäologischer Zeugnisse machte die Stadt von sich reden. Grabungen brachten in den 1960er Jahren eine Kaufhausruine des 2./3. nachchristlichen Jahrhunderts zum Vorschein, und im Jahr 1962 fand man eine Fortunastatue.

Piață Ovidiu

Constanța ist nicht unbedingt schön, dennoch ist die Stadt vor allem als Fundort griechischer, römischer und byzantinischer Zeugnisse von Interesse. Im Stadtplan ist die alte Römer- und Griechenstadt am klassischen Straßenschema mit den rechtwinkligen Straßenzügen erkennbar. Das Zentrum Constanțas bildet die verkehrsberuhigte Piață Ovidiu. Hier befand sich einst die griechische Agora, später das römische Forum und während der Türkenzeit der ›Meydan‹, der freie Platz oder auch Markt. Am besten stellt man sein Auto hier ab, denn von hier lassen sich nahezu alle Sehenswürdigkeiten zu Fuß erreichen.

In der Mitte des Platzes steht das **Ovid-Denkmal** (Statuia lui Ovidiu) von 1887. Es handelt sich um das erste Denkmal von Ettore Ferrari, der auch die Statue des rumänischen Dichters Eliade Radulescu in Bukarest schuf. Als Anhänger des Risorgimento in Italien verewigte er sich in Rom mit dem Giordano-Bruno-Denkmal. Das Ovid-Denkmal ist Schenkungen zu verdanken.

Hinter dem Denkmal befindet sich das **Historische Museum der Dobrogea**. Es umfasst 19 Säle, in denen Exponate aus

Im Garten des Archäologischen Museums

dem Neolithikum, dem Paläolithikum – die Mammuthauer aus Poarta Alba – sowie aus griechischer und römischer Zeit ausgestellt werden. Darunter befinden sich Architekturfragmente, Schmuck, Glas, Keramik, Münzen, Reliefs und kostbare Statuetten. Der größte Schatz des Museums sind 24 Statuetten griechisch-römischer Gottheiten, die 1962 an der Stelle des heutigen Bahnhofs gefunden wurden. Eine davon verkörpert die Göttin Tyche (Fortuna), die Hüterin der Stadt Tomis. Dargestellt ist sie mit Diadem, Füllhorn in der linken und Zepter in der rechten Hand. Zu ihren Füßen liegt Pontos, der Gott des Schwarzen Meeres und Schutzherr des Hafens und der Schifffahrt. Auf dem Kopf trägt er eine Krone, die die Fünfeckform der Festung mit dem Haupttor und den Verteidigungstürmen versinnbildlicht. Eine Marmorbüste der ägyptischen Göttin Isis befand sich ebenso darunter wie eine Ädikula mit zweisprachiger griechisch-lateinischer Inschrift, die in der Mitte die Göttin Nemesis in doppelter Darstellung eingemeißelt zeigt. Drei weitere Statuen und zwei Reliefs stellen vermutlich die Göttin Hekate dar. Die Athletengestalt eines Dioskuren neben seinem Pferd auf einem Sockel ist mit einer Inschrift in griechischer Sprache versehen. Weitere Reliefs lassen die Figuren des Dyonisos, Hermes und des Mithras im Kampf gegen den Stier erkennen. Ein Basrelief stellt thrakische Reiter dar. Zu dieser Gruppe gehört auch die in Marmor ausgeführte Gestalt eines phantastischen Tieres mit Schlangenleib, Säugetiermaul, Menschenhaar und Ohren: die Schlange Glycon, die als Gottheit verehrt wurde. Das Museum verfügt über eine Bibliothek, ein Münzkabinett und ein Lapidarium mit über 300 Inschriften. Im Hof werden Fragmente von Marmordenkmälern aufbewahrt.

▲ Karte S. 377

Neben dem Museum befindet sich der **archäologische Komplex** mit dem berühmten Mosaik von Constanța. Im August 1959 wurden sensationelle Bau- und Mosaikfunde unweit es Ovidplatzes gemacht. Man hat sie in zehnjähriger Arbeit wissenschaftlich erforscht, konserviert und für Besichtigungen zugänglich gemacht. Die Hauptattraktion sind die Überreste eines vorwiegend aus geometrischen Linien und verschiedenen Pflanzenmotiven bestehenden **Mosaiks** eines römischen Bauwerks größeren Ausmaßes. Nach langjährigen Forschungen hat sich herausgestellt, dass zur Absicherung des Küstensteilhanges Terrassen und stützende Unterbauten angelegt wurden. In vier Etagen kann man diese Terrassenreste erkennen. Zuoberst – heutiger Ovidplatz – befanden sich Wohnbauten, eine Terrasse, darunter ein Gebäude, dessen Mosaik man heute sehen kann, darunter in zwei Etagen Lagerräume. Das Mosaik hatte ein Ausmaß von 2000 Quadratmetern, erhalten sind etwa 850 Quadratmeter. Der größere Teil lag auf dem Dach eines Bauwerks der unteren Terrasse, das durch Einsturz zerstört wurde. Unter der Terrasse wurden verschiedene Räume freigelegt, die wohl als Warenlager gedient haben. In den darin gefundenen Amphoren, etwa 150 an der Zahl, wurde Kolophonium, Bitumen, Harz, Spuren von Öl und sogar Wein gefunden, ferner bauliche Reste, die man Thermen zuordnet.

Sakralbauten

Dass Constanța über die Jahrhunderte hinweg eine Vielvölkerstadt war und es bis heute ist, verdeutlichen anschaulich verschiedene religiöse Bauten. Nicht weit vom Ovidplatz steht die osmanische **Moschee**, nicht das einzige islamische Gotteshaus der Stadt. Sie dient noch immer ihrem ursprünglichen

Zweck, und daher kann man sie nur mit Kopfbedeckung betreten. Die Moschee wurde anstelle einer älteren, kleineren 1910 im maurischen Stil errichtet. Trotz ihres 50 Meter hohen Minaretts scheint sie sich in einer Nebenstraße etwas zu verstecken. Die Kuppel ist aus Eisenbeton, dem favorisierten Material der Jahrhundertwende. Säulen und Treppen wurden aus Kalkstein von Albeşti gefertigt, das Eingangstor ist mit schwarzen italienischen Marmorplatten geschmückt. Im Inneren dominieren in Ockergelb, Kobaltblaub, Rot und Grün die Arabesken. In den Stickereien erkennt man Blumenmotive.

Vom Ovidplatz ist es auch nicht weit zur **rumänisch-orthodoxen Kirche** aus dem 19. Jahrhundert. Ihre Fassade ist durch Blendziegelstreifen in mehrere Felder gegliedert. Im Inneren stehen zwei Sessel, für deren Schmuck Motive des Thronsessels von Fürst Petru Rareş aufgenommen wurden. Die realistischen Wandmalereien schuf Ghiță Popescu.

Die Moschee stammt von 1910

Die **römisch-katholische Kirche** in der Strada N. Titulescu wurde vom Architekten Romanode Simon 1885 entworfen; sie ist ein roter Backsteinbau im neoromanischen Stil. Ihr Turm auf der quadratischen Grundlage betont die Romanik. Die **Synagoge** befindet sich unweit des Puppentheaters (Teatrul de păpuşi).

■ An der Promenade

Die Küstenpromenade ist in Terrassen angelegt. Im Süden, am Eingang des Handelshafens, ist der alte genuesische **Leuchtturm** zu sehen. Der heutige **Küstenleuchtturm** ist ein 90 Meter hoher Obelisk in Form eines Pyramidenstumpfes aus Stahlbeton mit drei Flächen, der Unterbau beträgt 150 Quadratmeter. Das Laternenhaus ist umgeben von einem Aluminiumschuppenpanzer. Nachts ist der Turm dank des Fluoreszenzlichtes bis zu einer Entfernung von 25 Seemeilen sichtbar.

Ein Stückchen weiter, an der Südspitze der Halbinsel, liegt das **Spielcasino** (Cazinoul). Es wurde zwischen 1908 und 1910 vom rumänischen Architekten Daniel Renard in gelungenem Art Nouveau errichtet. Einzelne Gebäudeteile sind um den zentralen Hauptraum herum gruppiert. Allein seine phantastische Lage lohnt den Besuch.

Hinter dem Casino liegt das 1958 eingerichtete **Aquarium** (Acvariul), in dem die Pflanzen und die Tierwelt der Küste, aber auch der Donauzone insgesamt veranschaulicht werden. Südlich von Constanța befindet sich in Agigea eine dem Museum angeschlossene biologische Station.

Denjenigen, die noch viel Zeit haben, sei noch eine Besichtigung des **Archäologischen Parks** empfohlen. Man geht zum Ausgangspunkt Piață Ovidiu zurück, läuft über den Bulevardul Tomis und trifft linker Hand auf den Park.

Ovid in der Verbannung

Keines verbleibt in derselben Gestalt,
und Veränderung liebend
schafft die Natur stets neu aus
anderen andere Formen,
und in der Weite der Welt geht
nichts – das glaubt mir – verloren.

Ovid, Metamorphosen

Publius Ovidius Naso, 43 vor Christus geboren, ein Zeitgenosse Vergils, Horaz und des Geschichtsschreibers Titus Livius, war sicherlich der berühmteste Zugereiste in Tomis, dem heutigen Constanța. Als Dichter feierte er erste große Erfolge mit seinen ›Amores‹, so dass er sich statt der Ämterlaufbahn dem Dichterleben widmen konnte. Als Hauptwerk gelten die ›Metamorphosen‹, die literarische Vorlage für viele Werke der bildenden Kunst von der Renaissance bis in die Neuzeit. Aus nicht völlig geklärten Gründen traf ihn der Bannstrahl des Augustus, und so begab er sich im Jahre 8 nach Christus nach Tomis in die Verbannung »wie mir befohlen, zum öden Gestade des Gastlichen Meeres kam ich: dies Land, es liegt nahe dem eisigen Pol«.

»Hic Ego Qui Jaceo, Tenerorum Lusor Amorum, Ingenio Perii, Naso Poeta Meo. At Tibi, Qui Transis Ne Sit Grave Quisquis Amasti Dicere Nasonis Molliter Ossa Cubent« (»Der ich hier liege, ein Sänger der zärtlichen Liebesgefühle, durch mein Talent ging ich, Naso, der Dichter, zugrund. Der du vorbeikommst, liebtest du je, so mögest du gerne sagen, sanft in der Grube sollen ruhen, Nasos Gebeine.«). Diese Grabinschrift wünschte er sich in seinen ›Tristien‹, den Klageliedern, für die er ebenso wie für die ›Epistulae ex Ponto‹ in der Verbannung reichlich Stoff fand. In den genannten Schriften beklagte er aufs heftigste sein Dasein. Doch besserte sich seine Situation, und er lernte sogar Getisch. Von seinen Dichtungen in dieser Sprache ist uns leider nichts erhalten geblieben. Doch sein Verhältnis zu Tomis änderte sich allmählich: »Weil ihr Tomiten fürwahr meines Schicksals freundlich euch annehmt, ist auch Tomi mir teuer, das mir aus der Heimat Vertriebenem gastlich bleibt und getreu bis auf den heutigen Tag«. Ohne seine Heimat Rom je wiedergesehen zu haben, verstarb Ovid, immer noch im Besitz des römischen Bürgerrechtes und all seines Hab und Gutes in Rom, im Jahr 17 nach Christus, nur drei Jahre nach Kaiser Augustus, dem er trotz aller Bemühungen seiner Freunde und unter Einsatz all seiner Beziehungen die Erlaubnis zur Rückkehr nicht hatte abgewinnen können.

Kaiser Augustus verbannte Ovid nach Tomis

Constanța

Vorwahl: 0241.

Touristeninformation, Bd. Tomis 51 (in der Stadthalle), Tel. 488185, Fax 488101, www.primaria-constanta.ro.

Reiseveranstalter **ICAR Tours**, B-dul Tomis 130, Tel./Fax 553790, www.icartours.com.

In der Stadt verkehren Busse, Straßenbahnen und Oberleitungsbusse. Das Netz wurde jedoch in den letzten Jahren zu Gunsten des motorisierten Individualverkehrs reduziert.

Verbindungen zu den umliegenden Ortschaften und historischen Stätten werden durch Minibusse hergestellt, die ohne festen Fahrplan verkehren.

Hotel Balada Nej, B-dul 1 Decembrie 1918 Nr. 12, Tel. 639622, www.hotel-balada-nej.ro. 4 Sterne.

Hotel Voila, Str. Callatis 22, Tel. 508002, www.voilahotel.ro. 4 Sterne.

Capri, Strada Mircea cel Bătrân 109, Tel. 553090, Fax 550993, www.capri.ro. 3 Sterne.

Muzeul de Istorie Națională și Arheologie, tgl. außer Mo 9–19.30 Uhr.

Kur- und Badeorte

Südlich von Constanța reihen sich die Kur- und Badeorte an der Küste aneinander. Eforie Nord wurde 1892 gegründet und war der erste Kurort Rumäniens. In kurzen Abständen folgen dann Eforie Sud, Costinești, Neptun-Olimp, Jupiter, Cap Aurora, Venus, Saturn und Mangalia; von Constanța bis nach Mangalia sind es nur 44 Kilometer. Alle Badeorte sind mit öffentlichen Bussen zu erreichen. Es gibt viele Hotels in allen Preisklassen, auch Campingplätze stehen ausreichend zur Verfügung. In Mamaia nördlich von Constanța gehören der Aquapark und die Telegondel zu den Unterhaltungshöhepunkten.

Ein Abstecher könnte nach **Techirghiol** am gleichnamigen See führen. In diesem Kurort befindet sich ein **Kloster** mit einer Holzkirche, die man eher im Norden Rumäniens, in der Maramureș oder in Siebenbürgen vermuten würde. Es handelt sich um die Holzkirche der heiligen Maria von Techirghiol aus der Klause Sinaia aus dem 18. Jahrhundert. Als Bauwerk der Bauern des Nordens weist sie alle bäuerlichen Merkmale im Baustil sowie der Malerei auf. 1934 versetzte man sie zunächst nach Stâna Sfânta Ana in der Nähe von Sinaia. Unter Patriarch Justinian nahm die Kirche 1951 ihren heutigen Standort ein. Im Innenhof befindet sich ein Erholungsheim der Priesterschaft, das im Stil eines rumänischen Klosters angelegt wurde. Den Innenhof schmückt ein Brunnen mit dem heiligen Panteleimon von Ion Jalea.

Mangalia

Endstation der Bahnlinie von Bukarest ans Meer ist Mangalia. Der Ort verfügt über ganzjährigen Kurbetrieb. Feine Sandstrände und ein problemloser Zugang zum Meer machen den Ort auch für Familien attraktiv. In den letzten Jahren kamen auch immer mehr deutsche Urlauber hierher.

Mangalia verdankt seine Entstehung der antiken Festung Callatis; griechische Kolonisten der Megarer aus Heracleia hatten die Siedlung mit Festung im 6. Jahrhundert vor Christus gegründet. Nach Histria war es die zweite griechische Gründung an der rumänischen Küste. Tomis folgte 100 Jahre später. Im

Jahr 313 vor Christus konnte die Stadt ihre Selbständigkeit erfolgreich gegen die Thraker wahren, musste jedoch einige Jahre später nachgeben. Erst mit dem Untergang Mazedoniens erhielt sie ihre Selbständigkeit zurück. Der Kampf gegen das Monopol von Tomis endete 260 vor Christus mit einer schweren Niederlage. Unter den Römern verbündete sich die Stadt zunächst mit Mithridates VI., im dritten Krieg gegen die Römer siegten diese jedoch unter M. Terentius Varro Lucullus. Nach einem Zwischenspiel durch den Dakerkönig Burebista wurde die Stadt unter Augustus der Provinz Thrakien eingegliedert. Berühmter Sohn der Stadt war der antike Historiker und Geograph Demetrios im 3. Jahrhundert vor Christus.

Nach einer letzten Wohlstandsperiode im 6. Jahrhundert, die durch den Einfall der Awaren ein Ende fand, wurden die Informationen über die Stadt spärlich. Viele Jahrhunderte später – die Stadt war für die Genuesen von Bedeutung – wurde sie auf mittelalterlichen Landkarten als ›Pangale‹ (griechisch ›schön‹) bezeichnet. Der Name Mangalia tauchte danach bei Paulo Georgi von Ragusa erstmals auf. Als der türkische Reisende Evlija Çelebi die Dobrudscha Mitte des 17. Jahrhunderts bereiste, schätzte er Mangalia als größten Hafen am westlichen Schwarzen Meer. Heute ist Mangalia ein Seehafen und der Standort wichtiger Schiffswerften; mit seinen 40 000 Einwohnern ist der Ort sehr viel kleiner als Constanța.

Sehenswert ist das **Archäologische Museum**, das in seiner jetzigen Form in den 1970er Jahren eingerichtet wurde. Es illustriert das Leben in den menschlichen Siedlungen südlich der Donau vom Neolithikum bis zum Einfall der Awaren. Keramik und Schmuck der getodakischen Zeit, griechische Importkeramik sowie Münzen des 4. Jahrhunderts vor Christus, als die Stadt eigene Prägungen vornahm, sind zu sehen. Ebenfalls ausgestellt sind Grabbeigaben wie Glas, Statuetten und besonders beeindruckend jene aus gebranntem Ton, deren Produktion im 3. Jahrhundert vor Christus in Kallatis einsetzte und zu höchster Qualität gebracht wurde.

Die antike Stadt wurde nicht nur Opfer der Kriege und Plünderungen, sondern auch der Erdbeben. So liegt der östliche

Die Moschee in Mangalia

▲ Karte S. 362

Teil der ehemaligen Festung Callatis im Meer. Der Verlauf der Verteidigungsmauer konnte erforscht werden. Jenseits eines zweiten Schutzwalles lagen die Nekropolen. Bei Grabungen hat man nicht nur Sarkophage gefunden, sondern auch Grabhügel mit steinernen Bauten. Sie wurden auf dem Areal des heutigen Stadions und im Stadtpark entdeckt, ebenso wie eine Basilika im syrischen Stil, die als christliche Kirche in Benutzung war. Im Hotel ›President‹ sind archäologische Ausgrabungen aus dem 4. Jahrhundert vor Christus bis zum 6. Jahrhundert nach Christus gesichert, restauriert und gut sichtbar. Auch aus osmanischer Zeit, deren Spuren leider so wenig in der Dobrudscha erhalten sind, ist hier ein Kleinod zu finden. Die **Sultan-Esmaha-Moschee** von 1590 liegt etwas versteckt, umgeben von einem malerischen muslimischen Friedhof.

Schier endlos erstrecken sich die Strände

Von Mangalia bis zur bulgarischen Grenze nach Vama Veche, was so viel bedeutet wie ›alter Zollpunkt‹, fährt man nur noch acht Kilometer.

Kur- und Badeorte an der Küste

Vorwahl für alle Orte: 0241.

Nach kleinen gemütlichen Hotels wird man an der Küste vergebens Ausschau halten. Die meisten Hotels sind Hochhäuser mit möglichst großer Bettenkapazität, die in den vergangenen Jahren modernisiert wurden. Mittlerweile sind auch zahlreiche Neubauten entstanden.

▸ In Mamaia:

Rex, Tel. 831520, Fax 831690, www.grandhotelrex.ro. 5 Sterne.

Bavaria Blu, Tel. 831211, www.bavariablu.ro. 4 Sterne.

Central, Tel. 891740, Fax 831060. 3 Sterne.

▸ In Eforie-Nord:

Europa, Str. Republici 13, Tel. 741710, www.anahotels.com. 4 Sterne.

▸ In Eforie-Sud:

Hotel AMURG, Str. Negru Vodă 79, Tel./Fax 748872, www.hotelamurg.ro. 3 Sterne.

▸ In Neptun:

Doina, Tel. 701012, Fax 701112, www.complexdoina.ro. 3 Sterne, DZ 54–100 Euro.

▸ In Mangalia:

President, Strada Teilor 6, Tel. 755861, Fax 755695. 4 Sterne, DZ 64–111 Euro.

Mangalia, Strada Matei Basarab 3, Tel. 752052, Fax 632650. 3 Sterne, gleich am Strand, DZ 45 bis 65 Euro.

Hier nur eine Auswahl aus der Vielzahl von Angeboten:

▸ In Mamaia:

Cherhana, Bar mit Fischspezialitäten.

Hanul Piraților, die ›Gaststätte der Piraten‹ ist auf der Insel Ovidiu in Form eines Schiffes erbaut.

▸ In Neptun:

Calul Bălan‹ (›Weißes Ross‹), rumänische Küche.

Crama Neptun, rustikaler Weinkeller.

Insula, gute Fischgerichte.

Das Donaudelta

Mit rund 5000 Quadratkilometer Fläche, von denen etwa 4530 Quadratkilometer auf rumänischem Territorium liegen, gehört das Donaudelta zu den größten Deltas der Welt; nach dem Wolgadelta ist es das zweitgrößte Europas. Über viele Jahrhunderte hinweg hat die Donau Schwemmland mitgeführt und eine unermessliche Wasserwildnis geschaffen. War das Areal bis 1968 so gut wie unberührt, waren brauchbare Karten ebenso rar wie Besucher, so sollte das zweite Großprojekt der Ceauşescu-Regierung das Donaudelta wirtschaftlich erschließen, also vernichten. Zu einem Drittel sollte es in Agrarland umgewandelt werden – obwohl Rumänien über 15 Millionen Hektar Ackerland verfügte –, zum Teil sollte es industriell genutzt werden. Über Ansätze – man hatte bereits begonnen, einen Teil des Deltas trockenzulegen – ist man glücklicherweise nicht hinausgekommen. Dass das Delta heute noch fast so vorzufinden ist wie einst, ist der Wende von 1989 zu verdanken. 1990 erklärte die rumänische Regierung das gesamte Areal des Donaudeltas zum Reservat. 100 000 Hektar, etwa ein Viertel des riesigen Gebietes, stehen als Biosphärenreservat unter dem Schutz der UNESCO. Große Teile, derzeit insgesamt 18 Zonen, sind strengsten Naturschutzauflagen unterworfen.

Im Jahr 2000 schlossen zusätzlich die Regierungen der Anrainerländer Rumänien, Bulgarien, Moldwaien und der Ukraine ein Abkommen, in dem sie sich auf die Einrichtung eines Grünen Korridors entlang der 1000 Kilometer langen unteren Donau verpflichteten. Dies entspricht einem Naturraum von 6000 Quadratkilometern, etwa der Hälfte des Bundeslandes Hessen.

▲ Karte S. 362

Das Delta hat ungefähr die Form eines gleichseitigen Dreiecks. Kurz vor Tulcea teilt sich die Donau in zwei Arme, wenige Kilometer hinter Tulcea teilt sich der Hauptstrom erneut in zwei Arme. Die in diesen Armen mitgeführten Schwemmstoffe verschieben den Lauf der Donau ins Meer hinein und vergrößern das Delta um etwa 40 bis 50 Meter pro Jahr. Seit der ersten Beschreibung der Donau hat sich der Fluss 60 Kilometer meerwärts nach Osten bewegt. Zur Schwarzmeerküste wechselt das Landschaftsbild des Deltas zwischen Buchten, Brackwasser und Salzsümpfen, unterhalb von Tulcea liegt ein endloses Schilfdickicht. Entlang der Küste von Sulina nach Sf. Gheorghe verlaufen hohe Sanddünen. Allein über 25 verschiedene Ökosysteme konnten sich hier erhalten.

Bringt der Sommer tropische Temperaturen mit hoher Luftfeuchtigkeit, folgt im Winter schneidendes Steppenklima, mit Temperaturen bis zu minus 25 Grad. Alles erstarrt zu Eis, die Eisdecke der

Undurchdringlich erscheint das Donaudelta

Donau wird bis zu einem Meter stark. Während der Frühjahrsschmelze staut sich der Fluss über hunderte von Kilometern zurück.
Alle zwei Jahre wählt die Vereinigung ›Naturfreunde International‹ eine grenzüberschreitende und ökologisch wertvolle Region in Europa zur Landschaft des Jahres. Diese Auszeichnung erhielt im Jahr 2007/2008 das Donaudelta. Im Delta – Tulcea ausgenommen - leben etwa 15 000 Menschen.

Tier- und Pflanzenwelt

Allein durch ihre Fischfauna nimmt die Donau eine Sonderstellung unter den mitteleuropäischen Flüssen ein, denn viele Arten kommen nur im Flusssystem der Donau vor: Steingreßling, Schrätzer, Zingel, Streber und Huchen – sämtlich stark gefährdet oder sogar vom Aussterben bedroht –, daneben Wels, Zander, Hecht, Böbel, Barsch, Plattfisch, Schleie, Karpfen, Karausche, aber auch Krebse und Frösche. Der Fischbestand im Delta ist geradezu überreich, rund 150 Fischarten sind hier heimisch.
Ungewöhnlich artenreich ist auch die Vogelwelt. Viele Arten von Reihern – Silber-, Purpur- und Löffelreiher, Graureiher sowie Seidenreiher – daneben Schwäne, Stelzvögel wie Weißstörche, aber auch Flugenten, Wildgänse, Bläßhühner, Kraniche, Kiebitze, Stelzenläufer, Säbelschnäbler, Lachmöwen, Rohrweihen (Habichtart), Wanderfalken, Seeadler, Waldkäuze, Eisvogel und Bienenfresser kann man beobachten. Im Delta befindet sich eine der größten Pelikankolonien Europas, es ist ein Paradies für Kormorane, Haubentaucher und viele andere. Der Schilfgürtel bietet Lebensraum und ist Brutstätte für bedrohte Vögel wie Rohrdommel, Rohrweihe, Zwergscharbe, Silberreiher, Rosa- und Krauskopfpelikan. Sonst seltene Säuge-

Im Donaudelta sind zahlreiche Vogelarten heimisch

tiere wie Nerz, Fischotter, Hermelin, Wildkatze, Marderhund, Bisamratte haben hier ihren Lebensraum, in den Trockenzonen leben Wildpferde, Wildschweine, Hasen, Rehe und Füchse; heimische Vertreter der Reptilien sind Wasserschlangen und die Steppenviper. Die Botaniker können sich an Weiden, Raps, Wolfsmilch, Pfefferminzarten und Wasserschierling erfreuen. Eine überwältigende Pflanzenfauna hat sich erhalten, darunter sogar die insektenfangende, fleischfressende Pflanze ›Aldorovandato‹. Lianen und Kriechpflanzen überwuchern die Galeriewälder aus Eichen, Weiden und Schwarzpappeln am Chiliakanal, Wasserlilien und Teichrosen schmücken die Seen. Es gibt Blumen über Blumen, die dank der Bienen das Gebiet zum Paradies für Imker machen. Schmetterling- und Schneckensammler kommen ebenso auf ihre Kosten.

Die Donaukommission

Seit mehr als 2500 Jahren hat die Donau auch als Handelsstraße Bedeutung. Schon im 7. Jahrhundert vor Christus gründeten die Griechen, zunächst an der Schwarzmeerküste, Handelskolonien. Das Osmanische Reich sicherte im 15. Jahrhundert seine Eroberungen auf dem Balkan durch Sperrfestungen am südlichen Ufer. Im 17. Jahrhundert herrschten verwirrende Zustände an der Donau, lange Zeit bildete sie auch die Grenze zwischen den verfeindeten Nachbarn. Hauptgegner waren die Habsburger und die Osmanen. Mit der Zurückdrängung der Türken ging die strategische Bedeutung der Donau verloren, der Strom wurde wieder internationale Handelsstraße.

Unter Maria Theresia traf man erste Maßnahmen zur Regulierung und Begradigung, und 1830 tuckerte ein erster Kahn von Wien nach Budapest. Seit 1838 garantierten zwischen Österreich, Großbritannien und Russland geschlossene Vereinbarungen eine freie Schifffahrt. Sie wurden im Frieden von Paris (1856) bestätigt. Eine völkerrechtlich verbindliche Regelung wurde 1853 mit der Gründung der Donaukommission in Angriff genommen, sie sollte der Garant für die Freiheit der Schifffahrt auf der Donau werden. Der Frieden von Adrianopel (1829) hatte die Schifffahrt für Anrainer liberalisiert und die Mündung ins Schwarze Meer dem Handel geöffnet. Dabei erhielt Galatz (heute Galați) den Status eines Freihafens. Die Donaukommission sicherte nun allen, auch Nichtuferstaaten, das Recht der freien Passage. Ihr Gremium wurde zweigeteilt: Die ›Europäische Donaukommission‹ war für die See- und Meeresdonau zuständig, die ›Ständige Donaukommission‹ kümmerte sich um die Binnendonau. Hier hatten nur die souveränen Uferstaaten wie Württemberg, Bayern, Österreich, das Osmanische Reich und seit 1866 Rumänien Stimmrecht. Das Organ mit Sitz in Galatz verfügte über eigene Beamte, eine eigene Gerichtsbarkeit in Flusspolizeiangelegenheiten und über eine Gebührenhoheit, die von den Behörden der Uferstaaten unabhängig war. Der Verkehr zu den Häfen war den Anwohnern vorbehalten. Die Begradigung des Sulinakanals und die Vertiefung der Schifffahrtsrinne von 2,44 Meter auf 7,31 Meter gehörten zu den ersten Leistungen der Kommission.

Der Waren-, Personen- und Postverkehr nahm in dieser Zeit einen großen Aufschwung. Hatte die Donau bis zum 19. Jahrhundert nur in ihrem Ober- und Mittellauf als Handelsstraße gedient, war sie nun auf ganzer Länge zur europäischen Wasserstraße geworden. Wichtige Aufgabe der Kommission war es, die beträchtlichen Kosten für die Wartung dieser Wasserstraße aufzubringen. Nach dem Ersten Weltkrieg wurde die Donau gar bis Ulm internationalisiert und von einer internationalen Donaukommission verwaltet. Beamte aller Nationalitäten waren hier tätig und entwickelten sich zu einem diplomatischen Vorposten.

Nach dem Zweiten Weltkrieg sah die Welt ganz anders aus; der Eiserne Vorhang trennte nun auch die Staaten an der Donau. Die Sowjetunion und ihre südosteuropäischen Satelliten stellten im August 1948 in Belgrad (Belgrader Konvention) eine neue Donaukommission zusammen, in der die Westmächte nicht vertreten waren. Allen nicht angrenzenden Staaten wurde das Mitspracherecht in Donau-Fragen entzogen. Erst 1960 wurden Österreich und 1963 die Bundesrepublik aufgenommen. Seit 1954 hat das Gremium seinen Sitz in Budapest, gegenwärtig gehören ihm elf Mitgliedstaaten an: Bulgarien, Deutschland, Serbien, Kroatien, Moldawien, Österreich, Rumänien, Russland, die Slowakei, die Ukraine und Ungarn.

Ökologie und Ökonomie

Trotz des Schutzes durch die UNESCO ist das Delta nach wie vor gefährdet: Frühere militärische Zonen sind jetzt unkontrollierter, die touristischen Angebote wurden deutlich ausgeweitet. Vermehrt starten Linien- und Kreuzfahrtschiffe, Tragflügelboote düsen in nur 90 Minuten durch den Sulinakanal, Motorschiffe dringen zu entlegenen Brutkolonien vor. Zudem werden frühere Schlammpisten zu abgelegenen Dörfern asphaltiert, und Moskitoschwärmen begegnet man mit Pestiziden. Wilde Müllablagestellen und die mancherorts ungeregelte Abwasserentsorgung stellen weitere Belastungen für das einzigartige Ökosysem dar.

Das für das Delta so wichtige Schilf wird industriell verwertet. Es dient der Natur als Filter und als Rückzugsort für zahlreiche Tierarten. Durch Zuflüsse und die Donau kommen Nährstoffe, Stickstoffe, Phosphate, aber auch Schwermetalle ins Delta. Die Schilfbestände wirken als natürlicher Filter der Eutrophierung, also der Überdüngung des Deltas entgegen und reduzieren die Konzentration der Schwermetalle, halten Sedimente zurück und vermindern die Erosion der Ufer. Schilf wurde traditionell für Dächer, Matten, Zäune, als Bau- und Brennstoff verwendet, die jungen Pflanzen als Viehfutter geerntet. Aber Reetdächer sind heute leider rar: Nur noch wenige Menschen beherrschen die Technik, und sie gilt als aufwendig und teuer. Schilf ist auch nicht gleich Schilf. Exportiert wird das dünne ›Qualitätsschilf‹ der Küstengebiete, das durch seinen höheren Silikatgehalt besonders fest und besonders für die Reetdächer in Nordwesteuropa begehrt ist. Die meisten Flächen im Delta bestehen jedoch aus langem, dickeren Schilfrohr, das für den Export weniger geeignet ist. Die dynamische Schilfpflanze erzeugt ohne Düngung viel Biomasse und ist ein idealer, nachwachsender Brennstoff in Form von gepressten Schilfbriketts, die einen höheren Brennwert besitzen als einfach getrocknetes Schilf und in unterschiedlichen Heizsystemen verwendbar sind. Weiterhin eignet sich Schilf aufgrund seiner Festigkeit und Leichtigkeit auch als ökologischer Baustoff für vorgefertigte Dämmplatten und als wärme- und schalldämmendes Material auch zur Isolierung. Noch in den 1950er Jahren haben zehntausende politische Häftlinge unter primitivsten Lebensverhältnissen und mit ungeeignetem Werkzeug die Ausbeutung der Schilfes und anderer zellwollehaltiger Wasserpflanzen geleistet. Heute wird die Ernte im Winter mit großen Maschinen betrieben, für die das Eis kein Hindernis darstellt. Aus den Binsen wird Zellstoff gewonnen, der in Brăila in großen Fabriken industriell weiterverarbeitet wird. Das Exportgut geht nach Deutschland und Frankreich.

Aber auch in Tulcea ist ein Umweltverschmutzer angesiedelt. Waren vielerorts die Fabriken nach der Revolution stillgelegt worden, so wurde das Aluminiumwerk in Tulcea durch iranische Betreiber wieder in Betrieb genommen – ohne Auflagen für den Schutz der Umwelt.

Negativ für die Donau waren schon im 19. Jahrhundert die Begradigung, die Verbauung von Uferstrecken und Altarmen, die Errichtung von Stauwehren und die Wasserverschmutzung. Der letzte große Umweltskandal wurde im Februar 2000 durch Zyanid weit weg im Norden Rumäniens ausgelöst und hat auch die Donau erreicht. Aber auch andere wirtschaftliche Nutzungen stehen dem Naturschutz entgegen. So hat sich der starke Einsatz von Aalen, die sich mit heimischen Fischen nicht gut vertragen, negativ ausgewirkt.

Tulcea

Als eigentliches Tor zum Donaudelta gilt Tulcea. Es ist mit knapp 92 000 Einwohnern die größte Stadt in der Region und auch die größte Gemeinde der Lipowaner, gleichzeitig Industriestandort und wichtiger Donauhafen. Große Werften sind ebenso ansässig wie die staatliche Flussmarine. In den vergangenen Jahren hat sich die Stadt zumindest in Wassernähe gemausert und sehr an Attraktivität gewonnen: Eine große **Donaupromenade** wurde angelegt, Baulücken an ihr ansprechend gefüllt und ein Touristeninformationsbüro eingerichtet. Im Zentrum hingegen gewinnt man eher den Eindruck einer konzeptlosen Bebauung ohne Denkmalschutz. An der Promenade liegen die Haltestellen für die Schiffe, die regelmäßig den Sulina-Kanal befahren und die malerisch mitten am Hauptarm gelegenen Ortschaften Ilagnii de Sus, Maliuc und Crișan ansteuern. Endstation dieser Schiffe ist Sulina. Verschiedene Anbieter teilen sich die Routen, es gibt schnellere und langsamere Verbindungen. Tulcea selbst bietet eine stattliche Anzahl an Hotels mit internationalem Standard und kleinere Pensionen.

Eine ganze Reihe an wieder eröffneten Museen, die im ICEM (Institutul De Cercetari Eco-Muzeale Tulcea) zusammengeschlossen sind, geben einen Ein- und Überblick über das Leben im Donaudelta. Zu Recht stolz ist man auf das im Jahr 2009 wiedereröffnete **Donaudeltamuseum**. In ihm erhält man einen herausragenden Ein- und Überblick über Flora, Fauna und Entwicklung des Donaudeltas sowie des Schwarzen Meeres. Im stattlichen Neubau befindet sich unter anderem ein Aquarium mit Schwarzmeer-, Donau- und Zierfischen, eine ausführliche Dokumentation über die Fischerei und vielfältigstes Kartenmaterial. Eine Diathek, ein Vortragssaal und ein Café runden das Angebot ab.

Das **Kunstmuseum** wurde im Gebäude des ehemaligen türkischen Gouverneurs

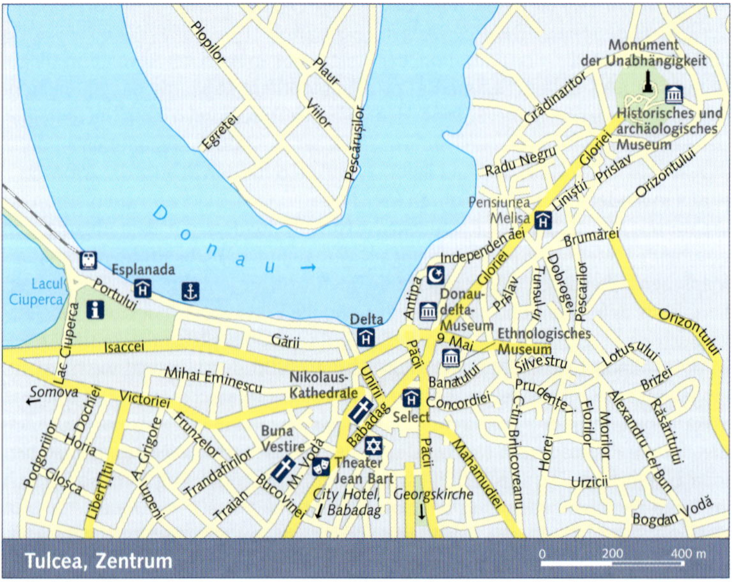

Tulcea, Zentrum

Bei Tulcea vollzieht die Donau eine Kehre

eingerichtet. Die Ausstellung hat ihren Schwerpunkt bei Exponaten des 19. Jahrhunderts. Im Obergeschoss widmet sie sich zeitgenössischen rumänischen Künstlern. Besonders liebevoll gestaltet zeigt sich das **ethnologische Museum** im historischen Gebäude der ehemaligen Nationalbank von 1920. Die Ausstellung beginnt mit heidnischem Brauchtum und wird mit den Textilien der verschiedenen Volksgruppen fortgesetzt. Repräsentiert sind unter anderem Lipowaner, Russen, Ukrainer, Türken und Bulgaren. Juden und Aromunen waren erst später ins Delta gekommen und füllten jene Lücken, die durch Abwanderung, beispielsweise der Italiener entstanden waren. Die Dokumentation zu Armeniern, Juden und Italienern konnte aus Platzmangel noch nicht realisiert werden.

Auch abseits der Promenade gibt es einiges zu entdecken: die **Synagoge**, eine erhaltengebliebene **Moschee**, die unierte **Biserica Buna Vestire**, die bulgarische **Georgskirche** und die rumänisch-orthodoxe **Hierarch-Nikolaus-Kathedrale**. Auf dem ältesten Hügel der Stadt soll sich der antike griechische Stützpunkt Aegyssus befunden haben. Es folgten die Römer, Byzantiner, die Bulgaren und im Mittelalter für 200 Jahre die Genuesen. Als Teil der Walachei wurde das Terrain von den Türken erobert, erhielt den Namen Hora Tepe und blieb ständig umkämpft während der russisch-türkischen Kriege des 19. Jahrhunderts. Erst seit dem Berliner Kongress ist Tulcea rumänische Stadt, in der bis 1940 eine große bulgarische Minderheit lebte. Auf den antiken Spuren des Hügels hat man den **Park des Denkmals zur Unabhängigkeit** angelegt. Auch das **Historische und archäologische Museum** hat hier seinen Sitz. Es beeindruckt mit Keramikfunden der getischen Nekropole von Enisala, der Dokumentation der Ausgrabungen der Dobrudscha einschließlich der Festungsbauten und einer originellen Pfeifensammlung über Porzellanpfeifen bis hin zu orientalischen Wasserpfeifen. Vom **Monument der Unabhängigkeit** bietet sich ein schöner Rundblick über Tulcea.

In Tulcea steht weiterhin das **Theater Jean Bart**, das nach dem rumänischen

Exponate im ethnologischen Museum

Romancier Eugen Botez (1874–1932) benannt ist, der mit seinem Roman ›Europolis‹ das Delta und vor allem Sulina aus eigener Anschauung beschrieben hat. Er nannte sich später nach dem Freibeuter Jean Bart.
Die Stadt ist seit einigen Jahren Mitveranstalter des Internationalen Filmfestivals ›festival anonimul‹, das in Sfântul Gheorghe abgehalten wird.

Im Süden von Tulcea

Für die meisten Touristen ist Tulcea der Ausgangspunkt für einen Besuch des Donaudeltas. Doch auch einige Orte, die nicht im Delta liegen, sind einen Besuch wert.

■ Babadag

Das 10 000 Einwohner große Städtchen Babadag, 35 Kilometer von Tulcea entfernt, besitzt noch heute eine größere türkische Gemeinde. Der Ort liegt am gleichnamigen See, eines der vom Schwarzen Meer gebildeten Haffs mit reichhaltigen Fischvorkommen. Das Hinterland bildet eine waldreiche Hügellandschaft; auch Wein wird hier angebaut.
Archäologische Funde belegen eine Siedlung seit dem 9. vorchristlichen Jahrhundert, die zur Zeit der Römer als Vicus Novus und letztmalig unter den Byzantinern im 6. Jahrhundert Erwähnung fand. Von da an wechselte ihre Zugehörigkeit von den Byzantinern zu den Bulgaren des ersten und des zweiten bulgarischen Reiches und endete im Despotat Dobrudscha, das zunehmend in osmanische Abhängigkeit geriet. Ab 1262 siedelten sich hier unter der Führung des Derwisch Baba Sari Saltik vermehrt Türken der Dobrudscha an, und der Name Babadag (türk. Babadağ), Berg des Baba, wurde geläufig. Die Osmanen verleibten sich die Dobrudscha im 15. Jahrhundert endgültig ein. Sultan Beyazit II. veranlasste 1488 den Bau eines Mausoleums für Baba Sari Saltik, das zum Wallfahrtsziel wurde. In den folgenden Jahrhunderten geriet der zwischenzeitlich stark befestigte Ort in die Auseinandersetzungen der Osmanen mit den walachischen Fürsten und später den Russen. Nach dem russisch-türkischen Krieg 1878 kam es zu Rumänien, wo es mit Unterbrechung durch die bulgarische Besetzung während des Ersten Weltkriegs bis heute verblieb. Der hier angelegte Militärflughafen wird seit dem Jahr 2005 von den USA als Stützpunkt genutzt. An die türkische Vergangenheit erinneren die unter Denkmalschutz stehende **Sazi-Ali-Pascha-Moschee** und der **Kalaigi-Brunnen** aus dem 16. Jahrhundert, das **Mausoleum Baba Sari Saltik** und die Dauerausstellung im **Muzeul Artă Orientală** im ehemaligen Casa Panaghia (Di–So 9–16 Uhr).

■ Weitere Lipowaner-Dörfer

Westlich von Babadag trifft man auf die Dörfer Slava Rusă und Slava Cercheză, die, wie bereits ihr Name vermuten lässt, von Lipowanern im 17. Jahrhundert gegründet und von ihnen bis heute bewohnt sind. Bei Slava Rusă sind die **Festung Ibida**, etwas außerhalb das **Altgläubigen-Männerkloster** Uspenia

▲ Karte S. 362

(Muttergottes Entschlafen) aus dem 19. Jahrhundert mit der Sommer- und Winterkirche und nur wenig weiter das **Kloster Vovidenia** sehenswert.

Enisala

Hauptattraktion in Enisala ist die mittelalterliche Festung. Sie entstand im 14. Jahrhundert auf Geheiß der kaiserlichen Behörden von Byzanz mit Hilfe genuesischer Kaufleute oberhalb einer ländlichen Siedlung. Sie diente militärischen, politischen und administrativen, weniger wirtschaftlichen Zwecken. Von 1338 bis 1416 geriet sie unter die Herrschaft von Mircea dem Alten, Fürst der Walachei. 1417 eroberte der Türke Memed I. Çelebi das strategisch günstige Enisala und stationierte hier wie auch in Isaccea und Giurgiu Garnisonen. Im Laufe des 15. Jahrhunderts dehnten die Osmanen ihre Vormachtstellung im Mündungsgebiet der Donau auf Cetatea Alba und Chilia aus und gaben Enisala wegen der Versandung, die den Razim-See vom Schwarzen Meer trennte, auf. Die aus Kalkstein der benachbarten Steinbrüche bestehende polygonale Festung verfiel.

Dank Instandhaltungs- und Sicherungsbemühungen der letzten Jahre ist die **Burg** heute zu besichtigen. Besonders sehenswert ist das Haupttor mit seiner schönen Doppelarkade, an die sich eine

Von weitem zu sehen: Burg Enisala

Blendarkade orientalischen Stils anschließt, die für die Balkanhalbinsel charakteristisch ist, aber auch in Rumänien anzutreffen ist, beispielsweise bei den Festungen Cetatea Neamțului und Curtea de Argeş.

Die Geschichte der Festung und ihres benachbarten Dorfes spiegelt sich auch im heutigen Dorfnamen: aus Satu Nou (neues Dorf), Vicus Novus, Novoe Selo, Yeni-Sala, Übersetzungen des ersten Namens in die Sprachen der jeweiligen Besatzer, wurde schließlich Enisala. In Enisala ist der **Touristenkomplex Safari Dorf** angesiedelt, eine der ersten Initiativen zur nachhaltigen Entwicklung des Tourismus in dieser Region.

Jurilovca

Von Enisala führt eine sehr schlechte, aber landschaftlich reizvolle Straße nach Jurilovca. Der Ort liegt am Golovița-See, einem ehemaligen Golf, der durch Nehrungsbildung zum Haff wurde. Der Kanal von Jurilovca nach Gura Portiței (Pförtchen) stellt eine Verbindung mit dem Meer her. Per Boot erreicht man über ihn den Badeort Gura Portiței am Schwarzen Meer.

Wie überall an der Küste und im Delta trifft man hier auf antike Spuren. Direkt am Kap findet man nicht nur das **Naturdenkmal Capul Doloșman** – eine Klippe aus Kalkstein, die sich auf wenige Kilometer erstreckt und an ihrem steilsten Punkt etwa 29 Meter erreicht –, sondern auch die **Ruinen der griechisch-römischen Stadt Orgame-Argamum**, die vom 7. vorchristlichen bis zum 7. nachchristlichen Jahrhundert besiedelt war. Von der byzantinischen **Festung Ruinele Cetății Orgame-Argamum** blieben beachtenswerte Reste erhalten. In den 1980er Jahren wurde in der Nähe der Festung eine griechische **Nekropole** mit kleinen Tumuli-Gräbern freigelegt.

Der Hotel-Complex Lunca in Jurilovca

Im Dorf lebt man vom Fischfang; Meer- und Süßwasserfische, darunter Hausen und Stör, werden gefangen. Mittlerweile hat sich hier die größte Fischverarbeitungsfabrik des Deltas etabliert. Die Fischer sind hier häufig Lipowaner, orthodoxe Slawen, deren Vorfahren während der russischen Kirchenspaltung flohen und hier, weitab von der russischen Regierung, ihrem Glauben treu bleiben konnten. Die **Kirche**, in der der altgläubige Ritus praktiziert wird, wurde renoviert. Unweit des Dorfes befindet sich der ausgesprochen malerisch gelegene **Hotel-Complex Lunca.**

Im Westen von Tulcea

In der näheren Umgebung von Tulcea sind einige Klöster mehr oder weniger erneuert sowie bei Isaccea die Festung Novodunum zu besichtigen. Zwölf Kilometer sind es bis zum **Kloster Cilic Dere**. Man hält sich in Richtung Tulcea-Flughafen, biegt kurz vorher nach Cataloi ab und folgt der Straße bis zum Kloster, das vor allem durch seine Lage besticht. Der Komplex geht auf das 17. Jahrhundert zurück und wird heute von Nonnen bewohnt, die in jüngster Zeit einen neuen Konak errichten ließen.

Über eine kleine, nicht sehr gute Straße könnte man direkt zum **Kloster Saon** fahren. Eine bessere Zufahrt ist aber die über die E87 ab Tulcea. Kloster Saon geht auf die Initiative der Mönche von Cilic Dere im Jahr 1846 zurück. Die Anlage wurde in den letzten 20 Jahren grundlegend saniert und präsentiert sich mit einer vollständig ausgemalten Hauptkirche äußerst farbenfroh. An Wochenenden ist sie gut besucht.

Niculițel

Wegen zweier Sehenswürdigkeiten ist Niculițel einen Besuch wert. Zum einen steht hier die frisch renovierte **Kirche Sfântul Atanasie**, ein zierlicher Dreikonchenbau, wie man ihn von der Moldau kennen mag. Im Inneren finden sich Malereireste, darunter die drei heiligen Hierarchen. Zum anderen ist da die **Ausgrabungsstätte** der ›Basilica Martirică Niculițel‹. Sie zeigt einen frühchristlichen basilikalen Kirchenbau aus dem 4. bis 6. nachchristlichen Jahrhundert mit Bodenmosaikresten. Man hat hier die Gräber von vier Märtyrern gefunden, die vermutlich unter Diokletian für ihren Glauben ihr Leben ließen (Mi–So 9–17 Uhr).

Jüngst renoviert: die Kirche in Niculițel

▲ Karte S. 362

Isaccea

Von Niculițel führt eine kleine, aber brauchbare Provinzstraße zehn Kilometer weiter durch ein waldreiches Gebiet, das einst viele Mönche angezogen hat, zum **Kloster Cocoș**. Das Kloster von 1886 ist kürzlich grundlegend erneuert worden.

Eine sehr alte Siedlung ist Isaccea (türk. Shakçi). Am Donauufer lässt sich die archäologische **Ausgrabungsstätte** der römischen Stadt Noviodunum besichtigen (www.noviodunum.ro). Bewegliche Fundstücke befinden sich im Museum in Tulcea. Älteste Siedlungsspuren gehen aber schon auf das Jahr 4000 vor Christus zurück.

Hier, an dieser Nahtstelle, haben sich unzählige Völker berührt: Hellenistisch beeinflusste Geten wurden von den Kelten abgelöst, bis die Römer kamen. Diese hielten sich bis ins dritte nachchristliche Jahrhundert und hatten Attacken der dakischen Stämme Moldawiens, der Goten und der Karpen abzuwehren. Schließlich gaben sie auf. Nach dem Zerfall der Stadt sorgte Konstantin der Große für deren Wiederaufbau. Mit der Teilung des Römischen Reiches wurde der Ort bzyantinisch und ein wichtiger Flottenstützpunkt. Früh drang hier das Christentum ein. Zehn Jahre beherrschten es die Hunnen, dann folgten Slawen, und unter dem Byzantiner Justinian wurde es erstmals Bischofssitz. Kaiser Phokas ließ sowohl Slawen als auch Awaren siedeln. Im 7. Jahrhundert gaben die Byzantiner auf und erkannten die Oberherrschaft des ersten bulgarischen Reiches an. Im frühen Mittelalter gewann es Byzanz zurück, die Petschenegen drangen ein, trieben Handel und assimilierten sich.

Die Kumanen zerstörten den Ort, anschließend folgten die Tataren, deren Khan von hier die Feldzüge gegen die

Kloster Cocoș

Bulgaren organisierte. Innerhalb der nächsten 400 Jahre gewannen abwechselnd walachische Fürsten und Osmanen die Oberhand. Anfang des 17. Jahrhunderts zerstörten die Kosaken die Stadt von Grund auf. In der Neuzeit kämpften Türken und Russen um die hiesige Macht. Letztere überquerten während des Ersten Weltkriegs bei Isaccea die Donau, um Rumänien zu unterstützen, mussten die Stadt aber erneut Deutschen und Bulgaren überlassen. Seit dem Zweiten Weltkrieg ist Isaccea eine rumänische Stadt.

Die Mündungsarme der Donau

Die Donau bildet im Delta unzählige Seitenarme und Seen aus; der Schiffsverkehr aber nutzt ausschließlich die drei Hauptarme, und auch die wichtigen Orte liegen an ihnen. Zwischen den drei Armen breiten sich abwechselnd Festland und Wasser aus. Bedeutende Schwemmlandflächen mit gleichnamigen Dörfern sind Letea, Caraorman, Stipoc und Crasnicol. Teilweise entfernen sich die Arme auf bis zu 100 Kilometer voneinander und bilden so das einzigartige Delta. Endlose Nehrungen, Kanäle, Schilfflächen und flache, von Eichenwäldern belebte Landschaften erwarten den Besucher.

Der Chilia-Arm

Der Chilia-Arm (rumän. Brațul Chilia, ukrainisch Kilija) fließt zunächst nach Norden, ist zerfurcht und bildet die rumänisch-ukrainische Grenze. Auf ukrainischer Seite liegen die Städte Izmail, Kilija und Richtung Mündung das malerische Städtchen Vylkove, auch ukrainisches Venedig genannt. Die Ufer sind von Mangroven bewachsen. Bei Pardina teilt sich der Donauarm in viele schmale Zweige, die sich bei Chilia Veche wieder vereinigen. Bei Periprava, nach 103 Kilometern, endet der Schifffahrtsweg. Unweit liegt der Letea-Wald, ein Dschungel aus Lianen, heimischen Bäumen wie Eichen, Ulmen und Erlen, das Zuhause von Schlangen, Vipern, Füchsen, Mardern und Geiern.

Das ukrainische Vylkove liegt am Chilia-Arm

▲ Karte S. 362

Der Sulina-Arm

Der Sulina-Arm (rumän. Brațul Sulina) ist der Hauptarm von etwa 72 Kilometern, eine nahezu gerade Strecke, die für die Hochseeschifffahrt ständig ausgebaggert werden muss. Große Flussbagger halten die Fahrrinne – 150 Meter breit und zwischen 7,5 und 25 Meter tief – ständig frei. Sie ist mit roten und grünen Bojen markiert. Über diesen Kanal haben die Schiffe Zufahrt bis Brăila. In ihm vermengen sich Salz- und Süßwasser. Eine erste Regulierung war zwischen 1880 und 1892 an der hier verlaufenden Alten Donau durchgeführt worden. Ein Gedenkobelisk erinnert daran. Die entlang des Kanals liegenden Institute für Biologie und Wasserökologie sind derzeit geschlossen. Nach zwei Dritteln der Strecke liegt rechts am Ufer das Dorf Crișan.

Der Leuchtturm von Sulina markiert den offiziellen Anfangspunkt der Wasserstraße. Tatsächlich aber reicht sie noch zwölf Kilometer weiter ins Meer, vom Stahlkoloss eines Kiesbaggers markiert. Noch in jüngster Zeit machte der Kanal von sich reden, als die Russen an seiner Einfahrt die ›Rostock‹ versenkten, um den Kanal für die Durchfahrt der NATO-Schiffe während des jüngsten Balkankrieges zu blockieren.

Die meisten Touristenschiffe befahren den Sulinakanal. Seine Ortschaften sind nur mit dem Schiff zu erreichen. Die erste Station am Kanal ist Malioc.

Crișan

Bis Crișan benötigt das Linienschiff von Tulcea etwa eine Stunde. Das Dorf entstand beim Bau des Kanals auf Veranlassung der Donaugesellschaft. Es liegt zwischen Wasser und Schilf. Die etwa 600 Einwohner leben vom Fischfang, der Jagd, der Landwirtschaft, der Viehzucht und der Schilfverwertung. Morgens vor

Die Pension ›Doi Capitani‹ liegt unmittelbar am Donauarm

drei werden die Fische aus den Reusen geholt und zur Fischsammelstelle gebracht, abends die Reusen ins Wasser gelegt. Früher baute man am Fischort Schilfhütten und blieb für einige Wochen dem Zuhause fern. Heute hat man Motorboote, die die Rückkehr bis zum Abend erlauben. Der Fischbestand hat jedoch rapide abgenommen. Verzeichnete man früher täglich 300 Kilogramm, kommt man heute meist nur noch auf 15 bis 30 Kilogramm. Probleme machen Hochwasser, seichtes Wasser oder Eis. Im Winter betreibt man Eisfischen, Löcher werden geschlagen, die Netze bis zu 500 Meter weit unter das Eis geschoben und am anderen Ende des Sees herausgeholt. Im Dorf gibt es eine Schule bis zur 8. Klasse. In jüngerer Zeit haben sich einige Pensionen etabliert, unter denen die ›Doi Capitani‹ besonders zu empfehlen ist. Das ist ein neues, aber ganz traditionell gedecktes Reetdachhaus, das über eine eigene Kläranlage verfügt und eine deftige landestypische Küche bietet.

Sulina

Endpunkt des Kanals ist Sulina, die östlichste Stadt Rumäniens und der EU. Sie soll ein Landungsort der Byzantiner gewesen sein und wird in den Quellen um 950 als Sellina erwähnt. Nachweislich kamen die Genueser und später die Türken hierher. Im 19. Jahrhundert etablierte sich in der Stadt die Verwaltung der Donaukommission, und es lebten hier 20 000 Menschen, die sich in 20 bis 25 Sprachen unterhielten. Die ethnische und religiöse Vielfalt wird am einzigartigen Friedhof deutlich, auf dem Menschen verschiedenster Konfessionszugehörigkeiten bestattet sind: Russen, Ukrainer, Türken, Lipowaner, Italiener, Katholiken, Orthodoxe, Protestanten, Muslime, Juden, Armenier. Einst befand sich hier ein Krankenhaus für Patienten mit ansteckenden Krankheiten. Es wurde im Zweiten Weltkrieg zerbombt und der Friedhof statt seiner angelegt. Heute leben in Sulina 5000 Menschen, die in fünf bis sechs Sprachen kommunizieren. Sulina ist extremen Temperaturen ausgesetzt: Im Sommer kann es bis zu 45 Grad heiß werden, in strengen Wintern fällt das Thermometer auf 30 bis 35 Grad unter Null. Die Stadt ist nicht ans Straßennetz angeschlossen, sondern nur über den Kanal erreichbar.

Ehemals lag die Stadt direkt am Meer, heute ist sie davon zwei Kilometer entfernt. Ein Pendelbus fährt die Besucher von der Schiffsanlagestelle zum kilometerlangen, feinen und menschenleeren Sandstrand am Schwarzen Meer. Die Einfahrt in die Stadt säumen zunächst Industrieanlagen, später zerfallende vereinzelte Villen, die an bessere Zeiten erinnern. Auf der rechten Seite erkennt man einen **Wasserturm**, eine Stiftung der englischen Königin im 19. Jahrhundert. Auch eine schöne orthodoxe **Kirche** im walachischen Stil steht repräsentativ in Kanalnähe. Berühmtestes Denkmal ist der sogenannte alte **Leuchtturm** – Farul Vechi Sulina – von 1802. Er beherbergt heute ein **Museum**, das die Geschichte der Donaukommission und den Bau des

Der historische Leuchtturm, heute ein Museum

Sulinakanals dokumentiert. Besondere Aufmerksamkeit ist dem damaligen Chefingenieur Charles Augustus Hartley (1825–1915) gewidmet, der den Ausbau des Sulinakanals, der Hafenanlagen von Sulina und später auch den Ausbau des Hafens in Odessa leitete (Mai bis Oktober Di–So 10–18 Uhr, November bis April Di–So 8–16 Uhr).

Der Sankt-Georgs-Arm

Der Sankt-Georgs-Arm (rumän. Brațul Sfântul Gheorghe), der südlichste der drei Hauptarme, ist nur für kleinere Schiffe passierbar. Wild schlängelt er sich 113 Kilometer zum Meer. Vom Sankt-Georgs-Arm zweigt der teilweise verkrautete Dunavăț-Kanal ab, der in die große ausgesüßte Meeres-Lagune, den Razim-See, mündet. Ein Seitenkanal führt nach **Uzlina**, wo sich der Sitz des **Biosphärenreservates Donaudelta** und die Cousteau-Stiftung befinden. Sehr malerisch liegt hier der **Touristenkomplex Cormoran**.

Die Ortschaften Nufăru, Mahmudia und Murighiol sind sowohl über das Wasser als auch über die Straße zu erreichen. In allen drei Ortschaften findet man **Burgruinen**: in Nufăru die byzantinische Cetate Proslavița, zweieinhalb Kilometer von Murighiol entfernt die römische Cetatea Halmyris und in Mahmudia die Cetatea Salsovia. Im letzteren findet sich

Einsamer Strand bei Sfântu Gheorghe

▲ Karte S. 362

auch noch eine Moschee ohne Minarett, die eher an ein Fischerhaus erinnert. Am Endpunkt des Sankt-Georgs-Arms liegt **Sfântu Gheorghe**, ein malerischer Fischerort, der für seinen guten Kaviar berühmt ist. Er ist nur über das Wasser zu erreichen.

Ausflüge ins Donaudelta

Drei Besucherzentren - in Tulcea, Sulina und in Crișan - bemühen sich darum, den Gästen die Ökosysteme und das kulturelle Erbe des Donaudeltas darzubringen. Seitdem es als Biosphärenreservat ausgewiesen wurde, gelten neue Rahmenbedingungen für die touristischen Angebote, und sowohl die Besucher als auch die touristischen Dienstleister benötigen eine Genehmigung. Nur kann noch niemand genau sagen, wo man sich diese Genehmigung als Besucher zu holen hat.

In neun explizit ausgewiesenen Zonen dürfen organisierte wie auch individuelle Touren stattfinden. Dafür wurden 19 Routen entlang der Donauarme und der kleineren Kanäle erarbeitet; sieben weitere führen in die trockenen Gebiete des Deltabereiches. Außerhalb dieser Zonen sind nur Ruderboote erlaubt. Der Anstieg der Besucherzahlen machte eine Geschwindigkeitsbegrenzung auf den Kanälen und Seen erforderlich. Sportfischen und Jagd sind nur in genau abgegrenzten Gebieten und nur zu bestimmten Jahreszeiten erlaubt.

Man kann Ausflüge ins Delta auf eigene Faust organisieren oder aber das vielfältige Angebot an Ausflugsmöglichkeiten buchen. Geboten werden Bootsfahrten über die großen Kanäle in die Seitenarme, zu den Seen, ökologische Führungen, Fischtouren, Vogelbeobachtung, Kanutouren mit Übernachtung im Delta, Rudern oder die Besichtigung von uralten Siedlungs- und Dorfstrukturen.

Ein Ausflugsboot bei Letea

Um einen kleinen Eindruck von der Vielfalt des Donaudeltas zu bekommen, sollte man mindestens drei Tage einplanen. Ein Tagesausflug ins Delta kann nur einen kleinen Ausschnitt dieses Naturerlebnisses vermitteln. Tagestouren kann man von den Hotels oder in der Tourismusinformation buchen. Die Buchung von Privatschiffen - mittlerweile stehen auch sehr moderne und leise Boote zur Verfügung - ist teurer. Angebote findet man entlang der Promenade in Tulcea oder in den Hotels. Es empfiehlt sich, weder am Boot und noch an der Ausflugsdauer zu sparen. Manche Ausflüge sind mit Bewirtung zu buchen. Häufig wird dabei die ausgesprochen köstliche Fischsuppe im Kessel - Ciorba de Peste la ceaun - aus Donaufischen kredenzt. Wer seine Tage direkt im Delta am Sulina-Kanal verbringen möchte, parkt sein Auto am besten in Tulcea direkt beim Hotel ›Delta‹ (unbewachter Parkplatz) und fährt mit einem Linienschiff zu seinem Übernachtungsort oder organisiert einen direkten Transfer über seine Pension. Von Tulcea starten täglich Schiffe bis nach Sulina. Manche fahren ohne Zwischenhalt durch, manche halten in Malius und Crișan. Die Fahrt von Tulcea bis nach Sulina dauert etwa 90 Minuten, bis Crișan etwas mehr als eine Stunde. Bezahlt wird am Schalter oder an Bord. Achtung: Die Schiffe sind in der Saison sehr frequentiert, eine Reservierung empfiehlt sich, sonst wird man nicht mitgenommen. Paddel-, Ruder- und kleine Motorboote führen auf engen Kanälen durchs Schilf und Weidengehölz.

Individualreisende, die sich mit einem eigenen Boot ins Labyrinth begeben, sollten örtliche Ratschläge in Anspruch nehmen. Sehr leicht geht man im Labyrinth verloren. Auch die Donaudeltakarten haben Mängel. So sind teilweise Feuchtgebiete eingezeichnet, die bereits trocken sind. Wellenschläge großer Schiffe bergen ebenso Gefahren wie der schlagartige Einbruch der Dunkelheit. Tagsüber sticht die Sonne häufig unbemerkt, pünktlich bei Sonnenuntergang kommen die Mücken. Man sollte deshalb unbedingt ausreichend Mücken- und Sonnenschutz bei sich führen. Angelfreunde haben die Möglichkeit, per Genehmigung tagelang in Abgeschiedenheit zu fischen.

Wer sich ein Kanu mietet, sollte darauf achten, dass er vor Einbruch der Dunkelheit eine Lagerstätte ausgemacht hat. Freies Campen ist gegen Gebühr erlaubt. Nicht klar ist, wo diese Gebühr zu entrichten ist. Man beachte jedoch, dass die ausgewiesenen Plätze häufig zu feucht sind, um das Zelt aufzuschlagen.

Ein besonderes Erlebnis einer Kanufahrt ist der Besuch des Fischerdorfes Mila 23, das über den alten Donauarm zu erreichen ist. Die Familien leben hier in Schilfhütten, die Männer kümmern sich um den Fischfang, die Frauen um den Obst- und Gemüsegarten. Für Vogelliebhaber bieten sich die Vogelkolonien zur Beobachtung an, eine Attraktion ist das Pelikan-Reservat auf dem Lacul Fortuna.

Über den Altarm der Donau und weitere Nebenkanäle erreicht man die Sandbank Letea mit ihrem Dorf und ihremEichenwald, der von Lianen durchwachsen und von Sanddünen gesäumt ist. In den Dünen findet man Schildkröten, Eidechsen, Insekten und Vipern, im Wald Eulen, Wildkatzen und Schwarzflügelreiher. Für den Besuch benötigt man eine spezielle Genehmigung.

▲ Karte S. 362

Sommerhäuser in der Nähe des Sf.-Gheorghe-Arms

Tulcea und Donaudelta

In Tulcea, Crişan und Sulina wurden Touristeninformationen eingerichtet. Sie sind jedoch sehr unregelmäßig besetzt, die in Tulcea ist während der Hauptsaison nicht einmal am Wochenende besetzt.

Internetseiten zu Tulcea: www.tulcea-info.ro, www.primaria-tulcea.ro (offizielle Webseite der Stadt und des Kreises).

Internetseiten zum Donaudelta: www.Danubedelta.blogspot.com, www.deltaineurope.com, www.greentour.com, www.nfi.at, www.ec.europea.eu.

Touristeninfo, Str. 1, Sulina, Mai bis Oktober Di–Sa 16–19, So 9–13 Uhr.

Danube Delta Biospere Reserve (ADDBR), Str. Portului Nr. 34 A, Tel. 0240/518945, Fax 518975, www.ddbra.ro.

Ökologisches Informations- und Bildungszentrum Tulcea, Str. Portului 34 A, Mo–Fr 8–16 Uhr.

Informationszentrum Donau, Str. Garii 28, Mo–Fr 8–16 Uhr.

ICEM (Institutul de Cercetari Eco-Muzeale Tulcea), Verband aller Museen im Delta bzw. in Tulcea; Str. 14 Novembrie 5, Tel. 0240/515375, www.icemtl.ro, www.arheojunior.ro. Der Verband hat sich unter anderem durch Fördermittel für die Ausgrabungen hervorgetan.

Dachverband Naturfreunde International, Dieffenbachgasse 36, 1150 Wien, Tel. 0043/1/8923877, Fax 8129789, nfi@nfi.at, www.nfi.at.

Linienschiffe ab Tulcea: Tel. 0748/015524 und 0749/909472, www.nave-rapide.ro.

- Veranstalter für Exkursionen im und ins Delta:

Sincrondelta Alexa Iulian, Tulcea, Tel. 0722/281125 und 0769/250000, sincrondelta@yahoo.com www.sincrondelta.ro.

Escape Tour, Tel./Fax 0240/516649, 0743/609626, www.deltaescaptravel.ro.

Tulcea Aval, Tulcea, Tel. 0731/341323, www.tulcea-aval.ro. Dreistündige Touren mit dem Catamaran, maximal 32 Plätze.

Danube Delta Cruises, Tel. 0740/578014, www.deltaouram.ro, office@deltatouram.ro. Ausflüge in kleinen Gruppen, maximal sechs Personen, unter anderem zur Vogelbeobachtung.

Amatour, Tel. 0744/320394, www.amatour.ro.

Petre Vasliu, Crişan Nr.174, Tel. 0744/957148, petreroti@yahoo.com. Kanuverleih, Kanufahrten, sehr erfahren und viel gebucht.

E. Sedyval, Tulcea, Tel. 0745/059410, e.sedyval@yahoo.com. Anbieter von Kanufahrten.

- In Tulcea:

Hotel Delta, Str. Isaccei 2, Tel. 0240/514720, Fax 516260, office@hoteldelta.eu; www.hoteldelta.eu. Altes Haus in neuem Glanz mit modernem Anbau; Blick auf das Delta, großer Parkplatz, ruhig.

Hotel Esplanada, Tel. 0240/516609, Fax 0372/408101, office@hotelesplanada.ro, www.hotelesplanada.ro. 4 Sterne, direkt am Hafen an der neuen Fußgängerzone, wo die Schiffe ins Delta starten.

Hotel Select, Piaţă Civică, 1, Tel. 0240/506180, office@calypsosrl.ro. 3 Sterne, DZ 39 Euro; im Zentrum mit Wellness- und Fitnessbereich. Kein Donaublick.

City Hotel, Str. Babadag 127, Tel. 0240/516275, Fax 516276, office@hotelcity.ro, rezervari@hotelcity.ro; www.hotelcity.ro. 3 Sterne, schon im Zentrum unweit einiger Kirchen, kein Donaublick; DZ 150 Lei, EZ 120 Lei.

Pensiunea Melisa, Str. Gloriei 67, Tel./Fax 0240/517796, 0742/060533, www.melisa.ro. 3 Sterne, 14 Zimmer, an der Straße zum Hügel des Unabhängigkeitsmonumentes. Gemütlich, familiär, sauber und ruhig.

▸ Im Delta:

Pensiune Doi Căpitani din Crişan, Str. Principala, Crişan, Tel. 0755/116652, www.pensiunedeltadunarii.ro; 10 DZ. Denisa und Razvan Mocanu machen sich für den Schutz des Donaudeltas stark. Mit ihrem traditionellen, reetgedeckten Haus direkt am Sulinakanal in Crişan leisten sie ihren Beitrag dazu.

Pensiunea La Traian (Das Kuckucksnest), Crişan, www.deltadunaru.ro, Tel. 0735/157208. Lucian Cucu hat lange in Irland gelebt und sich im hintersten Winkel von Crişan eine neue Existenz aufgebaut.

Hotel Sunrise, Crişan, Tel. 0240/547-191192, 0748/114273, rezervari@hotel-sunrise.ro. 4 Sterne, 46 DZ; das nette, gut besuchte und komfortable Hotel entspricht in seiner Bauweise leider nicht ganz den Traditionen des Donaudeltas. Mai bis Mitte Oktober, DZ 260 Lei. Es werden Ausflüge zur Vogelbeobachtung, Angeltouren sowie der Transfer von Tulcea angeboten.

Pensiunea Harttas, Sulinakanal, Maliuc, Tel. 0720/300 844, Tel. 0722/257451, office@pensiunea-harttas.ro. Das 14-Zimmer-Haus liegt malerisch am Wasser und besticht durch seine Schlichtheit.

Complex Turistic Lunca, Jurilovca, Tel. 0723/527469, Tel. 0240/506800, Fax 0240/506820, complexlunca@yahoo.com. 3 Sterne. Der malerisch direkt am Goloviţa-See gelegene Reetdachkomplex besticht durch einfache, aber saubere Zimmer, eine gute Führung und ist auch für einen längeren Urlaub mit größerer Familie geeignet. Im großen Gastgarten wird Dondaudelta-Küche mit viel Fisch geboten. Erreichbar mit dem Pkw.

Enisala Safari Village, Enisala 94a, Tel. 0722/300200, www.safari.ro. Übernachtung 55 Euro pro Person. Das kleine Hotel liegt zwischen Babadag- und Razelm-See. Von hier werden Safaris mit Jeeps und Booten ins Herz des Donaudeltas angeboten.

Pensiunea Casa Teo, Mahmudia, Tel./Fax 0240/545550, office@pensiuneacasateo.ro, www.pensiuneacasateo.ro. 4 Sterne, das moderne Haus bietet jeglichen Komfort. Erreichbar mit dem Pkw.

Cormoran, Uzlina Tel. 0294/656227, Fax 736372. 3 Sterne.

Pensiunea Perla-Sulina Ionita Dragos, Str. 1a-a, Nr. 155, Tel. 0722/715254, contact@perla-sulina.ro, www.perla-sulina.ro. Eines der ansprechenden Häuser in Sulina, Bademöglichkeiten im Schwarzen Meer, feiner Sandstrand.

Pensiunea Marina, Str. a-i-a 128, Tel. 0742/207078, Tel. 0240/543224. 4 Sterne.

In der Umgebung von Tulcea gibt es einige Zeltplätze: in Maliuc (80 Plätze), in Crişan (80 Plätze), in Murighiol am Sf. Gheorghe Kanal (230 Plätze) und an der DN22A, 3 km von Babadag.

Delta Hochsee-Fisch-Wettbewerb Ivan Patzaichin, www.cjtulcea.ro, office@cjtulcea.ro.

Bootsangel-Wettbewerb,

Tage der Stadt Tulcea und **internationale Donaufestspiele**, www.cjtulcea.ro, office@cjtulcea.ro. Die Donaufestspiele finden alljährlich ab 15. August statt und umfassen Wettkämpfe, Handwerker- und Volkskunstmärkte.

Winterkarneval, im Dezember.

Internationales Filmfestival Festival Anonimul, im August in Sfântu Gheorghe, www.festival-anonimul.ro.

Historisches und archäologisches Museum (Muzeul de istorie şi Arheologie), Mai bis September Di–So 10–18 Uhr, Oktober bis April Di–So 8–16 Uhr. Gezeigt werden Exponate vom 5. Jahrtausend vor Chr. bis

▸ Karte S. 362

ins 19. Jahrhundert aus dem gesamten Donauraum.

Ethnografisches Museum (Muzeul de Etnografie şi Artă Populară), Str. 9. Mai 2, Mai bis September Di–So 10–18 Uhr, Oktober bis April Di–So 8–16 Uhr.

Kunstmuseum (Muzeul de Artă), Str. Grigore Antipa 2, Di–So 10–18 Uhr.

Deltamuseum (Centrul Muzeal Ecoturistic Delta Dunării), Str. Noiembrie 1, tgl. außer Mo 10–20 Uhr.

Burg Enisala, im gleichnamigen Ort, Di–So 10–18 Uhr.

Coral Plaza Mall, Str. Babadag 159. Einkaufszentrum direkt an der einzigen Ausfallstraße mit Kino und Restaurants, im Jahr 2008 eröffnet. Montag 10–21, Di–Sa 9–21, So 9–19 Uhr.

Die rumänische Sprache

Das Rumänische, die östlichste der romanischen Sprachen, ist aus dem Latein hervorgegangen, das infolge der Romanisierung der Provinzen Moesien und Dakien auf dem gesamten Balkan gesprochen wurde. Mit dem Zusammenbruch des römischen Imperiums und den damit verbundenen Zerstörungen der Verbindungen zwischen den Provinzen und der Hauptstadt kam es hier zu einer Sonderentwicklung. Die isolierte geographische Lage führte einerseits zur Konservierung alter Sprachzustände des Lateinischen, andererseits zur Begünstigung einer originellen Weiterentwicklung. So konnten sich bestimmte lateinische Wörter, die in anderen romanischsprachigen Gebieten untergegangen sind, hier erhalten.

Im 6. Jahrhundert drangen die Slawen zunächst in die Walachei und die Moldau, Anfang des 7. Jahrhunderts auch nach Siebenbürgen und ins Banat vor. Das gemeinsame Zusammenleben brachte, auch dank dem Wirken der Slawenapostel Kyrill und Method, alt- und kirchenslawische Sprachelemente ins Rumänische. Das Kirchenslawische wurde bis zum 16. Jahrhundert von den Rumänen als Schriftsprache benutzt. So wurden liturgische Schriften, Annalen, Korrespondenzen, Kanzleiurkunden der Fürstentümer Moldau und Walachei bis ins 16. Jahrhundert in Kirchenslawisch verfasst. Parallel zum Slawischen führte der Kontakt mit den Ungarn, die im 10. Jahrhundert in Siebenbürgen eindrangen, zur Aufnahme von ungarischen Lehnwörtern.

Das Vasallenverhältnis von Teilen des heutigen Rumänien zur Türkei im 14. Jahrhundert hinterließ Spuren des Türkischen wie zum Beispiel ›cişmea‹ – ›Brunnen‹. Die in türkischen Diensten stehenden Griechen, die Fanarioten, deren Sprache schon durch die religiöse Bindung Rumäniens an Byzanz und das orthodoxe Christentum lange Zeit eine Zweitsprache gewesen war – der Klerus sprach Griechisch – blieb nicht ohne Wirkung aufs Rumänische. Das Wort ›plictis‹ – ›Langeweile‹ ist eines der Relikte. Viele türkische und griechische Spuren wurden im 19. Jahrhundert verdrängt oder fanden sich nur noch in der Umgangssprache bestimmter sozialer Schichten.

Das Rumänische ist aber auch eine Balkansprache. Im Mittelalter verband die Rumänen mit den Bulgaren, Albanern und Griechen das Halbnomadentum. Aus diesem Zusammenhang haben sich Gemeinsamkeiten in Wortschatz und grammatikalischen Eigenheiten entwickelt.

Der schriftliche Gebrauch des Rumänischen, die Voraussetzung für eine Literatur, eine Standardsprache und eine gemeinsame Identität, begann sich im 15. Jahrhundert zu entwickeln. Das älteste bekannte Dokument, das vollständig in rumänischer Sprache geschrieben wurde, war ein Brief, den im Jahr 1521 ein Bojar namens Neacşu aus Câmpulung an den Bürgermeister von Kronstadt, Johannes Benkner, richtete, in dem er diesen vor dem drohenden Einfall der Türken warnte. Unter dem Einfluss der Reformation entstanden erste Übersetzungen (1559 in Kronstadt) religiöser Literatur ins Rumänische, allerdings in kyrillischen Buchstaben geschrieben. Auch erste Drucke kamen in Kronstadt heraus. Höhepunkte rumänischer religiöser Schriften waren die Werke der moldauischen Metropoliten Varlaam und Dosoftei, im historischen Bereich die moldauischen Chroniken des Grigore Ureche und Ion Neculce. Ihre Leistungen wurden fortgeführt durch Werke der Historiker, Schriftsteller und Philosophen Miron Costin, Şerban Cantacuzino und Dimitrie Cantemir.

Ende des 18. Jahrhunderts ging von der sogenannten ›Siebenbürgischen Schule‹, einer rumänischen Variante der Aufklärung, die Modernisierung des Rumänischen aus. Im Bestreben nach rumänisch-nationalen Rechten führten Gelehrte wie Samuil Micu, Gheorghe Şincai und Petru Maior den häufig angezweifelten Beweis der römischlateinischen Herkunft des Rumänischen und begannen, neue Bereiche des gesellschaftlichen Lebens für die rumänische Sprache zu erschließen. Die lateinische Schriftform begann die kyrillische im Jahr 1859 zu ersetzen. Erste Zeitungen in rumänischer Sprache wurden 1829 in Bukarest und Iaşi verlegt. Unter dem Einfluss französischer Entlehnungen entwickelte sich das Rumänische zur modernen Kultursprache, was sich an der unvergleichlichen Blüte rumänischer Literatur im 19. Jahrhundert zeigt. In Rumänien wird das sogenannte Dakorumänisch gesprochen, das von der Sprache des Nachbarlandes Moldawien nur geringfügig abweicht.

Die Schrift wurde orthographisch vom 19. Jahrhundert bis in die fünfziger Jahre des 20. Jahrhunderts verfeinert und aus politischen Gründen variiert. Zunächst veranlasste die Literarische Gesellschaft in den Jahren 1867 bis 1869 die erste große Reform, einige Buchstaben verschwanden. Im Unterschied zu unserem Alphabet blieben die Buchstaben ţ, ş, ă, î, â, da sie eigene Lautwerte verkörpern. Es folgten weitere Schriftreformen. Am schwierigsten hatte es der Buchstabe ›â‹. Unter der Stalinära (einer Zeit der Überbetonung des Slawischen) 1954 abgeschafft, führte man ihn 1965 wieder ein, aber nur für die Wörter ›România‹ und ›Român‹, die die Verbindung zum Lateinischen betonten. Ansonsten beließ man aus Gründen der Vereinheitlichung das ›î‹. Die jüngste Orthographiereform von 1993 hat dieses ›î‹ wiederum für einige Fälle abgeschafft. Man schreibt stattdessen ›â‹, was für den Reisenden vor allem bei den Ortsnamen (Câmpulung heute, statt einst Cîmpulung) irritierend sein kann.

Auch hier helfen Rumänischkenntnisse

Sprachführer

Rumänisch gehört zu den romanischen Sprachen. Wenngleich der Wortschatz teilweise stark slawisch beeinflusst ist, wird man mit Französisch- oder Italienischkenntnissen vieles verstehen können und auch selbst verstanden werden. Für Reisende mit guten Kenntnissen einer anderen romanischen Sprache ist die Mitnahme eines Rumänisch-Sprachführers sinnvoll.

Wem es zu kompliziert ist, sich mit der rumänischen oder gar der ungarischen Sprache zu beschäftigen, der wird sich in den Touristenzentren in der Regel auch auf Englisch und in manchmal sogar auf Deutsch verständigen können. Für den Umgang mit rumänischen Land- bzw. Wanderkarten empfiehlt sich ein Blick auf die Seiten 421/422 in diesem Sprachführer.

Das rumänische Alphabet

a	wie in Andreas
ă	kurzes e wie in Vater
â	dumpfes ü
b	
c	vor a, o, u wie k, vor e oder i wie› tsch‹ (ciorba – tschorba, Ceauşescu – Tschauschesku)
che	ke
chi	ki
g	vor a, o, u wie g, vor e oder i wie ›dsch‹
d	
e	
f	
g	
h	
i	unbetontes auslautendes i nach Konsonanten, es wird nur angedeutet
î	entspricht ›â‹
j	stimmhaft sch
k	
l	
m	
n	
o	
p	
r	
s	
ș	stimmloses sch
t	
ț	wie z
u	
v	
x	
z	stimmhaftes s, die Kombination ›zi‹ ist ein stimmhaftes ›sch‹

Allgemeines

Deutsch	Rumänisch
Guten Tag!	Bună ziua!
Hallo!	Alo!
Guten Morgen!	Bună dimineața!
Guten Abend!	Bună seara!
Gute Nacht!	Noapte bună!
Auf Wiedersehen!	La revedere!
Tschüss!	Pa!
Gute Reise!	Drum bun!
ja/nein	da/nu
vielleicht	poate
Danke!	Mulțumesc! Mulțumim!
Bitte schön!	Poftiți!
Bitte! (jmd. um etwas bitten)	Vă rog!
Entschuldigen Sie bitte!	Scuzați!/Scuze!
Gerne! Sehr gerne!	Cu plăcere! Cu multă plăcere!
Herr/Frau	domn/doamnă
Ich/er/sie (die Frau/die Gruppe) bin/ist...	Eu sunt/el/ea este
Mein Name ist .../ich heiße ...	Numele meu este .../Mă cheamă ...
Woher?	De unde?
Woher kommst du/kommen Sie?	De unde ești/sunteți?
Ich komme aus Deutschland.	Sunt din Germania.
Wie heißen Sie?	Cum vă cheamă?
Ich verstehe Sie nicht.	Nu înțeleg.
Ich habe verstanden.	Am înțeles.
Könnten Sie das aufschreiben?	Puteți scrie acest lucru?
Wie geht es Dir/Ihnen?	Cum îți/vă merge?
Uns (mir) geht es gut.	Ne/îmi merge bine.
Danke, gut!	Mulțumesc, bine!
Na, geht so.	Merge.
Es tut mir (uns) leid.	Îmi (ne) pare rău.
Gestatten Sie?	Îmi dați voie?

und	și
oder	sau
in	în
mit/ohne	cu/fără
bis, zu	până, la
Warum? Was?	De ce? Ce?
Was ist das?	Ce este asta?
nichts	nimic
Was für ein Dokument ist das?	Ce fel de document este ăsta?
Wie?	Cum?
Wie heißt/heißen Du/Sie?	Cum te cheamă? Cum vă cheamă?
Wer?	Cine?
Wer ist Herr/Frau ...?	Cine este domnul/doamna ...?
Welche?	Care?
Wie heißt auf Ungarisch/Rumänisch?	Cum se zice pe ungurește/pe românește?
Ich habe das nicht verstanden!	Nu am înțeles asta!
Hilfe!	Ajutor!
Darf ich bei Ihnen telefonieren, bitte?	Vă rog frumos îmi dați voie să dau un telefon de la dumneavoastră?

Zeitangaben

Wie spät ist es?	Cât este ceasul?
Es ist ein (zwei) Uhr.	Este ora unu (două).
Wann?	Când?
Um wieviel Uhr?	La ce oră?
halb	jumătate
Stunde	oră
heute/morgen/übermorgen	azi/mâine/poimâine
gestern/vorgestern	ieri/alaltăieri
morgens/mittags/abends	dimineața/prânz/seara
In einer Stunde.	Peste o oră.
nachher/vorher	după/înainte
gleich	imediat
früh/spät	devreme/târziu

Tag/e	zi
Woche	săptămână
Montag	luni
Dienstag	marți
Mittwoch	miercuri
Donnerstag	joi
Freitag	vineri
Samstag	sâmbătă
Sonntag	duminică
Monat/e	lună/luni
Januar	ianuarie
Februar	februarie
März	martie
April	aprilie
Mai	mai
Juni	iunie
Juli	iulie
August	august
September	septembrie
Oktober	octombrie
November	noiembrie
Dezember	decembrie
Jahr	an
Frühling	primăvară
Sommer	vară
Herbst	toamnă
Winter	iarnă
Unterwegs	
Welche Straße führt nach ...?	Care stradă duce la ...?
Wann?	Când?
Wann fährt der Autobus/Zug?	Când pleacă autobuzul/trenul?
Reservierung	rezervare
Wo?	Unde?
Wo ist die Toilette?	Unde este toaleta?

Wieviel?	Cât?
Wieviel kostet das?	Cât costă asta?
dieser, diese, dieses	acesta, aceasta, acesta
suchen, ich suche	a căuta, eu caut
haben, ich habe	a avea, eu am
zahlen, ich zahle	a număra, eu număr
sprechen, ich spreche	a vorbi, eu vorbesc
kaufen, ich kaufe	a cumpăra, eu cumpăr
ich möchte, wir möchten	eu doresc, noi dorim
groß/klein	mare/mic/mică
Ortsangaben	
Süden/südlich	sud, sudic/la sud de, meridional
Norden/nördlich	nord/nordic/la nord de
Osten/östlich	est/estic/la est de
Westen/westlich	vest, occident, apus/vestic/la vest de
hier/dort	aici/acolo
rechts/links, nach rechts/links	dreapta/stânga, la dreapta/la stânga
geradeaus	drept înainte, oder einfach înainte
zurück	înapoi
immer weiter	tot înainte
gegenüber	vizavi, în față
weit/nah	departe/aproape
Kreuzung	intersecție
Ampel	semafor
im Zentrum	în centru
außerhalb der Stadt	în afara orașului
(gleich) hier	(chiar) aici
(genau) da	(chiar) acolo
um die Ecke	după colț
Wo ist/sind ...?	Unde e/este/sunt ...?
Ich suche den Weg nach ...	Caut drumul spre ...
Ich möchte ...	Doresc...
Bitte, wo ist das Hotel ›Europa‹?	Unde este hotelul Europa, vă rog?
Wie komme ich ins Zentrum der Stadt?	Cum ajung în centrul orașului?

Verkehrsmittel	
unterwegs	pe drum
Fahrrad	bicicletă
Fahrradweg	drum pentru bicicliști
Flughafen/Flug	aeroport/zbor
Koffer	valiză
Abflug	decolare
Bahnhof	gară
Wo ist der Bahnhof/Hauptbahnhof?	Unde este gara/gara principală?
Zug	tren
Zugabteil	wagon/compartiment
reservieren	a rezerva
Fahrplan	mersul trenurilor
Gepäckaufbewahrung	sală de/pentru bagaje
Fahrkartenschalter	ghișeul de bilete
Fahrschein	bilet
Ich möchte einen Fahrschein nach ...	Aș dori un bilet spre ...
einfacher Fahrschein	bilet simplu
hin und zurück	dusși întors
Platzkarte	bilet de rezervare a locului în tren
Schaffner	conductor
Fernschnellzug	tren rapid/express
Schnellzug	tren accelerat
Personenzug	tren pesonal
Wann fährt der nächste Zug?	Când pleacă următorul tren?
Wann fährt ein Zug?	Când pleacă un tren?
Ist das der Zug nach ...?	Acesta este trenul spre ...?
Ankunft/Abfahrt	sosire/plecare
pünktlich	punctual
Bahnsteig	peron
Fahrpreis	prețul biletului de călătorie
Linienbus	autobuz
Reisebus	autocar
Busbahnhof	autogară

Haltestelle	stație/haltă
Schiff	navă, vapor
Ablegestelle	loc de depozitare
Auto	mașină
Tankstelle	stație de benzină
Zeuge	martor
Verkehrspolizei	poliție rutieră
Verkehrsunfall	accident
Panne, Schaden	pană/daună
Ich möchte einen Unfall (Überfall) anzeigen.	Doresc să denunț un accident (atac).
Wo ist die nächste Tankstelle? Telefonzelle?	Unde este cea mai apropiată stație de benzină/cabină telefonică?
Wieviel wollen Sie?	Cât doriți?
Geben Sie mir bitte Benzin/Super/Diesel/Bleifrei	Dați-mi, vă rog benzină normală/super/diesel/fără plumb!
Machen Sie den Tank bitte voll!	Faceți-mi vă rog plinul!
Wo ist die nächste Werkstatt?	Unde este cel mai apropiat service auto?
Straßenbahn/Trolleybus	tramvai/troleibus
Pferdewagen/Lkw/Motorrad	trăsură/căruță/camion/motocicletă
Straßenbeschilderung	
Achtung/Vorsicht!	Atenție
Verboten	Interzis
Achtung	Atenție
Grenze	Graniță
Zoll/Zollkontrolle	Vamă
Fahrzeugpapiere	Documentele mașinii
Reisepass	Pașaport
Umleitung	Ocolire
Umgehungsstraße	Ocolire
Vorfahrberechtigte Straße	Stradă cu prioritate
Ausfahrt	ieșire
Bitte einordnen	Vă rugăm să vă încadrați
Straßenarbeiten/Bauarbeiten	Drum in Lucru/Șantier in Lucru

Umleitung	Drum deviat, ocolire
Halten verboten	Oprirea interzisă
Parken verboten	Parcarea interzisă
Parkhaus	Parcare
Freie Plätze im Parkhaus	Locuri libere în parcare
Gefahr	Pericol
Steinschlag	Alunecare de pietre
Rollsplit	Criblură
Schlechte Fahrbahn	Drumuri proaste
Gefahrenstelle	Zonă periculoasă
Höchstgeschwindigkeit	Viteză maximă
Autobahn	Autostradă
Baustelle	Drum în lucru/Șantier în lucru
Verkehrsstau	Ambuteiaj
Alle Richtungen	Toate direcțiile
Fußgängerzone	Zonă pietonală
Kind	Copil
Kindergarten	Grădiniță (pentru copii)
Langsam fahren	A reduce viteza
Unterkunft	
Übernachtung	cazare
Zimmer/Doppelzimmer	cameră single/camera dublă
Schlüssel	cheie/chei
Fahrstuhl, Lift, Aufzug	lift/ascensor
Treppe	scară/scări
Dusche/Bad	duș/baie
Toilette	toaletă/WC
Frauen/Männer	femei/bărbați
Ich suche ein Zimmer zum Übernachten.	Caut o cameră de cazare.
Haben Sie ein Doppelzimmer für eine Nacht?	Aveți o cameră pentru o noapte?
Was kostet das Zimmer für eine Nacht?	Cât costă o cameră dublă/single pe noapte?

Wecken Sie mich bitte um sechs Uhr.	Vă rog să mă treziți la ora șase.
Wann gibt es Frühstück?	La ce oră este micul dejun?
Machen Sie mir bitte die Rechnung.	Vă rog să îmi faceți factura.
Notfälle	
Notfall	caz de urgență
Arzt/Ärztin	medic/doctoriță
Apotheke	farmacie
krank	bolnav
Krankenhaus	spital
Einkaufen	
Bank/Post	bancă/poștă
Geld	bani
Briefumschlag	plic
Postkarte	carte poștală
Briefmarke	timbru
Deutschland	Germania
Schweiz	Elveția
Österreich	Austria
Einkauf	cumpărături
einkaufen	a face cumpărături
Gemischtwarenladen	magazin mixt
Ich hätte gerne ...	Aș dori ...
Kasse	casierie
schön	frumos
teuer	scump
Eingang/Ausgang	intrare/ieșire
Notausgang	ieșire în caz de pericol
Können Sie mir bitte wechseln?	Îmi puteți schimba vă rog?
Lebensmittel	alimente
Im Restaurant	
Speisen und Getränke	mâncare și băutură
Speisekarte	lista de bucate/meniu
Restaurant/Gaststätte	restaurant

Trinkgeld	bacșiș
Restaurant mit Grill	restaurant cu grătar
Café	cafenea
Kneipe/Gasthaus	cârciumă
Rastplatz/Raststätte	popas
Weinhandlung/Weinkeller	cramă
Weinhaus/Weinkeller	casă de vinuri
Frühstück	mic dejun
Mittagessen	prânz/dejun
Abendessen	cină/masă de seară
Salz/Pfeffer	sare/piper
Zucker	zahăr
Aschenbecher	scrumieră
Wir möchten nur eine Kleinigkeit essen.	Dorim să mâncăm ceva ușor.
Guten Appetit!	Poftă bună!
Zum Wohl/Prosit! Auf Deine/Ihre Gesundheit!	Noroc! În sănătatea ta/voastră!
ausgezeichnet/schmackhaft	foarte bun/gustos
Die Rechnung, bitte. Ich möchte zahlen!	Nota de plată, vă rog! Aș dori să plătesc!
Es stimmt so.	E bine așa.
Bitte rufen Sie mir ein Taxi!	Vă rog să-mi chemați un taxi!
Speisen	
Vorspeisen	gustări
traditioneller Art (z.B. Speck, Bohnen, Gurken)	gustare tradițională
nach Art des Hauses	zacuscă ca la casa
gebacken	copt
gebraten	prăjit
gekocht	fiert
gedünstet	înăbușit
vom Grill/Rost	de la grătar
paniert	pane

blau, gesotten	fiert
süß	dulce
kalt	rece
heiß	fierbinte
wenig	puțin
viel	mult
scharf	iute
Pfeffer	piper
Salz	sare
Salzstreuer	solniță
Brot/Weißbrot/Brötchen	pâine
Butter	unt
Konfitüre	marmeladă
Honig	miere
Käse	brânza
Ei/Eier	ou/ouă
Schafskäse/Hartkäse	brânza de oaie
Kuhkäse	brânză de vaci
Wurst	salam/cârnați
Schinken	şuncă
gekochtes Ei	ou fiert
Spiegelei/Rührei	ouă ochiuri
Vorspeisen	gustări/aperitive/antreuri
Suppe	ciorbă
Tomatensuppe	Supă de Roşii
Bauernsuppe mit Speck	Ciorbă Țărănească cu afumătură
Kuttelsuppe	Ciorbă de Burtă
Bohnensuppe mit Speck	Ciorbă de Fasole cu Costiță afumată
Bohneneintopf mit Würstchen	fasole bătută cu cabanos
Hühnersuppe	Ciorba de Pui
Rindfleischsuppe	Ciorba de Văcuță
Gemüsesuppe	Ciorbă de Legume
Salat	salată

Gemischter Salat	salată mixtă
Rote-Beete-Salat	salată de sfeclă roșie
Gurkensalat	salată de castraveți
Krautsalat	salată de varză
Grüner Salat	salată verde
Salat mit Hühnchen	Salată specială cu pui
Vegetarischer Salat	Salată specială vegetariană
Salat mit Schinken und Käse	Salată specială cu pastramă şi branză
Bohnenpüree	fasole bătută
Fleisch	carne
Schweinefleisch/Rind/Kalb	carne de porc/vită/vițel
Hähnchen/Gans/Ente	pui/gâsca/rață
Hase/Reh	iepure/cerb
Kutteln	burtă
Leber	ficat
Kalbsbraten	friptură de vițel
Schweinsbraten	friptură de porc
Bratwürste	cârnați
gegrillte Würste	Cârnați la Grătar
Schweinenacken vom Grill	Ceafă de Porc la Grătar
gegrilltes Schweinefilet	File de Porc la Grătar
gemischter Fleischspiess	Frigărui Asortate
Hühnerfleischspiess	Frigărui de Pui
Lammspieß	Frigărui de Berbecut
Schweinebraten	friptură de porc
Lammfleisch mit Maisbrei	Pastramă de Oaie cu Mămăliguța
Gegrillte Hühnerbrust	Piept de Pui la Grătar
Hühnchen in Sahnesoße	Pui cu Smântână
Gefüllte Kohlrouladen mit Maisbrei	Sărmăluțe cu Mămăliguță
Schweineschnitzel	Şnițel din File de Porc
Hühnchenbrustschnitzel	Şnițel din Piept de Pui
Schnitzel bäuerliche Art	Şnițel Țărănesc
Ragout mit Maisbrei	Tocătură cu Mămăliguță

Ragout bäuerliche Art	Tocătură țărănească
Kraut mit Würsten	Varză cu Cârnați
Fisch	pește
Makrele/Forelle	macrou/păstrăv
Karpfen/Zander	crap/șalău
Lachs/Goldbrasse	somon/doradă
Forelle rumänische Art	Păstrăv RomânescBeilagen
Röstkartoffeln	cartofițărănești
Salzkartoffeln	cartofi natur (fierți)
Kartoffeln Siebenbürger Art mit Knoblauch	Cartofi Ardeleneşti cu Usturoi
Kartoffeln bäuerlicher Art	Cartofi Ţărăneşti
Bratkaroffeln mit Zwiebeln	Cartofi Prăjiți
Kartoffelpüree	Piure de Cartofi
Reis	orez
Reis mit Pilzen	Pilaf de Orez cu Ciuperci
Maisbrei	mămăliguță
Maisbrei mit Käse und Saurer Sahne	Mămăliguță cu Brânză şi smantană
Knödel	găluști
Polenta	mămăligă
Gemüse	legume
Tomaten	roșii
Grüne Bohnen	fasole verde
Sellerie	țelină
Blumenkohl	conopidă
Knoblauch/Zwiebeln	usturoi/ceapă
Pilze	ciuperci
gegrillte Pilze	Muşchi de Vită la Grătar
Linsen	linte
Kürbis	dovleac
Oliven	măsline
gedünstete Tomaten, Paprika	roşii/ardei gras înăbușite
gefüllte Zucchini	dovlecei umpluți
Paprika- oder Auberginenpaste	salată de ardei gras sau de vinete

Nachtisch	desert
Obst	fructe
Äpfel	mere
Apfelsinen	portocale
Aprikosen	caise
Birnen	pere
Erdbeeren	căpșuni
Heidelbeeren	afine
Himbeeren	zmeură
Kirschen	cireșe
Pfirsiche	piersici
Pflaumen	prune
Preiselbeeren	merișoare
Wassermelone	pepene roșu
Zuckermelone	pepene galben
Weintrauben	struguri
Obstsalat	salată de fructe
Eis	înghețată
Kuchen	prăjitură
Sahne	frișcă
Pfannkuchen mit süßen Beilagen	clătite dulci
Pfannkuchen mit Quark	clătite cu brânză
Apfelstrudel	ștrudel cu mere
Getränke	
Getränkekarte	lista cu băuturi
Tee, mit Zitrone	ceai, cu lămâie
Kaffee	cafea
Milch	lapte
Zucker	zahăr
Kaffee (Espresso) mit Milch	cafea (espresso) cu lapte
Türkischer Mokka	cafea turcească
Mineralwasser mit/ohne Kohlensäure	apă minerăla cu/fără gaz
Glas	pahar

halber Liter	jumătate de litru
Flasche	sticlă
Fruchtsaft	suc de fructe
Orangensaft	suc de portocale
Traubensaft	suc de struguri
Limonade	limonadă
Wein	vin
trocken/halbtrocken	sec/demisec
leicht	ușor
süß	dulce
trocken	sec
Weißwein/Rotwein	vin alb/vin roșu
Roséwein	vin roze
Sekt	șampanie
schäumend	spumos
Flaschenwein	sticlă de vin
Bier/einheimisches Bier	bere/bere autohtonă
Helles Bier/dunkles Bier	bere blondă/brună
vom Faß	lațap/la halbă (de la butoi)
eine Flasche Bier	sticlă cu bere
Schnaps	rachiu, țuică
Birnenschnaps	țuică/palincă de pere
Pflaumenschnaps	țuică/palincă de prune
Obstler	horincă
Besichtigungen	
Stadt	oraș
Auskunft/Information	informație
Theater	teatru
Straße	stradă
Platz	piață
Brücke	pod
Markt	piață
Kirche	biserică

alt/neu	vechi/nu
Kloster	mănăstire
Wehrkirche	biserică fortificată
Synagoge	sinagogă
Moschee	moschee
Friedhof	cimitir
Rathaus	primărie
Museum	muzeu
Öffnungszeiten	orar/program
geöffnet/geschlossen	închis/deschis
Gedenkstätte	casă memorială
Statue	statuie
Haus	casă
Wo, bitte, bekomme ich den Schlüssel zur Kirchenburg?	Îmi puteți spune vă rog, unde pot găsi cheia pentru biserica săsească?
Könnten Sie mir bitte sagen, wo ich Herrn/Frau ... finde?	Îmi puteți spune vă rog, unde îl/o găsesc pe domnul/doamna...?
Dorf	sat
Hof als Teil eines Anwesens	curte
Hof im Sinne von Hoheiten	gospodărie
Schloss	castel
Festung/Burg	citadelă/cetate
Feiertag/e	sărbătoare/sărbători
Ostern/Auferstehung	paști/înviere
Weihnachten	crăciun
Pfingsten	rusalii
Neujahr	anul Nou
Christi Himmelfahrt	Înălțarea Domnului
Farben	
blau	albastru
blaues Kreuz	cruce albastră
rot	roșu
rotes Band	bandă roșie
schwarz	negru

weiß	alb
grün	verde
gelb	galben
gelber Punkt	punct galben

Wörterverzeichnis für Wanderer und Kartenleser

Abgrund	prăpastie
Abhang	râpă
allein	singur
Alm- oder Hirtenhütte	stână
Bach	pîrîu, pârâu
Band	bandă
Bär	urs
Bauer/Bäuerin	țăran/țărancă
Berg/Berge/Gebirge	munte/munți
bergauf/bergab	la deal/la vale
Bergbau	exploatare minieră
bergen	a salva
Bergführer	ghid, călăuză
Bergfuß	picior
Berggipfel/Berghöhe	culme
Berghütte	cabana
bergig	muntos
Bergkamm/-Grat	creastă de munte
Bergkessel	căldare
Bergkette	lanț de munți
Bergrücken geographisch	picior
Bergrücken	muchie
Bergsee/Teich	lac mic de munte/lac
Bergsteiger	alpinist
Bergwacht	salvamont
Bergwerk	mină
Biber	castor
Brücke	pod
Dreieck	triunghi

eng/breit	îngust/lat
Feldweg	drum neasfaltat (de pământ)
Fels	stânca
Fledermaus	liliac
Fluß	râu
Forelle/Forellenzucht	păstrăv/păstrăvărie
Forstweg	drum forestier
Gebirgspass	pas/trecătoare
Gletscher	ghețar
Hirte	cioban
Höhle	peșteră
Holz	lemn
Hügel	deal
Jäger	vânător
Kabinenseilbahn	telecabină
Klamm/Schlucht	chei/cheile
Kluft (Gebirge)	prăpastie
Kreuz	cruce
leicht	ușor
Leiter	scară
Lichtung	luminiș
Meer	mare
mittel	mediu/medie
Moor, Torfmoor	turbaria
Mündung	gură
Nadeln (Bergnadeln)	ace/acele
nass	ud
Natur	natură
Notunterkunft	refugiu
Ober.../Unter ...	... de sus/... de jos
Punkt	punct
Quelle	izvor
Regen/Gewitter	ploaie/furtună

Reservat	rezervație
rutschig	alunecos
Sattel (Bergsattel)	curmătură
Scharte	struncă
Schnee/Eis	zăpadă/nea /gheață
schwer	greu
See	lac
Seilbahn	teleferic/funicular
Skipiste	pistă
Spitze im Sinne von Gipfel	vârf
steil/flach	abrupt/plat
Stein	piatră
Steinbock	capră
Straße	stradă
Tal	vale/valea
trocken	uscat
vereist	înghețat
Wald	pădure
Wandern	drumeți
Wasserfall	cascadă
Weg/Wanderweg	drum
Wiese	poiana
Wildkatze	pisică sălbatică
Wolf	lup
Zahlen	
0	zero
1	unu, una (fem)
2	doi, două (fem)
3	trei
4	patru
5	cinci

6	șase
7	șapte
8	opt
9	nouă
10	zece
11	unsprezece
12	doisprezece, douăsprezece
13	treisprezece
14	paisprezece
15	cincisprezece
16	șaisprezece
17	șaptesprezece
18	optsprezece
19	nouăsprezece
20	douăzeci
21	douăzecişi unu
22	douăzecişi doi
30	treizeci
40	patruzeci
50	cincizeci
60	șaizeci
70	șaptezeci
80	optzeci
90	nouăzeci
100	o sută
200	două sute
300	trei sute
400	patru sute
500	cinci sute
600	șase sute
1000	o mie

Reisetipps von A bis Z

Anreise

Die Anreise nach Rumänien ist per Eisenbahn, Flugzeug, Schiff und Auto möglich. Wer das Auto wählt, fährt günstig über Österreich. In Neusiedl/Nickelsdorf überquert man die Grenze nach Ungarn, von hier geht es über die neue Autobahn Richtung Györ bis Budapest, dann durch die Stadt über die E60 Richtung Szolnok, weiter Richtung Debrecen und über den Grenzübergang Ártánd. Durch Ungarn fährt man insgesamt 400 Kilometer, benötigt kein Visum, aber eine Autobahnvignette. Sie gilt 9 Tage und kostet derzeit 7 Euro. Rumänien verlangt seit dem Jahr 2006 ebenfalls eine Straßenbenutzungsgebühr. Sie kostet derzeit für Pkw für einen Monat umgerechnet 4 Euro. Die Vignette ist an den Grenzstationen zu erhalten und sollte gut sichtbar angeklebt werden. Der Beleg vom Kauf sollte aufbewahrt werden. Informationen über das Straßennetz sind über www.andnet.ro einzusehen.

Busverbindungen von und nach Rumänien bieten die Deutsche Touring GmbH, Am Römerhof 17, 60486 Frankfurt am Main, Tel. 069/79030, und Solo-Reisen in Nürnberg, Tel. 0911/227516.

Ärztliche Versorgung

Die medizinische Versorgung ist zwar flächendeckend, aber mangels Medikamenten und technischer Ausrüstung unzulänglich. Eine Grundausstattung anzuschaffen, ist vor Reiseantritt immer noch angebracht. Die mit einem roten Kreuz gekennzeichneten Erste-Hilfe-Stationen gibt es in fast allen Dörfern. Sie sind meist wie die Apotheken notdürftig ausgerüstet. Es empfiehlt sich, eine Auslandskrankenversicherung mit Rückholversicherung abzuschließen und die gängigen Schutzimpfungen vor Reiseantritt aufzufrischen: Tetanus, Diphterie, Polio und Hepatitis A. Wer sich zu einem Jagd-, Land- oder Sportaufenthalt in den Wäldern aufhält, sollte sich einer Impfung gegen Tollwut unterziehen. Auch eine Zeckenschutzimpfung (FSME) sollte man in Erwägung ziehen.

Camping

Das rumänische Tourismusministerium gibt eine Übersichtskarte heraus, auf der Campingplätze und Motels aufgeführt werden.

Diplomatische Vertretungen in Rumänien

Deutsche Botschaft
Strada Gheorghe Demetriade 6
011849 Bucureşti
Tel. 0040/(0)21/2028830
für Notfälle: 0040/(0)721374786
Fax 0040/(0)21/2305846
www.bukarest.diplo.de
botschaft@deutschebotschaftbukarest.ro.

Generalkonsulat Sibiu
Stada Lucian Blaga 15–17
550169 Sibiu
Tel. 0040/(0)269/211133, 212241
Fax 0040/(0)269/214180
www.hermannstadt.diplo.de
info@herm.diplo.de

Außenstelle Timişoara
Splaiul Tudor Vladimirescu 10
300195 Timişoara
Tel. 0040/(0)256/309800
Fax 0040/(0)256/490487
www.germanconsultimisoara.ro
germanco@mail.dnttm.ro.

Österreichische Botschaft
Strada Dumbrava Roşie 7
020461 Bucureşti
Tel./Fax 0040/(0)21/6191601
www.bmaa.at

Schweizer Botschaft
Strada Grigore Alexandrescu
010626 Bucureşti
Tel./Fax 0040/(0)1/6106585
www.eda.admin.ch/bucharest

Diplomatische Vertretungen Rumäniens

Botschaft von Rumänien
Dorotheenstr. 62–66
10117 Berlin
Tel. 030/21239202, -203
Fax 21239399
Konsularabteilung: Tel. 21239555
konsulat.berlin@rumaenischebotschaft.de.

Generalkonsulat Bonn
Legionsweg 14
53117 Bonn
Tel. 0228/6838135
Fax 680247
konsulatbonn@tonline.de
Sprechzeiten: Mo–Fr 8–13 und 14–17 Uhr

Generalkonsulat von Rumänien
Dachauerstr. 17
80335 München

Die Nepomuk-Statue in Arad

Tel. 089/553307, 553308
Fax 089/553348
rumaenischemuenchen@tonline.de

In Österreich:
Botschaft der Republik Rumänien
Prinz-Eugen-Str. 60
1040 Wien
Tel.0043/(0)1/5053227

In der Schweiz:
Botschaft der Republik Rumänien
Kirchenfeldstrasse 78
3005 Bern
Tel. 0041/(0)31/3523522
Fax 3523522

Ein- und Ausreisebestimmungen

Rumänien ist seit Januar 2007 Mitglied der Europäischen Union. Zur Einreise ist ein gültiger Personalausweis ausreichend, für Schweizer Bürger genügt ein Reisepass.

Einkäufe

Wer sich eine kleine Erinnerung aus Rumänien mitbringen möchte, sollte sich an den Verkaufsständen, die an den Straßen, vor Klöstern, Schlössern und Burgen aufgebaut sind, ein wenig Zeit nehmen. Hier findet man qualitätvolle Tischdecken aus Leinen und Baumwolle mit den typischen farbigen Stickereien, handgestrickte Pullover, Jacken und Socken, aber auch Korbwaren in Hülle und Fülle für die kleinen Bedürfnisse im Haushalt. Daneben wird preiswert rustikale Keramik angeboten. Auch die Holzartikel Löffel, Schalen, Becher, Dosen, Brettchen und Aufhänger sind nützliche Mitbringsel, die man bei uns kaum mehr findet. Schön gedruckte Postkarten und Beschreibungen der Denkmäler findet man derzeit noch wenig. Für die Grüße aus Rumänien muss man sich oft noch mit den blassen Relikten der Vergangenheit begnügen. Wer kulinarische Souvenirs schätzt, sollte sich Honig mitnehmen, den es in vielen Varianten zu kaufen gibt.

Eisenbahn

Die rumänische Eisenbahn verbindet alle größeren Städte des Landes miteinander. Sie ist oft langsam, die Züge aber sind teilweise erneuert wie etwa auf der Strecke Bukarest-Braşov-Sibiu. Die ältesten Modelle, die auch weniger gepflegt, aber preiswerter sind, fahren als accelerat. Es ist billiger, die Karten in Rumänien vor Ort zu kaufen. Unter www.cfr.ro bekommt man Fahrplan- und Preisauskünfte im Internet, auch in englischer Sprache.

Feiertage

1. Januar (Neujahr)
im April beweglicher Feiertag (orthodoxer Ostermontag)
1. Mai
9. Oktober: Tag zum Gedenken des Holocaust (2006 eingeführt)
1. Dezember: Nationalfeiertag (Erklärung des Anschlusses Siebenbürgens an das Königreich Rumänien 1918)
25./26. Dezember: Weihnachten

Fotografieren

Es ist landesweit erlaubt, außer an den mit Schildern und Zeichen eigens gekennzeichneten Orten. An ein vorgegebenes Fotografierverbot sollte man sich strikt halten.

Fluggesellschaften

Austrian Airlines, AUA, Bulevardul Bălcescu 7, Bukarest, Tel. 0040/(0)1/6141221.

Lufthansa, Bulevardul Magheru 18, Bukarest, Tel. 0040/(0)1/6504074; Zweigstelle im Flughafen Bukarest/Otopeni, Tel. 0040/(0)1/6336222.

Tarom, Strada Doamniţa Anastasia, Bukarest, Tel. 0040/(0)1/6163346; Zweigstelle im Flughafen Otopeni, Tel. 0040/(0)1/6336602.

Tarom Deutschland: Zeil 13, Frankfurt a.M., Tel. 069/295270; Fax 292947, frankfurt@taromonline.de.

Budapester Str. 26, Berlin, Tel. 030/2478586, Fax 2478587, berlin@taromonline.de.

Carpatair, Tel. 0211/4216275, www.carpatair.com.

Flugverbindungen

Flughäfen sind über das ganze Land verteilt. Bukarest, Constanţa, Tulcea, Timişoara, Sibiu, Suceava, Iaşi, Cluj und Satu Mare verfügen über internationale Flughäfen. Regelmäßige Flüge starten von Deutschland (München, Frankfurt, Hamburg, Berlin), aus der Schweiz und Österreich nach Bukarest und Constanţa, zweimal wöchentlich von München nach Timişoara und Sibiu sowie dreimal wöchentlich von Düsseldorf nach Timişoara. Infos: www.aeroport.ro. Die Verbindungen werden hauptsächlich von der Lufthansa, Tarom und Carpatair bzw. Austrian Airlines angeboten, aber auch die ungarische Malev sowie die Alitalia fliegen von den größeren deutschen Flughäfen über Budapest bzw. Mailand regelmäßig nach Rumänien, und das zu relativ günstigen Preisen.

Geschäftszeiten

Es gibt keine einheitlichen Öffnungszeiten. In Bukarest sind die Geschäfte in der Regel täglich von 9 bis 18 Uhr und sogar samstags teilweise bis 18 Uhr, die Banken werktags zwischen 9 und 16 Uhr geöffnet.

Grenzübergänge

- Von Ungarn:
Kiszombor/Cenad

Turnu/Battonya (neu)
Nădlac/Nagylak
Borş/Ártánd
Gyula/Vărşand

- Von Serbien:

Die Grenzübergänge von Serbien sind weniger frequentiert und völlig problemlos zu passieren. Teilweise sind die Straßen durch Serbien viel besser als beispielsweise die Straße von Arad nach Braşov.
Jimbolia/Hatzfeld
Moraviţa (Moravicza)

Kraftstoff

Die Versorgung mit Diesel und Benzin ist im ganzen Land gut. Stark vertreten ist die österreichische Kette OMV sowie MOL und Lukoil. Nur auf längeren Strecken durch weniger dicht besiedelte und waldreiche Gebiete, beispielsweise entlang der E75 von Turda durchs Apuseni-Gebirge, sollte man rechtzeitig tanken. Die Preise für Diesel (Motorino), Super (Super) und Normalbenzin (Benzină normale) liegen nur wenig unter denen in Deutschland. Bleifreies Benzin heißt ›fără plumb‹.

Metro

Bukarest verfügt über ein leistungsfähiges Metronetz, das ein ideales Fortbewegungsmittel innerhalb der Stadt darstellt. Die Tickets werden direkt in den Stationen verkauft.

Mietwagen

Das Mietwagenangebot ist vor allem in den größeren Städten ausgezeichnet. Der Bedarf hat sich aber stark erhöht, so dass eine Buchung vorab unbedingt ratsam ist. An allen internationalen Flughäfen wie in Bukarest, Timişoara, Sibiu, Cluj-Napoca, Satu Mare und Iaşi sind die internationalen Autovermietungen vertreten. In Bukarest bietet auch die nationale Vermietung gute Konditionen bei freundlichem Service. Auch an den Flughäfen der kleineren Städte wie Sibiu und über die Hotels stehen Mietwagen zur Verfügung. Achtung: Mietwagen können zwar in Ausnahmefällen über Österreich in Deutschland abgegeben werden, aber nur gegen hohe Rücktransportkosten.

Museen

Die Museen sind meist Dienstag bis Sonntag von 10 bis 18 Uhr geöffnet. Im Anschluss an die jeweiligen Kapitel findet man in diesem Reiseführer teilweise eine Kurzbeschreibung, spezielle Hinweise und die jeweiligen konkreten Öffnungszeiten. Derzeit werden viele Museen renoviert, so dass es zu Schließungen kommen kann.

Post- und Kommunikationswesen

In den meisten Regionen sind die Postämter während der Woche einschließlich Samstag vormittag täglich geöffnet. Der Ländercode aus Rumänien lautet auf Briefen und Postkarten ›Germania‹ für Deutschland, ›Austria‹ für Österreich und ›Elveţia‹ für die Schweiz.

Die Kirche in Bălineşti beeindruckt durch ihre Wandmalereien

Rumänien verfügt über ein gutes Telefonnetz. Völlig problemlos können Direktwahlgespräche von den Telefonzellen und Hotels getätigt werden. An allen Postämtern, Tankstellen und in Bukarest an den U-Bahnstationen werden Telefonkarten verkauft.

Das Telefonieren mit Mobiltelefonen ist im O2- und Vodafone-Netz sowie mit dem E-Plus Handy Traveller auch im E-Netz möglich.

Die Vorwahl von Rumänien nach Deutschland ist 0049 plus Ortsvorwahl ohne Null plus Teilnehmernummer.

Die Vorwahl von Deutschland nach Rumänien ist 0040 plus Ortsvorwahl ohne Null plus Teilnehmernummer.

Für besondere Dienste und Notrufnummern werden in Rumänien dreistellige Nummern verwendet:

Polizei: Tel. 953.
Arzt: Tel. 961.
Notruf: Tel. 981.
Feuerwehr: Tel. 958.

Die Briefkästen sind rot und tragen die Aufschrift ›Poşta‹.

Reiseveranstalter

Es gibt ein großes Angebot an Reiseveranstaltern, die im deutschsprachigen Raum oder in Rumänien ansässig sind. Eine aktuelle Übersicht findet sich beispielsweise unter www.rumaenien-tourismus.de/reiseveranstalter; dort sind in einer Tabelle mehr als 50 Anbieter aufgeführt.

Tourismusamt

Vor einiger Zeit schon ist die touristische Vertretung Rumäniens in Berlin geschlossen worden. Die folgenden Büros geben Auskunft und schicken auch Material zu:

Rumänisches Touristenamt
Dachauer Str. 32–34
80335 München
Tel. 089/51567687
Fax 567889
www.rumaenien-tourismus.de,
muenchen@rumaenien-tourismus.de.
Auch Anlaufstelle für alle Schweizer Bürger.

In Österreich:
Währinger Str. 6–8
1090 Wien
Tel. 0043/(0)1/3173157
Fax 31731574
rumaenien@aon.at.

Sprache

Die Verständigung ist immer mehr in Englisch möglich. In Siebenbürgen findet man viele deutsch- und ungarischsprechende Menschen. Italienische oder spanische Sprachkenntnisse sind von Vorteil. Auch Französisch wird hin und wieder gut verstanden. In den Grenzgebieten im Donaudelta bietet das Russische eine Möglichkeit der Verständigung.

Stromspannung

220 Volt Wechselstrom, mitgebrachte Geräte können ohne Adapter angeschlossen werden.

Trinkwasser

Bei Wanderungen sollte man darauf achten, nur das Wasser aus eigens gekennzeichneten Quellen (›apă potabilă‹ – ›Trinkwasser‹) zu verwenden.

Unterkunft

Rumänien hat schon in den 1950er Jahren den Badetourismus für sich entdeckt. Daher sind an der Schwarzmeerküste viele Hotelanlagen entstanden, die zwar heute wenig von den westlichen Gästen aufgesucht werden, aber durchaus über westlichen Standard verfügen – je nachdem, für welche Kategorie man sich entscheidet. Allerdings muss man sich auf große Bettenburgen gefasst machen, die nicht unbedingt zur Verschönerung des Landschaftsbildes beitragen.

Die Hotels in den Städten sind mit der Ausnahme der Hotelkette ›Continental‹ fast alle privatisiert. Sie wurden und werden mit Niveau renoviert und entsprechen mehr denn je westlichen Standards. Man findet alle Kategorien, vor allem in Bukarest und in Siebenbürgen: vom Luxushotel bis zum kleinen 2-Sterne-Haus. Viele internationale Hotelketten wie Mariott, Sofitel und Hilton haben sich bereits in Bukarest etabliert, und auch in den anderen Regionen wächst das Angebot stetig. Darunter etablieren sich immer mehr kleine Privatunterkünfte mit liebevoll hergerichteten Zimmern und schmackhafter Hausmannskost.

In Siebenbürgen wurden teilweise in leerstehenden Pfarrhäusern von rumäniendeutschen Gemeinden kleine Gästehäuser eingerichtet. Informationen bekommt man über die Landsmannschaft der Siebenbürger Sachsen in Deutschland e.V., Karlstr. 100, 80335 München, Tel. 089/236609-0, info@siebenbuerger.de. Im Internet findet sich die komplette Liste unter www.siebenbuerger.de.

In den Gebirgsorten, den ehemaligen Hochburgen der Nomenklatura, findet man saisonal geöffnete Hotels. Viele Häuser wurden nach ihrer Renovierung bereits wieder geöffnet. Keine zu hohen Erwartungen sollte man an die Hütten im Hochgebirge stellen.

Auch immer mehr Campingplätze stehen zur Verfügung, in den Gebirgsorten sind auf Campingplätzen kleine Holzhäuser zu mieten. Das Fremdenverkehrsamt verschickt ein Verzeichnis mit Campingplätzen und Motels.

Insgesamt müssen nur noch wenige Abstriche im Komfort gemacht werden. Dennoch ist es ratsam, sich rechtzeitig nach einer Bleibe umzuschauen, um nicht nachts bei schlechter Beleuchtung suchen zu müssen. Eine Reservierung ist vor allem in den Städten zu empfehlen. Auch wer die kleinen, individuell geführten Häuser bevorzugt, sollte den Aufwand der Voranmeldung in Kauf nehmen, da sich die Geheimtipps Rumäniens bereits herumgesprochen haben. Das Fremdenverkehrsamt in Berlin stellt ein ausführliches Hotelverzeichnis jederzeit zur Verfügung.

Reste des alten Târgovişte im Stadtpark

Eine Auswahl an Unterkünften mit kurzer Beschreibung und Preisangaben findet man in diesem Buch in den Infokästen am Ende der Kapitel zu den einzelnen Städten.

Unfälle

Egal, ob schuldhaft oder nicht, man sollte immer die Polizei verständigen. Für am Fahrzeug entstandene Schäden sollte man sich eine Bestätigung ausstellen lassen, um sie bei der Ausreise an der Grenze vorzuweisen, da man sich sonst unter Umständen dem Verdacht der Fahrerflucht aussetzt.
Notrufnummern für ganz Rumänien:
Notruf/Polizei: Tel. 955.
Feuerwehr: Tel. 981.
Unfall: Tel. 961.
Pannenhilfe: Tel. 9271 oder 021/2221552/53.
ACR Automobil Clubul Román in Bukarest: Tel. 021/2234525 oder 3123333.
Abschleppdienst – Asistenta Rutiera: Tel. 021/2222222.

Verkehrsvorschriften

Man benötigt bei der Einreise einen internationalen Führerschein, Kfz-Papiere sowie die grüne Versicherungskarte.
Abweichende Verkehrsbestimmungen:
Höchstgeschwindigkeit innerhalb geschlossener Ortschaften für Fahrzeuge 50 km/h. Außerhalb geschlossener Ortschaften gilt für Pkw 90 km/h, Motorrad, Bus und Lkw 80 km/h, auf Autobahnen 120 km/h für Pkw, 100 km/h für Motorrad.
Telefonieren während der Fahrt ist ohne Freisprechanlage verboten. Auf Brücken besteht Überholverbot. Es herrscht absolutes Alkoholverbot!
Besondere Hinweise auf Verkehrsschildern:
Toate direcţiile: Alle Richtungen
Ocolire: Umleitung

Wildkatze in den Karpaten

Ceaţă: Nebel
Drum periculos: Gefährliche Fahrbahn
Claxonarea interzisa: Hupverbot

Wandern

Rumänien verfügt über eine unglaubliche Vielzahl an Wandergebieten. Teilweise ist die Erschließung noch rückständig, teilweise aber exzellent. Wandern von leicht, mittel und schwierig bis alpin und hochalpin ist im gesamten Karpatenraum möglich. Eines der beliebtesten Klettergebiete sind der Königstein (Piatră Craiului) bei Braşov und die Bicazschlucht. Mehrere Gebiete wurden zum Nationalpark erklärt: Piatră Craiului, Nationalpark Munţii Apuseni im Westen des Landes, Parcul Naţional Rodna im Norden des Landes, im Mureştal der Parcul Naţional Călimani, Bicazschlucht Parcul Naţional Hăşmaş und Parcul Naţional Maramureşului an der Grenze zur Ukraine. Einer der verwunschensten Naturparks ist der Retezat-Nationalpark im Bezirk Hunedoara. In ihm gibt es eine Vielzahl an Seen. Eines der schwierigeren Wandergebiete, hochalpin, ist das Fogarasch-Gebirge. Das Apuseni-Gebirge im Westen Siebenbürgens ist berühmt für seine Höhlen, von denen aber nur wenige, darunter die Bären- und die Eishöhle, ausreichend zugänglich und beleuchtet sind.

Ausgezeichnete Wanderkarten flächendeckend für alle Wandergebiete in Rumänien sind die Dimap Erfatur Karten, die von den Ungarn bearbeitet wurden. Die Tourenbeschreibungen sind in rumänischer, ungarischer und englischer Sprache aufgeführt. Die Karten sind auf dem neuesten Stand und wurden zuletzt im Jahr 2007 herausgegeben, www.erfatur.com.

Der ECO-Verband Rumänien gibt seit 2008 neue Wanderkarten heraus. Sie erfassen bereits einen großen Teil der Wandergebiete Rumäniens (www.ecoromania.ro).

›Bel Alpin‹-Wanderkarten vom Jahr 2005 sind ausgezeichnet, aber leider häufig vergriffen. Sie empfehlen sich ganz besonders für das Königsteingebiet ›Piatră Craiului‹ Hartă Turistică 1:30000.

Der Bergrettungsdienst ›Salvamont‹, der 1969 ins Leben gerufen wurde, ist in verschiedene Sektoren gemäß den Judeţ (Verwaltungsbezirken) untergliedert. Diese Organisation bietet herausragende Bergführer: www.salvamont.org.

Wintersport

Die meisten Skizentren entstanden erst in den 1960er und 1970er Jahren. Mittlerweile wurden einige der bekanntesten Skigebiete großflächig ausgebaut. Das größte Skigebiet Rumäniens ist ›Poiana Braşov‹ um den Postăvaru, gefolgt vom Skigebiet Bucegi im Predealtal mit den Ortschaften Sinaia, Predeal (15 Pisten) und Buşteni. Seit 1897 gibt es in Sinaia bereits die Bobbahn. Ein Skigebiet der Zukunft ist Slănic Moldova. Der malerisch gelegene Kurort in den Ostkarpaten mit Heilwasserquellen und einem Dorfkern, dessen Bauten aus der Jahrhundertwende stammen, soll zu einem großen Skigebiet ausgebaut werden. Im kleinen Skigebiet in Vărtop, Bezirk Bihor im Apuseni-Gebirge, ist eine Vergrößerung der Anlagen ebenfalls in Planung. Kleinere Gebiete liegen bei Sibiu, Păltiniş in den Munţii Cindrel, in den Dörfern am Semenic-Massiv im Banat, in Durău unweit des Ceahlău-Massivs in den Ostkarpaten, in Borşa im Maramureşgebiet sowie im Vâlcangebirge bei Petroşani.

Die Saison dauert in der Regel von Dezember bis März. Aber auch Rumänien hatte und hat mit schneearmen Wintern zu kämpfen.

Wassersport

An der Schwarzmeerküste gibt es gute Möglichkeiten zum Surfen und Wasserskifahren. Auf Flüssen, wie zum Beispiel dem Olt, und Seen ist Kanu- und Kajakfahren möglich, die Ausrüstung muss jedoch mitgebracht werden. Im Mureş wird leidenschaftlich gefischt.

Zahlungsmittel

Die Landeswährung ist der Rumänische Leu (pl. Lei, übersetzt ›der Löwe‹). Am 1. Juli 2005 wurde eine Währungsreform durchgeführt. Dabei wurden dem Leu (den Lei) vier Nullen gestrichen; die alten Scheine sind aber nach wie vor gültig und werden in der Preisauszeichnung mit ROL gekennzeichnet.

Die neuen Lei sind mit RON gekennzeichnet. Das ›N‹ steht für ›nou‹ (neu). Dies bedeutet, dass 10000 alte Lei (ROL) 1 neuen Leu (RON) entsprechen. Ein Leu wiederum entspricht derzeit etwa 0,272 Euro. 36000 Lei ROL sind 3,67 Lei RON, was derzeit einem Euro entspricht. 1 Lei RON entspricht noch immer 100 Bani (1 Ban).

Die neuen Scheine sind kleiner, zusätzlich wurden der 500- und der 200-Lei-Schein eingeführt. Als erstes westliches Land hat Rumänien seine Noten auf Polymer gedruckt.

Der Beitritt zur europäischen Währungsunion wird für das Jahr 2012 bzw. 2014 angestrebt. An den Bankomaten kann die Landeswährung bis zu einer Höhe von 500 Lei gezogen werden, seltener bis zu einer Höhe von 1000 Lei.

Das Wechseln in die Landeswährung empfiehlt sich an Grenzübergängen, bei Banken, Touristenämtern und in größeren Hotels. Vorsicht vor Wechselangeboten auf der Straße ist immer noch geboten. Reiseschecks in Euro oder US-Dollar werden nur von Banken und offiziellen Wechselstuben angenommen. Kreditkarten werden mittlerweile in fast allen Geschäften, Hotels und Restaurants, an OMV-Tankstellen sowie internationalen Autovermietungen akzeptiert. Die Lebenshaltungskosten sind für Touristen, abgesehen von teilweise hohen Hotelpreisen, derzeit noch sehr günstig.

Zeitunterschied

Mitteleuropäische Zeit plus 1 Stunde, Rumänien hat ebenfalls die Sommerzeit eingeführt.

Zu guter Letzt

Wichtige Informationen, die man unbedingt wissen sollte, um keine Überraschungen oder unliebsame Erfahrungen erleben zu müssen:

Es kann dem Reisenden geschehen, dass er von vermeintlich in Staatsauftrag handelnden Personen mit einem Ausweis angehalten wird. Der Reisende wird nach seinen Papieren gefragt werden. Sollte er sie nicht dabeihaben, fordern diese Leute eine Strafe. Einer solchen Aufforderung sollte man niemals nachkommen. Organisierte Gruppen mit fingierten Dokumenten versuchen auf diese Weise, Ausländer einzuschüchtern. Man sollte sofort laut nach der Polizei rufen und sich gegebenenfalls an Passanten wenden. In den letzten Jahren ist dieses Vorgehen jedoch erfreulicherweise stark zurückgegangen.

Wer mit dem Privatfahrzeug anreist, sollte bewachte Parkplätze ansteuern. Es kostet wenig, und man kann seine Besichtigungen gelassen durchführen.

Die Straßenverhältnisse in Rumänien sind teilweise immer noch nicht vergleichbar mit westeuropäischem Standard. Deshalb sind Kilometerangaben mit Vorsicht zu betrachten, da daraus keine Zeitplanung erschlossen werden kann. Auch hat der Verkehr insbesondere durch Siebenbürgen und nach Bukarest stark zugenommen. Was manche als südliche Lässigkeit betrachten, ist für andere als grob rücksichtlose Fahrweise mit riskanten Überholmanövern zu verstehen. Deshalb ist eine defensive Fahrweise angeraten. Man sollte auf Pferdefuhrwerke, die nachts oft unbeleuchtet fahren, Tiere und Fußgänger auf der Fahrbahn gefasst sein.

Gleichermaßen gilt zu beachten, dass es aufgrund der Straßenverhältnisse des öfteren zu einer Reifenpanne kommen kann. Einen relativ gut ausgestatteten Reifenservice findet man in jedem noch so kleinen Ort (›Vulcanizare‹). Vorsicht ist bei vermeintlichen Unfällen oder Pannen Dritter geboten, die sich oft als Inszenierung von Straßenräubern erweisen. Man sollte keinesfalls anhalten.

Vor Abschluss eines Schutzbriefes sollte man sich über die Konditionen ausführlich informieren. Wird ein Rücktransport für das mitgebrachte Fahrzeug nötig und ein Mietwagen erforderlich, muss dieser an der Grenze abgegeben oder auf eigene Kosten der Rücktransport aus dem Heimatort geleistet werden.

Bettelnde Kinder sollten nicht durch allzu verschwenderisch ausgeteilte Dollar- und Euro-Scheine dazu erzogen werden, Betteln zu ihrem Lebensziel zu machen.

Glossar

Akathistos-Hymnus ›Akathistos‹ bedeutet ›nichtsitzend‹. Dabei handelt es sich um einen Marien-Hymnus der orthodoxen Kirche, der im Stehen gesungen wird. Er besteht aus 24 Strophen, den Okoi, an den sich ein Gruß-Hymnus anschließt. Sowohl die Entstehungszeit als auch der Dichter sind umstritten. Seit dem 9./10. Jahrhundert wird der Hymnus innerhalb der orthodoxen Liturgie gesungen. Der Samstag der fünften Fastenwoche ist ihm geweiht, an diesem Tag wird er vollständig gesungen. Erzählt wird in diesem Hymnus auch von der Belagerung Konstantinopels durch die Perser/Awaren (626), der dank einer Muttergottes-Ikone getrotzt wurde.

Akkerman Die milesische Kolonie des Altertums Tyras hieß rumänisch Cetatea Albă, türkisch Akkerman. Die ehemalige moldauische Festung war ein wichtiger und umstrittener Hafen an der Dnjestr-Mündung. 1484 von den Türken erobert, wurde die Stadt 1812 russisch, 1918 bis 1940 und 1941 bis 1944 erneut rumänisch und ist heute als Belgorod-Dnjestrowskij urkrainisch.

Alexandru I. cel Bun Alexander der Gute, Fürst der Moldau (1400–1432).

Alexandru II. Alexander, Fürst der Moldau (1448–1449 und 1451–1455) gemeinsam mit Peter III.

Alexandru III. Lăpuşneanu Alexander der Lauscher, Fürst der Moldau (1552–1561 und 1564–1568).

Alexandru IV. Ilias Alexander Iliasch, Fürst der Walachei (1616–1618, 1627–1629, 1631–1633).

Altreich Rumän. ›Vechine Regat‹, Rumänien, wie es vor dem Ersten Weltkrieg bestand: mit der Walachei, Moldau und Dobrudscha.

Andreanum Freibrief (Privilegium) für die Siebenbürger Sachsen aus dem Jahr 1224. Er ist nach seinem Verleiher, König Andreas II. von Ungarn, benannt und in ihm sind die Beziehungen zwischen dem Grundherrn und den Siedlern geregelt. So wurden darin die Siebenbürger der Hermannstädter Grafschaft zu einer politischen Gemeinschaft, dem ›unus populus‹ vereinigt und ihnen weitgehende Rechte und Privilegien verliehen. Dies wurde schrittweise auf sämtliche Siedlungen und damit auf die gesamte ›Nationsuniversität‹ (Universitas Saxonum‹) ausgedehnt und 1486 von Matthias Corvinus bestätigt. Das Original blieb nicht erhalten, wurde jedoch in einer urkundlichen Bestätigung des Freibriefes durch Karl I. von 1317 überliefert. Pflichten: Abgaben an den König, Freistellung von Kriegern und Bewirtung des Königs; Rechte: Gebietsautonomie, ausschließliches Bürgerrecht auf diesem Gebiet, freie Wahl eigener Richter, Beamter und Pfarrer sowie das Privileg eigener Gerichtsbarkeit unter Anwendung des eigenen Gewohnheitsrechtes.

Anjou Französisches Grafengeschlecht, deren ältere Linie Anjou-Neapel im Mittelalter (1308–1386) nach dem Aussterben der ungarischen Árpáden die Krone Ungarns erlangte: Karl Robert (1308–1342), Ludwig I. d. Gr. (1342–1382). Eine Tochter Ludwigs, Maria, wurde die Gemahlin Sigismunds des Luxemburgers, wovon dieser seine Ansprüche auf Ungarn mit Siebenbürgen ableitete.

Apsis/Konche/Exedra Meist halbrunder und mit Halbkuppel überwölbter Raum, der einem Hauptraum ein- oder angebaut ist.

Archimandrit Abt einer Klosteranlage, Vorsteher mehrerer Klöster.

Architrav Auf Säulen ruhender Querbalken.

Aromunen (rumän. Aromân) Romanisiertes Balkanvolk, das nie zur Eigenstaatlichkeit gelangte und heute in Sprachinseln lebt. Die Aromunen sprechen eine rumänische Variante, das Makedorumänische.

Aron Tiran Aaron der Tyrann, Fürst der Moldau (1591–1592 und 1592–1595).

Atrium Hier Bezeichnung für die offene, an den Pronaos angefügte Vorhalle moldauischer Kirchen, rumänisch ›Pridvor‹ genannt.

Bessarabien (rumän. Basarabia) Historische Landschaft zwischen Pruth (rumän. Prut) und Dnjestr (rumän. Nistru, ukrainisch Dnestr). Gehörte bis 1812 zur Moldau und wurde im Frieden von Bukarest 1812 dem russischen Reich angegliedert. Nach dem ersten Weltkrieg ging es an Rumänien und 1940 an die UdSSR.

Bessen/Bessis/Bessie Untergegangener Volksstamm, der im 7. Jahrhundert zwischen Schwarzem Meer und den Flüssen Dnjestr und Pruth siedelte. Von ihnen soll sich der Name Bessarabien ableiten.

Bogdan I. Muşat Bogdan I. Muschat, erster unabhängiger Fürst der Moldau (1348–1365).

Burzenland (rum. Ţara Bârsei, ungar. Barcaság) Nach dem Burzenbach benannt, der vom Alt (Olt) und seinen Nebenflüssen gespeist wird. Einst 13 freie Gemeinden, die Ende des 12. Jahrhunderts dem ungarischen Herrschaftsbereich einverleibt wurden. 1211 wurde das Gebiet zur Verteidigung den deutschen Rittern anvertraut, nach deren Vertreibung 1225 wurde es zum Komitat, an dessen Spitze ein Szeklergraf stand. Im 15. Jahrhundert erfolgte der Anschluss an die Nationsuniversität (s. Andreanum).

Cadrilater Zur Dobrudscha gehöriges Gebiet um Dobritsch (bulgar. Dobric), das seit 1940 wieder an Bulgarien zurückgegeben wurde.

Cantemir Fürstenfamilie der Moldau des 17. und 18. Jahrhunderts, deren bedeutendster Vertreter Dimitrie (auch Demetrius 1673–1714) war, weniger als Fürst der Moldau, sondern eher als Schriftsteller und Gelehrter.

Christus Emmanuel Auf die ostchristliche Kirche beschränkte Darstellungsform des Christus: »Siehe, die Jungfrau wird empfangen und einen Sohn gebären und ihn Emmanuel nennen« (Mt. 1,23). Christus ist jugendlich, unbärtig mit kurzem Haar und gewölbter Stirn, oft auch mit faltigem Antlitz dargestellt. Übersetzt bedeutet Emmanuel »Gott ist mit uns«.

Cin (oder Tschin) Die sogenannte Liturgie aller Heiligen, die bildlich die Außenseite der Apsis (Ostteil) der moldauischen Klöster dominiert. Es handelt sich dabei um eine Reihung von mehreren 100 Gestalten, die in fünf bis sieben Registern (Reihen) hierarchisch geordnet sind und sich auf den Ostpunkt der Kirchen zubewegen. In jedem Rang bildet eine Gottesdarstellung das kompositionelle und inhaltliche Zentrum der Figurenreihe. Das Wort ist slawischen Ursprunges und bedeutet Abfolge, Hierarchie, Ordnung. Es besteht eine Verbindung zur Gliederung der russischen Beamtenschaft und der im Kirchenrecht festgelegten hierarchischen Rangordnung. Die griechische Entsprechung lautet ›Akoluthia‹, was im Rumänischen auch mit ›Gebet aller Heiligen‹, ›rugăciunea tuturor sfinăilor‹ umschrieben wird.

Constantin Brâncoveanu Letzter Fürst der Walachei (1688–1714), danach folgten die Fanarioten.

Cula Bojarenhaus in Oltenien.

Deesis (griech. ›Bitte‹, ›Gebet‹) Bezeichnung für eine Darstellung, bei der sich Maria als Verkörperung des neuen Bundes und Johannes der Täufer als Vertreter des alten fürbittend dem Weltenrichter in der Mitte nähern. Es ist ein häufiges Motiv der orthoxen Kirche.

Drei Hierarchen Vasile (Basilius der Große), Grigore (Gregor der Theologe, auch Gregor von Nazianz d. J.) und Ioan (Johannes Chrysostomos, auch Guldenmund). Die Drei Hierarchen wurden als Vorkämpfer des Dreifaltigkeitsdogmas ursprünglich am 30. Januar kultisch verehrt, das Fest ist in Vergessenheit geraten.

Dreikonchentypus Eine kreuzförmige Kirche, deren an der Vierung gelegene Kreuzarme gleich lang sind und in gleich großen Apsiden enden. Im Inneren entsteht die Wirkung eines Zentralraumes. In der Moldau werden im Westen das Vorschiff (Pronaos oder Narthex), Grabkammer und Vorhalle (Exonarthex oder Atrium) angefügt. Der Typus wird häufig auch als drei- bzw. vierlappig bezeichnet.

Exonarthex Geschlossene, an den Pronaos anschließende Vorhalle der moldauischen Kirchen, im Rumänischen auch ›Pridvor‹ genannt.

Fanarioten Von den Türken in der Moldau und Walachei eingesetzte Griechen. Ihr Name leitet sich vom Stadtteil Konstantinopels Fanar (Phanar) ab, in dem sie vorwiegend ansässig waren.

Gagausen Turksprachiges Volk, das sich zur christlichen Orthodoxie bekannte.

Geten Nordthrakischer Volksstamm, der im Donaugebiet siedelte und mit den Dakern verschmolz.

Glacis Freies Vorfeld ohne toten Winkel vor Befestigungsanlagen.

Gropnița Grabkammer, die zwischen Naos und Pronaos als Grabraum in die Dreikonchenanlage eingefügt wird. Darüber liegt oft die über eine Wendeltreppe zugängliche Schatzkammer.

Heiducken (auch Haiduken, vom ungar. haidú) Bezeichnung für ungarische Hirten, seit dem 15./16. Jahrhundert für Söldner, die zur Grenzverteidigung gegen das Osmanische Reich eingesetzt wurden und in die ungarischen Parteienkämpfe eingriffen.

Hetman Militärischer Rang, Oberbefehlshaber.

Hohe Pforte Bezeichnung für die osmanische Regierung in Konstantinopel.

Hospodar Byzantinischer Titel, entspricht dem Fürsten oder Woiwoden.

Igumen (neugriech. Igumenos) Abt eines morgenländischen Klosters.

Grabung in Sarmizegetusa Regia

Ioan Neculce Rumänischer Geschichtsschreiber der Moldau, der wichtige Chroniken hinterließ (1672–1745).

Ioan Novus (Sf.) Der heilige Johannes der Neue, auch Johannes von Suceava genannt. Der Kaufmann aus Trapezunt lebte im 14. Jahrhundert und wurde von den Tataren enthauptet, weil er seinem christlichen Glauben nicht abschwören wollte. Seine Vita überlieferte Grigore. Große Verehrung erfuhr Ioan Novus in der Moldau, wohin seine Gebeine 1402 nach Suceava überführt wurden.

Ioan Vodă cel Viteaz Johannes der Tapfere.

Johannes Klimax (auch Klimakos) Mönch vom Sinai, der im 7. Jahrhundert lebte und ein Werk über die 30 Stufen zur Vollkommenheit, zum Paradies schrieb, die sogenannte Himmlische Leiter.

Kalotte Gekrümmte Fläche eines Kugelabschnittes.

Kiptschag Türkische Eigenbezeichnung für die Kumanen und ihr Siedlungsgebiet.

Knese Entspricht dem Woiwoden, Bezeichnung für den Fürsten der Walachei

Kumanen (slaw. Polowzer) Turksprachiges Nomadenvolk, das im 11. Jahrhundert aus Zentralasien nach Südrussland vordrang und Ungarn 1071/72 verwüstete. Ein Teil der Kumanen assimilierte sich in Ungarn.

Kurutzen (auch Kuruzen) Aufständische gegen die nationale Unterdrückung der Ungarn im Habsburger Reich.

Lipowaner Sogenannte Altgläubige, die nach der russisch-orthodoxen Kirchenspaltung verfolgt wurden und vor dem Zaren ins unwegsame Donaudelta flohen. Sie sind häufig auffallend hellhäutig und sprechen unter sich Russisch.

Logothet Kanzler und Schreiber am moldauischen Hof in der Zeit der Fanarioten.

Mandorla Mandelförmiger Heiligenschein, der bei Christus- oder Mariendarstellungen den ganzen Körper umgibt.

Maria Entschlafen Maria Himmelfahrt in der orthodoxen Kirche.

Marien-Hymnus Über dich freut sich Einer der vielen byzantinischen Hymnen, die in der Moldau neben dem Akathistos-Hymnus häufiges Thema in der Wandmalerei sind.

Martyrologium Heiligenkalender bzw. liturgisches Buch mit Verzeichnis der Märtyrer und Heiligen und ihrer Feste mit Lebensbeschreibung.

Matei Basarab Fürst der Walachei (1632–1654).

Menologion Liturgisches Monatsbuch der orthodoxen Kirche mit Lebensbeschreibungen der Heiligen jedes Monats.

Mihai Viteazul/Viteazu Michael der Tapfere, Fürst der Moldau und der Walachei (1592–1601).

Mircea cel Bătrân Mircea der Alte, Fürst der Walachei (1386–1418)

Mircea Ciobanul Mircea der Hirte, Fürst der Walachei (1545–1554).

Moldauisches Gewölbe Gewölbekonstruktion, meistens über dem Naos (Hauptschiff), die aus vier Hauptbögen besteht, über denen Pendentifs das Quadrat in einen Kreis überführen, den vier kleinere Segmentbögen wieder in ein Quadrat verwandeln.

Muttergottes Eleusa Muttergottesdarstellung, auf der sich Maria Wange an Wange an ihr Kind schmiegt.

Naos In der byzantinischen und rumänisch-orthodoxen Kirche der Hauptraum (Hauptschiff) des Gotteshauses, an den die Apsis anschließt. In ihm wird die Liturgie abgehalten.

Narthex In der byzantinischen und rumänisch-orthodoxen Kirche der vom Langhaus/Hauptschiff (Naos) durch Säulen, Gitter oder Wand abgetrennte Raum, nicht zu verwechseln mit dem

Portalvorbau. In der byzantinischen Kirche lautete die hierarchische Ordnung im Kirchenbau: Narthex, Naos, Bema. In den moldauischen Dreikonchenanlagen wird der Narthex häufig auch als Pronaos bezeichnet. In ihm wird die Taufe vorgenommen.

Nationsuniversität Universitas Saxonum (Gesamtheit der Sachsen), oberste politische Verwaltungs- und Gerichtsbehörde zwischen 1486 und 1876. Nach den Türkeneinfällen entstand mit den Szeklern und dem ungarischen Adel 1437 die ›Unio trium nationum‹, deren Kern die von Andreas privilegierte Hermannstädter Provinz war.

Neagoe Basarab Fürst der Walachei (1512-1521).

Nicodim von Tismana Mönch serbisch-griechischer Herkunft, der auf dem Berge Athos erzogen wurde. Kämpfte für die Orthodoxie gegen das Vordringen der ungarischen Katholiken.

Nösnerland Von Nösen, der alten deutschen Bezeichnung für die Stadt Bistritz, abgeleitete Bezeichnung für das nordsiebenbürgische Siedlungsgebiet. In der Regel von Szeklergrafen geleitet, nach der Ausweitung des Andreanums wurde es 1366 eigener Distrikt. Die 26 freien sächsischen Gemeinden wurden in die vier Gebiete Bistritz, Rodenau, Senndorf und Baierdorf unterteilt.

Das Unabhängigkeitsdenkmal in Tulcea

Palmette Palmblattähnliches symmetrisches Ornament.

Paraschiva Sf. Heilige Paraschiva, auch als Paraskeve d. J. bekannt, in Bulgarien und Serbien auch als Petka verehrt. Sie lebte im 10. Jahrhundert bei Konstantinopel, ihre Gebeine wurden auf wundersame Art aufgefunden und in die Apostelkirche von Konstantinopel gebracht, wo sie Wunder wirkten. Die Gebeine wurden mehrfach vor den Türken gerettet und 1641 endgültig nach Iaşi überführt.

Pastophorien Häufig rechteckige, zu beiden Seiten des Altarraumes angefügte Räume, die zur Aufbewahrung kultischer Geräte und Gewänder, aber auch von Reliquien dienen konnten.

Pendentiv Konstruktion eines Dreiecks, die den Übergang von einer rechteckigen Grundfläche in eine Kuppel ermöglicht.

Petru Muşat Fürst der Walachei (1374-1391).

Petru Rareş Peter mit dem spärlichen Bart, Fürst der Moldau (1527-1538).

Petru Şchiopul Peter der Lahme, Fürst der Moldau (1574-1591).

Petschenegen Nomadisches Turkvolk zwischen Ural und Wolga, das im 9. Jahrhundert die Magyaren nach Westen abdrängte.

Pridvor s. Exonarthex.

Pronaos s. Narthex.

Radu cel Frumos Radu der Schöne, Fürst der Walachei (1463-1475), Bruder des Vlad IV. Ţepeş.

Radu cel Mare Radu der Große, Fürst der Walachei (1495-1508).

Radu de la Afumați Fürst der Walachei (1522–1523 und 1524–1529).

Sava hl. Auch Sabas genannt, bedeutender serbischer Heiliger.

Seraph Engel mit sechs Flügeln, der gerne in der byzantinischen Kunst dargestellt wird.

Siebenbürgische Schule (rumän. Şcoala ardeleană) Bewegung rumänischer Gelehrter des 18. und 19. Jahrhunderts, die es sich zur Aufgabe gemacht hatten, die lateinische Herkunft und kontinuierliche Besiedelung Siebenbürgens durch die Rumänen zu beweisen. Als Begründer gelten die in Wien und Rom zu Priestern ausgebildeten Samuil Micu (1745–1806), Gheorghe L'incai (1754–1816) und Petru Maior (1760–1821), nach dem die Universität in Tărgu Mureş benannt ist.

Ştefan cel Mare Stefan der Große, Fürst der Moldau (1457–1504).

Ştefan cel Nou Zur Unterscheidung von Stefan dem Erzmärtyrer im Westen auch Stefan der Jüngere genannt. Lebte im 8. Jahrhundert und erlitt das Martyrium unter Anastasius. Zunächst Mönch des berühmten Auxentiusklosters in Bithynien, wo er Abt wurde. Verurteilte das Konzil von 753, wurde vertrieben und dann getötet. In der byzantinischen Kirche als Märtyrer für die Orthodoxie verehrt.

Stühle Im ungarischen Königreich Gerichts- und Verwaltungsform autonomer Bevölkerungsgruppen, die vermutlich unter Karl I. Robert (Anjou) zwischen 1325 und 1329 entstand. Der Name leitet sich vom Gerichtsstuhl ab. Die Grafschaften bzw. deren Untereinheiten wurden dabei in Stühle umgewandelt, ihre Führung dem Königsgrafen aus den Reihen der Siedler und einem gewählten Beisitzer, dem Stuhlsrichter, übertragen. Viermal jährlich fand die Stuhlversammlung statt. Die aus Vertretern aller Stühle gebildete Gauversammlung kam zweimal jährlich in Hermannstadt zusammen.

Teutsch, Georg Daniel Historiker, Pfarrer, Bischof, wurde 1817 in Schäßburg geboren und wirkte lange in Hermannstadt. Er reformierte das Schulwesen, sorgte für die Verlegung des Bischofssitzes von Birthälm nach Hermannstadt, schrieb eine Siebenbürger Geschichte und befasste sich eingehend mit dem Reformator Honterus.

Troițe Als Wegekreuze aufgestellte Holzkreuze.

Tropaion Tropaeum (lat.), Siegeszeichen.

Unitarier Protestantische Glaubensrichtung die aufgrund ihrer Bibelauslegung die Dreifaltigkeitslehre ablehnt.

Vlad III. Țepeş Vlad der Pfähler, Fürst der Walachei (1463–1475).

Vauban, Sébastien le Prestre de Französischer Feldmarschall (1633–1707), dessen Gedanken zum Festungsbauwesen vom 17. bis ins 19. Jahrhundert in ganz Europa großen Einfluss hatten.

Wimperg Gotisches Ziermotiv in Form von einem Giebel an Fenster und Portalen.

Wurzel Jesse Stammbaum Christi. Aus der Gestalt des meist schlafend gezeigten Jesse wächst ein Baum auf, an dessen Ästen die zwölf königlichen Vorfahren erscheinen, darunter David mit der Harfe und Salomon mit Turban. Den Abschluss bildet Christus, die Propheten oder Weisen (Aristoteles u.a.) können zugeordnet sein.

Literaturhinweise

Die Leseempfehlungen sollen den Einstieg ins Land Rumänien erleichtern. Angegeben sind nur Titel, die entweder im deutschen Buchhandel oder in den Bibliotheken in deutschsprachigen Übersetzungen vorliegen. Die Auswahl wurde so getroffen, dass der Leser durch ihren Inhalt auch mit Besichtigungsobjekten in Berührung kommt.

Allgemeines

Klein, Horst G./Göring, Katja, Rumänische Landeskunde, Gunter Narr Verlag, Tübingen 1995.

Reiseführer Siebenbürgen, Wort und Welt Verlag, Thaur bei Innsbruck 1993.

Verseck, Keno, Rumänien, München 2001 (Beck'sche Länderreihe).

Kultur

Die Daker. Archäologie in Rumänien, Ausstellungskatalog Historische Museen der Stadt Köln, Verlag v. Zabern, Mainz 1980.

Goldhelm, Schwert und Silberschätze, Ausstellungskatalog der Schirn, Frankfurt a. M. 1994.

Geschichte

Völkl, Ekkehard, Rumänien. Vom 19. Jahrhundert bis in die Gegenwart, Pustet Verlag, Regensburg 1995.

Zeitgeschichte, politische Literatur

Märtin, Ralf-Peter, Dracula. Das Leben des Fürsten Vlad Tepes, Wagenbach Verlag, Berlin 2001.

Schlesak, Dieter, Vlad. Die Dracula-Korrektur, Pop Verlag, 2007

Olschewski, Malte, Der Conducător Nicolae Ceausescu. Phänomen der Macht, Ueberreuter Verlag, Wien 1990.

Oschlies, Wolf, Ceauşescus Schatten schwindet. Politische Geschichte Rumäniens 1988–1998, Böhlau Verlag, Köln 1998.

Erzählungen, Romane, Lyrik

Axmann, Elisabeth, Spiegelufer. Gedichte 1968–2004, Rimbaud Verlag, Aachen 2004.

Axmann, Elisabeth, Wege, Städte. Erinnerungen, Rimbaud Verlag, Aachen 2005.

Cărtărescu, Mircea, Die Wissenden, Roman, Zsolnay Verlag, Wien 2007. Einer der interessantesten Gegenwartsautoren Rumäniens, der ein großes Echo in der Literaturwelt erlangte und bereits mit vielen internationalen Literaturpreisen ausgezeichnet wurde.

Cărtărescu, Mircea, Nostalgia, Verlag Volk und Welt, Berlin 1997.

Cărtărescu, Mircea, Warum wir Frauen lieben, Suhrkamp Verlag, 2008.

Cornelius, Jan, Heilige und Scheinheilige, Zollhaus Verlag 2006.

Eliade, Mircea, Auf der Mântuleasa-Straße. Erzählungen, Suhrkamp Verlag, Frankfurt a. M. 1973.

Eminescu, Mihai, Der Abendstern, Aufbau Verlag, Berlin 1964

Eminescu, Mihai, Engel und Dämon, Reclam Verlag, Leipzig 1972.

Goma, Paul, Ostinato, Suhrkamp Verlag, Frankfurt a. M. 1973.

Istrati, Panait, Familie Perlmutter, Büchergilde, Frankfurt a. M. 1988.

Lungu, Dan, Das Hühner-Paradies, Residenz Verlag, Salzburg 2007. Ein Roman aus Gerüchten und Geheimnissen.

Lungu, Dan, Klasse Typen, Kurzgeschichten, Drava Verlag, Klagenfurt 2007

Müller, Herta, Atemschaukel, Hanser Verlag, 2009.

Müller, Herta, Herztier. Roman, Rowohlt, Reinbek 1996.

Müller-Guttenbrunn, Adam, Der große Schwabenzug, Bamberg 1953.

Naß, Joana, Nördlich der Walachei, Fouqué Literaturverlag, Frankfurt a. M. 2002.

Sadoveanu, Mihail, Geschichten am Lagerfeuer. Ex libris Volk und Welt, Berlin 1988.

Schlattner, Eginald, Rote Handschuhe. dtv, München 2003.

Schlattner, Eginald, Der geköpfte Hahn. dtv, München 2001.

Schlattner, Eginald, Klavier im Nebel, dtv, München.

Stasiuk, Andrzej, Unterwegs nach Babadag, Suhrkamp, Frankfurt a. M. 2005.

Wiesel, Elie, Gesang der Toten. Erinnerungen und Zeugnis, Herder Verlag, Freiburg 1989.

Reiseliteratur

Remus, Joscha, KulturSchock Rumänien, Verlag Peter Rump, Bielefeld 2006.

Wischenbart, Rüdiger, Canettis Angst. Das Reise-Buch der Ränder. Erkundungen am Rande Europas, Wieser Verlag, Klagenfurt 1994.

Sprachführer

Octavian, Nicolae, Rumänisch, Langenscheidt, München 2002.

Landschaftsbeschreibungen

Trost, Ernst, Die Donau. Lebenslauf eines Stromes, Amalthea Verlag, München 1989.

Weithmann, Michael W., Die Donau, Pustet Verlag, Regensburg 2000.

Botez, Eugen, Europolis, Verlag der Nation Berlin 1974. Nur noch antiquarisch.

Bauer, Thomas, Ostwärts – 2000 km Donau. Mit dem Paddelboot zum Schwarzen Meer, Wiesenburg Verlag, Schweinfurt 2008.

Landkarten

Alle Landkarten haben noch mehr oder weniger kleine Mängel. So enden manchen Straßenführungen im Nichts, manche sind ebenso wie Ortschaften gar nicht eingetragen. Das Angebot hat sich in den vergangenen Jahren aber stark verbessert. Gutes Kartenmaterial und Stadtpläne aus verschiedenen Verlagen erhält man in Rumänien vor Ort in den Tankstellen.

MOL România 1:500 000. In Rumänien an den Tankstellen erhältlich.

Rumänien, Republik Moldau, RV Verlag, 1:800 000.

Shell Eurokarte Rumänien und Republik Moldawien, 1:800 000.

România Harta rutieră (Rumänien-Straßenkarte), Amco-Press Rumänien, englisch und rumänisch beschriftet.

România Harta Mănăstirilor (Rumänien-Klosterkarte), Amco-Press Rumänien.

România, 1:700 000. Gute Karte, die in Ungarn von Szarvas-Kárpátia herausgegeben wird.

Für Siebenbürgen gibt es eine eigene Karte von freytag & berndt. www.freytagberdt.com.

Für die Bukowina wurde in Zusammenarbeit mit der GTZ eine Regionalkarte erstellt, die die Kulturdenkmäler stark berücksichtigt: www.kartographie.de.

Ebenso in Zusammenarbeit mit der GTZ in Kooperation zwischen Rumänien und Serbien wurde eine Karte zum Eisernen Tor und entlang der Donau veröffentlicht: www.danube-info.org.

Danube Delta, tourist map, Verlag Huber Niculescu, M 1:130 000. Gute Karte vom Donaudelta, englisch/rumänisch.

Rumänien im Internet

www.turism.ro Rumänisches Ministerium für Tourismus mit Informationen zu Landeskunde, Politik und Geschichte, auch in deutscher Sprache.

www.deutsch-rumaenischegesellschaft.de Nützliche Linksammlung zu vielen Bereichen.

www.siebenbuerger.de Landsmannschaft der Siebenbürger Sachsen, Siebenbürger Zeitung.

www.karpatenwilli.com Wilhelm Scherz aus Jüterbog, Rumänienfreund und Wanderer. Anregende Bilder und Reportagen von seinen Touren.

www.rumaenien-reisen.de Schmetterling Reisen in Frankfurt/M. Spezialist für Rumänien-Individualreisen, Flüge, Hotels, Transfer.

www.banatblog.eu Diese Webseite in Deutscher Sprache bietet Informationen aus Politik und Gesellschaft.

www.reky-travel.de Kleiner Reiseveranstalter in Sibiu, der auch individuelle Touren zusammenstellt.

www.auswaertiges-amt.de Deutsches Außenministerium. Basisinformationen über alle Länder, Sicherheitshinweise, gesetzliche Bestimmungen etc.

Die Autorin

Birgitta Gabriela Hannover Moser hat Kunstgeschichte, Theaterwissenschaft und Archäologie in München studiert. Reisen nach Ost- und Südosteuropa folgte ein einjähriger Aufenthalt in Moskau, der mit einer Tätigkeit am Theater verbunden war. Ihre langjährige Tätigkeit als Studienreiseleiterin ermöglichte die kontinuierliche und intensive Verbindung zu den im Umbruch befindlichen Ländern im Osten. Nicht nur die Kulturgüter, sondern insbesondere die Gastlichkeit der Menschen gab einst den Anlass für diesen Reiseführer. Mittlerweile ist das Land der Autorin so vertraut wie eine zweite Heimat.

Im Trescher Verlag sind von ihr neben dem vorliegenden Band auch die Reiseführer ›Siebenbürgen‹ und ›Serbien‹ sowie der Städteführer ›Bukarest‹ erschienen.

Register

Anhang

Bildnachweis

Alle Fotos Birgitta Gabriela Hannover Moser, außer:
Archiv Trescher Verlag (S. 249, 398)
Csaba Balasi/fotolia (S. 205)
Hinnerk Dreppenstedt (S. 37, 265, 292, 293, 363, 364, 366, 370, 372, 379, 381, 385, 396)
dianacoman/fotolia (S. 374)

emicristea/fotolia (S. 279)
Paul Esser (S. 73)
Gabriela/fotolia (S. 290)
Ionut David/fotolia (S. 79, 81)
rook76/fotolia (S. 291)
Rumänisches Tourismusamt (S. 59, 129, 222, 226, 228, 234, 236, 237, 239, 239, 243, 247, 352, 268)
Tudor Stanica/fotolia (Titel)
xalanx/fotolia (S. 287)

Titel: Burg Bran

Vordere Umschlagklappe: Im Someştal
S. 14: Braşov, Hauptplatz mit Rathaus
S. 18/19: Teilnehmer eines Weinfestes in Aita Mare (Siebenbürgen)
S. 62/63: Kloster Bârsana
S. 130/31: Das Dorf Aţel im Kreis Sibiu
S. 222/23: Bukarest, Eingangshalle des Athenäums
S. 294/95: Suceava, Kirche Învierea Domnului
S. 360/61: Seitenarm im Donaudelta
Hintere Umschlagklappe: Bukarest, CEC-Gebäude an der Calea Victoriei

Kartenregister

Übersichtskarten

Stadtpläne

Historische Karten

Grundrisse, thematische und sonstige Karten

Trescher Verlag
Der Spezialist für den Osten

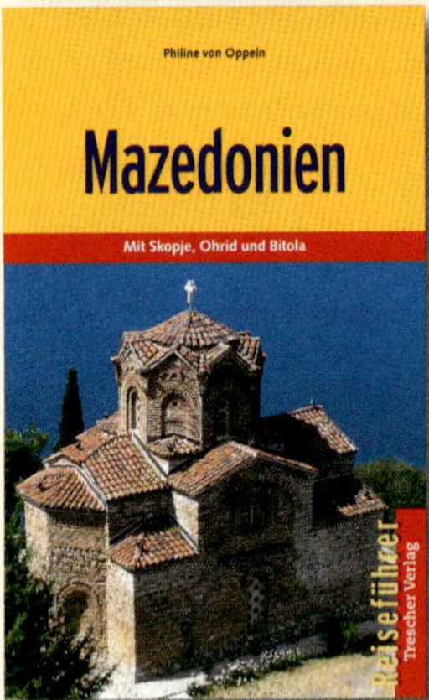

Auswahl Reiseführer

Albanien
Auf den Spuren Skanderbegs
17.95 Euro

Bosnien und Herzegowina
Zwischen Save und Adria
18.95 Euro

Dalmatien
Unterwegs zwischen Zadar und Dubrovnik
13.95 Euro

Kosovo
Unterwegs im Herzen des Balkans
13.95 Euro

Mazedonien
Unterwegs auf dem südlichen Balkan
16.95 Euro

Montenegro
Zwischen Adria und Schwarzen Bergen
14.95 Euro

Niederösterreich
Mit Wachau, Waldviertel, Weinviertel und Mostviertel
14.95 Euro

Riesengebirge
Mit Isergebirge, Jelenia Góra, Hostinné, Jablonec und Trutnov
13.95 Euro

Serbien
Unterwegs zu verborgenen Klöstern und Kunstschätzen
19.95 Euro

Siebenbürgen
Rund um Kronstadt, Schäßburg und Hermannstadt
18.95 Euro

Slowakei
Unterwegs zwischen Donau, Tatra und Beskiden
16.95 Euro

Slowenien
Zwischen Alpen, Adria und Pannonischem Tiefland
16.95 Euro

Steiermark
Das grüne Herz Österreichs
14.95 Euro

Auswahl Städteführer

Berlin
Sehenswürdigkeiten, Kultur, Szene, Ausflüge, Tipps
14.95 Euro

Bratislava
Mit Donautiefland, Kleinen Karpaten und Záhorie
14.95 Euro

Breslau
Niederschlesien und seine tausendjährige Hauptstadt
14.95 Euro

Bukarest
Mit Brașov, Sibiu und Prahovatal
14.95 Euro

Kiev
Rundgänge durch die Metropole am Dnepr
16.95 Euro

Königsberg/ Kaliningrader Gebiet
Mit Bernsteinküste, kurischer Nehrung, Samland und Memelland
18.95 Euro

Lemberg
Das kulturelle Zentrum der Westukraine
16.95 Euro

Ostseestädte
14 Städte zwischen Kiel, St. Petersburg und Kopenhagen
16.95 Euro

Peking und Shanghai
Unterwegs in Chinas Metropolen
18.95 Euro

Rhein-Main-Mosel Kreuzfahrten
Zwischen Basel und Amsterdam,
Trier und Frankfurt
14.95 Euro

Auswahl Deutschland

Baden in und um Berlin
Die schönsten Badestellen
12.95 Euro

Brandenburg
Natur und Kultur zwischen Oder und Elbe
14.95 Euro

Dresden
Mit Meißen, Radebeul und Sächsischer Schweiz
11.50 Euro

Lausitz
Unterwegs zwischen Spreewald und Zittauer Gebirge
16.95 Euro

Mecklenburg-Vorpommern
Mit Rügen, Usedom, Rostock und Stralsund
14.95 Euro

Oderbruch
Natur und Kultur im östlichen Brandenburg
9.95 Euro

Sachsen
Mit Dresden, Leipzig, Erzgebirge und Sächsischer Schweiz
14.95 Euro

Wanderungen durch Brandenburg
Unterwegs auf den Europäischen Fernwanderwegen
12.95 Euro

66-Seen-Wanderung
Zu den Naturschönheiten rund um Berlin
13.95 Euro

Trescher Verlag
Der Spezialist für den Osten

Kartenlegende

Autofähre	Oper
Bahnhof	Post
Brunnen	Restaurant
Burg/Festung	Ruine/Ausgrabungsstätte
Burgruine	Sehenswürdigkeit
Busbahnhof	Sehenswürdigkeit
Café	Strand
Campingplatz	Synagoge
Denkmal	Theater
Dorfkirche	Tor
Fähre	Touristeninformation
Flughafen	Turm
Höhle	Zoo
Hotel	
Kino	Autobahn
Kirche	Autobahn im Bau
Kloster	sonstige Straßen
Klosterruine	243 Straßennummern
Leuchtturm	Eisenbahn
Markt	Grenzübergang
Moschee	Staatsgrenze
Museum	Hauptstadt
Naturschutzgebiet	Stadt/Ortschaft